重庆市出版专项资金资助项目

黄希庭心理学文集②

心理学导论

黄希庭 著

西南大学出版社
SWUP
国家一级出版社 全国百佳图书出版单位

图书在版编目(CIP)数据

心理学导论 / 黄希庭著. -- 重庆 : 西南大学出版社, 2021.10
(黄希庭心理学文集)
ISBN 978-7-5621-9933-5

Ⅰ. ①心… Ⅱ. ①黄… Ⅲ. ①心理学—研究 Ⅳ. ①B84

中国版本图书馆CIP数据核字(2021)第067162号

心理学导论

XINLIXUE DAOLUN

黄希庭　著

责任编辑：牛振宇
特邀编辑：刘培朵
责任校对：赖晓玥
装帧设计：观止堂_未　氓
排　　版：王　兴
出版发行：西南大学出版社（原西南师范大学出版社）
地址：重庆市北碚区天生路2号
邮编：400715　市场营销部电话：023-68868624
http: // www.xdcbs.com
印　　刷：重庆新金雅迪艺术印刷有限公司
幅面尺寸：185mm×260mm
印　　张：38.75
插　　页：2
字　　数：820千字
版　　次：2021年10月　第1版
印　　次：2021年10月　第1次印刷
书　　号：ISBN 978-7-5621-9933-5

定　　价：98.00元

黄希庭（摄于 1999 年）

西南大学资深教授，1937 年生于浙江台州温岭。曾任中国心理学会第七、八届副理事长兼心理学教学工作委员会主任，国务院学位委员会第五届心理学学科评议组召集人，全国博士后管理委员会第六届专家组成员及教育学组召集人，教育部高等学校心理学教学指导委员会副主任，教育部长江学者评审专家组成员及教育学科组召集人。在中国开创了时间心理学、健全人格养成教育、中国特色社区心理学研究，出版了一系列高等学校心理学的优秀教材和教学参考书。曾荣获“国家级有突出贡献的中青年专家”（1992）、“首届国家级教学名师奖”（2003）、“全国先进工作者”（2005）、“重庆直辖 10 年建设功臣”（2007）、“新中国成立 60 周年重庆杰出贡献英模”（2009）、“全国优秀科技工作者”（2010）、“中国心理学会终身成就奖”（2011）、“全国教书育人楷模”（2012）、“当代教育名家”（2017）等荣誉及荣誉称号。

· 1966 年，黄希庭与夫人孙承惠合影。

总 序

我生于浙江台州温岭。我的启蒙小学是村里的鲸山小学，小学毕业后因家境困难失学一年在家干农活。初一我在离家较近的大溪中学读书。从初二开始我一直就读于温岭中学；考大学填升学志愿时，我的班主任李子英老师鼓励我向巴甫洛夫学习，报考北大心理专业。1956年9月开学那天上午，北京大学哲学系心理专业主任孙国华教授在迎新会上以“不卑不亢”为主题，教导我们做人做事都应遵循这一原则，他的教导深深地印刻在我的心里。1964年我被北京大学录取为研究生，师从沈迺璋教授；我的最大收获是学会了无师自通，并养成了终身学习和终身锻炼身体的习惯。在1961年至1964年的三年里，我在西南师范学院担任张增杰先生的助教，耳濡目染其教学的态度和技能，这为我当教师打好了基础。1977年，十年浩劫的“文化大革命”已经结束，但心理学教学并未解禁。我被校方聘为自然辩证法授课教师。

自1978年我开始讲授普通心理学，此后讲授过公共课心理学、现代心理学流派、青年心理学、心理学教学法等本科课程，还讲授过人格心理学、认知心理学、教育心理学、心理学研究方法等专题课，主持完成了40多项国家级和省部级研究课题。下面扼要地谈谈我在心理学四个领域里的教学和研究的点滴心得。

一、我与普通心理学的结缘

1978年，我开始一边撰写讲义，一边为教育系一年级学生讲授普通心理学，后经两次修改的这本讲义以《普通心理学》之名由甘肃人民出版社于1982年出版，当时读者对该书的反映较好。1984年,人民教育出版社资深编辑戚长福先生主动向我约稿。于是我重新撰写了一本《心理学导论》。这本《心理学导论》1991年5月由人民教育出版社出版。它是根据国家教委1985年武汉文科教材会议推荐的高校心理学专业、教育系有关专业的要求而撰写的普通心理学教材;后经修订,于2007年人民教育出版社出版了它的第二版。

我在普通心理学教学中特别注重以下四个环节:一是培养学生的辩证唯物主义的心理观,即用事实来论证心理是脑的机能,是客观现实的主观反映。既反对以化约的方式来解释复杂心理现象的还原论,也反对把心理现象视为与大脑活动毫不相干的副现象论;既反对把复杂的心理和行为视为对客观现实的机械反映的理论,也反对把心理和行为看作与客观现实毫不相干的唯心论;力求从当代心理学的多种取向整合的角度以事实来论证辩证唯物主义的心理观。二是在教学中既注重基础知识的传授,也重视系统分析观的传授;既重视学生记忆能力的培养,也注意他们思维能力的培养;同时注重帮助学生养成勤奋、严谨、创新、求实的品质。三是在教学中尽量引导学生学以致用,把学到的知识应用到自己的生活实际中去,使学生感受到学习心理学确实会促进自己健康成长。四是编译教学参考书以扩大学生的学习视野。我组织翻译出版了戴维·迈尔斯著《心理学(第七版)》(人民邮电出版社2006年版),《心理学与我们》(人民邮电出版社2008年版),主编了《简明心理学辞典》(安徽人民出版社2004年版),等等。

值得提及的是我在讲授普通心理学时十分注重联系实际。例如,在讲解“注意”时我提出以下一些问题,引导学生学以致用。

·课前预习时,勾出教材中的重点难点,为什么记笔记和听课的效率会明显提高?(注意指向重点难点,对教材的理解深刻了)

·为什么有些人能做到认认真真学习,痛痛快快玩耍?(全神贯注,目标管理,学习效率提高了)

·为什么专心学习时觉得时间过得快,无所事事或注意力涣散时觉得时间过得慢?(注意指向的对象不同所导致)

·为什么注重体育锻炼、睡眠充足的人比不进行体育锻炼、经常失眠的人学习效率要高?(学习需要注意资源的付出,前者有足够的注意资源,后者可能缺少足够的注意资源)

·在寝室里读书与在教室和图书馆里读书,效果为什么大不相同?(环境氛围不同,注意力受干扰的程度也不同)

·为什么读书时眼到、嘴到、手到、耳到、心到,效率会显著提高?(多种感官协同活动更有助于注意力集中)

我认为，普通心理学的其他章节也可以提出类似的问题，这样做既能引导学生学以致用又能活跃课堂学习氛围。在普通心理学的教学中，我除了对学生为人为学进行引导之外，还要求学生树立终身学习的理念。在教学之余，我常叮嘱他们要努力学好马克思主义哲学、中国哲学概论、高等数学和英语。

二、我与时间心理学的结缘

算起来，我与时间心理学的结缘迄今已经有65个年头了。记得1957年，程乃颐先生给我们班讲授普通心理学，他讲到人们对时间往往容易产生错觉。当时我觉得很新奇，很想设计一个实验进行研究。到了工作岗位上，我还一直在思考有关时间心理的研究：

·什么是时间？我们能从心理学的角度进行研究吗？

·为什么有的时间过得很快？有的时间过得很慢？

·所有心理活动都有时间参与，时间无始无终，我们该怎样加以研究呢？

·我们没有专门的时间感受器，但我们为什么能觉知到时间呢？

·为什么人们对待时间的态度是如此的不同？……

通过阅读文献，设计研究，我和我的学生们曾做过许多时间心理学的研究，例如：时间的无意识加工(unconscious processing of time)或时间的内隐加工(implicit processing of time)。我们的研究表明，内隐时间表征具有方向性、顺序性、连续性和认知不可渗透性；时间修饰词和汉字字组顺序蕴含着内隐时间信息，在对时间修饰词的概念加工时会自动激活其内隐时间属性表征，内隐时间顺序表征受知觉表征系统的支配也具有自动加工和提取的特点。我们还探讨过时序知觉中意识和无意识的贡献，以及不同动态条件下的内隐时间特征及时间信息自动加工与控制加工的电生理学指标。

时间知觉(time perception)是指个体对时间的“直接”反映。但时间瞬息即逝，时间知觉依赖于同质刺激的自发组织，即在大约3秒的限度内把一些相继事件知觉为相对同时的一个单元，即知觉到的现在(perceived present)，包括对时间持续性和顺序性的知觉。我们研究过刺激的感觉通道性质(包括拓扑性质的变化)、复杂度、强度、呈现时间的长短以及人格因素、刺激的空间特征等对时间知觉的影响，得到了不少有趣的结果；探讨过时序知觉的重复启动效应，时序知觉的中枢计时与分布计时，以及多感觉整合的时间再校准；还用事件相关电位初步探讨了时间知觉的神经加工及其相关脑区的激活状况。

时间估计(time estimation)也称时间判断(time judgment)，是指个体依据主观经验对客观时间的持续性和顺序性的认知，可以用多种方法(例如比较法、产生法、估计法、再现法、等级评定法、ERP方法等)进行时间估计(包括时距或时序估计)实验。所有这些时间估计方法都会产生误差，即使是短时距估计也是如此。我们研究过时距估计中的锚定效应、重复刺激效应、标量效应、注意效应、视听通道效应以及回溯式时距估计的一些特点；发现了不同年龄段儿童时间估计准确性与利用时间标尺有关，儿童越幼小，越倾向利用空间关系来估计时间，Kappa效应越明显。

对长于5秒的刺激序列的时间认知称为时间记忆(time memory)。时间记忆包括对时距、时点和时序这三种时间信息的记忆。时间记忆可以以钟点、日期等确切的线索为参照，但大多数时间记忆实验是以某个事件的时间线索而实现的，没有任何明确的言语编码形式，仅依靠有关事件对时间信息进行编码、保持和提取。个体对时间的记忆与计时工具测量出来的时间通常是不一致的。我们曾探究过回溯式时间记忆、预期式时间记忆以及时间性前瞻记忆的某些特点：用新闻片段和公众性新闻事件为实验材料，考查了回溯式时间记忆表征的特点，发现老年人回溯式时间记忆能力下降可能是与大脑中的海马功能衰退导致信息加工速度减慢和情节记忆加工能力衰减相关。还对预期式的时点、时距和时序信息在长时记忆中的表征特点做过研究，结果发现时间记忆既有层次网络的特征也有线性结构的特征；还探讨过时间性前瞻记忆与事件性前瞻记忆具有不同的认知机制问题。此外，我们还对时间记忆的层次网络模型和变化分割模型做过实验。

我们在整合国内外一系列研究成果的基础上，于1999年的一篇论文中提出了一个理论构想——时间认知的分段综合模型(range-synthetic model of temporal cognition)。时间无始无终而又瞬息即逝，时间与人类的生活形影不离且时间就是生命，我们是怎样来把握时间的呢？一个合理的答案是人类采用分段式来把握时间。最有力的证据是人发明了各种时间标尺(如毫秒、秒、分、小时、日、周、月、年、期、纪等)并用它们来标记时间。个体心理世界的各种成分是普遍联系、相互作用的，虽然时间与人生形影不离但人却没有专门的时间感受器，人类总是凭借经验综合各种因素来认知时间。人类对不同时距具有不同的表征，我们的许多研究都表明，无论对于哪一种时距的认知均受多种因素(例如事件的数量与结构，通道性质和特点，时距、时序和时点的性质，注意资源，编码方式，提取策略，实验指标，以及个体的时间信念、情绪、人格特征、疾病等)的影响；不仅如此，还受心理的其他成分如动机、兴趣、爱好、价值观等影响。人类时间认知的分段综合模型能很好地解释爱因斯坦的时间相对性问题，他说："把你的手放在很热的炉子上一分钟，感觉起来好像一小时；而坐在一位漂亮姑娘身边整整一个小时，感觉起来却像一分钟。"用心理学家的话来说，这就是给感受打上了不同的时间标尺之故。我和我的团队做了许多实验来论证时间认知的分段综合模型，结果表明人类的时间认知确实具有分段性和综合性的特点。这是我们研究时间认知的一个主要收获。

我们既关注人们时间认知上的共同性，也关注人们时间人格上的差异性。时间给每个人以相同的机会，但每个人对于时间的感受、把握、管理、使用和爱惜却是不同的，人们在时间上的这些稳定的个体差异，我们称之为时间人格上的差异。时间人格(time personality)就是个人对待时间的方式。人们对待时间的方式有许多差异。时间最公平，它给勤奋的人留下智慧和力量，而给懒惰的人留下空虚和懊恼；时间瞬息即逝，有的人总是在检查自己对时间抓得紧不紧，而有的人总是白白消耗时光还埋怨时间过得太慢；平庸者坐失良机，智慧者能抓住良机并且能创造良机。凡此种种实例，到处可见。

从1997年开始我们对时间人格的研究主要集中在下列三个方面：(1)时间管理倾向研究。在深入实际调查的基础上我们编制了由时间价值感、时间监控观及时间效能感三个指标构成的"青少年时间管理倾向量表"，该量表的信效度均符合心理测量学的要求，还探讨过青少年的时间管理倾向与学业成绩、个人能力、自我观念、工作成就的关系。(2)时间洞察力研究。时间洞察力是指个体对于时间的认知、体验和行动的一种人格特质，它既具有能力的性质(由认知加工、时间管理和决策等构成)，也具有动力的性质(由价值观、责任感、义务感、荣誉感、事业心等构成)。人生从过去、经现在、向着未来，时间洞察力还包含过去时间洞察力、现在时间洞察力与未来时间洞察力，其中所含的认知、情感和行动倾向成分也不相同；其中有些属于状态时间洞察力(state time perspective)，有些则属于特质时间洞察力(trait time perspective)，后者才是时间维度上的人格特质。我们从我国的实际出发探讨过时间洞察力的结构成分，编制过两个(过去、未来)时间洞察力量表。(3)不同自我同一性状态下的时间洞察力研究。我们考查了不同自我同一性状态下的被试在其过去、现在和未来的时间体验上的差异；还探讨过时间自我评价的理论意义和实践意义。

我们在时间人格领域还有许多问题需要进一步深入探讨：

(1)时间管理倾向、时间洞察力、时间自我同一性的实质是什么？其核心指标是什么？怎样区分状态时间洞察力与特质时间洞察力？

(2)时间洞察力是先天的还是后天的？

(3)时间自我同一性的稳定性与变异性有怎样的关系？

(4)时间管理就是自我管理，那么我们怎样来塑造自己的时间人格呢？

三、我与人格心理学的结缘

我曾给大学生做过几次人格心理学的专题讲座。张春兴先生邀我参加他主持的"世纪心理学丛书"撰写，我很乐意接受《人格心理学》的撰写工作。接受此任务后用什么框架来建构全书使我很是纠结。当时教科书的结构大多是理论范型取向，由于交书稿时间的限制，我便采用了人格理论范型取向加人格研究专题的方式来撰写《人格心理学》(1998年由台北东华书局出版，2002年由杭州浙江教育出版社出版)。

我的《人格心理学》虽然已经完成，但内心并不满意。怎样撰写一本中国特色的人格心理学著作呢？这成了我久久难以释怀的难题。在学习《论语》的过程中我终于找到了答案：孔子推崇的君子人生便是我要寻找的人格样板。君子人生格调也就是君子人格。孔子所推崇的君子人格都是从知、情、意、行的整体角度提出来的。例如，"子谓子产：'有君子之道四焉：其行己也恭，其事上也敬，其养民也惠，其使民也义。'"(《公冶长》)子曰："君子成人之美，不成人之恶；小人反是。"(《颜渊》)子曰："君子矜而不争，群而不党。"(《卫灵公》)司马牛问君子，子曰："君子不忧不惧。"曰："不忧不惧，斯谓之君子已乎？"曰："内省不疚，夫何忧何惧？"(《颜渊》)《论语》中孔子推崇的君子人格就包含了人生追求、人生态度、人生智慧和人生修养。我做了初步的归纳，今后如果要撰写中国特色的人格心理学著作，我将按这四个部分加以构建。

(一)君子的人生追求

人生追求(life purpose)也称人生目标、人生抱负，是个人内心的动力坐标，指个人以积极的行动来争取某个目标的达成，因而具有方向性和持久性。君子的人生追求是仁、义、忠、恕。

1.仁、义

子曰："君子道者三……仁者不忧，知者不惑，勇者不惧。"(《宪问》)又说："君子去仁，恶乎成名？君子无终食之间违仁，造次必于是，颠沛必于是。"(《里仁》)"樊迟问仁。子曰：'爱人。'"(《颜渊》)爱人有各种表现：爱护、同情、怜悯、体谅、厚道、忍让、慈爱、友善、善良、报恩等。仁是爱人的态度。

子曰："君子喻于义，小人喻于利。"(《里仁》)子曰："君子义以为上，君子有勇而无义为乱，小人有勇而无义为盗。"(《阳货》)子曰："君子之于天下也，无适也，无莫也，义之与比。"(《里仁》)子曰："君子义以为质，礼以行之，孙以出之，信以成之。君子哉!"(《卫灵公》) 孔子认为义的本质是实行仁，是对原则的态度。

2.忠、恕

《论语·颜渊》篇记载："仲弓问仁。子曰：'……己所不欲，勿施于人。'"又说："己欲立而立人，己欲达而达人。"(《雍也》)推己及人的肯定方面是"尽己为人"，孔子称之为"忠"；而推己及人的否定方面是"己所不欲，勿施于人"，孔子称之为"恕"。"子曰：'参乎！吾道一以贯之。'曾子曰：'唯。'子出。门人问曰：'何谓也？'曾子曰：'夫子之道，忠恕而已矣。'"(《里仁》)忠恕之道就是行仁道。

"忠"的对象有多种，除了忠于君，如"君使臣以礼，臣事君以忠" (《八佾》)，还有忠于人，如“居处恭，执事敬，与人忠”（《子路》）；忠于长上，如“孝慈则忠”（《为政》）；忠于朋友，如“子贡问友，子曰：‘忠告而善道之……’”（《颜渊》）；忠于职守，如“子张问曰：‘令尹子文三仕为令尹，无喜色；三已之，无愠色，旧令尹之政，必以告新令尹。何如？’子曰：‘忠矣！’”（《公冶长》）。

（二）君子的人生态度

人生态度（life attitude）是指对人生所持的举止心情，它是一种具有持久性和一致性的倾向，这种倾向是与对人生目的的理解相联系的。通常人生态度包含认知、情感和行为倾向三种成分。君子的人生态度如下：

1.知命而行

子曰：“不知命，无以为君子也。”（《尧曰》）孔子说的“命”就是内心的使命感。子曰：“君子有三畏，畏天命，畏大人，畏圣人之言。小人不知天命而不畏也，狎大人，侮圣人之言。”（《季氏》）孔子的人生态度坚定不移，具有“知其不可而为之”的献身精神。

2.践行仁道

子曰：“唯仁者能好人，能恶人。”（《里仁》） 又曰：“我未见好仁者，恶不仁者，好仁者无以尚之，恶不仁者，其为仁矣。”（《里仁》）

子贡问：“乡人皆好之，何如？”子曰：“未可也。”“乡人皆恶之，何如？”子曰：“未可也，不如乡人之善者好之，其不善者恶之。”（《子路》）

君子好善恶恶而践行仁道。

3.言行一致

子曰：“君子耻其言而过其行。”（《宪问》）又曰：“……故君子名之必可言也，言之必可行也。君子于其言，无所苟而已矣！”（《子路》）

4.心怀宽广

子曰：“君子坦荡荡，小人长戚戚。”（《述而》）子曰：“富与贵，是人之所欲也；不以其道得之，不处也。贫与贱，是人之所恶也；不以其道得之，不去也。君子去仁，恶乎成名？君子无终食之间违仁，造次必于是，颠沛必于是。”（《里仁》）讲求安贫乐道，心安神泰。

（三）君子的人生智慧

人生智慧（life wisdom）是对人生的独特的理性思考，也是对人生的持久的创造性的智力活动。君子的人生智慧有哪些特点呢？

1.行中庸

子曰：“中庸之为德也，其至矣乎！民鲜久矣。”（《雍也》）在《中庸》中，仲尼曰：“君子中庸，小人反中庸。君子之中庸也，君子而时中；小人之中庸也，小人而无忌惮也。”

2.尊理性

“樊迟问知(智)。子曰:‘务民之义,敬鬼神而远之,可谓知(智)矣。’”(《雍也》)。《论语》中谈仁很多,谈智较少。但“知”与“智”的含义有相似之处。子曰:“知者不惑”(《宪问》),“择不处仁,焉得知”(《里仁》)。这里的知都有明智、智慧、理性的意思。《中庸》列出的三达德,智甚至排在首位,居仁之首,说明孔学是十分重视智慧、理性的,但孔学的智慧既不是技术思维,也不是聪明计算,更谈不上是探求科学的手段,而是一种修德从善的理性思考。

(四)君子的人生修养

人生修养(moral upbringing of life)指养成正确对待自己人生的行为方式,人生修养即修身。在《论语》中孔子关于君子修身的论述很多,下面择其要者而述之。

1.好学

子曰:“君子食无求饱,居无求安,敏于事而慎于言,就有道而正焉,可谓好学也已。”(《学而》)子曰:“有颜回者好学,不迁怒,不贰过。不幸短命死矣,今也则亡,未闻好学者也。”(《雍也》)

子曰:“由也!女闻六言六蔽矣乎?”对曰:“未也。”“居!吾语女。好仁不好学,其弊也愚;好知不好学,其蔽也荡;好信不好学,其蔽也贼;好直不好学,其蔽也绞;好勇不好学,其蔽也乱;好刚不好学,其蔽也狂。”(《阳货》)好学是君子必须具备的人格特征,在仁、知、信、直、勇、刚的形成中起着重要作用。同时,孔子还指出好学才能增长才干。子曰:“小子何莫学夫诗?诗,可以兴,可以观,可以群,可以怨。迩之事父,远之事君;多识于鸟兽草木之名。”(《阳货》)孔子还强调:“君子病无能焉,不病人之不己知也。”(《卫灵公》)

2.自省

子曰:“见贤思齐焉,见不贤而内自省也。”(《里仁》)

子曰:“君子有九思:视思明,听思聪,色思温,貌思恭,言思忠,事思敬,疑思问,忿思难,见得思义。”(《季氏》)又说:“君子有三戒:少之时,血气未定,戒之在色;及其壮也,血气方刚,戒之在斗;及其老也,血气既衰,戒之在得。”(《季氏》)曾子曰:“吾日三省吾身——为人谋而不忠乎?与朋友交而不信乎?传不习乎?”(《学而》)因此,“躬自厚而薄责于人”(《卫灵公》)便成了修身之方。

3.谨言敏行

子曰:“巧言令色,鲜矣仁。”(《学而》)“巧言、令色、足恭,左丘明耻之,丘亦耻之。”(《公冶长》)子曰:“君子耻其言而过其行。”(《宪问》)子曰:“先行其言,而后从之。”(《为政》)又曰:“古者言之不出,耻躬之不逮也。”(《里仁》)君子“敏于事而慎于言”(《学而》),“君子欲讷于言而敏于行”(《里仁》)。“子曰:‘能行五者于天下为仁矣。’……‘恭、宽、信、敏、惠。恭则不侮,宽则得众,信则人任焉,敏则有功,惠则足以使人。’”(《阳货》)

孔子虽然没有在《论语》中提出“修身”的概念,但却提过与之相类似的,如“克己”“修己”“正身”“求诸己”“自省”“自讼”等概念,十分重视人生修养。

2000年底,我在大学生中做过一个开放式问卷调查:“你认为什么样的行为是心理健康者的特征性行为?依据你的看法,请写出5至10条。”收回问卷49份,提出的特征性行为共计393条,经内容分析可以看出当代大学生对心理健康的追求大多已超出了心理是否有疾病的标准。他们所追求的心理健康标准更高,可以将大学生的心理健康期盼概括为:

对世界抱开放态度,乐于学习和工作,不断吸取新经验;

以正面的眼光看待他人,有良好的人际关系和团队精神;

以正面的态度看待自己,能自知、自尊、自我悦纳;

以正面的态度看待现在和未来,追求现实且高尚的生活目标;

以正面的态度对待挫折,能调控情绪,心境良好。

综合孔子推崇的君子人格以及西方心理学家关于健康人格的理论和当代大学生对最佳的心理健康者的期盼,我提出了健全人格理论(perfect personality theory)。我认为,当代大多数大学生所追求的理想人格或优秀人格就是源自孔子推崇的君子人格。心理健康是一个连续体,连续体的一端是最差的心理健康状态,即心理疾病或心理障碍,而它的另一端是最佳的心理和行为状态,即健全人格。健全人格是个人最佳的心理和行为的有机结合,是当代大学生所期盼的人格,也是当代的君子人格。

健全人格是一个动态系统,它是由许多心理成分组成的复杂组织,其中最主要的是三个具有独立功能的成分。这三个成分可以用三个同心圆来表示,其中最核心的是正确的价值观。价值观是每个人区分好坏、美丑、对错的信念系统,它通常是充满情感的,不仅引导人们追求自己的理想,而且还决定着人生中的种种选择。健全人格的第二层次是积极的自我观,即个人积极主动地面对自己的人生,包含自爱、自立、自信、自省和自强等。健全人格的第三层次是追求未来梦想的优良品格,属于相对表层的要素,如好学、有责任心、肯实干、宽恕、同理心、互助合作、心境平和以及勇气、节俭等品格。上述这三类心理成分也就是健全人格的三个子系统,它们又是相互关联、相互影响的。我们还对健全人格系统的稳定性和可变性做过一些研究。

四、我与应用心理学的结缘

虽然我主要从事基础心理学的教学和研究,但对心理学的应用也一直十分重视。

因为我认为一门学科是否有生命力，它的影响力大小，在很大程度上取决于该学科对社会的贡献。中国心理学研究，不仅应当对学科的理论建设有更大的贡献，还应该更多地参与解决社会中的各种实际问题。无论是基础理论抑或是社会实用问题，我们都应努力进行探究。

2005年，由我担任首席专家的教育部哲学社会科学重大研究课题攻关项目“中国心理健康服务体系现状及对策研究”获得批准（批准号：05JZD00031）。我们用了五年时间完成该项目，在全国取样五万余份，其最终成果《中国心理健康服务体系建构》约50万字，内容包括第一编心理健康服务的理论基础（含三章），第二编需求方分析（含四章），第三编服务方分析（含三章），第四编心理健康服务的影响因素（含三章），第五编心理健康服务的效果与对策（含四章），总计五编十七章构成。

20世纪初期，西方心理健康服务的理论和方法传入中国，但在我国古代典籍中早已有心理健康服务的理论和方法。例如在理论方面，孔子（前551—前479年）的仁学，倡导忠以克己，恕以待人，“知其不可而为之”的处世态度；《老子》是战国时期道家的一部经典著作，除了有其论述的修身养性之道外，还包含有丰富的辩证法思想，如以柔克刚、以弱胜强、祸福相倚、物极必反、要从反面入手才能取得正面结果等等。浩如烟海的我国儒释道经典著作无疑可以成为中国特色心理健康服务的理论根基。

关于维护心理健康的方法，我最近学习了早在春秋战国时期成书的《黄帝内经》，感慨很多。《黄帝内经》不仅是中医学的理论基础，而且在心理治疗方面也有许多独到的见解，很值得我们研究。

例如，《黄帝内经·素问》中阴阳应象大论篇和五运行大论篇都指出：“怒伤肝，悲胜怒”，“喜伤心，怒胜喜”，“思伤脾，怒胜思”，“忧伤肺，喜胜忧”，“恐伤肾，思胜恐”，这说明“情志相胜”的基本原理，即有意识地采用一种情志活动，去控制、调节因另外一种情志而引起的疾病，从而达到治疗心身疾病的目的。脏象五行学说把人的情志分为怒、喜、思、悲、恐五类，并用五行学说来表示它们的联系，但我们也不能机械地照搬五行相克之说，因为某种疾病可能是由某种情志之偏而导致的，也可能是多种原因造成的。例如情绪表达要适度，不可过度，“悲哀动中者，竭绝而失生。喜乐者，神惮散而不藏。愁忧者，气闭塞而不行。盛怒者，迷惑而不治。恐惧者，神荡惮而不收”（《灵枢·本神》）。对于过度的情绪，医家则设法加以制止。例如，一般而言，喜对身体有益，但喜乐过度，就会导致喜极气散不能收藏。《素问·举痛论》提出“恐则精却”“恐则气下”，以治疗喜乐过度而导致的精神疾患。

又例如，《素问·移情变气论篇》说：“闭户塞牖，系之病者，数问其情，以从其意。得神者昌，失神者亡。”即是说，关好门窗，向病人详细询问病情，使他愿意如实地说出病情。经过问诊并参考色脉之后，便可作出判断：如果病人面色光华，脉息和平，这叫“得神”，预后良好；如果病人面色无华，脉不应时，这叫“失神”，预后不佳。也就是说，在进行言语开导时，医生必须取得患者的信任，在安静无干扰的环境下以严肃、亲切的态度对待患者。这既有利于让患者诉说病痛，具有心理疏导之功效，同时也能使患者提升战胜疾病的信心。《灵枢·师传》中还说：“岐伯曰：人之情，莫不恶死而乐生。告之以其败，语之以其善，导之以其所便，开之以其所苦。虽有无道之人，恶有不听者乎？”岐伯说，人之常情，没有不怕死的，人们都喜爱活着。告诉他哪些对人有害处，哪些对人有好处，用适宜的方法指导他，解开他心中的苦痛。即使是不懂道理的人，难道会不听劝告吗？这正是心理疏导的精髓。医生通过阐述、解释、鼓励、安慰、保证、暗示等方法晓之以理、动之以情、喻之以例，这种开导式心理治疗对患者是很有帮助的。

从2013年起，我和陈红教授开始筹划和推进社区心理学专业委员会的建立。2014年10月10日，中国心理学会常务理事会批准筹建社区心理学专业委员会。2015年9月，中国心理学会社区心理学专业委员会(筹)首届学术会议在苏州大学召开。同年10月，在中国心理学会十一届八次常务理事会上，与会的常委们以全票通过社区心理学专业委员会(筹)的转正申请。社区心理学专业委员会挂靠西南大学心理学部，第一届主任是陈红，副主任包括马建青、王振宏、赵俊峰、刘电芝、夏凌翔(兼任秘书长，2016年底改由吕厚超担任)，标志着我国制度化的社区心理学正式建立。至今，中国心理学会社区心理学专业委员会已成功举办六届学术年会。社区心理学正在我国蓬勃兴起，重庆、江苏、北京、上海、天津、湖南等地先后建立了研究机构，并开展了大量关于社区心理学的研究和实践工作。2017年11月2日，中国社区心理学服务与研究中心(China Community Psychology Service and Research Center)在西南大学举行揭牌仪式，首个中国社区心理学服务与研究中心正式成立。

为了扩大学术影响力，促进社区心理学的研究和交流，2014年12月社区心理学专业委员会(筹)决定主办《社区心理学研究》集刊，并成立了以我为主编，陈红、韩世辉(后由苏彦捷担任)、马建青、毕重增(常务)为副主编的首届编委会，至今已出版了10卷；2021年4月被南京大学中国社会科学评价中心认定该刊为CSSCI(2021—2022)收录集刊。在中国心理学会社区心理学专委会成立初期，以我为顾问，陈红教授为主任，联合二十余位心理学家翻译出版了《社区心理学译丛》(共10本)。由我任主编，毕重增、苏彦捷、陈红任副主编的《社区心理学导论》教材即将在人民教育出版社付梓出版，全书涵盖了中国特色社区心理学的观点和方法、社区氛围与社区价值观、社区亚群体心理、社区应用心理以及社区心理学的未来方向等部分。我们决心把心理学的成果写在社区千家万户的心坎里，努力构建中国特色社区心理学的话语体系。

实事求是是中国特色社区心理学生存和发展的命脉。我们要到社区中去研究，把仁爱、正义、文明、和谐、诚信作为中国特色社区心理学的理论基础。这五项价值原则不仅符合新时代的社区建设的要求，而且它源自中华传统文化的核心价值观（仁、义、礼、智、信），已经根植在中国人的内心，潜移默化地影响着我们的思维模式、情感倾向和行事风格，有助于中华优秀文化传统在我国社区的传承和弘扬。社区五价值理论（five-values theory of community psychology）弘扬了人性的真善美，鞭挞了假恶丑，为居民健全人格的养成及和谐幸福社区的建设提供理论支撑。心怀着服务国家富强、民族复兴、人民幸福安康的愿望，我相信中国特色社区心理学必定有大的发展，在理论建设和践行服务等方面取得辉煌的成绩。

心理学是一门探寻心迹、理解人生、点燃心灵真善美的学问。我热爱心理学，心理学成了我生命的一部分；它给了我欢乐和满足，也使我迷茫和焦虑。我从事心理学教学和研究61年的心得体会对于后来者少走些弯路可能是有益的。

是为序。

黄希庭　谨识

2021年5月于西南大学心理学部

序

《心理学导论》第一版于1991年5月出版，1995年获国家教委第三届普通高等学校优秀教材二等奖。2003年，以该教材为基础的普通心理学课程被评为国家精品课程。2006年，修订《心理学导论》被列入普通高等教育"十一五"国家级规划教材项目。截至2006年9月，《心理学导论》第一版已累计印刷21次，印数达149000册。很早以前我就想修订这本书，但迟迟没有动笔，一方面是由于一直忙于教学和科研工作，另一方面是一直在思考如何修订出一本适合新时代要求的专业基础课教材。

心理学是一门古老、年轻而又发展非常迅速的学科。普通心理学是心理学专业的基础课程、核心课程。它所涉及的领域广、发展快。特别是20世纪最后十年左右，随着科学技术的发展，其内容更加拓宽和深化，新的研究成果不断涌现。《心理学导论》是专为初学心理学的大学生编写的，其任务是给他们今后学习心理学打好基础，给以入门之道。该怎样修订这本教材呢？首先我想到要以邓小平理论和教育要"面向现代化、面向世界、面向未来"为指导，贯彻落实《中国教育改革和发展纲要》精神，遵循教学规律和科学发展规律，为培养德、智、体、美全面发展的人才服务。为此，本次修订在以下四个方面进行了努力。

首先，力求夯实基础。基础课加强基础乃是永恒的主题。第二版加强了对心理学的基本概念、基本原理和基本理论的阐述，特别加强了从当代心理学多种研究取向综合的角度加以阐述。为此，首先要从当代心理学多种研究取向整合的观点来审视、提炼、精选内容，然后才能用整合的观点来加以阐述。这样做，不仅能使学生扎实掌握心理学的基本概念、原理和理论，而且有助于他们了解当代心理学的发展趋势和科学心理观的形成。在我看来，加强基础，不一定要增加篇幅。我删除了第一版教材中的第二、六、十、十五、十七和十八章，将其中的有关内容加以压缩归入第二版各章之中。例如，把第一版的第六章"注意"归入第二版第八章"意识和注意"中，把第一版的第十章"心象"归入第二版第十一章"思维"中，把第一版的第十七章"气质"和第十八章"性格"归入第二版第十六章"人格"中，从而也避免了与一些后继课程的重复。

其次，力求系统完整地阐述个体心理的主要方面。从系统论的观点来看，个体心理可以从不同的维度来进行考察。本书由五部分构成：第一章"绪论"，阐述心理学的性质、方法、过去和现状，着重讨论了心理学的科学性问题。第二章至五章，阐述个体心理的生理基础、环境基础、毕生发展，以及个体行为的动力系统（需要、动机和价值观）。第六章至十二章，阐述认知过程，包括感觉、知觉、意识与注意、学习、记忆、思维和语言。第十三章和十四章，阐述情绪和意志。意志是心理学研究中最薄弱的领域，第二版有所加强。第十五章和十六章，阐述个体差异的主要方面：智力和人格。这五个部分自成系统，完整地阐述了正常个体心理的主要方面。

第三，力求教材内容现代化。第二版共16章，与第一版相比较，新增了5章，即第四章“人的毕生发展”、第八章“意识与注意”、第九章“学习”、第十五章“智力”、第十六章“人格”。全书其余各章也都增加了不少新内容，还推荐了新的阅读书目，列出了参考文献和索引。

第四，力求培养学生的创新精神，使他们成为幸福的进取者。给学生推荐阅读书目，目的是使他们自主地去掌握知识，但这还不是教学的最终目的，还要教给学生获取知识的方法，培养其创新精神。第二版列出的“热点问题讨论”介绍了心理学家们就某个有争议的问题所提供的研究成果与观点，读者可以了解到心理学家们是怎样从不同的角度和用不同的方法来解决问题的，从中可以学到用宽广的视野去发现问题、分析问题和解决问题的本领。心理学是一门为人类谋幸福的学问。第二版中列出的“心理学与人生”专栏，目的是让读者在求知的过程中能联系自己的生活实际，以培养健全人格，成为幸福的进取者。

在本书的修订过程中得到我校国家精品课程普通心理学课题组成员郑涌教授及凤四海、毕重增副教授的协助。我的博士生窦刚、陈莹、汪宏、陈燕、尹华站、涂勇、陈幼贞、陈本友、张锋、杨红升、徐华春、程科等阅读过本书的部分书稿。他们提供了很好的建议和资料。我的硕士生苏丹、陈有国还有黄岗为书稿的文字处理付出了辛劳。第二版能够顺利出版还与人民教育出版社的大力支持分不开。在此一并致以深切的谢忱。

教材建设是一项系统工程。与国家精品课程教材《心理学导论》相配套的教学参考书包括三本，分别是有关创新性思维训练、实验与研究、学习指导方面的。不久我们将陆续推出这套教学参考书，以飨读者！

时代在发展，心理学研究成果在不断涌现，教材内容和形式也在变化。跟上时代步伐是我的愿望，第二版如有缺点和错误，敬请读者和专家不吝赐教，以便今后把教材建设工作做得更好。

黄希庭　谨识

2007年5月于西南大学窥渊斋

目　录

总序　I－XII

序　01－02

第一章　绪论　001

第一节　心理学的性质　001

第二节　心理学的方法　009

第三节　心理学的历史和现状　022

第二章　心理的生物基础　041

第一节　神经系统与神经元　041

第二节　脑的三大机能系统　046

第三节　脑机制的研究方法　053

第四节　内分泌系统　057

第五节　遗传对行为的影响　060

第三章　心理的环境基础　067

第一节　环境的内容　067

第二节　自然环境　072

第三节　文化传统与拷贝世界　077

第四节　社会影响　082

第五节　舆论、风俗和时尚　092

第四章　生命全程发展　097

第一节　概述　097

第二节　孕期与婴儿期　102

第三节　幼儿期和儿童期　111

第四节　青少年期　118

第五节　成年期　121

第五章　需要、动机与价值观 | 125
第一节　概述 | 125
第二节　生物性需要 | 130
第三节　社会性需要 | 137
第四节　动机理论 | 143
第五节　价值观 | 147

第六章　感觉 | 155
第一节　概述 | 155
第二节　感觉的基本规律 | 159
第三节　视觉 | 166
第四节　听觉 | 174
第五节　其他感觉 | 180

第七章　知觉 | 185
第一节　概述 | 185
第二节　知觉的特征 | 191
第三节　空间知觉 | 199
第四节　时间知觉 | 205
第五节　运动知觉 | 209
第六节　错觉 | 211

第八章　意识与注意 | 217
第一节　概述 | 217
第二节　注意的种类与机制 | 222
第三节　睡眠与梦 | 233
第四节　催眠 | 240
第五节　精神药物与异常意识状态 | 245

第九章　学习 | 253
第一节　概述 | 253
第二节　经典条件作用 | 255
第三节　操作条件作用 | 261

第四节　认知学习 | 267
第五节　学习迁移 | 275

第十章　记忆 | 279
第一节　概述 | 279
第二节　感觉记忆 | 285
第三节　短时记忆 | 287
第四节　长时记忆 | 294
第五节　遗忘 | 307

第十一章　思维 | 315
第一节　概述 | 315
第二节　概念形成 | 319
第三节　推理 | 324
第四节　问题解决 | 328
第五节　创造思维 | 339

第十二章　语言 | 347
第一节　概述 | 347
第二节　语言习得 | 356
第三节　语言产生 | 366
第四节　语言理解 | 371

第十三章　情绪 | 379
第一节　概述 | 379
第二节　情绪体验 | 384
第三节　情绪状态 | 389
第四节　表情 | 395
第五节　情绪理论 | 402

第十四章　意志 | 409
第一节　概述 | 409
第二节　意志的心理结构 | 413

第三节　意志控制与失控 | 421
第四节　意志品质 | 426

第十五章　智力 | 433
第一节　概述 | 433
第二节　智力测验 | 437
第三节　智力结构 | 443
第四节　智力发展 | 451
第五节　智力特殊者 | 458

第十六章　人格 | 463
第一节　概述 | 463
第二节　人格精神分析论与人本论 | 471
第三节　人格的特质论与学习论 | 483
第四节　人格评鉴 | 495

索引 | 503
参考文献 | 565

第一章　绪论

心理学无处不在。它所包含的全部内容都是我们对人类自己的理解：我们的学习，我们的喜怒哀乐，我们行为的动机。所有这些经验，无论是在上学、工作或休闲时，我们无时无刻不在经历着。那么，什么是心理学呢？本章将从心理学的性质、方法以及历史与现状来讨论这个问题。

第一节　心理学的性质

心理学(psychology)是研究心理现象的科学。在这个定义中涉及心理现象和心理学是一门科学这两个问题，下面将讨论这两个问题。

一、个体心理现象的粗略分类

感觉、注意、记忆、情感、性格、焦虑、郁闷、烦心、惬意、爱恋等心理现象或心理事件，我们每个人都很熟悉，在日常生活中大家经常在使用这些词汇。不同学科的专家从不同的角度在研究心理现象。例如，哲学家从“物质第一性，意识第二性”的角度把心理定义为“是脑的机能，是对客观现实的反映”。文学家则从生动描述的角度来呈现心理现象，留下了脍炙人口的心理描写，如《红楼梦》中宝玉失玉后黛玉的忽悲忽喜，《安娜·卡列尼娜》中安娜自杀前激愤心情，《奥赛罗》中奥赛罗的病态的猜疑嫉妒，《钢铁是怎样炼成的》中保尔被炮弹炸伤昏迷后的奇异幻觉等。心理学家则从科学研究的角度来探讨心理现象。

要科学地研究心理现象，就必须对名目繁多、异常复杂的心理事件进行分门别类的研究。现代心理学的一种流行观点是把人的心理作为一个复杂的系统。任何系统都可以做多种描述。人的复杂心理系统也可以从不同的角度来进行考察，大致可以从以下几个类别来考察：从个体心理的动态——稳态维度，可以区分出心理过程、心理状态和心理特征；从个体心理能否被觉知到，可以区分出意识和潜意识；此外还可以区分为心理与行为。

(一)心理过程、心理状态和心理特征

1.心理过程

在心理学中,心理过程(mental process)与心理活动这两个术语往往交替使用。通常把认知、情绪和意志视为最基本的心理过程。

认知过程(cognitive process)是指个人获取知识和运用知识的心智活动。它包括感觉、知觉、记忆、思维、想象和言语等。个人对世界的认识始于感觉和知觉。我们的眼、耳、鼻、嘴和皮肤是我们与外部世界保持接触的主要感觉系统。通过感觉我们获取事物个别属性的信息,如颜色、明暗、声调、气味、粗细、软硬等。通过知觉我们能认识事物的整体及其关系,如一块黑板、一辆小汽车、一幢房子、一个美丽的公园、一群人等。感觉和知觉通常是同时发生的,因而合称为感知。感知过的经验能贮存在头脑中,必要时借助于记忆将有关信息提取出来,这叫记忆。借助感觉系统认识周围世界的可能性是很有限的。它只能使我们认识到直接作用于感官的具体事物。我们了解世界的知识显然不是仅仅由感知觉提供的,我们还能通过对象征、顿悟、问题解决、复杂规则的运用等心智活动,认识事物的本质和规律,这要借助于思维和想象活动。例如,人们关于太阳系起源的知识和史前时代早期人类社会生活的知识等,则是借助于思维、想象而获得的。人类的认知活动与言语活动是密切联系的。语言在人类的认知活动中扮演着重要的角色。感觉、知觉、记忆、思维、想象等都是一些使人获得知识的心理过程,因此统称为认知过程。

当人认识周围世界的时候,他总是以某种态度来对待它们的,内心会产生一种特殊的体验。或兴奋或沉醉,或愉悦或沮丧,还有我们通常所说的喜、怒、哀、惧,以及美感、理智感、自豪感、自卑感等,产生这些心理现象的历程称为情绪过程(emotional process)。人产生情绪时一般具有动机的特性,而动机倾向的增强因素往往有强烈的情绪色彩。因此也可以把这两种心理事件合在一起称为动机情绪过程(motivation emotional process)。

人不仅能认识世界,对事物产生某种情绪体验,而且能在自己的活动中有目的、有计划地改造世界。人在自己的活动中设置一定的目的,按计划不断地排除各种障碍,力图达到该目的的心理过程称为意志过程(willed process)。

认知、情绪和意志过程简称为知、情、意。任何心理过程都有一定的心理操作的加工程序。例如,思维总要经过遇到问题、分析问题、试行解答、加以论证等加工程序。又如,憎恨的情绪总要经过认识对象的丑恶品质而产生。克服困难的意志过程也一样,人总是根据对客观事物的认识,提出改造这个事物的目标,制订一定的计划,在执行计划的过程中克服、排除内部和外部的障碍,然后才达到目的。这当中都有一系列的心理操作的加工程序。这些心理活动之所以称为心理过程,是因为其心理操作是一步一步进行的,呈明显

的动态性。同时，在现实生活中，人的认知、情绪与意志活动并不是彼此孤立地进行的，而是紧密联系、相互作用的。一方面，人的情绪和意志受认知活动的影响。所谓“知之深，爱之切”就说明认知对情绪的影响，而“知识就是力量”则说明认知对意志行动的重要影响。另一方面，人的情绪和意志也影响着认知活动。积极的情感、锐意进取的精神能推动人的认知活动；相反，消极的情感、萎靡不振、畏难苟安就会阻碍人的认知活动。再者，情绪和意志也是密切联系、相互作用的。情绪既可以成为意志行动的动力，也可以成为意志行动的阻力；而人的意志也可以控制、调节自己的情绪。

2.心理状态

我们的心理活动在一段时间里会出现相对稳定的持续状态，这类心理现象被称为心理状态（mental state）。人的认知、情绪和意志等心理活动都可能会出现相对稳定的心理状态。例如，问题解决的思维过程中有时会出现灵感状态、迟疑状态或刻板状态。此外，认知过程中的聚精会神状态和注意涣散状态，情绪过程中的心境状态和激情状态，意志过程中的信心状态和犹豫不决状态等，都属于心理状态。通常，心理状态是人在一定时间内各种心理活动的综合表现。例如，俗话说的“人逢喜事精神爽”，就是这个人在一段时间里，感知敏锐、记忆清晰、思维活跃、情绪开朗、做事果断……表现为心理上的振奋状态。心理状态是心理过程的相对稳定状态，其持续时间可以是几个小时、几天或几个星期。它既不像心理过程那样动态、变化，也不同于心理特征那样持久、稳定。

3.心理特征

心理特征（mental characteristics）是指一个人的心理过程进行时经常表现出来的稳定特点。例如，有的人观察敏锐、精确，有的人观察粗枝大叶；有的人记得快、记得牢，有的人记得慢、忘得快；有的人思维灵活，有的人思维迟钝；有的人情绪稳定、内向，有的人情绪易波动、外向；有的人意志果断，坚忍不拔，有的人优柔寡断，朝三暮四等等。在个人的知、情、意心理活动中经常表现出来的稳定特征，即为这个人的心理特征或个性心理特征（individual mental characteristics）。而个人的多种心理特征有机整合所显示出来的独特的精神面貌和行为，在心理学上称为人格。

在个人的心理生活中，心理过程、心理状态和心理特征是密切联系着的。首先，心理状态和心理特征是在心理过程进行中形成和表现出来的。如果没有对周围世界的认知、产生一定的情绪体验，没有对环境相互作用的意志行动，人的心理状态和心理特征便无由形成，同时也无法表现出来。其次，心理过程的进行受心理状态和心理特征的影响和制约。例如，心灰意懒的心理状态不仅使人的情绪低落，而且会降低认知和行动的效率；精神振奋状态不仅使人的情绪高涨，而且会影响认知和行动的效率。又如，在思维过程中不同的思维品质(灵敏性、逻辑性、广阔性等)制约着对问题解决的心理操作的加工程序(速度、方向、转换等)。最后,心理状态和心理特征也是密切联系的。如果说心理特征是个人稳定的特征,那么心理状态则是相对可变的、流动的。例如,腼腆是稳固的个性特征,尴尬或坦然是暂时的心理状态。心理状态是一种介于心理过程和心理特征之间的相对稳定的状态。如果某类心理状态(如漫不经心)经常反复出现,并且持续时间也愈来愈长,那么这类心理状态就有可能转化为这个人的心理特征(粗心大意的个性心理特征)。个性心理特征又会影响心理状态的性质。内向、依赖的人受到挫折时多半产生内疚、自责等心理状态,而机灵活泼、自信的人面对挫折往往能泰然自若。当然个人的心理特征也会随情境的变化、时间的变化和其他因素的变化而发生一定的变化,不会是一成不变的。总之,从人的心理现象的动态——稳态维度来看,心理过程、心理状态和心理特征是既有区别而又密切联系的。它们构成了心理学研究的基本内容。

(二)意识和潜意识

我们的心理过程、心理状态和个性心理特征,有些是我们能够觉知到的,但有些是我们不能觉知到的。从能否被当事人觉知到的角度来看,可以把人的心理划分为意识现象和潜意识现象。

意识(consciousness)就是现时正被人觉知到的心理现象。我们在清醒状态下,能够意识到作用于感官的外界环境(如感知到各种颜色、声音、车辆、街道、人群等等);能够意识到自己的行为目标,对行为加以控制,使环境适应自己的需要;能够意识到认识、情绪和意志行动中的心理活动和心理状态;能够意识到自己的身心特点和行为特点,把“自我”与“非我”、“主体”与“客体”区别开来;还能意识到“自我”与“非我”、“主体”与“客体”的相互关系。个人对于自我的意识称为自我意识。意识使人能够认识事物、评价事物、认识自身、评价自身,并实现对环境和自身的能动的改造。总之,意识是我们保持生活正常的心理部分,它涉及我们心理现象的广大范围,就像一个复杂庞大的心理文件系统,包含着我们觉知到的一切消息、观念、情感、希望和需要等等,还包括我们从睡眠中醒来时对梦境内容的意识。我们对这些“心理文件”的觉知,通常是用词来标记的。

除了意识过程,人还有潜意识活动。潜意识过程在人的心理生活中是很普遍的。我们每个人都有做梦的经验,梦境的内容可能被我们意识到,但梦的产生和进程是我们意识不到的,也不能进行自觉调节和控制的。人的自动化了的活动,在通常的情况下我们是意识不到这类活动的结构的。无法回忆起的记忆或无法理解的情绪常属于潜意识之列。潜意识中的一些东西偶尔也会闯入意识之中,诸如失言、笔误,会把自己潜意识的愿望泄露出来。有意识的动作或经验可能在梦境、联想和神经紧张症中表现为潜意识的东西。总之,潜意识过程(unconscious process)是指不能觉知到的一种心理活动,是人反映外部世界的一种特殊形式。人们借助于它来回答各种信号,而未能意识到这种反应的整个过程或它的个别阶段。在人的日常生活、学习和工作中,意识活动和潜意识过程是紧密联系着的。意识和潜意识都是心理学的研究范围,关于这个问题,本书第八章将进行深入的讨论。

(三)个体心理与行为

心理学通过行为来研究有机体的心理。行为(behavior)是一个包含动作、活动、应答、反应、运动、过程、操作等含义很广的术语,指有机体的任何可测量的反应。心理学研究的行为可分为两类,一类是可观察到的行为和反应,如吃饭、穿衣、写字、看电视、走路、开车、弹琴等,称为外显行为(overt behavior);另一类是内隐行为(covert behavior),如知觉、注意、思想、观念、想象、欲望、意愿等。内隐行为其实就是心理活动。不少心理学家喜欢把心理、意识称为内隐行为,但也有不少心理学家明确把心理与行为区分开来。

行为与心理是不同的,但两者又是密切联系的。引起行为的刺激通常是以人的心理为中介而起作用的。每个人都有心理活动,如知识、观念、态度、需要、情绪、意志和价值观等,这些心理活动对每个人自身来说也在不断地发生变化。同样的刺激在不同的人身上的行为反应并不相同;即使是同一个人对同样的刺激,在不同的时间、地点和条件下的行为反应也不相同。例如,同是一张足球票,可以使球迷趋之若狂,但对于不爱好足球的人来说则反应淡漠;即使是球迷,如果由于身体欠佳或者有重要的工作必须去完成,反应也是不同的。所以说,人的心理现象是由一定的刺激引起的,心理支配着行为而又通过行为表现出来。

人不同于动物,人具有主观能动性。人的心理对行为的支配和调节通常是很复杂的。人可以有意地掩盖自己的某些心理活动不在行为中表现出来,可以做出与内心不符的行为表现,甚至对自己的某些行为也不能自觉。也就是说,人的外部行为和内部的心理活动的关系不像动物的行为和心理的关系那样是单义的,而往往是多义的。例如,微笑这种行为,它可能表示对某人的好感,也可能是嘲笑某人的愚蠢,还可能是笑里藏刀,心里盘算着暗害某人等。因此,要正确地理解人的行为,确定行为所表达的心理活动,最重要的是要了解引起和制约行为的各种条件,并且系统地揭示这些条件和行为的因果关系,才能明确行为的意义。

心理学以研究人的心理为主,透过行为来研究人的心理。此外,心理学还研究动物心理。研究动物心理也就是研究动物的行为。正是从这些意义上来说,心理学是研究心理和行为的科学。

二、心理学是科学大家庭中的成员

科学是如实反映客观事物固有规律的系统知识。在人类知识的体系中，心理学既是自然科学体系中的成员，也是社会科学体系中的成员。与属于自然科学、社会科学中的许多学科一样，心理学的科学性表现在下列三个基本特征上，即可复制性、可证伪性和系统性。

（一）可复制性

任何一项成果在没有被科学界其他人重复验证之前，都不能称之为科学知识。可复制性（replicability）是指一项科学研究的结果是能够按照原创者所提供的研究方法精确加以重复验证的，因而也称可重验性。心理学家与其他科学家一样，在追寻人类心理与行为的知识时，尽量避免采用非科学的方法而采用科学的研究方法，使一项科学发现能够经由其他学者重复相同的方法，并得到相同的结果。

心理学研究的基本程序与其他科学研究一样，由下列步骤所组成。(1)选题和提出假设。任何科学研究都必须先有一个有待解决的问题，并针对这个问题提出暂时的或尝试性的答案，即提出假设。(2)设计研究方案。为了检验假设的真伪，心理学家事先必须做好研究设计，创设适当的验证情境，使欲所研究的心理或行为得以出现或变化，并有效地加以测量，同时还要考虑对无关的因素怎样加以控制。(3)收集资料。根据已设计的研究方案，采用适当的工具和方法，观察并记录资料。(4)整理与分析资料。将获得的原始资料用适当的方法进行整理，使之系统化和简约化，并对资料进行统计分析，检验各变量间的关系。(5)解释结果和检验假设。将研究结果与已知理论联系起来，加以解释，用来检验假设。如果假设得到了证实，这个假说的可信度便提高了。如果研究结果不能证实假设，就必须重新提出新的假设，然后再对修正过的假设进行检验。总之，心理学研究的上述五个步骤是互相联系的。我们可以把这五个步骤看成是螺旋式的循环过程（见图1-1）。每完成一个循环，我们对心理现象的认识就向真理接近了一步。

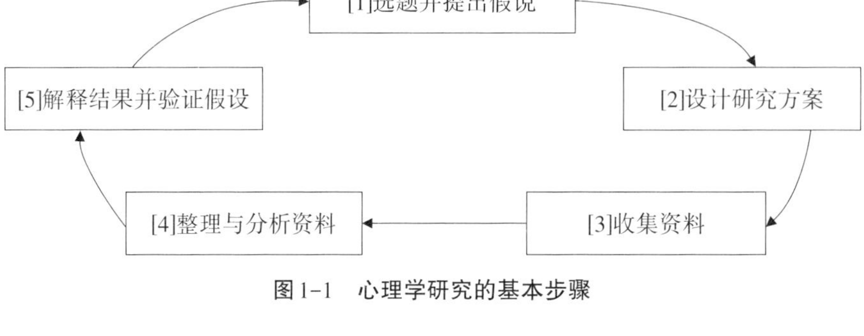

图1-1　心理学研究的基本步骤

心理学家在科学刊物上发表的论文都是经历上述五个步骤而完成的。在论文中他们都会对研究方法和程序有详细陈述,其目的一是让其他学者通过对研究方法和程序的考察来评判这项研究的质量;二是让作者自己和其他学者按照研究方法的陈述,可以再进行一次研究以检验研究结果的真实性。注重研究发现的可重验性是科学心理学的一个传统。心理学家与其他科学家一样都力求使自己的研究能让其他人重复相同的方法,并得到相同的结果。

(二)可证伪性

一个科学的理论有它的适用范围,如果超出了其适用范围,科学的理论就会变成谬误。可证伪性(falsifiabity)是指在表述一个科学理论时,必须遵循从该理论所推导出的各种预测有可能被证伪;在评价一个理论的新证据时,必须审视在收集到的这些新证据中是否有可能证实该理论是错的。可检验性即可证伪性。一个科学的理论应是有用的理论,根据这个理论所作的预测应是具体的。也就是说,理论在告诉我们如果它是对的话,哪些事情应该发生的同时,还必须说清楚哪些事情不会发生。一旦后者发生了,我们就可以清楚地知道:这个理论有些地方出错了。这时就有必要对该理论进行修改,或者提出一个新的理论来取代原先的理论。这两种做法都会使我们在科学研究的实践中提出的理论更接近真实情况。反之,如果一个理论的预测包含了所有可能观察到的数据,那么这个理论将永远不需要也不会有修改,也将永远不会取得任何进展。因此,一个科学的理论并不是那种可以解释或预测任何一个可能出现的事实或现象的理论,因为这样反而恰恰丧失了该理论的预测能力(Stanovich,2005)。

大多数心理学家在寻求人类心理与行为知识时所提出的理论模型都力求遵循可证伪性原则。在当代心理学中,许多好的理论模型都是可以解释一组已有的数据(所反映的事实及现象),并且能对未来的实验结果进行预测。例如在感知觉、记忆研究领域中的一些理论模型到目前为止是与众多的观察结果大致吻合的。但是,一旦观察数据开始与理论所推演出来的假设产生矛盾时,心理学家们将会重新建构另一个新的理论模型,以便给所观察到的数据提供更好的解释。本书中所讨论的理论模型中,还有一些理论模型仍停留在猜测或预感上,尚需实证检验。

例如,弗洛伊德(Sigmund Freud,1856—1939)的精神分析是一种猜测或预感的“理论”。这个理论不是以实验结果为基础建构起来的,却试图解释人类所有的心理与行为。初看起来,它好像是普遍真理,世界上充满了支持这个理论的事实,没有任何一种行为不能被这个理论所解释。例如,两个完全不同的行为:一个人把一个孩子推入水中,企图溺死他;另一个人冒着生命危险跳入水中去救这个孩子。这两个人的行为都可以用弗洛伊德的理论来解释。按弗洛伊德的理论,犯罪的人可能由于童年期的某种经历而受到压抑,如发生了恋母情结。而把孩子推入水中则与童年期的经验有关。当他把这个孩子推入水中后,才使这种压抑得到释放。而另一个人奋不顾身将小孩救起,则可用自我的升华加以说明。弗洛伊德等人的理论似乎可以解释人类的任何行为,因而永远能被证实。但是实际上,这种放之四海而皆准的理论是科学性不强的理论(荆其诚,1990)。

所幸的是,即使像弗洛伊德精神分析论所提出的一些重要概念如潜意识过程,不仅为心理科学的发展做出过重要贡献,并且随着科学技术的进步,今天也已经可以实证检验了(Kihlstrom,2000)。这表明,在探寻人类行为知识的过程中强烈的好奇心、丰富的想象力和大胆的猜想是十分重要的。猜想出的“理论”缺乏科学性。它提出的一些问题当时无法解决、无法实证,但是随着理论和实证技术的发展,也可能成为可以实证研究的问题。

(三)系统性

单一的、无系统的观察不会发现科学知识。例如,你可以从早晨起床到晚上就寝整日做观察记录,之后你会拥有大量的事实,但是这并不会加深你对心理与行为的认识,有时甚至会使你产生错误的印象。因为你很容易根据自己的经历、知识和意愿,使得见到和记录的只是你所知道的东西而已。系统性(systematization)是指心理学的科学知识是通过系统的实证研究而获得的。例如,我们想认识一种叫自我价值感的心理事件,那就要对这种心理与行为进行系统的观察、调查和分析,进行系统的实证研究。心理学家对心理现象进行系统实证研究的范围很广,归纳起来主要有以下四个方面。

(1)描述心理事件(mental event)。每一种心理事件都有质和量的特点。例如,自我价值感具有哪些质和量的特点。研究表明,青少年自我价值感包含总体自我价值感、一般自我价值感和特殊自我价值感(黄希庭、杨雄,1998)。这三种自我价值感的组合即表示自我价值感的质的特点,而代表自我价值感强弱的分数则表现为自我价值感的量的特点。对心理事件从质上和量上进行描述是心理学家进行系统实证研究的一项最重要任务。

(2)揭示心理规律(mental law)。心理学家不仅要从质和量上描述心理事件,还要揭示其规律。例如,每当具备相应的条件时,某种心理事件就必然发生,我们就说,这种心理事件将合乎规律地发生。艾宾浩斯(Ebbinghaus,1885)用系统的实验发现了一条心理规律——遗忘的速度先快后慢。心理规律有不同的层次。探讨各种心理现象是如何发生和发展的规律是心理学家进行系统实证研究的第二项重要任务。

(3)探明心理结构。所谓心理结构(mental structure)是指心理现象是由哪些因素构成以及这些因素之间是如何交互作用的。探明各种心理现象是由哪些因素构成的以及这些因素是如何交互作用的问题,是心理学家进行系统实证研究的第三项重要任务。

(4)确定心理机能(mental function)。心理对有机体的生存与发展具有极重要的意义。各种心理现象在有机体保持体内平衡及其与外部环境保持平衡的过程中起什么作用,又是如何起作用的? 这类问题涉及个人心理与外部环境的关系,心理与神经系统、脑的关系,心理与行为活动、社会实践的关系以及个人内部心理各成分之间的关系。探寻上述问题的答案,是心理学家系统实证研究的第四项重要任务。

总之,科学心理学的知识是经过系统实证研究而累积起来的成果,它具有可重验性和可证伪性。因此,也可以做如下定义:心理学是一门研究心理的事实、规律、结构和机能的实证科学。

第二节 心理学的方法

人的心理现象是宇宙中最复杂的现象。要科学地研究人的心理现象,对心理事件、规律、机制和机能进行实证研究,就必须遵循心理学研究的基本原则,针对所要解决的问题,做好研究设计,采用合适的研究方法进行研究。这样才有可能对现今的理论和成果进行检验,并创造出新的科学知识。

一、心理学研究设计的基本原则

心理学的科学研究并无一定格式,但是从众多心理学的科学研究成果中不难发现,心理学家在探寻心理与行为知识的过程中为了避免走弯路以提高科学研究的效率,大多都遵循下列三项基本原则。

(一)可公开检验原则

可公开检验原则(principle of public verifiability)是指科学发现是可以由任何人重验、批评、否定或继续发展的。任何科学知识都是可以公开接受检验的,心理学的知识也不例外。要使心理学的研究成果能够公开接受检验就必须对所研究的概念(某种心理现象)下一个操作性定义。所谓操作性定义(operational definition)就是以可观察、可测量的操作给一个概念下定义。例如,智力就是由智力测验所测到的东西来定义的;焦虑就是由焦虑评定量表所测到的东西来定义的。把要研究的概念与可观测的事件相联系,这是确保一项研究成果能否公开接受检验的基础。因为对概念下操作性定义,使得该概念公开化了,可以任由所有的人去重复验证。任何人都可以对其进行批判、验证、改进或否定。因此,在进行心理学研究设计时起码要注意以下四个要点。

第一,要弄清楚研究课题中的关键概念是否具有操作性定义,以及该操作性定义是否具有良好的可重验性,而不采用文义性定义(literary definition)。因为文义性定义追求的是概念的本质含义;而本质含义是无法与可观测事件联系起来的。要给出一个具有良好的可重验性的操作性定义就必须要想清楚怎样用外界可观测的事件或任务来界定这个概念。

第二,研究课题中的概念可以由一个单一行为事件或任务来定义,但要科学地研究它则需要由一组操作来定义。这一点非常重要。例如,对于"记忆"这个概念,可以用识记多少、保持时间长短、回忆量多少来定义,也可以用记住形象东西的数量、语词的数量或动作的数量来定义。又例如,对于"焦虑"这个概念,可以用焦虑自评量表来定义,也可以用社交焦虑量表、演讲焦虑量表、考试焦虑量表等来定义。透过一组操作,各自都在观测同一个概念,但是手段略有不同,这样就可以逐渐达成对一个概念的科学认识。

第三,心理学研究中的概念很少是完全用由现实生活中直接可观测的操作来定义的,大多数要研究的概念都是用与之有间接联系的操作来定义的,还有一些概念则是用与其它可观测的概念相联系来定义的。例如,"时间管理倾向"是由一组子概念(如时间价值感、时间监控能力和把握时间的自信心等)来定义的;而每一个定义时间管理倾向特征的子概念本身也需要下一个操作性定义,如时间监控能力这个子概念则是与对计划性、坚持性等概念的测量来定义的(黄希庭、张志杰,2001)。又如,A型行为模式是由一组子概念(强烈的竞争性、潜在的攻击性、急性子、高成就动机等)来定义的(Dembroski & Costa, 1987)而每一个定义A型行为模式特征的子概念本身也要用操作性定义来界定。

第四,科学研究中概念的定义不是一成不变的,而是随着对其观测的不断积累、丰富而与时俱进的。如果一个概念原始的操作性定义在理论上被证明是无效的,那就要换用另外一组操作来定义它。因此,随着相关知识的不断积累,心理学中的科学概念也在不断发展并逐步趋向抽象化,从而能够更精确地反映心理世界的本来面貌。

(二)主客观资料科学整合原则

主客观资料科学整合的原则(principle of scientific integration of subjective and objective data)是指在对人的心理研究中必须要考虑把所收集到的客观资料与主观资料科学地整合起来。心理学的研究对象是有机体(人或其他动物)的心理与行为。我们把作为参与实验研究的有机体称为被试者或被试(subject)。人类被试的心理,既是主观的也是客观的。说人的心理是主观的东西,主要是因为它是个人内部私隐的,其他人都不知道,也不能用仪器或其他装置进行直接观测。说人的心理是客观的东西,主要是因为人的心理现象是由客观刺激所引起,通过个体内部的一系列生理心理的变化而表现在行为上的。怎样才能做到把主客观的资料科学地整合起来呢？应当在以下两方面进行周密的设计。

首先，要周密考虑对人的心理现象进行客观的量化，即通过对刺激变量、机体变量和反应变量的观测，考察三者之间的内在关系，以客观地、公开地加以研究。所谓变量（variable）是指在量上或质上可以有变异的因素或特征。心理学研究的问题虽然很多，但它都要涉及刺激变量、机体变量和反应变量及其相互关系。

刺激变量（stimulus variables）是指能够引起机体反应的刺激特征。这些特征可以具有多种形式：（1）自然性刺激和社会性刺激，前者如声、光、电、温度、气味等刺激，后者如由言语、表情和动作所代表的社会意义（如蔑视、关怀、期待、命令等）；（2）具体性刺激和抽象性刺激，前者如具体的人、事、物及其变化，后者如文字、符号、讯号等；（3）外部刺激和内部刺激，前者来自机体外部环境，后者来自机体内部的变化，如内分泌激素的变化、使用药物对机体的影响等以及头脑中浮现出来的思想、观念、欲望等。

机体变量（organismic variables）是指个体自身的特征。个体包含两类特征：物种特征和个体特征。一个物种的所有个体都具有一定的、共同的形态特征和遗传上的性状综合，在生理上和行为上也都具有一定的共同特征。例如，对于同样的刺激，一只猴与一条狗的行为反应有很大差异，但是如果是几只猴或几条狗各自相比较，其行为反应则很相似。这是物种差异之故。同一物种中个体之间也有差异，这种差异称为个体差异，例如人们在性别、年龄、学历、经历、健康状况、智力水平、性格、需要、动机、价值观和自我观念等方面的差异。这些个体特征有些是生理上的，有些是心理上的；有些是比较持久的，有些是经常变动的。

反应变量（response variables）是指刺激引起在行为上发生变化的反应种类和特征。人的行为反应可分为言语行为反应和动作行为反应。反应变量是极其多样化的，我们可以从下列几方面来分析。反应速度上的差异，如人们在完成一项作业所需的时间，或一定时间里完成作业数量上的不同等；反应正确性上的差异，如计算的正误次数，击中靶的次数或离中心的距离的不同等；反应难度上的差异，即对不同难度的作业（如记忆广度、智力量表）人们所能达到的水平的不同，以及反应次数和强度上的差异等。

很明显，刺激变量和反应变量大多是能够客观地公开观测到的。有些机体变量如性别、年龄、学历、健康状况也是比较容易客观观测到的。另一些属于心理层面的机体变量如自我意识、需要、期待、抱负、动机以及认知、情绪等心理现象虽然无法直接观测，但是通过刺激变量和反应变量进行间接推论，也是可以客观研究的。例如，在其他条件相等的情况下，要求儿童把一系列数字（刺激变量）加起来，观察他们给出什么答案，在多少时间里得出结果（反应变量），就可以间接推知其智力发展水平情况（机体变量）。如果让儿童在做题时说出头脑里进行的所有活动，详细记录，然后进行分析，就可以了解到儿童在解题时所使用的策略。例如，让儿童算7＋7＋9＋3=？从口语记录中就可以知道有些儿童用的是累加法，有些儿童则可能是使用另外的策略：7+3=10，7＋9=16，再做10＋16=26。因此，通过对刺激变量、机体变量和反应变量相互关系的考察，是能够客观地研究人的心理的。对于人的心理还可以通过上述三种变量各种关系加以客观、公开的研究。

其次，还要周密考虑被试的内省资料（introspective data），也就是说用内省法（introspective method）要求被试报告他自己感受过的、体验过的内隐心理活动时所获得的资料。这种资料在各种心理学研究中均有其价值。因为人的心理的主观性和私密性，被试的许多内隐的心理活动不易转变为可直接观测的行为。同时人的心理与所表现出来的行为往往有不同的关系：有时有什么样的心理就有什么样的行为，有时心理和行为不那么一致，有时则可以完全相反。因此，单靠从外部观察一个人的行为是不够的。心理学研究不但离不开内省，而且使用内省资料，对实验结果的全面分析或对改进原先的实验设计都会有相当大的帮助。如果能够把内省资料进行标准化计量并与从外部观察到的资料进行相互印证，那将会进一步提高研究的科学性。

但是，心理学的科学研究不能仅靠内省法的资料来下结论。因为个人对自己某种心理活动的体察，总是在这种心理活动停止以后进行回忆的，而回忆往往是不那么准确的。同时个人对自己的一些体验有时也很难用确切的言语表达出来。最重要的是内省所得到的资料，其他人无法客观公开地加以验证。因此，怎样把内省法所获得的资料与其他客观方法所获得的资料科学地整合起来，就成了心理学研究设计的一项基本原则。

（三）人文关怀原则

人文关怀原则（principle of humanistic concern）是指心理学研究者在科学研究中应遵守心理学家的职业道德，尊重被试，关爱被试。心理学的研究对象是一个个有生命的、主体性的有机体（人和动物）。在对他们的心理和行为进行科学研究时，必须遵循人文关怀原则，这已成为心理学家工作的一种传统。自1953年以来，美国心理学会定期修订为从业者和研究人员编制的《心理学家道德规范》（APA，1992）。中国心理学会下属的专业委员会也有类似的条例公布。虽然同行专业学会对心理学家职业道德规范的侧重点有所不同，但下列要求却是相同的。

在进行以人为被试的研究前，研究人员要有人文关怀精神，仔细评估被试可能面临的风险程度，即实验中被试可能会遇到哪些危及身心健康的潜在因素。即使这种潜在风险微不足道，也必须仔细考虑到。心理学研究人员必须遵循下列职业道德。

（1）确保被试的个人隐私不被泄露。甚至连被试的名字都不能公布，一般以代码标记。无论要求被试做什么或说什么，必须使他们确信除了研究者之外，没有人会知道他们的答案。

(2)被试参与研究是自愿的,不能强迫其参加。即使在实验研究开始之后,被试仍有自由选择退出的权利。

(3)在实验研究开始前要让被试知道实验中将做什么,征得其同意后,才能让他们参加。如果不得已要对被试隐瞒实验的真实意图(即使不是欺骗),在实验结束后应当对全体被试进行解释,说明这项实验的真实目的和基本内容。在可能的情况下给每位被试一份实验结果的复印件。

如果实验被试是动物,研究人员应训练有素且能人道地照料动物。要尽力避免或减少动物可能受到的不安、疾病和疼痛。即使实验目的具有科学和应用上的价值,会使动物受到伤害、疼痛或紧张的实验也是不得已而为之。所有涉及脊椎动物的实验都必须接受专门委员会的审批。

总之,研究人员的高尚职业道德是顺利进行心理学科学研究的必要条件。

二、心理学研究的基本方法

心理学的研究方法很多。可以大致分为三大类:描述研究、相关研究和实验研究。

(一)描述研究

描述(description)是心理学研究最起码的工作,研究者往往还没有一个正式的假设,目的是对心理和行为进行详细的描述,以确定某种心理现象在质和量上的特点。自然观察法、调查法和个案法都属于描述研究,即描述发生了什么,但不能解释为什么。

1.自然观察法

自然观察法(naturalistic observation method)是指在自然情境中对被观察者的行为做系统的描述记录。例如,以非参与方式观察记录不同班风下的师生之间的互动方式,观察不同企业文化下员工的休闲模式。

自然观察法听起来简单、很有吸引力。但做起来会遇到不少困难。

首先,如果试图在自然状态下观察人(或任何其他有机体)的行为,就必须确保被观察者没有觉察到我们在观察他。如果被观察者知道自己正在被观察,其行为就会有显著的不同。试想,当你意识到有人正在观察你时,你是绝对不会做那些你曾在私密空间里做过的行为的。

其次,可能会产生观察者偏差(observer bias)。观察者偏差是指观察者自己的动机、期望和先前经验等因素妨碍了观察的客观性。例如,有人假设男孩比女孩更具语言攻击性,如果一位研究者预先就知道要研究这个假设,那就很难保持观察的客观性。性别偏见、文化偏见都可能导致观察者偏差。例如,在什么构成"性骚扰"这个问题上,男性与女性所持的观点往往不同,因而观察到的结果也往往不同。消除观察者偏差的有效方法是:要求观察者在不知晓研究假设的情况下对行为进行观察,或者让几位观察者同时进行工作,然后采用经几个观察者共同证实的结果。

最后,在观察时想要观察到的心理与行为未必会发生。例如,想要观察真实生活中人们自然的服从行为,到哪里去观察?在什么时候才能看到那种自然发生的服从行为?服从行为在一些情境中是比较容易发生的,但是如果特意设计某种情境以产生服从行为,那就不是自然观察了。因此使用自然观察法研究心理与行为,需要有耐心和机遇。

虽然自然观察法存在上述问题,但对于一些心理学课题,采用这种方法仍然是最合适的。例如,心理学家想要揭示黑猩猩在自然居住地的社会性行为,想要了解婴儿的语言发展情况,采用自然观察法就最为合适;如果能借助录音机、录像机加以记录,那就可以更有效地在自然状态下进行观察。

2.调查法

调查法(survey method)是以提问题的方式,要求被调查者就某个或某些问题回答自己的想法。例如,如果我们想了解受教育水平不同的人对孝道的态度,可以就此问题去调查许多人。我们也可以针对特定的人群(如大学生)对学校里心理健康服务体系的现状进行调查。调查法可以用来探讨被调查者的机体变量(如性别、年龄、教育程度、职业、经济状况等)、反应变量(即他对问题的理解、态度、期望、信念、行为等)以及它们之间的关系。根据研究的需要,可以向被研究者本人做调查,也可以向熟悉被研究者的人做调查。

调查法可分为问卷调查(questionnaire survey)和访问调查(interview survey)两种方式。问卷调查也称问卷法(questionnaire method),是研究者根据研究课题的要求,设计出问题表格让被调查者自行填写以收集资料的一种方法。这种方法具有向许多人同时收集同类型资料的优点。其缺点是发出去的调查表难以全部收回,只能得到被调查者对问题的相对完整的答案。要得到一份良好的问卷,在设计时应注意以下几点:(1)要针对调查的目的来设计问卷。(2)提出的问题要适合调查的目的和被调查的对象。(3)使用方便,处理结果省时、经济。

访问调查也称晤谈法(interview method),是一种以面对面的方式向被调查者提出问题进行调查的方法。要使晤谈法富有成效,首先应创造坦率和信任的良好气氛,使被调查者做到知无不言;同时,研究者应当有良好的准备和训练,以应对晤谈时可能遇到的问题。

与问卷法相比,晤谈法有如下优点。(1)灵活性强。可以直接向被调查者解释晤谈的目的,可以探究较具体的回答,而且当对一个问题的回答表明回答者有误解时,可以重提该问题,还可以针对不同的调查对象提出不同的问题,甚至根据晤谈情境临时决定提出问题。(2)回答率高,遗漏率低。不能读和写的人也可能愿意在晤谈中回答问题,还有一些不愿意花精力写出其回答的人也可能乐于谈话。研究者可以控制晤谈进程,可以使调查中的遗漏大为减少。(3)参照非言语行为。研究者可以在现场观察非言语行为并评估被调查者回答问题的真实程度。它的主要缺点是:(1)由于在一定时间内只能晤谈数量有限的对象,要收集较多对象的资料时间长,费用高。(2)研究者必须训练有素,才能掌握晤谈法。(3)容易导致晤谈者偏差。如果研究者言语不当,被调查者有可能拒答或谎答问题;研究者的行为,有时甚至是无意的行为也可能对被调查者的回答有暗示作用。

3.个案法

个案法(case study)是收集单个被试各方面的资料以分析其心理特征的方法。通常收集的资料包括个人的生活史、家庭关系、生活环境和人际关系等特点的资料。根据需要,也常对被试做智力和人格测验,从熟悉被试的亲近者那里了解情况,或从被试的书信、日记、自传或他人为被试写的资料(如传记、病历)进行采集和分析。

深入的个案研究可以使我们获得有益的启示。皮亚杰(J.Piaget,1896—1980)基于对他的几个孩子的个案研究提出了认知发展理论,为发展心理学提供了很多有待进一步研究的亮点。但个案研究可能会产生误导,因为个案可能是非典型的。个案法所收集到的资料往往缺乏可靠性,其研究结果也可能只适合于个别情况。因此,个案法通常用于提出理论假说,要进一步检验这个理论假设,则有赖于其他方法。

(二)相关研究

如果我们用自然观察法、调查法和个案法发现一种现象与另一种现象有联系,那我们就可以用相关法来考察它们之间的相关程度。相关法(correlational method)是一种探索两个或两个以上变量之间相互联系的性质与紧密程度的研究。例如,我们想考察大学新生的自我价值感与普通心理学的学习成绩之间是否有联系(相关)。我们先要给这两个概念下一个操作性定义。该怎样测量自我价值感和普通心理学的成绩呢?测量普通心理学的成绩比较简单,可以根据一个学期内某个学生在这门课程的随堂考试成绩的总和来评定。而自我价值感的测量则可以选择一个设计较好的测量工具来测量,例如,可以用我国自编的青少年自我价值感量表(黄希庭、杨雄,1998)的测量分数来评定。

现在开始收集资料。将青少年自我价值感量表发放给这些大学生。测试成绩出来后我们就拥有了第一批数据。在学期末分别将每个学生的普通心理学测验成绩加起来,就获得了第二批数据。每个学生有一对分数:一个表示其自我价值感的分数,另一个是其在普通心理学课程上取得的成绩。那么怎样知道这两项分数是否相关呢?

下一步是将所获得的成对的数据输入计算器或电脑,应用一系列数学程序即可以计算出相关系数(correlation coefficient),以字母γ来表示,一个介于+1.00与-1.00之间的数来度量两个变量或几个变量之间相互联系的性质和程度的指标。

1.相关的性质与强度

相关系数的符号正(+)或负(-),表示两个变量联系的性质。如果一个变量值的增加伴随着另一个变量值的增加,则这个关系称为正相关;同样,如果一个变量值的下降伴随着另一变量值的下降,则这个关系称为正相关或直接相关。也就是说,一种正相关是两个变量在同一方向上变化的相关。然而,如果一个变量值的增加伴随着的是另一个变量值的下降,则这种关系称为负相关。例如,如果自我价值感的提高伴随着的是考试成绩的提高,则这种关系是正相关。而如果自我价值感的提高伴随着的是抑郁程度的下降,则这种关系为负相关。要注意:一个关系为负相关并不意味着这些变量的相关性不如正相关中的变量的相关性强,而是指它们在相反的方向上变化。负号所表示的是相关的方向,而不是其强度。

当我们证实两个变量确有相关之后,接下来要考察它们相关的强度如何。如果变量A和变量B相关,则不仅它们的值一起发生变化,而且通过了解一个变量的值,我们大体还能对另一变量的值做出较准确的预测。如果两个变量不相关,则了解其中一个变量(例如变量A)的值无助于我们预测变量B的值。例如,如果自我价值感与学习成绩存在着相关,那么我们知道一个人的自我价值感之后,就可能较准确地预测其学习成绩。一般预测的正确率通常高于0而低于100%。预测正确的程度(在100项预测中),称为相关的强度。相关系数γ=0.00,表示不相关或预测百分之零准确;γ=+1.00表示在预测两个变量之间的正相关时为百分之百准确;γ=-1.00表示在预测两个变量之间的负相关时为百分之百准确。

2.相关与因果关系

虽然相关研究能有助于我们进行预测,并避免那些容易犯错误的直觉,但是相关关系不是因果关系。例如,观看暴力性质的电视与攻击行为存在着正相关(因此也可进行预测),但是我们不能认为观看暴力电视是导致攻击行为的原因。自我价值感与抑郁存在负相关,但是我们不能认为是低自我价值感导致了抑郁。不论相关的强度有多强,都不能证明相关就意味着因果关系。

为了说明两个变量之间仅仅存在相关,并不能保证一个变量的改变会导致另一个变量的改变。下面以观看暴力影视与攻击行为的相关为例加以说明。如图1-2所示，观看暴力影视可能会引发攻击行为，有攻击行为的人也可能会去观看暴力影视，此外还有其它因素如令人不快的事件或遗传倾向也可能会导致观看暴力影视和引发攻击行为。

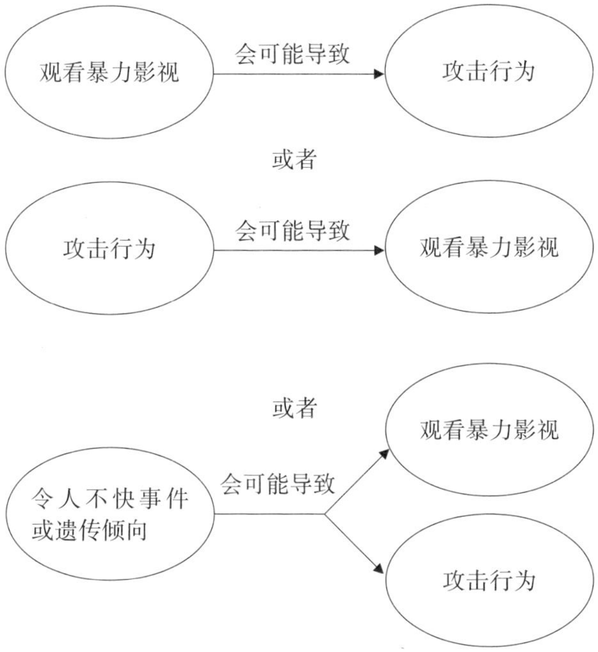

图1-2 几种可能的因果关系

相关并不意味着因果关系的例子，还可以举出很多。下面这个例子很有趣。20世纪70年代在台湾曾做过一个大规模的调查，研究哪些因素与人们是否使用避孕方法有关。调查收集到的数据发现，人们是否使用避孕方法与一个变量——家中拥有家用电器（如烤面包机、风扇等）的数量的相关最高。很明显，这两个变量之间的高相关，并不意味着它们存在着因果关系。因为使用避孕方法和拥有家电数量之间的联系，可能是由于这两个变量同时与一个第三变量都有关联所产生的结果。受教育水平可能就是这样一个中介变量。一个人的受教育水平与其是否使用避孕方法，以及与其社会经济地位都有关联，而社会经济地位高的家庭又倾向于拥有比较多的家用电器。这两者之间的高相关可能还有其他更多的变量在起作用。因此，无论家用电器的数量与使用避孕方法有多大的相关，它们之间不会存在着因果关系（Stanovich，2005）。

3.伪相关与中介变量相关

从上例的讨论中可以看到，虽然调查数据显示两个变量之间存在着一种明显的关系，但到最后才 发现这两个变量彼此间没有影响。最现实的结论是：使用避孕方法与拥有家用电器数量两者都与这项研究尚未考察的某个第三因素（社会经济地位）有关系，从而导致这两者一起发生变化。很可能是,家庭的社会经济地位同受教育水平及拥有家用电器数量存在高相关,而受教育水平又与使用避孕方法存在高相关,从而导致这两者看起来相关。两个变量之间仅因一个第三变量之故而似乎相关,这种关系称为一种伪相关(spurious correlation)。如图1-3(a)所示,变量C导致变量A和变量B两者似乎相关,这种相关称为伪相关。

两个变量之间的明显相关是由一个中介变量所导致的,即是说,变量A和变量B存在高相关是由于变量A导致了一个第三变量C发生变化,变量C又导致变量B发生变化。在这种情况下,变量C称为中介变量(intervening variable)。如图1-3(b)所示,变量A导致变量C发生变化,变量C又导致变量B发生变化,从而使变量A与变量B两者相关,这种相关称为中介变量相关。

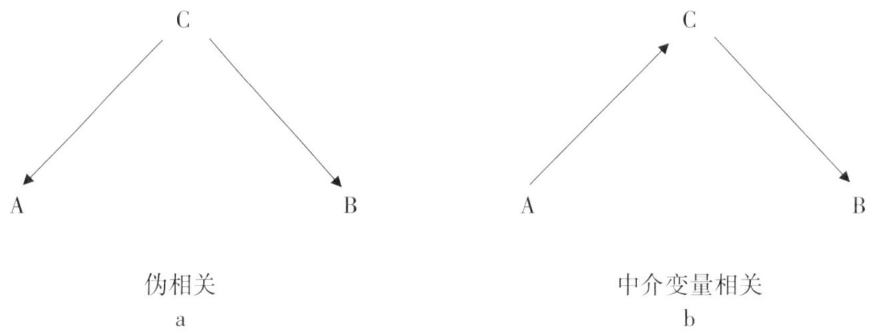

图1-3 伪相关和中介变量相关

相关表示有可能存在因果关系。因此,相关研究对于探索性研究具有重要意义,有助于提出假设,做进一步的验证性研究。但是相关并不能得出因果关系的结论。在本书中,很多地方使用了相关系数作为研究的证据。因此读者必须要注意以下两点。第一,即使两个反应之间彼此相关,我们也不能宣称是一个反应引起了另一个反应,也不能对独立事件做出预测。如前所述,自我价值感和普通心理学成绩呈正相关。一般来说,自我价值感高的学生其普通心理学课程成绩也较高,同理,自我价值感低的学生,一般在普通心理学课程中表现也较差。所以,大体上,可以用自我价值感来预测该课业成绩,但也必须考虑到例外情况:一些自我价值感低的学生也会在普通心理学课程学习上取得好成绩,而一些自我价值感高的学生也会在普通心理学课程学习上失利。例外是可预计的。离相关系数+1.00或-1.00越远,例外也越多。正如普通心理学与许多其他学科一样,以相关为证据来表述预测时往往用"一般来说""总的来看""长远来看"或"可能经常是"。第二,要充分认识到"相关"作为研究证据的局限性,以免误入歧途。特别是当我们以为两者一定存在着因果关系,心存偏见,一心只想着要寻找出证据来支持自己的理论时就很容易将相关视为因果关系。因此,对待相关的证据要小心谨慎。

（三）实验研究

在心理学中，试图建立变量之间关系的有两种研究：相关研究和实验研究。这两种研究的实施是很不同的。在相关研究中，研究者对研究环境一般不加以控制，往往依据过去从现场搜集到的资料用统计程序加以处理，建立变量之间的对称关系而不是因果关系。实验则不同。实验是当时在现场搜集资料，并对实验环境加以控制并操纵有关变量以便建立因果关系。

实验法（experimental method）是在控制的条件下系统操纵自变量的变化，以揭示自变量与因变量之间的内在关系的一种研究方法。为了理解心理实验的特点，下面举一个例子加以说明。假如我们在文献中看到“咖啡因能兴奋大脑，提高大脑的功能”，于是很可能会提出一个假设：咖啡因会提高数学能力。对于这个假设，可以设计出一个实验来检验（见图1–4）。

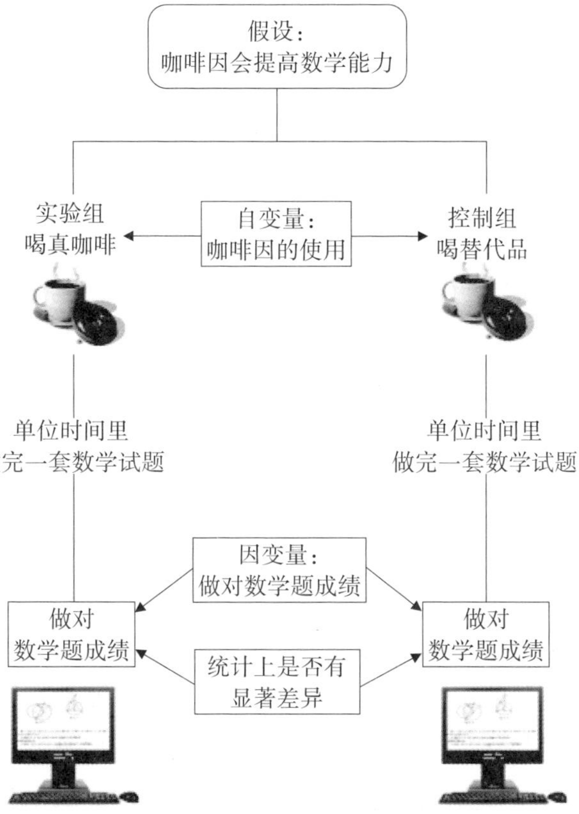

图1–4 检验咖啡因是否会提高数学能力的实验

在一个实验中，研究者选定并在实验中加以操纵变化，以影响被试行为的因素称为自变量（independent variable），而被试的反应，实验中研究者想要预测的行为称为因变量（dependent variable）。每个实验至少有一个自变量和一个因变量。在检验咖啡因是否会提高数学能力的实验中，自变量是咖啡因的使用，因变量则是单位时间里做对数学题的分数。实验是在高度控制的条件下进行的。在实验中除了自变量会对因变量影响之外的所有其他因素都应保持恒定或加以控制。

首先，要对环境加以控制，使可能影响实验结果的任何环境因素保持不变或加以消除。例如，被试在做数学题时室内应保持安静，光照适宜。如果在计算机上解数学题，计算机性能应良好；如果做纸质试题，则试题印刷要清晰等。

其次，要对机体变量加以控制，用随机分配法或配对法将被试分到一个实验组（experimental group）和一个控制组（control group）里。用随机化的方法将每个被试分到实验组和控制组，他们的概率是相等的，从理论上讲这两组被试在机体变量方面大致相同，在数学能力方面也大致相同。用配对法分配被试，目的也是使实验组和控制组被试在机体变量方面大致相同。

之后，研究者操纵自变量，给被试一种实验处理，在本例中给实验组被试喝咖啡，而让控制组喝无咖啡因的替代品。这种替代品与真咖啡在色、香、味上完全相同，但不含咖啡因，具有安慰剂效应。接着，让被试在单位时间（如30分钟）里去解答数学试题。在这种情况下如果实验组被试做对的题数明显比控制组的要多，那么就可以得出结论：可能是咖啡因提高了解数学题的能力。

实验法的主要优点是它不仅可以帮助我们确定因果关系，而且通过使用安慰剂还能确定实验变量的真正效应。因而长期以来实验法一直都是心理学研究的一种主要方法。

但是实验法也有缺点。

首先，是期望效应（expectancy effect）的干扰。如果被试知道自己是在实验组或在控制组，他们对实验的期望会影响实验结果。这可以用单盲研究（single-blind study）加以消除，即不让被试知道自己是在实验组还是控制组。研究者对实验的期望也会有意无意地影响被试的反应。这可以用双盲研究（double-blind study）即研究者和被试都不知道被试接受哪一种实验处理，来加以消除。

其次，实验中的被试并不总能代表所要研究的总体。在大学里做的心理实验，被试绝大多数是大学生，并且主要是大学一、二年级的学生。他们在许多方面都与校外的人们有所不同。

再次，实验情境的人为性，远离了人们的现实生活。为了克服这一缺点，许多心理学家采用现场实验（field experiment），即在实际生活情境中对实验条件做适当控制所进行的实验。例如，要研究小学一年级儿童普遍存在着的感知算式错误（把加法做成减法，或把减法做成加法）的原因，实验者在一个班里按一定的计划加强实验性训练，对另一平行班则不进行这种实验性训练，进行正常教学，对获得的材料加以整理和分析，就可以找出影响小学一年级儿童感知算式错误的原因。现场实验的优点是研究的问题来自生活实际，具有直接的实践意义；其缺点是容易受无关因素的影响，不容易严密控制实验条件。可见，实验室实验和现场实验的优缺点有互补性。

总之，心理学中各种具体研究方法都有优缺点。我们应当根据研究问题的需要选择合适的方法，扬长避短。如果能合理地使用几种方法，取长补短，那就会取得较佳的研究成果。随着研究的进展，研究方法也是在发展的(见热点问题讨论1-1)。

热点问题讨论1-1：元分析

随着科学研究的发展，心理学的研究成果层出不穷。仅美国心理学会主编的《心理学文摘》摘要收录的学术期刊就有上千种之多(该文摘只收录我国《心理学报》和《心理科学》上发表的研究报告摘要)，全年收录近四万篇论文摘要。在心理学的许多研究领域中，对于同一个问题，许多研究者采用不同的研究方法如实验室实验、现场实验、调查法、个案法等对不同类型被试在不同的条件下进行实证研究，得出了不同的结论。我们该怎样来看待这些研究结果？能否将这些研究结果联系起来呢？

还有一些个案研究资料十分难得。例如，在世界各地已发现的兽孩至少有54个(Armen，1974)。这些被遗弃而受到狼、野狗或老虎哺育的兽孩，为我们提供了极端"自然"实验条件下他们身心特点的记录。在世界各地还发现开始遭遗弃，生活在孤单的、被剥夺了环境刺激条件下的儿童，被解救出来后生长的环境比较正常、刺激也比较丰富。这类对比的研究资料虽然很粗糙，但相当珍贵。因为这些研究资料无论如何都不可能在控制条件下获得。我们能否把这类资料与严格的实验结果联系起来用来探讨遗传与环境交互作用的问题呢？

从20世纪70年代开始，心理学家发现可以用元分析对以前的具有不同研究设计的和不同时期收集到的资料进行整合(Glass,1976)。元分析(meta-analysis)就是应用特定的设计和统计方法对以往的研究结果进行整体、系统的定性与定量分析。它包含特殊的设计和统计方法。这是一种回顾性的、概括以往研究结果的方法，具有全面、系统和定量的特点。

例如海德及其助手(Hyde et al.,1990)用元分析考察了100份数学能力性别差异的研究报告(总计被试达300多万)，结果发现男性与女性平均数学能力的差异并不显著。女性在小学和初中时计算能力占优势，而男性在高中和大学时解决数学问题，特别是在高等数学能力方面较好。她的另一项元分析(Hyde & Linn，1988)考察了165份研究报告，结果发现在语文能力方面性别差异不显著，无论在字汇、阅读理解或相似词分辨方面，均无显著差异。仅在言语产生上，女性略优于男性。

研究方法在心理学的发展中扮演着重要的角色。随着心理学研究的深入，心理学家会创造出新的研究方法。而新的研究方法将有助于我们审视以往研究结果的真伪,将会进一步推进心理学的深入研究。

第三节　心理学的历史和现状

心理学的发展历史大致可分为19世纪后半期之前科学心理学诞生前的历史,包括古代、中世纪、近代(文艺复兴时期及17—19世纪上半期)人类对心理问题的探讨(散见于思想家和医学家的论著中),以及19世纪后半期之后科学心理学从孕育、诞生到发展的历程,包括这门科学孕育的时代背景、这门科学诞生后的学派纷争,直至20世纪后半期之后这门科学由学派纷争逐渐走向学派融合的当代心理学现状。在这一节里,将概要介绍古代的心理学思想、科学心理学的诞生、现代心理学的学派纷争以及当代心理学的现状。

一、古代心理学思想

(一)我国古代的心理学思想

我们的祖国具有悠久的历史和灿烂的文化。虽然心理学在我国作为一门科学,是由西方传入的,但是,我国古代思想家早就有过许多关于心理问题的论述。据我国心理学家燕国材(2004)的研究,在我国古代先秦时期的著作中就蕴含有知、情、意起源的心理学思想。例如《尚书·洪范》篇提出的"五事"说就论及认识过程的两个阶段:目明耳聪属感知,思睿即思虑。又如《左传·昭公二十五》中明确地把情感划分为六种,即好、恶、喜、怒、哀、乐,并认为是由六气(阴、阳、风、雨、晦、明)的影响所产生的。而《易经》中则有许多对意志品质如有恒、节制等的描述。

春秋末期的思想家、教育家、儒家学说的创始人孔子(公元前551—公元前479)对人的论述特别可贵。子曰:"仁也者,人也。"(《孟子·尽心下》)。孔子对仁的重视,也就是对人的重视。仁的内涵十分丰富,但其核心思想是"爱人",即"己欲立而立人,己欲达而达人"(《论语·雍也》)或"己所不欲,勿施于人"(《论语·颜渊》)。据燕国材(2004)的研究认为,孔子对人的论述涉及以下四个方面:(1)人是有价值的,不仅人类有价值,个人也有价值。(2)人具有不同于并优于万物(包括动物)的潜能。后来孟子(约公元前372—公元前289)发展为"性善""良知""良能"等观念。(3)主张因材施教,发展人的个性。(4)重视意志品质,发挥人的力量。子曰:"三军可夺帅也,匹夫不可夺志也"(《论语·子罕》),认为立志与力行分不开,是相互促进的。战国末期荀况(约公元前313—公元前238)明确提出了"人贵论":"水火有气而无生,草木有生而无知，禽兽有知而无义，人有气有知亦且有义，故最为天下贵也。”（《荀子·王制》）。我国古代有着丰富宝贵的心理学思想，我们要珍视、继承并加以发扬光大。

图1-5　儒家学说创始人孔子

（二）西方古代心理学思想

西方心理学思想源远流长，可以追溯至古希腊时代。对西方心理学发展影响很大的古希腊哲学家是博学多才的亚里士多德（Aristotle，公元前384—公元前322）。他对哲学、政治、伦理、逻辑、修辞、美学、心理学及各项自然科学都有论述。亚里士多德著的《论灵魂》被认为是历史上第一部论述心理的专著，但这里所谓的灵魂是指生活的动力，而不单指主观心理的过程。他把心理功能分为认识功能和动求功能：认知功能包括感觉、意象、记忆、概念等过程；动求功能包括感情、欲望、意志、动作等过程。他认为感觉给予人知识，记忆包括保持和被动的再生，回想是主动的再生，回想可以利用相似、相反和相近的关系联想。他还把理性分为被动理性和主动理性：被动理性是身体的功能，身体死亡，则被动理性消灭；主动理性是人体外来的，人死时它不会死，仍归到世界的理性中去。亚里士多德的学说流行很久，直至近代科学兴起才被动摇。

图1-6　古希腊哲学家亚里士多德

二、科学心理学的诞生

(一)时代背景

1. 近代哲学思潮的影响

对科学心理学诞生产生重要影响的主要哲学思潮是17世纪法国的理性主义以及17—18世纪英国的经验主义。理性主义(rationalism)的著名代表是法国的笛卡尔(Reńe Descartes，1596—1650)。他贬低感觉经验，抬高理性能力，相信人有“天赋观念”。他认为认识就是靠理性的直观去发现“清楚明白”的天赋观念。笛卡尔是个二元论者，认为身和心是两种截然不同的本原：人的身体像一部机器，其结构和行动均可用机械原理来说明，于是他提出了反射(reflex)的概念；而心是自由的，是感知、思维和意志的主体。他认为，身和心可以互相影响，即所谓身心交感作用，身心交感地点在脑内的松果腺。这就是笛卡尔的身心交感论。经验主义(empiricism)的奠基人是英国的洛克(John Locke，1632—1704)。洛克是唯物经验论者，认为人的心灵犹如蜡版，上面没有任何痕迹，一切观念都是从后天经验获得的。他把观念分为由感觉得来的观念和由反省得来的观念两种，并认为由感觉和反省得来的观念最初都是简单观念，许多简单观念通过心灵的结合而成为复杂观念。理性主义与经验主义对人性的解释不同。这两个哲学思潮对以后科学心理学的发展，从内容上到思想方法上都产生了极大的影响。

图1-7　经验论奠基人洛克

2. 生物学的影响

19世纪英国生物学家达尔文(Charles Darwin，1809—1882)的划时代著作《物种起源》发表于1859年。他提出了生物进化论，认为世界上现存的一切生物的状貌特征都是经历数百万年长期进化演变而来的，种类间的差异是由不同的遗传所致，同一种类内的个体差异则主要是因适应环境所致。达尔文生物进化论的很多观点，如遗传、环境、适应、个体差异等,都成了以后科学心理学研究的重要主题。此外,达尔文著的《人类的起源及性的选择》和《人与动物的表情》两部著作着重探讨了人与动物心理的相似性,对以后的比较心理学、儿童心理学及情绪心理学的发展产生了重要的影响。1877年他发表了《一个婴儿的生活简史》(刊于《心》杂志上),是他对自己的一个孩子的观察记录,是一项系统自然观察的典范,对促进儿童心理学的发展有重要作用。

图1-8 进化论创始人达尔文

3.生理学的影响

生理学的研究影响到心理学,主要始自19世纪德国三位生理学家的研究。一是柏林大学教授缪勒(Johannes Müller,1801—1858)。他首倡神经特殊能量说,认为人类对外界刺激之所以产生感觉,之所以能够辨别,完全是有赖于各种不同神经传导所发生的特殊能量。此外,他还提出大脑功能分区和神经细胞之间由电化作用产生神经冲动的理论。二是亥姆霍兹(Hermann von Helmholtz,1821—1894)。缪勒的理论引起当时生理学家的重视,并由其弟子亥姆霍兹用实验加以证实。亥姆霍兹后来也成为柏林大学著名生理学教授。他所倡导的色觉理论与听觉理论以及"无意识推理"的理论,迄今仍是心理学上解释色觉与听觉现象以及知觉经验的重要理论根据。他还进而把缪勒的特殊神经能理说发展为特殊神经纤维说。三是费希纳(Gustav Theodor Fechner,1801—1887)他是对科学心理学的诞生有重大影响的生理学家。费希纳是德国莱比锡大学教授,首创用实验的方法将物理刺激的变化转化为心理经验的过程。他对生理感官功能的一系列实验研究,使他成为心理物理学和实验美学的奠基人。

(二)冯特的贡献

学术界公认,德国心理学家冯特(Wilhelm Wundt,1832—1920)是科学心理学的创始人,他对科学心理学的贡献是多方面的,主要有以下三个方面。

图1-9 科学心理学创始人冯特

首先,他开创了心理学成为一门独立的实验科学的历史。冯特在任教海德堡大学的10年间,集其研究成果,于1874年出版了《生理心理学原理》。该书被生理学界和心理学界推崇为不朽之作,堪称学术史上的心理学独立宣言。1879年冯特在莱比锡大学创建了世界上第一个心理学实验室。对于这两项历史性贡献,墨菲(Murphy,1949)评价道:"在冯特出版他的《生理心理学原理》与创立他的实验室以前,心理学像个流浪儿,一会儿敲敲生理学的门,一会儿敲敲伦理学的门,一会儿敲敲认识论的门。1879年,它才成为一门实验科学,有了一个安身之所和一个名字。"

其次,他创建了科学心理学诞生后的第一个学派。冯特认为,心理学的研究对象是直接经验,而心理学研究的方法是实验内省法,心理学的任务是用实验内省法分析出意识过程的基本元素,发现这些元素如何合成复杂心理过程的规律。他认为最简单的心理元素是感觉和感情。所有复杂的心理都是由这两类心理元素(像化学元素的化合那样)综合而成的。他的这些思想为他的忠实弟子所继承,并发展成为科学心理学诞生后的第一个学派——构造主义(structuralism)。

最后,他对以后心理学的发展有广泛和深远的影响。冯特的心理实验室吸引了来自世界各地的学生,他们对感觉、知觉、注意、反应时间、联想等进行了研究。他作为世界上第一个心理学实验室的创始人和心理学研究工作者的导师,冯特对心理学的发展具有巨大的影响。此外,冯特还在情绪、实验精神病理学和民族心理学也有重要贡献,对以后这些领域的发展有深刻的影响。

三、现代心理学的学派纷争

(一)构造主义

冯特开创的实验心理学既标志着心理学作为一门独立的学科从哲学中分离出来,也标志着心理学上第一个思想学派——构造主义的开始。冯特探讨意识结构的理论体系为他的忠实弟子铁钦纳(Edward B. Titchener,1867—1927)所继承和发展,并把这种心理学理论体系命名为构造心理学。铁钦纳原在英国牛津大学学习哲学与生理学,后以仰慕冯特之名,专程赴德国莱比锡大学研究。获得博士学位后,赴美担任康乃尔大学教授,并开设心理实验室。冯特的这位学生在某些观点上不同于其老师,但整个体系在方法、内容和精神上完全继承了冯特的研究。构造主义的理念,与欧洲大陆17世纪的理性主义哲学思想有关,理性主义主张人的心智具有先天的结构。由于这个学派所从事的"纯内省"的"纯科学"分析严重脱离实际,并且清规戒律甚多,因而其结局是短命的。

(二)机能主义

机能主义(functionalism)也称机能主义心理学。机能主义是作为构造主义的对立面而提出来的。由美国心理学家詹姆斯(William James,1842—1910)和杜威(John Dewey,1859—1952)等人所创立。他们主张心理学的研究对象是具有适应性的心理活动,强调意识活动在人类有机体的需要与环境之间起重要的中介作用。机能主义具有以下特点:反对把意识分析为感觉、感情等元素,主张意识是一个连续的整体;反对把心理视为一种不起作用的副现象,强调心理的适应功能;反对把心理学只看作一门纯科学,重视心理学的实际应用;反对把心理学局限于对正常人一般心理规律的探索,主张把心理学的研究范围扩大到动物心理、儿童心理、教育心理、变态心理、差异心理等领域。机能主义的理念,与英国哲学家洛克的经验主义和生物学家达尔文的进化论的思想有关。但是它对以后心理学的发展影响较小。到20世纪20年代以后,这个学派便由新兴的其他学派所取代。

图1-10 机能主义奠基人詹姆斯

(二)行为主义

行为主义是现代心理学中影响很大的一个学派,其创始人是美国心理学家华生(John Broadus Watson,1878—1958)。1913年华生在《心理学论坛》上发表了论文《行为主义者所见的心理学》,正式举起了行为主义的大旗。在这篇宣言性的论文中,他提出,心理学是行为的科学,而不是意识的科学。心理学的研究对象是人类和动物行为,而较简单的动物行为比复杂的人类行为更具有根本性。他坚决反对冯特心理学的意识和内省这两个基本概念,认为只有直接观察到的东西才能成为科学研究的对象,只有客观的方法才是科学的方法。而意识不能直接观察,因而就不能成为科学心理学的对象;冯特的内省法不能提供客观的事实材料,因而不能作为科学心理学的方法。他主张只有从可观察到的刺激和反应方面去研究,心理学才能成为像生物学、物理学、化学那样的自然科学。刺激——反应(S—R)就是华生行为主义的公式。他坚决主张把人的心理彻底生物学化和动物学化,认为对人的行为和动物的行为必须在同一层面来考虑。他特别重视行为的分子概念,即将行为看作许多生理细节的组合。华生坚决认为,传统心理学中的意识、感觉、知觉、意志、表象等是一大堆无用的概念,应彻底加以摒弃,而代之以刺激、反应、习惯形成、习惯联合等概念。他认为,心理学研究的目的,是寻找预测和控制行为的途径。

图1-11 行为主义的创始人华生

华生的极端主张虽然没有被学术界全盘接受,但是他所倡始的方向却在美国得到广泛的传播。从此,行为主义就成为心理学中的一个重要派别而固定下来。虽然新行为主义与旧行为主义相比,不论在外表上和意向上都有很大的差别,但是仍然遵循着一个信条:对行为进行探讨,而无需涉及意识。

华生彻底否认人的主观世界,以生理反应代替心理现象,把动物和人都看成是“有机的机器”。这显然是错误的。但是行为主义对心理学的发展也有积极意义。华生竭力主张科学实验的研究取向,有助于心理学摆脱思辩的性质。他所强调的刺激——反应模式,容易对心理现象做数量上的描述。他收集的有关婴儿活动的材料也是可取的。

(三)格式塔心理学

格式塔心理学于1912年在德国诞生,后来在美国得到进一步发展。其创始人是魏特默(Max Wertheimer, 1880—1943),考夫卡(Kurt Koffka, 1886—1941)和苛勒(Walfgang Köhler, 1887—1967)。

图1-12 格式塔心理学创始人之一魏特默

"格式塔"是德文Gestalt的译音，意为"完形""样式""结构""组织"。格式塔心理学派是以似动现象的实验起家的。主持这个实验的是魏特默，观察者是考夫卡和苛勒。实验用速示器将A、B两条发亮的直线先后投射在黑色背景上，两条线放映时间间隔过长，例如2000或200毫秒，观察者看到的是两条线先后出现；时间间隔过短，例如30毫秒，看到的是两条线同时出现；如果时间间隔在60毫秒左右，便可以看到A线向B线移动，或只看见运动，没看见线。这叫似动现象，又称φ现象，与我们看电影时所见相同。他们认为，这种知觉显然是无法用感觉元素的联合来解释的。于是坚决认为，每一种心理现象都是一个格式塔，都是一个"被分离的整体"。整体不等于部分的总和，整体不是由若干元素组合而成的，相反，整体乃先于部分而存在并且制约着部分的性质和意义。他们坚决反对对任何心理现象进行元素的分析，并把冯特的构造主义称之为"砖块和灰泥的心理学"。

那么，为什么每一种知觉都是一个"被分离的整体"呢？格式塔心理学家认为，这并不完全决定于外界事物，而是由于人脑中的一些力量把它们组织起来。当时，物理学中"场"的理论盛行，于是他们认为头脑中也有一个磁场，这个"场"中的力量分布，就决定了人把外界的东西看成是什么样的。他们提出了知觉中的许多组织原则，试图解决格式塔的生理基础问题。

格式塔心理学家认为，学习和问题解决也像知觉一样，是通过整体进行的。魏特默在其《创造性思维》一书中把格式塔原理应用于人类的创造性思维。他认为，学生在解决问题时之所以产生迷惑，是由于没有把问题的细节方面与问题的整个情境结构联系起来考虑；一旦把问题看成是一个有意义的整体，就会产生顿悟，问题也就解决了。

格式塔心理学强调整体并不等于部分的总和，整体先于部分而存在并制约着部分的性质和意义的理论观点，是正确的。此外，格式塔心理学家关于知觉的组织原则及学习和思维中的研究成果至今仍反映在心理学教科书中。

(四)精神分析

精神分析学派的创始人弗洛伊德是奥地利的一位精神病学家。他的代表作有《梦的解释》(1900)、《精神分析新引论》(1933)、《精神分析纲要》(1949)。弗洛伊德把一个人的人格看成是由本我、自我和超我三部分构成的系统。本我是人先天具有的,其唯一目的是消除或减轻机体的紧张以获得满足和快乐;超我是内化了的道德标准,竭力压抑本我的盲目冲动;自我介于两者之间,负责理智地调节本我、超我和外界三者的关系。一个人的精神状态就是人格的三个部分相互矛盾、冲突的结果。当自我能很好地平衡三者关系时,人格便处于正常状态;当自我失去对本我和超我的控制时,人就会产生各种焦虑。为了减轻焦虑,自我便发展出了各种潜意识的防卫机制。在弗洛伊德看来,意识仅仅是人的整个精神活动中位于表层的一个很小的部分。潜意识才是人的精神活动的主体,处于心理的深层。潜意识是正在被压抑的或从未变成意识的本能冲动,它对人的精神和行为有着重大的影响;通过对失言、梦等的分析可以窥见其一斑。

图1-13　精神分析的创始人弗洛伊德

弗洛伊德关于性本能有许多惊人的论述。他认为,人格的动力是本能。性欲是人的所有本能中持续时间最长,冲动力最强,对人的精神活动影响最大的本能。根据他的说法,人的性欲不是始于青春期,而是始于婴儿期;在性本能的整个发展过程中,人由爱自己(自恋情结)到爱父母(男孩的恋母情结和女孩的恋父情结),最后在青春期发展为异性相爱。弗洛伊德认为,婴儿或儿童对性感区(如口腔、肛门、性器官)的各种活动会受到父母的管教而引起冲突,这样就会导致某种人格特征的产生。例如,根据他的说法,婴儿期由于过多或不足的口部满足,就会产生口恋型的性格,如强迫性大吃大喝者、抽烟者、健谈者、自私贪婪者等。他甚至认为,人类的一切创造都是追求性满足的潜意识表现;精神病则是由于性欲过分受到压抑的结果。

对于弗洛伊德关于人格结构和人格动力等观点,在其学派内部意见也不一致。例如,关于人格动力，阿德勒（A. Adler，1870—1937）宁愿强调自我，而不愿强调性欲作用。荣格（G.G.Jung，1875—1961）虽然仍使用“力比多”（libido）这个概念，但已排除了特定的性欲性质，指的是一般生物的生命能量。还有一些新精神分析论者则是从社会文化的角度进行探讨。目前，精神分析在西方文化和文艺创作中仍相当流行。

弗洛伊德对精神病学和临床心理学的影响是深远的。他的理论对科学心理学也有相当重要的意义。弗洛伊德理论中的一些概念如潜意识动机、防卫机制等已被主流心理学所采纳，但他的研究方法因缺乏科学的严谨性而一直受到科学心理学家的批评。

（五）人本主义心理学

人本主义心理学（humanistic psychology）是20世纪中叶在美国产生和发展起来的一种心理学思潮。它既反对行为主义机械的环境决定论，又反对精神分析本能的生物决定论，强调心理学应该研究人的本性、潜能、尊严和价值，研究对人类进步富有意义的现实问题。人本主义心理学在20世纪60—70年代迅速崛起（1962年，美国人本主义心理学协会正式建立，1970年在荷兰召开了有关人本主义心理学的第一次国际会议），成为继行为主义和精神分析之后西方心理学中的“第三势力”。

人本主义心理学的创立人马斯洛（Abraham H. Maslow，1908—1970）坚决反对心理学中的实证主义和元素主义，主张用现象学方法研究个体自我的内心感受，从而开创了心理学中的整体论传统。人本心理学的另一位创始人罗杰斯（Carl Rogers，1902—1987）则用来访者中心治疗，对来访者“无条件地积极关怀”，使来访者“实现自己、维持自己、提高自己”。他们的这些观念和实践都是基于他们的人性观。在对人性的看法上，他们有下列基本观点：我们每一个人都是一个自由的行动者，自由地做出选择和制订目标，并能够解释自己的生活选择；我们每一个人都有一种力求充分发展自己的潜能、超过自己目前状况的基本需求；虽然每一个人都会遇到环境和社会的各种阻挠和障碍，但是人们的天性是趋向于实现自己的潜能。

图1-14 人本主义心理学创始人之一马斯洛

图1-15 人本主义心理学创始人之一罗杰斯

人本主义心理学几乎完全集中于个人的主观经验和发展个人潜能的调查。而要了解个人的主观经验,最直接的途径是去倾听他们的诉说。正是这个缘故,人本主义心理学家是根本不研究像条件性恐惧、攻击行为之类问题的。他们集中于对自我意识的探究,从而促进了对自我意识研究的发展。不过人本主义心理学家们的用语大多具有模糊性和主观性,很难对其下操作性定义。这种研究取向与人文科学的关系要比与自然科学的关系更为密切。

四、当代心理学的特点

学派对立时期是心理学发展的一个重要的里程碑。随着心理学研究的发展,到了20世纪后半期,心理学家们认识到每个学派都是从不同的侧面或层次对复杂的心理现象在进行探讨,并且都做出了贡献——有的贡献出新的实验资料,有的提供了新的见解与命题,还有的自己加以纠正或推翻了对立学派的看法。各对立学派逐渐在概念上和方法论上相互承认并接受其他学派的贡献,而不像过去所认为的那样是互不相容的。同时心理学各分支学科的专业化程度也迅速发展起来。因而,当代心理学呈现出多种研究取向整合和分支学科繁茂发展的特点。

(一)多种研究取向的综合

由于心理现象的复杂性,心理学中的任何题目都可以从各种不同研究取向加以研究。当代心理学形成了五种主要的研究取向,即生物学取向、行为取向、认知取向、社会文化取向和心理动力学取向。这五种研究取向代表了当代心理学的主要理论观点,在探讨人类心理和行为的不同方面,对人类心理和行为的原因做出不同的解释。下面将概要介绍五种研究取向的侧重点,并以它们对人类攻击行为的研究主题为例,阐述它们对攻击行为的解释。

生物学取向(biological perspective)着重从生物、生理、遗传基因的角度研究心理与行为。人的大脑包含约一千亿个神经元,它们之间的相互连接几乎是无限的,可以说是宇宙间最为复杂的结构。心理学家运用人类和其它动物生理学方法,探寻各种心理活动如感知、意识、记忆、思维、情绪、意志等的神经机制(包括神经系统的电活动和化学变化),并且还研究有关基因和其他生物因素对能力和人格特质发展的作用。在本书第二章及各章概述中都有这方面的论述。对于攻击行为,有研究发现患者脑区的杏仁核受到无痛的电刺激后会引起勃然发怒的攻击行为(Moyer,1976,1983);对杀人犯和正常人的大脑扫描研究发现,杀人犯的前额叶激活水平比正常人低14%,脑区异常可能导致异常的攻击行为(Davidson,et al.,2000;Pincus,2001);有研究者对几百名新西兰儿童的追踪研究发现,攻击行为是由一种能够改变神经递质平衡的基因和童年期受虐待经历共同决定的(Caspi et al.,2002;Moffitt et al.,2003)。受进化论和遗传学的影响所产生的进化心理学(evolutionary psychology)是一门新兴的心理学分支学科,专门关注那些在人类进化过程中因其功能和对环境的适应性而被遗传下来的行为是如何体现于我们当前的行为、心理过程和人格特质中的。

行为取向(behavioral perspective)着重研究个体(人或动物)的行为是怎样受环境和经验影响的。行为主义、新行为主义和社会认知学习论是持这种理论观点的代表。行为主义者(behaviorists)完全否定心理因素,用刺激变量与反应变量的关系来解释行为,因为在他们看来刺激和反应是唯一可以观测到的,因而只关注对哪些刺激变量给予奖赏或惩罚才能够保持或抑制特定的行为。而新行为主义和社会认知学习理论(social-cognitive learning theory)则不再无视有机体的内部过程,也关注动机和认知机制的研究,关注刺激与反应之间的中介变量的研究,认为人类不仅可以通过自身的行为去适应环境,也可以通过模仿他人和思考周围发生的事件来习得行为。以攻击行为为例,在班杜拉的经典实验(Bandura et al.,1961)中,观察到成人对玩具娃娃的攻击行为的儿童更倾向于表现出同样的行为。儿童一旦成功地使用武力胁迫其他儿童,会变得更有攻击性(Patterson et al.,1967)。模仿、奖赏会形成或强化攻击行为。

认知取向(cognitive perspective)主张用信息加工观点来研究人类心理过程和结构。例如,把人的认知加工看作由感觉系统、记忆系统、控制系统和反应系统所构成,每个系统与其他系统相联系并执行某些操作。主张通过可观察的行为来推断人们内部的心理过程。1967年的一天,密歇根州州长向媒体吹嘘:该州公民权立法在全国处于领先地位,在过去的5年里有3.67亿美元联邦救助款被投放到底特律。这些话刚在电台广播完,底特律一个大型黑人聚居区就爆发了美国20世纪最严重的城市暴乱,43人死亡,683处建筑被焚毁。这是因为相对于当地白人的富裕生活,黑人居住区仍较贫困落后,黑人们的期望与实际所得之间的差距越来越大,失落感和挫折感更加强烈。他们觉得这个世道太不公平了,这种认知导致了强烈的攻击行为(Feierabend & Feierabend,1968;Solberg et al.,2002)。

社会文化取向(sociocultural perspective)着重研究社会文化怎样影响个体心理和行为。从接吻的方式到用餐的种类和地点等,我们的言谈举止、喜怒哀乐、为人处世,都是受社会背景和文化规范影响的。这一点在过去往往被低估。现在心理学家开始重视从文化的角度研究心理与行为(见热点问题讨论1-2)。攻击行为也受社会文化的影响。例如在崇尚"男子汉气概"的社会里,攻击行为可以很容易地传递给下一代(Cartwright,1975;Short,1969)。来自经济不发达、贫富严重不均、尚武且参与过战争的非民主文化的人,会倾向于支持和参与攻击行为(Bond,2004)。来自崇尚荣誉文化的人,也会有攻击的心理倾向(Nisbett,1990,1993;Cohen,1996,1998)。

热点问题讨论1-2:文化与心理关系的研究模式

文化从不同的水平上对人产生重要的影响。例如,在不同文化中,人们的服饰、习俗、语言等各不相同,人们的行为方式各不相同,人们的知觉、思维方式、情感表达及价值观念各不相同。自20世纪后半期开始,有关文化与个人心理及行为关系的研究已发展出跨文化心理学、本土心理学和文化心理学三种研究模式。

跨文化心理学(cross-cultural psychology)的研究对象是不同文化群体的心理与行为比较,主要关注哪些心理现象是普遍的和哪些心理现象是有特定文化的。例如,有的学者考察了美国内部两种截然不同文化:来自英格兰定居于东海岸中部的民族后裔冷静且注重合作,来自苏格兰、爱尔兰定居于南部大片地区的民族后裔崇尚武力和个人荣誉,南方白人的杀人案发率比北方人定居区要高得多(Nisbett,1993;Cohen,1998)。哈塔诺等人(Hatano et al.,1993)研究美国、以色列和日本三国幼儿园里孩子和二、四年级小学生对生物学上存活概念的理解,向他们询问如下问题:人、其他动物(兔子和鸽子)、植物(树和郁金香)以及无生命的物体(石块和椅子)是否具有生命的种种属性,比如是不是活的,有没有心脏、骨骼或大脑之类的东西,有没有可以对冷或痛的感觉能力,会不会生长或死亡。结果发现,较多的美国儿童认为人、动物和植物是活着的,而不认为无生命的物体是活着的;较多的以色列儿童只把人和动物看成活着的(而不是植物或无生命的物体);较多的日本儿童把所有物体(包括石头和椅子)都当成活着的。虽然这三个国家都是高度发达且科技进步的,但由于主流文化的不同使他们看待植物、动物等的态度有所不同。

本土心理学(indigenous psychology)研究本土背景中与文化相关的及从文化派生出来的心理与行为活动。例如,研究中国文化背景下中国人的自我观、尚和心态、人情观、面子观、孝道与中庸之道等(汪凤炎、郑红,2005)。本土心理学通过分析某一文化的成员经常使用的重要概念、关键词与范畴及其相互关系,来理解该文化下心理与行为的本质特点。

文化心理学(cultural psychology)研究文化对人的心理与行为的影响,是一门研究个体与社会、文化之间的相互作用的学科。例如,有的学者研究了为什么印度人认为愤怒不同于羞怯与快乐,而美国人却认为羞怯与愤怒在意义上相近,但它们却不同于快乐。因为对印度人来说,愤怒破坏关系,而羞怯与快乐则加强关系;对美国人来说,快乐这个概念具有积极的意义,而其他两个概念则具有消极的意义。文化心理学试图通过发展关于各种特定文化及跨各种特定文化的理论,以产生一个以文化为基础的知识体系(乐国安、纪海英,2007)。

上述有关文化与心理关系的研究模式都将有助于我们深入理解人的心理的文化根源,从而促进全人类心理学的诞生和发展。

心理动力学取向(psychodynamic perspective)着重研究个体的心理与行为的动力因素,如本能、内驱力等。对于攻击行为,弗洛伊德认为人类有一种潜意识的死亡本能(thanatos),这种本能最初的目标是自我毁灭,但它会改变方向,指向他人。洛伦茨(Lorenz,1966,1977)认为攻击的产生主要是由于人类和其他动物所共有的遗传的争斗本能,这种本能有助于保证最强壮的个体将他们的基因遗传给下一代。五种研究取向的关注点及对攻击的解释见表1-1。

表1-1 五种主要研究取向的关注点及对攻击的解释

研究取向	关注点	对攻击的解释
生物学	心理的生物基础	脑内的生化过程和特殊基因
行为	外显行为及其刺激的原因和结果	强化、模仿
认知	通过行为来推断认知过程	认知失调
社会文化	心理多样性的文化根源	主流文化和亚文化的熏陶
心理动力学	潜意识驱力	攻击本能

从表1-1可以看出,心理学的五种主要研究取向其实是心理学家从不同的角度来探索人类的心理现象。心理现象是很复杂的。心理学中的许多问题没有一个简单的答案。对于复杂的现象常常会有复杂的解释。从心理学家对攻击行为的解释可以看到,当代心理学家更倾向以多种研究取向整合的观点来探讨复杂的心理现象。

(二)分支学科繁茂发展

当代心理学是一个庞大的学科体系,包含许多心理学分支。这些心理学分支有些担负理论上的任务,有些则担负实践上的任务,有些既担负理论上的任务又担负实践上的任务。下面仅从基础领域和应用领域把一些心理学分支学科做一个大致的分类。

1.基础领域

属于基础领域的心理学分支,研究心理科学中同各分支心理学有关的基础理论和基本的方法学问题。

普通心理学(general psychology)是研究心理现象最一般规律的学科。狭义而言,指阐述正常成人个体心理,如感知觉、记忆、思维、言语、动机、情绪、意志、人格等的一般规律和基本原理的学科;更广义而言,是指整个心理学,包括它的理论、结果、原理等,如一本标准的入门教科书所反映的内容。

实验心理学(experimental psychology)是以实验方法来研究心理和行为的规律的学科。它研究心理学领域中进行实验研究的原理、设计、方法、仪器、技术和资料处理等问题。它告诉人们心理学的原理是建立在精细控制的、可重复的实验基础上的。

生理心理学(physiological psychology)是依据生物学和神经科学的研究成果来描述和解释心理现象的一个心理学分支学科。在寻求心理与行为的生理相关上,有还原论的倾向。

2.应用领域

心理学的应用领域甚广。可以毫不夸大地说,凡属人类的各种实践活动均涉及人的问题,都是心理学应用的领域。

人格心理学(personality psychology)是研究人格结构、人格动力、人格发展、人格适应以及人格评鉴技术等内容的一个心理学分支学科。

发展心理学(developmental psychology)是研究人类个体在整个生命历程中心理发展规律的一个心理学分支学科。发展心理学按照人生发展的各个阶段,可分为婴幼儿、儿童、青少年、成年及老年心理学,分别研究各年龄阶段的心理特点及其形成规律。

比较心理学(comparative psychology)是研究动物心理并与人类心理相比较以探求人类心理如何演化而来的一个心理学分支学科。动物心理学研究各种动物行为,如迁徙、季节适应、觅食、食物储备、交配、哺幼、营巢、自卫、搏斗、合群、通意、鸣叫、游戏等行为的方式和规律。

社会心理学(social psychology)是研究社会心理的基本过程及其变化发展的条件和规律的学科。具体地说,它的研究涉及社会认知、社会动机、社会态度、社会感情、团体心理(如民族心理、阶级心理、小团体人际关系心理等)以及时尚、风俗、舆论、流言等社会心理现象。

变态心理学(abnormal psychology)是研究异常心理的类别及成因的一个心理学分支学科。具体而言,研究涉及行为问题、人格障碍、性变态、适应不良等行为与人格偏离,焦虑症、抑郁症、强迫症、恐惧症等神经症,以及精神病等异常心理现象。

教育心理学(educational psychology)是研究教育和教学过程中的各种心理学问题,揭示教育教学与心理发展的相互关系,为人才培养服务的一个心理学分支学科。

咨询心理学(counseling psychology)是研究心理咨询理论、技术及咨询关系等方面的问题,以帮助生活适应困难或心理异常者重建积极人生的一个心理学分支学科。

管理心理学(managerial psychology)是研究各种管理工作中的心理学问题,促进组织发展,提高工作成绩的一个心理学分支学科。

工业或组织心理学(industrial/organizational psychology)是研究包括工业和组织的人事行为、人事策略、人类工程学、人的因素、工作绩效、疲劳、工资和效益等领域的一个心理学分支学科。

消费心理学(consumer psychology)是研究顾客的消费行为(包括消费动机、购买认知、消费情感及消费决策等问题)的一个心理学分学科。

医学心理学(medical psychology)研究疾病的诊断、治疗、护理、预防中的心理学问题,以促进医疗保健事业发展的一个心理学分支学科。

司法心理学(forensic psychology)是研究将心理学知识和原理应用于法制活动的一个心理学分支学科。包括证据的可靠性、目击证言的可靠性、记忆的作用、决策特别是团体决策的心理学问题。

运动心理学(sports psychology)是研究体育运动、组织、训练、竞赛活动中运动员及教练员培养等问题的一个心理学分支学科。

军事心理学(military psychology)是研究心理学原理在军事活动的特殊环境中的应用,包括战斗时人的行动、指挥员与下属的相互关系、士气、心理战等内容的一个心理学分支学科。

健康心理学(health psychology)是研究保持和促进健康水平,预防和治疗疾病,鉴别病因及相关的功能障碍,改善医疗保障体系等方面的心理学问题的一个心理学分支学科。

上述两个领域中的心理学分支学科也是密切联系、相互渗透的。当代心理学的分支学科还在繁荣地发展,特别是应用领域的分支学科发展相当迅速(见心理学与人生1-1)。

心理学与人生1-1 心理学的应用前景宽广

据美国心理学会的调查表明,有236个心理学专业领域聘用心理学家。心理学的应用范围很广:以这些专业领域而命名的心理学分支学科如航空心理学、社会心理学、教育心理学、健康心理学、人格心理学、军事心理学、认知心理学、宗教心理学等;以被研究的人群(或个体)而命名的心理学分支学科如动物心理学、工业心理学、儿童心理学、文化心理学等;以这些心理学从业者而命名的心理学分支学科如临床心理学、咨询心理学、运动心理学等。如图1-16所示,心理学家中有40%以上的人在各类学校或学术机构中任职,从事教学、基础研究、咨询或治疗工作。大多数心理学家则从事应用工作,其中临床心理学家和咨询心理学家约占心理学工作者总数的55%。其他专业工作涉及面也很广。目前美国心理学会(American Psychological Association,简称APA)下属56个分会,每个分会都代表一个与特定的专业或技术有关的领域。估计在不久的将来,还可能出现更细的专业分工,例如离退休后心理问题咨询、体重控制心理咨询、减轻压力心理咨询、行政人员选拔心理咨询、睡眠障碍心理咨询、健全人格养成心理咨询等令人振奋、富有创新的新应用心理学领域。

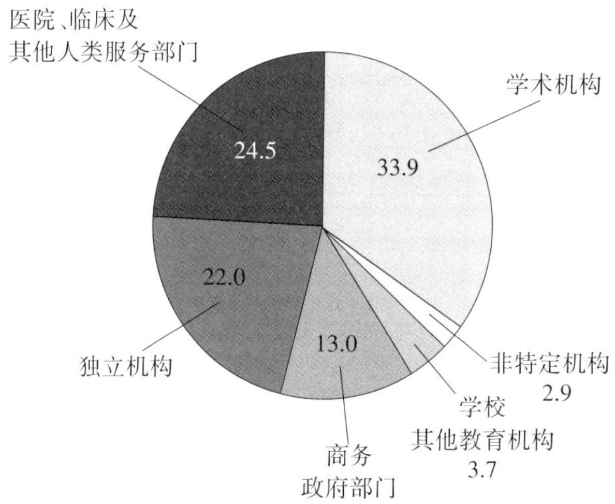

图1-16 心理学家的工作领域

心理学与我们的日常生活紧密联系。在现实生活中,在有效应用方面,没有哪一门科学能比得上心理学。尽管这个论断会遭到生物学家、化学家、物理学家、地质学家等的反驳,但这样说是有理由的。在每天的生活中不思考关于物理和地质的知识,人们照样可以生活,但不思考心理人们便不能生活。如果人们想要继续生存,并且使自己的生活更美好,他们就必须考虑大量的有关感觉、知觉、记忆、情绪和行为后果之类的问题。当你读到后面的心理学知识时,你就会体会将这些心理学知识应用于实际生活是多么的重要!

复习与思考

1.解释:心理学,心理过程,认知过程,情绪过程,意志过程,心理状态,心理特征,行为,变量,刺激变量,机体变量,反应变量,自然观察法,调查法,个案法,相关法,相关系数,伪相关,实验法,变量,自变量,因变量,控制组,实验组,操作性定义,现场实验。

2.试对个体心理现象进行分析。

3.怎样理解心理学是一门科学?

4.怎样才能做到使心理学的知识可以公开接受检验?

5.阐述心理学描述研究的特点。

6.阐述心理学相关研究的特点。

7.阐述心理学实验研究的特点。

8.阐述心理学研究中对主客观资料进行科学整合的含义。

9.阐述当代心理学的特点。

推荐阅读书目

1. 迈尔斯(黄希庭等译,2006). 心理学(第七版). 序幕,第一章. 北京:人民邮电出版社.

2. 库思(郑钢等译,2004). 心理学导论——思想与行为的认识之路(第九版). 第一、二章. 北京:中国轻工业出版社.

3. 格里格,津巴多(王垒等译,2003). 心理学与生活. 第一、二章. 北京:人民邮电出版社.

4. 斯塔诺威克(范照等译,2005). 与“众”不同的心理学——如何正视心理学. 北京:中国轻工业出版社.

5. 黄希庭,张志杰(2005). 心理学研究方法. 北京:高等教育出版社.

6. 张春兴(2002). 心理学思想的流变——心理学名人传. 上海:上海教育出版社.

第二章　心理的生物基础

心理的产生有其生物基础。要理解心理和行为的生物基础,就必须要懂得脑的结构和机能,了解脑和内分泌系统对行为的控制以及遗传对行为的影响。本章首先重点讨论脑的结构和机能、脑对行为的控制,然后讨论内分泌和遗传因素对行为的影响。人脑是人类长期进化过程的产物。人生下来的时候就具有控制行为的脑中枢(例如新生儿生来就有调节吸吮活动的中枢)。这些神经联系是先天遗传的、固定的。但是,通过社会实践,人脑还会产生新的联系,人脑的结构和机能在社会实践中不断变化发展。因此,个体在心理和行为上的差异固然有遗传上的原因,但更主要的是取决于人们的社会实践以及在社会实践中学到了什么。

第一节　神经系统与神经元

神经系统(nervous system)是由巨量神经细胞形成的神经组织与结构的总称,可分为中枢神经系统和周围神经系统。

一、中枢神经系统的结构和机能

中枢神经系统(central nervous system,简称CNS)是人体神经系统的最主体部分,包括脑与脊髓,其主要功能是传递、储存和加工信息,产生各种心理活动,支配与控制人的全部行为。

(一)脑

人类的脑是由约140亿个脑细胞构成的重约1400克的海绵状神经组织。脑(brain)是中枢神经系统的主要组成部分,在构造上,按部位的不同分为后脑、中脑和前脑三大部分,分别具有不同的功能。

1.后脑

如图2-1所示,后脑(hindbrain)位居脑的后下部,其中包括三部分:(1)延脑(medulla),位于脊髓的上端,与脊髓相连,呈细管状,大如手指。延脑的主要功能在于控制呼吸、心跳、吞咽及消化，稍受损伤即危及生命。(2)脑桥(pons)，位于延脑之上，是由神经纤维构成的较延脑肥大的管状体。脑桥连接延脑与中脑，如果受损可能使睡眠失常。(3)小脑(cerebellum)，位于脑桥之后，形似两个相连的皱纹半球，其功能主要是控制身体的运动与平衡。如果小脑受损，即丧失身体自由活动的能力。

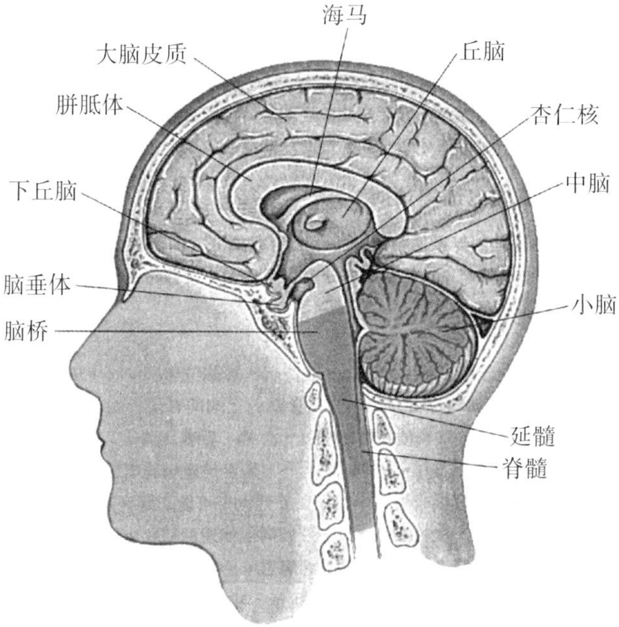

图2-1　脑的纵切面图

2. 中脑

中脑(midbrain)位于脑桥之上，恰好处在整个脑的中间。中脑是视觉与听觉的反射中枢。在中脑的中心有一个网状的神经组织，称为网状结构(reticular formation)。网状结构的主要功能是控制觉醒、注意、睡眠等意识状态。网状结构的作用扩及脑桥、中脑与前脑。中脑与后脑的脑桥和延脑合在一起，称为脑干(brain stem)。脑干是生命中枢。

3. 前脑

前脑(forebrain)是脑的最复杂部分，也是最重要的部分。前脑主要包括五部分：(1)大脑皮质(cerebral cortex)。大脑皮质是中枢神经系统中最重要的部分，平均厚度为2.5~3.0毫米，面积约为2200平方厘米，上面布满了下凹的沟和凸出的回(见图2-2)。分隔左右两半球的深沟称为纵裂。纵裂底部由胼胝体相连。大脑半球外侧面，由顶端起与纵裂垂直的沟称为中央沟。在半球外侧面由前下方向后上方斜行的沟称为外侧裂。半球内侧面的后部有顶枕裂。中央沟之前为额叶。中央沟后方、顶枕裂前方、外侧裂上方为顶叶。外侧裂下方为颞叶。顶侧裂后方为枕叶。胼胝体周围为边缘叶。每叶都包含很多回。在中央沟的前方有中央前回，后方有中央后回。大脑半球深部是基底神经节，主要包括尾状核和豆状核，合称为纹状体。其机能主要是调节肌肉的张力来协调运动。关于大脑皮质的功能机制，留待下一节说明。(2)边缘系统(limbic system)。边缘系统是位于胼胝体之下包括多种神经组织的复杂神经系统。边缘系统的构造与功能尚不能十分确定，在范围上除包括部分丘脑和下丘脑之外，另外还包括海马与杏仁核等。海马(hippocampus)的功能与学习记忆有关，杏仁核(amygdala)的功能与动机、情绪有关。(3)丘脑(thalamus)。丘脑是卵形的神经组织，其位置在胼胝体的下方，具有转运站的功能。从脊髓传来的神经冲动，都先到丘脑，然后再由丘脑分别传送至大脑皮质的相关区域。如丘脑受损，将使感觉扭曲，无法正确了解周围的世界。(4)下丘脑(hypothalamus)。下丘脑位于丘脑之下，其体积虽比丘脑小，但功能却比丘脑复杂。下丘脑是自主神经系统的主要控制中心，它直接与大脑皮质的各区相连，又与主控内分泌系统的脑垂体连接。下丘脑的主要功能是控制内分泌系统、维持新陈代谢、调节体温，并与饥、渴、性等生理性动机及情绪有关。如下丘脑受损，将使个体的饮食习惯与排泄功能受到影响。(5)脑垂体(hypophysis)。脑垂体位于下丘脑之下，其大小如豌豆，在部位上虽属于前脑，但在功能上则属于内分泌系统中最主要的分泌腺之一。此外，胼胝体(corpus callosum)连接大脑两半球，使两半球的神经网络得以彼此沟通。

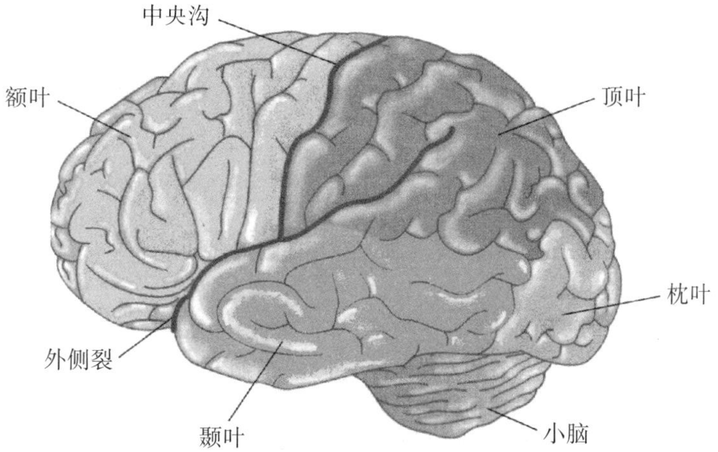

图 2-2　大脑半球各部位略图

(二)脊髓

脊髓(spinal cord)上接脑部，外连周围神经，31 对脊神经分布于它的两侧。脊髓的活动受脑的控制。来自躯干、四肢的各种感觉信息，通过感觉神经传送至脑，进行高级的分析和综合；脑的活动也要通过运动神经传至效应器。脊髓本身也可以不经大脑完成许多反射(reflex)活动，如牵张反射、膀胱和肛门反射等。

二、周围神经系统的结构和机能

周围神经系统(peripheral nervous system,简称PNS)从中枢神经系统发出,导向人体各部分,可分为躯体神经系统和自主神经系统。周围神经系统担负着与身体各部分的联络工作,起传入和传出信息的作用。

(一)躯体神经系统

躯体神经系统(somatic nervous system)包括脑神经和脊神经。脑神经共12对,主要分布于头面部;脊神经共31对,主要分布于躯干和四肢。它们的主要功能是在神经活动的反射过程中,一方面通过传入神经纤维把来自感受器的信息传向中枢神经系统,另一方面通过传出神经纤维把中枢神经系统的命令传向效应器官,从而导致骨骼肌的运动。它们起着使中枢神经系统与外部世界相联系的作用。通常认为,躯体神经系统是受意识调节控制的。

(二)自主神经系统

自主神经系统(autonomic nervous system)分布于内脏器官、心血管、腺体及其他平滑肌。它也包含感觉(传入)神经纤维和运动(传出)神经纤维。传入纤维传导体内脏器的运动变化信息,这种刺激的感受对机体内环境的调节起着重要作用。而分布于各脏器的传出神经纤维,在正常情况时候它们保持相对平衡和有节律性的内脏活动,如呼吸、心跳、消化、排泄、分泌等,以调节机体的新陈代谢;当环境发生紧急变化时,促使机体发生应付紧急情况的一系列内脏活动。内脏活动一般不由意识直接控制,并且也不在意识上发生清晰的感觉。

自主神经系统可分为交感神经系统(sympathetic nervous system)和副交感神经系统(parasympathetic nervous system)。这两类神经都向几乎所有的腺体和内脏发放神经冲动。交感神经的功能主要表现在当机体应付紧急情况时产生兴奋以适应环境的变化,如心跳加快、冠状血管血流量增加、血压升高、血糖升高、呼吸加深变快、瞳孔扩大、消化减慢等一系列反应。副交感神经的作用具有保持身体安静时的生理平衡,如协助营养消化的进行、保存身体的能量、协助生殖活动等。这两种系统在许多活动中具有拮抗作用,又是相辅相成的。例如,交感神经使心搏加快,而副交感神经则使之减慢;性兴奋是副交感神经的作用,而性欲高潮则是交感神经的一种反应。

三、神经元的结构和机能

神经元(neuron)即神经细胞,是神经系统结构和功能的基本单位。神经系统主要由神经细胞和神经胶质组成。神经元的形状和大小不一,但多数神经元具有一些共同结构。大致都可以分为细胞体和突起两部分。胞体的中央有细胞核。细胞核是细胞的能量中心。通过化学反应,胞体为神经活动提供能量,并大量制造用于传递信息的化学物质。自胞体伸出两种突起:呈树枝状的被称为树突,它接受其他神经元来的信息并传至胞体;那一根细长的突起称为轴突,它把冲动由胞体传至远处,传给另一个神经元的树突或肌肉与腺体。髓鞘由胶质细胞构成,包裹在轴突上,起着绝缘作用。一个神经元的轴突有许多分支末梢膨大,呈葡萄状,称为突触小体,它是传递信息给另一个神经元的发放端。

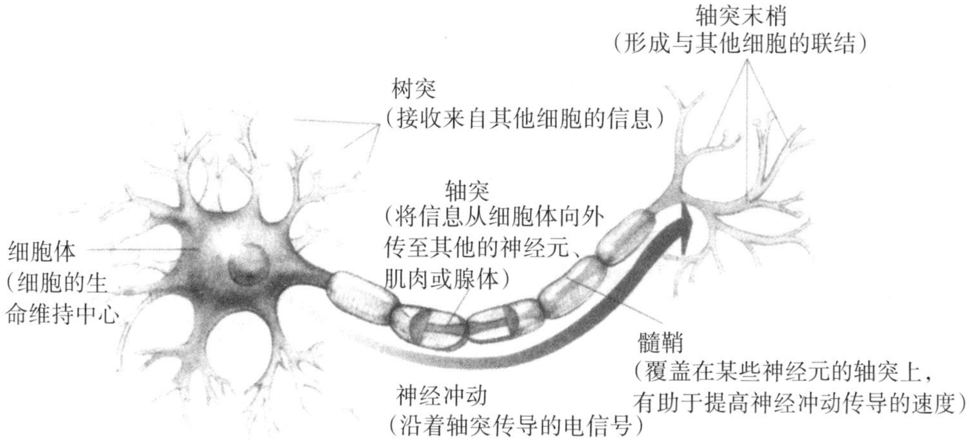

图2-3　神经元示意图

神经元具有两个最主要的特性,即兴奋性和传导性。神经元的兴奋性具有一种很特殊的现象,当刺激强度未达到某一阈限值时,神经冲动不会发生,而当刺激强度达到该值时,神经冲动发生并能瞬时达到最大强度,此后刺激强度即使再继续加强或减弱,已诱发的冲动强度也不再发生变化。这种现象称为全或无定律(all-or-none law)。神经元的传导功能在性质上类似电流传导,但作用机制不同。电流靠接触传导,而相邻神经元则靠其间一小空隙进行传导。这一小空隙,叫做突触(synapse)。突触的作用在于传递不同神经元之间的神经冲动。

神经元的功能表现多种多样,归纳起来可分为三类。(1)感觉神经元(传入神经元),其树突的末端分布于身体的外周部,接受来自体内外的刺激,将兴奋传至脊髓和脑。(2)运动神经元(传出神经元),其轴突达于肌肉和腺体。运动神经元的兴奋可引起它们的活动。(3)联络神经元(中间神经元),介于上述两种神经元之间,把它们联系起来或组成复杂的网络,起着神经元之间机能联系的作用,多存在于脑和脊髓里。

第二节 脑的三大机能系统

人脑是一个极其复杂的机能系统。我们的一切心理活动都是脑的机能。那么脑究竟怎样工作才产生心理活动的呢？在这一节中，将讨论脑的三个主要的机能系统，即感觉机能系统、运动机能系统、联络机能系统，以及大脑两半球之间的分工和协作。

一、感觉机能系统

外界刺激经过感受器（如眼的视网膜、内耳的柯蒂氏器等）时，触发的神经冲动由感觉神经传入中枢神经系统，再分别经特异投射系统和非特异投射系统达到大脑皮质，进而在大脑皮质发生加工，产生感觉。

（一）特异投射系统和非特异投射系统

感受器发出的神经冲动通过两条作用不同的神经通路传入大脑皮质，一条是特异性投射系统，另一条是非特异性投射系统。

1. 特异性投射系统

特异性投射系统（specific projection system）是指各类感受器以特异的传入路径将神经冲动传送至大脑皮质的特定投射区的一种传入系统。例如传导本体感觉冲动的薄束和楔束，传导体表感觉冲动的脊髓丘脑束以及听觉传导路、视觉传导路等。特异投射系统主要包括视觉、听觉、味觉、嗅觉、肤觉和本体感觉等。它们的作用是引起特定的感觉。

在特异投射系统中，丘脑是一个重要的转换站。除嗅觉外，所有的感觉纤维在到达大脑皮质之前都终止于丘脑，在此更换神经元后，发出纤维将各种感觉冲动分别投射到大脑皮质的特定区域。丘脑是皮质下较高级的感觉中枢，对感觉信息进行初步的分析、综合，但它不能确定感觉的性质和强度，丘脑病变，往往引起感觉异常，如感觉过敏或感觉减退等。

2. 非特异性投射系统

非特异性投射系统（nonspecific projection system）是指特异性传入系统神经束经过脑干时，发出侧支，与脑干网状结构内的神经元建立突触联系，然后经丘脑内侧部弥散性地投射到大脑皮质的广泛区域，不产生特定感觉的一种传入系统。网状结构系统是保证调节皮质紧张度和觉醒状态的脑器官。网状结构由许多中间神经元组成，它们与大脑皮质、下丘脑、脊髓、小脑的神经细胞有着广泛的神经联系。网状结构系统分上行网状系统和下行网状系统。上行网状系统对皮质的激活和紧张度的调节起着决定性的作用。实验证明，刺激除嗅觉以外的感受器都可以在网状结构的某些神经元得到冲动发放。这些冲动发放可以引起动物的觉醒反应。破坏网状结构，动物长期处于昏睡状态。因此，正常情况下人的各种心理活动都必须有网状激活系统的参加，因为人的绝大多数心理活动都是在清醒状态下进行的。而下行网状系统则对效应器官的活动具有激活和抑制作用，它是大脑皮质对行为、活动控制必不可少的脑器官。

（二）大脑皮质的感觉代表区

特异投射系统将来自感受器的冲动传向大脑皮质的特定区域，从而引起特定的感觉。现已探明大脑皮质的感觉代表区有以下几种。

1.体表感觉代表区

体表感觉主要指皮肤上的触、冷、温、痛等感觉。其大脑皮质代表区在中央后回（见图2-4）。这一区域的感觉投射有如下特点。（1）感觉传入的皮质投射是交叉的，即一侧的躯体感觉投射到对侧的大脑皮质的相应代表区。（2）感觉传入的皮质投射是倒置的，即下肢的感觉投射于这一区域的顶部，上肢的感觉投射于这一区域的中部，头颈部的感觉投射于这一区域的下部。（3）大脑皮质代表区的大小与身体不同部位的感觉灵敏度有关。感觉灵敏的部位，所占的代表区域较大，如手、唇、口腔感觉的代表区域就特别大；感觉不灵敏的部位，如躯体的代表区就很小。这种结构特点有利于人进行精细的感觉分析，它是人类长期进化的结果。

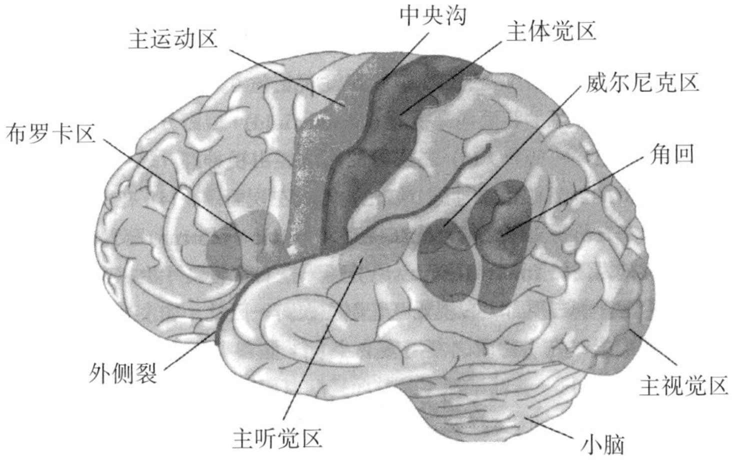

图2-4 大脑左半球分区功能略图

2.本体感觉代表区

本体感觉指肌肉、关节的运动和位置感觉。中央前回是运动区，也是本体感觉的投射区。刺激中央前回也会引致病人企图发动肢体运动的主观感觉。

3.视觉代表区

视觉代表区在枕叶距状裂两侧。刺激该区域,可以使患者产生简单的主观光感觉,但不能引起完善的视觉形象。因为起源于鼻侧视网膜的传入纤维在视交叉处越至对侧,实行交叉,投射到对侧枕叶,而起源于颞侧的传入纤维并不交叉,直接投射到同侧枕叶。这样,一侧枕叶皮质主要与两眼同侧的视网膜相联系,因而与两眼的对侧视野有关,即右侧枕叶主要与两眼的左侧视野有关,而左侧枕叶主要与两眼的右侧视野有关。临床实践证明,一侧枕叶皮质受损害造成对侧偏盲,双侧枕叶皮质受损害造成全盲。

4.听觉代表区

听觉代表区在颞叶的颞横回。电刺激该区可以使患者产生铃声样或风吹样的主观音觉。听觉冲动的投射是双侧性的,即一侧皮质代表区与两侧耳的感受器都有关。因此,一侧颞叶皮质受损害并不影响听觉,只有左右两侧听觉代表区同时受损害,才产生完全的耳聋。

5.嗅觉和味觉代表区

尚未取得一致意见。一般认为,嗅觉冲动主要投射于海马回沟和海马回前部一带。味觉冲动投射于中央后回的头面部感觉投射区的下侧。

6.内脏感觉代表区

一般认为内脏感觉代表区在边缘叶。大脑半球内侧面皮质与间脑交接处的边缘及胼胝体旁的环周结构,称为边缘叶。它与附近的皮质(额叶眶部、岛叶、颞极、海马及齿状回等)以及有关的皮质下结构(包括隔区、杏仁核、丘脑及中脑被盖等),在结构与功能上相互间有密切的联系,构成一个统一的功能系统,称为边缘系统。边缘系统不仅与内脏有关,还与嗅觉、情绪、记忆等心理活动有关。

二、运动机能系统

(一)大脑皮质运动区

人的一切随意活动是由大脑皮质调节的。中央前回是躯体运动的皮质代表区。大脑皮质运动区的机能特征有以下几点。(1)对侧支配,即一侧运动区主要支配对侧躯体肌肉,但对少数肌肉(如额肌等)是双侧支配的。(2)具有精细的定位,一定的区域支配身体一定部位的肌肉。支配下肢的区域位于中央前回的顶部,支配头面部的区域分布于接近外侧裂的部分,支配上肢的区域则位于以上两部位之间。总的说来,近似倒立分布。(3)身体不同部位在大脑皮质的代表区的大小和运动的精细复杂程度有关。运动精细复杂的部位,所占的皮质代表区大。例如手所占的区域相当于整个下肢所占的区域。(4)刺激该区引起的肌肉运动,主要是少数个别肌肉的收缩,甚至只引起某块肌肉的一部分发生收缩,不发生肌肉群的协同收缩。

(二)锥体系统和锥体外系统的机能

皮质运动区是运动冲动的“出口”,它不可能孤立地进行工作。人的所有运动都是在某种肌肉紧张度的背景上进行的。大脑皮质控制人的随意活动,其神经冲动是经锥体系统和锥体外系统下传完成的。这两个系统的机能各不相同。

1.锥体系统

锥体系统(pyramidal system)主要是由大脑皮质中央前回的大锥体细胞发出的神经纤维组成。这一传导系统大部分在延脑交叉到对侧沿脊髓白质而下行,小部分不交叉,在脊髓的一定节段才交叉。所有的纤维都终止于脊髓的前角,由前角运动神经元发出的纤维再支配骨骼肌的运动。由于锥体系统绝大部分是在延脑或脊髓交叉至对侧,所以一侧大脑皮质主要管理身体对侧骨骼肌的运动。锥体系统的机能主要是控制支配各种随意活动,控制技巧性的活动。

锥体系统的纤维除主要来自中央前回外,还来自被称为感觉区的中央后回以及前额区等皮质广泛区域。因此,大脑皮质对随意活动的调节,不是局限于某一特定的狭小范围,而与皮质的其他部位有联系。对有目的、有计划的行为调节,前额区的控制是必不可少的。

2.锥体外系统

大脑皮质除运动区外,还有一些其他区域参与肌肉活动的协调,这些区域统称为锥体外区。由锥体外区下行的传导系统称为锥体外运动系统(extrapyramidal system)。锥体外系统的冲动从皮质下传时,在基底神经节、脑干内的一些神经核、网状结构和小脑等部位多次更换神经元,在传导过程中也常有反馈通路。锥体外系统并不直接支配随意运动,它的主要功能是调节肌肉的紧张度,保持身体的姿势,使动作协调。

人的一切随意运动都是经锥体系统和锥体外系统的协同活动完成的。大脑皮质相当广泛的区域都与随意运动有关。由于随意运动是为满足个体的需要和保证种系生存而进行的。因此,行为动作必然受从周围环境和体内环境传入信息的控制和影响。维持内环境稳定和种系生存的需要反映在脑干网状系统、下丘脑和边缘系统，其中一部分行为则是通过额叶皮质和扣带回而实现。根据客观情况的变化，对动作做更细微调节则主要通过顶叶、颞叶和枕叶而实现。至于根据预先的意图进行有目的、有计划的行动，前额区起着十分重要的作用。当运动需要灵活而良好的协调时，来自小脑的冲动也显得十分必要。因此，人的随意行动是大脑皮质和皮质下部位整合而实现的。

三、联络机能系统

在大脑皮质，除了特异感觉投射区和运动区之外，还有更广大的区域，这些区域一般称为联络区。

（一）感觉联络区

各感觉投射区的神经元严格保持着模式特异性，其邻近区域有大量的短轴突联络神经元。它们与各感觉区的特异神经元有着广泛的联系，其功能是组织进入感觉区的神经冲动，以便获得更精确的信息。这些区域称为感觉联络区。因此，感觉投射区只是一个“入口”，它所承担的工作仅是接受信息。例如，红色灯光刺激所引起的冲动，经视神经传至大脑的视区产生视觉。但红色除单纯的物理特性外，常含有一定的意义，可以表示“危险”也可以表示“停止”。“危险”与“停止”的意义是后天学习得来的经验，以后同样刺激再出现时这种已习得的经验可帮助人对刺激意义的识别。人习到的经验以及必要时唤起经验等，都不是视觉区本身的机能，而是视觉区邻近的视觉联络区的机能。如果视觉联络区受损害，虽然患者不会全盲，却影响对物体意义的认知和远近距离的判断，产生视而不见的现象。

在听觉区附近是听觉联络区。它负责听觉刺激意义的学习、习得经验的储存以及唤起经验赋予听觉刺激以意义等。如果听觉联络区受损伤，就失去对外部声音刺激的理解和判断。这时虽有声音刺激感觉，但却不能判断是一种什么样的声音，会产生听而不闻的现象。

体表感觉区附近是体表感觉联络区。其功能为辅助体表感觉区，以获得对外界刺激所产生的触觉、温觉、痛觉和动觉等的更精确的理解。如果体表感觉联络区受损坏，人就不能理解体表感觉的意义。

（二）运动联络区

在运动区附近是运动联络区。运动区是运动指令下达的“出口”。它虽能直接支配某一部分肌肉的收缩，但人的运动是有意义的。运动的组织与意义性，则是在“出口”之前经由运动前区赋予的。例如，写字时所需要的手指和手臂肌肉的运动，是人对这种运动方式和程序经过多次练习而习得的。这种经验包括手与臂运动的方式与文字意义的关系。学习、保持及运用这种经验等，是与控制手指和手臂运动区有关的运动联络区的功能。如果这一运动联络区受损坏，病人虽仍能握笔作书写状运动，但却不能写出他以前所熟悉的文字。

（三）前额联络区

在每一大脑半球额叶的最前端，各有一广大区域，称为前额联络区。前额联络区在人形成意向、运筹规划、调节和监督自己的行动使之与目的、计划相适应的有意识活动中起决定性的作用。正常的动物为实现某一目的，能抑制对不重要的、附加刺激物的反应。而该区损坏的狗，对任何无关刺激都做出反应，例如偶尔看到一片落叶，它便去捕捉它，咀嚼着，又吐出来，有目的指向的行为遭到严重破坏。有人用猴子做实验。正常猴子能学习解决“延迟反应”之类的问题，但将前额区破坏后，此类能力即丧失。实验的方法是，在猴子的注视下，摆两个不同的盘子，在一个盘子中放置食物，另一个不放置，然后用同样的两个器皿把杯子盖上，并用布幕遮挡。经过一定的时间后将布幕拉开，允许猴子凭记忆去选择置有食物的杯子。正常猴子都能在数分钟后凭记忆正确地解决问题。但前额区破坏后即丧失此种能力。此类实验固然不能使用于人类，但在病例中确曾有学者发现，前额区受伤害者虽仍能表现简单的智能活动，但不能从事综合性与推理性的思考活动，其情形与破坏前额区的猴子相似。

心理学与人生2-1：利手

利手（handedness）是指一个人使用右手或左手的偏向。约占77%的人属于绝对右利手或绝对左利手，其余的人则习惯在一些活动中使用一只手，而在另一些活动中使用另一只手。习俗上人们普遍认为，以右手为利手是正确的，而习惯使用左手则是一个错误。在英语中，“右”与“正确”两个词都是“right”。左撇子的右手不像多数人的右手那样灵活，所以被认为“笨拙”，他们拒绝改用右手为利手，又被指责为“固执”。左利手者真的不如右利手者吗？

实际上，人的两只手本身在运动潜能方面并没有任何差异，左利手者的能力都和右利手者一样强，并且，这一点也在心理学研究中得到了证实。左利手者有时会显得笨拙，但这是因为他们生活在一个主要为右利手者建造的世界中。例如，许多物品——把手、旋钮、按键或移动方向都是为右利手者设计的，甚至令左利手者上厕所都会感到不方便。事实上，利手现象反映的只是大脑中高级运动控制中枢所在一侧的表达方式。在右利手者中,约97%的人言语加工中枢在左半球,左半球是优势半球。在左利手者中,约68%的人与右利手者一样,他们的言语加工中枢也在左半球。只有大约19%的左利手者和3%的右利手者使用右脑处理语言。此外,还有大约12%左利手者使用大脑两半球同时进行语言加工。总体来看,有94%的人是使用左半球加工语言的。

如何判断一个人的优势半球在哪一侧?这有一个小窍门,就是看这个人写字时握笔的方式。如果语言加工的优势半球在左脑,一个右利手者握笔用的是直握方式,而一个左利手者则用钩握的方式(图2-5)。反之,当半球优势在右脑时,右利手者一般采用钩握方式,而左利手者采用直握方式。当然,这只是一种普遍现象。要想确切知道一个人的脑优势半球在哪一侧,还需要进行医学检查。

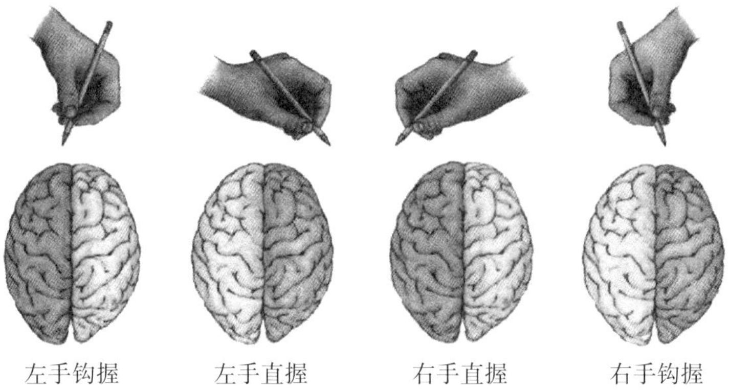

图2-5 握笔姿势与优势半球

在猴子中,左利手与右利手之比基本上是1∶1,大部分其他动物都是如此。但在人类中,左利手与右利手之比却是1∶9,大部分人都是右利手。人类右手优势恰好反映了大脑左半球的语言功能专门化发展。过去,成人经常强迫左利手儿童改用右手写字、吃饭和做其他事情。一项研究发现,根据胎儿超声波图像,利手是在出生之前形成的。这表明,利手并不是习得的。因此,父母不要强迫左利手的孩子改用右手,否则,有可能导致语言和阅读困难。

大部分人的左利手与遗传有关,但与智力发展无关。值得重视的是,左利手者有着许多明显优点。历史上,有很多伟大的艺术家都是左利手,如达·芬奇、米开朗琪罗、毕加索等。由于右半球在表象和视觉能力方面的功能比左半球更强,左利手画家在绘画方面的优势不难理解。在处理三维物体的表象方面,左利手者的能力无疑超过右利手者,这也可能是为什么许多著名建筑师、艺术家和棋手都是左撇子的一个原因。一侧化的脑功能反映了半球在能力方面的专门化,而左利手者的一个显著特征,是他们脑的一侧化程度低于右利手者。右利手者脑的两个半球在大小和形状上相差较大,而左利手者脑的两个半球则更相像。此外,左利手者身体两侧生长得更为平衡,一侧视力的优势不那么明显,甚至双手的指纹和双脚的大小都更为对称。在许多情况下,一侧化程度相对较低反而会表现出优越性。例如,音调记忆是一种基本的音乐能力,而左利手者或双手同利者比大多数右利手的人音调记忆能力更强。这也许是音乐家中双手同利者比例较大的一个原因。再有,数学能力也可能得益于对右脑的充分使用。数学学习优秀的学生中许多人是左利手或双手同利。左利手的优势甚至在基本算术技能中即可表现出来。此外,左利手最明显的优点,是在大脑损伤后具有更强的功能恢复能力。正因为左利手者大脑的一侧化程度较低,因此,任何一侧半球损伤之后都不会完全丧失语言功能。

总之,右撇子有右撇子的长处,左撇子有左撇子的优点。

第三节　脑机制的研究方法

历史上最早是从解剖人的尸体和研究脑局部损伤病人来获取脑的结构和功能知识。随着认知神经科学的兴起,我们已经能够研究活着的正常人或伤病患者的脑的机能如何影响其行为、如何工作的情况。现在,研究心理和行为的脑机制的比较常见的方法有以下几种。

一、刺激法

这种方法就是在动物脑内埋入微小的电极,通以微电流刺激特定部位的神经元活动,以观察其行为反应。也可以在征得患者同意的前提下,在手术中刺激患者的脑的特定部位以观察其行为反应。例如,潘菲尔德(W.G.Penfield)等在20世纪40年代研究发现刺激一级皮层区能引起病人最简单的感觉,而刺激二级皮层区则引起复杂的、在过去经验中所形成的完整的知觉映象。另外也可以用化学物质作为刺激源,如在脑的特定部位注入微量的化学物质。因为注入化学物质可以引起特定部位神经元的兴奋或抑制,从而可以观察到其行为的变化。

二、损毁法和切除法

这种方法就是通过切除或损毁动物脑的一定部位特定的神经核,或切断通向该部位的神经通路,然后观察其行为的变化(也包括对那些因负伤、脑溢血、肿瘤或癫痫而使脑的一定部位受损的病人的观察)。不少心理活动的生理机制知识是用损毁法而获得的。例如,损毁枕叶距状裂两侧皮质,虽然动物的视觉器官和视觉神经通路完好,但视觉却完全丧失。因此,距状裂两侧被认为是视觉投射区。

用外科手术切除脑的某一部位,往往容易引起出血(随后产生瘢痕),并由此而引起其他脑组织的病变。这会妨碍对受损脑的机能进行研究。近年来,用电极进行电解损毁(通以直流电)或对脑的特定部位进行冷冻等已可以克服这一点。

三、脑电图

在头皮表面记录到的自发节律性电活动,称为脑电图(electroencephalogram,简称EEG)。这种自发电位主要是由皮质大量神经组织的突触后电位同步总和形成的。人脑只要没有死亡就会不断地产生EEG。健康成年人在清醒状态下,头皮表面记录的EEG为数微伏至75微伏左右,但在病理状态下(如癫痫发作时)可达1毫伏以上。EEG的测量方法是将许多平头的金属电极放置在头皮上的各个部位,电极把探测到的脑电活动送入脑电图仪,再由脑电图仪将这些微弱的脑波信号放大并记录下来。

1947年道森(Dawson)首次报道用照相叠加技术记录人体诱发电位。1951年他又首先介绍了诱发电位平均技术,从EEG中提取出诱发电位(evoked potentials,简称EP),EP是刺激(包括物理刺激和心理因素)引起的脑电的实时波形,时间分辨率可以精确至微秒,这里将刺激视为一种事件(event),故EP又称为事件相关电位(event-related potentials,简称ERP)。指的是当外加一种特定的刺激,作用于感觉系统或脑的某一部位,在给予刺激或撤消刺激时,在脑区引起的电位变化。ERP的研究已经深入到心理学、生理学、医学、神经科学、人工智能等多个领域,发现许多与认知过程密切相关的成分。例如CNV与期待、动作准备、定向、注意、时间认知等心理活动有关;P300与注意、辨认、决策、记忆等认知功能有关,现已广泛运用于心理学、医学、测谎等领域;失匹配负波(mismatch negativity,简称MMN)反映了脑对信息的自动加工;N400是研究脑的语言加工原理常用的ERP成分。

四、微电极记录法

神经心理学家不仅可以在头皮上记录到脑活动时的电位变化,而且还可以使用电极记录脑内大量神经元的活动情况。同时,微电极记录法(micro-electrode recording)为研究者提供了更为重要的证据。微电极是一根极为细小的、内含盐分和导电液体的玻璃管,其顶端部位小得足以探测单个神经元的活动(直径小于0.1微米)。通过观察单个神经元的电位活动,我们才可能了解行为的起源。实验是这样进行的:用立体定位仪将微电极插入脑中非常接近某个神经元的地方,同时给动物的感受器以各种刺激,随后引导出单个神经元的动作电流。研究表明,神经系统中有许多觉察器。例如,枕叶中,有的神经元只对光的开关起反应,有的既对光的开关起反应又对声音刺激起反应,有的则对任何刺激都不起反应。在颞叶中,有一类神经元只对高音起反应,另一类只对低音起反应,并且这些神经元有严格的布局。进一步研究还表明,大脑皮质中有一类"注意神经元",其中有的神经元只对直线起反应,或只对曲线起反应,或只对锐角起反应,或只对圆形起反应等。有的神经元对线条的斜度和厚度起反应,或只对刺激的一定数量起反应。有的神经元对专门的感觉刺激不起反应,但对刺激物的更换或性质上的改变起反应,对习惯化刺激不起反应,一旦刺激发生变化就起反应。

五、脑成像技术

上述各种研究方法尽管已经替人们解开了许多大脑之谜,但这些方法所得到结果都是局部的,不能让我们完全了解全脑是如何工作的。因此,人们一直迫切希望找到一种方法,能够"看见"整个大脑在一个人做出反应、进行思考或想象时的情况。今天,计算机辅助脑成像技术使这一梦想得到实现。下面就简要介绍目前常见的几种脑成像技术。

(一)计算机断层扫描

计算机辅助的X射线扫描在对大脑疾病和损伤的诊断中起着革命性的作用。传统的X光检查最多只能产生一幅大脑阴影的图像,这样的影像分辨力不高。为了解决这个问题,研究者设计了计算机断层扫描(computed tomography,简称CT)。CT是以X线从多个方向沿着头部某一选定断层层面进行照射,测定透过的X线量,数字化后经过计算机算出该层面组织各个单位容积的吸收系数,然后重建图像的一种技术。这是一种图质好、诊断价值高而又无创伤、无痛苦、无危险的诊断方法。它使我们能够在任何深度或任何角度重建脑的各种层面结构。CT能够显示出脑创伤后遗症、损伤、脑瘤和其他大脑病灶的位置,这样,也就可以通过CT来诊断一个人行为变化在脑水平上的病因。目前,广泛应用在科研和临床领域多为多层螺旋CT。它具有较传统CT扫描范围大、图像质量好、成像速度快等优点。据专家称,由美国通用公司生产的64排螺旋CT能10秒快速完成全身扫描,5秒无创完成心脏检查,1秒钟能精确立体完成单器官检查。CT的出现无疑是技术上的一大进步。之后,其他新的脑成像技术也相继出现。

(二)磁共振成像

磁共振成像(magnetic resonance imaging,简称MRI)用运用磁场原理来产生体内活动的图像。在MRI扫描中,由一个探测器负责记录身体内氢原子对强磁场的反应,之后,通过计算机程序产生一个三维的大脑或躯体的图像。体内任何一个二维平面的物体都能在计算机对MRI数据的选择中被找到并形成一个图像,然后在屏幕上显示出来。这样,研究者就仿佛在一个透明的三维空间中观察大脑的内部状态。

功能磁共振成像(functional magnetic resonance imaging,简称fMRI)是MRI的一种运用和深入发展,主要是用MRI的方法研究人脑和神经系统的功能,通过磁共振信号的测定来反映血氧饱和度及血流量,间接反映脑的能量消耗,在一定程度上能够反映神经元的活动,间接达到功能成像的目的。

在心理学研究中,fMRI广泛被应用于探测认知功能的源定位,如感觉、知觉、运动、记忆、语言、思维、决策以及儿童大脑发育等研究。这种技术的显著优点是:信号直接来自脑组织功能性的变化,无须注入造影剂、同位素或者其他物质,是无创性的方法;实验准备时间短,同一被试可以反复参加实验;可以进行单被试分析;可以同时提供结构像与功能像;空间分辨率非常高,可以达到1立方毫米。但是,fMRI最大的局限性在于时间分辨率较低。原因在于认知过程所引起的血流量变化通常需要数秒后才能达到高峰,而认知过程往往能够非常迅速完成。

(三)正电子成像术

正电子成像术(positron emission tomography,简称PET)也许是目前脑成像技术中应用最多的方法之一。当含有微量的放射性同位素葡萄糖溶液进入血液被大脑吸收后,PET能检测到这种溶液发射的正电子。大脑工作时必须消耗能量,这样,PET扫描就能显示大脑中的哪个区域在消耗更多的葡萄糖,能量消耗越多的地方,也是大脑活动越多的地方。研究者把正电子探测器放置在头部周围,探测到的数据被送入计算机,这样就能够生成一个正在变化的、彩色的大脑活动图像(图2-6)。

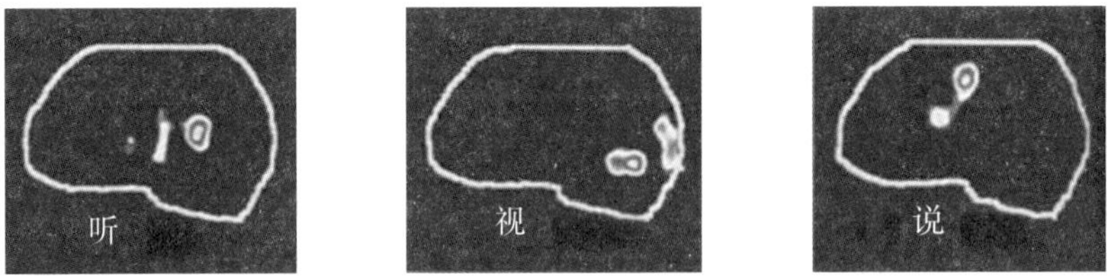

图2-6 听、视和说三种条件下PET扫描结果

PET自20世纪70年代面世以来,已广泛地应用在临床和基础研究上。临床上主要用于诊断神经类疾病、心脏疾病、癌症等,也可辅助设计治疗方案和评估药物疗效,并可用于探寻一些神经类疾病的发病机制。由于PET能定量无损地测量血流、物质代谢、配基结合位点等,给认知神经科学提供了观测手段,被越来越多地应用于研究人类的学习、思维、记忆等生理机制。

六、经颅磁刺激技术

经颅磁技术(transcranial magnetic stimulation,简称TMS)可以看作一种暂时的、可逆的“虚拟性损毁”。其基本原理:电容器首先储存大量电荷,然后将电荷输至感应器,感应线圈瞬时会释放大量电荷产生磁场,磁力线以非侵入的方式轻易地穿过头皮、颅骨和脑组织,并在脑内产生反向感生电流。皮层内的电流激活较大的锥体神经元,引起轴突内的微观变化,进而诱发电生理和功能变化。目前,TMS共有三种主要的刺激模式:单脉冲TMS(sTMS)、双脉冲TMS(pTMS),以及重复性TMS(rTMS)。每种刺激模式分别与不同的生理基础及脑内机制相关。

TMS可用以刺激视皮层、躯体感觉皮层等大脑皮层,引起局部的兴奋或抑制效应,用以探测系统的功能。另外,TMS还可以用于学习、记忆、语言及情绪等领域的研究。新一代的无框架立体定位式TMS能整合fMRI结果,极大地提高了TMS刺激部位的准确性,并精确控制刺激大脑的深度从而可以准确地调节刺激强度,已经发展应用于科学研究和神经外科手术中。

七、未来研究手段①

随着研究的逐步深入,现有技术的局限性越发明显。认知神经科学家为了弥补这些缺陷,已作出很多努力,主要表现在两个方面:(1)对现有技术的合理结合。比如PET-CT、ERP-fMRI、PET-fMRI及TMS-fMRI等结合方式有利促进了脑机制的研究;(2)新技术的开发利用。目前,有一种叫做脑磁图扫描(magnetoencephalography,简称MEG)的新技术,能够通过外部电子装置检测出神经元放电时所产生的微弱磁场。脑磁图扫描脑成像是目前最清晰的大脑活动图像。总之,技术间的取长补短和新技术的开发利用正帮助我们一步步接近人类精神世界的谜底。

第四节　内分泌系统

内分泌系统(endocrine system)是机体内对行为起重要调节作用的一个重要系统。它由全身不同部位的多种内分泌腺体和组织细胞所组成。内分泌腺所分泌的物质称为激素(hormone)。与唾液腺、胰腺等外分泌腺不同,激素不是通过特殊的分泌管道分泌出来,而

①本书成书较早,部分研究手段现以实现,但为保持书稿原貌未做修改。

是由腺细胞直接释放进入血液或淋巴液，然后再运输到全身各处的器官组织，从而对人体的许多重要生理机能起调节作用。

在作用方式上，神经系统一般是通过神经纤维上传导的去极化波来实现其调节功能，而内分泌系统则是通过血液运输使激素作用于某些细胞组织来实现其调节功能的。这两个调节系统在结构和机能上是密切联系的。一方面，几乎所有的内分泌腺都直接或间接地接受神经系统的控制。研究表明，所有内分泌腺的分泌均受脑垂体的影响，而脑垂体是受下丘脑控制的；下丘脑是脑的一部分，它又受其他神经中枢的控制。另一方面，激素也影响着神经系统的功能，因为激素是经过血液传布到全身各处，脑中也有血管，因而它也能传布到脑中对神经细胞产生兴奋和抑制作用。总之，神经系统控制内分泌系统，而内分泌系统控制许多生理现象和行为。

现在为学界所公认的内分泌腺有脑垂体、甲状腺、甲状旁腺、胰岛、肾上腺（包括皮质和髓质）和性腺（睾丸和卵巢）等。它们的解剖结构位置，分泌的主要激素及其机能见图2-7和表2-1。

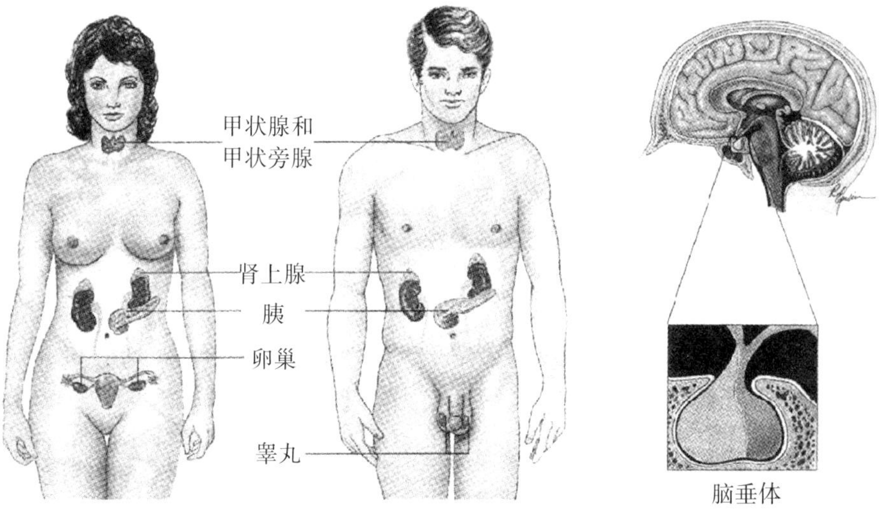

图2-7 内分泌腺

表2-1 内分泌腺分泌的主要激素及其机能

内分泌腺	激素	主要机能及对行为的影响
脑垂体	脑垂体激素	调节其他内分泌腺的激素分泌
前叶	生长激素	身体、骨骼的生长
	促肾上腺皮质激素	刺激肾上腺皮质活动，影响情绪行为
后叶	抗利尿激素	对血压和水分的调节
甲状腺	甲状腺素	调节新陈代谢、生长、发育等基本生理过程及影响智力发展水平、情绪兴奋性水平

续表

内分泌腺	激素	主要机能及对行为的影响
甲状旁腺	甲状旁腺素	调节正常血钙水平、维持神经系统正常活动
胸腺	胸腺素	与机体免疫机能有密切关系
胰岛	胰岛素	维持正常血糖水平
肾上腺 皮质	肾上腺皮质激素	调节盐和碳水化合物的代谢、第二性征(变声、阴毛)、应激功能
髓质	肾上腺素 去甲肾上腺素	情绪状态时,血糖增加,血压升高、心跳加快、加强,瞳孔扩大,紧张感和不安感增加
性腺 睾丸	雄激素	促进精子生长和男性生殖器的发育,激发并维持男性第二性征
卵巢	雌激素	刺激子宫、阴道和乳腺的生长发育,激发和维持女性第二性征
	黄体酮	保证受精卵植入、保胎,促进乳腺发育

〖心理学与人生2-2〗药物增高

一些人因为个子长得矮而被嘲笑和轻视,并可能因此而产生永久性的心理创伤。个子过矮的一个普遍原因,是生长激素分泌不足。如果不加以治疗,生长激素分泌不足的儿童会比同龄儿童的个子矮15~30厘米。一些成年人虽然身体各部位的比例很匀称,但个子很矮,这是脑垂体功能减退侏儒症造成的。

多年来,临床上都是靠注射人类生长激素对侏儒症进行治疗的,激素的来源是人类遗体的脑垂体,取出难度大,费用极高,且20世纪中叶到80年代发现它可引起克-雅病(亚急性海绵状脑病)。现在普遍使用的合成生长激素的纯度要比天然激素高得多,而且费用相对便宜许多。但是,激素药物增高的治疗过程通常需要持续3~7年,且通常只能使脑垂体功能退化症患儿的身高多长几厘米,最终还是比正常儿童个子矮。那么,这种药物治疗方法到底是否可取呢?

生长激素治疗通常是很安全的。但是,这引起了一个有关伦理的问题。有些学者认为,把个子矮作为"疾病"来治疗根本就是一种错误的观念。一些副作用也不可忽视。治疗后,一旦该儿童最终仍不能长到所期望的高度,父母和儿童自己都会产生失望感。此外,当一些矮个儿童的个子"突然"长高之后,会因为没有同伴而产生孤独感,因为他们既不能再像过去一样和"小小孩"一起玩,也不能马上被同龄儿童接受。

一些儿童的个子是正常的,但父母认为他们显得矮了点,因此要求医生使用药物帮他们再长高点。然而,对于一个发育正常的矮个子儿童来说,其自身分泌的生长激素量是正常的,注射更多的生长激素只能使儿童长得更快,但个子并不会长得更高,而且是有诸多风险的。滥用生长激素会造成严重恶果,常常会使人体各部分发育比例失调,并引发疾病。例如,据英国癌症研究所流行病学报告,人垂体生长激素有可能增加结直肠癌发病危险;与普通人群相比,曾用人垂体生长激素治疗的病人,总癌症死亡危险增加2倍,结直肠癌和霍奇金病死亡危险增加10倍。英国科学家呼吁对生长激素的影响进行深入研究。

目前,有不少正常的矮个子儿童正在接受生长激素的注射治疗。1994年3月《华盛顿邮报》报道,美国在实验室合成人体生长激素,用于体内不能自行合成生长激素的儿童。然而这种药正越来越多地用于实际上并不需要的儿童身上。据估计,美国大约有7000名儿童患有生长激素缺乏症,但实际上在美国目前用这种生长激素的至少有20000~25000名儿童。也就是说,生长激素已经在发育正常的矮个子儿童中大量应用,这就大大增加了人们对滥用这种药物的担心。此外,由于销售商的过分促销,市面上有不少学生和专业运动员将生长激素作为健身药物,也容易引发严重恶果。

第五节 遗传对行为的影响

遗传(heredity)是指生物前后代特征上(包括生理的和行为的)的相似性。像身高、体重、肤色和头发的颜色等身体特征是遗传的。有一门科学叫行为遗传学(behavioral genetics)。它综合遗传学和心理学的方法,研究行为特征的遗传,例如探讨能力、气质和情绪稳定性在多大程度上是遗传的。

一、遗传的物质载体

人类体细胞(精子和卵子例外)中有46个染色体(chromosome),其中一半(精子)来自父亲,另一半(卵子)来自母亲。染色体的主要成分是由复杂的遗传物质脱氧核糖核酸(DNA)组成。DNA是遗传信息的保存者和传递者,构成DNA的单位称为基因,因此基因(gene)乃是携带遗传信息的最基本单位。如图2-8所示,相互联结的分子(有机碱基)形成了DNA螺旋状的“分子梯”中的每一“级”。这些相互联结的分子顺序就是基因信息的密码。密码的顺序决定了个体独有的基因蓝图(只有同卵双胞胎才可能是相同的)。该图仅仅显示了一条DNA链中很小的一部分,一整条DNA链由数亿个更小的分子所组成。身体中的每个细胞核中都含有染色体,染色体是由紧紧缠绕在一起的一团团的DNA组成的。染色体非常微小,只有在显微镜下才可看到,而组成DNA的化学分子更微小。

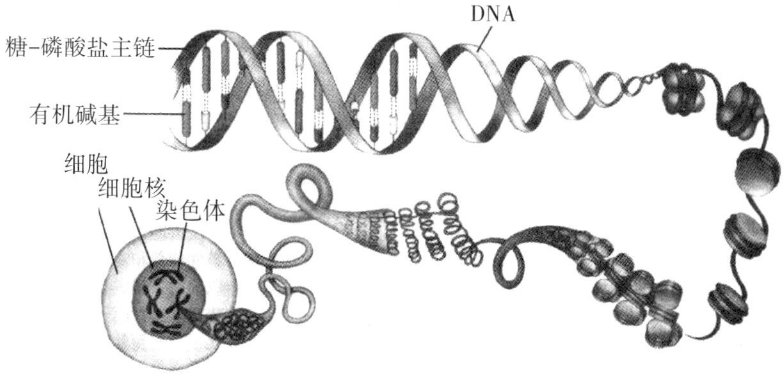

图2-8 染色体与基因示意图

每个细胞中的DNA含有3000亿个碱基对，足可用于提供人类繁衍所需的指令，并绰绰有余。基因是指DNA密码中的那些小的区域，每个基因大约有3万个碱基对，携带着对于特定过程或个体特征起作用的指令。人类的每个细胞含有大约10万个基因。在某些情况下，一个单独基因可决定某一特定的遗传特征，如眼睛的颜色。然而，大多数特征是多基因性的，即由许多基因联合决定的。

基因的一种重要属性是显性或隐性，因而有显性基因(dominant gene)与隐性基因(recessive gene)之分。凡是显性基因(A)控制的性状或疾病，其遗传方式称为显性遗传；隐性基因(a)控制的性状或疾病，其遗传方式称为隐性遗传。例如，人的耳朵，有的有耳垂，受显性基因(A)控制；有的无耳垂，受隐性基因(a)控制。基因型AA或Aa的个体都是有耳垂的，属显性遗传；基因型aa的个体是无耳垂的，属隐性遗传。人类的一些特性(如头发的直曲)和一些异常现象(如超短的手指和脚趾、白化病、镰状细胞性贫血症、苯丙酮尿症等)是单基因遗传的，但人类的大多数特性是多基因共同作用的结果，而不是由单一的一对基因所决定的。

性别也是由染色体与基因决定的。人体细胞内的染色体呈23对棒状排列的形式，其中有22对男女相同，称为常染色体，第23对男女各异，称为性染色体。性染色体(sex chromosome)的形状与性质男女有所不同，是决定男女性别的遗传物质。女性身体细胞内的两个性染色体体积相等，性质相同，称之为XX；男性身体细胞内的两个性染色体体积大小不同，性质各异，称大者为X，小者为Y，合称为XY。正常情况下，得到两个X染色体的受精卵会是女孩，得到一个X染色体和一个Y染色体的受精卵会是男孩。卵子总是提供一个X染色体，因为在女性的基因结构中只含有两个X染色体。与此相反，精子中有一半携带X染色体，另一半携带Y染色体。有证据表明，男婴的形成过程要由Y染色体上的一个特定基因来启动。XX或XY染色体不仅影响性别，而且携带一些性别关联特质，有的甚至与X染色体或Y染色体上所携带的隐性基因有关。比如，色盲基因由X染色体携带，会由母亲遗传给儿子。Y染色体也会携带某些与性别相联系的特质，但不常见。

先天或遗传的作用影响着从受孕一直延续到衰老和死亡的全过程，这正是人的成长顺序，即生理发展模式之所以具有普遍性的原因。遗传还决定了一个人眼睛的颜色、肤色以及对某些疾病的易感性。先天因素对成熟和运动发展至关重要，对人的体形、体重、智力、体育素质、个性特质、性欲倾向性以及其他许多细微之处都有相当大的影响。甚至在人到了80岁或90岁以后，还可能出现某些由基因作用决定的发展现象。

行为遗传学的研究表明，人类的许多复杂的行为特征，如精神疾病，都是由多种基因与环境经历因素相结合所导致的(Plomin & Crabbe，2000)。

二、行为遗传学的研究

个体心理与行为的发展是遗传和环境交互作用的产物。个体有了自我意识之后，像智力、特殊能力、创造力等特性则是遗传、环境和自我意识交互作用的产物。遗传对个体的发展的终生影响，可以用基因型(genotype)和表现型(phenotype)来表述。基因型是指个体的整个遗传禀赋，表现型则是指在特定的环境中具有一定基因型的个体遗传得以实现的程度。遗传对行为的影响总是离不开环境的。

选择性繁殖(selective breeding)是对动物特性遗传的一种研究方法，即让具有某种高水平特性的动物和低水平特性的动物分栏交配以考察行为特性遗传的情况。例如，汤普森(Thompson，1954)的一个经典实验中，让走迷津快的老鼠和走迷津慢的老鼠分栏交配繁殖了六代。结果见图2-9，两组间的学习能力随着选择性繁殖的代数增加，差异越来越大；到第六代时，走迷津慢的愚笨鼠要比走迷津快的聪明鼠多犯一倍的错误。为控制环境变量，有时将愚笨的雌鼠的后代交给聪明的雌鼠喂养，以使被测试的是遗传禀赋，而不是母性抚养。科学家们已采用选择性繁殖技术来证明了大量行为特征的遗传性。例如，选育了好动的与好静的狗、性主动的与性被动的鸡、趋光的与避光的果蝇、嗜酒的与不嗜酒的大鼠。如果某些特质是受遗传影响的，就应该能够以选择性繁殖得到明显的改变；反之，则可以断定它们主要是受环境因素的影响。

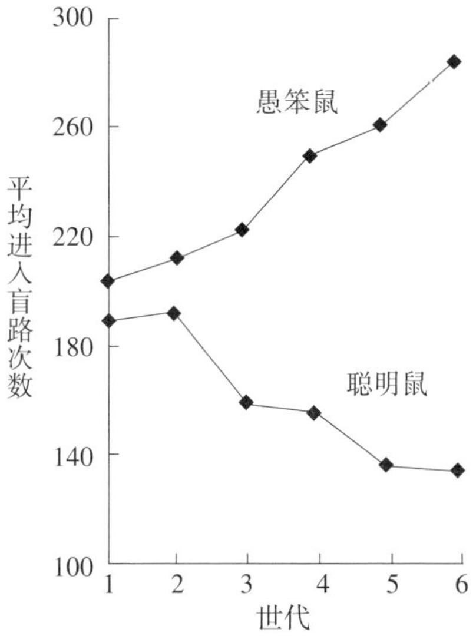

图2-9 老鼠跑迷津能力的选择性繁殖研究

由于伦理的限制,选择性繁殖的方法不能用于人类本身。双生子研究(twin study)是一种好的方法。双生子可分为同卵双生和异卵双生。同卵双生(identical twins)是由同一受精卵发育而成,具有相同基因型;异卵双生(fraternal twins)是由两个不同的卵子和两个不同的精子结合而成的两个受精卵发育而成,其基因型不同。异卵双生子的相似性与其同胞兄弟姊妹相同。由于理论上双生子有着最为接近的后天环境,同卵双生子与异卵双生子在行为相似性上的差异可以证明行为的遗传性。李其维等(1980)对67对同卵双生子和34对异卵双生子的智力相关做过研究,结果表明,前者的相关系数是0.76,后者的相关系数是0.38,遗传对智力的影响是明显的。林崇德(2006)对24对同卵双生儿和24对异卵双生儿的遗传效应在智力、学习能力、气质和性格上的差异做过相关研究,结果表明差异均显著和极显著,遗传的影响也是客观存在的。

此外,行为遗传学还有家谱分析法、群体调查分析法等方法。家谱分析法,就是研究者选出具有欲研究的特征或异常行为的指标,然后调查该个体的家族中包括直系亲属和旁系亲属,以确定其遗传情况的方法。亲属相关法就是用亲属之间(如亲子、兄妹)特征上的相关程度来分析遗传力的方法。群体调查分析法就是调查某种异常现象在一般群体中的出现率和患者亲属的出现率,测验其显著性,以确定这种异常现象是否与遗传有关的方法。

〖热点问题讨论2-3〗遗传与环境

试问自己这样的问题:"我是怎样的一个人?我为什么是这样的一个人?"在回答这个问题时,必然触及到在心理学中最带有根本性的争议:人性是先天的还是后天的?所有人都承认身高、发色、体型及眼睛的颜色等体态特征具有遗传性，且越来越多的人开始认识到癌症、心脏病和高血压等许多疾病的发病倾向也有很明显的遗传成分，但很少有人会想到，在人的心理品质中基因也起着很重要的作用。

近年来，在如何看待遗传(先天)与环境(后天)的关系问题上，西方心理学家的意见正发生着偏重遗传的转变，布沙尔等(Bouchard et al.，1990)关于双生子的研究证实了这一点。表2-2显示了分养与合养的同卵双生子在某些特征上的相似性，相似程度在表中用相关系数或相关值“R”来表示，相关系数越大，其相似程度越高。在此有这样一个逻辑假设：若个体的差异是由环境引起的，则在相同环境下成长起来的合养同卵双生子与分养同卵双生子相比，其个体特征应更相似。但是，实际结果并非如此。将分养同卵双生子间每种特征的相关系数与合养同卵双生子的相关系数相除，所得数值列在表的最后一列，这列数值表示两类双胞胎在每种特征相似性上的差异。如果两个相关系数相同，则相除以后的结果是1.00；如果它们完全不同，则相除以后的结果会接近0.00。结果发现，两者在每种特征上的相关系数惊人地相似，即其比值大多接近于1.00，几乎没有低于0.80的，个别的甚至大于1.00。

表2-2　分养与合养同卵双生子(MZA与MZT)在某些特征上的相似性比较

特征	R(MZA)	R(MZT)	R(MZA)/R(MZT)
生理			
脑电波活动	0.80	0.81	0.987
血压	0.64	0.70	0.914
心率	0.49	0.54	0.907
人格			
多维人格问卷(MPQ)	0.50	0.49	1.020
加利福尼亚人格问卷	0.48	0.49	0.979
智力			
韦氏成人智力量表	0.69	0.88	0.784
瑞文智力测验	0.78	0.76	1.030
社会态度			
宗教信仰	0.49	0.51	0.961
无宗教信仰社会态度	0.34	0.28	1.210
心理兴趣			
斯特朗—坝贝尔兴趣问卷	0.39	0.48	0.813
明尼苏达职业兴趣量表	0.40	0.49	0.816

这些结果表明，对于相当数量的人类特征而言，大多数差异似乎是由遗传因素或基因引起的。表中的数据从两个重要方面证明了这一结果。其一，具有完全相同的遗传特质的人（同卵双生子），即便分开抚养且生活条件大相径庭，他们长大成人以后不仅在外表上极为相似，而且其基本心理和人格也惊人的一致。其二，在相同条件下养育的同卵双生子，环境对他们的影响似乎很小。布沙尔等将他们的发现表述如下："到目前为止，调查过的每一种行为特征，从反应时到宗教信仰，个体差异中的重要部分都与遗传有关。这一事实今后不应再成为争论的焦点，现在是该考虑它的意义的时候了。"

随后，许多研究者以布沙尔等所得的双生子数据资料为基础，完成了大量的相关研究。这些研究结果表明，基因对许多心理特征和行为的影响确实是很大的，超过了之前的预料。例如，有研究发现，基因不仅在很大程度上决定着人们对职业的选择，甚至当各种职业所要求的生理条件保持恒定时，在人们的工作满意度和职业道德方面大约仍有30%的变化源于遗传因素（Arvey et al.，1994）。布沙尔的另一项研究把研究内容更直接地指向一些影响人一生的、稳定的人格特质，结果表明，人们在外倾–内倾、神经质和自觉性等特性上的变异可以更多地（65%）以遗传差异而非环境因素来解释（Bouchard，1994）。当然，对布沙尔等的研究的批评意见也体现在多个方面（Billings et al.，1992）。有的声称，这些研究者并没有尽可能完整地公布他们的研究数据，因此，不能独立地对他们的研究结果进行评价。还有，有很多研究报告表明布沙尔等没能考虑到的一些环境因素对双胞胎确实有重大影响。最后，随着DNA分析技术的准确性的提高，那些对布沙尔等的研究结果提出质疑的研究者认为，应该使用DNA检验技术来验证双胞胎研究结果的有效性。布沙尔（Bouchard，1999）在评价了大量有关"先天–后天"的研究例证后总结道，从整体上看，人格中40%的变异和智力中50%的变异都以遗传为基础。

总之，在遗传与环境如何影响个体发展这个根本性的问题上，中国心理学家们一贯坚持这样的立场：遗传对人的心理和行为的影响是不可否认的，但也不能过分夸大遗传的作用；遗传只能提供心理与行为表现的自然前提和可能性，而环境和教育才规定其现实性。

复习与思考

1.解释：神经系统，中枢神经系统，周围神经系统，神经元，全或无定律，突触，裂脑，脑电图，事件相关电位，功能磁共振成像，内分泌系统，激素，遗传，基因型，表现型，选择性繁殖，双生子研究。

2.试用表列出神经系统各部分及其主要机能。

3.说明各大脑皮质投射区的主要特点。

4.说明脑的运动机能系统的主要特点。

5.说明大脑皮质联络区的主要特点。

6.讨论大脑两半球的机能分工与协作。

7.说明人体主要的内分泌腺及其机能。

8.试述心理脑机制的研究方法。

9.讨论行为遗传学的研究方法。

推荐阅读书目

1.李新旺(2008).生理心理学.北京:科学出版社.

2.格林菲尔德(杨雄里等译,2008).人脑之谜.上海:上海科学技术出版社.

3.索拉索(朱滢等译,2002).21世纪的心理科学与脑科学.北京:北京大学出版社.

4.斯蒂恩(李恭楚等译,2001).DNA和命运:人类行为的天性和教养.上海:上海科学技术出版社.

第三章　心理的环境基础

人的心理和行为必须具备两个基础:一是生物基础,一是环境基础。心理的生物基础是生而具有的,并且在环境的作用下发挥其功能。关于心理的生物基础,已在上一章阐述。本章将讨论心理的环境基础以及人和环境的相互作用对人的心理和行为所产生的影响。人类的行为从来不会在真空中发生。小到电视广告试图诱使人们购买某种商品,大到宗教崇拜企图说服人们建立宗教信仰,环境的影响无处不在。

第一节　环境的内容

一、什么是环境

环境(environment)是指与有机体发生联系的外部世界。与有机体没有联系的外部世界,对有机体来说,无所谓环境。个体生命的起源,从受精的一刻开始,通过合子、胚胎和胎儿的发展,有机体就被置于母体的特定环境——子宫里。这种环境对有机体身体和出生后行为的发展会产生深刻的影响。例如,如果怀孕的头三个月母亲感染风疹,常会使婴儿智力落后并且造成身体上的缺陷,如眼白内障或耳聋;母亲的疲劳或吸烟会刺激胎儿活动;母亲长期的情绪激动,还会影响出生后子女的情绪特征。出生后,人所处的环境更是纷繁复杂,人与环境之间的相互作用也从不间断。没有环境基础,人的心理就不可能产生。有机体必须与其相应的生活环境保持平衡,这叫生态平衡。如果有机体生活的环境超出其适应范围,就会危及生存。

环境可分为自然环境和社会环境。自然环境(natural environment)包括有机物的各组成因素和无机物的各组成因素,如大气、水、动植物、土壤、岩石矿物、太阳辐射等;社会环境(social environment)包括经济环境、政治环境、教育环境、伦理环境、文化环境等。另外,心理学还区分了物理环境和心理环境。物理环境(physical environment)除包括自然环境诸因素外还包括人为的物理环境因素,如人际空间、建筑物等;心理环境(psychological environment)是指人与人、人与物相互作用时所形成的环境。而心理学里另外一个常用概念——情境(situation)则是指在一定场合下能被个体感知到的那一部分环境。

二、环境对心理的普遍制约作用

环境对人的心理和行为的普遍制约作用,首先表现在心理机能是对环境适应的结果。例如,我们的眼睛就是对人类生存环境长期适应的结果。眼睛像照相机一样,它的视像和照相机底片上的像一样是颠倒的,但我们看到的世界却是正的。心理学家斯特拉顿(Stratton,1897)用一套光学系统把眼睛视网膜上的视像校正成与外界物体的方向一致。他戴了这个倒像装置以后,开始时看到的是一个完全颠倒的世界,由视觉指导动作很不协调,以后渐渐适应;到了第8天他完全适应了这个新的不习惯的世界,此时,他很难说出这个世界是倒的还是正的。但取掉了这个倒像装置以后,他看到的世界又颠倒了,由视觉指导动作不协调了,又要经过一段时间才能适应。人类生存在地球上,地球哺育了人类,人类的生理和心理机能就是对赖以生存的地球这个环境长期适应的结果。人的心理和行为不仅取决于当前的刺激和人格特征,而且也取决于整个环境及其特征。

其次,环境对心理和行为的普遍制约作用还表现在自然环境与人的交互作用方面。以能源和污染为例,在环境中获得能源的可能性决定了人们耗能的行为方式,而这种行为方式又反过来决定着会造成什么样的环境污染。随着能源的不断消耗和对环境的污染,反过来又将会改变着人们的耗能行为方式。人类与其生存环境总是相互联系、相互制约的。如果人类的行为使得自己赖以生存的生态系统失去了平衡,那就会严重影响人们的心理和行为,甚至会危及生命。生态学(ecology)是一门独特的生物学分支,是研究活着的生物和它们的环境之间的关系。一个生物和环境之间的关系是相互的,是一种持续几个循环的交换。人们不满足于自然界的恩赐,着手治理和控制自然力:人工降雨、钻井、排去沼泽地的水、建造大坝、设计检验地震的建筑物,以及利用核能来增加能源。人们在改变环境的同时,也改变了动物、人类及其环境地位。这些改变一部分是有好处的,但一部分则相反。在生态学中,对一个地区具有有害影响的例子很多。例如,埃及尼罗河的阿斯旺大坝的修建是用来控制洪水和提供水力发电的,但导致尼罗河沿岸生态被破坏,自然居住地的文明被侵占,不少物种灭绝,也导致人类行为的改变。

最后,环境对心理和行为的普遍制约作用还表现在社会环境和人的相互作用方面。人在社会中生长,在社会中死亡。每个人都处在一定的社会关系中。社会关系不是存在于具体人之外的某种东西,而是每个人都以自己的活动和交往包括在这一关系之中的。社会环境,包括社会规范(政治的、法律的、道德的等)对心理和行为的影响。巴克(Barker,1968)提出的行为环境的概念很能说明这个问题。所谓行为环境(behavioral environment)是文化上与固定的行为相匹配的物理环境。这种行为包括群体行为和个体行为。例如,教堂就是一个有多种行为与之相匹配的行为环境,它不同于教室和饭馆。了解了行为环境就可以使我们能较肯定地预见哪些行为将会发生；行为环境改变，行为也会随之而改变。

总之，环境制约着行为，行为又会导致环境的改变。我们是不能离开环境来研究心理和行为的。

三、心理学家关于环境的理论

（一）格式塔心理学家关于环境的理论

格式塔心理学家考夫卡在其《格式塔心理学原理》（1935）一书中把环境分为地理环境和行为环境。前者指现实的环境，后者指个人意想中的环境。他认为行为产生于行为环境，受行为环境的调节。他举例说，有一个人在一个暴风雪的夜晚骑马来到一家旅店，庆幸自己经过几小时的奔驰，穿过冰天雪地的平原而能找到暂时安身的地方。店主人问他从何方来。随后，当他知道刚才走来的地方正是令人恐怖的康士坦茨湖时，立即惊恐而毙。考夫卡认为，这一旅客过湖时，地理环境是大湖，行为环境则是冰天雪地的平原。他听了店主人的话而惊毙，就证明，如果旅客事先知道是一个大湖，其行为就会有很大的变化。所以，考夫卡认为，行为是受行为环境调节的。

另一位格式塔心理学家勒温（Kurt Lewin,1890–1947）提出的动力场理论与考夫卡的行为环境论基本相同。他在《拓扑心理学原理》（1936）一书中详细论述了动力场理论。勒温的动力场理论中有一个重要概念叫生活空间（life space）。所谓生活空间是指人的行为，也就是人和环境的交互作用。其公式如下：

B（行为）=*f*（生活空间 Ls）=*f*（人 P·环境 E）

这里勒温所说环境不是现实的客观环境而是心理环境，即与人的需求相结合在人头脑中实际发生影响的环境。需求的作用使得生活空间产生了场的动力，他称为引力或斥力。例如，儿童看见糖果就想吃，叫引力；看到蛇就想逃避，叫斥力。生活空间所具有的吸引或排斥的动力性质，勒温称为效价，分为正效价和负效价。由于生活空间具有动力，人的行为就沿着引力的方向向心理对象移动。例如，一个青年想当医生，就向着医生方向努力。此外，勒温还认为，生活空间的每一部分都有一个区域，每个区域又具有一定的疆界，人的行为就是在具有各个区域的生活空间中移动。如图 3–1 显示，一个青年（P）想当医生，为了达到这个目标（G），必须经过下列几个区域的生活空间：（1）大学入学考试（Ce）；（2）进入大学（C）；（3）进入医学院（M）；（4）登记（I）；（5）行医（Pr）。如果他入学考试不及格，就不能越过这个疆界而进入另一个区域。这时他的生活空间就会产生急剧变动，或者继续努力，克服障碍，最后实现目标，或者另找新的目标。

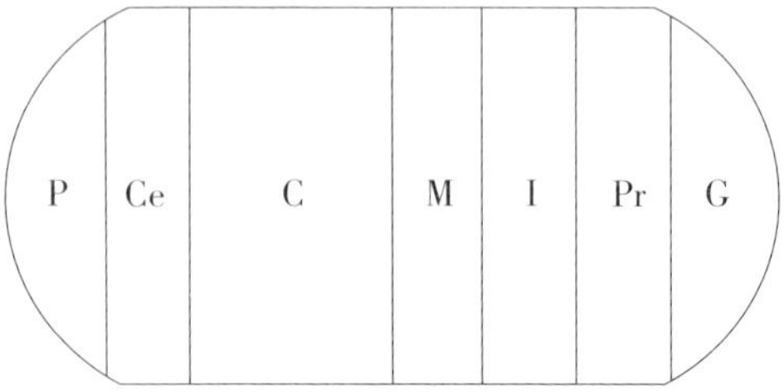

图3-1　一个想当医生的青年的生活空间

考夫卡的行为环境论和勒温的生活空间论都把个体的心理因素注入到对客观环境的作用过程中,强调环境的作用取决于人的心理因素,强调人对环境影响的行为反应的主动性,这无疑是合理的。因为人在活动之前对于环境的认知不是纯客观的,而是或多或少加进了主观成分,从主观上加以规定和把握的。这种对环境刺激从主观上予以规定和把握,在认知心理学中称为"赋予意义"。因此,环境对人们行为的影响是视个人对环境的认知而定的。但是,他们片面强调个人心理因素的实在性及其作用,则有失偏颇。

(二)布朗芬布伦纳的社会生态系统理论

人是社会的人。在人与环境交互作用的过程中,人与社会环境的交互作用扮演着重要的角色。社会生态学(social ecology)是一种探讨人的行为与社会环境交互作用的研究取向。美国心理学家布朗芬布伦纳(Bronfenbrenner,1979,1998)提出的社会生态系统理论(theory of social ecosystems)认为,个人的行为不仅受社会环境中的生活事件的直接影响,而且也受发生在更大范围的社区、国家、世界中的事件的间接影响。因此,要研究个体的发展就必须要考察个体不同社会生态系统的特征。

布朗芬布伦纳把个体的社会生态系统划分为五个子系统(见图3-2)。(1)微系统,指与个体直接的、面对面的水平上交流的系统。例如,直接作用于儿童的各种行为的复杂模式、角色,以及家庭、学校、同伴群体、工作场所、游戏场所中的个人的交互作用关系。家庭、学校、同伴群体中的个人都是社会生态系统中的微系统的组成部分。个体微系统中的每一个人都以面对面、直接交流的方式与个体交互作用。例如,母亲对儿子小明唱歌,同伴与小明做游戏等。(2)中系统,是几个微系统之间的交互作用关系。例如,小明的母亲以怎样的方式对待小明可能受她的母亲与小明的外祖父之间的交互作用的影响。如果其母亲的父母之间是经常争吵的,其母亲可能缺乏温柔并以粗暴的方式对待自己的孩子。同样,小明与妹妹之间的关系,也可能反映了小明的母亲与小明的姨妈之间的交互作用方式。布朗芬布伦纳所讲的中系统,其实就是个体的微系统之间的交互作用关系。(3)外系统,是指两个或更多的环境之间的连接与关系,其中一个环境中不包含这个个体。例如,儿童生活在家庭里,但家庭不是与外界隔离的。父母对待儿童的方式会受到学校、教师的影响,也会受到教会、雇主与朋友的影响。个人的家庭微系统与其他系统的成员之间有种种交互作用的关系。例如,小明与他的父亲之间的交互作用可能受到他的父亲及其企业雇主或他的炒股朋友之间的关系的影响。(4)大系统,是指与个人有关的所有微系统、中系统及外系统的交互作用关系,这是一个有文化特色的系统。可以依据信念、价值观、做事情的传统方式、可预期的行为、社会角色、社会地位、生活方式、宗教等内容来描述大系统。大系统的特色则反映在不同系统之间的交互作用之中。用布朗芬布伦纳的话来说,大系统是一种特殊文化、亚文化或其他更广阔的社会环境的社会蓝图。(5)长期系统,是指在个体发展过程中所有的社会生态系统随着时间的变化而发生的变化。个体的微系统随着时间的发展可能会发生很多重要的变化,如兄弟姐妹的出生、父母离婚、得到或失去宠物等。有时候,大系统也会发生变化。例如,在美国20世纪最后的几十年中,在家庭成员参加工作的模式(从一人挣工资发展为两人挣工资)、家庭结构(从双亲家庭到单亲家庭)、育儿方式(从家庭养育到选择其他保育方式)、生孩子的年龄(从低龄到高龄)等方面都发生了深刻的变化。显然,大系统的变化会直接影响个人生活于其中的微系统(家庭、家族与学校)。

图3-2 布朗芬布伦纳的社会生态系统理论图示

布朗芬布伦纳的社会生态系统理论有助于我们理解社会环境对个体心理与行为的制约作用。首先,从空间上来看,人的行为不仅受直接的、面对面水平上的微系统的社会因素的影响,而且还受微系统与微系统的交互作用关系,微系统与中系统、外系统、大系统(特殊文化和亚文化)交互作用关系的影响。其次,从时间上来看,人的行为不仅受传统文化的制约,而且受时代变迁的制约。

但是,社会生态系统理论也有缺点,主要的缺点是无法进行实证研究。例如,怎样对有着无数高度复杂的交互作用关系进行深入的分析并进行观测呢? 怎样理清个体与其微系统、中系统、外系统之间的交互作用关系呢? 长期系统、大系统是以怎样的方式通过微系统而直接作用于个体的发展呢? 这些都是尚未解决的问题。

第二节 自然环境

自然环境包含的因素很多,其中空气质量、噪声、拥挤和自然灾害,对人们的心理和行为影响很大。

一、空气质量与心理

空气质量影响着人们的生活质量,也影响着人们的心理与行为。

(一)气温

气温即空气的温度。虽然人类可以适应从赤道附近的热带雨林到北极冰原的各种环境,但气温的改变确实会影响人的心理与行为。很久以来人们就注意到炎热的天气与暴力相伴而生。我国的成语中有"火冒三丈""怒火中烧""心烦气躁"等都表明暴力与气温升高有关。可以从不同地域、不同时段及不同职业的人们在不同气温条件下的攻击行为来探讨气温与攻击的关系。

安德森夫妇(Anderson & Anderson, 1998, 1996)比较了美国不同气温地区的攻击率,结果表明:美国城市里的暴力犯罪与气温、人口数量和低社会经济地位呈正相关(相关系数分别为0.43,0.61,0.22);暴力犯罪与南方炎热地区呈正相关(r=0.14),但相关不显著。罗顿和科恩(Rotton & Cohn, 2000)对美国达拉斯市和明尼阿波利斯市两年内的气温和身体攻击记录(取自每天中的三个小时)进行过研究,结果发现,攻击随气温的升高而增多,但气温增到一定的点时,即使超过这个温度,攻击行为也不随气温的升高而增加。他们的研究还发现夏季月份比同年的其他月份的攻击行为要多。在棒球运动中,热天比赛比冷天比赛的攻击行为要多。以按喇叭作为攻击行为指标,调查84华氏度[①]到108华氏度之间的气温的变化对攻击性按喇叭行为的影响,结果发现,攻击性按喇叭行为包括按喇叭的潜伏期、频率、按响喇叭的持续时间均随气温升高而增多(Kenrick & MacFarlane, 1984)。

---

①1华氏度=$\frac{5}{9}$摄氏度。

为什么炎热的天气与暴力相伴而生呢？安德森夫妇(Anderson & Anderson et.al,2000)等人对气温与情绪、信念关系的研究发现，有三个因素(警觉和能量水平、敌意和愤怒的感受、攻击性和暴力行为)影响着气温变化的情绪效应。他们认为，在高温条件下人们提高了对愤怒和敌意的感知，降低了警觉和能量水平，从而增加了攻击和暴力行为；而低温的情况则与高温有相反的效应。这种解释是否合理尚需进一步研究。因为在高温导致攻击行为的研究中，其他导致攻击行为的因素如本能、挫折、道德水平低下等往往没有加以排除，因此这类研究结果尚需进一步澄清。

(二)空气污染

空气污染似乎不像自然灾害、拥挤或噪声那样引起身体上的痛苦，但是，它对心理与行为的影响也相当严重。空气污染至少会造成以下三种有害的影响。(1)它直接威胁到人类和动物的健康。(2)它通过大气层的变化和气候的改变从根本上影响着人们生存的环境。这包括臭氧的耗尽，烟雾和酸雨。(3)它的潜在影响是通过腐蚀破坏我们的建筑物。

最明显的空气污染迹象是我们所能看见的沙尘、烟雾和霾及所能闻到的异味。但是，空气污染不是总能被我们察觉到，像从机动车内排出的气体、工厂里排出的烟尘、点燃的香烟上散发的烟气，其他像二氧化碳和氢气的污染，我们的眼睛或鼻子往往察觉不到。密封式的住宅较之户外有更多的污染，但房子的主人却没有意识到。

据美国健康协会公布，每年由于空气污染而导致的死亡人数约为14万人。约800万人口的墨西哥城工业密集，每年有10万人死于空气污染，其中有3万人是儿童。在美国的中等城市中，一个人每次呼吸都含有7万个灰尘和脏的微粒；而住在纽约市一天，相当于吸38支烟(Fisher, Bell & Baum, 1984)。长期空气污染会导致空气污染综合症(air pollution syndrome)，有头疼、疲劳、失眠、消沉、烦躁、眼睛发炎和肠胃炎等症状(Gibbs, 1983)。

二、噪声与心理

噪声(noise)是一种非周期性的、无组织的、不定型的听觉刺激。判断一个声音是否为噪声，有三个维度：强度、可判断性、可控性。测量强度的单位是分贝(dB)，是物理的测量。一般交谈时的音强约为60分贝，马路上的音强为80分贝，而摇滚乐队发出的声音通常为120~140分贝。当音强达到100分贝时，就会使听觉神经产生痛感。例如铸造车间里，100分贝以上的噪声会给听觉带来永久性的伤害。美国职业安全与健康委员会把90分贝定为工业噪声的上限。人们都不喜欢噪声，但情愿接受可辨明的噪声。当我们能够控制噪声时，它带来的不悦感比我们不能控制噪声时要小一些。

噪声既是一个污染源，也是一个应激源。对长期生活在噪声环境中（如靠近火车轨道或高速公路）人们认知行为的研究（Lepore，1997）表明，长期的噪声使许多人试图将注意力从噪声转移到与认知任务有关的任务上，也就是说对噪声充耳不闻，以此来减轻噪声所造成的应激。噪声长期伤害着学校里的学生。试图转移对噪声注意的儿童可能会造成一般性的认知障碍，导致他们难以辨别哪些声音要注意，哪些要摒弃（Cohen, Evans, Stokols & Kuantz, 1986）。有些学生学习能力低、挫折容忍力低和不愿帮助他人，可能与噪声造成的损害有关。噪声会降低工厂工人的效率，工作中常常失误。噪声还会引起多种疾病。在高噪声条件下会经常出现像溃疡等肠胃病、血管收缩、高血压、儿茶酚胺升高（肾上腺的和非肾上腺的）等病症。噪音还会扭曲我们对他人的印象，可能导致对他人的攻击行为。

三、社会密度

当今中国人口已超过13亿，住在城市里的人们经常有人满为患之感。对于这种现象的分析，通常用社会密度和拥挤这两个术语来讨论。社会密度（social density）指在一个给定的空间里所拥有的人数，可以按每平方米的人数来计算。但拥挤（crowding）是一种感到空间不够大的主观感受。高社会密度会提高唤醒水平（心率加快，血压升高，出汗增多，肾上腺素增加），但不一定是不舒服的。而当我们说感到拥挤时，一定是在抱怨空间不够大，大多感到不舒服。拥挤是一种主观感受，当个体心情愉快时，拥挤会产生正面情绪。例如，一大堆人在房子里开舞会，会觉得兴致很高；看台上挤在一起的人欢呼，情绪特别高涨。

高社会密度对我们行为的影响，主要表现在以下几个方面。(1)高社会密度容易使我们感到空间太小，产生拥挤感。(2)高社会密度能产生过度刺激，导致感觉超载，令人烦恼。特别是对于那些喜欢低强度刺激的人来说，会产生更多的心烦意乱。(3)高社会密度可能会使人们感到自由选择受到限制，丧失了自我控制能力，容易导致愤怒与攻击行为。(4)高社会密度可能会使人们产生拥挤归因误差（crowding attribution error），即当人们没有把注意力集中在环境中的其他人时拥挤感少一些，而把注意力集中在环境中的其他人时就感到特别拥挤。

都市交通拥堵、混乱，事故频繁。长期生活在城市贫民区高社会密度环境里，人们会出现大脑皮质调节功能紊乱、情绪高度紧张、焦虑不安与心态失衡等。拥挤使得气温升高，环境污染、噪音等有害影响加剧，会使人产生都市拥挤综合征（urban crowding syndrome），即出现头痛、记忆失调、视觉和听觉削弱、身体易疲劳等症状。而城市过度拥挤的贫民窟中社会秩序混乱、暴力事件频发、人群健康状况恶化以及死亡率较高等情况，都可能是该地区人们在高社会密度环境下所产生的应激状态与其收入较低、营养不良、缺乏良好教育、医疗卫生条件差等因素交互作用的结果。

心理学与人生3-1:应对环境污染

我们面对许多环境污染:噪声污染、空气污染、化学污染、拥挤和高温等等。这些也是我们的环境压力源。

环境污染会破坏我们与环境之间的平衡状态。这种破坏,可能是逐渐发生,也可能是突然产生的。例如气温升高,我们就必须加以调整以恢复平衡状态。虽然不同的人对于相同的环境可能会产生不同的反应。但通常,当我们知觉到环境污染的压力,认为难受时,接着会发生对这种难受事件所产生的情绪反应,如害怕、生气、不安全感,郁闷、挫折、无助等;而这些情绪反应会引发生理反应,如血清胆固醇增加、呼吸和心率变快、肌肉紧张、血压和血糖升高以及免疫功能、心肌强度、消化功能的降低。如果这些生理反应持续下去,就会导致疾病。

当我们知道了从环境污染,经由知觉、情绪、生理反应到容易致病的整个过程后,就可以对损害健康的环境压力的最终结果进行应对。所谓应对或干预,就是在压力进程的不同点上进行应对或干预,以阻断这个过程。例如,当我们知觉到空气沙尘污染时,最佳的方法是不要外出或戴口罩外出,在环境知觉为压力之前阻断它。在知觉阶段和情绪阶段中间也可以加以应对。例如,采用放松的方法,避免情绪反应产生持久的生理变化。如果生理反应已经发生,也可以在造成不良健康之前做一些应对,如到田野或公园中去散步,以阻断其过程,并消除已经产生的反应,免于危及健康。

居住在城市里的人,常常渴望从交通的喧闹、工地和飞机的噪声中解脱出来。噪声污染是城里人最大的环境压力源之一,可以采用下列三种方法加以应对。

1.控制噪声的源头。例如,加大环境保护立法和执法的力度,强制卡车、汽车、摩托车等安装消声器。开辟新的安静航线,使办公设备保持安静。即便如此,在当今城市里还是不能很有效地消除噪声。

2.把住所和工作场所的噪声降至最小。如增加墙壁的厚度;用厚地毯、吸音屋顶、吸音墙、窗帘、植物等减轻噪声的侵害。

3.根据个人的爱好,掩饰噪声,即用愉悦的声音来减轻厌烦的噪声。如在办公室中用音乐来减少背景噪声,在家中用录音机抵消街道上的噪声。用随身听播放音乐,来摆脱噪声。到森林中漫步,海边躺卧,听吹拂过树梢的风声、鸟叫声、海浪冲刷海岸声,虽然都是噪声,但这些噪声听起来却像令人放松的音乐。那完全是由心态而定的。

四、自然灾害的影响

海啸、火山爆发和地震、飓风与龙卷风、洪水与暴风雪等都是极具破坏性的、突发的自然灾害(natural disaster),会引起身体伤害、心理创伤和家庭离散的无比痛苦。对其中的一些人来说,这种直接影响可能是一掠即过的恐慌。过后,他们发现自己的家人没有受到伤害,由此对自然力的恐惧而可能变为敬畏。

自然灾害会使许多人生活遭到极大的破坏:舒适的生活完全被不适、严重剥夺和身体疲惫所取代,长时间的清理、灾后重建家园、照顾伤病的家庭成员、安葬死去的亲人,使人心力交瘁。受害者对前途感到渺茫,害怕可能再次发生类似的事件,从而影响了他们解决问题和决策的能力。自然灾害和其他灾难性事件对人伤害的研究,已总结出灾难综合征(disaster syndrome)发展的三阶段行为模式:第一阶段,受害者呆若木鸡,眩晕,觉察不到身体受到的创伤与危险,可能漫无目的地徘徊;第二个阶段,受害者仍很被动,不能去做甚至很简单的事,但能遵照指示去做;第三个阶段,受害者变得焦虑和忧郁,很难摆脱恐惧,难以集中精力,常常一遍又一遍地向人讲述灾难中的细节。

经历一种超出人正常痛苦范围的灾难性事件,会对受害者产生严重而又长期的影响。一些灾难的幸存者患上了一种被称为灾难后压力障碍(post-traumatic stress disorder)。这种综合征的主要症状是:(1)对周围事物麻木不仁,对早先的活动缺乏兴趣,孤独,退隐,意志消沉;(2)在记忆中与睡梦里反复出现受灾时的场面;(3)焦虑,可能出现寝食难安,注意力难以集中和过度的警觉。有些人因其他人死亡而自己却活着会产生罪疚感。灾难后压力障碍可以在灾难后立即形成,也可因某些较轻压力的触发而在数周或数月后产生。它可以持续相当长的时间而不愈。这时还会出现生理上的不适,包括疲劳感增加、头痛、感冒等病症,以及由寝食难安而导致的体重下降。

那些超出个人通常经验范围的极其危险的灾难性事件,除了自然灾害之外,人为灾害,如矿难、车祸、战争与核事故,人身袭击如被强奸、遭抢劫或被谋杀而死里逃生,都可能使一些受害者患上灾难后压力障碍。而那些因技术上的失误所引发的技术性灾害(technological disaster)对受害者所造成的伤害往往更严重、更持久(参见热点问题讨论3-1)。

热点问题讨论3-1:技术性灾害的严重危害

技术性灾害与自然灾害有一些相同的特征:不可预测,不可控制,会产生强烈的身心痛苦。大多数技术性灾害只会使人们产生突发的压力,一般持续时间很短。但是有一些技术性灾害的影响持续时间长,而且很严重。下面是三个典型的例子。

布法罗矿业公司在美国西弗吉尼亚州的布法罗峡谷用煤矿废渣建造了一座水坝,用来控制流经峡谷的河水。1976年2月的一场大雨导致水位猛涨,水坝坍塌。仅15分钟,狂暴的水墙摧毁了几个村镇,使得5000多人无家可归,125人死亡。在随后的2~4年内,受害者因洪水造成的生理和心理上的影响一直没有消失,不同程度地出现下列症状:焦虑,悲痛,绝望,冷漠,意志消沉,沮丧,胃部出现问题,气愤,性情暴躁,儿童出现倒退,做噩梦,失眠,幸存的负罪感。

1986年乌克兰切尔诺贝利核电厂2号反应堆的失灵，放射性气体泄漏到空气中，灾区的生物死的死、逃的逃，被污染的水和空气对当地居民造成严重的威胁。

爱运河位于美国纽约市尼加拉瓜大瀑布，它曾是呼克化学公司的一个16英亩[①]的化学垃圾倾倒地。该公司用十多年堆积起来的近2万吨化学废料填埋了这条废弃河渠，形成一块开阔地，并以很便宜的价钱卖给了当地学校管区。在随后的二十多年中，很多家庭在这块开阔地上营建自己的家园，还建造了儿童乐园。但没有人告诉他们，这块开阔地有致命的化学污染。官方在1978年之前一直都没有采取过任何措施；直到1978年，才允许273个家庭搬到别处另建住所。但仍有700多个家庭还留在那里。他们一直为自己的健康和命运担心受怕。

技术性灾害会使一些灾难幸存者患上灾难后压力障碍。技术性灾害与自然灾害有很大的不同。技术性灾害通常是由于有些人筹划失误、粗心及贪婪所致，是由于这些人公然漠视珍贵生命之结果。因此，技术性灾害的受害者还有下列两个明显的特点。

1. 技术性灾害受害者的愤怒情绪特别强烈，而不像自然灾害的受害者那样认命。由于技术性灾害是可以避免的，从事后看来，造成这种灾害的那些人至少是可以做一些事来阻止灾难发生的。因此受害者特别气愤。他们谴责那些造成技术性灾害的人，要求赔偿，不容易原谅这些人，也很容易导致社会问题。

2. 受害者往往会产生更多的身心健康问题。这是由于受害者及其子女仍住在被污染的地区，危害继续存在而又缺乏消除危害的明确信息，受害者持续担心受怕，极端无助，前途渺茫所致。

技术性灾害会引发严重的心理和行为问题，甚至导致社会的动荡，加强对该课题的研究，对构建和谐社会有重要的意义。

第三节 文化传统与拷贝世界

一、文化传统

文化(culture)是一个很大的概念。狭义的文化是指观念形态的文化，仅限于意识形态；广义的文化则是指人类社会的全部遗产，囊括社会生活的全部领域。文化的内容极其丰富，包括物质文化、精神文化及行为文化。文化对人的心理和行为的影响是无所不在的。

①1英亩=4046.86平方米。

(一)文化的多样性

在我们这个世界里有各种各样的文化。以饮食文化为例,社会学家罗伯逊(Robertson,1987)提到:美国人吃牡蛎而不吃蜗牛,法国人吃蜗牛而不吃蝗虫,祖鲁人吃蝗虫而不吃鱼,犹太人吃鱼而不吃猪肉,印度人吃猪肉而不吃牛肉,俄国人吃牛肉而不吃蛇肉。以服饰文化为例,西方人视牛仔裤为美,日本人视和服为美,中国人视旗袍为美,基库尤人视其独特的妇女服饰为美(见图3-3)。

图3-3 基库尤部族妇女的服饰

民族文化是一个民族经过世世代代积累起来的文化。民族文化是民族心理形成的原因。米德(Mead,1935)曾对新几内亚三个部族做过现场调查,探讨一个民族的文化特质和其成员心理特征之间的关系。结果发现:在相同的环境中受相同文化影响的成员,有某种共同的心理特征;如果地理条件大致相近而文化类型不同,则形成不同的心理特征。文化人类学家把每一种文化中人们共同具有的心理特征,称为群体人格(group personality)或众数人格(modal personality)。表3-1中的分工特点、育儿教养方式和男女关系可以看作一个民族的文化背景,这三个部族的群体人格特征有着明显的差异,说明了共同的民族文化背景塑造了一个民族的共同心理素质。

表3-1 新几内亚的三种文化和群体人格

	阿拉伯契族(Arapesh)	芒杜古穆尔族(Mundugumor)	乍蒙布里族(Tchambuli)
居住地域	山地	河流	湖泊
分工特点	保持着女性的传统习俗,但男性也一样,从事栽培植物和养猪	男性传统,有猎取人头吃人肉的习惯,好斗,攻击性强	男女分工与一般社会相反,女性从事生产经营活动,掌握消费权;男性从事雕刻、绘画、祭司等活动

续表

	阿拉伯契族（Arapesh）	芒杜古穆尔族（Mundugumor）	乍蒙布里族（Tchambuli）
育儿教养方式	男女都抚养子女，但没有严格的教养，对子女宽容溺爱	男女对子女都不关心，经常打骂、嘲笑孩子，把子女看作多余物	对子女无严格教养。母亲除保护其身体、哺乳外，平时很少接触孩子，孩子出生一年后由父亲抚养
男女关系	控制性欲，无性纠纷事件，在家庭、家族间以强烈的爱为基础，关系融洽	性欲旺盛，男女间有强烈的结婚愿望，对于男女间权力、地位和优越性存在着争端	男性处于从属地位，女性有优越的社会地位和支配权
群体人格特征	憎恶暴力和自私，自我观念淡薄，非攻击性的，协作的，善良的，安危观念强，亲切，温和	自私（特别是女性），攻击性的，占有欲、指挥欲强，不协作的，残酷，冷漠，粗暴，自大	女性是攻击性的、支配的、保护者的，会做生意，活泼，亲切；男性图虚荣，好嫉妒，多愁善感，自卑，爱打扮

并非每个社会只有一个由其成员所公认的单一文化。一个社会的文化通常仅指构成总体文化的要素的共同部分。特别是在现代社会中，文化是多元化的。当在社会的某一群体中形成一种既包括民族的一些主文化特征，也包括某些独特的文化特征的生活方式时，这种群体文化称为亚文化（subculture）。有各种亚文化，例如人种亚文化、年龄亚文化、生态学亚文化（如城市文化、郊区文化等等），以及阶层亚文化等。亚文化对亚群体的影响是形成亚文化群的心理特征。

文化的多样性可以从不同的维度加以分析。例如，特里安迪斯（Triandis，1996）提出下列文化变量维度。(1)规范。在一些文化中有很多用于不同场合的规范，稍微偏离这些规范就会受到指责和惩罚；而在另一些文化中很少有这种规范，只有严重偏离规范时才会受到指责。(2)文化的复杂度。例如，角色包含的文化要素，在狩猎和采集社会中仅有约20种工作；而在信息社会中有超过25万种职业。(3)主动性—被动性。主动性文化注重如竞争、进取和自我实现，而被动性文化注重如反省思维、让出主动权和合作。(4)荣誉感。其核心是与荣誉有关的观念，包括信仰、态度、标准、价值观和行为等，这些观念与保护财产、维护自身荣誉有关。(5)集体主义—个人主义。在集体主义文化中，自我是集体（家庭或部落）的一部分，个人目标必须服从集体目标，规范、责任和义务调节着大部分社会行为；在个人主义文化中，自我不依赖于集体，而是独立自主的，个人目标高于集体目标，利润与得失调节着人们的社会行为。(6)纵向关系—横向关系。在纵向关系文化中等级制度森严，统治集团的权威者决定大部分的社会行为；在横向关系文化中，较多的社会行为是人人平等的。

(二)文化的共同性

文化的多样性蕴涵着文化的共同性。跨文化心理学研究发现文化差异性下有“内在的统一性”(Lonner，1980)。这种统一性就是人类共同的文化。即使在道德伦理方面，也有人类的共同文化，例如人道地对待已投降的战俘、尊老爱幼、严禁乱伦。在友谊方面人类也有相同规范，如尊重朋友的隐私、不泄漏彼此的秘密等。在人际交往方面各民族也有文化的共同性，例如，人们在对地位比自己高的人说话时通常会采用较为尊敬的语气，就好像是和陌生人谈话似的；而对地位较低的人说话则更像是和熟人聊天。病人会叫医生“某某医生”，而医生往往直呼病人的姓名。学生和老师之间也以这种非对等的方式称呼彼此。

人类文化是人类心理产生的决定性条件。1920年，在印度加尔各答东北的山地，辛格等人在狼窝里发现了两个孩子，随后就把她们送到附近的孤儿院。大的取名为卡玛拉，约8岁，小的取名为阿玛拉，约2岁。第二年，阿玛拉死了，而卡玛拉一直活到1929年。这就是曾经轰动一时的“印度狼孩”。狼孩的生理结构和身体生长发育同一般儿童没有多大差别，心理和行为却相差甚远。卡玛拉和阿玛拉刚从狼窝返回人间时完全是“狼性”的表现：四肢行走，昼伏夜行，用双手和膝盖着地歇息，吃食和饮水总是像狗那样趴在地上舔，害怕强光，夜间视觉敏锐，每到深夜就号叫，怕火、怕水，喜好蜷伏在墙角，即使天气寒冷，也撕掉衣服，摆脱毯子。后来，经过辛格等人的悉心照料与教育，卡玛拉2年学会了站立，4年学会了6个单词，6年学会了直立行走，7年学会了45个单词，同时还学会了用手吃饭、用杯子喝水，并逐渐适应人类的社会生活。但到17岁死时，卡玛拉仍只有相当于4岁儿童的心智发展水平。这充分说明，一个身体健全的人类儿童，虽然有继承人类文化的可能性，但是，如果出生后出于某种原因不与人类文化环境接触，就不可能产生人的心理和行为。人类文化使人类的心理和行为具有共通性。

总之，人类共同的生物基础在适应环境的过程中又使得我们具有了文化的多样性和共同性。人类心理和行为都是受社会文化影响的。

二、拷贝世界

所谓拷贝世界就是由电视、网络、书、报、杂志、广播等大众传播媒体所构成的精神世界。拷贝世界不同于我们直接感知到的现实世界，它向我们展示的是一个精神世界，它向我们提供消息、知识、思想、见解、娱乐、广告等，对人的心理与行为产生着独特的影响。拷贝世界不同于现实的感性世界,因为它不是媒体对现实世界的简单复制,而是发布信息的集团或个人依据自身的信念、态度和价值观对现实世界进行改造加工的结果,是精神产品。同时,拷贝世界提供给人们的,不是现实世界那种实实在在的事件(人和物)本身,而是符号、语言和图像。虽然我们从现实的感性世界和拷贝世界都能获得各种信息;但是拷贝世界通过大众传播媒体向人们传播的信息,从性质上看,既有有助于个性全面发展的,也有毒害人们的心灵(如黄色、淫秽的书刊、录像等)的。

大众传播对于众多的人具有众多的意义,其功能是多方面的,全看各人有什么样的兴趣、需要和价值观而定。关于这一点,雷蒙德·鲍尔(Raymond Bauer)于1964年在《美国心理学家》杂志上发表的《顽固的受传者》一文中指出:“在可以获得的大量(传播)内容中,受传者中的每个成员特别注意选择那些同他的兴趣有关、同他的立场一致、同他的信仰吻合并支持他的价值观的信息。他对这些信息的反应受到他的心理构成物的制约……现在可以看到,传播媒体的效果在广大受传者中远不是一样的,而是千差万别的,这是因为每个人在心理结构上是千差万别的。”现代互联网与一般用户建立起平等的交互关系,使得情况更加复杂。

一般而言,大众传播对受传者心理与行为的影响有以下几种方式。(1)为受传者提供支持其固有立场、观点和行为的相关信息,增强受传者的固有观念。(2)巧妙地将一种新观点或行为同受传者原有的价值观和需要联系起来,使受传者乐于接受这一新观点或行为,而不必改变他自己的原有立场。(3)为受传者提供信息,证明其基于某种需要和固有观念而采取行动的正确性,从而进一步支持受传者已采取的行动。(4)提供相关信息,把受传者的固有立场同新发生的事件联系起来,对行为起引导作用。(5)在争议不大的问题上,重复传播特定观点与相关信息,直接改变受传者的行为。(6)向受传者人群倡导乃至直接制定出一套行为规范,形成某种特定共有的文化规范。

总体说来,拷贝世界透过其广泛多样的渠道,随时随地以或直接或间接的方式影响和改变着人们的心理和行为。如果人们接受了好的大众传播,就可以受到教育,获得知识,陶冶情操;相反,则可能受到蛊惑去犯罪,或受到消极暗示而颓废、堕落。其作用在很大程度上仍决定于个体自身的需要、价值观乃至意志品质。而当大众传播的影响集中而有力时,则既可能促进整个社会的发展与和谐,也可能导致社会的混乱与不安。

〖心理学与人生3-1〗网络

在高度信息化的时代,作为一种特殊的大众传播媒介,网络以其特有的方式与丰富的内容向人们展示出一个全新的虚拟世界。互联网(internet)所特有的广泛性、开放性与即时性对人们的教育、生活方式与价值观念产生了深刻影响,迅速拓展了原有社会化的环境空间。网络对心理的影响已经引起了人们的普遍关注:过分迷恋上网是否会带来心理生理危害？网上游戏、交友、恋爱等是否会带来心理问题？

“上网时间长了，我连用嘴怎么说话都忘了，和人说话很费力。”有些人对网络的沉迷十分严重，他们只要有时间，就会泡在网上，和网上的人交往而大大减少了现实生活中的人际交往。上网行为本身产生的快感可以让用户沉浸其中，甚至出现上瘾的现象，这就和使用药物、酒精等其他上瘾行为一样，会使其丧失时间感，反复循环，导致最后终于失去自制力。首先对网络成瘾(internet addiction disorder，简称IAD)进行实证研究的是美国心理学家杨(K. Young)，他于1996年对396名患有严重上网成瘾症的患者进行了调查，并与用于分析赌博成瘾的标准进行了对比，从而确认网络成瘾是一种真正的临床心理障碍。继杨之后，网络成瘾的研究已经广泛开展起来。其中各国关于流行率的研究的结果表明，约有7%的网民患有不同程度的网络成瘾。

“在网上，没有人知道你是一只狗。”这句流传于网民中的谚语反映了网上交际的主要特点：没有人知道你的真实姓名、真实性别、真实年龄……这不仅是匿名，而且还匿性别、年龄、种族和社会地位，这被称为“身份丧失”。总结网民的表述，身份丧失对网上行为和心理的影响有以下几种。

(1)平等感。在网上，你的社会地位没有任何作用，你是否受欢迎，主要取决于你的话语是否吸引人。惟一的不平等是对网络是否熟悉，初学者(被称为“菜鸟”)要受到老练网民的一点轻视。

(2)自由感。你可以说自己想说的话，一般来说不用担心会带来什么惩罚。所以人们不需要过多的面具，比较真实地表达自己。

(3)身份虚幻感。你可以在游戏中或者聊天室编造一个假身份，从而尝试不同的生活。比如，生活中一个善良的女孩可以在网上扮成一个强悍而霸道的土匪，或者在聊天室假装成男性找一个“女朋友”。

这些影响的意义和利弊还需要进一步研究，但可以肯定是有利有弊的。仅以“身份变化”为例，它的好处是：可以让一些人宣泄被压抑的情绪，获得一定的心理自疗效果；可以让人虚拟尝试新的角色，起到“角色扮演”的作用。它的不足是：可能会使人丧失现实感，混淆虚拟世界和现实；还可以给居心不良者以可乘之机，带来道德及法律方面的问题。

第四节　社会影响

社会影响(social influence)是指运用个人或团体的社会力量在特定的方向上改变他人的观念和行为的过程，包括其他人或团体的社会影响。社会对个体心理与行为的影响复杂而多样，在本节中将主要讨论其他人对个体心理和行为影响的基本模式——从众与服从以及团体影响力的主要表现——社会促进、社会懈怠与去个性化。

一、从众与服从

（一）从众

从众（conformity）是指个人的观念和行为由于群体直接或隐含的引导或压力而与多数人保持一致的倾向。从众在我们的日常生活中十分常见。例如，当你去参加一个朋友的生日宴会，席间有人即兴高歌一曲，尽管他的唱功并不十分出色，大家给他热烈的掌声，在这种情况下你也随大溜给予鼓掌欢迎。这就是从众行为。

社会心理学家阿希（Asch,1952,1955,1958）在一系列经典的研究中探讨过从众行为。在实验中，让一位真被试与另外7至9人（实际上是实验者的助手）一起坐在桌旁，实验者向他们呈现3条长短不一的线段，并要求他们判断哪一条和另一幅画中的标准线段一样长（见图3-4）。每个人轮流大声说出自己的判断，而被试在倒数第二个位置上。在大多数试验里，每人都说出同样的正确回答。但在几次预先确定的关键试验中，实验者预先告诉助手说出错误的答案。结果发现，即使正确答案十分明显，但在关键试验中，被试迎合团体的意见平均达32%，有74%的被试至少有1次从众。

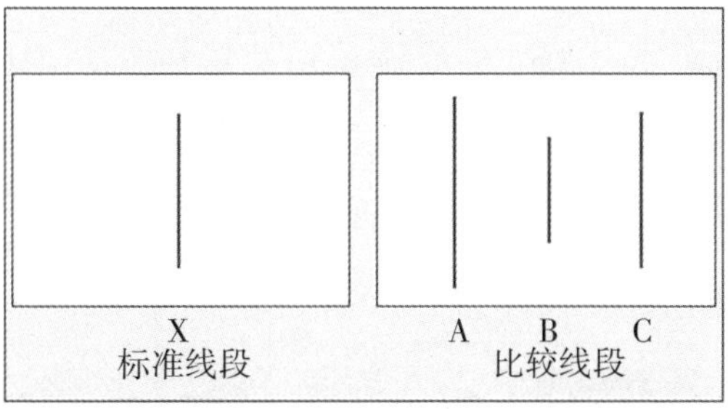

图3-4　阿希的从众实验

在阿希之后，研究者参照阿希的实验程序，做了大量的实验，进行重复验证。虽然在实验中并非有那么多的从众现象，但是实验确实表明在下列情况下从众现象会增加：(1)

个体感到力不从心或有不确定感；(2)团体中至少要有3个人；(3)团体的意见是一致的(只要有一个人持不同意见就会大大增加其他人做出不从众行为的勇气)；(4)个体崇尚团体的地位和吸引力；(5)个体对任何回答都没有做出预先的承诺；(6)个体的举动可以被团体中的其他人看到；(7)个体所处的文化非常鼓励人们对社会标准的尊崇。

那么，人们为什么会从众？主要有两个原因。第一个原因是我们对规范的社会影响(normative social influence)所做出的反应。人们对社会规范是敏感的，懂得哪些是被社会接受的规则和符合社会期望的行为。如果我们遵守纪律、遵循社会规范，就会被评为好学生、好企业员工和先进工作者；而如果我们表现得与众不同，那可能会付出相当惨重的代价。第二个原因是我们对信息的社会影响(informational social influence)所做出的反应。尊重规范并不是人们从众的唯一原因，人们从众还因为团体可以提供有价值的信息。例如，我们在纽约旅游想乘地铁，我们可能会仔细观察当地纽约人乘地铁的行为：去哪里购地铁票，如何通过检票口，往哪里进站台等。人们越相信团体的信息，越重视团体的观点，就越容易与团体保持一致，从众现象就越多。只有一个异常愚蠢的人才不去思考团体所提供的信息，不听从他人的劝告。

任务难度会使从众现象增加。巴伦等(Baron et al., 1996)改进了阿希的实验，向被试呈现仅有1个人的幻灯片和4个人的幻灯片(图3-5)。实验任务分为比较简单的(被试用5秒钟时间来观察幻灯片上的4个人)和比较困难的(只让被试有半秒钟来观察)。向被试交代任务的重要性也不同，不重要的(仅仅是初步测试目击者的识别程序)或重要的(为一种真实的侦破程序建立常模，并给判断最准确者20美元奖励)。把任务视为不重要、有2名实验助手给出错误答案的条件下，有1/3的人倾向于从众；任务重要但比较简单，人们会很少从众；任务重要又难以确定时有一半的可能会从众。

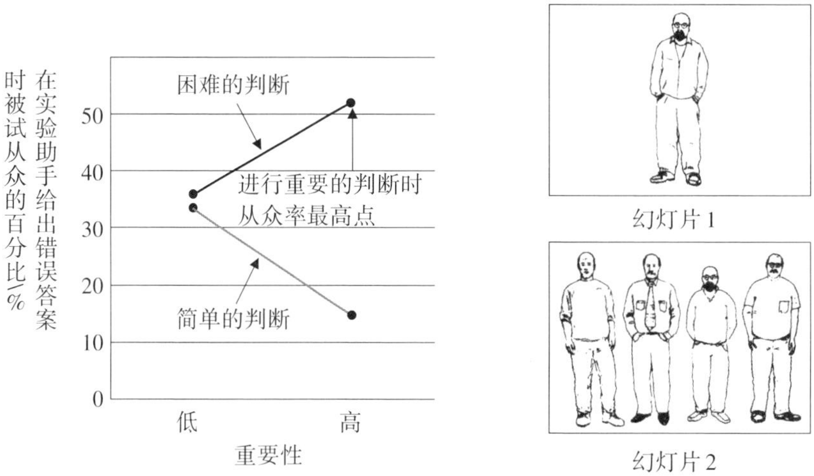

图3-5 任务难度和重要性影响

我们的价值观念影响着从众行为。我们对社会影响的区分取决于我们的价值观。从众是社会影响所致。如果我们赞赏这种社会影响，那么我们就会称赞那些随机应变的人是“头脑开放的”和“机敏的”。如果我们不赞同甚至反对这种社会影响，我们就会指责那些为了寻求与他人一致而“权宜从众”的行为。人们的价值观不同，其从众的发生率也不同。对17个讲英语国家的社会影响实验表明：在提倡个人主义的文化氛围下，从众的发生率更低（Bond & Smith，1996）。

（二）服从

服从（obedience）是指个体在他人的直接命令下而做出某种行为的倾向。与任何事物一样，对权威或对情境规则的服从有好的一面也有不好的一面。任何团体都要求人们服从相当多的规则，同时服从权威对个体和社会都是有益的。如果所有公民都无视交通规则、欺骗纳税、随意倾倒垃圾或斗殴，那么国家将无法正常运转。如果人们想工作就工作，那么所有部门都将无法正常行使其职能。当然，服从也有其不好的一面，历史上的暴行和大屠杀常常是以服从为借口而制造出来的。

在心理学中，进行“服从实验”最有名也最具争议的研究是由米尔格拉姆（Milgram，1963）在耶鲁大学做的一系列实验如图3-6。研究者通过报纸广告招募普通男女参加某项“记忆研究”，每小时给4美元。他们来到实验室时，米尔格拉姆的助手解释说这项实验是对学习中惩罚效果进行研究。被试和另一个人在一个帽子里抽签以决定谁当老师，谁当学生。然后，学生被带到隔壁的一个房间里，手脚被皮带绑在一把椅子上，这把椅子连着的一条电线穿过墙与另一端的电击控制器相连。被试（即当老师的）坐在标有电压数标签的控制器前，其任务是：教学生学习词语对，并对其学习效果进行检查。如果学生出错，被试就对其实行电击惩罚，实施电击的电压逐渐升高，从最初的“15伏轻微电击”开始。学生每次犯错后，就把电压调高一档。每按一次电键，就会有灯闪亮，开关咔嗒地响，会伴随有电流的嗡嗡声。在实验中，被试服从实验者的指令，在按下第三、第四以及第五个电键时就听到学生的呻吟声，按下第八个电键（上面标有“120伏——中等电击”）时学生会喊叫说电击很痛，按下第十个电键（上面标有“150伏——强烈电击”）时学生哭叫说：“把我放出去！我不要再参加这个实验了！我拒绝继续进行下去！”被试听到这些恳求感到犹豫，而这时实验者指示说：“请继续，实验要求你继续！”假如被试还是拒绝，实验者坚持说：“你绝对必须继续下去！”或者“你别无选择，你必须继续！”如果学生每次犯错后被试继续进行更高水平的电击，学生则用越来越高的痛苦的尖叫声以示抗议。电击的电压超过330伏后，学生便拒绝回答，很快保持沉默。这时，实验者仍要被试继续提问，直至按下最后450伏的电击。实验结果表明，在20至50岁之间的男被试中，有63%的人坚持到了最后，直到按下最后一个电键。后来的10项有女性被试参与的研究表明,女性服从率和男性相似(Blass,1999)。

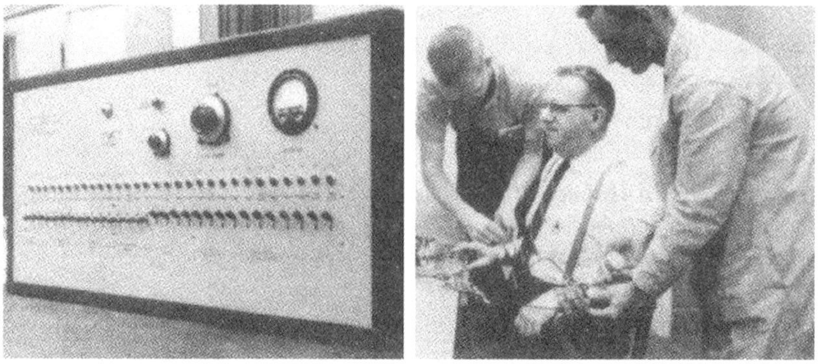

图3-6 米尔格拉姆的服从实验

在上述实验中的那些学生其实是实验者的助手。他们没有受到电击而只假装自己受到了电击。在这些实验中被试并没有觉察出学生是假装的,因为在实验过程中他们确实都表现出痛苦和挣扎:流汗,发抖,神经质地发笑,咬嘴唇。在后续的实验研究中,米尔格拉姆找了40位新被试加以重复验证。他的助手被捆在椅子上时说"心脏轻微不适"。实验中随着惩罚电击的电压越来越高,助手的抱怨和叫喊也越来越强烈。在这种情况下仍有65%的成年男性被试完全地服从了实验者的命令,直至将电压增至330伏之后(见图3-7)。

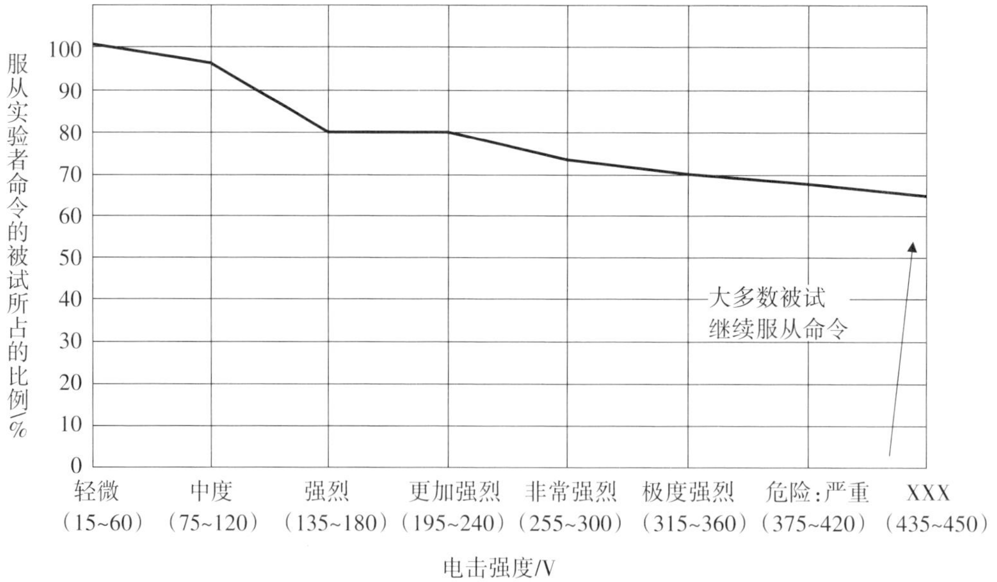

图3-7 米尔格拉姆后续的服从实验

在后续的实验中,米尔格拉姆改变了实验情境,结果发现随着条件的变化被试完全服从的百分比也有变化:处于0到93%不等。下列几种情况导致服从率最高。(1)发出命令的合法权威者就在旁边;(2)权威者受有声望的机构的支持(米尔格拉姆的后续实验没有在耶鲁大学做,服从率有一定程度的下降);(3)深信权威者的见解和动机;(4)受害者被隔离开或在一定距离之外,甚至在另一个房间里;(5)没有见到其他人抵制权威者的命令。

为什么实验室中的被试和实验室外制造悲惨事件的人们都如此愿意服从这些残忍的命令呢? 研究表明,下列一些因素起着重要作用。

其一,把责任归于权威。人们为自己辩护的一种常用方式是把责任归于权威,以此来减轻对其所从事行为的责任。"我仅仅是按命令行事"成为服从残酷命令的一个借口。在现实生活中,责任转移或许是内隐的,而在米尔格拉姆的实验中,这种责任转移是外显的。实验一开始时,被试就被告知是实验者(权威者)要求他们这样做的,他们只是服从命令而已。

其二,任务被常规化。人们之所以愿意服从残忍的命令,是因为这些行为是执行常规的责任和角色应有的行为。他们一开始就感到这些行为是正常的,一定要去完成,因此他们就不可能有心思来怀疑其合理性或道德上的问题,也就不加批判了。在米尔格拉姆的实验中,这些服从者只专注于"学习任务与惩罚"的关系而完全漠视学习者的求饶和对他们的关心。任务常规化也是日本军国主义政府号召其臣民支持并怂恿对中国人民实行屠杀计划的一种重要机制。

其三,相信权威宣称的主张和动机。人们执行权威的命令大多是因为相信权威宣称的主张和动机的正当性。而为了获得人们的服从,权威所宣称的主张和动机往往以冠冕堂皇的言辞为借口。侵华日军无耻地屠杀中国人民是他们相信日本军国主义分子"大东亚共荣圈"的谎言;在米尔格拉姆的实验中,则采用礼貌用语如"请继续",让被试服从。

其四,步步为营,落入陷阱。为了使人们服从权威者所谓合理的命令,权威者设置陷阱的第一步是让人们毫不费力地做出选择,接着一步步地加码,在个人意识到之前,已是骑虎难下,他做了一系列导致问题的行动,从而使这种服从得以坚持下来。在米尔格拉姆的研究中,一旦被试给出15伏的电击,他们就已投入实验之中,而下一个电击水平"仅仅"是30伏。因为每次电击水平增加很小,在他们意识到之前,大多数人都已实施了他们认为非常危险的高压电击。等到那时再想突然决定退出,就很难对自己的行为做出解释了。如果人们早一点对研究程序质疑,就不太可能落入设置的陷阱,就有可能退出实验。

那么怎样才能抵制这种危及社会和人类发展的影响呢? 首先要提醒服从权威指令的人:你们必须要对任何受到伤害的后果负责。让人们了解不用头脑、盲目服从于破坏性指令是很危险的,有必要怀疑权威者的见解和动机,不要被冠冕堂皇的借口所迷惑。要增加提升人性尊严的意识,审视和调整自己的角色行为(见热点问题讨论3-2)。

热点问题讨论3-2:角色要求与人类良知

角色(role)或社会角色(social role)是指期望于个人的、训练个人的并鼓励他在一定社会情境中去完成某种权利、义务和责任的任何行为模式。一个人的角色就是他人对其所期望的东西,并在完全习得和内化特定的角色以后,最终成为他或她自己所期望的东西。

在每个社会中,人们都会扮演许多不同的社会角色。家庭角色规定了父母和孩子、丈夫和妻子各自的任务;职业角色决定了经理和员工、教授和学生的正确行为;性别角色规定了男人和女人各自的适宜行为。每一种角色的特定要求都应被满足,否则就会导致受到情绪上、经济上或职业上的惩罚。例如,作为学生,就应该知道你的父母、学校、社会对你的期望是什么,应该怎样做一个学生。如果人们有意或无意地违反了角色要求,他们就会感到不自在,或者其他人就会设法使其感到不安。很明显,社会角色的要求是强制性的,有时它会使人们表现出某种行为而失去自己是哪种人的基本感觉。但同时人们又会把自己对角色的兴趣和理解带入其扮演的角色中。就好像虽然读的是同一个脚本,但两个演员将会以不同方式去扮演同一个角色。

在那些服从命令进行大屠杀或拒绝服从的故事中,可以清晰地感受到增强人性尊严意识、审视并调整角色行为在现实生活中所具有的力量。1942年夏天,大约500名德国中年预备役警察被派遣到波兰一个叫爵兹弗的德军占领地。7月13日,指挥官告诉他的部下(绝大多数是已成家的人),要去围捕村里据说在支援敌人的犹太人。抓到这些犹太人后,有劳动能力的男性送到劳动营中,剩下的就地枪决。当这些警察被告知有一次机会选择拒绝参与执行枪决行为时,当即只有约十几个人表示拒绝。在以后的17个小时内,警察枪杀了1500名手无寸铁的妇女、儿童和老人。这些人是被人从脑袋后面开枪射杀的。在这个过程中,由于听到受害者的哀求声,看到残忍的结果,大约有20%的警察最后表示了拒绝,他们设法不瞄准被害者或者藏起来直到屠杀结束(Browning,1992)。

角色扭曲会导致人性泯灭。发生在20世纪30年代的南京大屠杀,是侵华日军制造的骇人听闻的血腥惨案。侵华日军在占领上海、苏州、杭州等地后,于1937年12月13日攻陷南京。日军使用集体枪杀、活埋、刀劈、火烧等惨绝人寰的手段,经6个星期的血腥屠杀,在南京杀害中国平民和被俘军人达30多万人。(据1946年远东国际法庭不完全统计,6周内,侵华日军执行日本军国主义头目的命令在南京对我国军民集体射杀、火烧、活埋达19万人,零星屠杀15万人!)

当今,角色要求(如恐怖分子的角色要求)与人类良知的关系仍然是很值得我们研究的课题。

图3-8　侵华日军在南京大屠杀

二、团体影响

（一）社会促进

社会促进（Social facilitation）是指个体因他人在场而提高活动效果的现象。一个多世纪以前，一个对自行车赛感兴趣的心理学家特里普利特（Triplett，1898）观察到：自行车手在一起比赛时，他们的成绩要比各自单独与时间赛跑时的成绩要好。为了验证自己的这一观察，特里普利特进行了一个实验研究。在实验中，他要求儿童被试以最快的速度在渔用卷轴上绕线，结果发现，当他们在一起做这件事时要比单独做时快得多。随后，其他人的实验也发现，他人在场能够提高人们做简单乘法和划消指定字母等任务的速度。

然而，事情并非如此简单。对于更为复杂的任务，例如解答复杂的数学题、记忆新的材料或写复杂的逻辑推论，他人在场或一起活动会使人们表现得更加糟糕。为什么他人在场有时会促进而有时会阻碍人们的表现呢？这里的重要原因是他人在场能引发个体的唤醒状态。这种唤醒状态会提高简单任务（其优势反应是正确的）的作业成绩，但会降低复杂困难任务（其优势反应是错误的）的作业成绩。一项研究发现，专业射击运动员单独射击时准确率为71%，而有4个人在场观看时为80%中靶。对于一个水平差的射击者，他单独射击时准确率为36%，而有他人观看时仅为25%（Michaels et al.，1982）。热情观众的鼓励效应可能促进主场优势，这是许多运动队所喜爱的。对加拿大、美国和英国的8万多场大学及专业运动赛事的研究表明，主队会赢得10场比赛中的6场（棒球和橄榄球会少一些，而篮球和足球会多一些，见表3-2）。

表3-2　大型团体体育比赛中的主场优势

运动项目	研究场数	主场获胜的百分比/%
棒球	13665	54.3
橄榄球	2592	57.3
冰球	4322	61.1
篮球	13596	64.4
足球	37202	69.0

（采自Myers，2004）

（二）社会懈怠

社会懈怠（social loafing）是指在团体中由于个体的成绩没有被单独加以评价而是被视为一个总体时所产生的个体努力水平下降的现象。社会懈怠的研究开始于19世纪80年代后期，研究者是法国的一位农业工程师格尔曼（M. Ringelmann）（Kravitz & Martin，1986）。在一项工作效率的研究中，他要求学生志愿者一起用力拉一根绳子，并用测力器测量其用力程度。有时候参与者独自拉绳子，有时候7个人或14个人组成一组拉绳子。按照社会促进理论，这些人在一起工作时比单独工作更努力。但事实恰好相反。当单独拉时，平均每个人的拉力是833牛顿；而在7个人一组时，平均每个人的拉力只有637牛顿；而当增至14个人一组时，平均每个人的拉力减少到597.8牛顿。后来的许多研究都发现社会懈怠现象（Karau & Williams，1993）。在一个研究中，研究者让大学生被试用欢呼或鼓掌发出尽可能大的噪音，由独自一人、两个人一组、四个人一组，六个人一组各完成一次这样的任务。结果发现，随着团体规模的增大，每个被试发出的声音变小了。此外，社会懈怠现象也在完成智力任务中出现。

苏联集体农庄里的农民们自己只有一块很小的私有土地。他们今天耕作这片土地，明天耕作那片土地，对任何一块特定的土地都没有直接的责任感。调查分析发现，虽然农民的私有土地只占全部耕种面积的1%，但其产出却占全苏维埃农场产出的27%（Smith，1976）。在匈牙利，农民的私有土地只占农场总面积的13%，但其产量却占了总量的1/3（Spivak，1979）。中国人民公社时期的农民一般很少有自留地，人民公社的特点是“一大二公”，农民们没有直接的责任感，生产积极性不高，饥荒经常发生。后来，农民们包产到户，农民生产积极性空前高涨，从总体上讲年年粮食丰收。

为什么会这样呢？人作为团体的一员而行动时会感到自己责任小，没有人会知道自己做得好不好。当个体认为自己的工作已湮没在团体之中,就会在团体中懈怠下来。因此,当团体规模增大时,社会懈怠程度越大。解决社会懈怠的方法就是让每个人的贡献都可以被评估。当人们相信自己的贡献能被评估时,社会懈怠就会消除。这也就可以解释为什么当和陌生人一起工作时社会懈怠程度最大,和熟人一起工作时社会懈怠程度降低,而当在一个高价值取向团体中时,社会懈怠就会消失。除非团体具有挑战性的目标任务,而且团体成员人数不多,他们感受到达成目标会被奖励,并把自己看成团队的成员时,人们才会努力工作(见图3–9)。

图3–9　完成挑战性任务的龙舟赛团队

(三)去个性化

在大规模的、互不认识的人群中——无论他们是高兴的(如体育观众)或是愤怒的(如骚乱暴动者),人们常常意识不到自己的个性,似乎把“他们自己”交给了整个人群的情绪和行为,这是一种去个性化现象。去个性化(deindividuation)是指个体把自己的情绪和行为融入群体情境的现象。人群中的个人被激发起来并处于匿名状态时,往往会产生去个性化现象。在一项实验中,纽约大学的女生穿着不能辨别个人身份的三K党风格的头巾,这种情况下,她们对“受害者”所实施的电击量相当于她们的身份可以被确认的情况下的两倍(实验中的“受害者”其实没有遭电击)(Zimbardo,1970)。那些将脸部涂抹或戴面罩使自己无法被辨认的士兵们比那些露出面部的士兵更加倾向于对敌人进行杀戮、折磨和致残(Watson,1973)。不论是在聚众闹事场合、摇滚音乐会、球赛或是在礼拜活动中,进入去个性化状态的人们更能响应群体行为。

长期以来,去个性化一直被看作是群众暴动的首要原因。依据这种解释,人群中去个性化的人“忘记了自己”,感到不必对自己的行为负责,因而他们比自己一个人时更有可能偏离社会规范和法律:打破商店橱窗,抢劫,打架,在体育事件中制造骚乱。但是,去个性化也并非总是使人变得杀气腾腾、反社会的，有时它也会使人变得更友好而亲社会的。在各种场合的抢险救灾的活动中，那些素不相识不留姓名伸出援手者，在我们的社会里屡见不鲜。

当人们处于一大群人中间或陌生情境中时，真正发生的事似乎并非是他们变得“没有头脑”或“毫不抑制”，而是创造了一个特殊的去个性化状态，在这种状态下个体很少关注自己的价值观和行为，而关注群体及其情境。因此，如果所在群体情境是反社会的，就会出现反社会行为；如果所在群体情境是亲社会的，就会出现亲社会行为。

第五节　舆论、风俗和时尚

舆论、风俗和时尚等大众心理现象属于个人生活中的一种环境因素，它们对个人心理和行为所产生的影响同样不可小觑。

一、舆论

舆论（public opinion）即“公论”或公众意见，是指人们在共同关心的有争议问题上多数人意见的总和。不为人们关心又无争议的问题，不会成为舆论的对象。舆论的对象总是人们关心的有争议的如社会事件、人物的言论和行为等问题，而争论之后所出现的多数人的意见，就是舆论。舆论在表达众人一般认知性见解的同时，其实还表达出众人的态度、信念、期待等，所以舆论是众人意见的总和。

舆论的形成有一个过程。首先是社会上发生了特殊事件或违反常规的行为，引起人们的注意；接着是社会各方面人士纷纷议论，交换看法，发表意见，或通过大众传播媒体公开表示意见，或在熟人、亲友间私下议论；在众人纷纷议论过程中几种意见经过辩论，不断澄清事实，众人的认识和态度逐渐趋向一致，符合社会价值观的意见，最后占了上风，于是便形成了舆论。随着互联网的普及，普通民众的声音也可以快速传播出去，更使得舆论的形成速度及其产生的效力大大提升。比如，2003年的孙志刚在收容所受虐致死的事件，经由某传媒报道后，就是在各大网站与论坛上引发了持续地关注与激烈地讨论后形成了社会舆论共识，最后在相关部门的重点干预下得到了彻底的解决。

具体说来，舆论对个人的心理与行为所产生的影响主要表现在以下几方面。(1)舆论是一种行为指导。人们往往借舆论来指导自己的行动。因此，真正代表民众利益的正确舆论将引导个人走向积极向善的道路，而代表某个集团狭隘私利的舆论则可能使得个人误入歧途。(2)舆论是一种社会力量。俗话说,“众志成城”“众怒难犯”,众人正当意见的舆论制造者和传播者个人会深切地感受到众人的力量,坚定其信念和斗争的勇气,意欲压倒其他意见。(3)舆论是一种社会压力。置广泛社会共识于不顾,冒天下之大不韪者,必然会受到舆论谴责,感到四面楚歌、众叛亲离,也可能因此而产生顺从行为。

二、风俗

风俗(custom)是社会上自然形成的、多数人长期遵行的一种行为方式。其主要特点是自发性和持久性,即风俗伴随特定文化区域内的地理与文化特点自然形成,代代相传。人们将由地理条件的不同而造成的行为规范差异,称之为“风”;而将由社会文化的差异所造成的行为规则之不同,称之为“俗”。所谓“百里不同风,千里不同俗”则反映了风俗因地而异的特点。人生的几件大事:出生、成年、结婚、死亡,各民族都有不同的风俗。从意识形态的特征上看,风俗可能是进步的,能振奋民族精神,促进社会的发展;也可能是落后的,阻碍社会进步的。正月十五耍龙灯,端午节划龙船,是中华民族的传统风俗,反映了“龙的传人”勤劳、勇敢、聪慧、进取的民族精神。但表亲联姻,给妇女裹小脚等一些陈规陋习则长期禁锢人们的头脑,给整个社会带来危害。

风俗是借助自然形成的社会力量对其社会成员的行为起调控作用的。因循旧例,遵行风俗,个人就容易受到其他成员的认同;独树一帜,违反风俗,个人就可能遭到众人的谴责与排斥,要承受巨大的心理压力。因此,人们都自觉或不自觉地遵行它,顺从它。例如,春节全家团圆是我国的传统风俗,尽管现代社会越来越多的人外出求学、工作,时间紧,但一到这个日子,大部分的中国人还是会不远万里回家乡与亲人相聚,否则就会感到莫名的失落与不安。人一生下来就处于一定风俗的社会环境中,风俗渗透于个人社会生活所有领域,有民族风俗、地方风俗、职业风俗,还有校风、家风等,这些传统习惯潜移默化,对个人心理和行为产生着巨大的影响。

三、时尚

时尚(fashion)或流行是人们一时崇尚的样式。从服饰、发型等有形具体的东西,到歌曲、说话用词等无形抽象的东西,只要社会上一时崇尚,任何样式都可以成为时尚或流行。时尚古已有之,比如尚玉,比如喜肥。只是在现代社会大众传媒的持续推动以及各种商家的刻意经营之下,时尚的形成、发展、传播和衰退都日益加快,种类也日益繁多。流行音乐、流行装扮、流行语、流行动作、流行彩铃甚至流行的思维方式等各种流行元素充斥着社会,或多或少地影响着人们的生活。

时尚或流行有两个显著特点。一是反传统性，包括新奇原则与立异原则。传统带有守旧性和不变性，时尚则超出传统样式，追求新奇，追求入时，并且越新奇、越入时，就越时尚，此即时尚的新奇原则。传统是一般人习惯化了的生活方式，时尚则追求超出习惯化的样式，与一般人不同，并且越与多数人不同，就越合时尚，此即时尚的立异原则。二是一时性，即只在一个时期里合时。从时尚或流行的发生到习惯化或消亡所经历的时间称为"时尚寿命"或"流行时期"。时尚开始时仅被社会上较少数人所采用，随后被人们注意、模仿而风行起来；而一旦被社会上大多数人所采用，或习惯化了，也就不再成为时尚了。因此，时尚的流行，常有两种相反的心理交织在一起：一方面是求新求异，追求表现个性，使自己的优越感得到满足；另一方面是从众、认同，追求合乎社会流行的标准。

广义地说，时尚包含时髦、摩登、时狂等流行现象，但狭义地说，这些现象和时尚却有程度、规模和持续时间上的区别。时髦仅流行于社会上层极少数人，以极端新奇而异于他人，一时也可以引起少数人的模仿，但寿命很短。摩登比一般时尚更现代化（超前性）、更优美些，也属于上层的流行现象。时狂则往往更不合理，更剧烈，是流行于社会下层的尘俗现象，时间更短暂。随着时代的变迁，不仅时尚的生灭速度加快，其原有的自上而下的结构也不再稳定，社会中下层开始为社会提供时尚，出现了时尚自下而上的渗透，时尚的物质含量也随之下降。

时尚对个人行为的影响，受多种因素的制约。就年龄段而言，青年人（18–23岁）显然比幼儿和老人受到影响要大；就个人性格而言，活泼的人较易受感染，保守人士则较难接受；就地区而言，城市中时尚变迁较快，对人的影响较大，而农村中生活较稳定，风俗、传统的力量较大，时尚变迁较慢，对人的影响较小。

复习与思考

1.解释：环境，自然环境，社会环境，物理环境，心理环境，行为环境，社会生态系统理论，空气污染综合征，社会密度，拥挤，噪声，文化，亚文化，社会影响，从众，服从，角色，社会促进，社会懈怠，去个性化，舆论，风俗，时尚。

2.举例阐述个体与环境的交互作用。

3.试论文化传统与拷贝世界对个体心理与行为的影响。

4.举例说明社会对个体心理与行为影响的主要表现。

5.举例说明舆论、风俗和时尚对个体的心理与行为的影响。

推荐阅读书目

1. 巴伦，伯恩(黄敏儿等译，2004). 社会心理学(第十版). 第七、八、九、十二章. 上海：华东师范大学出版社.

2. 戴维·迈尔斯(侯玉波等译，2006). 社会心理学. 第二、五、八章. 北京：人民邮电出版社.

3. 俞国良等(2000). 环境心理学. 北京：人民教育出版社.

4. 华莱士(谢影等译，2001). 互联网心理学. 北京：中国轻工业出版社.

第四章　生命全程发展

第一节　概述

生命全程发展(life span development)是指人从胚胎到死亡这个过程中系统的连续性和变化。这里所讲的变化是指生理和心理有序的、模式化的和相对持久的变化,而不包含十分短暂的、临时的变化。每个人的一生中都有很多发展的里程碑或生活的转折点,即对个体发展有决定性作用的重要事件和变化的标志,其中包括上学、毕业、工作、结婚、孩子离家、父母亡故、自己当了爷爷奶奶、退休、死亡等。心理学家对个体发展的研究曾经主要集中在个体成年之前的阶段。到了20世纪60年代以后,随着系统科学方法的进步以及社会逐步向老龄化过渡,生命全程发展逐渐成为发展心理学的主要研究范畴,即对生命全程进行研究。在这一节中,我们将讨论发展心理学中的三个主要问题:(1)心理和行为在多大程度上是被遗传和环境所决定的?(2)发展连续过程中的阶段性是否存在着个体差异?(3)对人的毕生发展可以用哪些方法进行研究?

一、先天与后天的关系

人的心理发展是由先天遗传决定的还是由后天环境、教育决定的?这在心理学界争论已久,在教育界及人们心目中也有不同的看法。在科学心理学兴起后的20世纪之初,结构主义倾向于重视先天,行为主义则倾向重视后天。当代心理学家对该问题的解答是,个体的身心发展是遗传与环境交互作用的结果。

个体生活在环境中,受环境的影响,但个体从来不是被动地接受环境影响的。从受精卵开始,个体就与环境发生动力的交互作用。但在发展的不同时期,个体与环境交互作用的表现方式不同。个体与环境的交互作用主要有三种方式(Scarr,1998;Scarr & McCarlney,1983)。

反应的交互作用(reactive interaction)是指面对环境刺激,不同的个体会以不同的方式来对其做出反应。有人以为,平静漂浮的胎儿在子宫中是熟睡的,这其实是一种误导。胎儿从一开始就是活动的,起先是不自主运动,如心跳,然后发展出大量协调的运动。随着胎儿的发展,心跳减慢(但更具变化),对刺激的反应更有力。有研究显示,子宫中胎儿的行为反应有性别差异,男胎比女胎更活跃(DiPietro et al.,1996)。怀孕20周后,胎儿对声和光有不同的反应(Nilsson & Hamberger,1990; Pujol et al.,1990)。刚出生的正常婴儿看上去,只会吃、睡、哭、流口水以及其他为数不多的反应。但婴儿也不是一块白板,等着人们去描绘的。婴儿一出生,就表现出其特定的行为模式的先天倾向,显示出气质上的差别。一些婴儿较“亲近”,另一些则较“退缩”(Thomas & Chess,1996)。有亲近反应特点的婴儿往往对新环境和刺激(如新食物、玩具、人或地点)反应积极。有退缩反应特点的婴儿往往对新环境和刺激反应消极,要么哭闹,要么焦虑,要么通过其他方式表明其不安(Chess & Thomas,1987)。还有研究表明,在子宫中心跳快的婴儿更有可能成为内向、胆怯的儿童(Kagan,1994)。而内向、胆怯的婴儿与外向、活泼的婴儿之间心率的差异在两周大时就已清晰可见(Snidman et al.,1995)。这两类孩子对于父母的体贴关怀的反应是不同的。反应的交互作用在个体的毕生发展中都在起作用。

唤起的交互作用(evocative interaction)是指个体的特征和行为会招致人们对其的不同反应。例如,易哄、爱笑的婴儿比烦躁不安、大哭大叫的婴儿会得到父母和周围人们更多的关怀。温顺的孩子比调皮的孩子会受到父母较少的限制和训斥。父母的教养方式往往是由孩子的性格特征和行为所唤起的。有人说父母的某种教养方式塑造了儿童的某种性格特征,其实儿童的性格也会塑造父母的教养方式。同理,勤奋的成人与懒惰的成人从社会得到的回报也是不同的。唤起的交互作用也是贯穿于人的毕生发展的。

超前的交互作用(proactive interaction)是指个体主动选择和建构自己所喜爱的环境,而这些环境反过来又进一步作用于个体。孩子长大了,有一定的主动性之后,便产生超前的交互作用。一个攻击性强的儿童常选择与小伙伴们在一起打架闹事,而不会独自一个人待在家里,这一环境反过来又强化和维持了他的攻击行为。如果不允许他外出到惹是生非的地方去找小伙伴们,那么他将会创造条件,如把小伙伴们邀请到家里来,主动地促成有利于攻击性发展的环境。在成人中,这样的例子更是屡见不鲜。

上述三种个体与环境的交互作用方式在个体发展不同阶段的表现强度是不同的。个体在出生前的发展,主要由遗传因素所决定。个体出生后的婴幼儿期,仅限于在父母所提供的环境中活动的时候,其基因型与环境的内在相关非常显著。随着儿童的成长,他们开始选择和建构自己的环境时,基因型与环境的最初相关逐渐为超前的交互作用所代替。而反应的交互作用和唤起的交互作用在生活中仍具有重要作用。

二、年龄特征与个别差异的关系

个体身心发展既有量变，又有质变。在个体身心发展连续改变的历程中有其阶段性的特征，也就是说，个体发展各阶段的身心特征不只是量的增加，而且有质的改变。表4-1列出的是人一生发展的主要阶段及发展重点。人类生理心理发展在各个年龄阶段中大多数个体所表现出来的共同特征称为年龄特征（age characteristic）。所有的年龄特征都是遗传与环境交互作用的结果。不同个体在生理或心理上的发展都会有相当大的差异。但是，同年龄儿童在身高、体重、认知能力、社会行为等的平均值，则可视为代表该年龄的年龄特征，从中我们可以了解到，有个别儿童高于或低于平均值，这就是所谓的个别差异。

从年龄上看个别差异，每个发展阶段中的个体就心理学的意义而言，有两种年龄：一种是实足年龄，即个体自出生之日算起的年龄；另一种是发展年龄，指代表身心发展程序的年龄。两种年龄接近或相等，表示个体发展正常；发展年龄大于实足年龄的，表示个体的发展较一般人早熟（身体的或心理的）；发展年龄低于实足年龄者，表示个体的发展较一般人晚熟。

表4-1　人的毕生发展分期

期次	发展阶段	发展重点	期限
1	产前期	生理发展	从受孕到出生
2	婴儿期	动作、语言、社会依恋	从出生到二三岁
3	幼儿期	发展良好的口语，性别开始分化，喜爱团体游戏，完成入学预备	二三岁至六七岁
4	儿童期	认知发展，人格渐趋独立，性别认同确立	六七岁至十一二岁
5	青少年期	价值观确立，开始承担职业与家庭、父母与社会的角色	十一二岁至20岁
6	成人早期	成家立业，对婚姻、子女、职业的适应	20岁至35或40岁
7	成人中期	事业发展到顶点，考虑重新调整生活	40岁至65岁
8	成人后期	享受退休的家居生活，自主休闲与工作，面对不可避免的身心适应问题	65岁以后

每个人类个体都生活、成长于特定的社会与文化环境中，因此个体的发展过程必然会打上特定的社会历史和文化的烙印。例如，不同民族的人生活在不同的区域，具有不同的儿童保育传统，这造成不同民族儿童在某些方面具有不同的发展过程，形成了不同的民族特性。甚至不同物质生活和文化教育条件也能够使得某一地区的儿童在推理能力水平的发展上晚于其他地区的儿童（左梦兰，陶云，1994）。

〖热点问题讨论4-1〗中西方的发展观

在中华文明发展的漫长岁月中,涌现出了许多关于心理发展及儿童、青少年教养的思想和观念。孔子对自己的人生经历总结道:“吾十有五而志于学,三十而立,四十而不惑,五十而知天命,六十而耳顺,七十而从心所欲,不逾矩。”(《论语·为政》)对其弟子们修身养性的告诫曰:“少之时,血气未定,戒之在色;及其壮也,血气方刚,戒之在斗;及其老也;血气既衰,戒之在得。”(《论语·季氏》)这些言论中体现出了孔子相当具体的毕生发展观,同时,也明确地指出心理发展所具有的连续性和阶段性,提出了年龄特征与心理发展阶段论(高觉敷,1985)。孔子的这些观念对后世的影响是广泛而深远的,成为其后二千多年直到今天中国人的人生过程的写照。

在中国的主流文化价值传统中,儿童和老人都被看作是社会的财富,尊老爱幼是中华民族的传统美德。儿童、青少年在我国传统文化中通常被看作是父母或家庭的希望,所以其教养受到无比的重视,相应的儿童观及发展观思想也同样很丰富。隋朝的颜之推是这方面一个比较著名的人物,其“颜氏家训”中包含了丰富的早期教育思想和发展心理学思想,对后世的影响很大。与颜之推相类似的其他人物有贾谊、朱熹、王守仁和张履祥等人。这些思想的重要特点就是重视道德品质及行为习惯的养成,同时特别强调个体成长的早期教育(唐淑、钟昭华,1993)。老年人在中国传统文化中被强调的是其丰富的经验与智慧。所以如何使老年人能够颐养天年,保持必要的生理机能和认识机能,从而很好地发挥老年人的优势是一个重要的问题。我国传统医药中关于衰老和养生的观点就包含了丰富而宝贵的发展心理学思想。

可以说,中国文化传统中的发展心理学思想和观点是很丰富的,其中的许多内容直到今天仍然影响着中国人的生活和成长进程。当然,其中既有精华,也有糟粕,应该辩证地加以看待。

反观西方文化传统中关于心理发展与儿童、青少年的教养观念,则具有与中国传统文化截然不同的特征。西方文明有记录的历史一般追溯到古希腊古罗马时期,从那时起直至工业革命基本完成,儿童一般是不享有基本的人权的。在古希腊古罗马时期,父母可以随意地以丑陋、残疾、血统不纯等理由而采用杀死、虐待等方式来对待自己的子女。在古希腊的城邦中,斯巴达人对儿童的教育是以残酷著称的。一直到12世纪,在欧洲的基督教国家中杀婴行为才在法律上被等同于谋杀。在工业文明得到发展的时代,也许是出于各种宗教的、经济的、甚至是比较浪漫的考虑,一些思想家或教育家们开始强调儿童与成人是人生不同的阶段,应该重视与之年龄特点相适应的教育。这一时期霍布斯、洛克和卢梭等思想家提出了自己关于儿童发展的观点。到了19世纪的晚期,研究者们开始对儿童发展进行系统的观察与研究。最早的研究者以观察自己的孩子进行传记研究(biographic research)而著称。达尔文可能是其中最有影响的一位了,他详细地记录了自己孩子的成长过程。传记研究不严密,主观性强的特点是显而易见的,但它提供了进一步研究的问题,是迈向人类发展科学研究的第一步。

1882年,德国的普莱尔(W.T.Preyer,1842—1897)出版了《儿童心理》一书,这一事件被认为是现代儿童心理学的开端。而霍尔(G. S. Hall,1844—1924)则被公认为现代儿童发展心理学的创建者,他为发展心理学甚至整个美国心理学的创建做了巨大的贡献。霍尔的许多工作是开创性的,他首次在发展研究中使用问卷法,并首次出版题为"青春期"的著作,呼吁人们认识到青春期是一个独特的发展时期。自那以后的一个世纪以来,发展心理学理论已经形成了精神分析的、学习论的、认知发展的、习性学的、生态学的等多种研究取向。

三、生命全程发展的研究方法

在研究毕生发展时,心理学家除采用第一章所介绍的几种方法外,还采用横断研究、纵向研究和断代-序列研究三种不同的研究方法。

(一)横断研究

横断研究(cross-sectional study)就是在同一时间内或较短时间内对某一个年龄或某几个年龄层次的个体或个体群组的发展水平进行观测与研究,并加以比较的一种研究方法。例如,在教育部1983年批准的研究项目"中国儿童青少年发展特点与教育"中,集中了50多个心理学教学与研究机构的200多位研究者,对当时中国儿童、青少年的发展特点进行了广泛且规模空前的研究,其中大多数研究均是在一个时间断面上对多个年龄阶段的儿童、青少年进行研究(朱智贤,1990)。

横断研究的优点是显而易见的,使用这一研究方法可以在短时间内大量收集多个年龄阶段研究对象的研究资料,显得较为经济;而对多个连续的年龄阶段进行研究也可以在一定程度上对发展规律进行归纳和概括。然而在这一研究策略的使用中,多个年龄阶段研究对象会受世代变迁的影响,即由于不同年龄阶段的研究对象处于不同的世代,其生活成长的环境也就各不相同,由于世代变迁引起的变化与单纯的年龄发展会相互纠缠在一起,致使不同年龄阶段的发展水平具有质的不同。

(二)纵向研究

纵向研究(longitudinal study)是另外一种研究方法,是指对某一特定个体或某一组特定的个体随着其年龄的增长在其发展的不同阶段系统地进行反复观测,从而取得连续性的发展资料。纵向研究对相同个体的发展历程进行追踪,所得到的资料反映了个体实际的发展变化过程,使得研究可以系统而详细地了解连续性发展过程中量变与质变的规律。例如,推孟(L.M.Terman,1877—1956)从1921年开始对1528名个体的智力发展进行了追踪研究,一直到20世纪50年代,积累了大量从儿童到老年的智力发展资料(Hamilton,1992)。

相对而言,纵向研究的使用要大大少于横断研究。由于在长时间的研究过程中各种支持条件发生变化的可能性较大,纵向研究开展起来较为困难。比如,在长时间的追踪过程中,研究对象有可能因为各种原因而流失,研究经费和其他社会支持(如政府和公众的参与程度)可能较难维系。更为重要的是,随着时间的推移,社会、环境和文化条件都会发生变化,当初的研究设定就可能不适用了,对发展造成影响的变量可能增多了,也可能改变。特别是处在社会运动较为迅猛的背景下,这些统称为世代变迁的现象对纵向研究策略的使用所造成的影响就特别明显。

(三)断代-序列研究

由于横断研究和纵向研究策略都存在自身难以克服的缺点,心理学家们提出了将两者结合起来的第三种研究策略,即断代—序列研究(cohort-sequential study)。断代—序列研究结合横断研究和纵向研究的做法,同时对不同年龄组的研究对象进行追踪。这样既可以获得多个时间断面上多个组群的静态资料,同时也可以分别获得多个年龄组的纵向发展资料。使用这种策略进行研究可以获得更为全面的研究资料,在一定程度上同时克服了横断研究和纵向研究的不足之处,保留了其长处。不过,采用这种方法可能存在的问题是研究过程也许会更难操作,同时横断研究和纵向研究的不足也许会同时发生作用。

第二节 孕期与婴儿期

一、出生前的发展

生命的孕育开始于两性交合时女性的卵细胞与男性的精子相遇、受精,并形成受精卵。受精后的两周被称为受精卵发育阶段,即胚芽阶段(germinal period)。这个阶段中,外胚层细胞迅速分裂形成了神经管,这是神经系统的原型。细胞分裂第二周结束时,受精卵已经分裂成了一个细胞团,称为胚胎(embryo)。在胚胎期(第三周至第八周),心脏、神经系统、胃、食道和卵巢或睾丸形成。心跳是最早的行为,大约始于第三周。第九周的胚胎已经像一个人了,可以分辨出眼睛、耳朵、鼻子、下颚、嘴和嘴唇。胳膊也形成了肘、手和短粗的手指,同时腿形成了膝、踝和脚指。这之后到出生的一段时间称为胎儿阶段(fetal stage)。大脑在子宫中成长时,大约每分钟能产生25万个新的神经元,出生时可达到超过1000亿个神经元。对人类和许多其他哺乳动物来说,神经元细胞的繁殖和迁移到正确的位置主要是在孕期进行的,而轴突和树突的分枝发展主要是出生后发生。到第六个月末,胎儿已可以对声音做出反应。子宫内的麦克风记录显示,胎儿暴露于母亲模糊的声音中。与其他女性的声音和父亲的声音相比,刚一出生的婴儿更喜欢这个声音。

遗传和环境因素影响着生命的孕育期。母体由胎盘向胎儿输送营养和氧气,同时也屏蔽很多潜在的有害物质,但也会让致畸原(teratogens)(如病毒、药物等有害物质)通过。发育的不同阶段和不同器官对致畸原的敏感性是不同的。中枢神经系统在发育的各个阶段都很脆弱,最容易受到伤害。例如,如果母亲感染风疹,生命孕育处于胚胎期,有一半以上的婴儿心理发育迟缓。如果母亲艾滋病呈阳性,就会在怀孕或分娩时把病毒传给孩子(这类孩子中约有三分之一感染此种病毒)。艾滋病病毒会对大脑造成破坏,引起注意、记忆、运动控制和推理能力的障碍(Clifford,2000; Grant et al.,1999)。酒精不仅会对从胚胎期开始的整个妊娠期的胎儿产生影响,而且也会伤害受孕前的卵子。怀孕时吸食海洛因或可卡因会导致新生儿身体缺陷、性情暴躁、睡眠和注意障碍(Fox,1994; Miller et al.,1995; Vogel,1997)。过量的咖啡因(每天三杯咖啡)会导致流产或新生儿体重轻、烦躁易怒和其他症状(Eskenazi,1993; Eskenaziet al.,1999)。母亲怀孕期吸烟会导致流产率高、新生儿体重轻、死胎和婴儿早夭等(Floyd et al.,1993; Fried & Makin,1987; Fried & Watkinson,2000)。母亲生活压力过大也会危及发育中的胎儿,使孩子注意困难,异常焦虑及有异常的社会行为(Weinstock, 1997)。而生活在良好环境中的孕妇对胎儿的健康发展很有利。音乐胎教(Lafuente et al., 1997)和孕期的社会支持(McLean et al.,1993)都会对胎儿造成潜在的好影响。

二、婴儿期的发展

婴儿期自出生至二三岁止。这一时期虽只约占生命全程2%的比重,但它是发育中非常繁忙、最引人注目的阶段。

(一)体能发展

1.身体和脑的发展

出生后的2年内,身体发育速度最快,婴儿的身高和体重分别可以达到出生时的1.75倍和4倍。如果提供充分的营养,婴儿的身体发育相对是可以预测的。但因为人们有不同的遗传基因程序,相同的营养也不可能使所有孩子在所有年龄上都达到同样的发展结果。婴儿期平均的身体发育状况见图4-1、图4-2,值得注意的是,这些数值都是平均水平。即是说,在特定的年龄上所有的儿童中,50%的儿童应当比图中所示的测量数据高一些,还有50%要低一些。稍稍高于或低于这些标准是完全正常的,只有婴儿明显高于或者低于这个平均水平才会引起人们特别关注其原因。个体的身体发育遵循下列模式:从上到下、由近及远、先粗后细,即身体的发展从头、身体的中心、粗大简单的活动开始,逐渐到四肢和手脚的复杂技能。

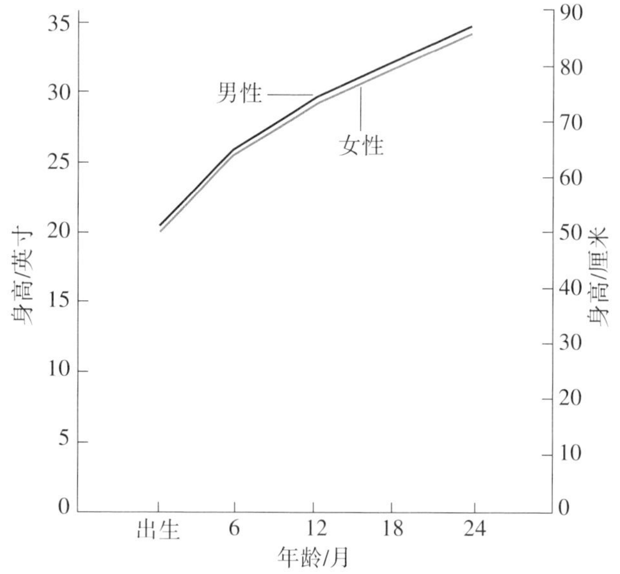

图4-1　美国儿童从出生到24个月的身高

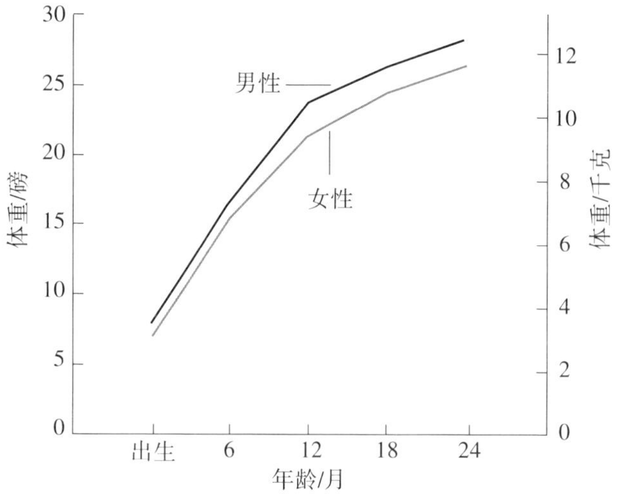

图4-2　美国儿童从出生到24个月的体重

婴儿期身体的各个系统发展的速率也是不同的，神经系统发展最快。早期的脑发展为将来的体能、认知和情绪发展奠定了基础。从功能上看，新生儿的中枢神经系统在出生时很不成熟。虽然大脑相对较大（大约占身体的1/4，成人的这种比率是1∶10），但大脑的大部分区域依然没有发挥作用（除了脑干，脑干参与到呼吸、睡眠和体温度控制）。大脑联络区（成人的大部分脑波活动从大脑皮质发生）的活动在生命的最初几个月，得到非常迅速的增长。到15个月时，婴儿大脑生成了大量的神经细胞及其细胞间的联结（见图4-3）。此后，某些联结开始衰减，大脑将摒除那些无用的联结，以便保留那些有效的、组织良好的联结。这个过程在儿童发展的早期始终进行着，并明显地受到儿童生存环境的影响。婴儿的大脑可塑性最高。此后，随着时间的推移，可塑性逐渐消失（Kolb & Whishaw，1998）。

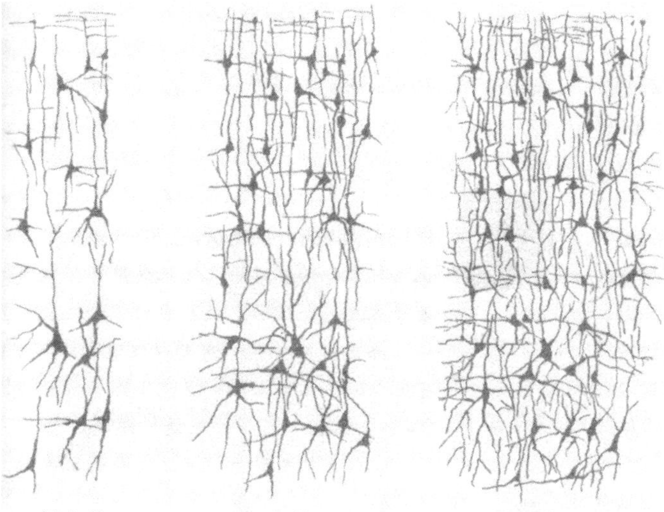

a 新生儿　　b 3个月　　c 15个月

图4-3　神经联结的发展：从出生到15个月

营养和感觉及认知刺激是影响大脑发育的两个重要因素。营养，特别是蛋白质和一定的脂肪酸（奶汁特别是在母乳中含有这种营养，而一般的婴儿食品中不含这种营养）对正常的大脑发育具有十分重要的作用。十分严重的营养不良会导致智力发育水平的低下，这种婴儿会变得无精打采和无动于衷，对环境和社会刺激显得畏首畏尾，情绪十分淡漠。

〖心理学与人生4-1〗母乳喂养好处多

由于多种原因，不少母亲选择了不用母乳喂养孩子。大量研究表明，母乳是新生儿最好的食物，它包含了营养物的合理组合，脂肪与热量的比例合适，矿物质与维生素的多样性达到了几乎完美的程度（Kunz et al.，1999）。母乳喂养对婴儿的好处是：（1）母乳比牛奶更容易吸收，导致过敏反应的可能性较小；（2）增强了免疫功能，不仅提高了婴儿对感染与疾病的免疫力，似乎日后在成年期也提高了对多种疾病（包括癌症）的抵抗力；(3)为大脑和视网膜等组织的正常发育提供了必需的营养成分(Rodriquez-Palmro et al., 1999)。母乳喂养对母亲也有好处，主要表现为降低了分娩后出血的风险，可能减少了日后患卵巢癌与乳腺癌的风险，甚至在今后的生活中还减少了脊椎与臀部骨折的发生概率(Labbok, 1999)。

需要注意的是，母乳喂养会受母亲摄取的食物和药物的影响。如果母亲食入了酒精、尼古丁、巴比妥酸盐、咖啡因、镇静剂等，则将对接受这种母乳喂养的婴儿产生严重的影响。因此，这样的母亲还是用牛奶或羊奶喂养孩子为好。

2. 反射和运动技能

刚生出的新生儿不能进行有目的的行为，但具有许多不经过学习的反射（见表4-2）。反射是对事件的自动化反应。有些反射是明显的生存反射，例如吸吮反射是获取营养的反射，探源反射具有探究的生存意义。摩洛反射是一种受惊后张开双臂和双脚，然后向中央部位收回的反应。这可能是人类早期进化时适应环境的遗迹，它对生活在树上的灵长类动物的“婴儿”十分重要。

表4-2　新生儿中的某些反射行为

反 射	刺 激	反 应	出现的大致年龄	消失的大致年龄
吸吮反射	物体放入嘴中	吸吮	婴儿期2~3个月	在第一年变成自动反应
探源反射	轻触脸颊或嘴角	把头转向轻触的一边	新生儿	在第一年变成自动反应
摩洛反射（震惊反射）	突然的大声响	对称地伸展开手臂与腿	新生儿	3~4个月消失
巴宾斯基反射	婴儿脚底心受挠痒刺激	大拇趾翘起，其他趾头呈扇状张开	新生儿	1个月时逐步缩小，5~6个月时消失
抓握反射	物体触及婴儿的手掌	紧紧抓住物体不放	婴儿期4~6个月	8周时较弱，4~5个月时消失
游泳反射	将婴儿水平地以腹部为支撑放入水中	做出游泳样子的动作	婴儿期8~9个月	6个月之后消失
行走反射	婴儿垂直，双脚轻轻接触平整的表面	做出协调行走的样子	婴儿期8~9个月	2~3个月之后消失

尽管反射行为看来似乎是刻板的、不可调控的反应，但是婴儿很快就开始锻炼对导致反射行为的某些情景进行有限的控制。在不饥饿的时候，婴儿会移开其脑袋或噘起小嘴以避免可能导致吸吮反应的刺激。这种对身体的自主控制是运动技能发展的基础，随着婴儿肌肉和神经系统的发展，更多的运动技能出现了。通常是，婴儿先会翻身，然后才能不用支撑坐起来；先会四肢爬行，然后才学会行走。基因对这些行为反应的发展顺序起主要的作用。典型的情形是，同卵孪生子几乎在同一时间学会坐立和走路。生理成熟为1岁左右的婴儿走路做好了准备。在这之前，经验的影响是有限的。其他身体技能如对肠和膀胱的控制也是如此。在必要的肌肉和神经系统成熟之前，劝说、恳求或惩罚都不可能使孩子养成上厕所的习惯。

（二）认知发展

认知发展包括个体的感知觉、记忆、注意、思维、想象等的发展。出生时新生儿的视觉系统不成熟，看到的世界模糊不清。6个月大婴儿的视敏度提高了4或者5倍。两个月大的婴儿能初步分辨颜色，看红色与蓝色的时间要比其他颜色更长些。他们更喜欢看脸，出生后的第二天，便已认出并且更喜欢母亲的脸（Morton & Johnson，1991）。在醒着的时候，保持双眼张开，甚至在黑暗中还保持搜索性的眼动，用眼睛广泛搜索轮廓，当发现轮廓的时候，变为较短暂的眼动来扫视轮廓。婴儿已具有一些视知觉能力，如知觉恒常性在个体出生时已经具备，而双眼视觉将客体区分开的边缘识别能力在4个月左右时迅速发展起来。长到7个月，婴儿对各种单眼、双眼和深度线索敏感度增加，同时他们的错觉、主观轮廓等能力已经和成人差不多了。婴儿在出生前已具有听觉，在出生后的几天中已能够分辨不同的声音，并且更喜欢母亲的声音。到6个月的时候，婴儿不仅学会分辨范围广阔的人类声音，而且已经开始为很多声音赋予意义。婴儿对气味具有较高的敏感性，更喜欢母亲身上的气味。

婴儿记忆的持续时间一般要比成人的要短得多。生命最初的一年半中，记忆持续时间会逐步变长。据珀尔马特（Perlmutter，1980）的研究，婴儿记忆的发展可分为三个连续阶段。第一阶段，婴儿的记忆好像神经细胞被激活的过程。随着婴儿对刺激越来越熟悉，适应所需时间变得更短些。2至3个月大的婴儿可以再认出几天前挂在其床上方的运动物体。第二阶段，约3个月大开始，婴儿成功完成有目的的行为会不断增多，如能积极地看和寻找、开始伸手接近、甚至开始抓握，表明已能够辨认出事物与人。第三阶段，约8个月大开始，婴儿的记忆已开始像成人的记忆，能记住较抽象、符号性的东西。例如，能记住模糊不清的物体、“较大的”人。到2岁大时婴儿开始理解诸如“记住”“想一想”“知道”与“假装”等智力术语，表明记忆有明显的发展。

据许政援(1996)的研究,我国儿童言语的发展可分为下列几个阶段:从出生到3个月,简单发音阶段;4~8个月,重复连续音节阶段;9个月到1岁,不同连续音节阶段,学话准备期;1岁到1岁半,单词句阶段,正式开始学话(1岁到1岁3个月,简单模仿发音和词开始较快地发展,但连续音节的比例仍处于较高水平;1岁3个月到1岁4个月,词成为主要的发音和交际手段,连续音节退居次要地位;1岁5个月到1岁半,词成为唯一的发音类型和交际手段,还产生了简单句);1岁半到2岁,简单句阶段,掌握最初的言语。

(三)社会性发展

人生来就是一个社会动物。婴儿的社会交往始于他和养育者之间的密切关系。出生后约一个小时,如果婴儿呆在母亲的身边,就会注视母亲的脸,而母亲也会注视他,并轻轻抚摸他。后来婴儿要引起父母的注意时会发出咕咕和咯咯的声音,以吸引他人特别是其父母和养育者。从8个月左右开始,婴儿见到陌生人时会哭闹,发展出一种对陌生人的恐惧,称为陌生人焦虑(stranger anxiety),同时依恋着自己熟悉的养育者。

依恋(attachment)是婴儿依附于养育者(大多是母亲)的一种社会情绪性联系。依恋关系不是先天预定的,而是后天形成的。一些因素的共同作用形成了亲子联结。出生后婴儿逐渐对那些给予舒适的身体接触、熟悉且对其需求有反应的人形成依恋(通常是其父母)。据鲍尔比(Bowlby,1969)的研究,婴儿依恋关系的形成可分为四个阶段。(1)前依恋关系阶段(约在第一个月)。其典型特征是预适应性,好像为婴儿预先安排了与人类的交流,如婴儿对人类声音和面孔的偏好,其运动与成人言语保持同步,视力范围约能看到母亲面孔的距离。(2)形成中的依恋关系阶段(进入第一年的上半年)。其典型特征是婴儿的哭叫、微笑、吸吮、固定不动、黏附依靠、观看及眼睛追随移动的行为与重要成人保持联系已清晰可辨。表现出对熟悉面孔的微笑,对不熟悉面孔微笑反应的明显减少。(3)明显的依恋关系阶段(第一年的下半年)。婴儿有明显的依恋行为,不仅通过微笑、哭叫、伸手接近等方式以吸引母亲的注意,还能够爬行、抱住母亲的腿、攀附在母亲身上、用双手抱住脖子或紧紧抓住围裙后面垂下来的带子等。(4)纠正目标的依恋关系阶段(第二年)。婴儿已有了自我观念,开始理解他人的某些观点,逐渐学会对他人和父母的行为结果做出推断。随着对因果关系的认识,婴儿会用更微妙的方式依附于母亲甚至控制母亲。

孩子们与母亲的依恋关系是不同的。那么怎样了解婴儿依恋关系的状况呢?艾因斯沃斯及其同事(Ainsworth et al.,1978)设计了一个陌生情境测量程序(见表4-3)。

表4-3　艾因斯沃斯的“陌生情境测量程序”

1.母亲与婴儿进入一个房间
2.母亲把婴儿放下。当婴儿玩玩具时,母亲停留在旁边
3.陌生人进入,并且保持沉默(1分钟),与母亲说话(1分钟),接近婴儿(1分钟)
4.分离情节之一:母亲离开。如果婴儿哭叫,陌生人试图安慰;如果婴儿冷淡消极,陌生人努力让他对玩具感兴趣
5.重新团聚情节之一:母亲返回,陌生人离开。母亲问候、安慰婴儿
6.分离情节之二:母亲离开,婴儿独自留下活动
7.陌生人返回;调整行为,适应婴儿的反应
8.重新团聚情节之二:母亲返回,陌生人离开

每一个步骤持续时间约3分钟。

结果发现,婴儿在实验情境中有四种类型的依恋行为。(1)安全型依恋。婴儿以母亲为安全基地,当母亲离开时表现出难过,通常停止探索活动,与母亲重聚时受到抚慰,很容易回到游戏或探索活动中。(2)不安全—回避型依恋。当母亲离开时,婴儿很少哭叫,对母亲的返回忽视或主动回避。(3)不安全—抵抗型依恋。婴儿极力与母亲黏在一起。当母亲离开时,婴儿会表现出强烈痛苦;分离后重聚时,婴儿会大发脾气,有时会把母亲推开,表现出矛盾行为。(4)无组织或无定向型依恋。婴儿对与母亲的分离与重新团聚,表现出矛盾的、没有组织的反应。母亲返回时,可能哭叫,但又跑开,或者一边看着其他地方,一边接近母亲。

不同类型的依恋关系对孩子今后的行为有重要的影响。安全型依恋孩子在幼儿园和学校中表现出更有能力、更独立自主、更好奇、更有弹性(Pianta & Ball,1993),他们更自信,更具社会能力。无组织或无定向型依恋的孩子很可能在应对压力方面有困难,有更多的问题行为(Van Ijzendoorn, Schuengel, & Bakermans-Kranenburg,1999)。而不安全型依恋的孩子很可能在今后的生活中表现出焦虑与机能上的紊乱(Chatoor et al.,1998)。依恋剥夺和受虐待的孩子则有更多的问题行为(参见心理学与人生4-2)。

〖心理学与人生4-2〗没妈的孩子与受虐待的孩子

如果安全型依恋预示着婴儿今后有社会能力,那么依恋被剥夺将是怎样呢?哈洛(Harlow,1958;1959)把刚生下来的小猴与猴群隔绝开,由人工母猴(用厚绒布包装并在胸部装有奶瓶的“母猴”)哺养(见图4-4)。结果发现,长大后这样的猴子缺乏与其他猴子相处的能力;到了性成熟年龄,它们大多无法顺利交配;即使人工受孕,这样的母猴也会丢弃或虐待它的幼仔,甚至杀死第一胎。人类也是这样,不被爱的人往往是不会爱人的。很多虐待子女的父母说他们童年时曾没有母爱,经常挨打,很多谋杀犯也有这样的报告。

图4-4　小猴与人工母猴

虐待孩子的现象在我们的社会里屡见不鲜。不同年龄和收入阶层的人群中都有虐待孩子的家长,其中以30岁以下且收入较低的父母居多。虐待孩子的父母在生活中往往有高强度的压力和挫折,如压抑、孤独、婚姻不和、失业、滥用药物、离婚、家庭暴力、酗酒和工作焦虑等。有些父母虽然意识到自己虐待孩子是错的,但控制不住自己。有些父母虐待孩子是因为恨铁不成钢或受到孩子的厌恶。有些父母则无法忍受孩子的要求、哭声、湿尿布等,认为这是孩子故意烦他。在很多情况下,这些父母希望孩子能够爱他们、体谅他们、使他们快乐,当遇到烦心事时,就把孩子当成出气筒。暴力行为会代代相传,虐待自己孩子的父母中,大约三分之一的人在儿时受过虐待。另三分之一的人不经常虐待孩子,但当他们遇到压力时可能会对孩子施暴。这些父母从来不知道如何爱孩子,如何与孩子沟通,如何管教孩子,而在此类家庭中成长的孩子几乎从开始学步时起就学会了虐待他人。在一项研究中,让受过虐待的1至3岁儿童与小伙伴在一起,观察他们对小伙伴啼哭或感到痛苦时的反应。结果,几乎所有受过虐待的儿童对别人的痛苦非但不同情,反而表现出恐惧,或威胁和殴打小伙伴。总之,受过虐待的孩子很快会成为施虐的孩子,其中很多人后来会成为施虐的成人。

热爱孩子就是热爱我们的未来。虐待孩子是一种犯罪行为。学校和社会都不能虐待未成年人。宣传普及并树立起保护未成年人的法律观念是杜绝虐待孩子之根本。

“黄金棍下出孝子,只要别把孩子打伤就可以”的说法是很有害的!等到孩子打伤了再去阻止暴力,不就太晚了吗?打孩子不仅是在身体上虐待孩子,也是在情感上虐待孩子。即使在情感上虐待孩子,如持续不断地羞辱、威胁或恐吓孩子,也会给孩子留下永久的情感创伤。盛怒下的家长极易丧失理智,如有些父母虽然不打孩子,但在盛怒之下猛烈地摇晃大哭不停的婴儿，这种行为会造成婴儿摇晃综合症，其后果可能导致孩子智力落后、失明甚至死亡。

第三节 幼儿期和儿童期

孩子从二三岁至十一二岁，身心发展迅速，很难把幼儿期与儿童期截然分开。在本节中将把幼儿期和儿童期合起来加以讨论。

一、体能发展

出生时新生儿的脑重约390克，占成人脑重的25%左右，此后随着年龄的增长脑重也增加，到3岁时达到990~1011克，相当于成人脑重的75%；到了6、7岁时脑重约为1280克，基本接近于成人水平；以后脑重增长相当缓慢，到13岁时达到成人脑重的平均数（1400克），到20岁左右停止增长。可以说，个体脑重量的增加到幼儿期已接近完成。大脑机能渐趋成熟，兴奋和抑制的神经过程不断增强，并且两者日趋平衡。大脑单侧化现象在幼儿时期明显形成，五岁时大脑两半球机能已经单侧化，左右脑半球优势已经明显形成。

幼儿身高、体重的增长速度比婴儿期有所降低。但儿童在不同年龄阶段的身体发育速度是不同的，5~6岁时发展相对较快，而4~5岁和6~7岁的发展相对慢一些。男孩比女孩更高些重些，城市儿童比农村儿童更高些重些，南方儿童的身高、体重低于北方儿童。与3岁前相比较，幼儿的骨骼更坚硬，但骨化过程远未完成。幼儿大肌肉有较大发展，但小肌肉要到5~7岁才开始发展。因此要幼儿做一些精细的手部动作相当困难，他们喜欢做一些跑、跳、投等大肌肉动作。幼儿的内脏器官进一步发展，到7岁时，心率已降为每分钟85~90次，但还未达到成人的水平（成人每分钟跳72次），因此仍不宜做过分剧烈的运动，以免加重心脏的负担。

童年期生理上生长和发展的最大特点是变化不明显。从6~10岁，多数儿童的发展经历着一个相对平缓的阶段。童年期身高平均每年增长4.5~5厘米，体重平均每年增长2~2.5千克。女孩的身高和体重开始超过男孩，直到男孩进入青春期才会在身高和体重方面超过女孩。即使童年期生长速度减慢，长骨的生长也比附着其上的肌肉的生长要快一些。这时不少儿童会感觉到“生长疼痛”，这是因这些软组织伸长了，使肌肉和韧带产生痛感。心脏和血管的容积比成人小，但新陈代谢快，心脏成长的速度落后于血管，小学生心率比成人高，约为每分钟80~90次。6至7岁肺泡开始发育，至12岁时肺泡开始发育成熟，肺活量也迅速增加了。

二、认知发展

瑞士心理学家皮亚杰的认知发展理论和苏联心理学家维果茨基(Лев Семенович Выготский,1896–1934)的认知发展理论,是现代心理学中最有影响力的认知发展理论。

(一)皮亚杰的认知发展理论

皮亚杰的认知发展理论是一种解释儿童智力发展的理论。他以自己的孩子为研究对象,用观察法来考察从婴儿期到儿童期约12年之间个体知觉、动作、思考、解决问题等认知发展过程。皮亚杰的认知发展理论主要探讨两个问题:认知发展的动力是什么?儿童认知发展各个阶段具有哪些特点?

1.认知发展的动力

皮亚杰认为人的发展是一个适应的过程,适应的最高形式是认知。认知发展的动力是个体将自己经验赋予意义的不断努力。儿童是积极的思考者,不断试图构建关于世界的更复杂的理解。每一个体都有其认知结构,皮亚杰称之为图式。图式(schemas)是个体灌注经验的心理模具,如儿童头脑里关于猫、狗、书、爱等概念。那么个体是怎样使用和调整图式的呢?皮亚杰提出了两个概念。一是同化(assimilate)新的经验,即用个体现有的图式去理解它们。例如,初学步的孩子有一个"狗"的图式,他会把所有四足动物都叫"狗"。但是个体也会有调整,或顺应(accommodate),从而使图式适合新经历的特殊性。不久儿童会认识到先前"狗"的图式过于宽泛,进而对这些概念加以区分,特别注意动物的头面部,从而区分出"猫"和"狗"。儿童认知的发展,就是儿童以同化和顺应在与世界交互作用的同时,构建并调整自己图式的过程。

2.认知发展的四个阶段

皮亚杰认为,认知发展分为四个阶段按顺序进行,每一个阶段儿童都具有对这个世界不同的感受,并且对这个世界采取不同的适应方式。他把从婴儿期到儿童期大约12年之间个体认知的发展分为四个阶段。

(1)感觉运动阶段(sensorimotor stage),年龄在0~2岁。初生婴儿只能通过"这里"与"现在"(此地此时)来理解这个世界,只有那些能感觉到和接触到的东西才是真实的。对婴儿来说,当小球不再被看见、触摸到或咀嚼到,它就不存在。到了第二年末,婴儿才认识到滚入床下的小球仍然在床下,只是眼睛看不见而已。按皮亚杰的解释,这表示2岁的婴儿已经理解了物体永存性(object permanence)。到了感觉运动末期,婴儿开始获得语言,并迅速从感觉运动期进入下一个较高的认知发展阶段。

(2)前运算阶段(preoperational stage),年龄在2~7岁。这一阶段,儿童更多依据的是感觉而不是逻辑。皮亚杰用守恒实验的结果来加以证明。在这类的一个实验中,给儿童呈现两个玻璃杯,装有相同数量的水,实验者当着孩子的面将一个玻璃杯中的水倒入一个高而细的试管中,然后问儿童:这两个容器中水的数量是否相同?哪一个多哪一个少?这一时期的儿童会依据两个容器的表面现象(高、矮)的感知来回答。同时还表现为,总是从他自己的观点看世界,不能从别人的观点知觉事物。会认为捂起了自己的耳朵,别人就会听不见,用手蒙住自己的眼睛,自己就不会被别人看到。皮亚杰把这种现象称为自我中心主义(egocentrism)。

(3)具体运算阶段(concrete operation stage),年龄在7~11岁。儿童能依据具体事例进行推理思考。依据皮亚杰的观察发现,7岁儿童不会只依据两个容器的表面现象(高、矮),而是更有逻辑地进行思考——既顾及高度又顾及宽度,即已具有了守恒(conservation)的观念。也就是说,这一时期的儿童懂得虽然物体形状有所改变,但该物体所形成的质与量仍然保持不变。

(4)形式运算阶段(formal operational stage),年龄在11岁以上。儿童能运用抽象的、符合形式逻辑的(演绎的或归纳的)推理方式去思考解决问题。在皮亚杰看来,上述四个阶段的每一个阶段,思维的主要特征影响着儿童理解这个世界的所有方面,包括他们关于空间、时间、数、语言、偶然性等各个方面的观念。

皮亚杰的理论已经成为20世纪最有影响的儿童发展理论之一。它为该领域引进了许多重要的概念,确定了该领域的不少研究方向,并得出了许多独具特色的有用结论。但这个理论也受到了许多的批评。一是研究方法上的缺陷。例如,采用的样本小(只有一个被试),没有严格的控制,没有用精密测量仪器和高级统计分析方法。随科学技术的进步,如用红外照相测量婴儿的眼动,用慢速摄影考查婴儿轻微的手动,用专门的仪器测量婴儿的吸吮速率,以及计算机技术的发展。许多研究表明,皮亚杰是低估了婴幼儿的认知能力。二是理论观点上的缺陷。例如,过分强调人类对环境的适应而忽视了社会文化对认知发展的重要性。又如,在皮亚杰的理论中,认知发展似乎伴随着青少年时期的出现而停止,而事实并非如此。

(二)维果茨基的认知发展理论

维果茨基是苏联文化历史学派的心理学创始人。虽然他关于认知发展的观点是在20世纪30年代提出的,但至今仍富有活力。

1.认知发展的动力

维果茨基认为,人类不同于其他动物,因为人类能够使用符号与工具。人类创造了文化,它具有自己独特的生命。文化不断发展变化,对其成员有极大的影响,决定着个人能力发展的最后结果。维果茨基把人的心理机能分为初级心理机能与高级心理机能。初级机能是人和其他动物都有的,是不经过学习就获得的能力。新生儿关注人类的声音,记住母亲的气味的能力,属于初级心理机能。随着与人类文化的接触,特别是随着对语言的学习,初级心理机能最终转化为高级心理机能。这些高级心理机能,在非人类的动物中不明显,但对人类的发展却起着决定性的作用。

与皮亚杰的"儿童中心论"截然不同,在维果茨基看来,儿童并不是单独活动的,而是在由共同文化的人组成的社会中获取知识。儿童正是通过言语交流,才成长为一个思考者和学习者。但皮亚杰不认为言语对认知发展有重要作用,他坚持认为:言语受儿童潜在认知结构的制约,7岁前的儿童,有近半数的言语都是自我中心的;这种言语没有任何交流作用,这时的儿童还不能采择他人的观点;随着儿童的成熟,儿童便能去除自我中心,变得更富有逻辑性。维果茨基的观点则完全不同。他不认为幼儿的言语大多是自我中心的,自言自语在认知发展中是不起作用的,而是认为幼儿的自言自语具有高度的社会性,具有调节行为、表达需求并向思维转化的功能,强调言语对儿童认知发展的重要作用。

2.最近发展区的理论

依据社会文化促进认知发展的观点,维果茨基进而提出他的最近发展区理论。所谓最近发展区(zone of proximal development),是指从儿童实际认知发展水平到他可能认知发展水平之间的差距。前者由儿童独立解决问题的成就来确定(如已学会个位数相加不进位);后者则是指在成人的指导下或是与能力较强的同伴合作时,该儿童表现出来的解决问题的成就(如帮他学习个位数相加进位变成十位数)。因此,实际认知发展水平代表儿童认知发展现时的能力,最近发展区的上限代表儿童认知可能发展的最大潜力。维果茨基认为,研究儿童认知发展,教授儿童学习知识,都不应只注重儿童的实际认知发展水平,而更应特别注重其最近发展区。这个理论不仅论证了个体认知发展的社会起源,突出了教学的作用、教师的主导作用以及同伴影响与合作学习对儿童认知发展的重要意义,而且也启发了我们对儿童学习潜能的动态评估。维果茨基的理论已成为20世纪80年代以来认知心理学家思想的新主流。

三、道德发展

儿童的道德发展(moral development)是指在社会化过程中儿童逐渐习得道德准则并以这些准则指导自己行为的过程。

(一)皮亚杰的两个阶段理论

皮亚杰用讲故事的临床访谈法对5~13岁儿童的道德认知发展进行了研究。其中有一个故事是:有两个男孩,约翰帮母亲做事打破了15个杯子,罕瑞偷果酱时打破了1个杯子。哪个男孩犯了较重的过失？皮亚杰发现:6岁以下的儿童多认为第一个男孩的过失较重,因为他打破了较多的杯子;年龄较大的儿童则认为第一个男孩的过失较轻,因为他的过失是在工作中无意间发生的。从孩子们的反应中,皮亚杰将道德发展划分为两个阶段。

第一个阶段称为他律道德(heteronomous morality),出现在5~8岁之间,以学前儿童居多数。这一阶段儿童对道德的看法是遵守规范、服从权威就是对的。他们对行为对错的判断只看重行为后果(打破杯子多就是更坏),不考虑行为意向,因而称为道德现实主义(moral realism)。

第二个阶段称为自律道德(autonomous morality),约始于9岁以后,约在小学中年级。这一阶段的儿童不再盲目服从权威,他们开始认识到道德规范的相对性。同样的行为,是对是错,除看行为后果之外,还要考虑当事人的动机,因而称为道德相对主义(moral relativism)。按皮亚杰的观察研究,个体的道德发展是与其认知能力同步发展的。自律道德的出现约在形式运算阶段(11岁以上)。

(二)科尔伯格的三阶段理论

继皮亚杰之后,美国心理学家科尔伯格(Lawrence Kohlberg,1927-1987)采取认知发展取向研究了儿童的道德发展问题。科尔伯格(Kohlberg,1964)的研究采用的是两难故事法(method of dilemma-story),通过给不同年龄的儿童提供道德判断的机会,来考察儿童做出道德判断的思维方式。结果发现,儿童的道德发展是随年龄而有规律地发展的。下面是被经常引用的两难故事。

在欧洲,有个女人由于某种特殊癌症而濒临死亡。医生们认为只有一种药能救她,那是同城的药剂师刚发现的某种镭。这种药成本很高,而且药价是成本的十倍(200美元的药他要2000美元)。女人的丈夫海因兹找所有的人借钱,但只筹到1000美元,只够花费的一半。海因兹恳求药剂师说他老婆快死了,这药能否便宜点或者先赊给他。但是药剂师说:“不,我发明了这种药,我要赚钱。”海因兹后来进入药剂师的商店偷了这种药。海因兹应该这样做吗? 为什么应该或者不该?

根据研究结果,科尔伯格认为,道德推理存在三个水平的发展时期,每一水平又分成两个阶段,一共有六个阶段。

1. 前习俗水平(preconventional level),年龄在4~10岁

阶段1:惩罚定向。强调对权力的服从,行为无所谓好坏,由可能受到的惩罚来评价。例如,“他不应该偷药,因为他会被警察抓起来,送进监狱。”“他事先请求过,又不是偷大东西,他不会受重罚。”

阶段2:寻求快乐定向。行为是否正确由一个人自身的需要决定。对他人需要的关心一般是出于互惠的目的,而不是出于忠诚、感激或公正。例如,“要是妻子一直对他不好,海因兹就没有必要自寻烦恼,冒险偷药。”“要是妻子一向对他好,海因兹就该关心妻子,为救她的命去偷药。”

2. 习俗水平(conventional level),年龄在10~13岁

阶段3:好孩子定向。强调“好的表现”,好的行为是使群体中的其他人感到愉快,或者是能受到表扬的行为。例如,“他不应该偷药,他会被当成罪犯,给自己的家人带来耻辱,他的妻子不会用偷来的东西救自己的命。”“不管妻子过去对他好不好,他都得对妻子负责。为救妻子去偷药,只不过做了丈夫该做的事。”

阶段4:权威定向。强调遵守法律、执行命令、服从权威、履行职责以及符合社会规范。例如,“尽管他的妻子需要这种药,但偷别人的东西犯法,法律面前人人平等,他妻子的情况并不能使盗窃变得合法。”“偷东西是不对,可不这么做的话,海因兹就没有尽到做丈夫的义务。”

3. 后习俗水平(postconventional level),年龄在13岁以后

阶段5:社会契约定向。规范是可以质疑的,是为了群体利益和民主而存在的。对法律和规范的支持是基于理性的分析和相互的协定。例如,“他不应该去偷药。丈夫没有偷药救妻子的义务,这不是正常的夫妻关系契约中的组成部分。药剂师应该受到谴责,但还是应该保持对他人权利的尊重。”“法律禁止人偷窃,却没有考虑到为救人性命而偷东西的这种情况。海因兹偷药救命如果不对的话,需要改正是现行的法律。”

阶段6:普遍的伦理原则定向。以自己选择的伦理准则指导行为,这些准则具有综合性、全面性和普遍性。公正、尊严和平等被赋予很高的价值。例如,“对于任何一个有道德性的人来说,人的生命最宝贵,生命的价值提供了唯一可能的无条件的道德义务的源泉。

他偷药也许会受到惩罚，但是他挽救了一个人的生命，值得。”“海因兹设法救自己妻子的性命无可非议，但他没有考虑所有人生命的价值，别人也可能急需这种药。他这么做，对别人是不公正的。”

科尔伯格指出，儿童的道德构建是分阶段的有序过程。儿童是与社会和文化环境相互作用而发展起来道德认知结构，而不是简单地通过成人解释、惩罚，将道德准则同化和内化为儿童的一部分。儿童不仅仅是在学习道德标准，而且是在建构道德标准。这就意味着在完成前一水平的道德认知建构前，儿童根本无法理解和使用后一阶段的道德推理。只有经历而且建构了前一阶段的内在道德模式，儿童才会使用该阶段的概念来解决道德两难问题。科尔伯格认为，并不是每个人都会经历所有的三水平六阶段，有些人直到成年也没有超越顺从权威阶段，只有极少数人能够完全达到第六阶段。

科尔伯格的研究影响广泛，但也遭到了来自各方面的批评。最多见的一种批评是道德判断不等于道德行为：即便科尔伯格关于道德判断的观点正确，也并不意味着一个人口头上所说的就会反映在一个人的真实行动之中。该批评显然有一定的道理，情境力量有时会改变道德行为，但这并不能否认科尔伯格所描述道德判断的发展进程，科尔伯格也强调他的理论只适用于道德判断。

另一种批评对道德推理六阶段的普遍适用性提出质疑。批评意见认为，科尔伯格的六阶段论所提出的道德解释不适用于大多数的非西方文化，只符合西方的个人主义社会。为了捍卫科尔伯格的道德发展阶段具有普遍性的观点，塞纳瑞（Snarey，1987）回顾了在27种文化背景中所做的45项研究，结果发现被试均以相同的顺序通过各个阶段，而且阶段一到阶段五在被研究的所有文化中都普遍存在。

第三种批评认为科尔伯格的道德发展阶段论有性别偏见，或许不能同等地适用于男性和女性。吉利根（Gilligan，1982）认为女性和男性思考道德问题时所用的方式并不完全相同，她在研究中发现，女性的道德决策过程是“关怀定向”的，她们更强调对他人的责任、避免伤害别人以及人们之间保持联系的重要性，而男性道德决策更多地是基于正义。虽然这些道德取向并没有优劣之分，但两者分别更符合科尔伯格所提出的低级与高级发展阶段，女性易被判定为比男性处于更低的道德水平。

第四节 青少年期

青少年期(adolescence)是指青春期开始到身心渐臻成熟的发展阶段,是从儿童期向成人期过渡的时期。青少年期的年龄范围很难明确划定,大体上从十一二岁进入青春期到20岁左右进入成人期。

一、青春期体验

青少年期的标志是青春期,也称发身期(puberty)的到来。青春期到来的准确时间取决于测量的标准,一般认为女孩的月经初潮,男孩的首次遗精是青春期来临的标志,男孩的青春期要来得晚一些。从儿童过渡到性生理成熟的成人,大约持续三四年。青春期身体发育快速,第二性征出现,生殖器官逐渐发育成熟。青春期的生理变化如何影响青少年的行为、态度和情绪呢?早期流行的看法认为,青春期是一个“狂风暴雨”期,以内心骚动、喜怒无常、爆发对抗为特征。后来的研究表明,尽管青春期对青少年的身体形象、自尊、心境以及与父母和异性的关系产生了显著的影响,但大多数青少年度过这个时期时并没有出现严重的骚动(Petersen,1988)。

女孩月经初潮,11岁属于早熟,14岁属于晚熟;男孩进入青春期的年龄,12岁属于早熟,16岁属于晚熟。早熟的女孩与适时成熟或晚熟的女孩相比,更有可能染上饮酒、吸食大麻、逃学和破坏社会规范等不良习气。早熟的女孩更有可能混在年长的同伴群体中,而大龄孩子更可能发生越轨行为。早熟的女孩更可能较早发生性关系、结婚和生子,与晚熟者相比,她们接受高等教育的概率要低一些(Ge et al.,1996)。早熟的男孩在社交方面较占优势,因为生长发育快促进了力量的增长和运动成绩的提高,他们通常会在男孩群体中有较高的威信。而晚熟男孩可能会在社交方面缺乏自信,因为晚熟而缺乏吸引力,在群体中不大受欢迎(Mussen & Jones,1957)。

二、自我意识的增强

进入形式运算思维阶段以后,青少年逐渐能够思考抽象的问题和假设的情境。他们会很好地思考他们在假想的他人眼中是什么样子,因而就有一个要适应自己不断变化的外表的问题。一项对美国女孩的研究发现,女孩在13~18岁之间对自己身体的不满意程度不断上升,这种不满几乎与其他青少年对她们的外貌评价没有什么关系(Rosenblum & Lewis,1999)。青少年经常会想象在一个假想的观众面前,他们的外貌和行为是什么样的。这个假想的观众其实就是他们自己的自我意识。由于自我意识的增强,青少年经常认为自己的行为在他人眼里是非常重要的，而且会因自己的感受而变得烦躁或困扰。由于自我意识的增强，青少年人不能把自己对自己的感受和别人可能对自己的感受区分开来，往往以自我为中心。他们强烈地要求摆脱对父母的依赖而走向独立，寻求同伴关系（peer relationship）。同伴关系对于青少年的成熟和发展具有十分重要的作用。因为青少年所关心的外表容貌、衣着服饰、受人欢迎与否、男女间的关系等问题，往往是通过同伴间的交谈、议论而得到解答的。年龄相当的同伴的意见有助于他们确立自我形象。

三、与父母的冲突

父母和青少年子女之间的冲突可能是被过分夸大了，因为在许多问题上他们的观点实际是一致的。在一项对112名11~13岁青少年的纵向研究中，调查了父母及其青少年子女在家务劳动、穿衣打扮、文明礼貌、消费和药物使用五方面的冲突。总的说来，父母及其青少年子女都认为随着年龄的增长，他们在家务劳动、穿衣打扮和文明礼貌三个方面的意见渐趋一致，但是在消费方面的冲突却有所增加（Galambos & Almeida，1992）。对香港家庭中父母和其青少年子女冲突的研究结果发现，13~17岁的青少年和他们的父母有冲突，通常（37%）是关于活动选择和管理（打电话，看电视，上床睡觉的时间）、做家务（16%）或写作业（16%）（Yau & Smetana，1996）。父母主要将这些冲突视为有违社会习俗的结果。而青少年却将这些冲突视为对个人自主性的不同观念所致。他们正试图发展自己做决定的权利，而不像以前那样自动地让父母做主。因此，如果父母抵制青少年自主性的要求，那么即使是由鸡毛蒜皮的小事所引起的冲突也可能导致亲子之间亲密度的降低。这一时期亲子冲突在几点钟睡觉的问题上相当突出。一项研究调查了3000多名13~19岁青少年睡眠情况，他们的睡眠模式有很大变化：更多的是晚睡、周末早上睡懒觉。做父母的看不惯，于是便发生了亲子冲突（Wolfson & Carskadon，1998）。还有研究表明，青少年早期亲子冲突频率较高，到了青少年中期冲突的强度就会到达顶峰（Laursen et al.,1998）。

四、对性行为的态度

青少年必须面对的一个重要挑战是对性行为的态度。对性行为的态度也是青少年与父母产生冲突的一个主要方面。传统社会对青少年的严格期望、明确限制以及社会压力，减少了他们的鲁莽行为，但也降低了他们的独立性和创造性；现代社会鼓励青少年自我表达与自主，这也带来了更多的鲁莽行为，其中也包括性。西方自20世纪六七十年代开始，年轻人的性态度日趋开放。比如，英国三次大规模调查显示，有性交经验的青少年在逐步增加。以17岁儿童为例，20世纪60年代的报告指出，男孩的性交发生率是25%，女孩是

11%;20世纪70年代报告的数字是男孩58%,女孩39%;20世纪90年代的报告指出,男女孩的性交发生率大约为60%。引人注目的是,不仅仅是性交发生率在增加,那些强调对女人和男人的性行为应采用双重标准的态度也在降低(黄希庭,2005)。近年,我国青少年性行为发生率也有明显的增加趋势。

五、同一性的探寻

埃里克森(Erik Erikson,1902-1994)在其《同一性:青年与危机》中详细描述过青少年自我同一性和角色混乱的观点。自我同一性或自我认同(ego-identity)是一种对于我是谁,我将走向何方,我在社会中处于何种地位的稳定连续感。自我同一性是在应对许多选择中形成的:什么样的职业是我想要的?我该信仰什么宗教、道德和政治价值?作为有性别的我该承担什么责任?茫茫人海中我的位置在哪里?埃里克森认为,虽然自我同一性在整个生命周期中都很重要,但是青少年期是同一性最混乱的时期。青少年普遍经历着一个心理社会的"延缓期"。在这一时期他们可以对同一性的不同方面进行探寻而不需要最终一定去执行。例如,一个青少年可能暂时会有几种不同的职业目标,但成人并不会认为这是一个最终选择。经过了这个危机阶段,青年将获得更稳定、更巩固的自我认同感。

为什么自我认同感在青少年期会有那么大的变化?这是因为青少年身体的显著变化,身体变化会影响他们的外观形象及其对躯体的自我感觉,同时还要对性关系的模式做出决定,对职业、道德、政治取向做出决定。马西亚(Marcia,1966,1980)用访谈法对青少年有关声望、宗教、政治信仰及性行为态度的认同状况进行评估。结果发现,青少年有四种同一性状态。(1)同一性混乱(identity confusion),这类人还没有开始认真思考同一性问题,更不用说做出什么承诺了。(2)同一性早定(identity foreclosure),这类人会不假思索地接受父母的或传统的观念,完全没有自己的价值判断。(3)同一性延缓(identity moratorium),这类人正在经历埃里克森预言的危机。他们要做出一个承诺,但是现在仍然在各种选择之间犹豫不决。(4)同一性获得(identity achievement),这类人已经度过了危机阶段并做出了最终决定。在这四种同一性状态中,同一性混乱是最不成熟的状态,同一性获得是最成熟的状态。一项对12~24岁男性的横断研究的结果表明,仅有刚刚超过半数的被试在24岁时达到了同一性获得状态,同一性获得要延续至成年期(Meilman,1979)。

不少研究结果对埃里克森关于青少年同一性危机的观点提出了挑战:(1)青少年在不同领域不可能同时经历同一性延缓期;在某一特定时期,某个领域可能获得了同一性,而另一个领域则可能处于危机状态之中;(2)同一性危机也可能发生在成年期的某些时候,并且同一性的发展在成年早期还可能是非常主要的任务;(3)同一性和青少年的自我意识发展有密切联系，青少年期同一性混乱很可能是自我意识发展的结果。这也是对埃里克森自我同一性理论的发展。

第五节　成年期

心理发展是持续的过程，不因身体发育成熟而结束。

一、成年早期

成年早期（young adulthood）从20来岁到35或40岁左右。成年早期发展的主要内容是成家立业，并生育子女等。在20多岁时，最忧虑的是求偶、择业和就业问题。30岁左右的大多数夫妇已生育子女，既要赡养父母又要养育子女，既要干事业又要干家务，生活是很紧张的；到子女渐渐长大时，还要为子女上幼儿园、升学而忧虑。成年期要发展恰当的兴趣、角色态度和价值观，社会期待个体应肩负起成人的责任和职务，其行为应符合该社会文化的要求，扮演好配偶、父母、独立的劳动者等角色。一个成年人如果不能适应人们所期望的成人标准，他就会遇到挫折，会影响他中年期工作、生活各方面的发展，也会影响晚年生活的幸福。

二、成年中期

成年中期也叫中年期（middle age），大约始于35或40至60或65岁，是个人一生中在家庭生活及职业上的高峰期。中年人在各行各业取得的成就、社会地位和声望，深受人们赞赏。中年期社会化的中心问题是事业的发展和生理上的变化。中年人随着生殖期的终止（女性的停经、男性的更年期），生理上已有明显的变化（如出现肥胖、秃顶、老花眼等），健康状况也走下坡路，但由于中年人的知识经验丰富，加上以往的工作基础，社会对中年人的期望也很高，因而中年人的工作负担和生活负担往往特别沉重。现代女性多半因更年期不再受月经与怀孕的困扰，反而对性生活更觉自由与爱好。不过，也有些妇女因停经期开始，自觉丧失生育能力，以致情绪低落。这现象称为更年期抑郁（menopause depression），更年期抑郁是形成中年危机的主要原因之一。然而中年危机并非都与更年期生理变化（如内分泌改变）有必然的联系，它的产生主要是个人心理适应的问题，如怎样担负起社会责任和职业责任，担负起对自己的父母和子女的责任，以及大多数中年人还面临退休后的生活适应问题。

三、成年晚期

成年晚期也叫老年期(old age),是人生历程接近尾声的时期。习惯上,把60岁或65岁作为中年与老年的分界。但是,单纯以年龄作为老年期开始的标志是不恰当的,因为“老化”的各种特殊变化所发生的年龄往往因许多因素而异。老年期虽然是生理明显老化和机能衰退时期,但近年来,由于生活环境的改善和保健的增进,大部分男女在65岁甚或70岁出头,心智和生理方面才开始出现特殊的老化现象。从社会性角度,老年人的社交范围逐渐减小,男性和女性的差别在日益缩小,开始趋于中性。对于健康的老年人来说这一时期也是充满个人成就的时期,有不少追求自由的选择和探索的机会。老年人只要保持着活力,在许多方面的表现可以像一个中年人,虽然他们中大多数人已离开工作岗位,身体疾病发生率日益增加,但许多人凭借环境和个人的支持还是能过上完满的生活。可以把老年期划分为三个亚阶段:精力充沛的中老年期(65到75或80岁)、迟缓的高龄期(75或80到大约90岁)、虚弱的老迈期(90岁以上)。目前我国已经步入老龄化社会,随着年龄增长,疾病发生率明显增加,许多老年人自然会产生经济依赖、身体依赖和情感依赖。怎样使老年人幸福地安度晚年,也是构建和谐社会的一个重要课题。

四、面对死亡

死亡是生命发展历程的终结。随着年龄的增加,身体机能的衰退,许多中年后期或老年期的人开始意识到死亡的接近。

当意识到死亡迫近时,人们会经历什么样的心理变化呢?克布勒-罗斯(Kübler-Ross,1974)在与大约500名濒临死亡的绝症患者进行了访谈之后提出,个体接受死亡大致要经历五个阶段:否认、愤怒、对剩余时间的讨价还价、沮丧以及最后接受。当个体得知自己将不久于人世之后,最开始表现为震惊,会问:“这是不是搞错了?”尝试否认、拒绝接受现实。然后,他们可能会感觉愤怒,会问:“为什么偏偏是我?”接下来,当他们确认这一事实无法改变时,很多人会开始期望自己至少可以活到某一时间以完成某一件事,即所谓“讨价还价”;同时,人们会为即将失去的生命而感到悲伤和沮丧;经历了这些痛苦的阶段之后,最后能够理解,“好了,既来之,则安之,这就是我大限已到的时候了”,虽然这种感觉并不令人愉快,但是对处于这种情景中的人来说,反而在此时获得了面对死亡的平静与安宁。克布勒-罗斯所描述的五个阶段反映了大多数人濒临死亡的心理过程。

并不是患有致命疾病的人才会担心生命的消逝,实际上,随着年龄的增加,身体机能的衰退,许多进入中年后期或老年期的人都会开始意识到死亡的接近。这时,人们会倾向于回顾自己的所作所为,寻找生与死的意义,并试图为自己的一生做个总结。人们回顾一生，或撰写回忆录，或“落叶归根”进行回顾之旅，如果觉得自己的理想得到了实现，活着是有价值的，他们会获得对自己较满意的感觉，达到良好的完满感；相反，如果认为自己一生碌碌无为，虚度了一辈子的光阴，可能陷入对自己和生活的绝望。那些觉得生活有意义的人可能并不畏惧死亡。

在有限的生命中，没有人能达成自己所有的愿望，体验到生命所能给予的一切经验。但是，每个人都可以通过对人生目标的不断追寻和努力，得以最大限度地发挥自己的潜能。

〖热点问题讨论4-2〗人生八阶段

埃里克森提出的心理社会发展阶段论（theory of psychosocial development stage）在所有关于毕生心理发展的理论中最著名。埃里克森认为，人的毕生发展过程包括一系列的心理社会性发展阶段，每个发展阶段都会出现一个主要冲突或危机，个体想要成功应对后面发展阶段的冲突的话，就需要在特定的阶段充分地解决这个主要危机（Erikson，1968；Erikson，1950）。

在第一个阶段的婴儿需要通过与看护者之间的交往建立基本信任感。食物、温暖和由身体接触带来的安慰使儿童对父母产生依恋和信任，如果儿童的这些基本需要没有得到满足，就可能发展出一种强烈的不安全感、焦虑感和不信任感。

在第二个阶段的幼儿随着运动的发展和语言技能的出现，儿童探索和操作物体（有时是与人交往）的能力扩大，儿童对自己身体进行自主控制而发展出一种安全的自主感和价值感。这时，监护者过分的约束和批评可能导致自我怀疑，过高的要求可能破坏儿童处理新任务的坚韧性。

第三阶段对应着学前期，该阶段养成了基本信任感的儿童能够主动尝试完成新事情、激发新想法，培养起了对自己的信任。外界对儿童的自主活动的反应可能会促进这种自主感和自信感，也可能导致儿童产生内疚感，使他们感到没有能力进入成人的世界。

第四阶段对应着小学阶段，此时儿童必须学习文化技能，致力于任务中的乐趣，克服自卑情绪。与同伴的交往为儿童提供了发展社会技能的场所，学校活动和体育活动为儿童学习知识技能和运动技能提供了场所。追求这些技能使儿童感到自己胜任的能力。如果儿童在活动中经历了太多的失败，或者满足于作为旁观者，那么自卑感就会产生。

第五阶段，青春期阶段的基本危机是形成自我同一性。青少年要面对不同人扮演不同的角色，并在这种混乱中学习社会角色规范，确定自我形象，形成认同。解决这个危机使个体培养出对自我的一致感觉；如果失败，则导致缺乏稳定核心的自我形象、角色混乱。

第六阶段，成年早期的危机是解决亲密和孤独之间的矛盾，即寻求与他人建立亲密的关系和获得亲密爱情，以及为事业定向。达到这些目标需要克制某些个人偏好，承担责任，做出妥协。无法完成这个任务则很可能导致孤独，缺乏亲密感。

第七阶段,成年中期危机是停滞,成功应对此挑战需要个体通过创造性的生产活动为社会做贡献,把承诺扩展到家庭、工作、社会以及后代,获得繁衍感。不能成功解决这个任务的个体会失去对工作的兴趣,人际关系紧张,自私自利。

第八阶段,成年后期的危机是自我完满对绝望。老年人回顾一生,如果前几个阶段的发展是顺利的,其信赖感超过不信赖感,自主感超过羞愧感,有独立感和事业感,取得了自我的认同,发展了亲密感,是一个有贡献的人,能够完成对社会的义务和职责,那么他会有自我完满感,觉得度过了丰富的一生,坦然面对、接受死亡。相反,各个发展阶段的失败会使他在生命的晚年丧失热情、愤恨、怕死,对生活及生活中已得到的或没发生的事情感到痛苦、失望、毫无意义感,认为自己虚度了一生且为时已晚、无法弥补。

埃里克森试图用心理社会性发展阶段模型来描述一个人的毕生的发展。但是,这个理论也具有类似于精神分析的弱点:不够严谨的证据,理论解释的任意性。另外,该理论中发展阶段的划分以及各阶段主要矛盾的确定是否合理,是否适合不同文化及时代背景,都需要在借鉴埃里克森的发展阶段论时加以注意。

复习与思考

1. 解释:毕生发展,反应的交互作用,唤起的交互作用,超前的交互作用,横断研究,纵向研究,致畸原,依恋,同化,顺应,感觉运动阶段,前运算阶段,具体运动阶段,形式运算阶段,他律道德,自律道德,前习俗水平,习俗水平,后习俗水平,自我同一性。

2. 为什么说个体心理发展是遗传与环境交互作用的结果?

3. 分析婴儿依恋类型形成的原因。

4. 比较皮亚杰与维果茨基的认知发展理论。

5. 概述皮亚杰与科尔伯格的道德发展理论的要点。

6. 分析青少年期的主要特点。

7. 分析成年期、中年期、老年期的主要特点。

推荐阅读书目

1. 戴维·迈尔斯(黄希庭等译,2006). 心理学(第七版). 第三、四章. 北京:人民邮电出版社.

2. 库思(郑钢等译,2004). 心理学导论——思想与行为的认识之路(第九版). 第四、五章. 北京:中国轻工业出版社.

3. 林崇德(1995). 发展心理学. 北京:人民教育出版社.

4. 夏埃,威里斯(乐国安等译,2003). 成人发展与老龄化(第五版). 上海:华东师范大学出版社.

第五章　需要、动机与价值观

第一节　概述

一、什么是需要和动机

（一）需要的含义

需要（need）是有机体内部的某种缺乏或不平衡状态，它表现出有机体的生存和发展对于客观条件的依赖性，是有机体活动的积极性源泉。

需要的产生是有机体内部生理上或心理上的某种缺乏或不平衡状态。例如，血液中血糖成分的下降会产生饥饿求食的需要，水分的缺乏则会产生口渴想喝水的需要，生命财产得不到保障会产生安全的需要，孤独会产生交往的需要等。一旦机体内部的某种缺乏或不平衡状态消除了，需要也就得到了满足。这时，有机体内部又会产生新的某种缺乏或不平衡状态，产生新的需要。

当人需要某种东西时，便把缺少的东西视为必需的东西。人既是生物有机体，又是社会成员。为了个体和社会的生存与发展，人对于外部环境必定有一定的需求。例如，食物、衣服、婚配、育幼等是维持个体生存和延续种族发展所必需的；从事劳动，在劳动中结成不同的社会关系，人们之间的交往活动是维持人类社会生存和发展所必需的。这种客观的必要性反映在人的头脑中并引起内部的某种缺乏或不平衡状态时就会产生某种需要。需要表现出有机体的生存和发展对于客观条件的依赖性。它总是指向于能满足该需要的对象或条件，并从中获得满足。没有对象的需要，不指向任何事物的需要是不存在的。

需要是有机体活动的积极性源泉，是人进行活动的基本动力。人的各种活动，从饮食、学习、劳动到创造发明，都是在需要推动下进行的。需要激发人去行动，使人朝着一定的方向，追求一定的对象，以求得自身的满足。需要越强烈、越迫切，由它所引起的活动动机就越强烈。同时，人的需要也是在活动中不断产生和发展的。当人通过活动使原有的需要得到满足后,人和周围现实的关系就发生了变化,又会产生新的需要。这样,需要推动着人去从事某种活动,在活动中需要不断地得到满足又不断地产生新的需要,从而使人的活动不断地向前发展。需要是个性积极性的源泉,它常以意向、愿望、动机、抱负、兴趣、信念、价值观等形式表现出来。

虽然动物和人类有一些共同的需要,但人类的需要和动物的需要是有本质区别的。人的需要的对象和满足需要的方式,受具体的社会历史条件的制约,具有社会性;人具有意识能动性,能调节和控制自己的需要。

(二)动机及其功能

需要和动机是紧密相联系的,但也有差异。需要在主观上常以意向和愿望被体验着。模糊意识到的、未分化的需要叫意向(intention)。有某种意向时,人虽然意识到一定的活动方向,却不明确活动所依据的具体需要和以什么途径和方式来满足需要。明确意识到并想实现的需要叫愿望(wish)。如果愿望仅停留在头脑里,不把它付诸实际行动,那么这种需要还不能成为活动的动因。只有当愿望或需要激起人进行活动并维持这种活动时,需要才成为活动的动机。动机(motivation)就是激发和维持个体进行活动,并导致该活动朝向某一目标的心理倾向或动力。

作为活动的一种动力,动机具有三种功能。(1)激发功能。动机能激发机体产生某种活动。有动机的机体对某些刺激,特别是当这些刺激和当前的动机有关时,其反应更易受激发。例如,饥饿者对食物有关的刺激、干渴者对水有关的刺激反应特别敏感,易激起觅食活动。(2)指向功能。动机使机体的活动针对一定的目标或对象。例如,在成就动机的支配下,人们可以放弃舒适的生活条件而到艰苦的地方去工作。动机不同,活动的方向和它所追求的目标也不同。(3)维持和调节功能。当活动产生以后,动机维持着这种活动,并调节着活动的强度和持续时间。如果活动达到了目标,动机促使有机体终止这种活动;如果活动尚未达到目标,动机将驱使有机体维持(或加强)这种活动,或转换活动方向以达到某种目标。

在具体的活动中,动机的上述功能的表现是很复杂的。不同的动机可以通过相同的活动表现出来;不同的活动也可能是由相同或相似的动机支配,并且人的一种活动还可以由多种动机所支配。例如,学生按时复习功课、完成作业的活动,其学习动机可能是不同的:有的可能是理解到自己肩负的责任,有的可能是想考取好学校,有的可能是出于个人的物质要求,有的可能是怕老师的检查和父母的责骂等。又如,成就动机可以促使学生在不同的学习领域(学习、文娱、体育等)进行积极的活动。因此,在考察人的行为活动时,必须要揭示其动机,才能对其行为做出准确的判断。

二、几个相关的概念

(一)本能

本能(instinct)一词含义复杂,在心理学上至少有四种解释:(1)指同一物种所有个体所共同表现的不学而能的行为反应,像蚕吐丝、蜂酿蜜、蜘蛛结网、青蛙两栖等行为,都称为本能;(2)指某一物种生而具有的行为潜能或倾向,行为潜能或倾向所形成的内在作用促发同一物种的个体表现出不学而能的同样的行为模式;(3)指某一物种的个体在其生命中某阶段所表现的某种特殊行为模式,像毛虫变为蛹,蛹再变为蝶的阶段性行为模式,即为该物种动物的本能;(4)指促发人类某种行为但不为当事人所知的内在力量,这是精神分析创始人弗洛伊德的独特看法。可见,将本能解释为不学而能的行为时,在动物界容易得到验证。但从人类所表现的复杂行为看,很难采用同一物种所有个体所共同表现的不学而能的行为反应来加以概括。不过,从生物学与生理学的观点看,人类行为仍然具有相当成分的本能因素。

(二)内驱力

驱力或内驱力(drive)是指驱使有机体产生行为的内部动力。这个术语在心理学文献中常有两种不同的用法。一些学者把需要、内驱力和动机作为同义词来使用。但多数学者对这三个术语是有区别地加以使用的。需要是内驱力的基础。当机体缺乏某种东西而产生需要时,机体内环境的相对稳定(即内稳态)便遭到破坏。例如,需要水分或需要食物时,机体内细胞内外的水的渗透压或血液中糖分的一定水平遭到了破坏。这种生理变化所产生的需要便对机体形成一种紧张的内驱力,从而导致求饮、求食行为,以恢复内稳态。即是说,因需要而产生内驱力。内驱力大致与需要呈正相关。例如,饥饿的人比吃饱的人具有较强的内驱力,而又饿又渴的人比只是饥饿的人具有更强的内驱力。但是,需要和内驱力又不是等同的。例如,如果一头动物长期挨饿,它对食物的需要强度大,但由于非常虚弱而不能动弹,其内驱力水平反而降低了。

(三)诱因

很明显,有机体并不仅仅是由于内驱力的驱使才被迫活动的。外部刺激也能激起有机体的活动。例如,饥饿会导致有机体去寻找食物,但并不饥饿者看见美味佳肴也会引起食欲,即使已吃饱也会再次进食。因此,外部刺激也是引起动机的一个原因。凡是能引起机体动机行为的外部刺激,均称为诱因(incentive)。诱因按其性质可分为两类:有机体因趋向或获得它而得到满足时,这种诱因称为正诱因;有机体因逃离或回避它而得到满足时,这种诱因称为负诱因。然而,外部刺激的诱因强度和性质也不是固定不变的,而是依机体的经验和需要等的不同而经常变化的,甚至会改变正负的方向。例如,各种与食物有关的嗜好受孩提时代所养成的习惯影响很大。又如,平时酒可能是正诱因,但是在酩酊大醉后的第二天,酒就转变成了负诱因,甚至一想起酒味,就会恶心呕吐。诱因强度还依赖于目标与有机体之间的距离。一般而言,时间和空间的距离越近,引起趋向目标的力量就越大。即是说,随着目标的接近,诱因强度有增大倾向。

总之,本能和内驱力存在于有机体内部,它们所释放的能量是无指向性的,当其与存在于有机体外部的诱因相结合,即产生具有明确的指向性的动机行为。

三、需要与动机的种类

(一)需要分类

人的需要是多种多样的。可以按照不同的标准对它们进行分类,如划分为生物性(生理性)需要和社会性需要,或原发性需要和继发性(习得性)需要,或外部需要和内部需要,或物质性需要和心理性需要等。其实,人的需要是一个多维度多层次的结构系统。因此,当我们从某个维度来考察需要时,应注意人的各种需要都不是彼此孤立的,而是互相联系的。例如,进食需要,就其本性来说(新生儿时)是属于原发性的、生物性的需要,但后来经学习和社会因素的影响,成人的进食需要就含有社会性的成分。心理需要是相对物质需要而言的,但满足心理需要也要有一定的物质条件,例如,为了满足知识的需要,就要有书籍、工具等。人的物质性需要也往往要满足一定的心理需要和具有一定的社会意义。例如,在满足穿衣需要的同时,也包含着对美及社会意义方面的要求。满足社会需要的同时,也包含着一定的物质需要和心理需要。因此,对需要的各种分类仅具有相对的意义。

(二)动机种类

像需要一样,人的动机也是多种多样的。根据动机的起源,可把动机区分为生物性动机(也称为生理性动机或原发性动机)和社会性动机(也称为心理性动机或习得性动机)。前者与人的生理需要相联系,后者与人的社会需要相联系。

根据动机的影响范围和持续作用时间,可把动机区分为长远的、概括的动机和短暂的、具体的动机。前者影响范围广,持续作用时间久;后者只对个别具体行动暂时起作用。例如,一位师范生想成为优秀的教师,为培养下一代做贡献,这个动机促使他努力学习科学知识、积极锻炼身体、参加学校的各项活动,这种动机是长远的、概括的动机。如果仅仅为了考试得高分数或应付老师的提问而努力学习，这种动机是短暂的、具体的。

人的复杂活动（如学习、工作、求职等），通常不会只受单一动机的推动，而是受多种多样的整个动机系统的推动。这些形形色色的动机交织在一起，互相补充，处于一定的相互关系之中。它们对活动的驱动作用是不同的，其中有的起主导作用，这种动机称为主导动机（dominant motivation）；另一些是次要的，称为次要动机（subordinate motivation）。在人的成长过程中，活动的主导动机也是不断变化和发展的。例如，同是学习活动，刚入学的小学生，其主导动机可能是出于学生的地位（如“当个小学生”），以后其学习的主导动机可能是在班级中取得应有的地位（如“争当三好生”）。

动机可能是意识到的，也可能是意识不到的。实际上在活动的瞬间，动机通常是意识不到的。定势（set）就是一种未被意识到的动机。例如，连续10~15次用两个大小不同的球放在被试手中，让其抚摸并判断哪只手的球大些或小些。然后让被试摸同样大小的两个球，这时被试会觉得这两个球大小是不一样的。这是由于已经准备好了的、以一定方式进行比较的定势所产生的行为反应。对各类人的刻板印象，例如，把山东人看作是豪爽的、正直的、能吃苦耐劳的人，把浙江人看作是聪明伶俐的、随机应变的人，把学者看作文质彬彬的人，把商人看作唯利是图的人，这类社会定势可能或多或少被忽视。当然，大多数的目的性活动的动机则是我们能够意识的到的。

根据引起动机的原因，还可将动机分为外在动机和内在动机。外在动机（extrinsic motivation）是指活动动机是由外在因素引起的，是追求活动之外的某种目标。例如，有的学生的学习动机是由学习者以外的父母或教师提出的，或学习只是为了获得一枚奖章。这种动机就是外在动机。内在动机（intrinsic motivation）是指活动动机出自于活动者本人并且活动本身就能使活动者的需要得到满足，例如，有的学生的学习动机是由学习者本人自行产生的，学习活动本身就是学习者所追求的目的。这种动机就是内在动机。外在动机是可以转化为内在动机的。例如，课堂教学中最初运用的是外在动机，教师和父母的表扬或批评、肯定或否定态度激起学生的学习活动，逐渐地，学生为了得到社会的承认和赞赏也能够专心致志地学习，并把学习看成一种乐趣。

对动机进行分类，目的是从不同的侧面来研究动机的性质、机制及其在活动中的作用。上述各种分类仅具有相对的意义，而不是绝对的。此外，根据研究的需要还可以从别的标准对动机进行分类。

四、动机强度与工作效率

工作效率与动机强度有密切联系。你可能设想，如果动机强度不断增强，有机体的活动就会越强，活动的效率也就越高。但是，事实并非如此。活动动机很低，对工作持漠然态度，工作效率是低的。然而当动机过强时，有机体处于高度的紧张状态，其注意和知觉的范围变狭窄，反而限制了正常活动，使工作效率降低。考试就是最好的例子：在考试复习中做了充分准备的学生，虽然一心想考出好成绩，但往往事与愿违，就是因为动机过强，反而降低了效率。因此，为了使活动卓有成效，就应避免动机强度过低或过高。

在各种活动中都有一个动机最佳水平问题。一般而言，人在中等动机强度下活动效率表现最好。同时，动机最佳水平还因课题的性质不同而不同：在比较容易的课题中，工作效率有随动机提高而上升的趋势；在比较困难的课题中，动机最佳水平有逐渐下降的趋势（见图5-1）。这种现象是耶克斯和多德森（Yerkes & Dodson，1908）通过动物实验发现的，被称为耶克斯—多德森定律（Yerkes-Dodson law）。

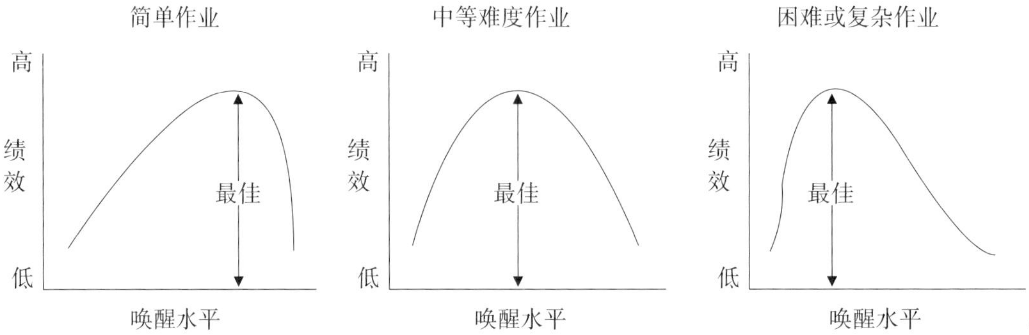

图5-1 耶克斯—多德森定律

第二节 生物性需要

生物性需要（biological need）是指保存和维持有机体生命和延续种族的一些需要，如对饮食、运动、休息、睡眠、觉醒、排泄、避痛、配偶、后嗣等的需要。动物也有这类需要。

一、进食需要

日常生活中，我们可能都有过这样的经历：如果错过了平时进食的时间，就会感到饥饿，饥饿达到一定程度就会产生进食需要。现已证实，引起饥饿的实际刺激来自胃肠的感受冲动（如空胃运动）和血糖水平的降低。在进食调节中扮演重要角色的是下丘脑。下丘脑的腹外侧核和腹内侧核负责调节有机体的摄食反应，被认为是饥饿、进食的生理机制。如果对动物的下丘脑腹外侧核实施弱电流刺激，即使刚刚吃饱，动物仍会继续进食；如果下丘脑腹外侧核遭到完全损坏，动物则出现无食欲、拒绝进食等症状，直至饿死。因此，下丘脑腹外侧核被看作进食中枢(feeding center)。如果对动物的下丘脑腹内侧核用弱电流进行刺激,即使长时间不进食,动物也会从食物面前走开;如果下丘脑腹内侧核遭受损坏,动物就会产生旺盛的食欲,摄入更多的食物,从而使体重大增。因此,下丘脑腹内侧核被看作饱中枢(satiety center)。用埋藏在脑内的细小导管向下丘脑这两个部位注射化学物质——高浓度盐溶液(兴奋剂),也产生同样的效应。人们根据这些结论提出了摄食中枢机制的双重中心模型学说。进食中枢和饱中枢的作用是交互抑制的,其中进食中枢是最基本的。此外,它们对摄食行为的控制可分为两种作用系统:短期控制和长期控制。短期控制是指控制每餐或每天的进食量,长期控制是指在相当长的时期内控制食量以保持体重的恒定。下丘脑对饮食的短期控制受多种因素的影响,其中血液中的血糖水平、胃充实与否以及体温是三个主要变量。现已发现,如果血糖浓度和大脑温度降低、胃壁运动增强,就会引起下丘脑腹外侧核细胞发生反应,产生进食行为;相反,如果血糖浓度和大脑温度升高、胃部膨胀,则会引起下丘脑腹内侧核细胞发生反应,促使进食行为停止。另外,为了保持恒定的体重,下丘脑腹内侧核和外侧核又承担着饮食的长期控制,但是它们对体重"标准点"的效应是相反的。腹内侧核受损坏会提高体重的标准点;外侧核受损坏会降低体重的标准点。因此,如果小心地同时损坏腹内侧核和腹外侧核的等量组织,那么动物既不会超食,也不会拒食,仍保持手术前的体重水平。但是,短期控制系统又受长期控制系统的调节,这样有机体的体重才能保持恒定。

进食需要的产生并不完全是由下丘脑和体内的血糖浓度、胃充实与否及体温等因素控制的。许多外部的因素也会影响食欲的产生和存在。例如,食物的色、香、味、形状,进食的习惯时间,对食物的喜好习惯以及社会文化等因素都会影响人们进食的需要。

〖心理学与人生5-1〗肥胖

一般来讲,超过正常标准体重的30%就算肥胖。美国大约有25%的人具有肥胖症。男女出现肥胖的概率大致相同,但在心理上,女性更容易感到肥胖。美国女性约有50%以上认为自己的体重超出了标准,而男性约有35%有肥胖的感觉(Brownell & Rodin,1994)。在美国社会低层的人肥胖者居多,而在发展中国家,则是另一番景象,社会地位越高的人,其肥胖者越多。肥胖影响人的健康,肥胖的人得糖尿病、高血压、心脏病的概率要比正常人高。而且在现实生活中,肥胖被认为是不美观的,肥胖的人往往被看成是不拘小节、意志薄弱的,并因此受到某种嘲笑甚至歧视。其实,这是一种偏见。遗传和摄食是肥胖形成的两大要因。一些人并不过多摄食,却比常人肥胖,这更多的是遗传上的原因;有些人单纯是由饮食过度(基于心理的或社会的原因)而产生肥胖。遗传或饮食过度是造成肥胖的主要原因。

肥胖有其家庭的原因自古以来就被广泛认同。父母双方都不是肥胖者,其子女只有10%是肥胖者;父母一方是肥胖者,其子女有40%是肥胖者;父母双方都是肥胖者,其子女有70%是肥胖者。另外,肥胖儿童也许是模仿父母饮食习惯,而形成不良饮食习惯造成肥胖。以双生子为对象的研究表明,卡路里的摄取与遗传两个因素和体重的增加都有关系。被试都是男性自愿参加者。他们每天摄入比平常多1000卡路里的食物,坚持100天。实验期间禁止运动,只能看书或坐着进行游戏。100天以后,所有的人体重都有了增加。增加的幅度大约为4~13公斤。重要的是,每对双生子体重增加的幅度都是相同的,更有趣的是他们都在相同的部位长肉(Bouchard et al,1990)。还有人以93对分养的同卵双生子和153对合养的同卵双生子做了实验,结果发现与合养的一样,分养的同卵双生子的体重增加有着惊人的相似(Stundark et al.,1990)。因此可以说,遗传因素对于体重和体重增加是至关重要的。

那么,遗传因素在调整体重增加和消化代谢的过程中是如何起作用的呢?这可能与体内积蓄的脂肪细胞有关。正常成人身体内有300亿~400亿脂肪细胞。体重过重者,脂肪细胞大约多25%~33%。过多摄入卡路里后,身体不能把它完全消耗,因此脂肪细胞增多。以动物为对象的研究表明,比对照组多两倍脂肪细胞数的大白鼠,要比对照组的大白鼠胖两倍。并且,切除年龄小的大白鼠脂肪的一半,那么和同时出生的大白鼠相比,成长以后只增加一半程度的体重。因此可以下这样的结论,即遗传和脂肪细胞的数量有关,脂肪细胞和肥胖有关,正是这种相关联的结果,决定了遗传因子与肥胖的关系。

如今减肥成风,市面上有多种多样的减肥药品。服用这些减肥药,其效果有的是降低食欲,有的是降低空腹感,以减少摄食,但可能给身心健康带来巨大危害。心理学家们提倡减肥者要建立设定值,因为不论是人还是动物,肥胖者停止进行限制摄食量后,其体重就会回到原来的水平。如果通过外科手术取出多余的脂肪,也难以保证维持减掉后的体重。研究表明,脂肪组织一旦达到成人的水平,其后就会维持这个水平,因为脑会感知身体的脂肪水平变化,由此而对空腹感等产生影响(Weigle,1994)。

二、饮水需要

饮水是每天的生活必需。体内缺少水分,如果不及时补充,就会引起体液量减少,细胞外液的渗透压升高,这样,细胞内液的水分也会向外渗出而减少。由此产生的缺水信息通过两条路径到达控制饮水的中枢——被中枢的某些细胞直接感受和通过外周感受器(口腔及喉头)将信息传至中枢,并通过两种途径进行调节——增加饮水量和减少排尿量。

调节饮水行为的中枢在下丘脑。下丘脑中有两种特殊的神经细胞控制着饮水需要。一是渗透压感受器。它对细胞脱水反应敏感,细胞脱水后形状发生变化的物理信息所引发的神经冲动传至大脑皮质，就产生了饮水需要，同时它们也刺激脑垂体释放抗利尿激素（ADH），迫使肾脏从尿液中重新吸收水分进入血管。二是测量容量感受器。它对血液容量减少起反应，血液容量减少会引起肾脏分泌高压蛋白酶原，该蛋白酶原能释放血管紧张素，到达下丘脑的血管紧张素引起测量容量感受器的兴奋，从而产生饮水的需要。对饮水需要的控制除了下丘脑和内分泌之外，其他很多变量都会影响人们的饮水行为，例如个人的饮食习惯、情绪和社会风俗等。

三、睡眠和觉醒的需要

睡眠和觉醒是生命活动所必须的两个相互转化的生理过程，也是人类最基本的生理需要。人只有在觉醒状态下才能与周围环境进行复杂的感觉运动联系，感受外界的各种刺激，并主动寻求刺激，探索外界环境，操弄周围事物；人只有通过睡眠才能恢复精力和体力，使人保持良好的活动状态。当睡眠需要发生时，个体就产生瞌睡，迫使个体由活动趋向于休止。如果强行剥夺睡眠数天，就会严重影响人的健康，甚至导致疾病。

睡眠是中枢神经系统产生的一个主动过程。巴甫洛夫学派认为睡眠是抑制过程在大脑皮质的广泛扩散并扩布到皮质下中枢的结果。当代神经生理学的研究表明，睡眠与中枢神经系统内某些特定结构和递质作用密切相关。例如，如果在脑桥中部切断脑干，动物就处于长期的觉醒状态而很少睡眠。刺激动物颞叶梨状区、扣带回、视前区前部等边缘系统，可通过下行神经通路作用于低位脑干而诱发睡眠。参与睡眠与觉醒的中枢递质有多种并且相互关系也较复杂。其中，前脑中的去甲肾上腺素（NE）和5-羟色胺（5-HT）似乎是其中一对主要矛盾。在脑内NE含量保持不变或增高的情况下，降低5-HT含量即产生失眠；而在脑内5-HT含量正常或增高情况下降低NE含量，即产生多眠。脑内的NE、5-HT含量在睡眠和觉醒的生理调节中起着重要的作用。

四、性需要

性需要与饮食需要、睡眠需要有许多不同之处。性需要不像饮食需要、睡眠需要那样是维护个体生存所必需的，它是维持种族延续所必需的；性需要也不像饮食需要、睡眠需要那样是由个体内部的某种缺乏所引起、是恢复能量的过程，而是消耗能量的过程。

性需要与性激素具有直接关系。性激素的作用表现为两个方面。一是激发性行为。在性成熟期，雄性个体的睾丸和雌性个体的卵巢都会分泌性激素，分别称为雄激素（androgen）和雌激素（estrogen），性激素的分泌刺激个体产生性需要和性行为。二是促进男性和女性第二性征（男性表现为胡须、突出的喉头、高大的体格和低沉的声音等；女性表现为发达的乳房、宽大的骨盆、丰富的皮下脂肪和高调的声音等)和附性器官(雄性的附睾、输精管、前列腺、精囊等;雌性的输卵管、子宫、阴道等)的发育。如果个体在幼年时被阉割了睾丸,其附性器官就不能发育成熟,也不会出现第二性征,致使性需要和性行为丧失。但是,如果个体发育成熟后实施阉割,对其性行为的影响则视个体所属种群的不同而有所不同。例如,雄鼠被阉割后其性行为完全丧失,雄狗被阉割后其性行为仍能延续一段时期,大多数灵长类动物的性行为在阉割后也很少会受到影响。然而,性激素对雌性个体的性行为影响较大,除人类外,雌性动物的卵巢被切除后,性需要会完全丧失。对人类而言,由于受到情绪、社会等因素的影响,成年男性睾丸或者女性卵巢被切除后,其性需要并不会受到较大削弱。

控制性行为的神经机制较为复杂,而且动物的种属不同,其性行为的控制机制也迥然不同。某些基本反射不受大脑的影响,只受脊髓的控制,如雄性的勃起、射精等。如果切断大脑与脊髓的联系,这类反射在成年男性身上仍有表现。尽管动物的种属不同,其性调节中枢也各有差异,但大多数的性需要和性行为的调节中枢在下丘脑。动物种系的进化层次越高,大脑皮质对性需要和性行为的控制起着越重要的作用。人类的性需要和性行为表现是受意识控制的。

学习在性行为的产生中具有重要的作用。例如,菲利翁和布莱斯(Fillion & Blass, 1986)在雄性幼鼠吮吸时给予闻一种特殊气味(柠檬醛,一种类似于柠檬的香味)。成年后,当遇到带有柠檬醛气味的有性接受能力的雌鼠时,这些老鼠的射精速度要比遇到那些不带有这种气味的雌鼠时快得多。这表明早年的气味经验对成年后的性行为有重要影响。哈洛等(Harlow & Harlow, 1966)也曾指出,社会隔离会损害猴子发展正常的性行为技能。尽管这些猴子看上去有足够的性动机,但是没有学会如何适当地加以表达。普福斯等人(Pfaus, Kippin, & Centeno, 2001)对动物习得的性行为的许多不同研究结果进行了总结,认为动物和人类的许多性行为都是通过学习习得和改变的。例如,他们指出:(1)总是呈现在交配前的刺激能引起雄鼠和雄鹌鹑的性兴奋;(2)如果能够控制性交的步调,雄鼠更喜欢那些曾经跟异性交配过的地方,雌鼠也一样,这称为条件性位置偏好;(3)雌雄老鼠和猴子都会习得按杠杆的反应,以获得跟异性交配的机会;(4)动物先前的性经验能影响交配速度(例如,它们学会怎样做更有效);(5)某些物种的配偶偏好似乎是早年习得的;(6)先前的性经验对性行为具有很强的去抑制效应;(7)人类习惯于重复的性刺激;(8)人类表现出性唤醒的经典条件作用。

人们所处的文化教给了个体性行为的规则,即性价值观(sexual values)。例如,社会规定了什么样的性行为是正常的,这些行为应该发生在什么样的情况下。社会还教给人们可以跟哪些人发生性行为,不可以跟哪些人发生性行为,人们还通过学习社会规则知晓如何表现性行为，这种学习影响因素包括父母、亲戚、宗教、政治领袖、书籍、电影、电视节目、学校中的性教育课程，甚至还有广告等。虽然这种学习常常是不刻意的，但人们还是学会了。人类的文化有很大的差异。有的文化视极度肥胖为美并能引起人的性欲。在有的文化里，成年的兄妹（或姐弟）是被禁止一起吃饭的，那样会被视为乱伦（Davenport，1976）。大多数人是在青春期习得性规则的（Luria，Friedman & Rose，1987）。不少研究者认为，人类大多数的性变态行为（恋物癖、性虐待、窥阴癖、露阴癖等）也是学习的结果。

〖心理学与人生5-2〗人类性反应

一场轰轰烈烈的“性解放”运动在20世纪60年代初席卷美国，这场运动使人们对待性行为的态度变得开明、公开而坦率，不再讳莫如深、谈性色变。马斯特斯和约翰森（Masters & Johnson，1966）正是在这种社会背景下开始对人类的性反应展开研究，并出版了专著《人类的性反应》。他们认为，研究人类性活动的关键在于，必须对男性和女性受到性刺激后做出的真实反应在实验条件下进行直接的系统观察和生理测量。他们通过这样的实验探索了人类的性反应和性活动过程。

马斯特斯和约翰森的研究要求被试愿意在实验室里从事性活动，同时接受严密的观察和监控。最初考虑到被试难寻，于是雇用卖淫者作为被试的，共有8名女性和3名男性被试接受了近两年的研究。这对于完善整个研究的方法和技术起了关键性的作用，但所获得的结果对于一般人群的代表性仍有疑问。随后，研究者找到了1000多名具有不同社会经济地位和教育水平的志愿者来参加这项研究。研究人员设计了精密的观察测量方法，其中包括对脉搏、血压、呼吸频率等生理反应的标准化测量。此外，还要观察和记录特定的性反应。研究者不仅观察和测量被试以各种姿势进行的自然性交，而且还要观察和测量在人工或机械装置的帮助下所进行的手淫活动，这些机械装置是为对被试的反应进行清晰的记录而专门设计的。为了避免被试产生情绪困扰，研究者先是在私下里鼓励被试的性活动，然后是在调查组成员在场的情况下，直到被试能对实验环境中的性活动泰然处之。据估计，整个研究共观测了约1万个完整的性反应周期，其中女性和男性的数量之比是3∶1。

根据上述有关人类性反应的研究，马斯特斯和约翰森发现了三个最重要的结果。(1)男性和女性具有相似的性反应模式。他们认为人类的性反应周期分为四个阶段（见图5-2）。在兴奋期：男性阴茎会勃起，变得坚硬、直立；女性阴道和阴蒂充血、膨胀；身体上出现潮红或性红晕。在高原期：两性的呼吸、心跳加快，血压升高，性腺分泌和肌肉紧张度增加；女性阴道分泌更多的润滑液，乳房膨胀，乳晕颜色变深。在高潮期：男性和女性的呼吸和血压达到最高值，心跳速率加倍；男性在强烈的快感中射精，女性也在性紧张的释放中获得极大的快感，阴道壁可能出现下意识的收缩。在消退期，两性的身体逐渐恢复到正常状态，呼吸、心跳和血压也逐渐趋于正常水平。(2)男性和女性在性反应上存在着重要的差异。虽然两性的性反应周期的时相具有相似之处，但是女性往往反应更慢，变化更多，性唤醒保持的时间也较长。例如，在高潮期之后，男性和女性都迅速进入消退阶段，此时性器官逐渐还原为以前未唤醒的状态，性紧张迅速降低。此时男性出现一个不应期，持续时间从几分钟到几小时，到一天不等，在此期间不论他接受到何种类型或程度的性刺激，都不可能再次出现性高潮。但是，女性可以处于持续的性唤醒状态，未出现明显的不应期，在有效的刺激下，女性能够快速而连续地获得多次性高潮。(3)阴茎的大小并不能决定男性的性能力和性质量。马斯特斯和约翰森指出了人们在性行为方面所存在的诸多误解。例如，男性常常怀疑自己的阴茎太小，无法正常满足女性的需求。这种性担忧称为“性器误解”。他们在研究中对阴茎平均大小进行了测量和讨论，还对阴茎勃起和松弛状态下的大小进行比较。其实，阴道是一种足以容纳不同大小阴茎的极富弹性的器官，女性所得到的性满足程度并不取决于阴茎的大小。

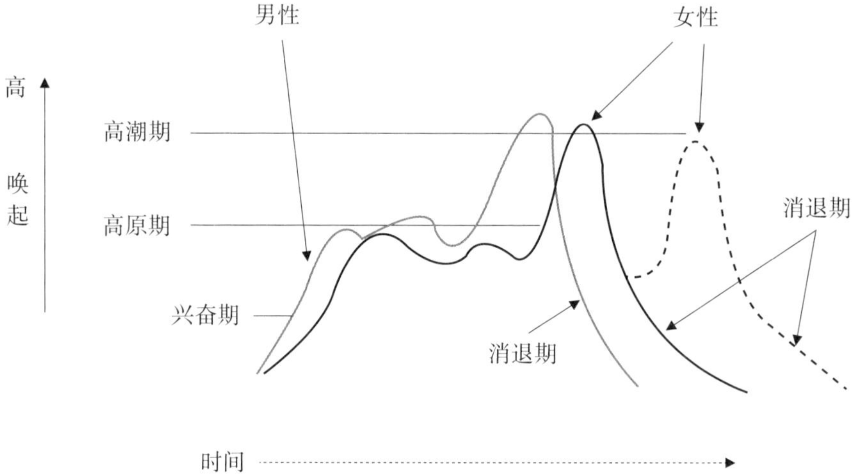

图5-2　人类性反应的阶段

自从《人类的性反应》这部著作问世以来，一直有人对马斯特斯和约翰森把自己的研究发现推论到所有人身上持有怀疑态度。例如，有研究发现并非只有男性具有不应期，一小部分女性也出现不应期，她们在此期间不能体验性高潮；甚至有研究发现，一小部分男性几乎不存在不应期，他们能够多次体验性高潮；另外，虽然人们一向认为射精是男性的专利，但也有证据(尽管不确定、尚存争议)显示，极少数女性偶尔也会在性高潮时射液(Strong & DeVault，1997)。无论如何，虽然马斯特斯和约翰森把研究重点集中在性反应的生理方面，但他们的研究仍为我们理解和研究人类性行为做出了难以估量的巨大贡献。并且，他们证实引起性反应的根本原因是心理上的而不是生理上的。最重要的，他们发现了性唤起和性满足的心理过程。马斯特斯和约翰森的名字现在已成为研究人类性行为的同义词，他们的研究不仅经常被有关性知识的教科书所引用，而且几乎所有的性治疗都以他们的研究发现作为基础，例如勃起困难、性高潮缺乏、早泄、性唤醒困难等。

第三节　社会性需要

社会性需要(social need)是指与人的社会生活相联系的一些需要。如对劳动、交往、成就、奉献的需要等。社会的需要表现为这样或那样的社会要求，当个人认识到这些社会要求的必要性时，社会的需要就可能转化为个人的社会性需要。社会性需要是后天习得的，源于人类的社会生活，属于人类社会历史的范畴并随着社会生活条件的不同而有所不同。社会性需要也是个人生活所必需的，如果这类需要得不到满足，就会使个人产生焦虑、痛苦等情绪。社会性需要的种类很多，如成就需要、交往需要和权力需要等。

一、成就需要

成就需要(need for achievement)是指个人对于自己认为重要的或有价值的事，力求达成的欲望。所谓成就是相对的，是个人完成一件工作后与他人或自己的既定标准相比较所得出的结果。成就需要包含的内容很多，例如，对于地位、名誉、声望等的需要，对于实力、绩效、优势等的需要。成就需要的研究始于20世纪30年代。默瑞(Murray et al.，1938)认为，人格的中心是由一系列需要构成的，其中之一就是成就需要，即人们都有追求较高的目标，完成较为困难的任务，参与竞争而超过别人的动力。默瑞提出的这一概念为麦克里兰(D. C. McClelland)、阿特金森(J. W. Atkinson)等人所发展，成就需要的研究也迅猛地发展起来。研究表明，人们的成就需要不仅内容不同，而且其强度也因人而异，有些人的成就需要强烈，有些人的成就需要很弱。成就需要是后天学习的结果，下列条件将会激发人们的成就需要：(1)能让个人独立负起责任来解决问题的那种环境气氛；(2)能制订出中等成就目标并接受“可预测风险”的倾向；(3)有关他们工作进展情况的详细而具体的及时反馈。

根据阿特金森的研究，成就动机其实包含着两种彼此抵消的心理作用，即希望成功和恐惧失败(Atkinson & Birch，1964)。因此，一个人的成就动机越高，希望成功的动机就越强于恐惧失败的动机，并且为了获得成功后的快乐，他倾向于选择较困难的工作；反之，一个人的成就动机越低，对失败的恐惧就越大于对成功的期望，因此为了避免失败的痛苦，只能选择较容易的工作。

实际情况可能更为复杂。麦克里兰(McClelland，1961)在一个实验中使用5岁儿童做被试对成就动机进行了研究。他让孩子用绳圈去套房间里的一个木桩。孩子们在房间中可以自由选择站立的位置，并且让他们预测能够套中多少个绳圈。结果发现：追求成功的孩子选择了距离木桩适中的位置，但是避免失败的孩子所选择的站立位置要么距离木桩非常近，要么距离木桩非常远。这是什么原因呢？麦克里兰认为，追求成功的孩子选择的任务具有一定的挑战性，同时也保证了具有一定的成功可能性。因此，他们选择了距离木桩适中的位置。该结果在不同年龄、不同的任务中得到印证。避免失败的孩子之所以选择距离木桩很远或很近的位置，是因为他们关注的不是成功与失败的取舍，而是尽力避免失败和与此有关的消极情绪。心理学家根据这一研究发现对成就动机的概念提出了修正的看法，认为单凭个人所选择的工作的难度，并不足以推断其成就动机的高低，还必须考虑其目标取向。从追求成功的角度看，个体主要设定两种追求目标，即学习目标和表现目标（Dweck，1986）。个人平常所设定的学习目标事实上包含两个层面：追求工作成功和追求自我成长。个人凭借该目标追求从工作经验中学习到知识与增强能力。这种人在面临成败未卜的工作情境时倾向于选择较难的工作。困难的工作结果获得成功，会产生成就感；即使结果失败，仍然学有所获。正可谓“失败乃成功之母”。个人惯于设定表现目标，其实所真正追求的并不是工作成功，而是力图凭借工作表现博取别人的好评。这种人在面临成败未卜的工作情境时倾向于选择极端难度的工作：最容易的或最困难的。这是因为最容易的工作可以确保成功，容易得到别人的赞许；最困难的工作成功率极低，如果成功便成为广受关注的英雄，即使失败也会博得别人的谅解和同情。

阿特金森（Atkinson et al.，1987）认为，个人成就动机的强弱与个体对成功概率的估计有着密切的关系。他在一项实验中把80名大学生分成4组，每组20人，让他们完成一项同样的任务。第一组学生中只有成绩最好者才能得到奖励（成功概率为5%）；第二组学生中成绩名列前5名就会得到奖励（成功概率为25%）；第三组学生中成绩名列前10名者就可以得到奖励（成功概率为50%）；第四组学生中成绩在前15名者都能得到奖励（成功概率为75%）。结果表明，成功概率适中的两个组成绩最好，成功概率太高或太低时成绩下降。第一组学生大多认为，自己根本就没可能成为该组的第一名，因此放弃了努力；第四组学生大多认为自己无需努力也肯定位列前15名，于是也不再努力。研究表明，50%左右的成功概率是最佳的。原因在于，这种情况下的大多数被试都认为，如果竭尽努力很有希望获得成功，但是如果不努力也有可能失败。类似的现象在日常生活中非常普遍。例如，如果学生认为无论自己如何努力也不会及格，或者认为轻而易举就能得到优秀的成绩，此时其学习动机就会处于极低的水平。

谢晓非等（2004）在一项研究中采用计算机模拟和问卷的方法，对不同成就动机的个体在动态情境下的冒险行为进行了研究。结果发现，在动态情境的初期，成就动机水平不同的被试具有稳定的偏好：成就动机高的个体偏爱中等难度的任务，成就动机低的个体偏爱较易或者较难的任务。随着行为的动态进行,个体的冒险行为呈现出与静态情境中不同的规律性:成就动机高的个体在初期选择的中等难度的基础上逐渐选择更难的任务;成就动机低的个体在初期选择较易难度任务的基础上也逐渐选择更难的任务;相对于成就动机低的个体,成就动机高的个体会更慢地选择难度高的任务。

二、交往需要

人自出世之后便成为各种社会团体中的一分子。从婴幼儿时期起,人就想与他人亲近、与他人来往,希望得到别人的赞许、关心、友谊、爱护、接受、支持和合作。交往需要(need for affiliation)就是个人想与他人交流思想感情、沟通信息的需要。交友、家人团聚、参加各种社会团体的活动等都可以使个人的交往需要获得满足。与他人绝对隔离也就剥夺了一个人的交往需要。对绝对孤立状态下的人(如一些宗教团体成员、遇难船上的人、隔离实验的志愿参加者)的个案研究表明,长时间的孤独隔离会产生突然的恐惧感和类似忧虑症发作的情感,并且隔离时间越长,产生的恐惧和忧虑就越重。

沙赫特(Schachter,1959)的一项研究证明了人们的交往需要。实验过程如下:他请人到一间没有窗户但有空调的房间去住,每小时付给15美元的酬金。房内除了一桌、一椅、一床、一灯,别无他物。三餐由人送至门底下的小洞口,住在里面的人伸手就可拿进食物。他把5个自愿应征参加实验的被试分别关进五间与外界隔绝的小房,1个被试仅待了25分钟就要求出来,放弃了实验;有3个被试待了2天;1个被试待了8天,其感受是:再待一分钟就会发疯。该研究说明,脱离人群是无法生存的,同时人们对孤独、隔离的容忍力存在相当大的个体差异。沙赫特(Schachter,1959)同期的另一个实验还揭示了交往需要的某种理由。该实验将被试分为实验组(32人)与控制组(30人),要求两组被试在约定的时间分别到实验室听主试做研究的相关说明。研究者让实验组的被试看到一些外形丑陋甚至令人望而生畏的仪器,并告诉该组被试,在正式实验中将使用这些仪器对他们实施有痛苦但无伤害的电击。对控制组的被试,既不让他们知晓电击的事,也不让他们看到仪器。研究者这样做的目的是在两组被试心理上制造不同的焦虑程度。实验假设是:实验组的焦虑水平高,控制组的焦虑水平低。然后,分别告诉两组被试,实验前须提前到达实验室等候。前往实验室时可以单独来,也可以结伴而来。最终的结果表明,实验组32人中有20人选择了与人结伴,而控制组30人中只有10人作同样选择。因此,在高焦虑的情境下,个体将会增强与他人亲近的心理需要。

实际上,即使人们能够自立生存时,也仍然会力图与他人保持亲密关系,这有多方面的原因:(1)我们生活在一个大的社会网络中,能否与他人合作共处,决定了我们事业的成败,这是为社会文化价值所鼓励的东西;(2)在社会生活中,我们与他人的关系不仅局限于合作共事的关系,还有一些情感因素使我们喜欢与他人在一起;(3)人们总希望自己能成为某一社会群体中的一员,被其他成员所认可。因此,交往需要的满足一方面可以使人格得到健康发展,另一方面交往还可以使团体成员之间、团体与团体之间加深理解,相互信任,有助于创造一个文明、和谐的社会生活环境。

三、权力需要

权力需要(need for power)即个体要在某些方面取得一定的支配地位的需要。它也是一种常见的社会性需要。大多数人都有权力动机,只是程度不同,表现的方式不同而已。从狭义上讲,它表现在政治上或组织上的权力欲望,而在广义上,则从上级对下级、长辈对晚辈、专业人员对非专业人员、教师对学生等方面的人际关系中体现出来。还有一种是道义上认可的权力,如身体有残疾者需要带路,老人和孩子需要保护等,这些在日常生活方面都是普遍存在着的。权力需要的研究始于麦克里兰(McClelland,1975),他在自己的研究中发现了一个奇怪的现象,那些工作成就动机高的人,似乎对人事问题毫无兴趣。换言之,成就需要强的人支配欲反而不强。这表明,虽然大权在握、位居要职在社会上常常被视为一种成就,但在这种人行为的背后起关键作用的并非成就需要,而是权力需要。因此,凡是支配欲强、希望影响他人,并对社会事务表现出浓厚兴趣的人,均具有强烈的权力需要。

在20世纪,成就需要和交往需要是受到社会肯定的,而权力需要往往不被肯定。特别是女性具有权力动机更不为社会所欢迎。在麦克里兰早期的研究中,对权力需要的理解和研究也倾向于消极的方面,如认为权力动机强的人焦虑程度高,社会适应能力差,容易生病,饮酒量也比其他人多;但在后期的研究中,他对权力需要的积极方面给予了肯定,他指出,权力动机如果能够被很好地社会化,就能够使人很好地发挥民主精神,成为真正的民主领导人。他这里所说的权力动机的社会化是指,权力动机的表现从利己行为转为利他行为的发展过程。领导者如果具有经过社会化的权力动机,那么他不会随意支配别人,而是让他人把自己看作代表,把所具有的能力发挥出来,主动去帮助别人。在他看来,教育者就是权力动机的社会化发挥较好的典型例子。

研究发现,个人化权力动机与社会化权力动机确实有着截然不同的表现(Lynn & Oldenquist,1986)。个人化权力动机(personalized power motive)很强的人的行为表现可分为三种类型。(1)乐于参与社会活动,善于利用机会表现自己。如果团体中的其他人与自己才能相当或胜于自己,会将其视为假想敌人,直至将其击败为止。这种人表面上对社会事务倾注极大的关注,实际上是利用社会形象达到一己私欲。(2)热衷于权位追逐,甚至为达目的不惜采用卑劣手段。这种人喜欢参与政治活动,但其参政的主要目标是坐上官位,而非造福于人民。(3)极其看重物质条件,并将其视为最高价值,这种人不仅享受物质生活,还会竭尽全力聚敛财富,并试图凭借这些物质财富炫耀自己的社会地位,从而达到影响他人甚至控制社会的目的。当今社会,很多人都怀有个人化权力动机。然而,心理学家的研究发现,这种人并不能因为拥有了财富或物质条件而在心理上获得充实和满足。社会化权力动机(socialized power motive)强的人的行为表现也可分为三种类型。(1)关心社会,但并不实际参与社会事务,而是凭借传播知识观念的方式用个人的专长影响他人、造福社会。教师、作家、编辑、记者、画家、音乐家等都属于这种类型。(2)关心社会,也实际参与社会事务,以己之长服务社会大众,如解除别人的痛苦、维护社会安全等,从而达到影响他人、造福社会的目的。社会上凡是不以营利为目的的服务人员均属于这种类型。(3)以服务为目的的团体领袖,他们对社会公益和人民福祉怀有很深的使命感,热爱人类和社会,力图以其才能领导大众,从事改革,以此达到影响他人和造福社会的目的。这种公而忘私的领袖人物不仅在政府机关中受到欢迎,在其他任何公私团体中也受欢迎。他们虽然身居团体领袖地位,也拥有支配别人的权力,但他们并不以行使权力时得到的个人满足作为目的,而是重视行使权力之后所产生的积极的社会效果,以此来实现自己的理想。

〖热点问题讨论5-1〗马斯洛的需要层次理论

人类的需要是一个复杂的系统结构。美国人本主义心理学家马斯洛(Maslow,1943)对需要进行了卓有成效的研究,提出了著名的需要层次论(need hierarchy theory)。该理论把人的需要分为七个不同的层次(见图5-3),需要的层次越低、越基础,对人的影响也就越大。马斯洛认为,基本需要得以满足,更高层次的需要才能出现。自我实现(self-realization)是最高层次的需要,在此阶段人类寻求潜能的充分发展,已经超越了人类的基本需要。

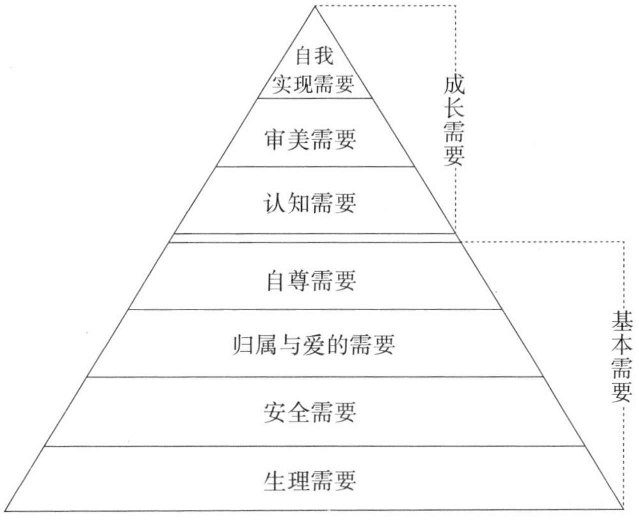

图5-3 马斯洛提出的需要层次金字塔模型

马斯洛需要理论有以下几个基本要点。(1)人是一个一体化的整体,不能像传统的本能研究者那样孤立地、不分主次地研究人类的需要。人类的基本需要是按优势出现的先后或力量的强弱排列成等级的。任何一种需要浮现于意识中的或然性,取决于更具优势需要的满足或不满足状况。占优势的需要将支配一个人的意识,并自行组织去充实机体的各种能量;不占优势的需要则被减弱,甚至被遗忘或否定。当一种需要被平息,另一种更高级的需要就会出现,转而支配意识生活,并成为行为组织的中心,而那些已满足的需要不再是积极的推动力了。人是永远有所要求的动物。(2)人类的需要是一种似本能需要(instinctoid need),这是一种内在的潜能或固有趋势,在某种程度上是由体质或遗传所决定的。因此人类的需要,即使是最基本的对食物的需要,也与动物有很大区别。"当我们沿着种系阶梯上升,口味变得越来越重要,饥饿变得越来越不重要。例如,对于食物的选择,猴子比白鼠更具有变异性,而人又比猴子更具有变异性。"似本能需要只有在适宜的社会条件下才会顺利表现出来。需要的层次越高,其表现和满足就越依赖于外部条件。需要的层次越高,与本能的区别就越鲜明,似本能的性质也就越突出。需要层次越高,其变异性、可塑性也就越大。(3)人类的需要可分为高级需要和低级需要。生理和安全需要为低级需要,是人和动物所共有的;高级类人猿也许有爱的需要;自我实现的需要则是人类独有的。即是说,越是高级需要,就越为人类所特有。在个体发育中高级需要也是较晚的产物。任何个体一出生就有生理需要,也许还有一种初期方式的安全需要,只有几个月以后才初次表现出与人亲近的迹象。至于自我实现需要,甚至莫扎特式的人物也要等到三四十岁。(4)低级需要直接关系到个体的生存,因而也称为匮乏性需要(deficiency need)。如果这种需要得不到满足,个体将出现疾病或危机。例如,盐或食物的匮乏都会导致疾病。越是高级的需要,对于维持纯粹的生存也就越不迫切。但高级需要也不是与人的健康毫无关系的。这种需要的满足能使人健康、长寿、精力旺盛,产生更深刻的幸福感、宁静感,以及内心生活的丰富感。因而,高级需要也称为成长性需要(growth need)。(5)自我实现的需要是人类基本需要中最高层次的需要,但不是每一个人都能自我实现。能自我实现的人是极少数,仅为1%。绝大多数人不能自我实现,其主要原因是:其一,自我实现是很微弱的似本能需要,容易被压抑、控制、更改和消失;其二,许多人不敢正视关于他们自己自我实现所需要的那种知识,对那种知识缺乏自知,使自己处于不确定的状态;其三,文化环境用强加于人身上的规范,阻滞一个人的自我实现;其四,自我实现者是由成长性需要而不是匮乏性需要推进的,其发展和持续成长依赖于自己的潜力。

马斯洛把人类的需要看成是一个有组织的系统,这些对于我们深入理解人类的需要是有启发的,并且该理论在教育、管理等实践领域得到了广泛应用。但是,该理论也存在着一些问题,并受到诸多批评。(1)虽然马斯洛用"似本能"来代替"本能"的概念,用以说明人类的需要不同于动物的需要。但是他认为人类的基本需要是由体质或遗传决定的,是与生俱来的,这就把人的生物性需要和社会性需要混同起来了。马斯洛似乎也承认人的需要的社会性,把人和动物加以区分,但是他不是从人的本质的社会历史制约性而是从体质或遗传性出发,因而仍然错误地把人的需要的发展及实现看作是人类生物特性的发展和实现。(2)马斯洛十分重视人的潜能和价值,但他所讲的自我实现是个人的自我实现,仅仅是极少数人的自我实现,这种观点是作者难以苟同的。不能从抽象的人性出发来谈论所谓自我实现,个人的自我实现应当与理想社会的实现紧密结合起来,这才是最有价值的。(3)马斯洛把人类的基本需要分为高级需要和低级需要,有其合理的因素。但是,他强调的是需要由低级向高级发展,低级需要没有得到满足,就不会产生较高一级的需要,而没有充分认识到高级需要对低级需要的调节控制作用。(4)在研究方法上,马斯洛突破了弗洛伊德用临床法局限于对精神病人的研究和行为主义者用实验法局限于对动物的研究,采用现象学描述法对有成就的人进行整体分析,这无疑是一个进步。但是这类研究在信度和效度上都存在不少问题,具有较大的局限性。

第四节 动机理论

一、精神分析的动机理论

弗洛伊德认为,人有两大类本能。一种是生的本能(life instinct),他称之为力比多,并以此来概括一系列行为和动机现象。像饮食、性、自爱、他爱等个人所从事的任何愉快的活动,都是生的本能。另一种是死的本能(death instinct),他称之为塔纳托斯(Thanatos,希腊神话中的死神),像仇恨、侵犯和自杀等都是死的本能。由于这两种本能在现实生活中都不能自由发展,常常受到压抑而进入潜意识领域,并在潜意识中并立共存,驱使我们的行动。人的每一种动机都是潜意识的生的本能和死的本能的混合物。他把心理比作冰山,露出在水面的小部分为意识领域,水下的大部分为潜意识领域。这个潜意识的大部分是冲动、被压抑的愿望和情感。因此要了解人类行为背后潜藏的动机,如果只分析意识领域是不充分的,也是不恰当的。于是,弗洛伊德采用自由联想、释梦等方法来揭示潜意识的动机过程。

弗洛伊德及其后继者新精神分析学家们的观点各不相同,但他们都认为人类最基本的动机是潜意识的,人们有意识地压抑自己的本能冲动(特别是性冲动),但决不能消除,也不能完全加以控制,常以梦、失言、笔误等以及许多神经症状显现出来,也会以升华或其他文饰方式表现出来。

二、内驱力降低理论

内驱力降低理论(drive-reduction theory)是美国心理学家赫尔(Hull,1943)提出的一种动机理论。他认为,机体的需要产生内驱力,内驱力激起有机体的行为。内驱力是一种中间变量,其力量大小可以根据剥夺时间的长短或引起行为的强度或能量消耗,从经验上加以确定。但他认为,剥夺的持续时间是一个相当不完善的指标,因而强调用行为的力量来衡量。在赫尔的理论中,内驱力主要有两种:原始性内驱力和继发性内驱力。原始性内驱力同生物性需要状态相伴随,并与有机体的生存有密切的联系。这些内驱力产生于机体组织的需要状态,如饥、渴、空气、体温调节、大小便、睡眠、活动、性交、回避痛苦等。继发性内驱力是指情境(或环境中的其他刺激)而言,这种情境伴随着原始性内驱力的降低,结果就成了一种内驱力。也就是说,以前的中性刺激由于能够引起类似于由原始性内驱力所引起的反应,而具有内驱力的性质。

赫尔认为:要形成学习行为,必须降低需要或由需要而产生的内驱力;为了使被强化的习惯产生行动,必须要有与之相适应的诱因,而且必须引起内驱力。因此,产生某种行为的反应潜能(sE_R)等于内驱力(D)、诱因(K)和习惯强度(sH_R)的乘积。这样,赫尔的理论体系可用下列公式来表示:

$$sE_R=D\times K\times sH_R$$

这个公式表明,反应潜能是由内驱力、诱因、习惯强度的多元乘积决定的。如果D=0或K=0,则sE_R也等于零而不发生反应。同时,不论驱力水平有多高,在未形成习惯的情况下也是没有行为反应的。相反,不论习惯强度多高,驱力水平低,反应潜能也低。由此,可以看出,赫尔的动机理论主要有两点:(1)有机体的活动在于降低或消除内驱力;(2)内驱力降低的同时,活动受到强化,因而是促使提高学习概率的基本条件。

三、期望理论

认知论的动机理论认为,人类的动机行为是以一系列的预期、判断、选择,并朝向目标的认知为基础的。主张认知论的早期代表人物是托尔曼(E. C. Tolman,1886—1959)和勒温。托尔曼通过对动物的实验提出行为的目的性,即行为的动机是期望得到某些东西,或企图避开某些讨厌的东西。这就是期望理论(expectancy theory)的原始形态。

期望理论必须解决动机的两个问题:期望什么,即实现目的的可能性有多大,以及目的的价值如何。为此,弗罗姆(Vroom,1964)用效价、期望和力三者来解释人类的动机作用。他认为,个人想要进行某种行为的动力是一切结果的效价以及其行为由于达成这些

结果而同时产生的期望强度的积的代数和的单调递增函数,用公式表示如下:

$$F_i=f_i[\sum_{j=1}^{n}(E_{ij}V_j)]$$

$$i=n+1\cdots\cdots m$$

$$f_i>0$$

$$i\cap j=\emptyset$$

其中,F_i为进行i行为的力,E_{ij}为i行为是由j结果所产生的期望强度($0\leqslant E_{ij}\leqslant 1$),$V_j$为j结果所具有的效价。

弗洛姆所说的效价是指个人对特定结果的情绪指向,即对特定结果的爱好强度。效价有正负之分。如果个人喜欢其可得的结果,则为正效价;如果个人漠视其结果,则为零值;如果不喜欢其可得的结果,则为负效价。弗洛姆曾举出用各种方法来测定结果的效价。例如,可以根据行为的选择方向进行推测,假如个人可以自由地选择X结果和Y结果的任一个,在相等的条件下,如果选择X,即表示X比Y具有正效价;如果选择Y,则表示Y比X具有正效价。也可以根据观察到的需求完成行为来推测。例如,吃喝的数量和质量可以表明需求完成的情况,如果吃得多、吃得快,说明食品具有正效价。效价值(V)可以从最喜爱的+1,经过漠视的0,到最不喜爱的-1。

弗洛姆所说的期望是指个人预测特定行为在达到特定结果的可能性时的主观认知,而不是客观实在。期望可以用言语报告、实际选择和决定来推测。期望值(E)就是如果进行某种行为必定会达到某种结果的主观概率,其最大值为+1,最小值为0。行为的努力强度是由效价和期望相结合所决定的,其数值以由+1到-1来表示。由于效价与主观期望概率成反比,因此,主观期望概率等于0.5是最优的。

弗洛姆把期望达到的结果分为两个层次,由特定的努力导致特定的第一层次结果,从第一层次结果产生第二层次结果。管理者通过这种动机过程可以了解工人的生产标准,以改善管理。例如从组织目标(第一层次结果如生产标准),达到个人目标(第二层次结果如薪资、安全、认可),及预测努力和能力以完成组织目标。如果生产低于标准,则可能工人没有看到第二层次结果的价值或不认为第一层次结果为第二层次结果的工具,或工人可能认为其努力未能达到第一层次结果,这些主观概率都会导致低动机。图5-4是弗洛姆的动机作用模式图。

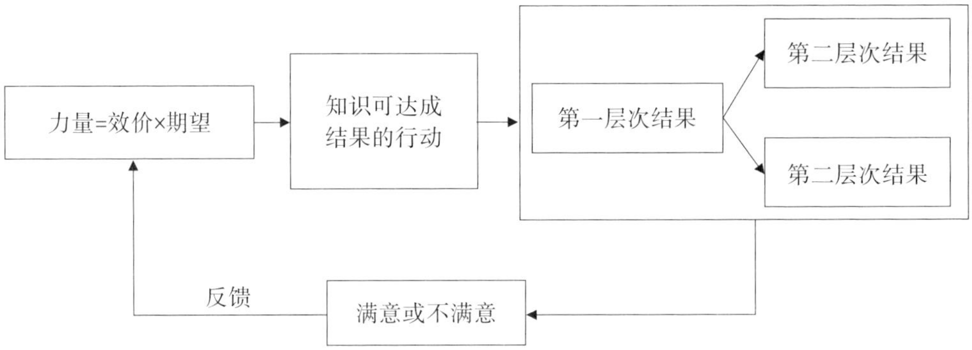

图5-4 弗洛姆动机模式图

人类的动机是很复杂的。心理学家对动机的理论探索也是多侧面的。上述各种动机理论都有一定的合理性,但又不能解释所有的动机现象,而都有其局限性。当代的动机理论已不再醉心于提出解释各种动机现象的大理论,而侧重于探索各种活动领域中的动机作用规律,根据观察实验材料,建立各种小型的动机理论。

〖心理学与人生5-3〗努力是把双刃剑

在现实社会生活中,父母和教师都鼓励孩子多加努力,并对努力获得成功的孩子给予表扬和奖励。即使在努力后失败的情况下,家长和教师一般都不会责备孩子,对孩子的努力给予充分的肯定。相反,不加努力的孩子是会受到批评的。有的孩子在没有太大努力的情况下取得了好成绩,教师和家长可能不会有太多的语言夸奖孩子,最多可能会说"还是要努力,否则下次就不会有好成绩"。

但是,对学生们来说,不努力而取得好成绩最能表现自己能力之强,也最能获得周围朋友的赏识。努力了而失败的人最让人看不起,也最容易受到能力低下的评价。研究表明,人们在失败的时候,会有意识性地削弱努力的程度,这是一种保护自己自尊心的一个防御机制(Snyder,1981)。实际上,预测到会失败时也会采取同样的防御措施。这种自我防御机制是为了在失败时不至于给自己造成不利,不至于损害自己的形象而采取的保护措施。

下面的实验中,被试是大学生,让被试想象在考试中失败了的大学生的一些情况,然后让被试推测失败大学生的能力、情感、周围人对其能力的评价、将要受到的来自教师的惩罚、他们如何解释失败等。结果,被试表现出最大否定情感的,是在考试中经过了努力而失败,并认为对自己成败没做出解释的大学生能力最低。被试对有某种理由(比如有病),虽没有进行努力而失败了的大学生,表现出的否定情感最小,而且也不低估他们的能力。被试认为那些既不对考试成败进行解释又不努力的学生最容易受到老师的批评。在学生们看来,是否努力决定是否能够得到教师的奖惩。

可见，学生们对努力和成败的看法与教师截然不同。对学生们来说，不努力要受到教师的惩罚，可是努力了又失败，又暴露了自己能力的不足，甚至感到耻辱。努力后获得成功，当然是理想的，既能得到老师的称赞，又能得到同伴们的肯定，但努力后失败将面临着能力被否定的危险，而对个人能力的否定是最伤自尊的。因此心理学家把努力称为“双刃剑”。你是如何看待努力的呢？

第五节　价值观

一、价值观及其特征

价值观（values）是人们用来区分好坏标准并指导行为的心理倾向系统。价值观往往容易被看作仅属于认知的范畴，其实它通常是充满着情感和意志的。价值观为人自认为正当的行为提供充分的理由，是浸透于整个个性之中支配着人的行为、态度、观点、信念、理想的一种内心尺度。要了解活生生的人的心理规律和机制，心理学就必须要研究人的价值观。

人不同于动物，动物只能适应环境，人不仅能认识世界是什么、怎么样和为什么，而且知道应该做什么、要什么和选择什么，发现事物对自己的意义，确定并实现奋斗目标。这些都是由每个人的价值观所支配的。价值观具有四个特征。（1）主观性。指用以区分好与坏的标准，我们平常所说的区分得与失、荣与辱、成与败、福与祸、善与恶的标准是根据个人内心的尺度进行衡量和评价的，这些标准均可以称为价值观。对于客观存在的客体，个人都是依据主体自身的需要对客体的意义进行评价的。（2）选择性。价值观是在个体出生后随着社会生活实践的扩展而逐渐萌发和形成的。儿童期的“价值观”是通过对父母和亲人言行的模仿而形成的。他们的“价值观”具有明显的感性形式，是对成人价值观的照抄照搬。因此，儿童期还未真正形成价值观，其“价值观”只能称为价值感。青年期，随着自我意识逐渐成熟，个体开始有意识地选择符合自己的评价标准，从而形成个人特有的价值观。（3）稳定性。个人的价值观形成之后往往不易改变，具有相当的稳定性，并通过多种方式进行表现，如兴趣、愿望、目标、理想、信念和行为等。（4）社会历史性。在不同历史时代、不同社会生活环境中形成的价值观是不同的。

二、价值观的结构

价值观的结构是一个复杂、多维、多层次的系统。研究者从不同角度对价值观进行研究。在国外，佩里（Perry，1926，见黄希庭等，1994）的研究值得关注，他最先把价值观分为六类，即认知价值观、道德价值观、经济价值观、政治价值观、审美价值观和宗教价值观。他的研究激起一大批后继者的兴趣。例如，斯普兰格（Spranger，1928，见黄希庭等，1994）对佩里的分类进行了修正，删除了认知价值观和道德价值观，增加了理论价值观和社会价值观，即分为经济价值观、理论价值观、审美价值观、社会价值观、政治价值观和宗教价值观六种类型。莫里斯（Morris，1956）从另外的研究角度把价值观概括成十三种生活方式：保存人类最好的成就，培养人和物的独立性，对他人的同情和关怀，轮流体验欢乐与孤独，通过参加团体活动来实践与享受人生，经常控制变化不定的环境，将行动、享乐和沉思结合起来，在无忧而卫生的环境中享受生活，在安静的接纳中等待，坚忍地控制着自己，静观内心的生活，从事冒险活动，服从宇宙的旨意。这十三种类型又可简化命名为：中庸型、达观型、慈爱型、享乐型、协作型、努力型、多彩型、安乐型、接受型、克己型、冥想型、行动型、服务型。此外，其他一些研究者还从更多角度探讨价值观的结构，例如，罗克奇（Rokeach，1968）将价值观分为终极性价值观和工具性价值现；海登赖希（Heidenreich，1965）将价值观分为自我价值观和社会价值观；波森等（Parsons & Shils，1951）将价值观分为个人取向价值观、集体取向价值观和社会取向价值观；克拉克洪等（Kluckhohn & Strodtbeck，1961）还根据人们的价值取向，把价值观分为五种：关于人类本性天赋特征的概念（恶的、中性的或善恶混合的，可变的或不变的），关于人和自然及超自然关系的概念（人类服从自然、人与自然和谐相处，或人统治自然），关于人类生命的时间取向（过去、现在或未来），关于自我性质的观念（强调现存、变化、或行动），对他人关系的观点（直线式的、合作的或个人主义的）等。在国内，众多研究者也针对价值观进行了大量研究（见热点问题讨论5-2）。

三、价值观的表现形式

从价值观与动机的关系看，价值观主要是通过对外在诱因的价值评判而起作用的。价值观的作用常见于兴趣、信念和理想这三种表现形式。

（一）兴趣

兴趣（interest）是人的认识需要的心理表现，它使人对某些事物优先给予注意，并带有积极的情绪色彩。例如，对音乐感兴趣的人，总是对乐器以及有关音乐的书籍、刊物等优先加以注意。音乐方面的信息,不论是歌剧还是广播或是别人的演奏,甚至报纸上有关音乐的报道、别人议论有关音乐的事,对他都有很大的吸引力,并总是以积极情绪去探究领会和掌握它。兴趣进一步发展为从事实际活动的需要时,就变成了爱好。所以,兴趣与爱好往往是联系在一起的。

人们的兴趣有相当大的个别差异,这可从下列几个方面加以分析。(1)兴趣的指向性,是指人对于什么事物感兴趣。有人对数学感兴趣,有人对哲学感兴趣。人们的兴趣指向的不同,主要是由于生活实践不同造成的,受社会历史条件的制约。我们也可以根据社会伦理的观点把兴趣区分为两类:高尚的兴趣和低级的兴趣。前者同个人身心健康和社会进步相联系;后者使人腐化堕落、有碍社会进步。(2)兴趣的广度,是指兴趣的数量范围。有人兴趣广泛,有多种多样的兴趣;有人兴趣狭窄,除了对自己所从事的专业发生兴趣外,对其他任何事物几乎都不发生兴趣。人们的兴趣广度有相当大的差异。(3)兴趣的稳定性,指对事物感兴趣持续时间的长短。人们的兴趣可能是经久不变的,也可能是变化无常的。在兴趣稳定性方面,人们有相当大的差异。(4)兴趣的效能,是指兴趣在推动认识深化过程中所起的作用。有的人的兴趣只停留在消极的感知水平上,听听音乐、看看绘画便感到满足,没有进一步表现出认识的积极性;有的人的兴趣是积极主动的,表现出力求认识它、掌握它。因此,后者的兴趣效能就高于前者。

兴趣是价值观的初级形式。兴趣也是人用来评价事物好坏的一个内心尺度。但是,这个内心尺度稳定性较差,人们往往也不一定是意识到用这个尺度来评价事物的。兴趣的行为表现通常是自发的,是带有积极情绪色彩的认识倾向。要想在事业上有所成就,就必须考虑个人的职业兴趣或职业价值观(见心理学与人生5-4)

心理学与人生5-4 心理学将有助于个人与组织的双向选择

如果你过去曾经拥有一份你不喜欢的工作,对工作缺乏动机的痛苦可能使你深有感触——这真是度日如年啊！要想在事业上获得成功,一个重要因素就是找到一个适合你的需要、动机和价值观的职业。已有的研究表明,职业与个人的需要、价值观和人格之间的匹配是很重要的。

要想保持职业成功的动机状态,首先你应了解自己的职业兴趣或职业价值观。用职业兴趣或职业价值观量表测量一下自己,便可以了解到自己的职业兴趣或职业价值观。在西方,职业兴趣量表有:斯特朗—坎贝尔兴趣量表(Strong-Campell Interest Inventory,简称SCII);库德职业兴趣调查(Kuder Occupational Interest Survey,简称KOIS);霍兰德职业爱好量表(Holland Vocational Preference Invertory,简称HVPI);明尼苏达职业兴趣量表(Minnesota Vocational Interest Inventory,简称MVII)等。目前在西方大多以职业价值观量表取代了职业兴趣量表,较著名的有休珀职业价值观量表(Super Work Values Inventory,SW-VI),用来测量职业威望与喜爱度。休珀职业价值观量表已由国内学者修订。修订后的休珀职业价值观量表共60个题项。通过该量表的测试便可以了解到你喜爱哪一类型的工作。

假如你已经决定选择从事何种职业,接下来你将会遇到选择哪个公司去工作,同时该公司又将如何选择你的问题。这就涉及到个人与组织匹配(person-organization fit)的问题。个人与组织匹配是指个人的人格、价值观、目标、信仰等与组织的文化、价值观、规范、目标等的一致性程度。可以考虑有两种性质的个人与组织匹配:一致性匹配和互补性匹配。前者强调的是个体与组织其他成员或组织文化等方面的相似性;后者则主要强调的是个体是否拥有独特的资源,而这些资源可以用来填补组织的不足。例如,如果人格测量表明,你的宜人性得分高,即你是一个富有同情心、很信赖他人的人,你很可能难以适应在一个人际淡漠、竞争剧烈的企业中工作,也可能你想以你的宜人性填补该公司的人际和谐。

显然,个体会选择与其目标相似或能助其达到个人目标的组织;反过来,组织也会选择与其目标相似的个体。因此,通过评估个人目标与组织目标之间的相似性可以考察个人与组织之间的匹配程度。对个人来讲,为了高质量地完成工作,获得较高的工作满意度,激发自身的工作潜能,获得职业生涯成功,需要进入一个合适的组织工作。而对企业组织来讲,为了降低员工离职率,减少人力资源成本,传承组织文化,保持核心竞争力,需要吸引合适的员工为其工作。

价值观匹配是影响员工流动的一个主要因素。公司也可以根据个人与组织价值观匹配程度进行预测,研究发现,个人与组织价值观匹配比个人与工作匹配更能有效地预测员工的离职意向(Kristy&Kristorf,2001)。与组织价值观差别较大的员工,更可能表现出离开组织的意向。基于上述,企业在招募员工时要注意以下几点:应当清晰界定组织主要的企业价值观与目标;将组织价值观与目标融入薪酬与绩效评估制度中;除产品广告外,应注重企业形象广告并举办企业说明会;人力资源部门依照企业价值观设计适职测验。

在信息化、全球化的今天,组织为了应对战略转移、结构调整以及规模变更等较为复杂的情境,需要雇用能应对各种变化的员工。要想获得能灵活面对竞争、具有较高组织承诺的劳动力,关键就在于实现个人与组织的匹配。

(二)信念

信念(belief)是人对于生活准则的某些观念抱有坚定的确信感和深刻的信任感的意识倾向。例如,人们对于像“人定胜天”“正义必胜”或“金钱万能”等观念的坚定确信和信任,就是人们的一些信念。信念不仅是一种认识活动,与人的知识经验并以这种知识经验为依据对未来的推断有密切的关系,而且通常是充满感情的。信念是价值观的核心层次,稳定性强,指引着人的思想和行为,是一种被意识到的具有理论性的价值取向。与信念相类似的一个概念是信仰,这是指能调动人的全部身心力量去为之奋斗的一种信念。

(三)理想

理想(ideal)是符合客观规律的并同奋斗目标相联系的想象。奋斗目标是人积极向往的对象。作为理想的奋斗目标是符合事物发展规律的。对于这个奋斗目标,人既有生动的想象内容、明确的思想认识,又怀有喜爱、赞扬等肯定的情感体验,并且决心力求加以实现。理想是价值观指向未来的表现形式,因而更具有号召力。

〖热点问题讨论5-2〗当代中国青年价值观

在我国,价值观研究长期以来被看作哲学、伦理学、品德学的范畴,也没有形成自己独立的概念、理论和方法学体系。近年来,随着心理学学科的迅猛发展以及社会转型期青年价值观问题的日益突出,对价值观的心理学研究受到越来越广泛的重视。

彭凯平和陈仲庚(1989)曾用阿尔波特等人编制的价值研究量表对690名北京大学一年级学生进行测试。结果表明,大学生中价值倾向相对强弱依次顺序是政治的、审美的、理论的、经济的、社会的、宗教的,并有性别差异。黄希庭等(1989)用罗克奇的价值调查表对我国五个城市共2125名青少年学生的调查结果表明:我国青少年学生的价值观总的来说相当一致,在终极性价值观中,有所作为、真正的友谊、自尊、国家安全被列为4个最重要的价值观,内心平静、舒适的生活、兴奋的生活、拯救灵魂被列为4个最不重要的价值观;在工具性价值观中,有抱负、有能力、胸怀宽广被列为很重要的价值观,而整洁、自我控制、服从则被列为很不重要的价值观。这当中也存在着某些团体差异和个体差异。1991年黄希庭在其《心理学导论》中首次将价值观引入心理学教材,而黄希庭等(1994)的《当代中国青年价值观与教育》一书的出版,则被认为是国内首次系统地以实证方法探讨青年价值观问题的研究成果。在切实把握当代中国青年价值观各方面的具体特点的基础上,该研究还有针对性地提出了一些青年价值观教育对策。该研究依据前人对价值观的分类方法,并结合我国的具体国情和理论思考,把价值观归纳为人生价值观、政治价值观、道德价值观、人际价值观、职业价值观、审美价值观、宗教价值观、自我价值观、婚恋价值观和幸福价值观十大类别。这项研究连续六年在全国各地进行大规模取样,试图紧密联系我国现实生活的实际,从实证的角度揭示我国当代青年价值观的特点。该研究除了大量地翻译、修订及自编问卷以外,还采用了多方法的研究取向,比如辅以投射法、文献分析法、个案法等多种方法。依据该研究,当代中国青年价值观表现出几个鲜明特点。(1)传统性与现代性。在当代青年价值观特点研究中这一特点最具争议性。该研究发现,当代中国青年价值观的每一个方面几乎都在经历着一场深刻而巨大的变动。但是对这种变动的理解既要强调其中所凸现出的时代精神，也要挖掘这种巨变背后深深蕴藏的源于传统的某种稳定力量。(2)多元性与整合性。多元化是当代青年价值观的一个突出特点，但也显现出某些整合的趋势。(3)开放性或世界性。当今所处的改革开放、全球一体化的大背景使当代青年的价值观表现出这一突出特征。在这一环境下成长起来的当代青年乐于接受新事物，紧跟时代潮流，因此他们的价值观会极大地受到当今世界各种流行风潮、时尚、观念等因素的影响。

关于我国心理学领域的价值观研究，金盛华和辛志勇(2003)认为具有以下几个显著特点：(1)在价值观理解方面，研究者还未在心理学领域共同认同的界定上达成共识，而是倾向于采用西方学者的界定或吸收哲学界定义的方法；(2)在研究取向方面，主要侧重于文化层面的价值观研究，而社会层面和个体层面的价值观研究相比较而言影响较小；(3)在研究方法选择方面，除理论研究中的质性分析之外，实证研究多采用问卷法，研究对象的选取大多来自大学生和中学生等青年群体，研究取样的区域不广泛，基本上局限于几个主要的大城市。并且，共时性现状研究明显多于历时性的追踪研究；(4)在研究内容方面，多集中于综合性研究，单一价值观纵深探讨相对薄弱。金盛华和辛志勇进一步指出，中国人价值观未来的研究应强调建立概念共识，强调方法的多元化和历时性追踪研究，并重视价值观和行为的关系探讨及价值观教育问题。

价值观研究资料的时效性很强，因此价值观研究必须与时俱进，及时开展调查和总结，这在社会迅猛变化的当今中国尤应如此。黄希庭和郑涌等(2005)对10年前完成的《当代中国青年价值观与教育》进行了修订，完成了《当代中国青年价值观研究》一书。总之，从心理学的角度研究价值观问题，不仅能够丰富和深化价值观理论，还可以在实践上避免价值观教育的泛道德化倾向，这对建立具有中国特色的科学价值观教育体系具有重要的意义。

复习与思考

1. 解释：需要，动机，本能，内驱力，诱因，叶克斯–多德森定律，生物性需要，社会性需要，自我实现，价值观，兴趣，信念，理想。

2. 需要和动机如何分类？

3. 动机强度与工作效率关系怎样？

4. 生物性需要有哪些表现？

5. 社会性需要有哪些表现？

6. 评述马斯洛的需要层次理论。

7. 各种动机理论的要点是什么?

8. 为什么心理学要研究人的价值观?

9. 讨论当代中国青年价值观。

推荐阅读书目

1. 张爱卿(1999). 动机论:迈向21世纪的动机心理学研究. 武汉:华中师范大学出版社.

2. 弗兰肯(郭本禹等译,2005). 人类动机(第五版). 西安:陕西师范大学出版社.

3. 皮特里(郭本禹等译,2005). 动机心理学(第五版). 西安:陕西师范大学出版社.

4. 黄希庭,郑涌等(2005). 当代中国青年价值观研究. 北京:人民教育出版社.

第六章　感觉

第一节　概述

一、什么是感觉

感觉(sensation)是个体对刺激作用于某种感受器所产生的体内外的初级经验或觉知。在日常生活中,外界的许多刺激作用于我们的各种感受器,经过加工在我们的头脑里就产生了各种各样的感觉,如看到某种颜色、边界、线段,听到某种音响,闻到某种气味等;同时,我们也能觉知到机体内部的刺激,如觉察到自身的姿势和运动,感受到内部器官的工作状况——舒适、疼痛等。

感觉使个体觉知到刺激的存在,分辨出刺激的个别属性。然而,正常成人在日常生活中,是不存在纯粹的感觉的,感觉总是与个体的过去经验联系在一起。例如,当我们看到某种颜色时,我们就知道"这是白纸的白色""这是红旗的红色";当我们用手接触某个物体时,就会识别出"这是又硬又冷的东西""这是一块玻璃"。这些回答都说明,感觉信息通过感受器系统传达到脑,知觉也就随之产生了。事实上,感觉与知觉之间是很难划界的。

感觉是一种最初级的经验,但是它在人的心理活动中起着十分重要的作用。只有通过感觉,我们才能分辨事物的个别属性,了解自身的运动、姿势以及内部器官的工作情况。感觉是我们认识客观世界的第一步,是我们关于世界一切知识的最初源泉。一切较高级、较复杂的心理现象,如知觉、思维、情绪、意志等,都是在感觉的基础上产生的。

二、感觉信息的神经加工机制

感觉信息的神经加工包括三个主要环节:对感受器的刺激过程,传入神经的活动,中枢神经系统特别是大脑皮质的活动,从而产生感觉经验。

感觉信息加工的第一个环节是对感受器的刺激过程。机体的感受器,也是过滤器,它们只反应某种类型的刺激,而完全不反应其他种类的刺激。例如,眼睛对光波敏感,对声波不起反应,而耳朵则相反。对某一感受器来说,感受敏感的那种能量刺激,叫适宜刺激。

由刺激引起感受器产生相应变化的整个过程,叫刺激过程。刺激过程的实质是感受器把刺激的能量(机械的、物理的、化学的等)转化为神经冲动的过程。不同类型的刺激能量,如光的、声的和机械的,由不同的感受器将其转化为神经冲动,并反应刺激的不同性质和强度。

但是,感受器并不是消极的受纳器。在感觉信息加工过程中,感觉器官不断进行着探索,并依据先行的感觉效应对感受器进行反馈调节,这样才使我们获得清晰准确的感觉经验。如果感觉器官不进行探索活动或限制其探索活动,感觉的信息加工就会终止。在一个实验(Cornsweet,1970)中,把一个微型投影器固定在被试的眼球角膜上,使视像随着眼球的转动而转动(见图6-1)。这样,无论眼球如何转动,视像始终固定在一定点上。不可思议的是,经过大约几秒钟,被试就完全看不见这个投影了。可辨认的碎片或完整的图像一点一点地消失了,一会儿再出现,然后又消失。那么为什么平常当我们目不转睛地凝视一个物体时,它不会从我们的视线中消失呢?这是因为我们的眼睛是始终处在不为人觉察的颤动中,这足以保证视网膜上刺激的持续变化。这说明,感觉器官的主动探索活动是感觉信息加工的必要条件之一。

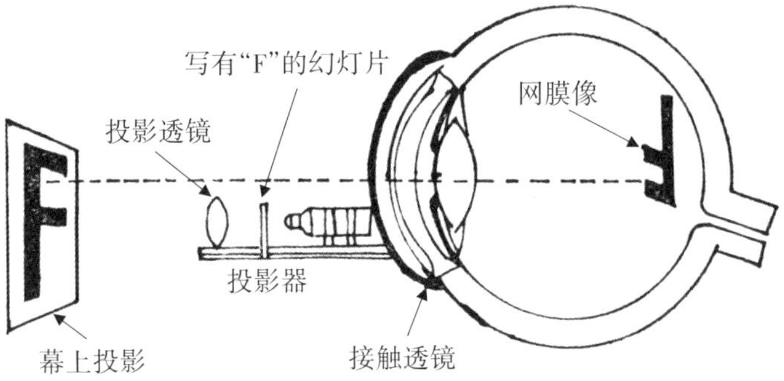

图6-1 视像固定仪装置示意

感觉信息加工的第二个环节是传入神经的活动,它把神经冲动传递到中枢。体内外的信息在传入神经通路中是以单个神经元或一群神经元的电位形式呈现的。神经细胞的电事件以某种方式代表或表示作用于机体身上的刺激,这一过程称为编码。编码包含着把一种形式的信息转变为另一种形式的一套法则。感觉信息可用几种方式的全或无的动作电位来编码。例如,以冲动发放的频率、节奏(如每隔一秒1次或2次),冲动的串长等来编码。刺激的强度在神经道路中是由一个或多个神经细胞中的冲动发放频率来表示的。不同类型的刺激由不同的感觉通道进行信息加工。由于神经冲动在多个神经元之间的传递主要是借助于神经介质而进行的,因此,在传入通路中,感觉信息的加工既有电编码,也有化学编码。

由于微电极技术的应用，在研究神经系统的感觉信息加工时，现代神经生理学家经常采用呈现某种刺激，同时记录感觉通路及大脑皮质各水平上单个神经元的放电，试图确定引起某些类型神经细胞的最高放电频率的刺激形式。其目的是想画出引起单个神经细胞充分反应的刺激区域和特征，这个区域就称为该细胞的感受野。例如，在记录网膜中一个节神经细胞放电时，最先我们在示波器上看到的是细胞的自发电活动；当光或暗刺激呈现于视野的不同部分时，细胞放电频率或增加或减少。如果一个刺激呈现在一个地点不能改变该细胞的放电频率，说明这个刺激在该细胞的感受野之外。移动刺激的位置引起了该细胞放电频率的改变，说明这个刺激已进入该细胞的感受野。视网膜神经节细胞的感受野（见图6-2）有两种形式不同的同心圆：一种是中心反应光，周围反应暗（即on-center，off-surround，见图6-2A）；另一种是中心反应暗，周围反应光（即off-center，on-surround，见图6-2B、C），还有一种只对中心及大半边缘亮和小半边缘暗有最大反应（见图6-2E）。其他感觉系统中的神经细胞也有感受野。例如，躯体感觉系统中的一些神经细胞只反映身体表面一定部位的刺激。至于大脑皮质（如视皮质）中细胞的感受野就更为复杂了。

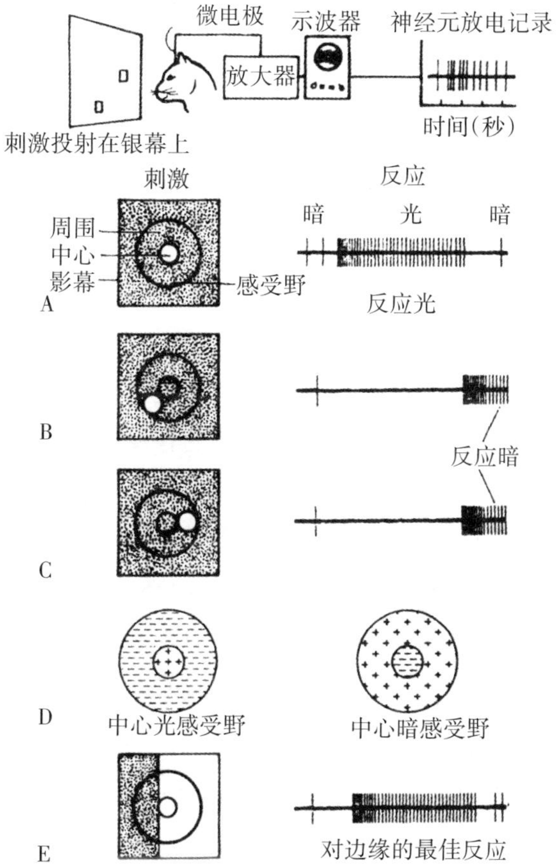

图6-2　猫视网膜神经节细胞的感受野（据Frisby，1980改绘）

感觉信息加工的最后环节是大脑皮质的活动,从而产生感觉。从感受器经脑的各部最后到达大脑皮质是由一系列神经元连接起来的。感觉信息在到达大脑皮质之前都要经过皮质下中枢的各个中继核。中继核不是一个简单的接力站,它们都有进一步加工信息的作用。感觉传导系统中较低水平上的简单信息加工为复杂的皮质水平上的信息加工准备好适当的输入。最后,皮质的感觉代表区接受丘脑传来的信息,然后将信息再输送至联络区进行更高级的加工,这样就产生了感觉经验。

关于皮质的感觉信息加工的见解,近年来有了明显的改变。不少研究发现,每一感觉系统都有几个皮质代表区,并有空间位置的代表点(但不一定与面积大小相关)。现代神经心理学的研究发现,枭猴(一种新大陆猴)的大脑皮质至少有六个视觉区,每一个都是视网膜的一个地域图式的代表区,体表感觉的皮质代表区至少有七个。研究还发现,皮质上的每一个感觉区都接收丘脑的一个或多个部位传来的冲动。丘脑的某些部分投射到一个皮质区,另一部分则投射到其他几个皮质区。不仅皮质与丘脑之间有往返的信息交流,不同感觉区之间有复杂的纤维相互联系,而且不同感觉区之间也有相当多的重叠。目前这方面的研究正在深入之中。

虽然感觉是在脑中发生的,但我们意识不到感觉是发生在脑中的,相反,我们感觉到的却是在外部世界或身体表面发生刺激的地方,甚至刺激大脑皮质所引起的感觉也是如此。感觉的这种投射现象是习惯和过去经验作用的结果。

三、感觉的种类

可以根据各种不同的标准,对感觉进行分类。根据感觉刺激是来自有机体外部还是内部,可把各种感觉分为外部感觉和内部感觉。外部感觉(external sensation)接受机体外的刺激,觉知外界事物的个别属性。属于外部感觉的有视觉、听觉、嗅觉、味觉、皮肤感觉。内部感觉(internal sensation)接受机体内的刺激,觉知身体的位置、运动和内脏器官的不同状态。属于内部感觉的有:肌肉运动感觉、平衡感觉、内脏感觉等。

根据刺激能量的性质,可把感觉分为电磁能的、机械能的、化学能的和热能的四大类。视觉感受器对光波的电磁能发生反应;听觉感受器对声波的机械能发生反应;味觉和嗅觉感受器对化学能发生反应;皮肤上的感受器对触压的机械能和热能发生反应。

临床上把感觉分为四类:(1)特殊感觉,包括视、听、味、嗅和前庭等感觉;(2)体表感觉,包括触压觉、温觉、冷觉、痛觉;(3)深部感觉,包括肌肉、肌腱、关节等感觉及深部痛觉和深部压觉;(4)内脏感觉。

〖心理学与人生6-1〗虚拟现实

没有驾驶过飞机的人,不知道驾机飞行的感受;未当过宇航员的人,体会不到太空飞行中失重的滋味;若不是潜水员,也很难想象深沉大海中那种神奇炫目的景观。虽然现实并不允许我们每个人都成为飞行员、宇航员或潜水员,但是依靠目前正在迅速发展的虚拟现实技术,能让我们每个人不必亲身实践,都有可能体验到那种逼真的感受。比如,在美国好莱坞环球影视城里的“回到未来”,它能让来自世界各地的游客们亲身经历一回太空旅行的感受。当然,其中的太空是虚拟的,游客连游乐园都没有出,更谈不上星际旅行了。但是,游客所经历的感受是逼真的。这就是虚拟现实技术的强大力量所在。

虚拟现实(virtual reality)是近20年来出现的高新技术,又称灵境技术。这是一项综合集成技术,它以计算机技术为主,综合利用计算机三维图形技术、模拟技术、传感技术、人机界面技术、显示技术、伺服技术等,来生成一个逼真的三维视、听、触等感觉世界,使人作为参与者通过适当装置,自然地对虚拟世界进行体验和交互作用。虚拟现实主要有三方面的含义:第一,虚拟现实是借助于计算机生成逼真的实体,“实体”是对于人的感觉(视、听、触、嗅)而言的;第二,用户可以通过人的自然技能与这个环境交互,自然技能是指人的头部转动、眼动、手势等其他人体的动作;第三,虚拟现实往往要借助于一些三维设备和传感设备来完成交互操作。

正是由于虚拟现实技术的上述特性,它在许多不同领域的应用,可以大大提高项目规划设计的质量,降低成本与风险,加快项目实施进度,加强各相关部门对于项目的认知、了解和管理,从而为用户带来巨大的经济效益。例如,波音公司完全使用虚拟现实技术设计波音777新型客机获得成功;加拿大政府使用虚拟现实技术进行多伦多市的城市规划与管理,并把它作为申办2008年奥运会的重要宣传资料。在某种程度上,虚拟现实系统其实就是通过计算机系统仿真的数字化沙盘,但比传统沙盘和模型功能更多、性能更强、应用更广,目前在军事、航天、建筑设计、旅游、医疗和文化娱乐及教育方面的应用正在全面展开。

第二节 感觉的基本规律

一、感觉阈限

我们生活在能量的世界中。此时此刻,你和我正在受到X射线、无线电波、紫外线和红外线、高频和低频声波的作用。对上述所有这些事件而言,我们是又盲又聋的。其他动物对世界的觉察不同于人类的经验。鸟利用它们的磁性指南针指引方向,蝙蝠和海豚用声呐(客体的回声)获取食物。在一个多云的天气里,蜜蜂通过探测来自我们看不见的太阳的偏振光而飞行。可以说,到目前为止,我们对于这个辽阔的能量世界的认识还是非常有限的。心理物理学(psychophysics)是关于物理能量与心理体验之间关系的研究,感觉敏感性则是心理物理学最早研究的课题。感觉阈限(sensory threshold)是指在刺激情境下感觉经验产生与否的界限。我们可以觉察到什么刺激?刺激有多强的时候才能觉察到?我们对变化的刺激有多敏感?

(一)绝对阈限

并不是任何强度的刺激都能引起我们的感觉。一般来说,过弱的刺激如落在皮肤上的尘埃,我们是觉察不到的。那种刚刚能觉察到的最小物理刺激量称为绝对阈限(absolute threshold)。

绝对阈限并不是一个单一的刺激值,而是一个统计学上的概念。阈限是一个逐渐过渡的强度范围。测量绝对阈限时,随着刺激量逐渐增加,被试对刺激从完全觉察不到,到有时能觉察到有时不能觉察到,再到完全能觉察到。心理学家通常把有50%的次数被觉察到的那个刺激值规定为绝对阈限。图6-3所示的这种曲线叫心理测量函数(psychometric function),它表明心理量(感觉经验)与物理量(刺激的物理强度)之间的关系。

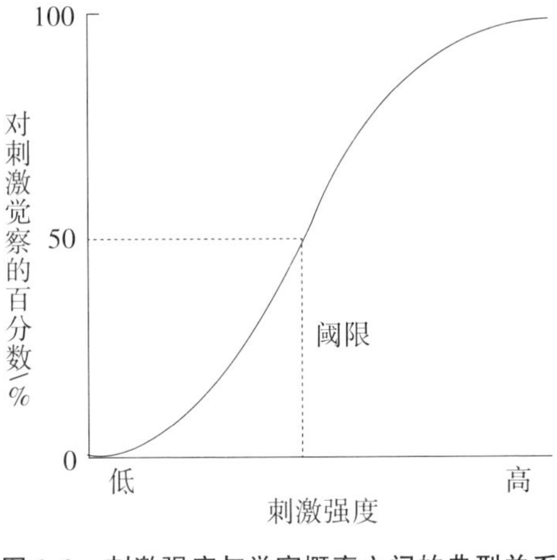

图6-3 刺激强度与觉察概率之间的典型关系

在一定条件下,人的感觉阈限是很低的。例如,在晴朗的夜晚,人可以看见50公里远的一支烛光;在非常寂静的环境中,人可以听见6米远的手表秒针走动的声音。当然,不同个体或不同的感觉通道,其绝对阈限也存在相当大的差异。即便是同一个体也会因机体状况和动机水平而有所差异。

低于绝对阈限的刺激,虽然我们感觉不到,却能引起一定的生理效应。有研究表明,察觉不到的短暂呈现的刺激能够引起唤起情绪的微弱反应(见热点问题讨论6-1)。因此,有意识的感觉阈限并不完全等同于生理上的刺激阈限。一般来说,生理上的刺激阈限要低于意识到的感觉阈限。因为一个人说出“我觉察到它”之前,一定的生理过程已经发生了。

〖热点问题讨论6-1〗阈下感觉

1956年,因为一则虚假的报道而引发一场争论。报道称新泽西电影观众在不知不觉中受到了察觉不到的闪现信息的影响,闪现的信息是“喝可口可乐”和“吃爆米花”。之后,相关的争论持续不断。人们认为广告客户通过在饼干上印察觉不到的与性有关的文字和在酒类广告中嵌入色情图片的方式来操纵消费者。认为摇滚唱片包含“邪恶的信息”,如果倒放唱片就可以听到这些信息,甚至当唱片正常播放时也可以使不知情的听者无意识地被说服。为了渗透我们的无意识,企业家提供磁带来帮助我们减肥、戒烟或改进我们的记忆。这些磁带包含温柔的海浪声掩盖下的听不到的信息,如“我很瘦”“烟味不好闻”或者“我在测验中做得不错,我能回忆所有信息”。这些说法表明两个假设:其一,我们有不知不觉的阈下感觉(subliminal sensation);其二,在无意识的状态下,这些阈下刺激拥有特别的暗示能力。

我们可能受到微弱得几乎注意不到的刺激的影响吗?一些实验暗示,在某种条件下答案可能是肯定的。在一个实验中,被试观看人物幻灯片前很快地在阈下水平上闪现正性情绪场面(如小动物或浪漫的情侣)或负性情绪场面(如狼人或尸体)(Krosnick et al.,1992)。尽管被试有意识察觉到的只是一道光,但是他们对紧随正性情绪场面的人物照片的评价要更好。另有研究表明,不熟悉的汉字如果出现在阈下水平的笑脸之前似乎比出现在阈下水平的闷闷不乐的脸之前要好些(Murphy & Zajonc,1993)。还有,研究生在不知不觉地感觉到导师闷闷不乐的表情后对自己研究设想的评价会比较消极——好像导师不赞成的感觉潜伏在无意识的心灵中(Baldwin et al.,1991)。

但是广告真的能够用“隐藏的说服”来操纵我们吗?大多数在这方面有研究的心理学家否定了这种说法。他们的结论与天文学家评论占星家类似。是的,他们是对的,恒星和行星在那里,但是天体并没有直接影响我们。实验表明,录有阈下广告词的磁带的效果与安慰剂的作用相当(Pratkanis et al.,1994;Smith & Rogers,1994)。加拿大广播公司在一个周日晚上很受欢迎的电视节目中闪现一个阈下信息352次(《广告时代》,1958)。在对信息内容的竞猜中,将近500个回答者中没有人能猜出这个信息的内容。然而,将近一半的回答者报告他们在节目进行中感到强烈的饥饿或口渴。但这仅仅是期望的作用。实际的信息是马上打电话。至于说这352个阈下信息对加拿大电话使用有影响吗?没有。考虑到所有的证据,可以认为,采取阈下措施给销售者带来的价值非常小或根本没有。

(二)差别阈限

在已有感觉的基础上,如果增加或减少刺激量,并不是任何量的变化都能被我们觉察出来的。例如,在100克的重量基础上再加上或减少1克,我们一般觉察不出重量的变化,一定要增加或减少2克或更多,才能觉察出前后两种重量上的差别。为了引起一个差别感觉,刺激的增量和原刺激量必须达到一定的数量。刚刚能觉察出两个刺激的最小差异量称为差别阈限(difference threshold)或最小可觉差(just noticeable difference)。

在心理物理学研究上,最小可觉差是最早被研究的问题之一。1834年,德国生理学家韦伯(E. H. Weber,1795—1878)在研究感觉的差别阈限时发现,如果以R(德文reiz的缩写)表示原初的刺激强度,以ΔR表示刚刚觉察出有差别感觉的刺激差异量,那么在一定范围内,ΔR随原初刺激强度的变化而有所不同,但其相对值是一个相对的常数,用数学公式表示即为:

$$\Delta R/R=\mathrm{K}$$

这种定比关系即为韦伯定律(Weber's law),即当R的大小不同时,ΔR(最小可觉差的物理量)的大小也不同,但$\Delta R / R$则是一个常数。这一常数称为韦伯常数(Weber's constant)。例如,原初声音强度是100分贝,其差别阈限是10分贝,那么至少是110分贝的声音强度才被我们觉察出比原先稍强一些;如果是150分贝的强度,那么至少是165分贝才被我们觉察出比它稍强一些;如果是200分贝,至少是220分贝才被我们觉察出比它稍强一些。可见,在这里,差别阈限值是刺激强度的同一分数:10/100=15/150=20/200=0.1。这一韦伯分数表明,必须在原初声音强度的基础上再增加它的10%,才能觉察出它比原初声音强度稍强一些。

不同感觉系统的韦伯分数相差很大。要使一般人觉察到刺激差别,两个物体的重量差要达到2%,而两个音调的频率只需要有0.3%的差异(Teghtsoonian,1971)。表6-1是在中等强度刺激的条件下不同感觉系统的韦伯分数。韦伯分数越小,则差别感觉越灵敏。各种感觉系统的韦伯分数在中等强度刺激范围内是有效的,但在极端条件(刺激过强或过弱)下会失效。

表6-1 不同感觉系统的韦伯分数(中等强度范围)

感觉系统	韦伯分数($\Delta R/R$)
视觉(亮度、白光)	1/60
动觉(提重)	1/50
痛觉(皮肤上灼热引起)	1/30
听觉(中等音高和响度的音)	1/10
压觉(皮肤压觉)	1/7
嗅觉(橡胶气味)	1/4
味觉(咸味)	1/3

韦伯定律发表之后不久，德国另一位物理学家费希纳（C.T.Fechner，1801—1887）在1860年对韦伯定律做了修正。费希纳确定了接近绝对阈限时韦伯分数所发生的变化，并假设一个最小可觉差为一个感觉单位，进而在韦伯定律的基础上推导出费希纳定律（Fechner 's law）：

$$S=K\log R+C$$

这里，S是感觉强度，R是刺激强度，K和C均是常数。该公式说明，刺激强度按几何级数增加，而感觉强度只按算术级数增加。和韦伯定律一样，费希纳定律也只是一个近似值，仅适用于中等刺激强度范围。

二、感觉适应

“入芝兰之室，久而不觉其香”“入鲍鱼之肆，久而不闻其臭”，刚走进花园，你会闻到一股花香味，但过了几分钟，就闻不到了。这种现象就是感觉适应。由于刺激对感受器的持续作用从而使感受性发生变化的现象，叫感觉适应（sensory adaptation）。这是在同一感受器中，由于长时间的刺激作用，导致感受性发生变化的现象。感觉适应既可引起感受性的提高，也可引起感受性的降低。

所有感觉都存在适应现象，但适应的表现方式和速度不尽相同。视觉的适应可分为暗适应和明适应。在夜晚由明亮的室内走到室外时，开始时我们的眼前一片漆黑，什么也看不清楚，一段时间后，眼睛就能分辨出黑暗中物体的轮廓了。这种现象叫暗适应（dark adaptation）。相反，由漆黑的室外走进明亮的室内时，开初感到耀眼炫目，什么都看不清楚，只要稍过几秒钟，就能清楚地看到室内物体了。这种现象叫明适应（light adaptation）。视觉适应是环境刺激由强（或弱）向弱（或强）过渡时，由于一系列相同的弱（或强）光刺激的持续作用，导致对后续的弱（或强）光刺激感受性的不断提高（降低）。现代神经生理学的研究表明，暗适应产生的原因是由于视网膜的视杆细胞的视紫红质被分解，突然进入暗处尚未恢复，所以不能立即看清物体。进入暗处后需要等待一段时间来恢复，即视紫红质的合成增多，含量逐渐增加，对弱光刺激的感受性逐渐提高，这样就能逐渐看清物体了。反之，明适应是由于感光物质被大量分解，对强光刺激的感受性很强。此时神经细胞受到过强的刺激，因而只感到眼前一片光亮，甚至引起疼痛，睁不开眼，同样看不清物体。几秒钟后，感光物质被分解掉一部分后，对强光的感受性就迅速降低，从而能看清物体了。在视觉适应过程中，除视网膜的感光细胞发生变化外，还有中枢机制参与。

与视觉适应相比，听觉适应就不那么明显。在听觉适应问题上一般存在两种观点。一种观点认为，一般的声音作用之后，听觉感受性有短暂的降低，并认为听觉适应具有选择性，即在一定频率的声音的持续作用下，只降低对该频率声音（包括邻近频率的声音）的感受性，而不降低对其他频率声音的感受性。另一种观点认为，即使是一个普通强度的声音的持续作用，也不存在听觉适应现象。但是，如果用较强的声音刺激，如工厂机器的噪声，持续作用于人的双耳，则确实会引起听觉感受性降低的适应现象，甚至会丧失听觉感受性。

嗅觉的适应速度因刺激的性质而有所不同。一般的气味1~2分钟后即可适应，而强烈的气味则要经过10多分钟。特别强烈的气味，如引起痛觉的气味，则令人厌恶，难以适应甚至完全不能适应。与听觉适应一样，嗅觉适也具有选择性，即对某种气味适应后，并不影响其他气味的感受性。味觉适应较慢。长时间接受辣味刺激，导致对辣味的感受性降低，以至后来吃辣的食物时感到不是很辣；厨师由于连续地品尝咸味，到后来做出来的菜愈来愈咸。这些都是味觉的适应现象。

触压觉的适应较明显。平时几乎觉察不到身上衣服对我们皮肤的接触和压力。经常看到有些人帽子戴在自己的头上却到处寻找他的帽子。实验表明，只要经过3秒钟，触压觉的感受性就下降到原始值的25%左右。温度觉的适应甚为明显。例如，用冷水洗澡时，开始觉得水是冷的，经过几分钟后，就不再觉得水冷了。相反，用手触摸热水，开初觉得水很热，慢慢地就不觉得热了。但要注意的是，对于特别冷或特别热的刺激，则很难适应甚至完全不能适应。痛觉的适应是很难发生的。例如，只要用针稍微扎一下，你马上就会感到痛。正是痛觉适应的这一特点，它才成为伤害性刺激的信号而具有保护作用。

感觉适应能力是有机体在长期进化过程中形成的。适应机制有助于我们精确地感知外界的事物，从而调整自己的行为。外界环境的变化幅度十分巨大，如在夜晚的星光下和白天的阳光下，亮度相差达百万倍，如果没有适应能力，人就不能在变动着的环境中精细地分析外界事物，以做出较准确的反应。

三、感觉后效

对感受器的刺激作用停止以后，感觉印象并不立即消失，仍能保留一个短暂的时间。这种在刺激作用停止后暂时保留的感觉现象称为感觉后效（sensory aftereffect）。感觉后效在视觉中表现尤其明显，称为后像（after-image）。

视觉后像有两种：正后像和负后像。请你先看一下强光刺激物一二分钟，然后把眼睛闭上，这时你会看见眼前有一个与强光刺激差不多亮的像。因为后像和强光刺激一样，都是亮的，即品质相同，所以叫正后像（positive after-image）。正后像出现以后，如果此时把眼睛转向白色的墙壁，就会看到一个比墙壁还要暗的像，因为后像和强光刺激在品质上是相反的，所以叫负后像(negative after-image)。彩色视觉也有后像，不过正后像很少，一般都是负后像。彩色的负后像在颜色上与原颜色互补，而在明度上则与原颜色相反。例如，注视一个红色菱形几分钟后，再看一白色背景时，在白色的背景上就会看到一蓝绿色菱形，这就是颜色视觉的负后像。

在视觉中，如果让断续的刺激达到一定的频率，则后像可以使这些断续的刺激引起连续的感觉。刚刚能引起连续感觉的最小频率，叫临界闪光融合频率(critical flicker fusion frequency)。这时产生的心理效应就是闪光融合(flicker fusion)现象。例如，使用交流电的日光灯，如果每秒钟闪动100次，我们看到的就不再是断续的闪光而是融合的不闪动或连续的光。在中等光强度下，视觉后像能保留大约0.1秒。因此，如果一个闪烁的光源每秒钟闪动超过10次，就会产生闪光融合现象。但是临界闪光融合频率还要受许多因素的影响。例如，光的强度、波长、光落入视网膜的位置以及机体的身心状态等都会影响临界闪光融合频率。

四、感觉对比

对某种刺激的感受性不仅决定于该刺激的性质，同一感受器接受的其他刺激也会对这一刺激的感受性产生影响。不同的刺激作用于同一感受器而导致感受性发生变化的现象称为感觉对比(sensory contrast)。感觉对比分两类：同时对比和先后对比。

几个刺激物同时作用于同一感受器产生的对比现象称为同时对比(simultaneous contrast)。这在视觉中表现得很明显。视觉对比可分为无彩色对比和彩色对比，前者对比的结果是引起明度感觉的变化，例如，同样两个灰色小方块，一个放在白色背景上，一个放在黑色背景上，结果在白色背景上的小方块看起来比黑色背景上的小方块要暗得多，同时在相互连接的边界附近，对比特别明显。彩色对比的结果是引起颜色感觉的变化，而且是向着背景色的补色方向变化，例如，两个绿色正方形，一个放在蓝色背景上，一个放在黄色背景上，结果在黄色背景上的正方形看上去略带上了蓝色，在蓝色背景上的看上去略带上了黄色，同时在两色的交界附近，对比也特别明显。

刺激物先后作用于同一感受器产生的对比现象称为先后对比(successive contrast)。例如，吃梨会觉得梨很甜，但吃了糖之后接着吃梨，会觉得梨很酸；喝了苦药后接着喝口白开水，会觉得白开水有点甜味；凝视红色物体之后，再看白色的东西，会觉得后者有点青绿色。

第三节 视觉

一、视觉的物理刺激

宇宙间充满着各种电磁波。从波长小于几个微微米的宇宙射线到波长达上千米的无线电波都属于电磁波的范围。在这些波长的范围内,只有很小一部分才能产生视觉。视觉(vision)的适宜刺激是波长380~780毫微米之间的电磁振荡,即可见光谱(visible spectrum)(见图6-4)。

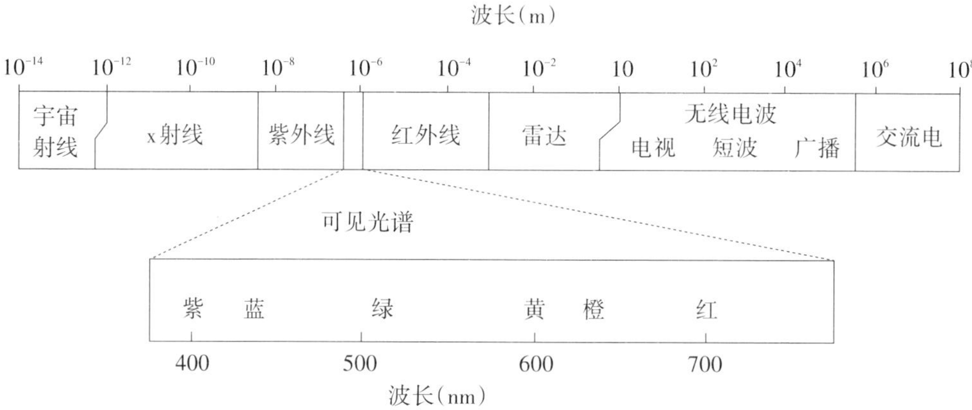

图6-4 电磁波与可见光谱

可见光谱具有三维特点:波长、强度和纯度。这些特征与我们视觉经验的色调、明度、饱和度有密切关系。不同波长的光引起不同的色调(hue)感觉:700 nm为红色,580 nm为黄色,510 nm为绿色,420 nm为紫色。光的强度可用照在平面上的光的总量来测量,这叫照度。光的物理强度引起视觉经验的是明度(brightness)。通常一个强烈的光看上去会比一个较弱的光明亮。但由于某些原因,这种光的物理强度与主观感觉的明度之间的关系并不总是一样的。纯度是指光的成分的纯杂性,它引起的色觉反应是饱和度(saturation)。例如,紫红色、粉红色、墨绿色、浅绿色都是饱和度较小的彩色,而真红色和鲜绿色则是饱和度较大的彩色。饱和度取决于光线中优势波长所占的比例。决定色调的优势波长所占比例越大,该色调的饱和度就越大,反之就越小。

也可以把光刺激分为两大类:彩色和非彩色。非彩色,包括白色、黑色和各种不同程度的灰色;彩色,除白、灰、黑以外的一切颜色。为了便于理解光刺激引起视觉经验中色调、明度和饱和度的相互关系,可以用色轴图加以说明。图6-5中垂直中轴代表白、灰、黑系列的明度变化:顶端是白色,底端是黑色,中心是中灰色。绕中轴四周的是不同的色调:

红、橙、黄、绿、蓝、紫等。四周与中轴的垂直距离代表饱和度的变化：与中轴垂直距离越短，饱和度越小；与中轴垂直距离越长，饱和度越大。从图示可见，非彩色只有明度上的差异，彩色则有色调、明度和饱和度的变化。实验证明：如果颜色中三个特性之一有变化，颜色感觉也发生变化；如果两个颜色的三个特性相同，则不论其组成成分如何，在视觉经验上都会产生相同的颜色感觉。

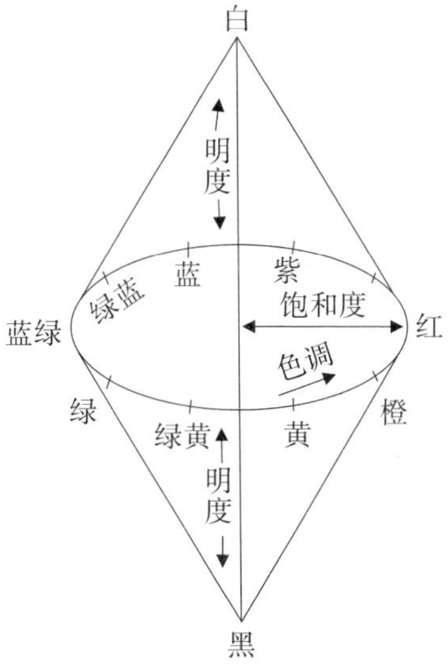

图6-5 色轴图

二、视觉的生理机制

光刺激引起视觉的过程，首先是光线透过眼的折光系统到达视网膜，并在视网膜中形成物像，同时兴奋视网膜的感光细胞，然后冲动沿视神经传导到大脑皮质的视觉中枢产生视觉。视觉过程的生理机制包括折光机制、感光机制、传导机制和中枢机制。

（一）折光机制和感光机制

眼睛是我们的视觉器官，其构造颇似照相机，具有较完善的光学系统及各种使眼球转动并调节光学装置的肌肉组织。眼球由眼球壁和折光系统两部分组成。图6-6是人类眼球的剖面图。眼睛的折光系统由角膜、房水、晶状体和玻璃体组成。它们具有透光和折光作用。当眼睛注视外物时，由物体发出的光线通过上述折光装置使物像聚焦在视网膜的中央凹，形成清晰的物像。眼的折光系统与凸透镜相似，在视网膜上形成的物像是倒置的、左右换位的。由于大脑皮质的调节和习惯的形成，我们仍把外物感知为正立的。

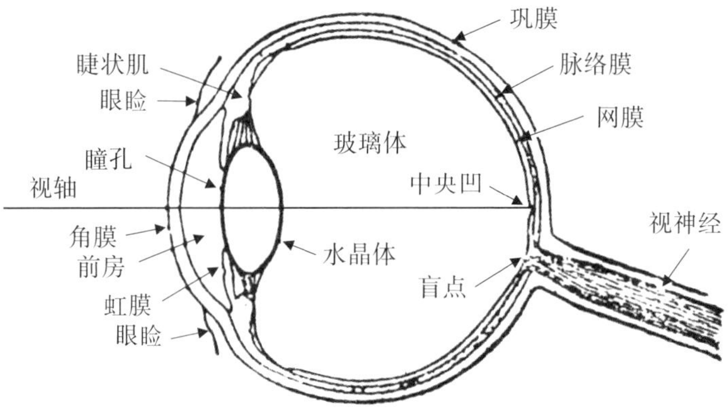

图6-6 人眼的构造

视网膜是眼睛最重要的部分，由感光细胞（视杆细胞和视锥细胞）、双极细胞和神经节细胞组成。感光细胞组成视网膜的最外层，离光源最远。光线到达感光细胞前，必须通过视网膜的所有各层。视杆细胞约一亿二千万个，主要分布在视网膜的周围部分；视锥细胞约七百万个，主要分布在视网膜中央部分。特别是中央凹，全是视锥细胞。视神经穿出眼球的地方没有感光细胞，叫盲点。由于视杆细胞和视锥细胞结构的不同，它们的机能也不同。视杆细胞对弱光很敏感，但不能感受颜色和物体的细节；视锥细胞则专门感受强光和颜色刺激，能分辨物体颜色和细节，但在暗光时不起作用。视杆细胞含有视紫红质的感光物质。视紫红质在弱光作用下，分解为视黄醛和视蛋白，并使视杆细胞去极化，产生神经冲动，把信息传向大脑，产生暗视觉。视锥细胞中的感光物质叫视紫蓝质，能感受强光。有三类视锥细胞分别含有感红色素、感绿色素和感蓝色素，它们各自对红、绿、蓝光最为敏感。

（二）传导机制和中枢机制

视觉传导通路有三级神经元。视网膜的感光细胞接受刺激后，将冲动传至双极细胞（第一级神经元），再传至视网膜的神经节细胞（第二级神经元）。神经节细胞的轴突集合成视神经，入颅腔后延续为视交叉。在视交叉处，来自两眼的视神经纤维，每侧有一半交叉至对侧，余者不交叉。其结构是，凡来自两鼻侧视网膜的纤维（即接受颞侧光刺激的部分），均交叉至对侧，并上行至对侧外侧膝状体。而来自两颞侧视网膜的纤维（即接受鼻侧光刺激的部分），则不交叉并上行至同侧外侧膝状体。由外侧膝状体起始为第三级神经元，其细胞的轴突组成视放射，最后到达枕叶的距状裂两侧的纹区。

视网膜上各个不同的点，在视觉传入通路和皮质视区是按空间对应原则投射的。来自视网膜中央部分的传入纤维投射于枕叶的枕极，来自视网膜周围部分的传入纤维投射于枕叶的较前部分，即皮质的内侧面。由于视网膜是点对点地投射在皮质上，所以皮质视区的微小损伤就会引起视野对应部分的盲。当视网膜的兴奋达到皮质后,枕叶区的脑电图便发生变化,α节律被抑制,产生带有断续频率的振动,这时便产生了视觉。

在视觉过程中各级视觉中枢还有传出性的神经支配,对视觉器官进行反馈性调节,如瞳孔的变化、眼朝光源方向转动、水晶体曲度的改变等,以保证在视网膜上形成清晰的物像。

三、视觉感受性

(一)对光强度的感受性

在适当的条件下,视觉对光的强度具有极高的感受性,其感觉阈限是很低的。人眼能对2~7个光能量子起反应。视觉对光的强度的差别阈限在中等强度时近似于1/60。但在光刺激极弱时,比值可达1,光刺激极强时,比值可缩小到1/167。

视觉对光强度的感受性与眼的机能状态、光波的波长、刺激落在网膜上的位置等因素有关。眼睛对暗适应越久,对光的反应越敏感。波长500纳米左右的光比其他波长的光更容易被觉察到。光刺激离中央凹8°~12°时,视觉有最高的感受性;刺激盲点时,对光完全没有感受性。

(二)对光波长的感受性

视觉对光波长的感受性不同于对光强度的感受性。一般说来,看见哪里有光总比说出光的颜色要容易些。在任何一种确定的波长中都有这样一段强度区域,在这一区域中,人眼只能看出光亮却看不出颜色。

视网膜的不同部位对色调的感受性是不同的。视网膜中央凹能分辨各种颜色。从中央凹到边缘部分,视锥细胞减少,视杆细胞增多,对颜色的辨别能力逐渐减弱:先丧失红、绿色的感受性,最后黄、蓝色的感受性也丧失,成了全色盲。

人对颜色的辨别能力在不同波长是不一样的。在光谱的某些部位,只要改变波长1毫微米就能看出颜色的差别,但在多数部位则要改变1~2纳米才能看出其变化。在整个光谱上,人眼能分辨出大约150种不同的颜色。

(三)视敏度

视觉辨别物体细节的能力叫视敏度(sight),也称视力。一个人辨别物体细节的尺寸愈小,视敏度就愈高,反之视敏度愈差。视敏度与视网膜物像的大小有关,而视网膜物像的大小则决定于视角的大小。所谓视角(visual angle)就是物体的大小对眼球光心所形成的夹角。同一距离,物体的大小同视角成正比;同一物体,物体距离眼睛的远近同视角成反比。视角大,在视网膜的物像就大。分辨两点的视角愈小,表示一个人的视敏度愈高,视力愈好。常用测定视敏度的视标有“C”形和“E”形。视角的度数等于1分时,正常的眼睛是可以分别感受这两个点的。因为1分视角的视像大小是4.4微米,相当于一个视锥细胞的直径。从理论上说,物体的两点便分别刺激到两个视锥细胞上,因而能把它们区分开来。如果视角小于1分,物体两点便刺激在同一视锥细胞上,这样就觉察不出是两个点了。正常人的视力为1.0,但有的人可达1.5,甚至更大。这不仅取决于中央凹视锥细胞的直径,也取决于大脑皮质视区的分析能力,即对于两个相邻视锥细胞产生不同程度兴奋的分析能力。

影响视敏度的因素较多,首先起决定因素的是光线落在视网膜的哪个部位。如果光线恰好落在中央凹,这一部位视锥细胞密集且直径最小,因此视敏度最大。光线落在视网膜周围部分,视敏度大减。此外,明度不同,物体与背景之间的对比不同,眼的适应状态不同等,也都对视敏度有一定的影响。

(四)颜色混合与色觉缺陷

1.颜色混合

映入我们眼帘的光线很少是一种波长的光,因为照在物体上的光线主要是来自像太阳那样发出不同波长的光源。我们看见的几乎都是许多波长的混合光。而这种混合效应下所得到的色觉经验,称为颜色混合(color mixture)。从牛顿时代起,人们就开始研究颜色的混合并企图找出说明颜色混合的规律。现已确定的颜色混合规律主要有下列三条。

(1)互补律:每一种颜色都有另一种同它相混合而产生白色或灰色的颜色。这两种颜色互为补色(complementary color)。例如,红色和浅青绿色、橙黄色和青色、黄色和蓝色、绿色和紫色等,都是一对一对的互补色。

(2)间色律:混合两种非补色,可以产生一种新的介乎它们之间的中间色。例如,红色与蓝色混合产生紫色,红色与黄色混合产生橙色等。

(3)代替律:相混合的两种颜色,都可以由不同颜色混合后产生的相同颜色来代替。如果颜色A=颜色B;颜色C=颜色D,那么,颜色A+颜色C=颜色B+颜色D。代替律说明,不管颜色的原来成分如何,只要感觉上颜色是相似的,就可以互相代替,产生同样的视觉效应。

应当注意,这里所讨论的是不同波长的光在视觉系统中的混合,而不是颜料在调色板上的混合。这两种混合有本质上的区别:前者是两种不同波长的色光同时作用于视网膜时所产生的色觉,称为加色混合(additive color mixture);后者是由于某些波长的光线被吸收而引起的,是一种减色混合(subtractive color mixture)。最常用的颜色混合的实验仪器是色轮(color wheel)。用红、绿、蓝三种基本色以适当的比例加以混合,可以得到光谱上的各种颜色。如果在这三种基本色中适当加上白色,就可以得到各种不同色调、明度和饱和度的颜色。

2.色觉缺陷

色觉缺陷包括色弱和色盲。色弱(color weakness)主要表现为对光谱的红色和绿色区的颜色分辨能力较差。色盲(color blindness)又分为两类:局部色盲和全色盲。局部色盲包括红绿色盲和蓝黄色盲。前者是最常见的色盲类型,后者则少见。红绿色盲的人在光谱上只能看到蓝和黄两种颜色,即把光谱的整个红、橙、黄、绿部分看成黄色,把光谱的青、蓝、紫部分看成蓝色。在500毫微米附近,他们看不出它的颜色,只觉得是白色或灰色的样子。蓝黄色盲的人把整个光谱看成红和绿两种颜色。全色盲(achromatism)的人把整个光谱看成一条不同明暗的灰带,没有色调感。在他们看来,整个世界是由明暗不同的白、灰、黑所组成的,正如同正常人看到的黑白电视那样。全色盲的人是极为罕见的。

四、色觉理论

对于颜色感觉心理现象的系统理论解释,主要有下列两种学说。

(一)三色说

三色说是英国物理学家杨(T.Young)于1801年提出,后为亥姆霍兹(Helmholtz,1860)所发展,合称为杨—亥姆霍兹三色说(Young-Helmholtz trichromatic theory)。这个学说从红、绿、蓝三原色按不同比例混合可以产生各种色调及灰色这一事实出发,假定在视网膜上红、绿、蓝三种神经纤维的兴奋都能引起一种原色的感觉。三种神经纤维对光谱的每一波长都有其特有的兴奋水平,其峰值见图6-7。当光刺激同时引起三种纤维不同程度的兴奋时,便按相应的比率产生各种色觉。例如,当光刺激同时引起三种纤维同样强烈的兴奋时,便产生白色或无彩色的感觉。如果红、绿、蓝三种纤维的兴奋比率为5:7:11,那么,红、绿、蓝三种纤维五个单位的同时兴奋,产生的是白色。色调将由绿纤维两个单位兴奋和蓝纤维六个单位兴奋来决定,其结果看到的将是明度较大的绿蓝色。

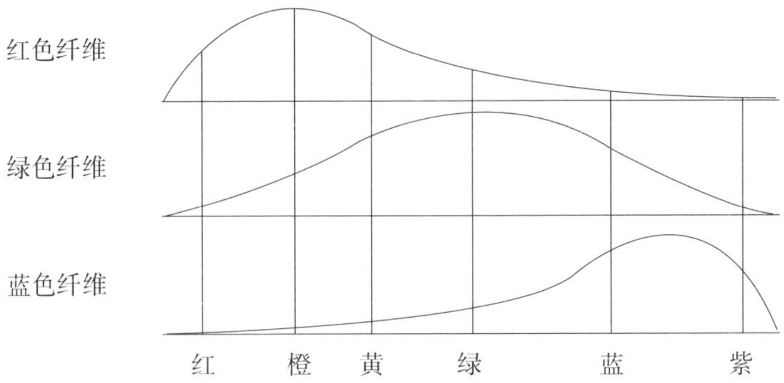

图6-7 亥姆霍兹学说的神经纤维兴奋曲线

(二)拮抗过程说

色觉的拮抗过程说(opponent process theory)是黑林(E.Hering)于1878年提出的。他假定视网膜中具有三种拮抗对的视素:白—黑视素、红—绿视素、黄—蓝视素。这三对视素的同化和异化过程就产生各种颜色。光刺激下异化的白—黑视素,引起的神经冲动产生白色感觉;没有光刺激时白—黑视素起同化作用,引起的神经冲动产生黑色感觉。红光刺激下异化红—绿视素,产生红色感觉;绿光刺激则同化红—绿视素,产生绿色感觉。黄光刺激下异化黄—蓝视素,产生黄色感觉;蓝光刺激同化黄-蓝视素,产生蓝色感觉。由于各种颜色都含有一定的白色成分,因此每一种颜色除了影响其本身的视素活动外,还影响白—黑视素的活动。图6-8表示三对视素的同化和异化作用:XX′线以上表示异化作用,以下表示同化作用。a、b、c三条曲线分别表示白—黑视素、黄—蓝视素和红—绿视素的异化作用和同化作用。曲线a的形状表明光谱饱和色的明度成分,从曲线a可见黄绿色是光谱中最明亮的颜色。各种色觉就取决于这三种视素活动相对幅度的大小。黑林的理论认为视锥细胞能感受红、绿、黄、蓝四种颜色,因而也称为四色说(tetrachromatism)。

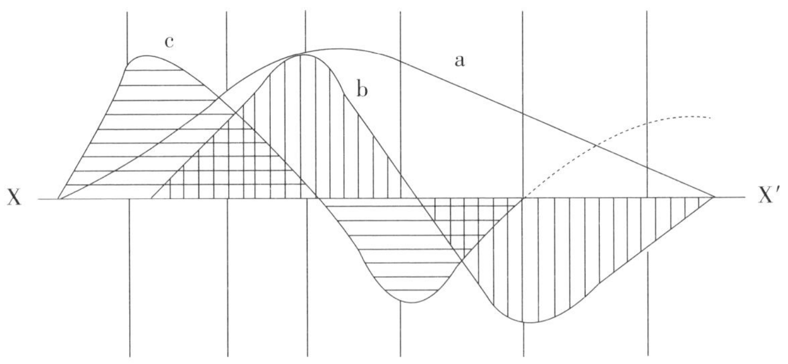

图6-8 黑林学说的视素代谢作用

上述两种学说都能解释许多色觉现象,但也都有不足之处。杨—亥姆霍兹三色说虽能圆满地解释颜色混合现象,但不能解释色盲现象。因为根据三色说,色盲是由于缺乏一种或几种神经纤维而造成的,三种神经纤维同时以同等强度的兴奋才能产生白色或灰色感觉。色盲的人既然缺乏一种或几种神经纤维就不应该有白色或灰色的感觉,但事实并非如此,所有色盲的人都有白、灰、黑的感觉。黑林的拮抗过程说也能解释许多色觉现象,但不能解释用三原色混合能产生光谱中的一切颜色这种现象。这两种学说曾长期对立,争论不休,似乎很难统一。

现代神经生理学研究表明,在视网膜中确实存在三种视锥细胞,分别对530毫微米、570毫微米和440毫微米光谱很敏感。同时,在视觉通路中还发现对白—黑、绿—红、蓝—黄三类反应起拮抗作用的神经细胞。赫维奇和詹姆森(Hurvich & Jameson,1974)把现代神经生理学的研究成果概括为图6-9。从中可见,色觉的信息加工可分为两个阶段:第一阶段,视网膜有α、β、γ三种视锥细胞分别对440毫微米、530毫微米、570毫微米最为敏感。它们有选择地吸收光谱不同波长的辐射,同时又可单独产生白—黑反应。第二阶段,在神经兴奋由视锥细胞向视觉中枢传导过程中,这三种反应又重新组合,最后形成三对拮抗的神经反应,即蓝—黄、绿—红和白—黑反应。总之,色觉信息是按层次加工的:在视网膜水平上是按杨-亥姆霍兹三原色而发生的;冲动在视觉通路上的编码传递过程是按黑林的拮抗过程说而进行的。色觉神经机制的最后阶段发生在大脑皮质视区,目前这方面我们仍知道得很少。

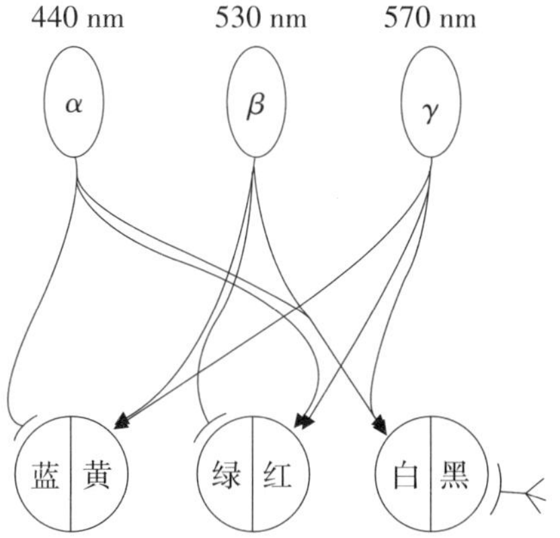

图6-9　色觉的信息加工过程

〖**热点问题讨论6-2**〗**奇异的视觉现象**

视网膜不仅只是投射到一个视觉皮质区,而是投射到皮质的很多区,每个区都会对视网膜刺激做出反应。因此,视觉任务是由皮质的不同工作组来完成的。一些视觉障碍的特殊案例可以论证这一假设。

一位叫DB的视盲患者,1940年生于英格兰的一个小镇。14岁以前生活一直很正常。在14岁时,他说头的右半边痛,通常伴有梦幻般的闪光。当他20岁时,他发现自己的左视野有一片空白区。经医院检查表明,他的视觉皮质组织出现了异常。1973年他做了切除异常的外科手术,手术极大地改善了DB的健康状况。他几乎不再头痛,也不再出现光闪现象,然而他的大部分左视野已经视盲了。研究者惊奇地发现,DB能够相当准确地指出左视野区域内的物体位置,准确率远远大于猜测。例如,按照DB自己的陈述,他看不见放在他左视野的手,但能准确地够到它。在他看不见物体时,却能正确地指向物体。他甚至能够分辨出在灰色背景下的条纹图案。DB对自己能力的意识和他的实际能力之间存在着分离,他意识不到他所表现出的知觉和运动能力,否认自己有这些能力(Weiskrantz, 1986)。

米尔纳(Milner,2003)也描述过大脑的两个视觉系统。一位脑损伤的妇女,很好地识别细节——手背上的汗毛,却不能识别手。当要求她用拇指和食指估计物体的大小时,她不能完成该任务。但是当伸手去拿物体时,她能适当地放置自己的拇指和食指。她知道的比她意识到的要更多。

面对感觉信息,我们大脑的工作方式是平行加工(parallel processing)。即是说,我们的大脑可以整合不同视觉的工作组来构建知觉,而这些视觉工作组是平行工作的。

第四节　听觉

一、听觉的物理刺激

声音的物理基础是振动。在弹性媒质中物体振动所激起的纵波叫声波。听觉(audition)是声波物理特征的反映。声波的物理特征可用频率、振幅和波形来描述;与此相应,听觉经验有音高、响度和音色的区别。

声波有频率的不同,用每秒的周波,即赫兹(Hz)来表示。图6-10a表示三条声波曲线振幅不同,但频率相等;图6-10b表示三条声波曲线振幅相同,但频率不等。声波的频率决定着我们听觉的音高(pitch)。声波的频率越高,我们听到的声音越高;相反,频率低,听起来就低。但一个音的音高也会受声波振幅的影响。

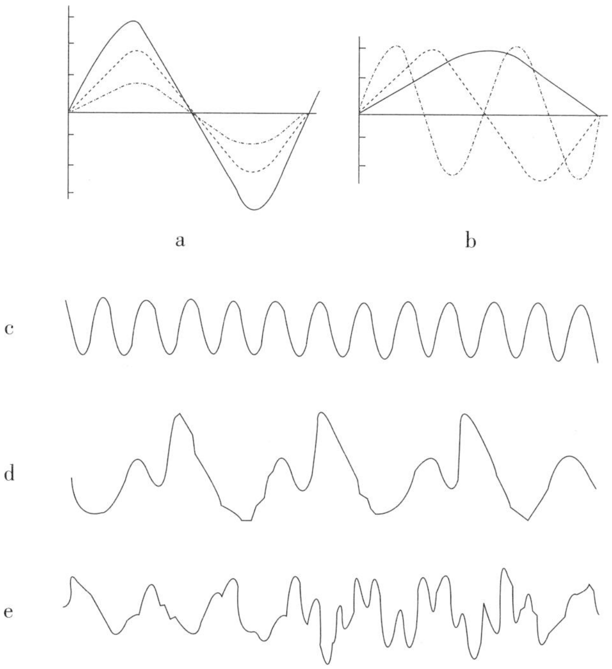

图6-10 声波的频率、振幅与波形

声波的振幅就是声波的压力，以波的高度表示。图6-10a表示三条声波曲线振幅不同，图6-10b表示三条声波曲线振幅相同。声波的压力大小以分贝(dB)来表示。声波的振幅引起听觉经验的是响度(loudness)。一般说来，声波的振幅越大，听到的声音就越响。但由于我们的耳对于所有频率的声音并非同等的敏感，所以响度也取决于声音的频率。

不同的发音体所发出的声波都有自己的特点，即使发出同样响度和音高的音，我们听起来在音色(timbre)上也是不同的。音色的不同是由于各发音体所发出的声波都有自己的特殊波形之故。最简单的声波是纯音，是单一的正弦曲线形式的振动(见图6-10c)，如由音叉所产生的声音。在日常生活中，绝大多数的发声体所发出的声音都是复合音，如音乐声、语言声和噪声。任何复合音又都可分解为几个频率不同的纯音。根据波形和振幅是否有周期性的振动，可把声音分为乐音和噪音。乐音是周期性的声波振动(见图6-10c、d，其中图d是一种管风琴的乐音)；噪音是不规则的声波，且无周期性(图6-10e)。

二、听觉的生理机制

耳由外耳、中耳、内耳三部分组成。外耳包括耳廊和外耳道。中耳主要由鼓膜、鼓室和听小骨组成。内耳由前庭器官(它与听觉无关，将在后面讨论)和耳蜗组成(见图6-11)。耳蜗形似蜗牛壳，是一个绕蜗轮盘旋两圈半的骨管。骨管内部被骨质螺旋板和基底膜分隔成上、下两半，上半叫前庭阶，下半叫鼓阶。前庭阶通向中耳的小孔叫卵圆窗，鼓阶通向中耳的小孔叫蜗窗。耳蜗内部充满着淋巴。听觉的感觉细胞（毛细胞）排列在基底膜上，毛细胞上有盖膜。

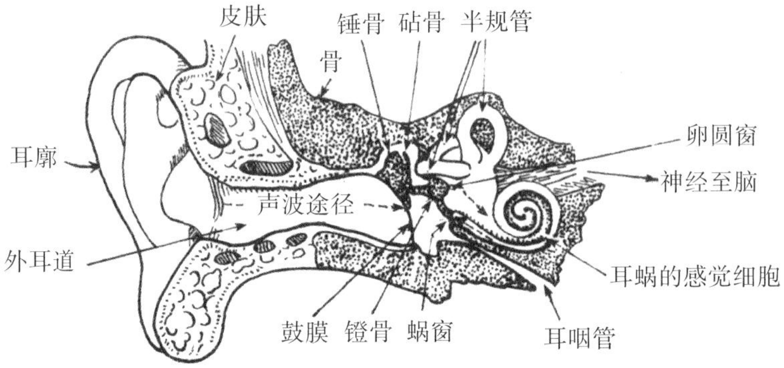

图6-11 人耳的构造

声波经外耳道撞压鼓膜，引起三块听小骨（锤骨、砧骨、镫骨）的机械振动，从而增强声波压强把振动传向卵圆窗，推动耳蜗中的淋巴，振动在液体中传导，最后传向中耳的蜗窗。这是声传导的全过程。此外，声波还可以通过颅骨直接传入内耳，这叫声波的骨传导。

当耳蜗的淋巴液振动时，基底膜就发生振动。基底膜的振动便引起基底膜上的毛细胞同盖膜冲击，引起毛细胞的兴奋，由听觉系统传导通路（有同侧通路也有对侧通路），经四级神经元将冲动传向大脑。

三、听觉感受性

（一）对声音频率的感受性

音高主要由声音频率而定。人能听到的声音频率最低不能小于16赫兹，最高不超过20000赫兹。这个范围，各人的情况也不完全相同。疾病会改变这个范围。年龄也会改变音高听觉。随着年龄的增加，对声音频率感受性逐渐降低。

关于音高的差别阈限，不少研究表明，差别阈值作为音调的频率和它的强度的函数而变化。一般说来，频率越低，耳对频率的变化越敏感。频率达到2000赫兹（强度在40分贝），约3赫兹的频率变化即能觉察出来。随着频率增高，差别阈值大为增加。例如，约10000赫兹时，要觉察出音高的变化，需约30赫兹的差异。但有趣的是，频率在1000赫兹以上时能觉察出频率变化的差异是相当恒定的，相当于约0.3%。频率的变化符合韦伯定律。

（二）对声音强度的感受性

音响主要由声音强度决定。对声音强度的绝对感受性，下阈为0分贝，上阈约130分贝。音响还与声音频率有关。在相同的声压水平上，不同频率的声音响度是不同的，但不同的声压水平可产生相同的音响。

声音强度的差别阈限，受声音强度和频率两种因素的影响，一般来说，强度的差别阈限值的大小随强度而降低。声音频率对强度辨别的影响较复杂。声音频率约2500~3000赫兹时，韦伯分数最小；随着声音频率升高或降低，韦伯分数都变大。声音频率在1000赫兹、100分贝时，响度的韦伯分数为1/11。

四、听觉理论

听觉系统是如何对声音频率进行编码的？对这个问题的解释，有以下两种主要的理论。

（一）地点说

地点说（place theory）的基本假设是基底膜由不同地点感受不同频率的声音刺激，所产生的神经冲动传达到脑便产生不同的音高感觉。地点说又分为共鸣说和行波说。

共鸣说（resonance theory）由亥姆霍兹在1863年提出。亥姆霍兹在研究内耳结构时，观察到耳蜗中包含很多神经感觉单位，它们依次排列在基底膜上。耳蜗底部的基底膜窄，顶部基底膜宽；基底膜上，底部的横纤维短，顶部的横纤维长。他认为，基底膜的横纤维是感音的共鸣要素。由卵圆窗传来的振动迅速传遍前庭阶，但基底膜的横纤维只是有选择地对一定的频率发生共鸣，就像竖琴的琴弦对不同频率的声波发生共鸣那样：短纤维对高频率发生反应，长纤维对低频率发生反应；一条纤维只对一种声波频率发生反应。由于横纤维的振动转化为神经兴奋，传到听觉中枢便产生不同音高的听觉。共鸣学说把基底膜上大约24000条横纤维看成是对16~20000赫兹声波的共鸣要素。后来的研究表明，这个理论有严重的缺陷。（1）按共鸣说的要求计算，蜗顶部的纤维应比蜗底部纤维长1000倍，但实际情况并非如此，蜗顶处仅约352~430微米，蜗底约为64~128微米。（2）贝克西（Békésy，1960）对新鲜尸体的耳蜗进行直接观察，没有发现基底膜的横纤维有足够的共振张力（而这对于共鸣说是必不可少的）。他发现，基底膜受到运动液体振动时是以行波的形式发生振动的，基底膜横纤维很少是孤立起作用的，于是提出了行波说（traveling-wave theory）。根据他的行波学说，声波的振动作用于卵圆窗时，基底膜便产生相应的振动。振动从蜗底开始，逐渐向蜗顶推行，振动的幅度也随着逐渐加大，到基底膜的某一个部位，振幅达到最大值,然后振动停止前进而消失。随着外来声波频率的不同,基底膜最大振幅的所在部位也不同。声波频率越低,最大振幅部位越靠近蜗顶;频率越高,最大振幅部位越接近蜗底(见图6-12)。耳蜗底部的基底膜对高、低音都能发生振动,而顶端只对低音刺激发生振动。这就是听觉的行波说。这个学说认为,基底膜对不同频率的声音的分析,决定于最大振幅所在的位置。

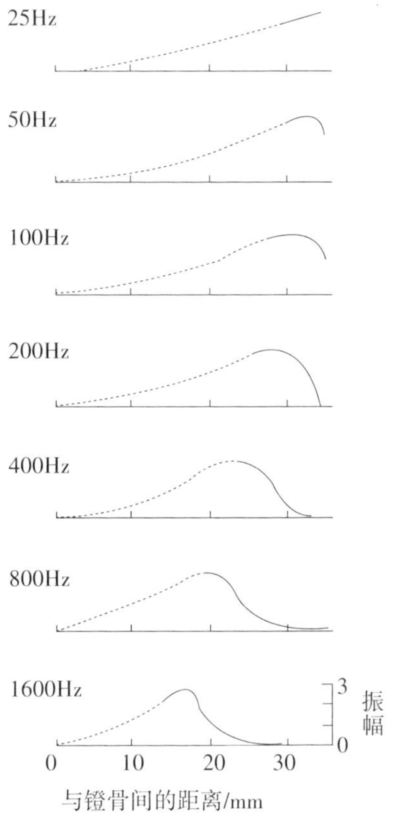

图6-12 不同频率声波刺激引起的行波最大振幅的位置

(二)频率说

频率说(frequency theory)是由拉瑟福德(W. Rutherford)在1886年提出的。他认为声音的频率是由听神经中神经元发放的速率来编码的。例如,听到一个频率为2000赫兹的声音,听神经的第一级神经元每秒钟必须发放2000个动作电位。但由生理学的研究表明,听觉通路中的单一神经元冲动发放速率根本不能快于1000赫兹,也就是说,单一的听觉神经纤维是不能传递人类听觉范围的所有频率的。为此,温弗尔(E.G.Wever)在1949年提出了齐射说(volley theory)。他认为,声音频率在400赫兹以内时,单一神经纤维以符合频率的发放速率发放冲动。但当频率增高时,由于神经纤维之间存在着合作和相互联系,就产生神经齐射现象。这样,神经纤维发放冲动的总效应就能体现声波的频率。图6-13显示,每条纤维对每种声波做出反应,反应的汇集代表声波的全部频率。

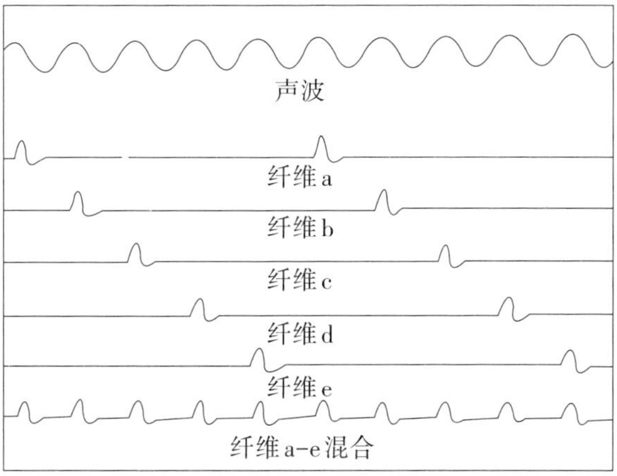

图6-13 齐射原则图解

对声波频率的听觉编码很可能像色觉理论一样,既包括地点说也包括频率说。听觉信息在基底膜上依行波说编码,在神经传导路上依频率说编码。然后神经冲动传到大脑皮质听区就产生音高听觉。现在已有一些研究结果证明了这种猜想。

〖**心理学与人生6-2**〗**失聪**

耳朵复杂且精密的结构使它很容易受到损伤。把声波传导到耳蜗的机械性连接系统的问题会导致传导性耳聋(conduction hearing loss)。如果鼓膜被刺破或者中耳的小骨失去振动能力,耳朵传导振动的能力会变小。数字式助听器用放大一个人听力最差的频率(通常是高频率)的振动和提炼声音(放大轻柔的而不是响亮的声音)来改善听力。

耳蜗的毛细胞感受器或者与它们相连的神经的损伤会造成感觉神经性耳聋(sensorineural hearing loss)。造成神经性耳聋的原因除了疾病之外,更常见的罪魁祸首是与年老化相关的生物学变化和持续暴露在震耳欲聋的噪声或音乐中。在发现人类耳蜗中毛细胞再生的方法之前,恢复神经性耳聋的人听觉的最好方法是一种仿生耳朵——耳蜗移植。这种电子装置把声音转化为电信号,传送到耳蜗的神经,再把有关声音的信息传递到大脑。移植有助于儿童逐渐精通口语交流,而且也使得儿童变得较少分心和冲动。最新的耳蜗移植同样可以帮助大多数成人恢复听觉(尽管不能恢复年幼时从未有过声音加工经历的成年聋人的听觉)。

耳蜗移植的应用引起激烈的争论。超过90%的聋童父母的听力是正常的,大多数家长希望他们的孩子可以体验有声音和能交谈的世界。但是,一些极端的聋人培训者坚持认为,聋不是残疾,手语本就是一种完整的语言,有它自己的文法、句法和语义,他们反对在聋童学习说话前移植耳蜗。他们还进一步主张,聋人"听觉损伤"的同时能够获得"视觉增强”作为补偿。感觉补偿(sensory compensation)是指某种感觉通道的机能丧失后而由其他感觉系统的机能增强来弥补。尽管聋人通常没有出众的阅读能力,但是视觉补偿可以解释为什么很多聋人成为具有熟练视觉能力的工程师、建筑师和数学家。宇宙学家霍金(S. Hawking)曾经说,一种机体功能的丧失会迫使他的大脑接受其他的活动,使他的思想更新颖。

对于那些听力随着年龄或疾病减弱的人,由于他们没有接受过聋人培训,而且知道将会失去听觉,他们更可能认为自己是有损伤或有残疾的。而这些体验到失聪的人中,大约只有1%的人是先天耳聋。对于从未学习过手语的个体来说,失去听觉确实会造成很大的社交障碍。终生失明和耳聋的海伦·凯勒(Helen Keller)说,她“发现聋是比失明更严重的障碍……失明把人和事物隔开,聋把人和人隔开。”

第五节　其他感觉

视觉和听觉是我们的主要感觉,我们关于外部世界信息大都来自视听。虽然其他感觉不像视觉和听觉那样丰富多彩,但它们对于有机体的生存仍然是很重要的。

一、嗅觉和味觉

嗅觉(smell)的适宜刺激是能溶解的、有气味的气体分子。它作用于鼻腔上部的嗅细胞而产生嗅觉。很难对嗅到的气味进行分类。目前常用的分类法是将气味分为芳香味、果酸味和辛酸味。嗅觉阈限受许多因素的影响。作用的气味物质不同,嗅觉的绝对阈限也不同。例如,每公升空气中含0.00000066毫克的乙硫酸(烂白菜味)就能嗅到,而四氯化碳(甜味)则需每公升中含4.533毫克才能嗅到。机体的某些疾病如感冒、鼻炎会降低嗅觉感受性。环境中的温度、湿度、气压等也会影响嗅觉感受性。几种气味同时作用时,会产生气味的混合,或产生一种新的气味,或原先两种气味相继被嗅到,或一种气味掩盖了其他气味。

味觉(taste)的适宜刺激是能溶于水的化学物质。它作用于分布在舌面、咽喉的黏膜和软腭等处的味蕾而产生味觉。一般认为有四种基本味蕾对苦、酸、咸、甜。20世纪末还发现第五种味蕾,对脂肪产生多脂的感觉(Schiffman,Graham,Sattely Miller,&Warwick,1998)。味觉感受性受多种因素的影响。舌面的不同部位,各种味蕾的分布也不同。虽然舌面对甜味、酸味、苦味、咸味四种滋味都有感受性,但舌尖对甜味最敏感,舌根对苦味最敏感,舌的两侧对酸味最敏感,舌的两侧前部对咸味最敏感。味觉感受性往往受食物温度的影响。在20~30℃之间,味觉感受性最高。此外,味觉的感受性还与机体的需求状态有关。饥饿的人对甜、咸的感受性增高,对酸、苦的感受性降低。肾上腺皮质功能低下的病人,由于氯化钠排出量增加,对咸味的感受性提高。味觉对维持有机体内环境的动态平衡起重要的作用。

二、皮肤感觉

皮肤受到刺激能产生多种感觉。一般把肤觉(skin sense)分为触压觉、冷觉、温觉、痛觉和振动觉等。触觉、冷觉、温觉和痛觉的感受器在皮肤上呈点状分布,称为触点、冷点、温点和痛点。身体的不同部位,各种感受器的数目各不相同。皮肤是人类最大的感觉系统,皮肤的表面面积约为2平方米,皮肤感觉最重要的机能是对可能出现的有害刺激发出信号。

物体接触皮肤表面(不引起皮肤变形)而产生触觉(touch)。当物体接触皮肤表面并引起皮肤变形时便产生压觉(pressure sense)。身体不同部位的触压觉感受性有很大差异:活动频繁的部位如指尖、嘴唇、眼睑等特别敏感,而背腹部的感受性却很低。振动物体(如音叉)与身体接触会产生振动觉(vibration sense)。人所能接受的振动频率在15~1000赫兹,其中振动频率为200赫兹左右最为敏感。振动觉可能是触压觉反复刺激的结果。另外,手的皮肤感觉和动觉紧密结合,会产生一种特殊的感觉:触摸觉,这是人类认识世界的一种特殊感觉。

皮肤表面温度的变化会引起温度觉(temperature sensation)。皮肤上有些点对温敏感,有些点对冷敏感,也有些对两者都敏感。用烫刺激冷点引起的冷觉,叫诡冷觉;用冷刺激温点引起的温觉叫诡温觉。一种温度刺激会引起什么样的感觉,视刺激温度与皮肤温度之间的关系而定。与皮肤温度相同的刺激温度,不能引起冷觉感受器或温觉感受器的兴奋,不会产生温度觉。低于皮肤温度的刺激温度,产生冷觉。高于皮肤温度的刺激温度,产生温觉。温度觉的感受性因身体不同部位而异。面部对冷热有最大的感受性,而下肢的感受性最小。身体经常被遮盖的部位对冷有较大的感受性。温暖的感觉和热的感觉是不同的。温暖的感觉使人感到舒适,热的感觉使人难受。当刺激温度超过45℃时,就会产生热甚至烫的感觉。这是一种复合的感觉,是温觉和痛觉同时产生的结果。

机械的、物理的、化学的、温度的、放射能的以及电的各种刺激对皮肤组织起破坏作用时,都会产生痛觉(pain)。痛觉感受性因身体不同部位而异:背部、颊部最敏感,脚掌、手掌最不敏感。影响痛觉阈限的因素很多,其中心理因素,如过去经验、暗示、情绪状态、注意等都会对痛觉阈限发生影响。痛觉是有机体内部的警报系统,它对有机体的生存有重要意义。除皮肤外,全身各处包括肌肉、关节、内脏组织的损伤都会产生痛觉。

三、动觉和平衡觉

动觉(kinesthesia)是身体活动时所产生的感觉。动觉的感受器位于肌肉、肌腱和关节中。肌肉运动、关节角度的变化等都是这些感受器的适宜刺激。人在感知外界事物的过程中几乎都有动觉的反馈信息参加。例如,在注视物体时,大脑不仅接受来自视网膜感觉细胞的信息,而且接受来自眼球肌肉的动觉信息,这种信息是我们看清物体的必要条件。言语器官肌肉的动觉信息同语音听觉和字形视觉相联系,是言语活动和思维活动的基础。

平衡觉(equilibratory sense)是反映头部运动速率和方向的感觉。平衡觉的感受器是内耳的前庭器官。内耳中的三个半规管里充满了淋巴液。机体的加速、减速或改变方向,使淋巴液冲击前庭器官的毛细胞而发生兴奋。前庭器官兴奋常使人产生晕眩。平衡觉和视觉、内脏感觉有密切的联系。当前庭器官受到刺激时,仿佛看到视野中的物体在移动,使人头晕,同时也会引起内脏活动的剧烈变化,使人恶心和呕吐。因此,对从事航空、航海、舞蹈职业的人总是要进行平衡觉的检查。

四、内脏感觉

反映内脏各器官活动状况的感觉叫内脏觉(visceral sensation)或机体觉(organic sensation)。内脏感觉的感受器分布于各脏器(如食道、胃、肠、膀胱、肺等)壁内。它可以把内脏的活动及其变化的信息,经传入神经传向中枢,从而产生各种内脏感觉,如饥、渴、饱、胀、便意、恶心、疼痛等。内脏感觉的特点是感觉不精确,分辨力差。许多内脏的感受器根本不能引起主观感觉。在病变时,有些脏器的感受器才产生痛觉(放射痛)。内脏觉在调节内脏活动中起很重要的作用,没有内脏感觉系统,有机体的生存是难以想象的。

复习与思考

1. 解释:感觉,感觉阈限,绝对阈限,差别阈限,韦伯常数,费希纳定律,感觉适应,暗适应,光适应,感觉后效,后像,正后像,负后像,临界闪光融合频率,闪光融合,感觉对比,同时对比,继时对比,视觉,听觉,嗅觉,味觉,肤觉,触觉,振动觉,温度觉,痛觉,动觉,平衡觉,内脏觉,机体觉。

2.试述感觉信息的神经加工机制。

3.感觉有哪些基本规律？试举例说明。

4.视觉感受性有何表现？

5.颜色感觉是如何产生的？

6.听觉感受性有何表现？

7.听觉系统是如何对声音频率进行编码的？

8.除视听外，还有哪些感觉？有何特点？

推荐阅读书目

1.迈尔斯(黄希庭等译,2006).心理学(第七版).第五章.北京:人民邮电出版社.

2.库恩(郑钢等译,2004).心理学导论——思想与行为的认识之路(第九版).第六章.北京:中国轻工业出版社.

3.沈政,林庶芝(1993).生理心理学.北京:北京大学出版社.

4.艾森克(阎巩固译,2000).心理学——一条整合的途径.第四章.上海:华师范大学出版社.

5.贝纳特(旦明译,1983).感觉世界——感觉和知觉导论.北京:科学出版社.

第七章　知觉

第一节　概述

一、什么是知觉

知觉(perception)是个体把来自感觉器官的信息转化为有意义对象的心理过程。通过第六章的学习,我们知道在正常人的日常生活中,纯粹的感觉是不存在的,感觉信息一经感受器系统传达到脑,知觉便随之产生。以视觉为例,来自感觉器官的信息为我们提供了某种颜色、边界、线段等个别属性,经头脑的加工我们认出了“这是一个香蕉”“那是一个墨水瓶”。这种把感觉信息转化为有意义的、可命名的经验过程就是知觉。知觉是个体借助于过去经验对来自感受器的信息进行组织和解释的过程。

知觉是个体对感觉信息的组织过程。外部世界的大量刺激冲击我们的感官,我们倾向于有选择地输入信息,把感觉信息整合、组织起来,形成稳定、清晰的完整印象。在日常生活中,我们的头脑总是不断地对感觉信息加以组织。例如,一个复杂的听觉刺激序列,被我们知觉为言语,或流水声,或汽车声,即组织成有意义的声音。对于其他感觉信息,我们也是将其组织成有意义的事物。这种组织功能主要依靠于我们的过去经验。人类学家特恩布尔(Turnbull,1961)曾调查过居住在刚果枝叶茂密热带森林中的俾格米人的生活方式,描述过下面的一个实例:有些俾格米人从来没有离开过森林,没有开阔的视野。当特恩布尔带着一位名叫肯克的俾格米人第一次离开居住地大森林来到一片高原时,他看见远处的一群水牛时惊奇地问:“那些是什么虫子?”当告诉他是水牛时,他哈哈大笑,说不要说傻话。尽管他不相信,但还是仔细凝视着,说:“这是些什么水牛,会这样小?”当越走越近,这些“虫子”变得越来越大时,他感到不可理解,说这些不是真正的水牛。

知觉是人对感觉信息的解释过程。在知觉一个客体时,我们总是根据自己的经验把它归为某一类,说出它的名称或赋予它某种意义。我们对感觉信息的解释,通常采取假设检验的方式,即从提出假设到检验假设的过程。为了说明这个问题,现在请看图7-lb并回答是什么。绝大多数人可能会回答:“左半部是三齿,是一个三齿叉?不像,因为右半部是两齿的。是两齿叉？也不像,因为左边是三齿的。那它到底是什么呢?"最后只好说"是一个不可能图形"(impossible figure),从这个例子中可以清楚地看到,人们运用"三齿叉""两齿叉"的假设(命名)对感觉信息进行检验,但都没有成功,因而困惑不解。不过,平常我们对熟悉对象的知觉假设检验过程都是压缩的,是一种无意识推论的过程。只是在知觉困难时假设检验过程才显现出来,才被我们觉察到。请再看图7-1a和图7-1c,你是否也遇到这样的问题?

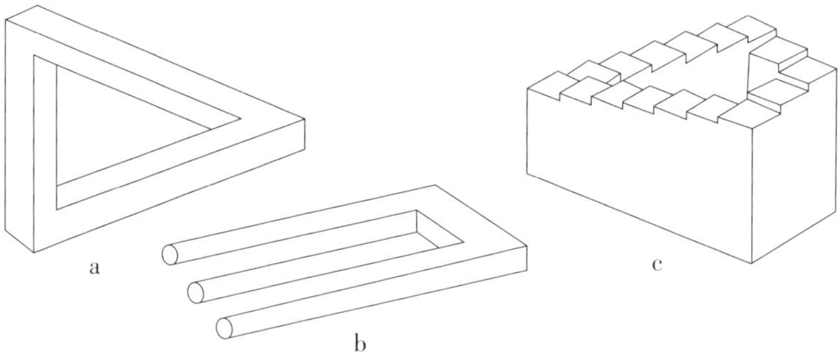

图7-1　三个不可能图形

总之,从感觉到知觉是一个连续的过程,但感觉与知觉在性质上是不同的。感觉是感性认识的初级阶段,各种感觉都是刺激作用于感受器所产生的神经冲动的表征。知觉虽然以感觉为基础,但不以现实的刺激为限,它还牵涉到记忆、思维等多种心理成分。知觉属于高于感觉的感性认识阶段。

二、知觉的信息加工机制

知觉使我们周围的世界变得有意义,它包含了若干相互联系的作用或过程,如检测(detection)、分辨(discrimination)和识别(identification)等(Moates,1980)。从信息加工的观点看,我们是如何将刺激的个别部分或属性组合在一起,形成特定知觉物的心理表征的呢?对这个问题的回答牵涉到自下而上的加工和自上而下的加工及其交互作用。

自下而上的加工(bottom-up processing)也称数据驱动加工(data-driven processing)(Lindsay & Norman,1977),是指知觉者从环境中一个个细小的感觉信息开始,将它们以各种方式加以组合便形成了知觉。持这种理论的心理学家认为,感受器所获得的感觉信息就是我们知觉所需要的一切,无须复杂的思维推理等高级认知过程的参与,我们就直接知觉到了周围环境。而这种直接知觉环境的能力是由人的生物性决定的,这可以由视崖(visual cliff)实验中很小的婴儿就能够形成深度知觉而知(Gibson,1979)。这种直接知觉(direct perception)理论又如何解释我们对感觉环境的识别呢?主要有这样几种理论假说。

第一种假说称为模板论,认为人们在头脑中储存有无数的模板集,这些模板非常详细,从而使我们有可能辨认出各种客体。也就是说,把观察到的客体模式与头脑中的模板集进行比较并选出与之匹配的最佳模板,我们就识别了该客体。但是模板匹配理论难以解释字母知觉中的问题。我们能辨认一个字母在大小、方向和形式上的种种变化,很难想象在我们头脑里会储存有那么多的模板而不感到累赘!这个假设显然是很不经济的。第二种假说称为原型论,认为原型不同于模板,它不是一个具体的特定样式,而是一类事物最典型(最常见)的例证。知觉的识别过程不是与模板精确、等同的匹配,而是与原型相一致。研究发现,即使人们从来没有见过完全与原型匹配的样例,人们也能够形成一种原型,识别出该客体。第三种假说称为特征论,认为人们对事物的知觉,就是把事物的特征与记忆中所储存的特征相匹配,而不是把整个事物与模板或原型相匹配。研究者不仅区分出不同的特征,还区分出不同类型的特征,如整体特征和局部特征等。在复杂三维物体和场景的表征中还可能包含局部特征的某种组合或结构,如成分再认理论(recognition by components theory)提出所谓几何子(geons)的概念,即所有物体都可以分解为诸如砖块体、圆柱体、楔形体、锥体等少量具有某种结构的几何子或部件。通过对少数的几何子的识别就能够快速精确地再认出物体的一般分类而不必去识别局部细节(Biederman, 1987)。上述这些直接知觉的假说虽能解释知觉形成的部分机制,并且也有部分的研究证据,如已发现在大脑皮质中有对特定的线段、颜色、形状、方向特别敏感的被称为特征检测器(feature detector)的神经元(Hubel & Wiesel,1974),但不能解释知觉形成的全部机制。

知觉表征的形成还包含自上而下的加工。所谓自上而下的加工(top-down processing),也称概念驱动加工(conceptually driven processing),指知觉者的习得经验、期望、动机,引导着知觉者在知觉过程中的信息选择、整合和表征的建构,也称为建构知觉(constructive perception)理论。看图7-2a的上部,你把被遮住下部的这串符号知觉为什么呢?可能你很容易就想到它是"科学"(SCIENCE)这个词,但实际上它是一串车牌号码。基于先前经验、假想和期望所作假设而产生的知觉定势有时会导致极大的偏差(见心理与人生7-2:眼见为实?)。知觉中的自上而下机制还可以用斯特拉顿(Stratton, 1897)的知觉适应实验来说明。实验中,他带上一个特制的左右调换、上下颠倒的眼镜,因而看到的世界是上下颠倒、左右反转,开始时他连走路、吃饭和做最简单的事都很困难。但是戴上这种眼镜8天之后,他开始适应这种倒视,他看到的世界基本上像过去一样了。在知觉中我们快速形成并测试关于知觉对象的各种假设,这些都以所感觉到的(感觉数据)、所知道的(记忆中储存的知识)以及所能推断的(利用高级认知加工)为根据。但这种假设或推论往往是无意识的。自上而下的加工可以很好地解释图7-2b中所示的情境效应(context effects)。在不同情境中,同样的符号或被解释成字母H,或被解释为A(上图);字符串中的字母B放到数字串情境中就被知觉为13(下图)。再请看图7-3中的两张人脸,右边的看上去有点不正常,但变形得似乎不是那么厉害。你把书倒过来再看,这张脸面显得十分怪异。为什么正着看和倒着看效果有差异呢?其原因是正常位置的人脸的习得经验使我们知道应该去看和会看到什么,而我们却没有倒着看人脸的经验。这些例子都可以说明知觉受动机、期望、经验或具体情境的影响。

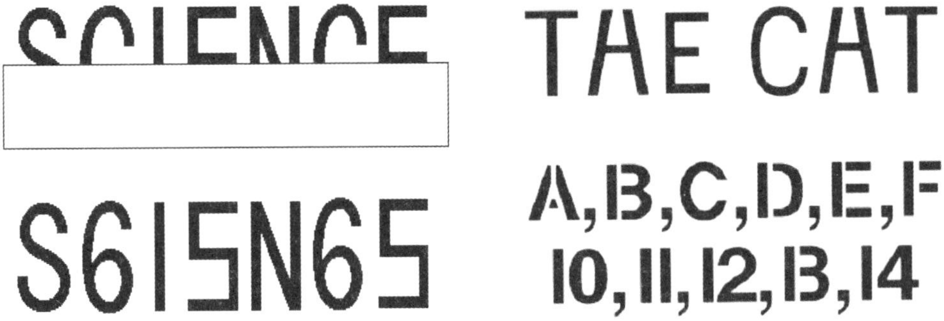

a　　b

图7-2　自上而下加工图示

总之,在知觉表征的形成中,既有自下而上的加工,又有自上而下的加工,这两种机制之间存在复杂的交互作用(Humphreys et al.,1997;Corbetta & Shulman,2002)。知觉是一个积极主动的过程,知觉的印象并不总是客观地反映事物的本身,而往往带有主观性。

〖热点问题讨论7-1〗人脸识别

人们可以识别出成千上万张人脸,区别出不同的表情,从面部特征中轻而易举地判断出年龄和性别,既便是在一定的距离外,在暗淡的灯光下,十几二十年之后,人们也能够认出曾经熟识的人。但是,一旦把人脸颠倒,事情就完全变样了,我们识别人脸的能力就会严重地下降,图7-3中两幅倒过来的照片有什么不妥吗?再倒过来看看!

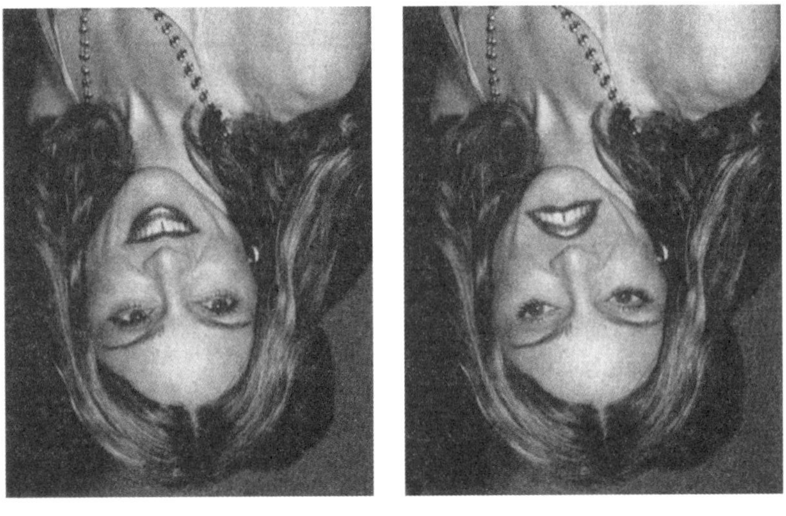

图7-3　倒过来看看!

为什么？物体识别的一般理论很难解释人脸识别的表现。研究者大多认为，人脸识别与普通物体的识别不同，它并不是基于局部特征的分析，而是基于人脸整体的结构的获取，人脸的构成部分眼睛、鼻子、嘴巴间的相互空间关系对识别非常重要。这种观点有多方面的证据，例如，人在出生2小时后即表现出对人脸结构图形的偏好；由于各种原因导致的大脑双侧颞叶（少数为右侧单侧颞叶）损伤的病人表现出特异的面孔失认症状，而保持相对完好的物体识别能力；在脑成像（PET、fMRI）研究中，在右侧梭状回面孔识别区（FFA）发现只对正立面孔反应的脑区；事件相关电位（ERP）分析中也在右侧颞叶区域发现了一个人脸刺激特异的早期脑电成分N170（彭小虎等，2002）。

然而，人脸与普通物体的识别过程并非完全没有共同之处。在卡通人物像识别的有关研究中发现，尽管识别卡通像和普通线画的准确率一样高，但是在要求学生说出那些著名人物的面部特征时，卡通像的反应速度要比普通线画快整整一倍，这是由于卡通像对这些人物面部的区别性特征进行了夸张。这个实验的结果表明，部分的特征确实在人脸识别时起了作用。

因此，人脸的识别仍是一个谜，在某些方面，人脸与普通物体的识别相似，而在另外一些方面，却又截然不同。要用统一的理论整合这些看上去矛盾重重的证据并不容易。近年来，专家系统论（theory of expertise system）的观点影响越来越大。该理论认为，人脸之所以呈现出不同于一般物体的识别过程，并不是因为人脸作为一个模式是特殊的，而是因为人脸的识别任务是特殊的——必须是在一类物体中做个体区分，而且还因为人们在漫长的生长过程中，不间断地学习而成为了区别人脸的专家。专家与新手的区别，类水平与个体水平上的物体识别的区别，正是人脸与普通物体识别过程不同的地方（Gauthier et al., 1999）。目前，专家系统论的观点已得到了一些研究结果的支持。如专家在识别专长领域内的物体时呈现和人脸类似的倒置效应，相比新手在FFA有显著的激活，而且激活程度与专家化水平相关（Gauthier et al., 2000），采用双任务设计的实验也发现面孔识别和专长领域内的物体识别存在着竞争（Gauthier et al., 2003）。然而，要统合现有的实验证据，并对人脸识别做出完整的理论解释，还有很长的路要走。

三、知觉的种类

根据知觉对象是否属于人，可以把知觉区分为社会知觉（social perception）和物体知觉（object perception）。社会知觉是对人的知觉，涉及印象形成等问题；除对人的知觉外，其他各种知觉都可称为物体知觉。

根据事物都有空间、时间和运动的特性，可以把知觉区分为空间知觉、时间知觉和运动知觉。空间知觉就是我们对物体的形状、大小、深度、方位等空间特性的知觉。时间知觉就是我们对客观现象的持续性和顺序性的知觉。运动知觉就是我们对物体的静止和运动以及运动速度的知觉。

另外,根据知觉中哪一种感受器的活动占主导地位,还可以把知觉分为视知觉、听知觉、嗅知觉以及视听知觉和触摸知觉等。

〖心理学与人生7-1〗超感知觉

以感觉为基础研究知觉现象,是科学心理学诞生以来一向采取的研究取向。但很多人对知觉现象却一直存有另外的想法,认为人类可能有某些特殊潜能,无须通过感觉器官接收信息即可获得知觉经验。历来的预言家、星象家、占卜家无不宣称他们具有这种特异功能。这些大体上属于心灵学(parapsychology)的范畴,研究人类如何单凭精神或心灵活动就能有效支配其行为。心灵学的特点是不遵循自然科学法则,不承认传统科学心理学一向主张心理现象以生理历程为基础的看法。

超感知觉(extrasensory perception,简称ESP)指不以感觉器官为基础即能获得知觉的心理现象。超感知觉研究主要包括以下三方面。

(1)传心术(telepathy),指两人之间不通过任何沟通工具或交流通道就能够彼此传递信息的过程。例如,在两人互不见面的情况下(如两人之间隔上布帘),其中一人在一边用心注视一张绘有图形的卡片,另一人在布帘对面静坐。静坐者如果能够知道对方所注视的是何种图形,就可推论他们之间确有心电感应。

(2)灵觉(clairvoyance),俗称"千里眼",是一种不靠眼睛即可看到物体的特异功能。如能"看到"未打开的钱袋里的钱数,能"看到"未翻开的扑克的图形,即表示具有超感视觉特异功能。

(3)预知(precognition),指在别人意见尚未表达之前即已预知,或事件尚未发生之前即可预卜的超人能力。例如,电话铃响起时,还未接听即可预知对方是何人。

早期实验者莱茵(J. B. Rhine,1895—1980)在美国杜克大学建立了第一个心灵学实验室,并一直致力于用实验结果证实超感知觉的存在。在他的一项实验中,采用了一副包括5组图形不同的卡片(见图7-4),每组卡片各5张,全套合计25张。实验开始时,两位被试对面而坐,中间隔上布帘,彼此间不通信息,也看不到对方的动作和表情。每人面前各放置一副卡片,先让一方被试以随机方式抽出一张卡片,并注视它(视为心灵发送者),然后将卡片反面向上置于桌上,接着要求对方被试(视为心灵接收者)凭其直觉指出该张卡片上的图形。如果指认正确,即表示两被试之间有心电感应。按上述程序实验时,被试如果毫无心电感应能力,纯属猜测答对的机会是20%,即25张卡片中可能猜对5张。莱茵根据其本人以及其他学者的实验研究,共收集到了数以万计的研究结果,发现数万被试总平均得分是7.1，即在超感知觉实验情境下，被试答对的机率是28.4%，比猜中的机率20%高出很多(Rhine，1934，见Honorton，1998)。也就是说，人类的超感知觉能力可能是存在的。

图7-4 超感知觉实验用卡片

对此，支持者认为，即使超感知觉研究不能像一般知觉实验那样，有刺激就会有反应，以致无法根据少数被试的反应得到验证，但从大量实验资料的统计结果看，不否定此类研究仍有价值。但是，反对者主张，所谓超感知觉纯属无稽之谈，对于人类何以会有这种能力更是无从解释。迄今从未发现一个可重复的超感知觉现象，也没有找到一个具有超常能力的人；实验室中的超感知觉实验方法都不是产生任何超感知觉效应的可重复的方法(Milton & Wiseman，2001)。纵观科学与伪科学的斗争史，任何伪科学的东西一度也都似乎可以用某种方法加以“证明”。具体到这里讨论的超感知觉，一些西方学者提供的某些所谓统计学上的依据就是表现之一。真正的科学心理学应该在破除迷信、揭露伪科学方面发挥积极作用。

第二节 知觉的特征

知觉具有对象性、整体性、理解性和恒常性等基本特征。

一、知觉的对象性

感觉系统为我们提供的是关于光、色、声等个别刺激特征或属性，但我们知觉到的是一个对应着某种形状、质地、大小和位置的完整而具体的图形，是那些个别属性的统一体。知觉的这种特性称为知觉的对象性或选择性。

产生统一体的知觉，首先是要把知觉图形从背景中区分出来。只有当刺激物之间有某种差别时，刺激物中的一部分区域被组织成对应着某种对象或其部分的形状，即被知觉为图形(figure)，而其他区域便成为背景(ground)，从而使知觉图形从背景中分离出来。这是产生知觉的必要条件。这其中的关键就是区分出边界。在经典的空虚视野(ganzfeld)实验(Metzger，1935，见Ash，1995)中，如果被试所观察的半球体内部被漆成均匀的灰色或白色,被试无法看出半球内的细微结构时,就完全没有知觉的分化,也就没有图形知觉。而如果在两个亮度的分界线上加上一条线,这时被试就会看到视野分成了两部分:一个亮些,另一个暗些,两者之间有了明显的界限。这说明,当视野中没有界限,不能形成轮廓时,知觉倾向于均匀化,没有图形知觉;当视野中刺激有差别,可以区分出某种形式的边界或轮廓时才会产生图形知觉。

大多数情况下,人们总能够在刺激模式中区分出特定的图形,这几乎是一种不依赖于自由意志的自动化的过程。一旦特定的图形知觉形成,它就会"突出"在背景的前面,而背景则好像退到它的后面,变得模糊不清。如上所述,从背景中区分出知觉图形,依赖于图形与背景之间的差别。图形与背景之间的差别越大,图形从背景中区分出来就越容易;反之,则越困难。在某些特殊情境下,我们也能体验到上述实验室中制造出的空虚视野效应。如飞行在海天一色的茫茫海洋上的战斗机飞行员在找不到地标的情况下有时会无法分辨出远处的天空和海洋的分界线,甚至会觉得是在头朝下飞行,即产生倒飞错觉。此外,对象知觉还依赖于下列两个条件。一是注意的选择作用。当注意指向某个事物时,该事物便成为知觉的图形,而其他事物便成为知觉的背景。当注意从一个图形转向另一个图形时,新的图形就会"突出"而成为前景,原来的知觉图形就退化成为背景。在第一次看图7-5a时,图形中部区域既可能被知觉为一群飞行中的大雁(黑色),也可能被知觉为一群鱼(白色)。这取决于你注意到的是图形上方还是下方的对象。因此,支配注意选择性的规律,也决定着知觉图形如何从背景中分离出来。其二,有机体的早期感觉经验也会影响其对象知觉。对一些先天白内障患者的个案研究表明(Gregory,1978),从未有过具体的视觉经验的患者在"恢复"视觉后,甚至无法通过视觉辨认出曾经用触觉触摸过的熟悉物体。对幼年的猫、猴和人类的视觉经验的研究结果表明,正常感觉和知觉发展存在一个关键期。早期的感觉经验缺失或受限会导致难以弥补的损伤,而如果在成年之后再施加感觉限制,则不会造成持续性损害(Myers,2006)。

知觉的图形与背景相互依存,不可分离,但图形和背景的地位可以相互转化。在观看可逆图形(reversible figure)时很容易体验到这种图形和背景的相互转化。图7-5中的几幅图中,不同区域可以被知觉为不同的对象:图b可以知觉为一位少妇,又可以知觉为一位老太婆;图c这幅达利的名画中,拱门下的白色天空可以看成是伏尔泰的前额和头发,两位女士服装上白色的部分是他的两颊、鼻子和下巴。两个图形间的边界非常清晰、知觉到的不同对象也非常稳定,意义非常明确,因此也称之为两可图或双关图(bistable figure)。

a　　b　　c

图7-5　可逆图形

二、知觉的整体性

知觉的对象有不同的属性，由不同的部分组成，但我们并不把它感知为个别孤立的部分，而总是把它知觉为一个有组织的整体。甚至当某些部分被遮盖或抹去时，我们也能够将零散的部分组织成完整的对象。知觉的这种特性称为知觉的整体性或知觉的组织性。格式塔心理学家曾对知觉的整体性做过许多研究，提出知觉是按照一定的规律形成和组织起来的，在知觉任何给定的刺激模式下，我们易于以稳定且连贯的形式把不同的元素简单加以组织，而不是把这些元素当成不可理解的、孤立的一堆混乱感觉。格式塔心理学家和后来的研究者提出的知觉组织的主要原则如下。

（1）邻近原则（law of proximity）。在空间上彼此接近的刺激物更容易被知觉为一个整体（见图7-6a）。因此，同样的六个●排成不同的空间模式，●● ●● ●●更倾向于被组织为三组，而●●● ●●●倾向于被知觉为两组。

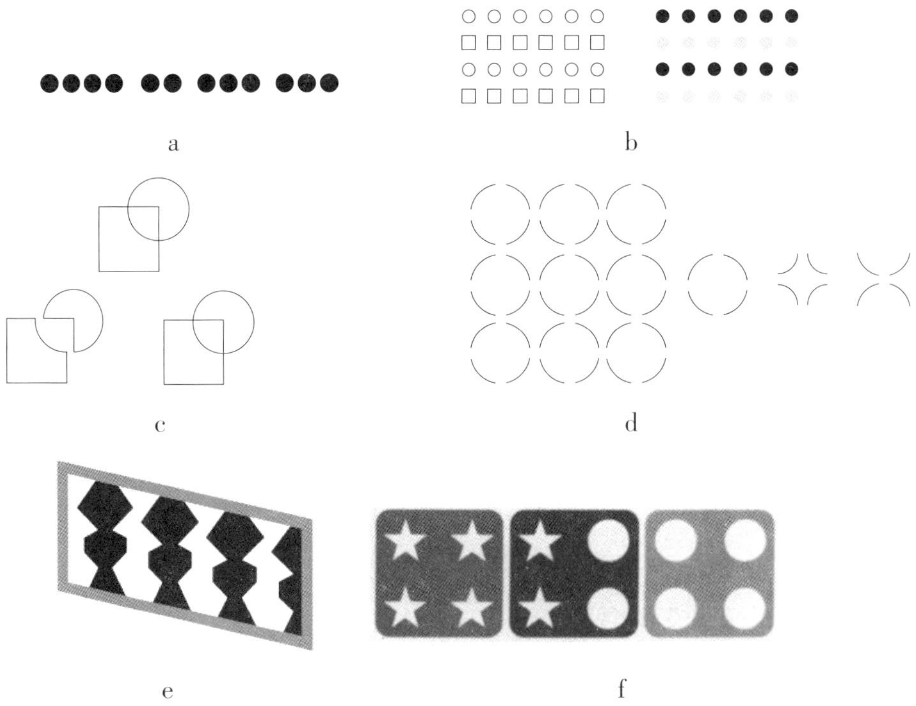

图7-6 知觉组织原则图解

（2）相似性原则（law of similarity）。在大小、形状、颜色或形式上相似的刺激物更容易被知觉为一个整体。同色的或同样形状的区域看起来更像一个整体（见图7-6b）。在这些不同属性中，颜色的作用更加重要。

（3）连续性原则（law of continuity）。知觉的另一个原则是简单和连续性。我们一般会把图7-6c中的图形看成是一个圆圈和一个矩形重叠在一起，而不是看起来更复杂的两个图形的拼接。知觉倾向于将刺激组织成我们最熟悉的某种模式。

（4）闭合原则（law of closure）。乍一看上去，我们会将图7-6d左边的图形看成是一组圆圈，尽管每个圆圈上都有缺口。这是因为知觉有将缺口加以“弥补”而成为一个连续的完整形状的倾向。

（5）好图形原则（law of good form）。单纯的、规则的、左右对称的图形容易被知觉为一个整体。图7-6e中，黑色区域更容易被看成一个整体，因为其对称性相比白色区域更好。同样，图7-6d中，完整的圆圈形状是大脑所熟悉的简单模式，也是符合好图形原则的图形。相比而言，圆圈比图7-6d最右边另外两个形状更易成为知觉的元素。

（6）同域原则（law of common region）。知觉的组织过程远不是上述规则的简单相加。在图7-6f中，如果根据经典的相似性原则和邻近原则，星形和圆形应各被视为一组，但是，背景着色后划分出三个区域，看起来更像是三组物体，中间一组由两个星和两个圆点组成。根据同域原则，处于同一地带或同一区域的刺激物更容易被视为一个整体，这是心理学家提出的又一种知觉组织原则(Palmer,1992)。

早期的格式塔心理学家强调,知觉的组织性是刺激本身的自然特点,是人的先天的完形倾向,与过去经验无关。的确,在双关图知觉中,我们大多能够很随意地以不同的方式形成我们的知觉形象组织。但是,大量的研究(包括一些跨文化研究)表明,知觉的组织性与人的知觉经验有直接的联系。知觉系统可以通过训练而日趋精细,从而完成通常情况下非常困难的物体识别和知觉组织任务(Biederman & Shiffrar, 1987; Olson & Chun, 2002)。

三、知觉的理解性

知觉过程的主要目标之一是对于知觉的对象以自己的过去经验予以解释,并用词汇或概念对其进行命名或归类,即赋予对象一定的意义。知觉的这一特性称为知觉的理解性。即便在非常困难的条件下,人也能够依据特别微小而零散的线索试图对刺激物命名,并把它归入到熟悉的一类事物之中。请看图 7-7a 和 b,你如何知觉这些看似无规律的斑点?如果给你一点提示,图中所绘的是两种我们比较熟悉的动物,你能够分辨出它们吗?这就是过去经验参与知觉对象理解的结果。图 7-7c 的"人脸—花瓶"双关图中,大脑或将其解释为黑色背景上的白色花瓶,或解释为白色背景上的两个侧面人像。这种理解随时存在,但又不能同时获得。仔细注视图 7-7d 的耐克立方体(Necker cube),你是否发现,每隔一段时间,知觉系统对其的解释就会发生变化,立方体的正向面会发生转换,很难一直维持一种解释?

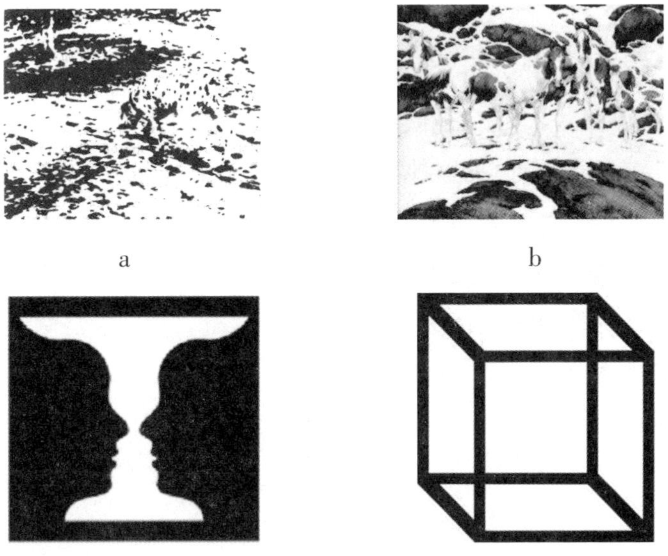

a　　　　b

c　　　　d

图 7-7 知觉的理解性图示

就听觉而言,知觉的理解性也很明显。在沃伦等(Warren & Warren, 1970)的音素填补

实验中,通过磁带向被试呈现下列句子:

It was found that the *eel was on the axle.

(*eel 被听成 wheel)

It was found that the *eel was on the shoe.

(*eel 被听成 heel)

It was found that the *eel was on the orange.

(*eel 被听成 peel)

It was found that *eel was on the table.

(*eel 被听成 meal)

在每个句子中"*"位置都被咳嗽声所代替而使得单词不完整。结果发现,即便上述四个句子甚至关键词都相同,但被试根据上下文的理解都宣称完整地听到了整个句子,并将"*"词分别报告为"wheel"(车轮)、"heel"(脚后跟)、"peel"(果皮)和"meal"(膳食)。被试对"*"词的知觉显然不是依据刺激本身,而是基于经验和上下文信息做出的主观理解。这种听觉填充效应在我们欣赏音乐或听别人谈话时也常能体验到。看来,知觉过程是无休止地在我们真正知觉到的与我们想要知觉到的差异之间做修正的过程。知觉的理解性有助于我们从背景中区分出知觉对象,有助于我们形成整体知觉,从而扩大了知觉的范围,使知觉更加迅速,同时也为艺术家创造神奇的视觉效果提供了可能(参见错觉中的不可能图形)。

四、知觉的恒常性

当知觉对象的刺激输入在一定范围内发生了变化的时候,知觉形象并不因此发生相应的变化,而是维持恒定。知觉的这种特性称为知觉恒常性(perceptual constancy)。例如,就视觉而言,随着观察的距离、角度和明暗条件不同,视网膜上的物像各不相同,但视觉系统发展出维持物体的知觉表征的倾向,从而使得我们能够根据不同的观察条件来校正信息的输入,不至于面对复杂多变的外部环境而疲于奔命。知觉恒常性现象在视知觉中表现得很明显、很普遍,主要表现为下列几种。

(1)大小恒常性。在一定的范围内不论观看距离如何,我们仍倾向于把物体看成特定的大小。从远处开来的一辆车很小,但大小恒常性仍然能够使我们知觉到它的大小足以载人。知觉物体的距离为我们提供它的大小线索;反过来,知道了它的大小,如一辆汽车,也为我们提供距离线索。大小和距离在知觉上的这种相互关系发生误用就可能会产生错觉。图7-8a中所示为埃姆斯房间错觉,房间被设计变形,但如果用单眼从窥孔往里看,它的形状是正常的。在近角的这个女孩大得有点不成比例，因为我们是按照她和远角女孩离我们同样远的假设进行判断的。

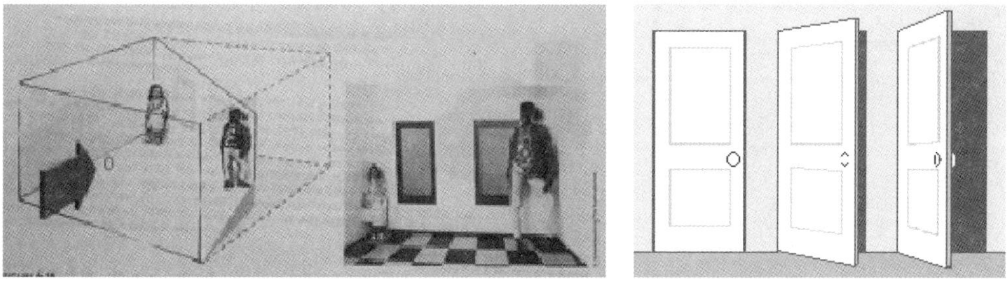

a　　b

图7-8 大小和形状恒常性图示

对象大小的视知觉，一方面取决于物体的大小，另一方面也取决于对象的距离。根据几何学的透视原理，对象在视网膜上的视像随着距离的增加而减小。如果要保持视网膜像的大小不变，随着距离的增加，对象本身的大小必须增加。这个关系称为欧几里德定律，可用方程式$a=A/D$表示，其中a为视网膜像的大小，A为对象大小，D为对象和眼睛的距离。这个公式也是计算大小知觉恒常性的基本公式。如果对被观察物体不熟悉，不知道其实际大小，也就难以依靠视网膜像大小来知觉其远近了。第一节所举的俾格米人的例子就是这个道理。计算大小知觉恒常性，还可以使用布伦斯维克比率(Brunswik Ratio，简称BR)：$BR=(R—S)/(A—S)$。其中，R为物体的知觉大小，S为1米远处的网膜影像大小，A为物体的实际大小。BR为1时表示完全恒常性，即知觉大小与物体实际大小相等。另一个和布伦斯维克比率相似的公式是索利斯比率(Thouless Ratio,简称TR)，区别是后者使用对数替代了布氏比率中的三个参数。

荆其诚等(1963)在利用偏振镜片改变两眼辐合角度的实验中，发现当刺激物的大小保持不变只改辐合时，知觉大小随辐合距离的改变而变化，即在视网膜像不变的情况下，辐合角度愈大(辐合距离愈小)，对象的知觉大小愈小；辐合角度愈小(辐合距离愈远)，对象的知觉大小愈大。在两眼辐合角度不变的情况下，刺激物移近，知觉大小按视网膜像的几何学规律增大。当知觉一定距离的刺激物时，视网膜上形成一定大小的视像，同时两眼视轴也辐合在该刺激物的距离上。当改变对象的距离时，视网膜像大小的变化与两眼辐合所引起的知觉大小变化相反。当刺激物的距离变近时，视像就增大，但是辐合距离的变近(辐合角度增大)，却使知觉大小缩小，二者的作用相互抵消了。这种调节作用基本上保持了知觉大小的恒常性。实验证明，大小恒常性是视网膜像和眼肌运动联合活动的结果，同时还与人对知觉对象的理解有关。

(2)形状恒常性，尽管观察物体的角度发生变化，但我们仍倾向于把它感知为一个标准形状。图7-8b中所绘的三扇门开闭状态不同,这是形状恒常性现象。

(3)明度恒常性,或称亮度恒常性,指尽管照明的亮度改变,但我们仍倾向于把物体的表面亮度知觉为不变。白纸能够反射落在它上面的90%的光线,而黑纸只能反射10%。在太阳光下,黑纸反射光线是屋内白纸的100倍,但看上去黑纸仍然是黑的(McBurney & Collings,1984)。图7-9a中,两个灰色圆圈的明度相同,但大多数人会觉得左边的圆圈看起来比右边的更暗。视觉系统基于两个圆圈所在的背景比较其明度,因而左边的相对其背景而显得更暗。再看图7-9b,你能相信A与B是同样的灰色方块吗?事实就是这样!另外,这个图用来说明大小恒常性、形状恒常性、颜色恒常性等也都不错。

a b

图7-9 明度和颜色恒常性图示

(4)颜色恒常性。尽管物体在不同光线下颜色改变了,我们仍把它感知为原先的颜色。当光线发生变化时,水果盘里的一个红苹果仍被知觉为原来的红色,因为大脑计算的任何物体的光线都是相对于周围物体而得到的。图7-9b中不管光线照射如何,圆柱体的逆光面和向光面都是同一种颜色,这是颜色恒常性现象。

与其他知觉特性一样,除视知觉外,知觉恒常性还表现在其他知觉领域中。例如,当我们转动头部的时候,虽然声音对听觉器官的作用条件发生了变化,但我们感到声音的方位并没有变化,这是方位知觉恒常性现象。同样是声源方位知觉,哈斯效应(Haas effect)说的是若两不同声源发出同样的声音,其中一个有约5~35毫秒的延迟,则所有声音听起来似乎是来自未延迟声源。只有延迟时间超过50毫秒时,第二声源才能被听到,像一清晰的回声。音响系统中利用这一效应,能够产生更加丰富的立体声效果(Haas,1972)。知觉的恒常性在人的生活实践中具有重大意义,它使人能在不同的情况下按照事物的实际面貌做出反映。

〖心理学与人生7-2〗眼见为实?

我们都见过日落,而事实上,我们都知道太阳是不会“落”的,是地球本身的转动使我们的视角发生了变化,使太阳在地平线上逐渐从视野中消失。就像人在经验中获得的大多数概念一样,我们所见到的“日落”是对于一个外部事件的知觉重组(perception reconstruction)。知觉本身包含着感知者的需要、期望、价值观和信念等主观成分,因此,“眼见为实”常常是靠不住的。

在法庭上,目击者的证言对于证明被告有罪或无罪是很重要的。当目击者说“这是我亲眼所见”时,会对审判者有很大的影响。但是,目击者的证言经常是错的,而审判者则会被那些自信的证人和“肯定性”的证言所误导。事实上,不少人就是因为目击者的错误而被冤判的。在一个典型的案例中,一位警官作证说,他看见被告在门廊处向受害者开枪,当时他与被告和受害者之间的距离约40米远。心理学家的实际测量结果显示,在这一距离条件下,门廊上昏暗的灯光比一只蜡烛光亮的1/5还要弱,目击者根本不可能看清谁是谁。现在,心理学研究的结果正在逐步使律师、法官和警官们相信,目击者的证言难免会有错误。在表7-1中,列出了可以影响目击者知觉准确性的因素(Kassin,1989)。

表7-1 影响目击者知觉准确性的12个因素

影响因素	研究结果与发现
压力	极高的压力水平会降低目击者知觉的准确程度
凶器	凶器的出现会降低目击者准确识别罪犯面孔的能力
目击时间	目击者观察事件的时间越短,对事件感知和记忆的准确性越低
主观自信	目击者的自信程度与其证词的准确程度无关
种族知觉	目击者识别同种族者比识别其他种族者更准确
事后信息	目击者的证词不仅反映他当时看到了什么,而且还包含事后获得的信息
颜色知觉	在单色光(如橙色的路灯灯光)下做出的颜色判断,可信程度极低
提问方式	目击者的证词受对他询问时的提问方式和措辞的影响
无意识转移	有时目击者会把在另一场合见到的人误认为罪犯
观察训练	警察和其他受过训练的观察者作为目击者时,他们提供的证词并不比一般人更准确
时间估计	目击者趋向于过长地估计事件持续的时间
时间估计	目击者对事件的知觉和记忆受其态度和期望的影响

总之,日常的知觉、带情绪色彩的知觉和目击者的知觉都可能是不准确的,甚至会是完全错误的。要记住,“眼见”但“不实”的情况经常发生。这种认识能帮助你容忍其他人的观点,并更加谨慎地考察自己观点的客观性。

第三节 空间知觉

你是否会在下楼梯时走着走着——咣当一声,毫无知觉地跨一大步便下到楼底?或者竟糊涂到想把杯子放到桌上,却反而把它甩到了空中?这样的经历是罕有所闻的。我们生活在三维空间里,必须具有了解自己与空间事物之间的关系及其变化的能力。视、听、嗅等各种感官为我们提供了来自空间的各个点的信息,如果不能把这些信息组织起来,在这个变幻莫测的世界里就无法适应生存。我们对自身和周围事物的空间关系的知觉以及对位置、方位、距离等各构成空间关系要素的觉察即空间知觉(space perception),空间知觉包括形状知觉、大小知觉、距离知觉和方位知觉等。空间知觉的主要信息来源是视觉和听觉。本节我们将着重讨论视空间知觉和听空间知觉,这之前先讨论空间知觉的参考系。

一、空间知觉的参考系

在知觉事物的时候,我们总是要使用一个标准才能进行判断,这个标准叫知觉的参考系。空间知觉的参考系可分为两类:以知觉者自己为中心的参考系和以知觉者以外的事物所建立的参考系。

在一定的时间和空间里,知觉者总占据着空间的一个位置,其感觉信息往往是以个人为参考系而被接收的。对上下、左右、前后的判断通常是以知觉者自身为参考系而做出的。

对于知觉者自身与物体以及物体之间空间关系的判断,除以知觉者自身所建立的参考系外,也经常以自身以外的事物作为参考系。东、南、西、北的方向是以太阳出没的位置和地磁为参考系所建立的方位。日出处为东,日落处为西,地磁的南极为北,地磁的北极为南。有了这个参考系,我们就可以在此基础上,以环境中熟悉的物体为参考体进行定向。在特殊的条件下,没有熟悉的地面物作为定向的参考体,也可以用星象、罗盘或其他仪器来定向。对于大小、形状等空间知觉,我们也是使用某种参考系才能加以判断的。

二、视空间知觉

在视空间知觉的问题上,心理学家一直在探索下面两个问题:(1)我们的视网膜是二维的,同时我们又没有“距离感受器”,那么在二维空间的视网膜上如何形成三维的视觉,我们又通过哪些线索来把握客体与客体、客体与主体之间在位置、方向、距离上的各种空间关系呢?(2)如果说视空间知觉的获得是由于双眼协调并用的结果,那么为什么在很多时候使用单眼仍然可以获得准确的空间知觉?根据已有资料,空间知觉需要依靠许多客观条件和机体内部条件或线索(cues)并综合有机体的已有视觉经验而达到。有时我们甚至无法意识到这些线索的作用。概括起来,视空间知觉的线索包括单眼线索和双眼线索。单眼线索主要强调视觉刺激本身的特点,双眼线索则强调双眼的协调活动所产生的反馈信息的作用。

(一)单眼线索

单凭一只眼睛即可利用单眼线索(monocular cue)而相当好地感知深度,艺术家们特别擅长利用单眼线索制造作品中的深度等空间关系。单眼线索很多,其中主要的有如下几种。

(1)对象的相对大小(relative size)。对象的相对大小是距离知觉的线索之一,如图7-10a所示,小圆球好像离我们远些,大圆球好像离我们近些。对于熟悉物体的判断则有所不同,高矮不同的两个熟人,如果现在你看到那个本来矮小的人显得高大些,而那个本来高大的人看起来矮小些,那么,你便会觉察到前者离你近些,后者则离你远些。

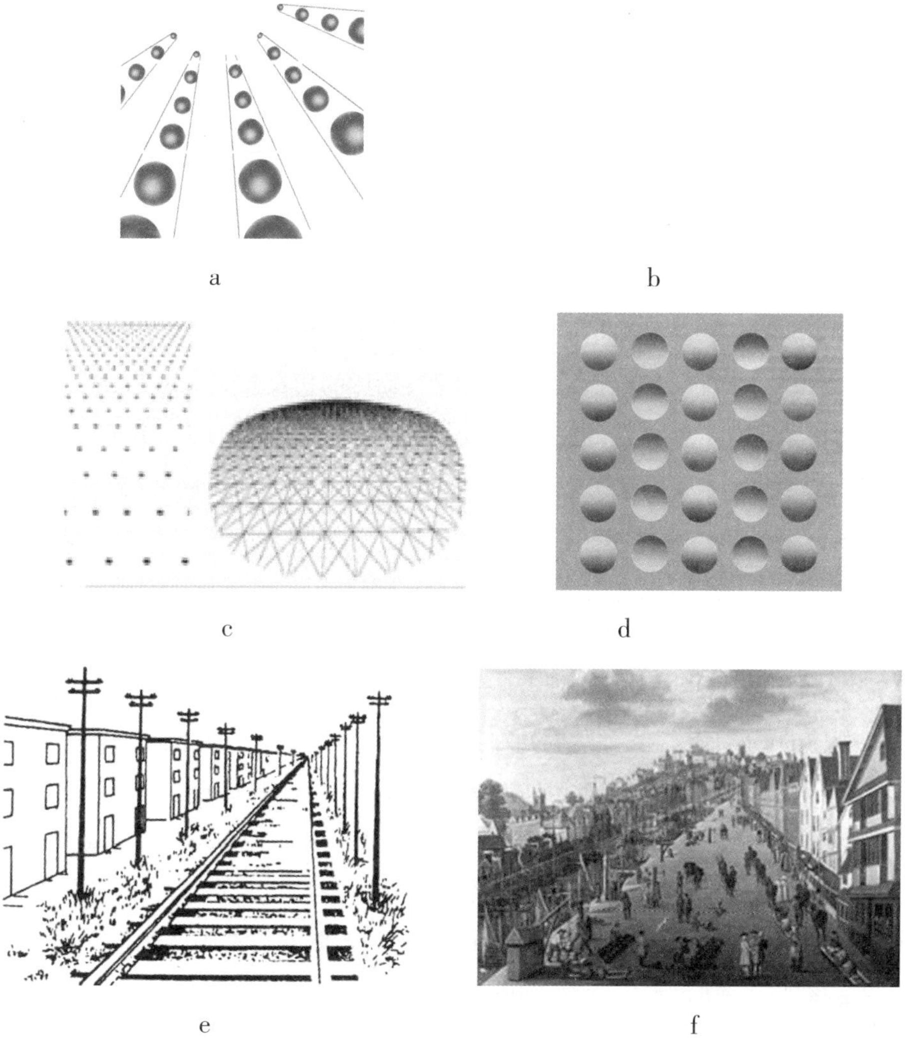

图7-10　深度知觉的几种重要线索

（2）遮挡（occlusion）。如果一个物体被另一个物体遮挡，遮挡物看起来近些，而被遮挡物则觉得远些。物体的遮挡是距离知觉的一个线索（见图7-10b）。如果没有物体遮挡，远处物体的距离就难以判断。例如，高空的飞机倘若不与云重叠，就很难看出飞机和云的相对高度。

（3）质地梯度（texture gradient）。视野中物体在视网膜上的投影大小及投影密度上的递增和递减，称为质地梯度。当你站在一条砖块铺的路上向远处观察，你就会看到越远的砖块越显得小，即远处部分每一单位面积砖块的数量在网膜上的像较多。图7-10c中的两个图形，上部质地密度较大，下部质地单元较少，于是产生了向远方伸延的距离知觉。

（4）明亮和阴影（light and shadow）。我们生活在一个光和阴影的世界里，它帮助我们感知体积、强度、质感和形状。黑暗、阴影仿佛后退，离我们远些；明亮和高光部分显得突出，离我们近些（见图7-10d）。在绘画艺术中，运用明暗色调，把远的部分画得灰暗些，把近的部分画得色调鲜明些，以造成远近的立体感。

（5）线条透视（linear perspective）。同样大小的物体，离我们近，在视角上所占的比例大，视像也大；离我们远，在视角上所占的比例小，视像也小。平行线，如火车轨道，会在远处汇聚。汇聚线越多，知觉的距离越远（见图7-10e）。

（6）空气透视（atmosphere perspective）。由于空气的散射，当我们观看远处物体时都会感受到：物体离我们越远，能看到的细节就越少；物体的边缘越来越不清楚，越来越模糊；物体的颜色变淡，变得苍白，变得灰蒙蒙的。远处物体在细节、形状和色彩上的这些衰变现象，称为空气透视。当然，空气透视和天气的好坏很有关系。天高气爽，空气透明度大，看到的物体就觉得近些；阴雾沉沉或风沙弥漫，空气透明度小，看到的物体就觉得远些。如图7-10f所绘的“布里斯托尔的宽码头”，其中不仅利用了空气透视原理，还综合运用了质地梯度、遮挡、线条透视及相对大小和相对高度等线索。

（7）运动视差（motion parallax）。头只要稍微一转动，物体与视野的关系就变了。这种由于头和身体的活动所引起的视网膜物像上物体关系的变化，称为运动视差。当我们运动时，原来静止的物体看上去也在运动。坐过火车的人有这样的经验：在火车上注视窗外的一个物体，如一座房子，那么，比房子近的物体向后运动。物体越近，运动得越快；而注视点远处的物体则和你同时运动，物体越远，运动速度越慢。

（8）眼睛的调节。人在看东西的时候，为了使视网膜获得清晰的物像，水晶体的曲率就要发生变化：看近物时，水晶体较凸起；看远物时，水晶体比较扁平。这种变化是由睫状肌进行调节的。睫状肌在调节时产生的动觉，给大脑提供了物体远近的信息。不过，调节作用只在几米的范围内有效，且分辨力较差。

(二)双眼线索

利用双眼线索(binocular cue)是深度和距离知觉的主要途径,其效果要比利用其他线索精细准确得多。双眼线索主要包括辐合作用和双眼视差。

(1)视轴辐合或双眼会聚(binocular convergence)。看远物时,两眼视线近似于平行;看近物时,双眼视线会向正中聚合以对准物体。眼睛肌肉在控制视线辐合时所产生的动觉,会给大脑提供物体远近的线索。不过,辐合作用所提供的距离线索只在几十米的范围内起作用。物体太远,视线趋于平行,已不能提供有效的辐合信息。

(2)双眼视差(binocular disparity)。人的两只眼睛相距约65毫米。当我们看立体物的时候,两眼从不同的角度看这一物体,视线便有点差别。尝试一下将手指放在离鼻尖较近的位置,分别用两只单眼观看,会发现手指位置发生了明显的移动。观察物体时两眼视网膜上的物像差异就是双眼视差。双眼视差在深度知觉中起着至关重要而又不为人所觉察的作用,由双眼视差来判断深度的过程即立体视觉(stereopsis)(见Anderson & Nakayama, 1994)。利用这一原理,人们可借助计算机制图或特制的实体镜(stereoscopes)观察三维实体图。图7-11a示意了双眼视差与深度知觉形成的原理。图7-11b是一个简单的立体图对,你可以尝试在放松状态下让视轴发散平行,仿佛在看一个远处的物体而一直保持对图形的注视。这时就能看到仿佛浮在背景圆圈上面的立体图。图7-11c是基于同样的原理用计算机编排的随机斑块立体图。如果幸运,你会看见一个心形悬浮在背景之上。立体视觉的研究表明,在排除了其他所有深度线索的条件下,一组完全无意义的视觉刺激,只要具备视差条件,就能产生深度知觉。这在一定程度上验证了吉布森的直接知觉理论,并在艺术创作和计算机视觉领域得到广泛的应用。

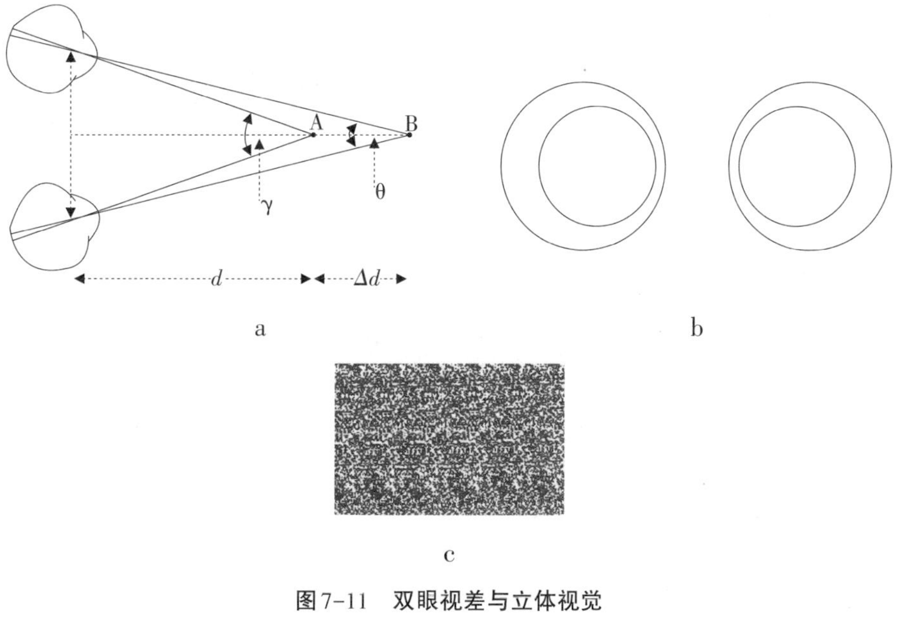

图7-11　双眼视差与立体视觉

三、听空间知觉

关于空间的感受,除了视觉之外还能从听觉器官获得,耳朵能提供声音的方向和声源远近的线索。视觉线索有单眼和双眼的区别,听觉线索也有单耳和双耳的区别。

(一)单耳线索

由单耳所获得的线索,虽不能有效地判断声源的方位,却能有效地判断声源的距离。平时我们往往以声音的强弱来判断声源的近远:强觉得近,弱觉得远。特别是熟悉的声音(如汽车、火车的声音),按其强弱来判断声源远近较为准确。

(二)双耳线索

对声源远近和方向定位,靠双耳的协同合作才能获得准确的判断。关于空间知觉的双耳线索主要有以下三种。

(1)双耳间时间差(time difference of binaural)。从一侧来的声音,两耳感受声音刺激有时间上的差异(即一只耳朵早于另一只耳朵)。这种时间差是声源方向定位的主要线索,声源被定位于先接受到刺激的耳朵的一侧。人体头部近似球形,两耳间的距离约为15~18厘米,声音到达两耳的时差的最大值约为0.5毫秒。

(2)双耳间强度差(intensity difference of binaural)。声音的强度随传播远近而改变,即愈远愈弱。与声源同侧的耳朵获得的声音较强,对侧耳朵由于声波受头颅阻挡得到的声音较弱。这样,声源就被定位于较强的一侧。

(3)位相差。低频声音因波长较长,头颅的阻挡作用较小,两耳听到的强度差也较小。这时,判定方位主要靠两耳感受声音的位相差,即同一频率声波的波形的不同部位作用于两耳,因而内耳鼓膜所受声波的压力也就有了差别。虽然这种差别很小,但它是低频声源定位的主要线索。

高于3000赫兹的声音,两耳强度差较大,易于定位。两耳感受刺激的强度差是高频声音方向定位的主要线索。声速为344米/秒,当声源从正中偏向3度时,刺激两耳的时间差仅为0.03毫秒,人便能感觉到声音偏向一侧。时间差越大,感到声音偏向侧面的角度越大。偏向身体左右两侧的声音,到达两耳强度差和时间差较大,易于辨别其方向;处于两耳轴线垂直平分面上的声音,到达两耳的强度差和时间差相等,难于分辨其方向。在听觉方向定位时,人经常转动身体和头部的位置,使两耳的距离差不断变化,以便精确地判断声音的方向。这样,即使是一只耳朵,借助头部和身体转动的线索也能够确定声音的方位。

在通常的情况下，正常人的空间知觉主要依靠视觉和听觉。嗅觉也能起作用，由于气味到达两只鼻孔的时间、强度不同，也能分辨出气味的来源和位置。在特殊情况下，还可以用其他感官来感受空间。例如在黑暗中，靠触摸觉和动觉来确定周围物体与人之间的方位关系等。

第四节 时间知觉

时间不像光和声那样有专门的感受器，我们没有专门的时间感受器，时间知觉（time perception）实际上是对事件和运动的知觉（Hanke，2000）。我们对时间的知觉是建立在对周期性和非周期性变化的经验基础之上的。

一、时间认知的参考系

时间既没有开始也没有结束，从无穷的过去直到无穷的将来。要判断时间，就必须以某种客观现象作为参照。以下几个方面为我们提供了时间认知主要的参考系。

（1）宇宙环境所提供的信息。太阳的东升西落，月亮的盈亏变化，星座的向西移动，季节的变化等，都可以成为我们感知、判断时间和调节活动的客观依据。从古至今，自然界的这些周期性现象对人测量时间和调节活动都起过积极的作用。古人根据自然界的周期性现象计算时间，制定历法，耕耘狩猎。现今我们对时间的不严格计量，如上午、下午、一天等，还是以太阳的变化位置为参考系来计量时间、安排生活的。

（2）计时工具。人类发明了钟表和日历等后，就以此来计量时间和调节活动。较长的时间，以年、月、日计量；较短的时间，以小时、分、秒计量。以生活中的重大事件进行时间定向也是以日历为参考系来计时的。

（3）生物钟信息。科学家已经发现许多有机体内存在各个时间梯度上的周期性节律，即所谓的生物钟（biological clock），这些生物钟控制着从季节性迁移、细胞增殖等长时间维度的生命活动到进食、睡眠、消化、排泄、心跳、呼吸等短时间维度的行为和生命过程，甚至还作用于毫秒级的神经活动。其作用范围从基因水平直到行为水平。以我们最熟悉的昼夜节律（circadian rhythm）来说，哺乳动物的生物钟位于大脑的下丘脑中，通过视网膜中的光感受器对光线做出反应以调谐生物钟维持24小时的周期。这种调谐甚至可以在少量或完全自然光暴露条件下顺利实施（King & Takahashi, 2000；Klein et al., 1991）。尽管尚不能回答其中的缘由，但各种周期性节律为人类的活动提供了丰富的时间信息。

二、知觉到的现在

时间是瞬息即逝的，我们不能像空间知觉那样进行反复感知。因此，真正意义上的时间知觉和时间记忆有所不同。前者是对时间的“直接”反映，依赖于同质刺激的自发组织，即在大约几秒钟的限度内，把一些相继事件知觉为相对来说是同时的。这些事件排列有序并被知觉为一个单元，如，一个电话号码、一个节律结构、一个曲调的主旋律、一个简单的句子等（Fraisse, 1963）。可见，时间知觉的内涵和所谓“心理的现在”（psychological now）、“知觉到的现在”（perceived present）相同。通常，时间知觉包含对时间持续性和顺序性的知觉。超过了上述限度，我们对持续时间的认知就不是对现实的复制，而只能靠同长时记忆中的体验或钟表和日历所衡量的时间进行比较来加以认知，这是时间估计（time estimation）或时间记忆（Fraisse, 1981，1984）。实际上，不论时间知觉或时间估计，都不能理解成是对纯粹时间的加工，时间信息必然不能脱离非时间信息。

（一）知觉到的现在的限度

知觉到的现在的上限是按照一个刺激序列可以被知觉为整体所持续的时间来衡量的。因此，这个时限不仅取决于人的客观认知加工能力，也取决于刺激材料和环境的属性。早期的一些研究表明，知觉到的现在的上限是有差异的：对英语诗句的平均持续时间为3秒，对光刺激的平均持续时间约为6秒，对乐音的平均持续时间约为2~5秒。弗雷斯（Fraisse，1981）总结了这方面的研究，认为知觉到的现在可以持续3~5秒钟。波佩尔（Pöppel, 2000）甚至提出这个时限的内涵就是意识的限度，因为系列事件只有通过某种时间整合机制被整合成一个个单元或时间上的“格式塔”，才能成为主观的“现在”的内容。作为意识内容维持时限的证据，在对双关图知觉、反应时分布甚至言语等基本动作作业中，先后发现了上限约为3秒的低频周期性振荡机制。对时间顺序阈限的研究发现则支持还存在另一个时距大约为30毫秒的高频加工系统。从功能上讲，后一个系统产生间隔30毫秒的时间量子，为离散事件的建立和识别提供可能，它不受感觉道换能作用的影响，而只取决于脑的功能；前一个系统则产生持续3秒钟的时间整合窗口（Pöppel, 1997，2004）。

（二）顺序知觉和持续知觉

作为时间知觉的基本研究内容，顺序和持续并不能完整概括所有的时间经验。在弗雷斯（Fraisse, 1963）建立的时间知觉研究框架中，从瞬时（instantaneity）体验过渡到持续（duration）体验的延续性组织和从同时（simultaneity）体验过渡到相继（succession）体验的顺序性组织是绵延事件的基本结构。对这两类组织中的时间知觉阈限的测定揭示出二者之间的分离:顺序阈限略高于持续阈限,但二者并非一个连续体;持续阈限在视觉通道上的阈限相对听觉高(视觉道的换能速度慢于听觉),而顺序阈限则不受换能作用的影响表现出跨通道的一致性。

相对而言,持续知觉即时距知觉得到了更多研究者的关注,大量研究都是围绕人或动物在时距估计作业中的准确性及其变异源来展开的,也发展出诸多的理论模型和研究范式(Treisman, 1963; Thomas & Weave,1975; Allan,1979; Block & Zakay, 2001; 黄希庭等, 1995)。

(三)时距知觉的加工机制

日常经验告诉我们,绵延而连续的物理时间和离散、分段的心理时间往往存在很大的差异。概括而言,时距知觉的加工也可以用自上而下机制和自下而上机制及其交互作用来解释。就时间知觉而言,由于时间信息必然负载于具体的非时间信息之上,则时间知觉中的自下而上机制主要指具体刺激的物理属性。注意等认知因素也会对时距知觉产生自上而下的影响。同时,有机体的生物属性等内部变量也会对时距知觉产生影响。

(1)刺激的物理性质。刺激的类型、复杂度、强度、呈现时间、感觉道类别和个数等刺激或情境性质会极大地影响时距知觉。已有的研究发现:较强的刺激比不太强的刺激显得时间长些;被分段的时距比空白的时距显得长些;延伸于两个空间上的时距比延伸于一个空间上的时距显得长些;信息编码复杂的时距比信息编码简单的时距显得长些;不熟悉刺激的时距比熟悉刺激的时距显得长些。

(2)内部变量。早期的时间知觉理论基于生物钟假设,将时距知觉解释为节拍器(生物钟)发放脉冲,累加器记录脉冲数量并通过比较机制得出时距估计的过程。研究者试图辨明刺激属性和心理反映间的一般联系,也尝试建立了类似于史蒂文斯律、韦伯律这样的心理物理法则,被认为是时间知觉研究的生物取向。其代表性成果梯度期望理论(scalar expectancy theory, 简称SET)(Gibbon,1977)迄今仍有一定影响。根据该取向,凡可能对生物钟工作频率产生影响的机体变量都是时距知觉的变异源。如发现体温、年龄增加会导致高估时间;女性倾向于高估短时间和低估长时间,男性则相反;其他如药物注射、智商、疲劳、脑损伤、异常的精神状态都会对时距知觉产生影响。

(3)认知因素。随着认知科学的兴起,注意、记忆、情绪、动机和倾向、学习、认知能力、经验、社会环境甚至人格、文化等认知因素对时间知觉的影响日益成为研究的焦点。由此产生的研究取向被称为认知取向。其代表性成果注意闸门模型(attentional-gate model)(见Block & Zakay, 2001)强调注意在时间知觉任务中对时间信息和非时间信息之间起着分配资源的"开关"作用。该理论可以很好地解释时间错觉现象,即对持续时间的注意会使知觉到的时距变长。

三、时间知觉和空间事件

时间和空间之间是一种相互依赖的关系(Schill & Zetzsche, 1995),彼此很难分割。时间对空间产生影响的经典例子是Tau效应(Tau effect)。在赫尔森和金(Helson & King, 1931)的实验中。如图7-12a所示,在被试的前臂安排了三个等距离的受刺激点,组成一个触觉的等边三角形,当刺激*A*点和*B*之间的时间间隔大于刺激*A*点和*C*点的时间间隔时,被试觉得*AB*的距离似乎要大于*AC*的距离,即时距越长,知觉到的距离也越长。Tau效应在视觉领域也得到了证明(Bill & Teft, 1969)。

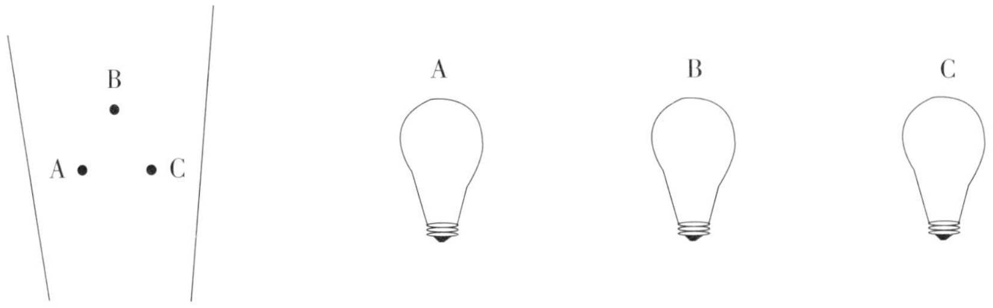

a Tau效应的实验安排　　b Kappa效应的实验安排

图7-12　Tau效应与Kappa效应

反过来,时间知觉受空间事件的影响称为Kappa效应(Kappa effect)。在科恩等(Cohen, Hansel & Sylvester, 1953)的实验中,将三个灯泡排成一行,如图7-12b所示。开A灯泡和B灯泡之间的时间间隔等于开B灯泡和C灯泡之间的时间间隔。但由于A灯与B灯的距离大于B灯与C灯,被试觉得开A灯和B灯之间的时间间隔要长些,表现出空间知觉对时间知觉的影响。kappa效应只在特定的时间间隔条件下才会发生,在刺激难以区分时更容易发生(Jones & Huang, 1982)。有实验表明,kappa效应在儿童身上表现得特别明显(黄希庭等,1980)。

对这类时空相互作用现象,安德森(Anderson,1975)等用速度、时间和空间距离三者关系的整合在时间、空间判断中的作用来解释,即所谓归因的匀速假设(imputed constant velocity hypothesis),而琼斯和黄(Jones & Huang, 1982)则用背景性(context)错觉来解释。有一项研究(Matsuda et al., 2000)发现,当被试形成利用时间间隔作为空间距离估计线索的定势时更容易发生Tau效应,而当其形成利用图像运动的速度作为距离估计线索的定势时,则发生所谓的逆Tau效应(anti-Tau effect),即时距越长,距离估计越短。

第五节　运动知觉

运动知觉(motion perception)也就是对客体或客体的部分在空间上的位置变化以及变化速度的知觉,其对有机体的意义不言而喻。我们对客观事物不断变化及变化速度的知觉,是透过多种感官的协同活动而实现的。当物体通过我们的视野,在视网膜上留下了一连串的物像,运动知觉就是由连续刺激视锥细胞和视杆细胞而产生。如果盯住一个运动物体移动头和眼,那么反馈系统会把眼和头的运动信息传递给大脑,我们仍知觉到物体在运动。如果听到火车的声音由弱变强或由强变弱,这声音信息告诉我们火车正由远及近或由近及远地运动。如果我们自己在行走,或用眼睛从一个固定的物体转移到其他固定的物体,虽然视网膜上留下了一连串的物像,但我们并不觉得外物在运动。这是因为身体的平衡觉、头部的动觉抵消了视网膜上连续刺激所产生的兴奋。我们时常会陶醉于技术娴熟的网球手、羽毛球手或乒乓球手对运动判断的速度和准确性,而其中的运动知觉是很复杂的。运动牵涉到时间和空间的交互作用,因此运动知觉与时间知觉和空间知觉密切相关。

一、运动知觉的参考系

任何事物都处在不断的变化和运动之中。运动与静止,运动速度的快与慢,都是相对而言的。人在观察某一物体是运动还是静止,以及运动速度的快慢时,都要与另一物体相比较。这个被比较的物体,就是运动知觉的参考系。例如,我们在公路上看到行人来来往往、汽车南来北去,这种运动知觉是以它的背景(地球)静止作为参考系的。

生活实践使我们形成了一条基本经验:知觉对象是活动的,而背景是固定的。平时我们就是按这条基本经验行事的。我们坐在火车上时,另一条轨道上的并行列车开动了,本来没动的你却感到自己坐的车子开动了。因为窗外的景物被感知为背景,你以为背景是固定不动的,结果背景的活动反倒使你感到自己在反方向运动。类似这样的知觉对象和背景的相互关系为我们提供了物体运动变化的许多信息:(1)出现位移时,往往倾向于把知觉对象看作运动的,而背景则被当作固定的;(2)一个小物体在大背景中运动,比起大物体在小背景中运动看起来要慢得多;(3)一个物体通过一个平滑不变的背景时看起来显得慢,而通过一个多样化的背景时由于提供了较多的参考点看起来就显得快;(4)靠在一起的两个物体同时发生位移,较小的物体易被看作是运动的;(5)明暗不同的物体,发生位移时,较暗的物体易被看作在运动;(6)被注视的物体易被看成是运动的,不被注视的、模糊不清的部分易被当作固定的背景。

二、真动知觉

运动知觉可分为真动知觉和似动知觉。真动知觉(real movement perception)是对物体本身真正在空间发生的位移及移动速度的知觉。虽然事物都在不断变化,但并不是任何种类的运动变化都能被我们察觉到。有些运动太慢,如钟的时针和分针的移动、花的开放,我们无法看清;有些运动太快,如飞行中的子弹、白炽灯的闪烁,我们也看不出来。我们刚刚可以辨认出来的最慢的运动速度,即是运动知觉的下阈限;运动速度加快超过一定的限度,我们看到的只是弥漫性的闪烁,这种刚刚能看到闪烁时的速度,即是运动知觉的上阈限。据测定,距离为2米时,下阈为0.66毫米/秒,上阈为605.22毫米/秒。运动知觉的差别阈限符合韦伯定律,在速度为200~400毫米/秒的情况下韦伯常数约为0.2(荆其诚、叶绚,1957)。如同前面提到的专业球手例子,对运动的知觉受到经验和训练的影响。在运动知觉的生理机制方面,现代神经成像研究表明大脑的某些区域可以对运动进行检测(Tootell et al., 1997)。对脑损伤病人的神经心理学研究也发现运动知觉损伤的个案,如有病人无法“看到”咖啡倒入杯子的连续过程,而只能知觉到一串静态图像(Zihl et al.,1983)。

三、似动知觉

似动知觉(apparent motion perception)是指在一定的条件下人们把客观上静止的物体看成是运动的,或把客观上不连续的位移看成是连续运动的。似动知觉主要有下列几种形式。

(1)Φ现象。在格式塔心理学的创始人魏特默(Wertheimer,1912)的实验中,不同位置的A、B两条线段相继呈现,当时间间隔过短(低于0.03秒),看到的是A、B两线同时出现;而时间间隔过长(长于1秒),看到的是A、B两线先后出现;如果间隔时间适当(0.06秒),便会看到A向B的运动。像这种物体本身并未移动而只是刺激在特定的时间间隔和空间间距条件下连续交替呈现所产生的运动知觉现象,称为Φ现象(phi phenomenon),也称动景运动(stroboscope motion)。电影、卡通的制作,都采用了这一原理。这是由于视觉后像的作用使我们把断续的刺激融合知觉为一个整体连续刺激。图7-13所示为一种形式的Φ现象,以特定时间间隔交替呈现矩形区域内左边和右边的两个圆圈就会产生圆圈自左往右运动的幻觉。

(2)自主运动。在暗室中注视一个静止的亮点(如烟灰缸里一支点燃的香烟,或一只不透光的盒子里放一个灯泡,在盒子壁上戳一个小孔),注视一段时间后,光点会古怪地动起来,此即自主运动。造成自主运动(autonomic motion)的原因并不完全清楚。一种观点认为,自主运动是由于人的眼睛总是不随意地运动着,即使在注视时仍有微弱的颤动,这些眼动信息的输入使人觉得亮点在运动。眼动引起的运动知觉可从图7-13中看出，注视这张图你会看到它在运动。另一种观点认为，自主运动是视野中缺乏参照物之故，因为一旦视野里有某个参照物，自主运动随即消失。看来，这两方面的原因都有可能。

图7-13　眼动引起的运动知觉

(3)诱导运动。由于其周围其他物体运动，使本来静止的物体看上去在运动的一种错觉叫做诱导运动(induced motion)。在没有更多的参照物的条件下，两个物体中的一个在运动，人可能把它们中的任何一个看成是运动的。我们可以把月亮看成在云彩后面移动，也可以把云彩看成在月亮前面移动。其实，相对于人来说月亮并没有移动，只是运动着的云彩"诱导"出静物月亮好像在运动。

(4)运动后效。大多数运动都会产生朝相反方向的运动后效(motion aftereffect)。典型的情况是，当我们注视瀑布一会儿后，将视线移至旁边的悬崖上时，悬崖看起来像是在往上运动似的，因而也称瀑布效应(Waterfall effect)。此外，日常生活中，我们也可能有这样的经验，就是快速旋转的车轮或风扇在某个速度上会产生反转知觉。

第六节　错觉

一、错觉及其种类

知觉系统仅根据输入刺激的部分属性就可以不断地根据记忆或经验创造出知觉形象，这种知觉形象往往是关于知觉物的某种最合理、最可能的解释。在特定条件下，这种解释产生偏差，就形成错觉。错觉(illusion)指在特定条件下对事物必然会产生的某种固有倾向的歪曲知觉。错觉不同于幻觉,它是在一定条件下必然产生的正常现象。严格说来,任何知觉都带有某种错觉,因为眼睛不同于照相机,耳朵不同于录音机,知觉是对客体再加工的心理历程,而不是机械的复制。错觉现象很早就被人们所认识。如我们熟悉的典籍《列子》中所载"两小儿辩日"的故事,所谓"日初出大如车盖而日中则如盘盂",就是错觉的一例。日月错觉是一个十分常见而有趣的例子,太阳或月亮接近地平线时,看起来比其位于正空时要大50%左右,虽然在这两个位置时太阳或月亮的视网膜投像是一样大的。

错觉的种类很多。对错觉的研究可以追溯到19世纪中叶,早期研究侧重于黑白色调的视错觉(visual illusion),近来由于技术的发展特别是计算机制图技术的发展,颜色错觉(color illusion)和运动错觉(motion illusion)的研究成为焦点。错觉中研究得最多,也最具代表性的是几何错觉(geometric illusion)。最经典的有以下一些(见图7-14)。(1)方向错觉:一条直线的中部被遮盖住,看起来直线两端向外移动部分不再是直线了,也称为波根多夫(Poggendorff)错觉;由于背后倾斜线的影响,看起来棒似乎向相反方向转动了,也称为策尔纳(Zöliner)错觉;画的是同心圆看起来却是螺旋形了,也称为弗雷泽(Fraser)错觉。(2)线条弯曲错觉:两条平行线看起来中间部分凸了起来,也称为黑林(Hering)错觉;两条平行线看起来中间部分凹了下去,也称为冯特(Wundt)错觉。(3)线条长短错觉:垂直线与水平线是等长的,但看起来垂直线比水平线长,也称为菲克(Fick)错觉;左边中间的线段与右边中间的线段是等长的,但看起来左边中间的线段比右边的要长,也称为缪勒—莱依尔(Müller-Lyer)错觉。(4)面积大小错觉:中间的两个圆面积相等,但看起来左边中间的圆大于右边中间的圆;中间的两个三角形面积相等,但看起来左边中间的三角形比右边中间的三角形大,也称为艾宾浩斯(Ebbinghaus)错觉。

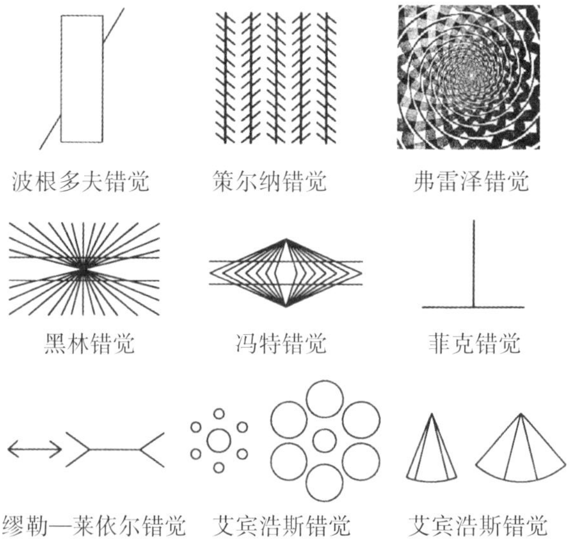

图7-14 几何错觉

随着计算机技术的发展，研究者不断发现新的错觉现象，许多至今仍无法成功地解释。因此，对错觉现象进行分类也似乎比较困难。通常，我们既可以按照感觉通道来进行划分，如视错觉、听错觉等；也可以按照按知觉对象划分为平面几何、空间、时间、运动等错觉现象。巴赫(Bach，2006)等人将错觉主要分为六大类：(1)亮度和对比度(luminance and contrast)错觉(见图7-9)；(2)运动和时间错觉(见图7-13)；(3)几何或角度错觉；(4)空间、大小恒常性和不可能图形错觉；(5)认知和格式塔效应(cognitive/Gestalt effects)错觉，如大家熟知的主观轮廓效应；(6)颜色错觉。

二、错觉产生的原因

关于错觉产生的原因虽有多种解释，但迄今都不能完全令人满意。这是一个相当复杂的问题。从现象上看，错觉的产生可能既有客观的原因，也有主观的原因。客观上，错觉的产生大多是在知觉对象所处的客观环境有了某种变化的情况下发生的。有的是对象的结构发生了某种变化，如垂直水平错觉，有的是对象处于某种背景之中，如太阳错觉等。知觉的情境已经发生了变化，人却以原先的知觉模式进行感知。这可能是错觉产生的原因之一。主观上，错觉的产生可能与过去经验有关。人对当前事物的感知总是受着过去经验的影响。错觉的产生也受到过去经验的影响。例如，我们生活在地球上，习惯性地把小的对象看成在大的静止背景中运动，如人、车辆在静止的大地上运动，所以，月夜观月，也习惯性地把大片白云看成是静止的，误以为月亮在云后移动。

情绪态度也会使人产生错觉。如时间错觉：焦急企盼、彻夜失眠、百无聊赖、无事可干等都会使人感到时间过得很慢，有所谓“度日如年、一日三秋”之感；全神贯注于自己的事业或欢乐的活动，会使人感到时间过得很快，有所谓“光阴似箭、日月如梭”之感。再如，战败了的士兵，由于恐惧而产生“风声鹤唳、草木皆兵”的错觉等。

错觉也可能是各种感觉相互作用的结果。例如，形重错觉的产生很可能是因为平常我们接收的视觉信息大大多于肌肉动觉信息，在提一定重量的物体时，我们却首先倚重视觉提供的信息，会准备用大力气去提大物、用小一点的力气去提小物，结果便感到原本重量相同的两个物体重量不同，总觉得较小的物体重些。又如，听报告时声源移位的错觉可能是视觉和听觉相互作用的结果。总之，产生错觉的原因是多种多样的。这里，既有客观的因素，也有主观的因素；既有生理的原因，也有心理的原因。对于各种错觉的产生，应具体地进行分析。

错觉现象通常反映了知觉系统对于标准知觉环境的某种特殊的适应性，这种适应性经过长期的进化被根植于我们的大脑。可以说，让我们正确地感知周围世界的知觉机制同时就是导致知觉解释发生错误，产生错觉的机制。了解错觉对于我们解释知觉具有重要的意义。同时，错觉现象在艺术、工程设计以及军事上有着广泛的应用。

〖热点问题讨论7-2〗月亮错觉

这是一种壮观而又迷惑人的错觉：月亮刚刚在地平线上升起时看起来比在天顶时要大！但实际上我们都知道，月亮还是同一个月亮，它并没有改变大小，也没有改变与地球之间的距离。如图7-15所示，不管月亮位于天空的哪个位置，它的大小都是相同的。该图是拍摄的一张时序影像，每隔2.5分钟进行一次月亮的短暂曝光，而最后一次的曝光时间较长，以带出西雅图市的美丽全景。从中可见，月亮的直径实际上未曾变化。如此说来，照相机做了忠实的记录，人眼却不能“眼见为实”了。那么，是什么导致了月亮错觉(moon illusion)呢？自古以来人们就试图解释它，但至今仍无定论。心理学上最具代表性的有以下两种理论。

图7-15　月出西雅图

(1)表面距离假说(apparent distance hypothesis)。这是美国心理学家考夫曼等(Kaufman & Rock,1962)提出的月亮错觉理论。该假说认为，当远近不同的两个物体在视网膜上构成的像大小相同时，人们就会根据经验判断远者较大，近者较小(远处的牛和近处的羊看来一样高时，却知牛比羊大)。月亮接近地面时，由于空气透视等原因，在心理上就会觉得它比在当空时较远。于是根据远者较大、近者较小的心理原则，自然就会判断当空的月亮较小。

(2)相对体积假说(relative size hypothesis)。这是美国心理学家利斯特里(Rostle,1970)提出的月亮错觉理论。该假说认为，人所见到物体体积的大小，并不完全以视网膜上的像为根据,而是要同时参照物体周围环境中其他物体后才做出的判断。除了附近物体的大小外,物体本身所在地周围的空间大小也是重要的参照标准。月亮接近地面时,其周围空间小,周围空间小就显得月亮特别大(形成对比);月亮当空时,因为周围空间开阔,相对地就显得月亮体积较小。

多年来,有关月亮错觉的研究一直持续不断(Hershenson,1989)。

复习与思考

1.解释:知觉,不可能图形,可逆图形,模糊图形,知觉恒常性,知觉重组,空间知觉,双眼视差,时间知觉,知觉到的现在,Rau效应,Kappa效应,运动知觉,似动知觉,Φ现象,自主运动,诱导运动,运动后效,错觉。

2.为什么说知觉是人对感觉信息的组织和解释的过程?

3.概述知觉的信息加工原理。

4.知觉有哪些基本特征?试举例说明。

5.知觉组织原则有哪些?

6.双眼视差在空间知觉中起什么作用?

7.双耳线索在空间知觉中起什么作用?

8.如何看待心理时间与物理时间的不同?

9.对象与背景的相互关系提供了物体运动的哪些信息?

10.试分析错觉产生的原因。

推荐阅读书目

1.迈尔斯(黄希庭等译,2006).心理学(第七版).第六章.北京:人民邮电出版社.

2.库恩(郑钢等译,2004).心理学导论——思想与行为的认识之路(第九版).第七章.北京:中国轻工业出版社.

3.斯滕伯格(杨炳钧等译,2006).认知心理学(第三版).第四章.北京:中国轻工业出版社.

4.荆其诚,焦书兰,纪桂萍(1987).人类的视觉.北京:科学出版社.

5.沃尔克,小皮克(喻柏林等译,1986).知觉与经验.北京:科学出版社.

第八章　意识与注意

第一节　概述

一、什么是意识

意识,一个我们都知晓而又难以解释之谜。在哲学上,意识这个词通常等同于心理。在心理学中,意识与心理是两个不同的概念。意识(consciousness)就是我们的觉知状态,即对我们自身、对外界的环境事件以及自己与外界环境事件关系的觉知状态。例如,我们可以觉知到自身的感受、记忆、思维、需求、焦虑或眩晕等种种内部经验和行为,可以觉知到外界的声、光、气味、人群、流行歌曲等环境事件,也可以觉知到我的花园、我的汽车、我的同学、我的老师、我的父母等自己和外界环境事件的关系。意识具有以下四个基本特征。

(一)主观性

我们每一个人的意识世界都是专有的、独一无二的,对我们自己来说格外真实。我们可以直接觉知到自己的思想、情感和心境,却只能通过观察和聆听间接地理解他人的意识经验。这种主观性还表现在我们面临世界的许多信息中的选择上,即把有的信息结合起来或分离开来,选择一些或拒绝一些,在现时的一瞬间我们只能觉知到我们经验世界的一小部分。我们不可能对作用于我们机体内外的所有刺激都加以注意,否则必然导致信息超载。

(二)统一性

我们意识到的经验是一个统一的整体。各种觉知形式都被整合为一个独特的、连贯的意识经验。当你来到公园里,看到到处鲜花盛开,闻到了阵阵芳香,不仅在那个时刻你的觉知经验是一个整体,即使在一个星期后,你再次回忆起那种经验时仍然是一个整体。尽管此时视觉和嗅觉通路接受的刺激不同,但那个经验仍然是一个整体。

（三）流动性

个人的意识经验是一个统一的整体，但意识的内容是不断变化的，从来不会静止不动。美国机能主义心理学的先驱詹姆斯创造出意识流（stream of consciousness）的概念来表示意识的这一特性。他反对把意识分析为心理元素，主张意识是个人有选择的动态的连续不断的整体。如果个人用磁带记录下自己的思想，就会发现一条无尽头的思想线流，它曲曲折折地向前延伸。人的意识是常常变化的，永远不可能有两次同一的意识状态。环境中的对象可以再次发生，但同一的感觉或思想不可能一再发生。他说，我们确实可以不止一次地想到一个对象，但是由于中间介入的经验的影响，所以我们每次是以不同的方式想到它或经验到它的。意识实质上是累积性的而不是再发性的。在这流动的意识中，实际上也包含着一系列的意识和下意识的转化。

（四）能动性

意识的能动性主要表现在三个方面：(1)我们觉知到我们与环境的交互作用，觉知到我们对所处环境的适应程度，以便与环境保持平衡；(2)意识把我们的过去（记忆）、我们的现在（感知）与我们的未来（想象、思维）联系起来使我们有一个连续的经验，这是自我同一性的基础，从而使我们能认识社会环境，处理好各种人际关系；(3)我们依据觉知到自己的知识经验、能力、性格、动机、意图、计划、信念和价值观，能够主动地调控自己的行为实现预期目标或修改预期目标，能够主动地修炼自我，提升自我。

意识使我们有目的的活动得以持续并使自己的行为朝向这一目标。在进行活动之前，我们觉知到活动的目标和结果，并以观念的形式存在于头脑中，也以此做出活动计划；在活动的过程中，我们会对自己的活动不断觉知，并根据反馈信息与活动目标相比较，以保持或调整自己的行为，从而达到预期的目标。关于意识对行为的控制作用，将在第十四章中加以讨论。

二、意识水平

意识并非只有一种水平，我们对信息的加工可以在不同的觉知水平上进行。下面将分述一些不同的意识水平（conscious level）。

（一）焦点意识

任何时候，人们总是忽略一些刺激，选择一些刺激并拒斥一些刺激。焦点意识（focal conscious）是指我们集中注意而获得的清晰的意识。例如，棋手在集中注意下棋时对棋局的意识,即为焦点意识。个人处于焦点意识水平时,需要投入较多的心理资源。

(二)下意识

人体内外有许许多多的刺激在冲击着我们,但在某一特定时刻,我们只能把注意集中在其中很少一部分刺激上。不在焦点意识中的物体或事件仍会对我们产生某些影响。当你在集中注意看书中的一个短语时,它周围的词语或图表是不清楚的,处于你的边缘意识(marginal conscious)水平上。又如鸡尾酒会现象(cocktail party phenomenon),当你在拥挤的室内正和某人交谈,忽略了别人的谈话声和一般噪音,突然别人谈话中提到了你的名字,马上会引起你的注意。很明显,如果别人的谈话没有进入你的边缘意识,你是不可能觉知到别人谈话中提到你的名字的。许多研究表明,这些未被注意的信息也是被登记和评估的(Kihlstrom,1987)。这些未被注意的信息是在觉知的下意识水平(subconscious level)上起作用的。因此,边缘意识也属于下意识。

(三)前意识

我们头脑中许多当前不在意识之中的记忆和思维,在必要时可以把它带到意识中。此刻你可能未意识到去年的春节,但如果你想回忆的话,就可以把它们回忆起来,这时这些记忆便成为你意识中清晰的组成部分。对这些记忆的意识被称为前意识(preconscious)。我们头脑中储存的各种知识、经验、技能、习惯都可能被带到意识之中。前意识在精神分析理论中是介于意识和潜意识之间的一种意识层面,其作用是去除不为意识层面所接受的内容,并将其压抑到潜意识中去,而在认知心理学中是指曾经储存在长时记忆中的信息,但只有在必要情形下进行回忆时才会对其产生意识。例如,我们大脑里储存着许多资料,在平时没有使用时并没有感觉到这些资料的存在,当要使用时,就会对其产生意识。

(四)无意识

无意识(unconscious)大致有三种不同含义来表达无觉知的心理加工水平。第一种是日常用语的含义,指不能觉知的某种现象,如,由昏睡、晕厥、发烧、深睡或由一般感觉缺失结果所表征的无知觉心理。第二种含义是指正在进行内部加工但不能觉知,或者说在意识之外以内隐方式所进行的加工,例如阈下知觉、内隐学习、无意识推理等。第三种含义是弗洛伊德创造的一个概念,由于它有特殊的含义(如动力性、非理性、被压抑等)故将其译为潜意识(unconscious)。依据精神分析理论,某些记忆、冲动和欲望是无法进入意识的,这些心理事件就属于潜意识的范畴。弗洛伊德认为,某些痛苦记忆是被压抑的,即被转为潜意识并继续影响人们的行为，尽管当事人并未意识到这些记忆的存在。被压抑到潜意识中的思想和冲动虽然不能进入意识，但它们却会以间接或伪装的方式（如通过梦、非理性行为、怪癖、口误等）影响着我们。弗洛伊德还认为，潜意识欲望和冲动是大多数精神疾病的原因。他用精神分析的方法，将被压抑的心理内容召至意识中，来治疗患者。现在，大多数心理学家不赞同弗洛伊德使用压抑来解释无意识加工的成因。从信息加工的观点来看，只有当事件的心理表征与作为该事件的经验者的自我的某些心理表征之间建立起某种联系后，这段进行着的行动或经验才能成为意识。而无意识的心理表征与自我表征的联结要么一开始就没有形成要么随后丧失掉了，即没有与自我表征整合在一起。

以上我们介绍了四种意识水平，即焦点意识、下意识、前意识和无意识（或潜意识），并分别对它们做了界定。虽然并非所有的心理学家都会同意这些界定，但是这些概念在心理学各种著作中随处可见，我们从意识水平上对这些概念加以界定看来是有必要的。

除了意识活动外，我们还有一类活动属于非意识（nonconscious）范畴，很少会进入意识。例如，我们身体内部有一些生理变化，如脑电活动、心跳、内分泌和肝功能等，是受植物性神经系统所支配的生理活动。虽然我们可能会觉知到这些活动的效应，但这些活动本身我们是不会觉知到的。

三、意识状态

我们生命的大多数时间都处于清醒的正常意识状态（normal states of consciousness）。这是一种清醒的、有组织的、觉知状态。在清醒时的正常意识状态下，我们觉知到的时间、地点和事件都是真实的、有意义的和熟悉的。即使在清醒时正常意识状态下我们的意识也是变化的，如现在你正处于注意听课意识状态，十几分钟之后，你可能沉湎于白日梦（见心理学与人生8-1）之中。每个人都经历过清醒时的正常意识状态向异常意识状态（altered states of consciousness）的转变，如从清醒时的正常意识状态向睡眠、做梦的意识状态的转变。在日常生活中，人们在长跑、听音乐、发高烧、缺乏睡眠、做爱等许多情景下都可能出现异常意识状态。还有如静坐、催眠及吸入大麻之类的药物时也会产生异常意识状态。异常意识状态表现形式多种多样包括从鲜明幻想的分心状态到由药物中毒所引起的迷幻和知觉扭曲的各种状态。

〖心理学与人生8-1〗白日梦

白日梦（daydream）是清醒时的正常意识状态之一，它不同于睡眠，而是在非睡眠状态下产生的高度自我卷入的幻想活动。白日梦常见于儿童与青少年，这可能与成长期中自我意识的发展有关。传统上，习惯将白日梦视同幻想（fantasy），并认为幻想是逃避现实的幼稚行为。例如,弗洛伊德(Freud,1908)就认为,快乐的人从不幻想,幻想只是失意者的行为。但是,后来的心理学家对白日梦的看法已经改变,不但认为白日梦是极为普遍的现象,而且认为白日梦对日常生活利多于弊,甚至对于生活适应有着积极的功能。

辛格(Singer,1976)曾对240位18~50岁的被试进行调查,要他们回答是否经常做白日梦,结果有96%的人做了肯定回答。他还设计了一项实验研究。该实验是以大学生为被试,在他们每人的口袋中装一个小型的发声器。发声器发出的声音只有在意识十分清醒时才能听到,发声后用手按电钮即停止。发声的时间不固定,平时是两小时内发声三次。实验结果发现,虽然白天学生们有十几个小时处于非睡眠的清醒状态,但推断他们有1/3以上的时间是在做白日梦,因为他们对口袋中发声器的声音有1/3以上没有察觉到(Singer,1978)。如此看来,上课时不少学生陷入"听而不闻"的白日梦意识状态中,也不算什么怪事了。

关于白日梦的内容,大体上可分为三种类型。(1)痛苦型。这是由工作失败、受人屈辱以及个人无法补救的缺陷等所引起的幻想。(2)焦虑型。这是对自己的工作、事业、婚姻等缺少把握和信心而产生的无力感、不定感及恐惧感。(3)愉快型。这是对现实感到满足、对未来方向明确而产生的充满希望的幻想。

关于白日梦在生活上的积极功能,一般认为有以下几个方面。(1)痛苦情绪的缓冲作用。生活中遇到痛苦的事情,难免会幻想奇迹出现。虽然这是在逃避现实,但对于心理健康仍然具有一定的维护功能。(2)单调生活的调剂作用。在诸如听长篇大论的教条式训话、听照本宣科的讲课以及不断重复的单调工作等情况下,既不能脱身,又无法集中注意,借助于白日梦可以打发时间。(3)开阔思路以解决问题。在完全清醒时,思维在很大程度上受到理性知识经验的限制。而白日梦中的幻想世界是海阔天空的,你可以幻想当然之事变为不可能,也可以幻想不可能成为可能。事实上一些文学家、艺术家、科学家的作品与发明,就是在白日梦的意识状态下获得灵感的。

四、注意与意识

注意(attention)是一种有选择地加工某些刺激而忽略其他刺激的心理倾向。过去学者们一直认为注意与意识这两个概念大体上是交叉的,甚至是相同的,后来则认为注意与意识是两个不同的概念(Baars,1997)。注意是以清晰鲜明的形式让数个同时作用于我们的刺激依次通达我们的意识。可以用以下的比喻加以说明:注意像是选择一个电视频道,意识像是显示在屏幕上的视觉图像;注意像是一个可变焦距的聚光灯,意识像是该光柱所照到的区域内的图像。注意控制着信息通达到意识的数量。

从对注意与意识的研究设计上来看,心理学家所探讨的主要因变量是不同的。对注意的研究有两种研究取向:集中注意与分配注意。这两种研究取向在探讨注意时都同时向被试呈现两种刺激输入。前者要求被试加工某一输入,而忽略其他输入;后者要求被试尽力加工这两种刺激,并对这两种输入都要做出恰当的反应。前者可以使我们了解到,在何种程度上,人们会选择某一输入而忽略另一输入;后者可以使我们了解到注意在加工容量方面的信息。在这两种研究者取向中所测量的主要因变量是一些作业成绩,它反映了操纵注意所引起的效应。而在意识经验的研究中,主要的因变量是被试经验的口头报告,涉及的内容十分广泛。

虽然注意与意识在心理学中是两个不同的概念,但是同人的其他心理现象一样,这两种心理现象也是密切联系的,有时很难区分,甚至同一种心理现象却使用意识和注意的不同术语来表述。

第二节　注意的种类与机制

一、注意的种类

注意(attention)是心理活动(意识)对一定对象的选择和集中。注意与编码密切联系着,注意总是指向于当前正在编码的信息。如果把注意比做一个可变焦距的聚光灯,这个聚光灯既可以指向外部世界的刺激,也可以指向个体内部世界的刺激。注意是一种很复杂的心理倾向,可以从不同的角度对它进行分类。

(一)选择性注意、集中性注意和分配性注意

根据注意的功能,可以把注意分为选择性注意、集中性注意和分配性注意。

选择性注意(selective attention)是指个体在同一时刻只对有限的信息给予注意而忽视其他信息。个体在任何时候都被无数刺激所围绕,他总是不断地关注某些刺激并做出反应,同时忽视或至少弱化某些刺激,对它们不发生反应。选择性注意使我们把注意指向于一项或一些工作和事件而不是许多工作和事件。

集中性注意(concentrated attention)是指我们的意识不仅指向于一定的刺激,而且还集中于一定的刺激。集中性注意包含警觉和搜索。警觉(vigilance)是指在相对较长时间内个体对某种或某些试图检测到的特定刺激保持注意。在警觉的时候,个体警惕地注视、倾听着随时可能出现的刺激信号。特别是,在特定刺激很少出现而一旦出现就需要立即注

意的情况下，就更需要警觉。在执行高风险的警觉任务时，人们最担心的是漏掉有关的信息。警觉是个体被动地等待特定刺激的出现，而搜索(search)则是主动、积极地寻找目标。个体从许多不确定事物中寻找出特定的刺激就需要聚精会神、专心致志地集中注意。例如，从满目琳琅的货架上试图找到你所要的特定品牌的麦片。在搜索的时候，人们最担心的是搜索到的信息是否会出错。

分配性注意(divided attention)是指个体能对几项不同的任务给予关注或能操作几项任务。训练有素的驾驶员可以一边驾车，一边谈话，甚至摆弄门把手和吃东西。很多任务通过大量的练习就会使任务变得简单、容易，只需稍加注意就可以，这时任务的操作已经自动化了。个人在操作自动了的任务的同时还可以操作其他任务。表8-1列出的是上述三种注意的功能和特点。

表8-1 注意的三种主要功能

种类		界定	举例
选择性注意		把注意指向于一项或一些任务而忽视与之相竞争的其它任务	人们注意看电视而忽视新来的人；注意读书或听课而忽视周围环境的吵闹声
集中性注意	警觉	意识聚焦于可能出现的目标刺激，小心谨慎地检测目标信号的出现，一旦检测到信号便很快作出应对	追捕逃犯的民警在埋伏时所执行的是高风险的警觉任务；在教室里警察仔细地闻到了某种异样的气味
	搜索	在许多不确定的刺激中集中精力、主动地寻找出目标刺激	如果闻到了某种异样的气味，人们可能积极地寻找这种气味的来源；在一本写得密密麻麻的记录本里找出你所要的关键词
分配性注意		每次同时做几项任务，按需要转换注意资源，谨慎地分配注意资源	熟练的司机一边驾驶，一边交谈、听音乐，但如果另一辆车突然转过来时，他会快速转换注意，集中精力开车

(二)不随意注意、随意注意和随意后注意

根据产生和保持注意时有无目的性和意志努力程度的不同，可以把注意分为不随意注意、随意注意和随意后注意三种。

不随意注意也称为无意注意(involuntary attention)，是事先没有预定的目的，也不需要做意志努力的注意。例如，在上课时，老师在讲台上展出一台新仪器，学生们自然地注意着这台仪器。在安静的阅览室内，突然传来一声巨响，大家都不由自主地转过头去注意那

个声音。这些都属于无意注意。无意注意是人和动物都具有的初级注意。引起无意注意的原因,既来自刺激物的强度、新颖性等特点,同时也取决于主体的需要、兴趣、情绪等内部状态。

随意注意也称为有意注意(voluntary attention),是服从于预定目的、需要做意志努力的注意。这种注意是人向自己提出一定的任务,且自觉地把某些刺激物区分出来作为注意的对象。当我们决定要做某件事(如写作、做作业)之后,在做这件事的过程中有意地把注意集中在我们认为要干的事情上。这时我们所注意的那个刺激物的特点,不论是否强烈、新异、有趣,我们都必须集中注意,同时排除各种无关刺激的干扰。因此,有意注意必须付出意志努力。有意注意是人类独具的高级的注意形式,是在人的实践活动中发展起来的,其中言语(外部言语和内部言语)调控起着重要作用。

不随意注意和随意注意虽然有区别,但是在人的活动中往往是不能截然分开的,因为任何一件工作都需要有这两种注意的参加。倘若单凭无意注意去从事某种工作,那么,不仅工作会显得杂乱无章,缺乏计划性和目的性,而且也难以持久。同时,任何工作总会有困难或干扰,总会有单调乏味的过程,因此有有意注意的参加,工作才能完成。然而单凭有意注意从事工作,就要进行紧张的努力,付出巨大的能量,时间久了,会使人感到疲劳,所以必须有无意注意参加,工作才能持久。在人的每项具体活动中,往往既需要无意注意也需要有意注意。

不随意注意和随意注意在活动中是可以互相转化的。例如,一个人偶尔为某种活动所吸引而去从事这种活动,后来才意识到它具有重大的意义,于是自觉地、有目的地去从事这种活动,并且在遇到困难和干扰时仍保持对该活动的注意,这就是无意注意转化为有意注意。相反,有意注意也可以转化为无意注意。例如,在刚开始做某件工作时,由于对它不熟悉,不感兴趣,往往需要一定的努力才能把自己的注意保持在这件工作上。经过一段时间后,对这件工作熟悉了,有兴趣了,就可以不需要意志努力或不要求有明显的意志努力而继续保持注意。这就是有意注意转化为无意注意。但是,这种不随意注意仍然是自觉的、有目的的,只不过不需要意志努力罢了。这种注意形式被称为随意后注意也称有意后注意(post voluntary attention),即事先有预定的目的,但不需要意志努力的注意。

(三)内源性注意和外源性注意

根据注意指向与集中的加工方向,可以把注意分为内源性注意和外源性注意。

内源性注意(endogenous attention)是一种自上而下的、由知觉者控制的注意,也称为目标指向控制注意(goal-directed control of attention)。外源性注意(exogenous attention)则是一种自下而上的、自动发生的、与当前知觉目标无关的注意,称为刺激驱动注意(stimulus-driven control of attention)。例如，在实验中，被试被要求辨认出现在屏幕中央的图形时，他就会注视着屏幕中央，期待目标的出现。这种注意属于内源性注意。此时，如果在屏幕的边缘突然呈现一个刺激，则该刺激会迅速自动地引发被试的注意。这种注意属于外源性注意。

内源性注意是根据观察者的行为目标或意图来分配注意，外源性注意是观察者的视野外部的信息所引起的注意定向(Posner, 1980)。内源性注意的发展是渐进的，一开始是宽泛的注意，然后是狭窄的集中。外源性注意更少受认知负荷的影响，被试可以忽略内源性提示但无法忽略外源性提示。外源性注意能够引起立即、快速、狭窄的集中。

早期研究认为外源性注意干扰了内源性注意的集中，因为高度突现的视觉事件自动捕获了注意，最近的研究(Theeuwes et al., 2000)表明，外源指向是自发的，并独立于自上而下的控制。认知神经科学研究也显示，外源性注意加工快于内源性注意加工(Eimer et al., 2000)，而且内源性注意和外源性注意代表两种注意系统，并以不同的方式影响着脑内的信息加工(Hopfinger et al, 2006)。

二、注意的生理机制

(一)注意的生理指标

人在注意时，可以从行为上观察到机体的各种定向反应(orienting response)，如眼睛和头部朝向刺激物以及相应的表情动作。可以通过观测注意集中、分散、转移时的生理变化来认识注意。注意的生理指标很多，心跳、血管血流量、呼吸率、内分泌腺分泌量、皮肤电反应、瞳孔大小以及脑电的变化等，都可以作为注意的生理指标。

(1)肾上腺素分泌量的变化。儿童集中注意时，肾上腺素的分泌量增加。在林文娟等(1985)的一个研究中，比较了正常儿童和多动症儿童在非注意—注意—非注意三种状态下肾上腺素分泌量的变化。结果表明，正常儿童在三种状态下，肾上腺素分泌量的变化幅度大，注意状态和测试前后休息状态相比较，尿内肾上腺素含量有明显差异($p<0.001$)。而多动症儿童在三种状态下肾上腺素分泌量变化幅度小，注意状态与测试前休息状态比，$p>0.01$，而与测试后休息状态比，则无显著差异。

(2)瞳孔直径的变化。在一个采用双任务范式的研究(Karatekin, 2004)中，听觉数字广度(auditory digit span；简称DS)任务要求被试记忆听觉呈现的长度为4、6或8的数字序列，简单视觉反应时(simple visual response time；简称RT)任务要求被试在屏幕的任一象限中出现一幅岩石图时就进行按键反应。在实验中，被试或不完成任何任务，或只完成单任务(DS或者RT)，或完成双任务(DS和RT)，并测量了其瞳孔直径。结果表明，尽管儿童的瞳孔直径的增幅低于成人，但趋势是一致的，即瞳孔直径随着任务难度的增大而线性增大。该研究表明，瞳孔直径的大小可以用来衡量一个人在操作一项任务时动员了多少注意能量。

(3)脑的电活动和血流量变化。例如，关联负变化(contingent negative variation，简称CNV)是一种与心理活动密切相关的脑诱发电位，可分为早、晚两种成分。晚成分在额叶处最显著，对警告刺激起反应，是期待的表现。早成分在顶叶处最显著，与随意运动密切相关。CNV的早成分是注意水平、反应定势的良好生理指标。诱发电位中的P3a成分是由新异刺激引起的不随意注意的一个指标(Luck, 2005)。可以用事件相关电位(ERP)、正电子发射成像术(PET)和功能磁共振成像术(fMRI)来探测注意时大脑各区域和各层面的活动情况。

必须指出，虽然从注意时的适应性反应和表情动作容易看出人的注意状态。但是，注意的外部表现和注意的内心状态也有不一致的情况。上课时有的学生貌似注意听讲，实则已陷入白日梦或注意其他事物，有经验的教师对学生貌似注意的现象是不难发现的。

(二)注意的脑科学研究

注意的脑科学研究者往往关注这样一个问题：当人们注意一个刺激或事件时，大脑的哪些区域活跃起来？长期以来学者们一直推测大脑的顶叶就是这样的一个区域。临床神经学已证实，顶叶损伤的患者中会有偏侧疏忽(hemineglect)现象：向这类患者呈现各类示范图并要求他们加以复制，结果显示，患者的临摹图画都缺失了左半部分，表明患者没有注意到这部分信息(见图8-1)。

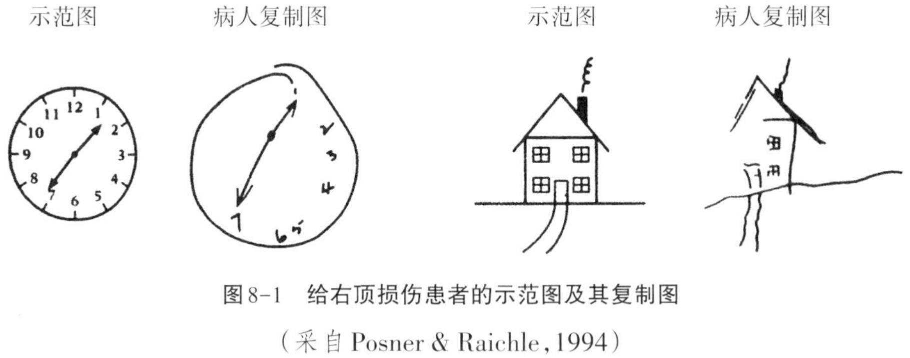

图8-1 给右顶损伤患者的示范图及其复制图

(采自Posner & Raichle, 1994)

偏侧疏忽是一种注意的缺损，而不是感觉障碍(Banich, 1997)。如果患者只是感觉缺陷，那么可以预期他会将其视线转向他所疏忽了的视觉领域，一旦他觉察到视觉信息不完整后就会加以弥补。的确有些患者是有感觉缺陷，他们会用这种策略加以弥补，而偏侧疏忽症患者却不会运用此种策略加以弥补。他们似乎没有意识到自己身体另一边的存在，根本不注意这一边的信息。极端的偏侧疏忽症患者甚至否认某些肢体是属于他们身体的一部分。据报道,有一位患者认为医护人员残忍地将一条锯断的腿放到了他的床上,并试图将它扔到地上,其实这条腿就是与其身体相连的(Banich,1997)。

虽然大脑顶叶与注意有关,但它并不是与注意有关的唯一区域。大脑额叶在人们选择性注意和发展计划的能力中也扮演着重要的角色(Milham等,2001)。因此许多学者认为,注意总是要涉及大脑不同的特定区域的交互作用的。那么大脑中的各个区域是怎样彼此联系形成注意的呢?

许多涉及注意的大脑加工研究都集中于视觉注意。业已确定,大脑中有32个以上区域在注意视刺激时趋于活跃状态(LaBerge,1995)。波斯纳和雷切尔(Posner & Raichle,1994)提出的视觉注意的三个脑系统模型最为著名。在他们的一系列研究中,让一位被试坐在视觉显示器前,盯住一个中心点看。在点的两边各有两个盒子。每次试验中,一个盒子变亮或一个箭头出现就指示被试应该注意屏幕的哪一边,接着就能看见一个刺激。提示这一线索的目的是激励被试将其注意集中于一个特定的区域。被试的任务是察觉到提示刺激后便尽快做出反应。在实验中,有时没有提示线索出现,有时会出现错误线索,因此可以评估注意集中于正确位置或集中于非正确位置的效应。

在执行上述实验任务时,人需要执行三种不同的注意操作,并且其脑区也有相应活动(见图8-2)。(1)被试必须将注意从先前指向的事物中"脱离"出来。在这一过程中,大脑顶叶后部的活动性提高了。(2)从先前的注意一旦脱离出来,再次集中于新的、将要注意的刺激所在的空间区域,这称之为操作转移,上丘脑损伤患者出现注意转移的障碍。(3)一旦注意又有新的指向,新区域的神经加工增强,凝视到在即将被注意区域中呈现的刺激信息时大脑环路(枕核,位于丘脑中)变得活跃起来。可以想见,枕核损伤患者即使在特殊区域里注意到刺激也不会像正常人那样表现出增强性的加工。看来,大脑中的注意系统既不是单个脑区的属性,也不是整个大脑的属性。注意大多涉及大脑不同的特定区域的交互作用(Posner & Raichle,1994)。

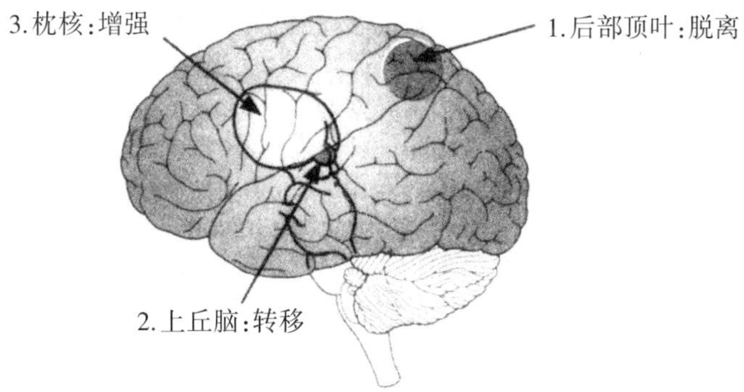

图8-2 视觉注意三种功能的脑系统

(采自Posner & Raichle,1994)

三、注意的认知机制

人们从认知心理学的角度对注意进行了大量研究，提出了许多理论解释。下面介绍三种主要理论解释。

（一）听觉的集中性注意

我们都有这样的经验：如果在一个晚会上，周围有几对人在交谈，我们比较容易关注一组人的谈话而忽略了对其他人的谈话。一些心理学家提出用过滤器的形象比喻来解释听觉的集中性注意现象。

1.过滤器模型

英国心理学家布罗德本特（Broadbent，1958）最先提出注意的过滤器模型（filter model）。该模型的基本假设是，信息加工受通道容量的限制。来自外界输入的信息是大量的，这些感觉信息将通过大量的平行的感觉通道进行加工。但人的高级认知加工能力是极有限的，于是在信息加工的某一阶段就出现了瓶颈。为了避免系统超载，就需要过滤器加以调节，选择一些信息进入高级分析阶段，通过过滤器的信息受到进一步的加工而被识别或存储，而其余的信息则迅速衰退。这种加工机制按“全或无”的方式进行，一个通道通过信息的同时就关闭其他通道。当环境需要的时候，过滤器又转换到另一个通道，使有关信息通过，同时阻断其他通道。布罗德本特认为，过滤器位于语义分析（知觉）之前（见图8-3a），对输入信息的通过或拒绝完全是由刺激的物理属性决定的，不需要信息加工系统的高级分析阶段参与活动，即不需要已有知识经验对输入信息的作用。因此，该模型也称为单通道模型、早期选择模型。

布罗德本特的过滤器模型是基于双耳分听（dichotic listening）实验提出的。在他设计的一个双耳分听实验中，向被试的双耳同时呈现一定的刺激，例如，右耳——8、5、2；左耳——1、7、6。呈现速度为1秒钟两个数字，要求被试以两种方式进行再现：（1）以耳为单位分别再现左右耳所收到的信息（如，852、176）；（2）以项目出现的顺序进行再现（如81、57、26）。根据要回忆的信息量（6个项目）和呈现速度（每秒2个），布罗德本特预计正确再现率为95%。但在这两种实验条件下，再现正确率都低于预期值：以第一种方式再现，正确率为65%；以第二种方式再现，正确率仅为20%。如果事先不对被试规定再现方式，多数被试选用第一种方式。布罗德本特对实验结果的解释是，每只耳朵是一个通道，过滤器只允许一个通道的信息单独通过。在以耳朵为单位再现时，被试只需转换通道一次，因而再现效果较佳。以项目出现顺序再现时，被试至少需要在双耳之间作三次转换，而不能注意每只耳朵的全部项目，一些信息迅速丧失，因而再现效果较差。

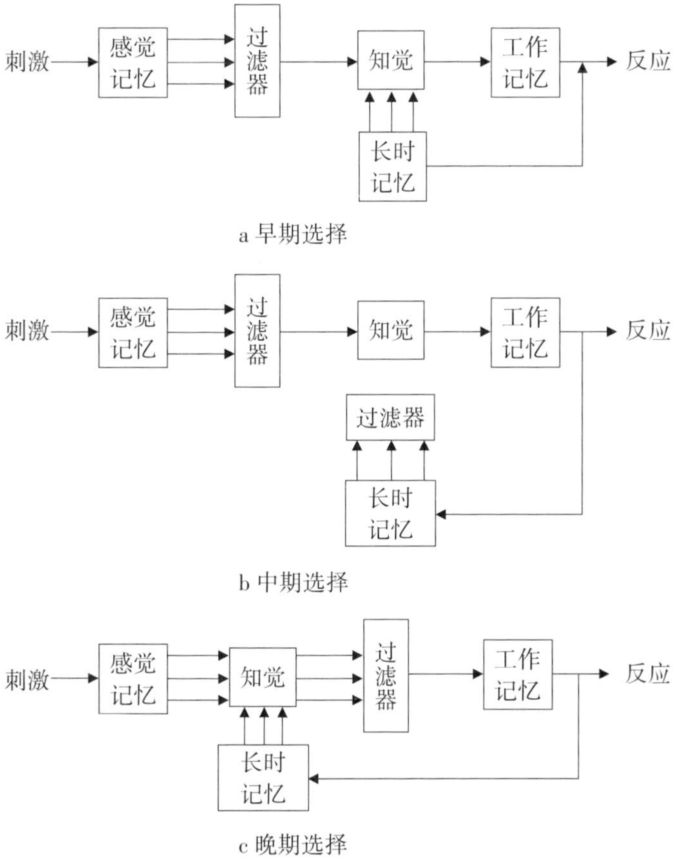

图8-3 三种听觉集中性注意的过滤器位置

这种过滤器模型很快就遇到了困难。它无法解释人对有意义材料的信息加工和分配性注意等现象。例如，在双耳分听实验中，事先规定被试只对一只耳（如左耳）输入信息进行追述（追随耳），而不追述另一耳（非追随耳）的输入信息。结果，被试对追随耳的信息能很好地知道，对非追随耳的信息常常不能识别，对特别有意义的信息（如被试的名字）却能够识别。显然，布罗德本特的过滤器模型是无法解释通过非追随耳的特别有意义的信息为什么能得到识别这个问题的。因为布罗德本特的过滤器是按“全或无”的原则进行工作的，是依据刺激的物理属性来选择信息的，同时输入的信息也不与已有的知识经验相互作用。

2. 衰减模型

特雷斯曼（Treisman，1964）提出的衰减模型（attenuation model）认为，有机体总的加工能力是有限的，在信息加工系统中存在着某种过滤器。但是，她认为过滤器不是按“全或无”原则工作的，而是按衰减的方式工作的，并认为许多通道都能对信息做不同程度的加工。至于过滤器在信息加工系统中的位置问题，特雷斯曼认为有两种情况：一是在语义分析之前的，被称为外周过滤器；二是在语义分析之后的，被称为中枢过滤器。前一种过滤器对刺激的特点进行级差性选择,即对输入的感觉信息给予不同程度的衰减而不是完全阻断感觉输入。她假定长时记忆中已储存的项目具有不同的激活阈值。当输入的信息(追随耳的)通过过滤器未受到衰减时,能顺利激活长时记忆中有关的项目而得到识别;当输入的信息(非追随耳的)通过过滤器受到衰减时,由于强度减弱,常不能激活长时记忆中相应的项目,因而不能被识别。但特别有意义的项目(如自己的名字)的激活阈值较低,因而能被激活、被识别。因此,选择注意不仅取决于感觉信息的特征,而且取决于中枢过滤器的作用。中枢过滤器在信息选择中起积极作用,它是根据在回答反应组织中起着巨大作用的范畴、语义特征进行选择的。由于强调了中枢过滤器的作用,人们把它称为中期选择模型(见图8-3 b)。

3.晚期选择模型

晚期选择模型(late selective model)首先由多伊奇和多伊奇(Deutsch & Deutsch,1963)提出,后来由诺曼(Norman,1968)加以修订。该模型认为,所有的选择注意都发生在信息加工的晚期,过滤器位于知觉和工作记忆之间(见图8-3 c)。注意的选择以知觉的强度和意义为转移。事实上,该模型假定信息到达了长时记忆,并激活其中的项目,然后竞争工作记忆的加工。这个模型强调了中枢控制过程,选择注意就是加工系统中这个控制的一部分。通过它,某些信息的编码被选择出来做进一步的系列加工。诺曼把这个机制称为“相关机制”,即对相关刺激做出反应。选择性注意就是这个控制机制用来使人集中加工特定信息的结果,是一种主动的过程。这个模型能很好解释注意分配现象,因为输入的所有信息都得到了加工,也能很好解释特别有意义的信息易引起人的注意,因为储存在长时记忆中的这些项目激活阈值是很低的。但是,这个模型看来是不经济的,因为它假设所有的输入信息都被中枢加工,这就不能很好解释早期选择现象。

(二)视觉的集中性注意

当我们看一个视觉景象时,其中一部分极其清晰,其他部分则模糊不清。埃里克森(Erikson,1990)把视觉注意比拟为聚光灯,提出了可变焦距模型(Zoom-lens model),认为注意聚光灯的光柱是可调节的。在一个实验(LaBerge,1983)中,向被试呈现五个字母组成的单词,要求被试或注视整个单词,或只注视中间的字母。与该模型预期相一致,当被试执行前一任务时注意的范围较大,而在后一任务中注意范围较小。

但是,可变焦距模型却不能解释奈塞尔和贝克伦(Neisser & Becklen,1975)的实验结果。在该项研究中,用两张不同的照片构成一幅图画作为刺激物,要求被试进行选择性注视。在这一实验中,刺激物包含两种不同的事件,如图8-4所示,A为击手游戏摄像照片,B为三人传球摄像照片,C由A、B两张照片重叠而成。要求被试只注视图C中的一种动作,一旦注意到其中某种有意义的情节时，被试便通过按一个按钮指出自己在看哪样东西。结果表明，被试可以无困难地看出一种视觉情节，而极少注意到另一情节的异常情况，要注视两种情节则是非常困难的。这个实验表明，视觉注意可被引导到特定的物体上，而不是像可变焦距模型所认为的特定区域。

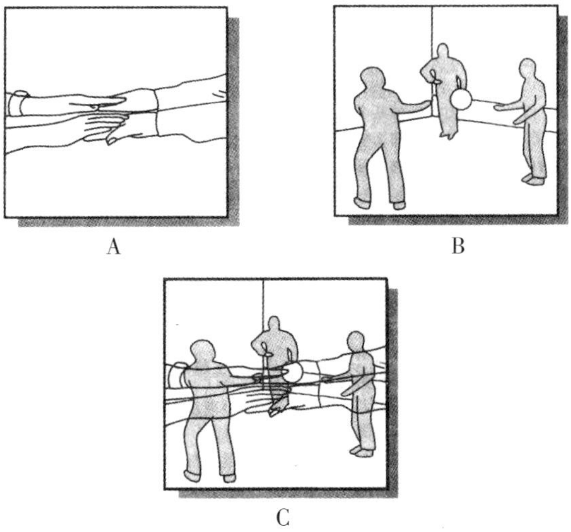

图8-4　奈瑟尔和贝克伦在视觉集中性注意实验中所用的照片

可变焦距模型的一个缺点是没有对视觉集中性注意的加工机制给出解释。特雷斯曼(Treisman，1980)试图用她的特征整合理论(feature integration theory)来弥补这一缺点。该理论假设物体由各种特征组成，如大小、形状和颜色。视觉的集中注意有两个阶段：在第一个阶段中，加工是前注意的或自动的，我们对环境中的所有物体的特征进行快速登记；在第二个阶段中，加工是以一种缓慢、序列的方式操作，包括组合各种特征以形成物体，如把物体的各种特征——红色的、圆的、小的等"黏合"在一起被确定为是一个苹果。特雷斯曼还认为，第一阶段对个别特征的辨别只需很少的心理努力，而第二阶段将特征"黏合"在一起，使之成为完整的事物则需要更多的努力和注意。特征整合理论得到错觉性结合研究的支持，但有人(Humphreys et al., 2000)认为，该理论只考虑到了注意阶段的捆绑，忽略了前注意阶段捆绑，进而提出了捆绑双阶段理论，即特征捆绑分为前注意捆绑和注意捆绑两个阶段，在第一阶段，客体整体特征先得到捆绑，从而对客体有一整体形象；在第二阶段，对客体细节特征进行捆绑，再结合第一阶段捆绑，便形成客体的具体完整的形象，该阶段捆绑需要注意参与，顶叶起关键作用。

(三)资源有限模型

资源有限模型(cognitive resources limitation model)最初由卡尼曼(Kahneman，1973)提

出。该模型不是沿着信息通道的限制来讨论,而是把注意视为对刺激的分类并加以识别的认知过程来讨论。该模型认为,人的认知资源是有限的。为了完整地识别一个刺激,就需要资源。如果刺激较复杂,需要的资源就多。如果同时呈现几种复杂的刺激,资源可能会很快耗尽。如果给资源已耗尽的人再呈现另外的刺激,这些新异刺激将不被加工(或注意)。但人可以灵活地调节认知资源的分配,可以把有限的资源转移到重要的刺激上。资源有限模型强调了我们对注意的控制。显然,资源有限模型可以解释许多实验结果,但是,人是根据什么原则,在何时来调控注意的呢?资源有限模型并没有解决这些问题。

该模型的主要缺点是不能做出预测。

(四)双加工调节模型

奈塞尔(Neisser,1976)把早期选择模型和晚期选择模型加以综合,提出了一个包含前注意加工和注意加工的双加工调节模型(two proceses governing model)。该模型认为:前注意的自动加工快速、平行发生,这种加工能觉察非注意信息的物理特性,但不能辨认出意义或相互关系;注意的控制加工较晚发生,按顺序进行,耗费时间和注意资源,能辨认出特性之间的关系,把片段综合为某个客体的心理表征。例如,刚开始学习开车是注意的控制加工,而一旦熟练地掌握了开车技能之后,在正常情况下(熟悉路段,天气晴朗,没有或很少有其他车辆)开车行为便是前注意的自动加工。前注意的自动加工是无意识的,或者在很大程度上是在没有觉知的情况下进行的,几乎不消耗注意资源的,也不需要有意努力。完全的自动加工与完全的控制加工之间是一个认知加工的连续体。新的、难度大的任务通常需要控制加工,而经常做的简单而熟悉的任务一般属于前注意的自动加工。表8-2列出了注意的控制加工和前注意的自动加工在觉知水平、注意投入、有意努力等方面的特点。双加工调节模型可以解释我们日常生活中的许多注意现象。

表8-2 注意的控制加工和前注意的自动加工

特点	注意的控制加工	前注意的自动加工
注意资源的投入	投入较多注意资源	不消耗注意资源
有意努力程度	需要有意努力	几乎不需要有意努力
觉知水平	觉知水平高,需要完全的觉知	意识水平低,通常不被觉知
加工速度	与自动加工相比相对费时	相对较快

后来不少学者对注意研究以奈塞尔的前注意加工和注意加工的区分为基础,集中探讨注意的有意识控制层面。注意的控制加工受兴趣、期望、目标和定势等因素的影响。

第三节 睡眠与梦

无论贫富老幼,我们都需要睡眠。人的一生约有三分之一的时间是在睡眠中度过的。其中,梦是睡眠过程中最主要的心理活动,也是一种有趣的异常意识状态。

一、睡眠及其功能

睡眠(sleep)是与觉醒(awaking)相对的一种现象,这两种现象从时间上来看是交替出现的,这种交替受到一种称为昼夜节律(calcircadian rhythm)的时间周期所调节。昼夜节律所调节的不仅只是睡眠与觉醒状态之间的交替,也包括与这两种现象相伴的唤醒、新陈代谢、心率、血压、体温和激素等生理指标水平的周期性变化。这种身体活动的周期是建立在自然的昼夜交替周期基础上的。一般来说,上述的这些生理指标达到顶峰是在昼间,而降到最低点则在夜间睡眠时,就如同身体内部存在一个生物钟(biological clock)。

个体为什么必须睡眠?第一种解释是睡眠使工作了一天的大脑和身体得到休息、休整和恢复。大脑在清醒状态时会制造化学腺苷来抑制感到困倦的神经元,而腺苷浓度在睡眠过程中会下降(Porkka-Heiskanen et al., 1997)。因此,睡眠就像大脑的食物,帮助我们修复身体组织,特别是脑组织。

另一种解释是与生物进化有关的生态学理论。按此理论的说法,睡眠是为了适应生态环境,从而保护自身免遭伤害。在黑夜中进行打猎或采食对我们的祖先来说是很危险的,因此最好的生存办法是在一个安全的地方睡眠,而在白天再进行活动。再如,蛙和蛇在寒冬不能出外觅食,但又缺乏候鸟一样的迁徙能力,因此在适应环境的过程中,进化出冬眠能力。

除了以上两种典型的睡眠功能的解释外,睡眠还可以帮助个体完成清醒时尚未结束的心理活动。有实验表明,在个人练习后,立即让他睡眠,则他醒来后会有较好的记忆。原因是练习后立即睡眠,可在睡眠中继续完成练习时未完成的信息处理工作。另外,睡眠可能在成长过程中也起到很大作用。在深度睡眠中,垂体腺释放成长激素。随着人的衰老,垂体腺会释放出较少的这种激素,并且深度睡眠的时间变少(Pekkanen,1982)。

那么,如果长期缺乏睡眠或被剥夺了睡眠,人的身心将会发生什么变化呢?研究表明,睡眠缺乏会压制对抗疾病的免疫系统(Irwin et al., 1994),还会损伤记忆(Yoo et al., 2007)。而且,慢性的睡眠缺乏还可以改变新陈代谢和荷尔蒙的功能,使人过早老化,产生肥胖、高血压和记忆缺失问题(Spiegel et al.,1999)。如在睡眠剥夺实验(Veasey et al., 2002)中,让被试持续200小时保持清醒状态,结果发现,睡眠剥夺虽然没有带来长期影响,但被试只要遭受了轻微的睡眠剥夺,就会变得萎靡不振、易怒,不能集中注意力,创造性缺失,以及逻辑推理能力下降。不过,如果被试接着可以正常入睡,几天就能恢复到睡眠剥夺前的状态。也就是说,这种暂时睡眠剥夺并不会给大多数人带来永久性后果。但是,睡眠缺乏的确会让人变得急躁、易怒、反应迟钝、身体能力降低和学业成绩下降。另外,假如我们在昏昏欲睡时进行一些日常活动(如驾驶),还会给自己和他人带来危险。

二、睡眠周期

在我们睡眠时同样存在一个生物节律,即大约在90到100分钟的时间内经历一个有5个不同阶段的周期(见图8-5)。通过脑电图(EEG)可以精确显示睡眠周期中的脑电活动,从而了解和揭示睡眠的本质。

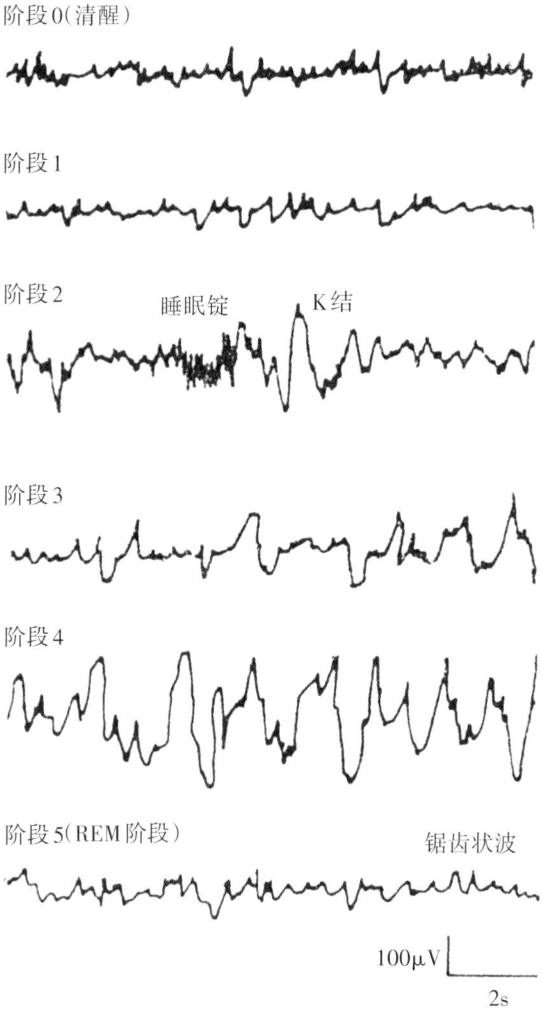

图8-5 正常睡眠阶段的EEG模式

阶段1是睡眠的开始，昏昏欲睡的感觉就属于这一阶段。此时脑波开始变化，频率渐缓，振幅渐小。阶段2开始正式睡眠，属于浅睡阶段。此时脑波渐呈不规律进行，频率与振幅忽大忽小，其中偶尔会出现被称为“睡眠锭”的高频、大波幅脑波，以及被称为“K结”的低频、很大波幅脑波。阶段3与阶段4是沉睡阶段，被试不易被叫醒。此时脑波变化很大，频率只有每秒1~2周，但振幅增加较大，呈现变化缓慢的曲线。这四个阶段的睡眠共要经过约1小时到90分钟，而且均不出现眼球快速跳动现象，故统称为非快速眼动睡眠（non-rapid eye movement sleep，简称non-REMs）。在阶段5，脑波迅速改变，出现与清醒状态时的脑波相似的高频率、低波幅脑波，但其中会有特点鲜明的锯齿状波。睡眠者通常会有翻身的动作，并很容易惊醒，似乎又进入第1阶段的睡眠，但实际是进入了一个被称为快速眼动睡眠（rapid eye movement sleep，简介REMs）的睡眠阶段。因为，此时除了脑波的改变之外，被试的眼球会呈现快速跳动现象。如果此时将其唤醒，大部分人报告说正在做梦。因此，REM就成为睡眠第五个阶段的重要特征，也成为心理学家研究做梦的重要根据。

在整夜睡眠中，人们通常会经历4~5次这样的睡眠周期，睡眠周期会随着时间和年龄而有所改变，例如，人们的快速眼动睡眠在周期中持续的时间则越来越长，最后一次可以长达1个小时。所以，大多数的梦是发生在一夜的后半期。再如，新生儿的快速眼动睡眠占的时间最多，约占睡眠时间的一半。一般大学生的睡眠期间，阶段2约占全时间的50%，阶段4约占15%，快速眼动睡眠则约占25%。老年人一夜中出现快速眼动睡眠的时间约在18%左右。可以据此推论，婴儿的梦远比成人要多，老年人睡眠时做梦较少。

三、睡眠障碍

（一）失眠

失眠（insomnia）是个体报告其睡眠少于自己所希望的种种困难。失眠的主要表现是：上床后很难入睡；容易惊醒，醒后很难再度入睡；时睡时醒，无法进入沉睡阶段，即使睡眠后也没有恢复疲劳的感觉。失眠的形成因素很复杂，大体可分为四类。(1)失律性失眠。这是由于生活程序突然改变太大，一时无法调整好睡眠节律所致。如飞行时差造成的睡眠困难即属于失律性失眠。(2)情境性失眠。这是由于外在情境发生变化，暂时适应困难所致。如失恋引起的睡眠困难就属于情境性失眠。(3)良性失眠，也可称之为假性失眠，即这种失眠不是真实的，只是人们在心理上有失眠感而已，而事实上并不缺乏睡眠。这种不一致可能是对自身睡眠状态的解释方式或归因错误导致的。例如，有的学生会觉得自己现在每天只睡6个小时，要少于其他同学，是不正常的，并据此认为是失眠所致。再如，有人把身体衰弱而导致的精神沮丧归因于自己睡眠不足，结果造成失眠感的困扰。(4)药物性失眠。这是由于经常借助安眠药物来使自己睡眠而造成心理上和生理上的药物依赖倾向所致。例如，有人因情绪紧张无法入睡时常吃安眠药物以使自己睡眠休息，但通过药物对中枢神经的抑制作用来解除失眠困扰并不是真正的或自然的睡眠，只能有一时之效，并且长期服用易形成药物依赖倾向。因此，日后需服用更多药物才能入睡，这种恶性循环反而使失眠困扰更为严重。

〖心理学与人生8-2〗对付失眠的有效办法

人们对付失眠的最常见办法是服用安眠药和饮酒，但这些办法会导致失眠问题更严重。因为这两者都会减少快速眼动睡眠，第二天失眠者会更加疲倦。同时，只依赖安眠药，停药后失眠问题会更加严重。改变生活习惯是行之有效的改善睡眠的办法，失眠者不妨试一试。

·安排好你的时间表，每天按时睡眠，一天中不要打盹。

·睡前要充分放松，阅读一些轻松愉快的书籍。

·睡前洗个热水澡或做做按摩。

·每天规律性地运动，但不要在夜晚(最好在下午)进行。

·不要抽烟，下午以后不要喝咖啡或茶，睡前可以喝一杯牛奶(因为牛奶能生成一种会加速睡眠的神经递质——5-羟色胺)。

·偶尔失眠，不要担心。几乎每个人都会有入睡困难的经历。如果没有持续多日失眠，不要对它过分关注。

·如果上述方法都不管用，也发现没有其他什么问题，努力减少睡眠，晚一点睡觉或早一点起床！

(二)梦游与梦话

梦游(sleepwalking)是睡眠中自行下床行动，而后再回床继续睡眠，睡醒后对自己夜间的行动一无所知的怪异现象。梦游者能在梦游中从事很复杂的活动，会开门上街，会拿取器具，会躲避障碍物而不致碰撞受伤。梦游者多为儿童，年龄多在6~12岁之间。梦游并非严重病态，也与情绪困扰无关，多数到成年后不治而愈。梦话(sleeptalking)也称梦呓，是指睡眠中说话的现象。实际上，梦游和梦话都与做梦无关。因为梦游时患者的脑波正处在睡眠的沉睡阶段，而沉睡阶段是不会做梦的，并且几乎所有的说梦话现象也都是在沉睡阶段发生的。因此，把梦游和梦话分别称为“睡中行走”和“睡话”较为符合事实。然而，目前尚不确知梦游与梦话的原因。

（三）梦魇与夜惊

梦魇与夜惊是两种并不相同但都会让人产生恶劣体验的梦境。梦魇（nightmare）是一种发生在快速眼动睡眠期、黎明即将到来时的一些内容吓人的梦，也称噩梦。做噩梦时无躯体运动或只有些微的运动；噩梦中醒来的人对梦中的可怕内容通常都能回忆出来，思维有条理、冷静。对于梦魇出现的原因，一般认为是日间情绪压力所致。与此相对，夜惊（night terror）是一种极度惊恐的梦，夜惊者会有坐起、哭喊或跑等躯体剧烈运动，一般发生在入睡时间并不太长的非快速眼动睡眠期，通常是在睡眠的第三或第四阶段。因夜惊而醒来后约几分种的时间里，夜惊者是恍惚的、惊慌的，肢体表现出应对紧急情况的生理反应，既不知道自己在哪里，也不知道自己在做什么，也记不起梦的内容。至于夜惊现象发生的原因，至今仍不太清楚，不过由于多发生在儿童期，所以推断可能与神经系统和脑的成熟水平有关。

大多数噩梦可以通过下列步骤来消除，做噩梦者不妨试一试：（1）详细写下你的噩梦内容；（2）按照你的希望，改写梦的内容并且大声说出新梦；（3）重新入睡前，在你心里排演你所希望的梦并使之熟悉。有了这样的心理准备，也许在你头脑中新编的梦会代替噩梦。

四、梦

梦（dream）是我们睡眠时的一种异常意识状态，其主要特点是无意性、被动性及梦境的离奇与怪诞。梦的实验心理学研究始于美国心理学家阿赛斯基和克莱特曼（Aserinsky & Kleitman，1953）。他们分别在快速眼动睡眠与非快速眼动睡眠阶段唤醒被试，并询问其是否在做梦，结果发现，睡眠期中的快速眼动现象是做梦的标志。由此激发了很多研究。综合多年来对梦的实证研究，大致有以下发现。

（1）在一个典型的夜睡中，一般人的第一个梦出现在入睡后的约90分钟。梦境的持续时间约为5~15分钟（平均约为10分钟），而睡眠的各个阶段是循环出现的，因此总共有1~2小时左右的睡眠时间是在梦中（一夜约做4~6个梦）。

（2）一般人在每夜都会做4~6个梦，但往往醒后不能回忆起曾做过梦，或者只记得极少数的梦。对此，有多种不同的解释，如动机性遗忘说认为这是由于人们不愿去回忆多与痛苦相联系的梦境所致。不过，这种解释并不与事实完全相符，因为人们所记得的梦境也有令人痛苦的。干扰说认为这是由于新做的梦干扰了对前面的梦的记忆引起的。这种解释大致符合一般人的经验。信息加工观认为，人们一般不对所做的梦进行深层加工，所以不能有效进入长时记忆加以贮存，自然很快忘记。因此，如果在梦后醒来的时间内有干扰，则梦的记忆就得不到固化，这意味着梦不能贮存在记忆中（Hobson, 1988）。看来，这种信息加工观的解释较为合理。另外,有人(Tonay, 1993; Blagrove & Akehurst, 2000)认为,回忆梦的动机和对梦的兴趣能够较好地预测人们回忆梦的能力。

(3)梦境中的情节究竟包括些什么呢?有研究者(Hall & Van de Castel, 1966)收集并分析了一万多个梦,发现大多数梦与我们的日常生活比较接近,大致可分为八类:各类人物、各类动物、人际交往、幸遇与悲遇、成败经验、户内或户外活动、空间与物体和情绪反应。而且研究(Antrobus, 1991; Domhoff, 1996; Foulkes, 1985)发现,梦的内容具有显著的年龄、性别和跨文化的相似性和差异性。

(4)我们必须做梦吗?如果在快速眼动睡眠期间唤醒被试,使其无法完成做梦,结果将如何呢?在德门特(Dement, 1974)的实验中,在连续几个晚上,当被试每次一进入快速眼动睡眠阶段时就将他唤醒。结果发现,在第五个晚上,他的睡眠模式呈现出30个快速眼动睡眠阶段,是他正常睡眠模式中出现快速眼动睡眠阶段的数量的四倍多。这种睡眠者倾向于增加以后晚上睡眠中的快速眼动睡眠阶段的数量来补偿快速眼动睡眠剥夺的现象,称为快速眼动睡眠反弹(REM rebound)。但是,相似的效应却不出现在非快速眼动睡眠中。

(5)快速眼动还不能完全用来作为是否做梦的指标。研究(Dement & Kleitman, 1957)发现,每当脑电图显示快速眼动睡眠模式时将被试唤醒,则大约85%的人能够报告出此时所做的梦。也有研究(Cavallero et al, 1992)发现,几乎大部分人都能在快速眼动睡眠阶段报告在做梦,被试在非快速眼动睡眠阶段被唤醒时只有50%的次数报告了做梦。而且,两者的梦在内容上有明显差别。快速眼动睡眠阶段的梦通常伴有视觉的生动形象,具有情绪和非逻辑色彩。而非快速眼动睡眠阶段的梦通常不伴有视觉形象,一般直接与清醒时的生活有关,没有完整的梦境,只是一些简要的想法。

(6)人们能够控制梦的内容吗?我们都希望自己做个好梦,但一般很难控制梦的内容。因为,大部分研究显示人们不能控制自己的所做的梦的内容(Domhoff, 1985)。不过,通过在前睡眠期进行暗示或改变环境则可以影响到梦的一些内容。如,要求被试努力梦到自己期望的人格特征,则大部分被试至少在一个梦中梦到了所期望的特质(Cartwright, 1974)。再如,被试在睡眠前戴数个小时的红色护目镜,则在没有做暗示并且被试也不理解实验意图的情况下,许多被试报告在梦中的视觉世界是红色的(Roffwarg et al., 1978)。

〖热点问题讨论8-1〗释梦

我们都会进入复杂的梦的世界,那么,梦有意义吗?梦到底意味着什么呢?在对待梦的态度上,存在着巨大的文化差异。在许多非西方文化中,梦被看作是有关自身、未来或精神世界的信息的重要来源。人们相信,梦提供了未来的信息,如预示着某种好或坏的事件。

在西方文化中，存在着两种相反的观点。弗洛伊德(Freud，1900/2004)在《释梦》中提出了关于梦的心理动力学理论，他认为，梦是愿望的满足，人们通过做梦满足了在平日里未被满足的需要。即是说，梦是被压抑的潜意识冲动或愿望以改头换面的形式出现在意识中。这些愿望和冲动主要是人的性本能和攻击本能的反映，它们不被社会伦理道德所接受。例如，一个不成功的人会梦见自己获得巨大的成就。

弗洛伊德认为，梦是以伪装的形式表达潜意识的欲望和冲突的，做梦者所陈述的梦境(即梦显相，是做梦者醒来后所能记忆的梦境，它是梦的表面)实际上是由梦隐相(或称梦真相，是梦境深处不为做梦者所了解的部分，是梦境的真实面貌)伪装后转化而来的。伪装的方法有以下几种。(1)转移，指从梦隐相转化为梦显相时，梦中的情节可能彼此转移。如陈述的梦境中的次要情节可能是梦隐相中最重要的。(2)简缩，指梦显相中的情节比梦隐相中的情节少而简单。如有时以一件衣服代表某个人。(3)综合，指存在于梦显相中的内容是梦隐相中许多思想的结合。如童年的爱畜代表整个家庭。(4)象征，指从梦隐相转化为梦显相时，把不愿意接受的观点移置为象征性地等同于乐意接受的思想。例如，乳房变成山脉、气球、甜瓜等，性交变成跳舞、骑马等等。(5)再修正，指在人陈述其梦境时，会有意无意的对梦中情节加以修正。通过这些伪装，梦隐相便转化为梦显相，成为人们可以报告出来的梦。

弗洛伊德的梦的理论受到了质疑，如，他将依据精神病患者梦的经验构建的理论推广到一般人身上，难免以偏概全。该理论总是将梦境中的潜意识欲望解释为性欲的冲动，未免窄化梦的内容，且容易产生误导。而且，没有证据支持梦显相和梦隐相的区分(Fish et al., 1996)。不过，该理论目前仍被西方文化所广泛接受。

与弗洛伊德的观点相反，霍布森和麦卡利(Hobson & McCarley，1977)提出的激活—整合假说(activation-synthesis hypothesis)认为，梦实质上不过是在快速眼动睡眠过程中，人们试图对大脑自发产生的随机神经电冲动的解释。他们认为，当人熟睡时，位于脑干中的大脑某一部分还会周期性地活动，从而产生毫无意义的神经冲动。人的大脑综合这些冲动，并赋予其一定的意义。当我们醒来并记起了这些认知活动，我们就称自己做了一个梦，并试图挖掘其含义。实际上，梦从一开始就没有什么含义。

主要研究白日梦的福克斯(Foulkes，1985)进而提出，梦虽然是由在睡眠过程中脑的自发活动产生的，但人的认知系统赋予大脑随机冲动以形式和意义的过程不仅揭示了个人记忆中的重要信息，还体现了个人的思维方式。他还认为，梦具有多种功能，其中之一就是可以在梦中体验那些实际上并未发生过的事情，从而增加自我认识的机会，因为梦通常是关于自己的。

这种认为梦只是随机信号的观点也受到了挑战。基于个体梦的总体内容在整个成年期保持不变的研究结果，梦的研究专家多姆霍夫（Domhoff, 1999）认为，如果将梦看作是皮层对从脑干脑桥区域的随机刺激周期性的轰击所做的反应，则成年梦的内容几十年一致的情况不适合这种理论。

无论哪种观点，都不同程度地促进了我们对梦以及自身的了解，但都无法全部解答关于梦的疑问。

第四节　催眠

一、催眠及其诱导

催眠（hypnosis）是一种让人备感神秘的意识状态，这种状态是人为诱导（如放松、单调刺激、集中注意、想象等）引起的一种类似睡眠而实非睡眠的意识恍惚状态。一般来说，催眠是通过催眠师的诱导形成的。催眠有一个系统的程序，用来引导出增强的易受暗示性状态。

催眠前要注意两点。(1)良好的情绪关系。让被试相信催眠师和催眠本身的无害性，使其了解催眠术是一种科学的方法。例如，被试害怕催眠之后不能醒来，催眠师就应向被试解释，打消其疑虑。而且，催眠师应持和善的态度，理解和悦纳被试的忧虑。(2)适宜的环境。催眠一般采用个体方式，让被试在安静的室内放松坐在椅上。室内的灯光宜暗淡，应排除或降低各种干扰刺激。

催眠状态可经多种方法进行诱导，但一般都遵循如下步骤：(1)暗示被试眼睛疲倦，无法睁开；(2)暗示被试感官逐渐迟钝，将不会感到刺痛；(3)暗示被试忘却一切，只记得催眠师所讲的话与要他做的事；(4)暗示被试将体验到幻觉；(5)暗示被试催眠醒后将忘记催眠中的一切经验；(6)暗示被试醒来做某些活动。

催眠不同于睡眠。脑电图显示，催眠时的脑电波和清醒时是一样的。但是催眠状态下的思维、言语和活动是在催眠师的暗示下进行的，而不像在清醒状态下是受个体自己意识控制的。

二、催眠感受性

催眠感受性（hypnotic susceptibility）是指个体接受暗示的难易程度。催眠感受性具有个体差异。在人群中，大约有10%到20%的人很容易接受催眠，约10%的人根本对催眠没有反应。催眠感受性高的人通常具有下列特征：(1)依赖性强，经常寻求他人的指点；(2)容易沉浸于眼前或想象中的场景；(3)想象力丰富；(4)对催眠的作用深信不移；(5)经常做情节生动的白日梦；(6)有经验分离的经历，即体验过记忆或自我的一部分与其余部分分离开来。而且，一个人对催眠感受性是比较稳定的。研究(Piccione, et al, 1989)表明，曾被成功催眠过的一个人在下次同样会被成功催眠。

在催眠感受性的测量工具中，最著名的是斯坦福催眠感受性量表。该量表共12个项目，每个项目进行一种活动，由被试跟随催眠师的暗示去行动。通过1个项目得1分。得分越高，表示催眠感受性越高，越容易被催眠。

催眠感受性越高，进入催眠状态的深度就越深。催眠的深度通常分为三级，由浅至深依次为动作支配期、知觉支配期和记忆与性格支配期。绝大多数人均可进入动作支配期。此时，被催眠者身体的肌肉逐渐接受催眠师的言语控制。例如，催眠师暗示说："我现在从一数到三，当我数到三时，你的眼皮就会变得非常非常重，重得睁不开了。"当催眠师数到三时，只要被催眠者已进入浅层的催眠状态，就会很惊讶地发现，自己似乎突然忘记如何控制眼皮肌肉的动作，即使努力睁眼，眼皮也无法抬起。催眠师所能控制的肌肉数及肌肉群随着催眠程度的加深也越来越多。在知觉支配期，被催眠者的知觉经验可被暗示控制，而体验到嗅觉、味觉、肤觉、听觉乃至视觉上的幻觉。在更深的记忆与性格支配期，被催眠者的记忆状态会接受催眠师一定程度的控制，能在暗示下回忆平时不易浮现的儿时的记忆细节，能够模仿出各种与他平时性格截然不同的角色，几乎可以说是一位极为优秀的演员。

三、催眠下的异常状态

个体在催眠情况下，其异常意识状态一般具有以下特点。

(1)主动性反应减少。被催眠的个体不主动进行各种活动，而是倾向于按照催眠师的暗示去活动。

(2)暗示性增高。暗示性是指个体接受催眠师暗示的程度。当个体一旦进入催眠状态后，其暗示性就大大增高。被试由于暗示性增高而表现出来的行为有时会令人惊讶。例如，催眠师暗示个体胳膊僵直，则其胳膊就会变得像木条一样僵硬。此时，我们就很难将他的胳膊弯曲下来。

(3)知觉扭曲与幻觉。在催眠状态下，个体的知觉会产生扭曲和幻觉。在催眠师的诱导下，个体会将一种物体说成是另一种物体，或歪曲物体属性，如很甜的东西尝起来是酸的。被催眠者也会将不存在的事物当成是存在的事物，或存在的事物当成是不存在的事物。例如,被催眠者面前并没有人,但如催眠师暗示在他面前有个人,则他就会真的认为有个人在他面前。

(4)注意层面趋窄。进入催眠状态的个体的注意范围大大缩小,他们只注意催眠师的暗示,而不再注意周围环境中的刺激。例如,当催眠师暗示周围声音均听不见,而只能听见催眠师的声音,则被催眠者就会听不见周围的其他声音。

(5)催眠中的角色扮演。在催眠状态下,个体听从催眠师的暗示,能够扮演与其原来性格不同的另一角色,并表现出符合该角色的一些复杂行为。如果催眠师暗示个体是一个小孩,则他就真的像变成小孩一样,在言语、行为上表现出小孩的特点。

(6)旧记忆还原现象。进入催眠状态后,如果催眠师询问个体在清醒时不记得的但经历过的一些事情时,他能清清楚楚地讲述出来。讲述的内容多以视觉影像为主,并且非常生动,就像又回到当时的情境中一样。

(7)催眠中经验失忆。催眠中经验失忆是指催眠师暗示个体在被催眠期间什么也没有发生,则其在事后就会报告说自己什么也记不得了。

四、催眠理论

(一)意识分离论

美国心理学家希尔加德(Ernest R. Hilgard,1904—2001)提出的意识分离论把催眠看作是一种异常意识状态。他认为,个体被催眠后的意识分离为两个层面。第一个层面是被试接受暗示后所意识到的一切新经验,该层意识是在催眠师的暗示下产生的,其性质有可能是扭曲的、不真实的,但这一层意识可与外界进行交流。第二个层面是隐藏在第一个层面之后,不为其所意识到的经验,该层意识是个体根据自己的感觉产生的,其性质是比较真实的。只是因当时受到催眠暗示的影响,第二层面意识被第一层所掩盖,不能以口头方式表达出来而已,希尔加德称之为“隐秘观察者”(hidden observer)。他认为,许多催眠效果是这种被分离意识的产品。例如,被催眠者可能对疼痛没有反应,是因为疼痛并没有在与外界进行交流的那部分意识上进行登记。而且,后来的许多实验都支持了隐秘观察者的存在(Kirsch & Lynn, 1998)。

在实验(Hilgard,1968)中,催眠师先暗示被试,其左手在催眠后将失去一切痛觉。当他进入催眠状态后,催眠师就将其左手放置入冰水中。这时要求他口头回答他的左手是否感到刺痛,他报告说不痛。但如果将他的右手放在按钮上,并对他说如感到左手刺痛就用右手按按钮。结果发现,虽然他在口头上回答说没有刺痛感,但其右手则会按下按钮

(见图8-6)。这说明,在催眠状态下,口头回答的不痛是在催眠暗示下所产生的意识经验,是扭曲的、失真的。右手按按钮的行为表达出了被催眠者自己的感受,是真实的。因此,催眠将意识分为两部分,一部分对疼痛没有觉知,而另一部分(即隐秘观察者)则能够觉知到。这个实验显示,意识在催眠状态下是分离的。

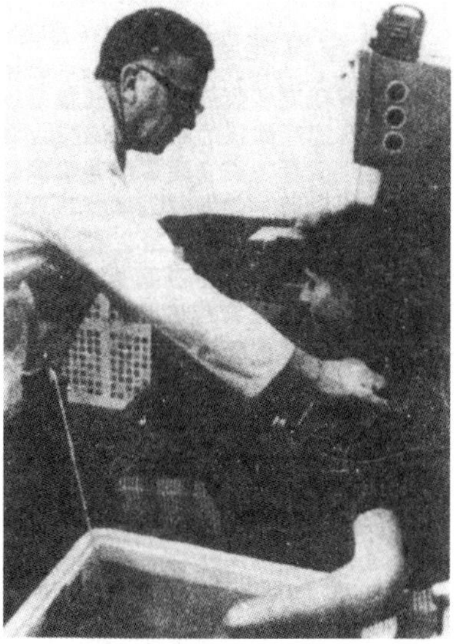

图8-6 催眠状态下的"隐秘观察者"

希尔加德认为,分离的意识是一种下意识过程和意识经验同时进行的活动,它很像意识,但不进入开放的意识之中。这是一种平常而普通的现象。例如,人们常会将车开出很长一段距离,其间会对交通信号和其他车辆做出反应,但过后却想不出自己是怎样做出反应的。在这个例子中,意识明显被分开,一部分用来开车,另一部分用来想其他的事情。这种体验在较早时被称为"高速公路催眠"。在这种条件下,支配开车的那部分意识中甚至也会"记忆缺失",类似于催眠后遗忘。总之,希尔加德的观点表明,催眠是意识的一种可以解释的变化,并在日常经历中可以看到这种变化。

(二)社会角色论

社会心理学家斯帕诺斯(Spanos,1982)对意识分离论提出质疑。他认为,催眠状态下的行为实质上都是在人正常的自主范围之内。一个人确定自己被催眠的唯一原因是其在催眠条件下的行为与自己期望在这种状态下会出现的行为相一致。在斯帕诺斯看来,催眠的过程是一种西方文化中具有多种含义的仪式。个体希望放弃对自己行为的控制,随着催眠过程的深入,就开始相信他的自主行动开始转化为自发的不随意活动。例如,在催眠初期,给被试一些随意活动的暗示——"放松你的腿部肌肉",但后来就会成为一些不随意活动的暗示——"你的腿感觉到沉重无力"。针对催眠中的痛觉缺失,斯帕诺斯认为,个体在催眠时的疼痛感降低是其动机和期望作用的结果。因为,所有催眠研究使用的被试都是在受催眠影响的敏感性测量中获得较高分数的人。这些人“非常投入,希望自己在催眠实验中成为一个好的被试”。他们知道研究者要对清醒状态与催眠状态做比较,被催眠者想证明催眠的确有效。

在斯帕诺斯的一项研究中,两组学生都要听关于催眠术的讲座。在讲座内容中,告诉其中一组学生,胳膊僵直的感觉是在催眠过程中不由自主出现的现象,其余内容完全相同。然后对这两组学生进行催眠。结果显示,在讲座中听到有关胳膊僵直的信息的那组学生,在没有给出任何指导语的情况下,就有人“不由自主地”表现出了这种行为。而在另一组学生中,没有一人胳膊变得僵直。这说明,人是按自己对催眠的想象来行动的。人们之所以在催眠状态下做出某种特定行为,是因为他们觉得催眠就应该是那样,而不是因为催眠改变了他们的意识状态。有研究(Barber,2000)表明,富于想象力的人在催眠和非催眠的情况下都能够产生生动的知觉。这说明,被催眠的人是富于想象力的演员,正在扮演被催眠的角色。

目前,有关催眠是否是一种异常意识状态仍存在争议。而在应用方面,催眠已广泛应用于心理治疗、医学、犯罪侦破和运动等领域。其中,催眠在心理治疗上可用于治疗酗酒、梦游、自杀倾向、过量饮食等。但除非病人有着很强烈的动机,催眠一般不会立即获得明显效果。如能将催眠与其他治疗方法结合起来,则效果会更好。

〖心理学与人生8-3〗入静

入静也称为冥想(meditation),是一种按照一定的仪式和修炼秘诀而体验到的异常意识状态。这些修炼包括控制和调节呼吸,只注意一定的范围,排除外界刺激,保持瑜伽的极度放松的身体姿态,心中只想着某一事物或符号的心象。其结果便产生了一种神秘的体验:感到与外部世界脱离,失去了自我觉知,感到自己被融于某一更广阔天地之中,体验到与宇宙同一而难以用言语描述,感知过程比以前更生动、清晰。

入静的传统形式来自瑜伽修炼或禅的修炼。传统的修炼通常有两种方式。一种称为开放式入静,修炼者要做到无为、无思、不做任何个人的努力,心身完全放松,让心灵从不断变化的观念流和感觉流中跳出来,并观察这种流动的变化,而心灵却不要陷入其中。换言之,修炼者注视自己的思想,让它们像群鸟般地自由飞翔,自己则只在一旁观看,不让这些飞鸟将自己带入云层之中,完全排除杂念以接受新的体验。另一种称为集中式入静,修炼者通过主动专注于某些物体(如花瓶)或自身的某一部位(如丹田),但不要去分析它,也不要去联想任何其他事情,摒弃任何杂念会达到入静状态。传统的修炼必须经历复杂的训练。在入静的不同水平,认知也会发生变化。修炼者必须经过五个不同水平,才能达到一种无念、无觉、无我的状态。这种状态称为禅定。

还有一种商业化的入静,称为超觉入静(transcendental meditation)。这种入静技术要跟随一位有资格的师傅学习,老师传授给初学者一个咒语,并教会他如何不断地重复这一咒语,以产生超觉入静所特有的高度宁静和敏锐的觉知。

入静是一种诱导放松和降低生理唤醒的有效方法。几乎所有有关入静的研究报告都表明,入静者呼吸变得更深、更缓慢,氧消耗量及二氧化碳排出量减少,脑部新陈代谢方式发生了变化——额叶新陈代谢增加,枕叶新陈代谢相对减少。近期的实验表明,入静的生理状态与通过其他放松机制如催眠、生物反馈及深度肌肉放松所引起的生理状态没有什么不同。入静可以降低唤醒(特别是对于容易感受压力的人),对缓解焦虑和紧张是很有价值的。它比简单的休息对降低生理唤醒更为有效。

不少研究运动心理学的人认为,入静有助于运动成绩的提高。练习入静可以缓解参赛前的压力,有入静经验的运动员可以学会放松不同的肌肉群,会感觉到肌肉张力的细微变化。入静还可以形成即将来临的运动细节的心象,有助于技能的最佳发挥。例如,练习入静多年的美国高尔夫球名将杰克·尼克劳斯写道:"如果不先在脑海里形成鲜明、清晰的心象,我就无法挥出好杆,甚至练习时也是这样。这种心象像彩色电影那样,首先我'看到'白色的球落在理想的落点,漂亮地停在鲜绿的草地上。接着画面迅速变化,我'看到'球飞向那儿,它的路径、轨道、形状,甚至它飞行时和落地时的情形都历历在目。然后这种心象逐渐淡化,下一个心象就是挥杆的动作,它将使前面的心象化为真实。每次运动之前,只有在这一短暂而又神秘、好莱坞式的心象之后,我才去选一根球杆出去打球。"

第五节　精神药物与异常意识状态

一、精神药物的一般效应

有许多药物,如酒精、海洛因、苯丙胺类、巴比土酸盐、大麻、可卡因、麦角二乙胺、咖啡因和尼古丁等都能改变意识状态。那些能够改变知觉、记忆、情绪、时间感和自我意识的化学物质称为精神药物(psychoactive drugs)。大多数精神药物会导致中枢神经系统的兴奋,而有些精神药物则相反,导致中枢神经系统的抑制。

所有的精神药物如果持续服用都会产生耐药性(或抗药性)(drug tolerance)。服用者体验到神经适应,即大脑适应了对正常功能的破坏,从而导致需要服用更大的量才能体验到药物的效果。例如,没有喝过酒的人可能喝一杯啤酒就会醉,而经常饮酒的人喝十瓶啤酒也没有醉意。酗酒者的中枢神经系统已经适应过量的酒精对其大脑、心脏甚至生命所造成的破坏。

服用精神药物一旦成瘾，停止服用时个体便感到有无法忍受的身心不适，感到极度的痛苦和对药物的强烈渴求，表现出对药物依赖的两种反应：一种是生理依赖(physical dependence)，指药物成瘾后一旦停止服用，成瘾者会有种种生理异常反应，如打哈欠、流眼泪、恶心、呕吐、出汗、失眠、颤抖等；另一种为心理依赖(psychological dependence)，即药物成瘾者停药后在心理上会产生坐立不安和无法忍受的渴求反应。成瘾者在戒断药物时所产生的各种异常反应称为戒断综合症(withdrawal symptom)。例如，戒断鸦片时，成瘾者会产生严重的似流感症状，包括恶心、呕吐、腹泻、发冷、出汗和痉挛等生理依赖反应，同时还会产生千方百计要得到药物的强烈愿望和行为，以维持心理上的安宁。

在传统的意义上，成瘾(addiction)是指生理上对一种药物的依赖，在戒断时伴随有各种症状，如疼痛、恶心和极度痛苦。成瘾是疾病，是需要进行治疗的。但近年来在心理学领域，一些心理学家将成瘾定义为任何强制性的习惯模式，把许多无法拒绝的诱惑甚至像坏习惯或犯罪行为都称之为成瘾。把成瘾的概念扩大化并应用于社会动机行为，如过量进食、购物、锻炼、性行为、赌博和工作中是否合适？这个问题引起了人们的关切。虽然心理依赖对药物成瘾者的影响与生理依赖的作用是一样的，但这些社会动机的习惯行为是否有生理依赖且引起机体障碍，就像滥用药物那样？这是有争议的，并且还可能成为不法分子的借口，如他们把不法行为(如偷盗)解释为一种成瘾疾病。这个争论现在还在继续。

二、精神药物导致的异常意识状态

精神药物类药物至少可分为三种类型：抑制剂、兴奋剂和致幻剂。下面讨论这三类精神药物及由它们所导致的异常意识状态。

(一)抑制剂

凡对中枢神经系统产生抑制作用，使身体机能降低的药物，均称为抑制剂(depressant)，如酒精、鸦片类等。

1.酒精

酒精(alcohol)学名乙醇，是所有抑制剂中使用最多的药物。酒精不是毒品，酒类买卖不违法，所以社会上饮用者非常普遍。酒精对人的身心是否有害，关键取决于用量。少量饮酒对一般成人来说能舒筋活血、放松心情；过量饮酒，如当血液中酒精含量为0.15%时就会引发异常意识状态。但无论是小量或大量饮用，酒精都是一种抑制剂。那种认为酒精在小量饮用时是兴奋剂的说法是不妥的。小酌几杯也许能使人兴奋起来，但这是通过降低控制判断和抑制大脑活动而造成的。喝过酒的人如果受到激惹，会比平常更多地做出攻击反应；如果有人请求帮助，会比平常更愿意提供帮助。也就是说，一个人具有某些行为倾向时，酒精使这种行为倾向更容易表现出来。

酒精会改变正常的意识状态，醉酒后会有以下异常表现。(1)思维与知觉变得迟钝。醉酒后，人的反应迟钝、言语含糊、目光瞢然、技能笨拙。多数饮酒者清醒时都认识到酒后驾车是错误的，并坚信自己不会这样做，但喝醉酒后，其道德判断变得不成熟，结果是酒后驾车导致命丧黄泉。(2)近期记忆会受到破坏。酒精不会破坏对刚刚发生事情的短时记忆和已有的长时记忆，但会破坏对近期经验进入长时记忆的加工。喝醉后的第二天，醉汉往往回忆不起他头一天遇到过谁、与其说和做了些什么。这种记忆中断的部分原因是由于酒精抑制了快速眼动睡眠，无法将白天的经验转入长时记忆，严重的可能与大脑萎缩有关。MRI扫描发现酗酒者的大脑明显萎缩(Wuethrich，2001)。(3)自我意识下降。那些在生意场、比赛场、情场上的失败者往往借酒消愁，以此来抑制对真实的失败自我的觉知。(4)注意力只集中在当时情境而不计后果。调查表明，多数强奸犯陈述犯罪前曾饮酒，大学生在酒后的性行为中更不愿意使用安全套(MacDonaldet al.，1996，2000)。

滥用酒精危害不可低估。一项美国的调查表明，饮酒每年造成1400多大学生死亡，7万件性攻击，以及50万件伤害事件(Hingson et al.，2002)。特别值得注意的是，睡眠不足而又喝醉酒，后果十分严重，许多司机都是这样丧命的。

2.鸦片类

鸦片类(opiates)属于麻醉剂，包括鸦片及其衍生物、吗啡和海洛因。这类药物都能抑制脑的活动，使服用者精神恍惚、反应迟缓、瞳孔收缩、呼吸减慢、昏昏欲睡。吗啡(morphine)和海洛因(heroin)的毒性大，是违禁药物，可吞服、注射，也可以混在香烟中吸食。服用后数分钟后就有飘飘然的欣快感，稍后几个小时之内，极度的快感便被疼痛和焦虑所代替，服用者感到身体僵硬、意识模糊、丧失胃口和性欲，最终陷入极度困倦状态。海洛因很容易成瘾，即使服用时间很短，也很快导致生理依赖，且耐药性特强，在几次服用后，就必须增加剂量，否则无法达到预期药效。长期服用海洛因会导致死亡，因为海洛因能抑制中枢神经系统里的呼吸中枢，从而导致窒息死亡。染上服用海洛因的恶习后戒断困难，如果长期药费来源难以为继，服用者必然会走上犯罪道路。

(二)兴奋剂

兴奋剂(stimulant)指对中枢神经系统产生兴奋作用，增强身心活动效率的药物，主要有苯丙胺类、可卡因和尼古丁等。

1. 苯丙胺类

苯丙胺也称安非他明(amphetamine),这类药物包括一大类合成的兴奋剂,如右旋苯丙胺、去氧麻黄碱和苯丙胺等。苯丙胺类曾被医生用作减肥和抗中度抑郁的辅助药物,因导致药物依赖,现已被禁止使用。这类药会很快产生耐药性,大多数人开始每天服用1~2粒,之后很快就需服用几十粒才会产生预期的效果。随着耐药性的增强,成瘾者不得不越来越多地服用大量的药物,从而导致恶心、呕吐、高血压、心率不齐和中风。苯丙胺类药物成瘾者的体能迅速消耗但又不能得到快速补充,药物兴奋后会出现许多危险问题,如疲劳、抑郁、做噩梦、精神错乱、不可控制的烦躁和攻击行为。长期服用也可能引发一种与现实脱节的精神障碍(苯丙胺精神病),患者感到受威胁,出现“有人要抓我”的偏执妄想。

摇头丸(ecstasy)是安非他明的一种衍生物(methylenedioxymethamphetamines, MDMA)。摇头丸既是兴奋剂,也是轻的致幻剂。它能引发神经递质多巴胺的释放,使血液中的5—羟色胺增加并阻断其重新吸收,使服用者体验到这种物质过剩所带来的良好感觉(Braun, 2001)。大约从服用后半小时开始一直持续3~4个小时,服用者有高度的欣快感,情绪高涨,摇头晃脑,体验到与周围人在一起的高涨的亲密感(“我爱每一个人”)。摇头丸成瘾的直接危害是脱水,长时间舞动,热度过高,有血压升高和死亡的危险。长期服用摇头丸会破坏中枢神经系统中制造5—羟色胺的神经元,使得5—羟色胺含量下降,导致心境永久性损害、昼夜节律失调、免疫系统功能下降、记忆和其他认知功能受损,还有患帕金森氏综合征的危险(Croft et al., 2001; Pacifici et al., 2001; Ricaurte et al., 2002)。

2. 可卡因

可卡因(cocaine)是一种从古柯叶中提炼出来的烈性兴奋剂。它能提高服用者的警觉,产生欣快、愉悦、有力、精神充沛的感受。可卡因与苯丙胺类对中枢神经系统的作用十分相似,其主要区别是苯丙胺类的效应持续长达数小时之久,而可卡因很快就会被代谢,作用只持续15~30分钟。特别是注射或加热吸用,可卡因能很快进入血液循环,人会突然感受到欣快。这种突然的欣快感会消耗大脑中大量的多巴胺和血液中的5—羟色胺及去甲肾上腺素,随着药效的消失,便产生极度的沮丧情绪——疲劳、焦虑、妄想、厌倦和抑郁。

滥用可卡因非常危险,甚至偶然服用或第一次服用就有风险,因为可卡因可引起抽搐、心脏病或中风。可卡因很容易成瘾,也很难戒断。戒毒时,成瘾者对可卡因的渴望很强烈并感到自己很可怜,会生动地记起先前吸毒时那种强烈的欣快感,对可卡因的强烈欲求会压倒一切。即使戒断了可卡因的人,也可能会在几个月甚至几年后重新产生对可卡因的渴望。

3.尼古丁

尼古丁(nicotine)是一种天然的兴奋剂,主要含于烟草中。烟草是人们最普遍使用的一种精神药物,我国吸烟者的人数很多,有3.5亿烟民。但尼古丁确实是一种烈性药,毒性大。大量吸入尼古丁会引起腹痛、呕吐、腹泻、出冷汗、头晕、精神错乱和肌肉震颤;吸入过量,还会引起抽搐、呼吸困难和死亡。尼古丁会成瘾。许多吸烟者在戒烟时会出现头疼、出汗、疼痛痉挛、失眠、消化不良和易怒等症状,并且强烈地渴望吸烟。这些症状可能持续2~6周。戒断后,戒烟者中在一年内复吸者约占80%。

一支点燃的香烟会释放出6800多种化学物质,其中有很多是致癌物质。尼古丁本身也可能是致癌的。研究发现,肺癌患者中,97%的男性和74%的女性患者是吸烟造成的。吸烟者不仅仅损害自己的健康,也损害与其一起生活或工作的人们的健康。被动吸烟引起的肺癌者占所有肺癌患者的20%。为了人类的健康,应当禁止吸烟。

(三)致幻剂

致幻剂(hallucinogens)是指能产生幻觉(包括视觉、听觉和其他感觉系统的幻觉)的精神药物,因此也称为迷幻剂(psychedelics),如大麻、麦角酸酰二乙胺等。

大麻(marijuana)是从印度大麻类植物和花中提取出的。大麻的主要活性化学成分是四氢大麻酚(tetrahydrocannabinol, 简称THC)。它产生的典型心理效应是陶醉感、飘飘欲仙的意识状态、无方向感、时间改变、知觉扭曲、动机缺乏,大剂量服用会产生妄想、幻觉和错觉;对身体生理上的影响是心率加快、发汗、双目结膜红肿、步行不稳、眼球振颤等。THC在人体脂肪组织,特别是脑和生殖器官中的蓄积的危害特别严重。即使一个人每周只吸一次大麻,大麻也会在体内永远存在。经常服用大麻会引起慢性支气管炎、肺细胞癌变、精子减少或异常、运动机能失调、免疫系统机能下降,易感染各种疾病。

麦角酸酰二乙胺(lysergic acid diethylamide;简称LSD)可能是最强烈的致幻剂,只要服用一点儿就能产生幻觉,使思维和知觉发生似精神病样的障碍。LSD和其他高强度的致幻剂在化学上都与一种神经递质5—羟色胺的亚型非常相似,能够阻断它们的活动。

致幻剂所导致的异常意识状态有种种表现,以下是一些致幻剂所导致的典型的异常意识状态的特点。

(1)时空感和自己身体形象扭曲。觉得很多熟悉的知觉都扭曲了,产生包括视觉、听觉、时间和空间的幻觉;有离体体验,觉得或看到自己的身体或身体的某些部分与平常的不一样。

(2)超越自我感。觉得不是以自己的视角来看世界,看到的现象好像是独立于自己的甚至独立于人类的需求和欲望,似乎已超脱了个人的需求与欲望。

(3)信以为真感。觉得这种经验比平常的意识状态更真实、更实在;自己所看到的不只是事物的表面而是其本质。

(4)经常是欣快感,但交织着焦虑与惊恐。不是所有吸大麻的经验都是欣快、愉悦的,据16%的长期吸用者报告,焦虑、恐怖及迷惑是"常有的事",而约1/3的人报告有如下综合症状:严重惊恐、各种幻觉及体像令人厌恶的变形等(Halikas, Goodwin, & Guze, 1971; Negrete & Kwan, 1972)。

(5)无法用言语描述。有这些经验的人经常说他们无法讲清楚。这些经验是如此奇特,以至于无法用言语做适当的描述;并且这些经验常常充满着矛盾,无法用言语来描述。

〖心理学与人生8-4〗哪些因素容易导致青少年染上吸毒

吸毒严重地危害个体的身体健康,引发多种疾病和一系列的并发症,易染上艾滋病致死。吸毒会导致家破人亡、妻离子散,诱发犯罪,严重危害社会治安。那么,哪些人容易吸毒?心理学家曾对此做过不少研究。在这些研究中,不少是对青少年成瘾者所做的调查,不过对这些研究结果的解释则需要谨慎。例如,有研究把海洛因成瘾者说成是具有反社会人格所致,理由是这些人无法与他人建立关系,用药物来逃避责任。这种解释可能是有风险的,因为我们无法确定这些特征是源自成瘾还是在成瘾之前就已经具有的。综合以往的研究,下列因素可能使青少年容易染上吸毒。

1. 家庭因素。一项研究发现,与幸福的家庭相比,不幸的家庭中的青少年,如果其父母对子女漠不关心或施以严酷体罚,则这些青少年更容易吸毒(Baer & Corrado, 1974)。父母的价值观对吸毒也有重要影响。与具有正统社会价值观的家庭相比较,那些放纵并鼓励子女"做你自己的事"的家庭中的青少年更容易染上吸毒。或许最有影响的是父母使用药物的程度,如果父母经常饮酒或服用其他药物,那么子女很可能会模仿父母,服用这些药物。

2. 同伴因素。大量研究表明,某一青少年吸毒,与其交往的朋友吸毒有密切相关。这一结果可以解释为:该青少年的吸毒可能是模仿他朋友而开始去吸毒,或者是在他朋友的怂恿下去尝试吸毒,也可能是该青少年开始吸毒后去选择了毒友。

3. 人格因素。有一种人格特质可以作为用药的预测因素,便是感觉寻求特质。感觉寻求(sensation seeking)是指寻找变化、新奇和复杂的刺激与经验,并且为了拥有这种经验而甘冒种种风险。高感觉寻求者希望自己时刻保持较高水平的唤醒状态,并为此不断寻求新体验和刺激;当类似或相同的刺激重复出现时,这种人立刻会感到厌烦,反应速度也会大为减慢。他们易受同伴群体的直接影响,容易使用违禁药、吸烟、酗酒、飙车、进行不安全的性行为,往往使用多种毒品,并且使用"烈性"药物(景晓娟、张雨青,2004)。

总之,上述因素可能是导致青少年初次用药的原因。一旦个人对药物形成生理依赖,其用药动机就发生了根本性的变化,即习得了一种新的需要。这种需要如此强烈,致使他忽视所有其他事情,活着只是为了下一次的“满足”。

复习与思考

1.解释:意识,觉知,焦点意识,边缘意识,下意识,非意识,前意识,无意识,潜意识,白日梦,幻想,意识流,正常意识状态、异常意识状态、注意,选择性注意,集中性注意,分配性注意,不随意注意,随意注意,有意后注意,内源性注意,外源性注意,过滤器模型,资源限制模型,双加工调节模型,生物钟,快速眼动睡眠,非快速眼动睡眠,失眠,梦,催眠,催眠感受性,幻觉。

2.意识的基本特征表现在哪几个方面?

3.怎样理解意识水平与意识状态?

4.试分析注意与意识的关系。

5.睡眠可分为哪几个阶段?

6.失眠种类与应对失眠的策略。

7.如何认识催眠现象?

8.阐述精神药物的种类及其一般效应。

推荐阅读书目

1.迈尔斯(黄希庭等译,2006).心理学(第七版).第七章.北京:人民邮电出版社.

2.格里格,津巴多(王垒等译,2016).心理学与生活(第十九版).北京:人民邮电出版社.

3.波佩尔(李百涵等译,2000).意识的限度——关于时间与意识的新见解.北京:北京大学出版社.

4.汪云九,杨玉芳等(2003).意识与大脑:多学科研究及其意义.北京:人民出版社.

第九章　学习

第一节　概述

一、什么是学习

当问到什么是学习这个问题时，许多人可能会想到在学校读书和学到东西，想到第一次在一个陌生的街道和城市找到回家的路，想到怎样学会预测一种潜在的危险，以及怎样在适当的时候向他人表达或隐藏感情，还可能想到怎样学会感恩、同情以及表现文明的行为举止。所有这些都是学习，都是个体获得经验的过程。学习(learning)是由于先前经验所产生的相对持久的行为或行为潜能的变化。学习这个定义蕴含了三层意思。

首先，学习是行为或行为潜能的变化。例如，当我们观察到一个人的行为发生了变化，如会骑自行车或使用计算机了，这表明是学习的结果。虽然我们无法直接观察到学习本身(通常我们不能看见这个人脑内的变化)，但从其外在的行为改善就可以看出学习已经发生了。当然，外在的行为改善也不能说明学习的全部内容。有时我们所习得的对事对人的态度，如对饮食口味的偏爱或对人生真谛的领悟，这些不一定在个人可测量的行为中表现出来，但可以从这个人的饮食行为、如何对待工作、如何打发休闲时光以及如何待人接物中，推断出这个人行为潜能的改变。

其次，学习行为是相对持久的变化。一旦我们学会了某种行为，这种行为或行为潜能的变化就会相对持久地表现出来。我们都有这样的体验：一旦学会了游泳或是骑自行车，以后似乎就不会忘记了，即使过了很长的时间，恢复起来也相当容易。学习的这种特性也被称之为行为的相对持久性变化"相对持久"这个短语，排除了那些由于暂时的或易逝的条件所造成的行为改变。例如，疲劳导致工作效率的下降，看似因经验而导致的行为改变，实则是行为的暂时改变，一旦行为的原因(疲劳)消失后，行为改变的结果(效率低下)就不复存在了。因此疲劳现象不能称为学习。

最后，学习是基于经验的过程。学习只能建立在经验的基础之上，没有经验就无所谓学习。个体的经验包括吸收信息(以及评价和转换信息)和做出反应来影响环境。学习既包含学习结果在行为上的改变，也包含记忆、思维等不能被直接观察到的内部智力活动。但是学习既不包含因机体成熟及大脑发育所带来的行为变化，也不包含因疾病和脑损伤而引起的行为变化。例如，婴幼儿到了一定的年龄会爬、会站、会走、会跑，这是机体发育的一种自然变化的过程，不能称之为学习。疾病和脑损伤会引起行为变化。例如，感冒会引起咳嗽，脑损伤会引起偏瘫。这些行为变化都不是基于经验的过程，因而也不能称之为学习。学习心理学家感兴趣的是，行为的哪些方面是基于经验而改变的，以及这些改变是如何发生的。

二、学习的两种研究取向

学习是怎样产生的？它受哪些因素的影响？对于这些问题的探讨，当代心理学中主要有行为论和认知论两种研究取向。

（一）学习是怎样产生的

行为论把学习看成行为或反应速度、发生频率或形式的改变，这种改变主要是各种环境因素作用的结果。该理论认为学习的发生就是刺激与刺激或反应与结果联结的形成，因而也称为联结学习理论（theory of associative leaning）。两个刺激（S）在时间和空间上紧密相连时，如刺激1（S_1）紧接着刺激2（S_2），人们在头脑里就会把这两种心理表征联结起来。例如，在经历了天黑了下来与紧接着的暴雨之后，人们通常会将天黑了下来和暴雨联结起来。当人们学会了这两种刺激（S_1—S_2）之间的联结，其适应价值是，能够预测暴雨什么时候会来临。然而，如果人们仅学会预测，而没有学会如何采取行动，那么S—S联结的学习也就失去了其适应的价值。因此，人类在适应环境中还形成了行为（R）与结果（O）之间的联结。例如，当我们在野外看到天黑下来了（S_1），知道暴雨（S_2）将要来临。如果还待在野外，将会遭雨淋的结果。此时，我们学会回家（R）以达到安全美好的结果（O），也就说习得了R—O联结。

在行为论看来，一旦建立了大量的这种简单联结，人类就能够更好地调整行为以适应环境的变化：S—S联结学习使人类能够预测环境，R—O联结学习使人类能够更好地改变行为以适应环境。行为论认为，研究学习的主要目的就是分析联结是怎样建立起来和被使用的。

与之相对，认知学习论（theory of cognitive learning）着重研究知识和技能的习得、心理结构的形成、信息加工及信念等。该理论认为，即便是刺激与刺激的联络、反应与结果之间联结会产生学习，但这种学习也含有心理成分。用联结学习不能解释刺激与反应间形成联结的内在原因。根据认知论,学习是一种内部的心理现象,可以从人们说出的话和做过的事情中推断出来。认知论研究的中心课题是信息的心理加工,具体内容包括心理加工的结构,信息的获得、组织、编码、激活、在记忆中储存、从记忆中提取和遗忘等。

认知理论家们一致认为,在学习过程中,心理过程的作用是非常巨大的。不过,他们对哪些过程起重要作用却有不同的看法。

(二)学习受哪些因素的影响

当代的行为论和认知论都赞同学习者之间及环境的差异会影响学习,但是,对学习者重要还是环境重要这个问题上,这两种理论有着不同的主张。行为论强调环境的作用,具体而言,注重刺激的安排和呈现、对反应的强化等。行为论虽然也提及与学习者有关的变量,如先前的强化史(个体在过去做出相同或相似的行为时被强化的程度)和发展状况(按个体目前的身体和心智发展水平,他能做什么)对学习有影响,如心理有缺陷会妨碍学习复杂技能,肢体有残疾就不能习得某些运动技能,但行为论不如认知论那样看重学习者之间有差异。

认知论也承认环境对学习有促进作用。例如,对概念的解释和演示会促进学习者对信息的输入,在技能练习时加上一定的矫正反馈信息能提高学习的效果。但是,认知论认为仅用教学因素不能完全解释学习者的学习(Pintrich et al.,1986),学习者怎样加工信息,即如何注意、激活、转换、编码、储存和提取才是最重要的。学习者加工信息的方式决定了他们学什么,什么时候学,怎样学,以及如何应用等。

认知论把学习者的思想、信念、态度和价值观等看得非常重要(Winne,1985)。例如,一个人如果怀疑自己有学会做某件事情的能力,他就不会对这件事情予以足够的注意或全身心地投入,结果会阻碍学习。学习者的自我管理和意志品质等都能影响学习。当代的行为论者并不否认心理活动的存在,但他们认为没有必要用这些东西来说明学习过程。

本章先讨论条件作用学习,接着讨论认知学习和学习迁移。

第二节 经典条件作用

经典条件反射的形成取决于一个反应之前所发生的事情(前因)。有些刺激会引起动物的无条件反射(如食物反射、防御反射、眨眼反射)。例如,一阵风(刺激)吹到眼睛上,会使你眨眼(反应)。眨眼是一种无条件反射。所谓无条件反射(unconditioned reflex)或反射(reflex)是一种自动化的、非习得性的反应。号角声不会使你眨眼,但它会使你产生朝向反应。后来,如果在每阵风吹向你的眼睛之前,你都会听到号角的声音,会出现什么情况呢?过了一些时间后,即使没有风,你只要一听到号角声也会眨眼。这时你学会了听到号角声将预示着另一个刺激(风)就要来临,这就是形成了条件反射。

一、巴甫洛夫的实验范式

巴甫洛夫(Иван Петрович Павлов,1849—1936)是俄国生理学家。他最先发现了动物的条件反射现象。所谓条件反射(conditioned reflex)是指在无条件反射的基础上,通过中性刺激与无条件刺激的多次结合,使动物在条件刺激下产生与无条件刺激的相似反应。他的这一发现在心理学史上具有十分重要的意义并被后继者所发展,也被称为经典条件作用(classical conditioning)。巴甫洛夫发现经典条件作用的过程来自一次意外的事件。1904年,在一次实验中,他试图通过他所设计的一种技术来研究狗的消化过程。他在狗的面颊部做了一个小手术,将一根导管插入狗的腮部,狗分泌的唾液可以通过导管流入一个容器中,这样便可以观测到狗分泌唾液的数量。为了观测狗在进食时唾液分泌的现象,巴甫洛夫的助手把肉末放在狗的嘴里。这种程序重复几次后,巴甫洛夫观察到肉末没有放进狗的嘴里之前,它看见食物,甚至听见助手走近的脚步声,就开始分泌唾液了。这是非常有趣的现象,说明狗已经产生了学习。巴甫洛夫因此放弃了原来对消化功能的研究而转向对条件反射进行深入的研究,试图透过条件反射以揭示动物高级神经活动的规律。图9-1是巴甫洛夫及其同事在做条件反射实验前的情景。

图9-1 巴甫洛夫及其同事在研究经典条件作用前的情景

在巴甫洛夫的实验中,有两样东西扮演着重要的角色:肉末和铃声。将肉末放入狗的嘴里,可以观测到狗在分泌唾液;单独使用铃声,不喂给肉末,狗不会分泌唾液。这说明此时铃声相对于唾液分泌来说是一个中性刺激(neutral stimulus)。接下来,在铃响后立即将肉末放在狗的嘴里,它分泌唾液。将这一程序重复多次之后,狗一听到铃声还没有尝到肉末就开始分泌唾液。这表明,铃声已成为食物即将来临的信号(signal)。这一过程可用图9-2加以说明。虽然铃声和肉末都能够导致唾液的产生,但这一机制是完全不同的。狗在尝到肉末时分泌唾液,是一个对无条件刺激(unconditioned stimulus,简称UCS)即肉末的无条件反应(unconditioned response简称,UCR),它是一种无条件反射行为,是非习得的反应。而铃声之所以能够引起唾液的分泌,是因为铃声已经从中性刺激转化为一个条件刺激(conditioned stimulus,简称CS)。狗在这一过程中已经把铃声与肉末联结起来了,从而导致了条件反应(conditioned response,简称CR)。这样,CS—UCS的联结学习便产生了。

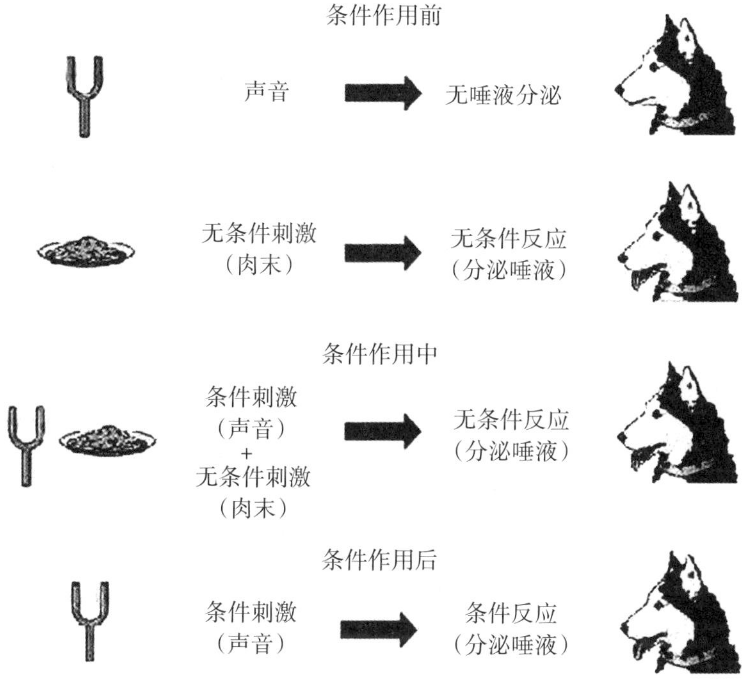

图9-2 经典条件反射示意图

二、经典条件作用原理

(一)强化

强化(reinforcement)是指在经典条件作用中,中性刺激与无条件刺激在时间上的结合,或者指与条件刺激同时呈现、交替呈现或比条件刺激稍后呈现无条件刺激。在上述经典条件作用的实验中,安排与中性刺激同时或稍后呈现肉末,增强了以后条件反应的出现频率,这就是强化。在此情况下,由于强化是因肉末而产生的,故肉末也称为强化物(reinforcer)。

（二）习得与消退

条件作用的习得（acquisition）是指条件反应首次被诱发出来并随着试验的重复而不断增强其频率的过程。在条件作用习得的过程中，条件刺激和无条件刺激必须经过多次匹配后，才能形成可靠的条件作用。在条件作用习得后，条件刺激的出现便预示着无条件刺激的来临，成为无条件刺激即将来临的信号。巴甫洛夫还系统研究过条件刺激与无条件刺激之间的时间间隔对条件作用习得的影响。通常，条件刺激在无条件刺激之前很短的时间内出现最有利于习得条件作用。此外，条件作用的习得还与其他的一些因素（如条件刺激的强度和被条件化的反应）有关。从被条件化的反应看，对于肌肉反应来说，如眨眼，1秒钟或再短一点时间间隔也容易习得条件作用。但是，对于内脏反应而言，如心跳和唾液分泌，5秒到15秒的时间间隔效果最好。条件性恐惧通常需要更长的时间，数秒甚至几分钟，才能形成条件作用（Zimbardo，2003）。

消退是和习得相对应的过程。铃声和食物结合使狗习得条件作用之后，如果多次呈现条件刺激（铃声）而不呈现无条件刺激（食物）时，狗分泌的唾液就会越来越少，直至最后没有唾液分泌。这种现象被称为消退。所谓消退（extinction）是指条件作用习得之后，由于条件刺激的多次呈现而没有伴随无条件刺激，条件刺激和无条件刺激之间的联结逐渐削弱，从而使个体对条件刺激反应的强度和频率逐渐减弱直至消失的过程。条件作用的消失并不意味着这一联结已经消失，如果再过一段时间，条件作用还会自动恢复。例如，在第二天再次给狗呈现铃声而不给予食物时，狗又开始分泌唾液。巴甫洛夫将这一现象称为自动恢复（spontaneous recovery）。但这种自动恢复并不是完全的，即不可能达到原先条件作用的强度。而且，自动恢复的条件作用，只要再有几次不伴随无条件刺激，就会迅速消退（见图9-3）。消退发生的速度，一般是条件作用越巩固，消退速度就越慢；条件作用越不巩固，消退就越容易。

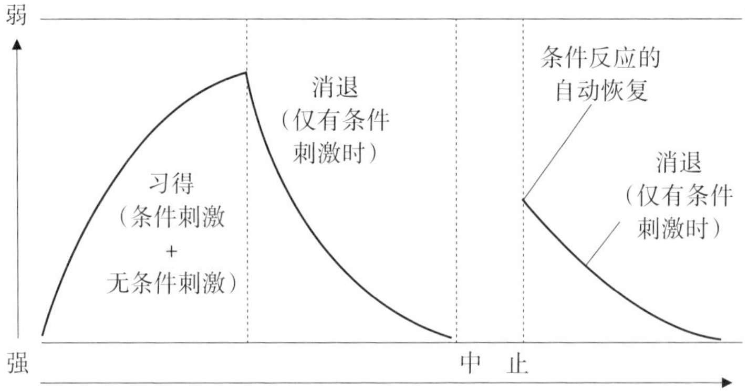

图9-3 经典条件作用的习得、消退和自动恢复图示

（三）泛化与分化

在条件作用习得之初，除条件刺激本身外，那些与条件刺激相似的其他刺激也或多或少具有条件刺激的效应。例如，用500赫兹的音调与食物相结合来建立食物分泌条件作用。在实验的初期阶段，许多其他音调同样可以引起唾液分泌条件反应，只不过它们跟500赫兹的音调差别越大，所引起的条件反应就越小。这种现象称为条件反射的泛化(generalization)。以后，只对条件刺激(500赫兹的音调)进行强化，而对近似的刺激不给予强化，这样泛化反应就逐渐消失。动物只对经常受到强化的刺激(500赫兹的音调)产生食物分泌条件作用，而对其他近似刺激则产生抑制效应。这种现象称为条件反射的分化(discrimination)。

（四）次级条件作用

如果一种条件作用已经巩固，再用另一个新的中性刺激与这个条件刺激相结合，还可以形成次级条件作用(second-order conditioning)。例如，铃声同食物相结合已经形成了巩固的食物分泌条件作用，再用灯光和铃声相结合，也可以形成食物分泌条件作用。同样，在已巩固的次级条件作用的基础上，还可以建立第三级条件作用。在人身上可以建立很多级数的条件作用。

（五）第一与第二信号系统

人类和动物都可以习得条件作用，但是人类所习得的条件作用不同于动物。巴甫洛夫通过对比人类和动物的条件作用，根据信号刺激的特点，提出了第一信号系统和第二信号系统的概念。第一信号指直接作用于感官的具体刺激物，如声音、光等，以第一信号为条件刺激而建立起来的条件作用系统被称为第一信号系统(first signal system)。这是人类与动物所共有的条件作用机制。对于人类而言，还有能代替第一信号而引起条件作用的语言和文字。这种以语言和文字为条件刺激而建立起来的条件作用系统被称为第二信号系统(second signal system)。这是人类特有的条件作用机制。语词是对具体事物的抽象和概括，它具有一定的含义。人类的第二信号系统是以语词的意义，而不是以它的物理性质(说话的声音和文字的形象)作为刺激而引起信号活动的。这是人类和动物的条件作用的根本区别。虽然人们可以用一些词使动物形成条件作用，但动物对这些词的意义并不理解，而只是对词的声音刺激或视觉刺激的直接作用发生反应。

由于人类有了语言文字，形成了第二信号系统，两种信号系统就密不可分地联系在一起。因而，人类的第一信号系统也就在本质上不同于动物的第一信号系统。动物条件作用的形成决定于刺激的生物学意义；人类的条件作用的形成往往与刺激物的社会意义有关。

三、经典条件作用原理的运用

巴甫洛夫的经典条件作用原理为华生的行为主义所采纳，并把它扩大用来解释人类与动物的一切行为。不过，从现代心理学的理论与应用看，经典条件作用原理主要用于情绪学习与心理治疗等方面。

（一）情绪学习

华生曾根据巴甫洛夫经典条件作用的实验设计程序，以一个11个月大的男孩阿尔伯特为对象进行情绪学习研究。阿尔伯特是一个安静、很少哭闹的孩子。当华生和他的助手给他一只白鼠（白鼠是活的，不是玩具）时，他很高兴，并不害怕。但是当研究者用锤子敲打钢棒发出很大的噪音时，小男孩害怕得跌倒在床垫上。锤子制造的噪音是恐惧反应的无条件刺激。研究者重复了几次白鼠与噪音结合的实验程序，小男孩开始啜泣和发抖。后来，只给他白鼠，不发出噪音，小男孩也会吓倒、大哭，很快爬走。白鼠成了恐惧的条件刺激。几天后的实验表明，阿尔伯特的恐惧已经泛化到其他有毛发的物体，如白兔、棉毛衣、圣诞老人的面具等。

后来华生还用经典条件作用来消除一个3岁幼儿对兔子的条件性恐惧。这个孩子非常害怕兔子。华生用所谓的逆条件作用（counterconditioning）加以消退。该程序是把兔子（条件刺激）与牛奶点心、饼干相结合，点心产生了不同于恐惧条件反应的喜悦感。起初，研究者把兔子放在远离这个孩子的地方，这时他的恐惧水平较低，然后在几天的时间里渐渐地把兔子移近他。最后这个孩子学会了喜欢兔子，甚至把兔子放在这个孩子的腿上，可以一只手吃东西，另一只手和它玩。这种程序的变式后来称为系统脱敏法。

（二）药物成瘾研究

像其他条件作用形成一样，药物成瘾也是通过经典条件作用而形成的。一个人在吸毒时，作为无条件刺激的毒品所引起的无条件反应就是试图重建体内的动态平衡以对抗药物的反应。随着使用毒品时间的增长，与使用毒品相联系的情境（如朋友或某个地点）成了吸毒者的条件刺激，它所引起的条件反应就是对药物的预期效应做好生理准备。因此，随着使用毒品时间的增长，这种条件性补偿效应也增长了，因而所需药量也越来越大。这就是药物成瘾（drug addiction）的一个原因。

在一项实验中,在一种情境下给老鼠注射海洛因,在另一种情境下给老鼠注射安慰剂。在训练的第一阶段,老鼠都对海洛因形成了抗药性。在进行测试时,将所有老鼠分为两组,一组置于先前注射海洛因的情境中,另一组置于先前注射安慰剂的情境中,然后给所有老鼠都注射比以前海洛因用量大两倍的剂量。结果发现,以前注射安慰剂情境下的老鼠死亡率比以前注射海洛因情境下的老鼠死亡率高两倍(Siegel et al.,1982)。这一结果表明,注射海洛因情境的条件刺激,使老鼠做出了生理准备以对抗大剂量药物所产生的后果,而注射安慰剂情境则没有这种作用。这一结果同样对药物成瘾的治疗有着正面的启示,吸毒的情境是一种引起吸毒的条件刺激,从而导致戒断者重新复吸。因此,如果能够消除引发复吸条件反应的情境因素,则毒品的复吸率就可以降低到最少。

(三)经典条件作用与免疫功能

通常情况下,当血液中有毒物质侵入时,有机体会产生抗体以反击侵入和威胁有机体的物质。历史上曾认为免疫反应是一种自动反应,不由神经系统控制。事实上,这一观点并不成立。在阿德和科恩的研究(Ader & Cohen,1981)中,训练一组老鼠在有甜味的糖精(CS)和一种削弱免疫反应的药物之间建立联结。控制组仅仅得到糖精。后来,当两组老鼠都只得到糖精时,过去在糖精与一种削弱免疫反应的药物之间已形成条件作用联结的老鼠对外来细胞所产生的抗体显著地少于控制组老鼠。习得的这种联结导致免疫系统的抑制,使实验组老鼠更容易患多种疾病。在后来的研究中,那些实验组老鼠仅仅是吃了糖精溶液便死掉了。这一结果表明,经典条件作用是可以调节免疫系统功能的。从而导致一个研究领域——心理神经免疫学(Psychoneuroimmunology)的产生,这是对心理、神经系统和免疫系统研究成果加以综合的一门学科。

第三节 操作条件作用

经典条件作用是一种刺激—刺激(S—S)的学习。操作条件作用却是另一种形式的学习,它不是学习环境事件间的关系,而是学习有机体自身行为与周围环境的关系。

一、斯金纳的实验范式

操作条件作用的学习理论是由美国心理学家斯金纳(Burrhus B. Skinner,1904—1990)根据动物学习实验提出的。斯金纳用动物做实验的装置称为斯金纳箱(Skinner box),如图9-4所示。该装置是一种特殊条件的控制箱。箱内隔光、隔音,并装有自动控制和记录的光、声系统及一套杠杆和喂食器。只要在箱内按下杠杆,喂食器就自动供给食丸。在进行实验时,首先调试好实验装置,保证白鼠偶尔按压杠杆后即可获得一粒食丸。开始白鼠进入箱里时到处乱跑并向四周攀附,当它偶然触压杠杆时可以得到一粒食丸,在几次偶尔的按压杠杆后,白鼠会频繁地按压杠杆,每次都获得一粒食丸。食物奖赏强化了白鼠按压杠杆的行为,并减弱了其他行为(如在箱子四周乱转)。对于该装置,实验者还可以添加其他设施。如装配电控的杠杆和食物分发器,以控制白鼠必须按压几次杠杆才可获得食丸,或者某些按压反应可以获得食丸,而其他的按压反应则不能获得食丸,或者按压活动不再出现食丸。每次实验都能记录白鼠的行为。斯金纳箱的最大优点是研究者在可控的环境中对行为进行细致的科学研究(Delprato & Midgley,1992)。任何人使用这种装置都可以重复斯金纳所做的实验。

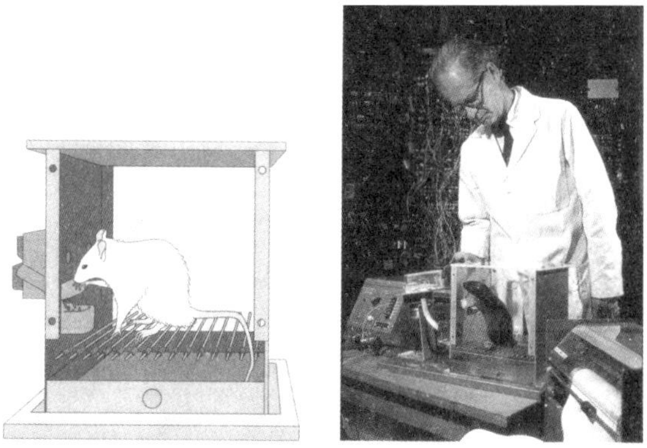

图9-4　斯金纳箱

斯金纳研究发现,有机体做出的反应与其随后出现的结果对行为起着控制作用,它能影响以后反应发生的概率。操作条件作用(operant conditioning)是指在一定的刺激情境中,有机体的某种反应结果能满足其某种需要,以后在相同的情境中其反应机率就会提高的现象。

二、操作条件作用原理

(一)结果的作用

操作条件作用的S—O联结学习与经典条件作用的S—S联结学习在产生的方式上几乎是相同的。但是操作条件作用的联结学习的第一个事件不是环境事件(如CS),而是有机体的行为,其后紧跟着的也不是一个条件刺激,而是行为的结果。行为反应后带来愉快的结果(如食物或奖励)会提高有机体做出这种反应的频率,而不愉快的结果则会降低该反应的频率。这种行为结果称为强化物。因强化物的出现而增加有机体以后在相同情境下重复表现该反应的过程称为强化作用。强化物有多种类型,它们所产生的强化作用也不同。主要的强化类型有下列四种。

(1)正强化与负强化。凡是有机体的反应后带来的结果能强化该反应,这种结果称为正强化物(positive reinforcer)。正强化物的出现对有机体的反应所产生的强化作用,称为正强化(positive reinforcement)。在通常动物的实验中,食物就是正强化物。凡是有机体的反应能使厌恶的结果停止,强化该反应的这种结果称为负强化物(negative reinforcer)。负强化物的消失对有机体的反应所产生的强化作用,称为负强化(negative reinforcement)。在通常动物实验中,电击就是负强化物。应当注意,不能把负强化物误解为惩罚。强化物无论是负强化物或正强化物,都是增强行为反应的。负强化也是强化某种反应使之继续出现,而惩罚则是减弱或阻止某种行为反应的。

(2)一级强化与次级强化。一级强化物(primary reinforcer)是指直接满足有机体基本需要的刺激物(如食物、水、安全、温暖和性等)。由于一级强化物的出现而对反应所起的强化作用称为一级强化(primary reinforcement)。次级强化物(secondary reinforcer)是指经学习而间接使有机体满足的刺激物(如奖品、金钱等)。由于次级强化物的出现而对反应所起的强化作用称为次级强化(secondary reinforcement)。就人类的学习而言,次级强化物有三种基本类型:社会强化物如表扬、微笑、关注等,活动强化物如玩玩具、做游戏或从事有趣的活动等;代币(或符号)强化物如小红花、分数等。次级强化物之所以具有强化作用,是由于它是以前条件作用学习得来的。

(二)强化程式

在操作条件作用的学习中强化物的安排是影响学习效果的一个重要因素。强化程式(schedule of reinforcement)是指在操作条件作用学习实验时强化物出现的方式。强化程式有多种变化,其中最重要的有两类方式。(1)立即强化与延迟强化。立即强化(immediate reinforcement)是指有机体表现出正确反应后立即提供强化物,而延迟强化(delayed reinforcement)是指在有机体表现出正确反应后过一段时间才提供强化物。实验结果表明,立即强化效果优于延迟强化(Kulik & Kulik, 1988)。(2)连续强化与部分强化。最简单的、最有规律的强化是连续强化(continuous reinforcement),即每一次特定的正确反应出现后都给予强化。在斯金纳箱的实验中,老鼠每按动一次杠杆就得到一粒食丸,就是连续强化。不过,这种强化通常只存在于实验中,现实生活中的强化很少如此。例如,某个儿童对人有礼貌,因而会得到成人的赞许,但他的有礼貌行为并不是每次都会得到成人的表扬,这就是部分强化(partial reinforcement),即并非每一次正确反应出现都给予强化,而是仅仅选择部分正确反应之后提供强化物。实验表明,部分强化的效果优于连续强化。

部分强化又有四种基本的程式。(1)固定时距程式(fixed interval schedule),指要经过一段固定的时距后才给予强化。也就是说,前一次强化后,中间的间隔时间不给予强化,等到预定的时距到了出现正确反应才给予强化。在固定时距程式中,个体通常会表现出这样的行为模式:在紧随着强化呈现后的时间里反应频率会降低,而一旦时间临近强化时反应会逐渐增强(见图9-5)。(2)不定时距程式(variable interval schedule),指在不定的时间间隔后对正确的反应予以强化。例如,上级不定期地检查下属的工作,就是典型的不定时距程式的强化。从结果来看,不定时距程式对反应的形成较为缓慢,但其产生的反应率却较为稳固,因而能很好地抑制消退的产生。(3)固定比率程式(fixed ratio schedule),指在做出了几个正确的反应之后才给予强化。固定比率程式就是每隔固定的正确反应次数后予以强化。例如,白鼠在按压了10次杠杆之后才给予强化,在这种情况下,白鼠会表现出快速、有规律的行为。在学会了固定比率程序后,白鼠会快速地完成所需的几个反应,然后获得食物强化,之后又去按几次杠杆,如此反复。(4)不定比率程式(variable ratio schedule),指在不固定正确反应次数的情况下给予强化物。例如,白鼠有时按5次正确反应后予以强化,有时按3次给予强化,有时按6次才给予强化。不定比率程式会产生很高的反应率,这是因为个体知道频繁的反应会带来强化物,但却不清楚强化物会在何时出现。赌博就是不定比率程式的典型事例,赌博几次没有赢钱,就在你准备放弃的时候,赢了一次,于是你赌博的行为被强化了,接着再赌,可是输多赢少,最后可能输得精光。由此可以看出,不定比率程式不仅难以预测,而且很难消退,这也可以说明为什么赌博上瘾的人很难戒赌。在四种强化程式下有机体行为反应的特点如图9-5所示。

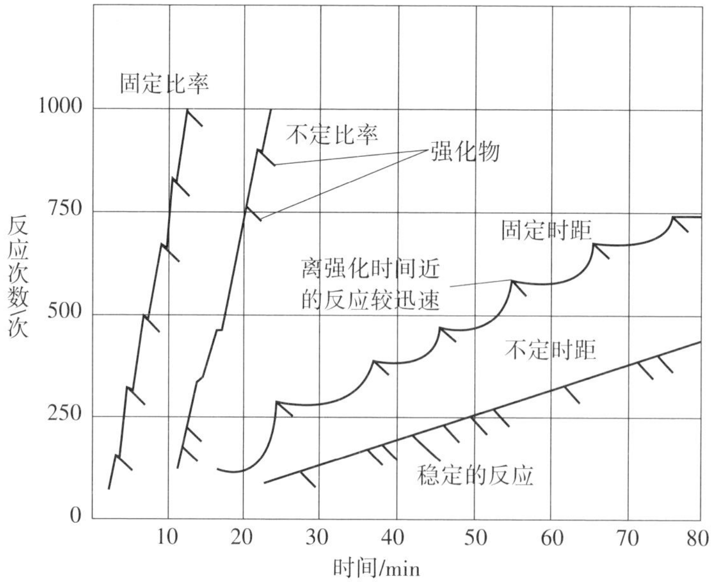

图9-5 四种强化程式的行为反应特点

要想有效地形成一种反应，最好是先进行连续强化，然后过渡到固定比率程式，最后施以不定比率程式，这种将不同强化程式混合使用的方法可以达成最大学习的效果。

(三)惩罚

惩罚(punishment)的目的与强化相反，强化是为了让有机体增加某种行为，而惩罚是为了减弱或消除有机体的某种行为。与强化有正负之分一样，惩罚也有正惩罚与负惩罚之分。当不希望出现的行为出现时给予行为者一个不愉快的刺激称为正惩罚(positive punishment)。例如，当学生不按时完成作业时，教师可能批评学生或罚学生完成加倍的作业；为了维护公共卫生，对随地吐痰者给予批评教育或罚款也属于正惩罚。负惩罚(negative punishment)是指当不希望出现的行为发生时，取消本来应给予的愉快刺激，如取消本来答应给孩子的玩具。对于惩罚，有人认为它是消除不良行为的有效途径，有人认为惩罚会有许多副作用。孰是孰非，参见热点问题讨论9-1。

〖热点问题讨论9-1〗赞成与反对惩罚

赞成使用惩罚者认为，坏习惯和反社会行为比比皆是，不用惩罚难以消除。有时惩罚显然是有效的。例如，一些严重自闭症儿童会嚼自己的手指直至手指露出骨头，用东西刺自己的眼睛或揪扯自己的头发。如果你忽视了这样的行为，儿童就会严重自残；如果给予关注和爱怜他，可能又在无意中奖励了该行为。但是及时惩罚这种自毁行为，如在其脸上喷水，并坚定地说"不能这样做！"，常常是很有效的。

惩罚还可以使一些年轻的罪犯不再重复犯罪。一项对出生于1944年至1947年间丹麦男性(约2900万人)犯罪记录的研究，考察了在26岁时再次被捕(再犯)的情况，结果发现，尽管重犯率仍相当高，但惩罚降低了以后因轻微犯罪和严重犯罪的再捕率(Brennan & Mednick, 1994)。我国对青少年罪犯的劳教制度挽救了不少青少年，使他们不再重复犯罪。

反对使用惩罚者认为惩罚常常是失败的，并且往往给人带来痛苦。

人们常常是在气昏了头的情况下给错误行为者以惩罚，于是大吼大叫，不知所言，把惩罚泛化到与错误行为不相关的事情上。这种惩罚不仅没有传递教育信息，反而使被惩罚者焦虑、恐惧或愤怒。严重的惩罚可能会导致十几岁的少年反击或离家出走。长期被虐待的配偶可能会进行故意报复。儿童期遭受体罚是导致逃避学习，产生抑郁、攻击、低自尊和其他问题行为的危险因素。

惩罚的效果常常是短暂的。人们大概都可能记得童年时犯过的一些错误，父母在场时小孩从来不敢承认犯了错，但是父母一走小孩又继续犯错。所有这些小孩学到的就是不被抓到。此外，大多数不良行为也很难立即惩罚。惩罚也像奖励一样，及时惩罚效果最佳,但及时惩罚常常很难做到。在延迟期间,行为很可能已被多次强化了。如果坏习惯已养成,再加上愚蠢的、乱发脾气的惩罚,这实际上是对不良行为的无意奖赏。

那么,对于不良行为和反社会行为该不该加以惩罚?应该如何进行惩罚呢?

三、操作条件作用原理的运用

操作条件作用原理在学校教育、临床治疗等许多领域都有很好的运用。

(一)行为塑造

及时强化对于教学是很重要的。教汉语拼音的教师都知道,并不是非要等到孩子能背出整个拼音字母表后才给予强化的。最好的强化方式是:孩子刚认得一个拼音字母就给予表扬,然后认得了几个字母后再给予表扬,最后才表扬儿童学会了所有的26个拼音字母。又如,教乒乓球的教师也不是等到学生的乒乓打得很精彩了才给予强化的。他先教你怎样握拍,你试着握拍后就表扬你;然后会教你怎样接球,你会接球后再表扬你;再教你怎样击球、怎样移动步伐、怎样调整重心……一步一步地表扬你,直至你会打乒乓球。大多数学生在前进的过程中都需要接受强化。对个体趋向成功的每一步都给予强化,以引导他们实现最终目标,这种方法称为行为塑造(shaping of behavior)。

在行为塑造的过程中,耐心十分重要。因为这一过程常常几经反复,对于向着期望的行为靠近的每一个步骤,无论它在多大程度上达到预期的目标,都要不厌其烦地强化。这一点,对于如何培养青少年养成良好的学习、生活习惯很有意义。

(二)计算机辅助教学

计算机辅助教学(computer-aided instruction,简称CAI)是操作条件作用原理应用于教育实践的一个重要方面。计算机里有一个预先安排好的学习计划,学生学习时与计算机处于对话状态,计算机能指出学生在学习过程中的错误,并按照学生的回答来选择下一个学习课题或进入下一个学习阶段,使每个学生按其学习能力循序渐进。它既改进了传统的教学方式,使学生享用计算机丰富的教学资源,又提高了教师的教学效果和效率(王建华等,2004)。

计算机辅助教学是由教师通过计算机辅导和学生通过计算机独立学习所组成的互动式双边活动过程。多数形式的计算机辅助学习大致可分为以下五个阶段:(1)计算机呈现信息,提出问题;(2)学生接受信息,做出反应,回答问题;(3)计算机判断答案,提供反馈;(4)学生接受反馈,得到强化;(5)计算机针对学生的学习情况,做出教学决策,提出下一步教学的建议。常见的计算机辅助教学模式有操作练习、个别辅导、咨询方式、模拟演示、问题求解、教学游戏。

计算机辅助教学的突出特点是:(1)即时强化,多媒体CAI课件不仅能够呈现多媒体教学信息,还能针对学习者对指定问题的回答做出判断和评价,提供反馈信息,给予强化。(2)双向交流,指学生和媒体都是教育传播中信息的发出者。(3)小步子的呈现方式,学生可以根据自己的学习进度随时打断信息的呈现。

目前,计算机辅助教学已经拓展为远程面授教育、桌面视频会议以及网络培训,可以使相隔很远的学习者和指导者通过高速通信技术实现面对面的交流,达到强化效果。对计算机辅助教学的主要批评是它没有充分考虑到学习者的认知结构、成就动机等因素。

(三)生物反馈

生物反馈(biofeedback)是指借助于传感器把采集到的身体内部的生理过程、生物电活动信息加以放大,以视觉或听觉形式呈现出来,让个体了解自身的机体状态,并学会在一定程度上随意加以控制。生物反馈仪可以反馈给个体的信息包括肌肉的紧张度、皮肤表面的温度、脑电波活动、皮肤导电量、血压和心率等。例如,可以在一位头痛者头部的特定肌肉上安放电子传感器,不断反馈肌肉状态的信息,使其学会控制那些肌肉的收缩和放松,以后头痛时,就可以放松相关的肌肉以制止头痛。所以,生物反馈仪不能直接治病,它只是告诉你身体的状态,改变或维持这种状态则需要患者自己寻找适当的方法。

在通过生物反馈控制生理活动的过程中,除了患者的练习和探索,强化也起着十分重要的作用。强化体现在以下两个方面。(1)仪器发出的信号可以成为一种强化物。例如,因缓慢的腹式呼吸,反馈仪的反馈声由强变弱至消失,此信号变化就成了一种强化物(一种慰藉),使高血压患者了解缓慢的腹式呼吸是降低自己血压的有效方法,也有助于腹式呼吸习惯的形成。(2)医生在指导患者使用仪器时对患者的正确反应给予言语强化。如果是儿童,还可以用物质奖励来强化。

现在生物反馈已经被成功地用于治疗诸如头痛、高血压、肌肉痉挛和慢性腰疼、酒精抑郁症,甚至性功能障碍等多种疾病。

第四节　认知学习

一、经典条件作用中的认知因素

经典条件作用学习并非只是一个联结的形成过程,这里包含有认知因素。例如,把一个中性刺激与无条件刺激相结合使个体习得条件作用。在条件作用习得的过程中,如果个体能通过条件刺激(如铃声)来预期无条件刺激(如食物),则条件作用较容易习得。预期(predictability)就是一个认知因素,指了解到尚未发生但将要发生的心理。预期在经典条件作用中起着十分重要的作用。已有研究表明,如果无条件刺激与中性刺激以随机的方式匹配,个体无法准确预期条件刺激之后是否有无条件刺激出现,在这种情况下就无法习得条件作用(Rescorla & Wagner,1972)。因此,要习得经典条件作用,必须使条件刺激与无条件刺激的匹配保持一致。

阻滞(blocking)也是经典条件作用学习中的一个认知因素,指由于对无条件刺激的先前经验,先呈现的条件刺激可能会阻断后呈现中性刺激的信息,从而妨碍后呈现中性刺激形成条件作用。在一个实验中对实验组和控制组老鼠的刺激呈现做如下两种安排:先给实验组老鼠呈现中性刺激(声音),然后施以电击(无条件刺激),在老鼠对声音形成条件作用之后,第二个中性刺激(闪光)也在电击之前呈现;给控制组老鼠呈现声音—闪光—电击序列。然后测验这两组老鼠对声音和闪光的反应。结果表明,实验组老鼠仅对声音有条件反应,对闪光没有条件反应,控制组老鼠则对声音和闪光都有相同的条件反应。这表明对于实验组老鼠,在闪光与电击匹配之前,声音与电击已形成的条件作用联结阻断了闪光电击条件作用的形成。换言之,先前的声音经验阻滞了闪光与无条件刺激联结的形成,闪光没有比声音提供更多的信息。对于控制组老鼠,闪光和声音两者同样都具有电击即将来临的信息,因为老鼠对两个刺激先前都没有经验,不存在一个信息会削弱另一个信息的问题(Kamin,1969)。

想象也是经典条件作用学习的一个认知因素。想象(imagination)是一种将过去经验的记忆与先前形成的心象重新组合成新结构的认知过程。例如,个体对物理刺激的想象能够代替经典条件作用中的物理刺激。在一项实验中,给一组被试呈现一个中性刺激,然后施以轻度电击,对另一组呈现中性刺激后不给予电击,而是让他们在头脑里想象这种刺激。实验结果表明:两种情况下都产生了条件作用,只不过亲自经历电击的被试条件反应更强一些;在条件刺激后不再施以电击(不论是真电击或想象的电击),两组被试都表现出相似的消退模式(Holzman & Levis,1991)。对物理刺激的想象之所以能够发挥此种作用,是因为想象这一认知过程能在大脑里产生鲜明的物理刺激视觉形象。这已被脑成像技术所证实,视觉想象时大脑中与视觉有关的部位特别活跃(Farah,1988)。

二、操作条件作用中的认知因素

早期的行为主义心理学家否认心理因素包括认知因素在操作条件作用学习中的作用。现在越来越多的心理学家都认识到认知过程在操作条件作用中所起的作用。

以习得性无助感为例。所谓习得性无助感(learned helplessness),是指个体经多次痛苦的折磨所养成的绝望心态,即使有摆脱痛苦的机会也没有勇气去争取。在实验中,将一只狗放在一个穿梭箱里,穿梭箱中央有一个不高的障碍物。当狗在穿梭箱的一侧受到电击时它就会到处逃窜,最后跳过障碍物到另一侧(未通电)以逃避电击;以后改变实验程序,穿梭箱两侧都通电,狗进入穿梭箱后无论它怎样逃窜都要受到一连串无法逃避的电击;经重复多次无法逃避的电击之后,狗听到信号后不再来回逃跑跳过障碍物以避免电击了,而是躺下来低声呜咽(Overmier & Seligman,1967;Seligman & Maier,1967)。在日常生活中我们可以看到有些人屡屡失败,长期受挫折折磨后心灰意冷,即使有机会也不愿去争取了。对于习得性无助感的成因,如果只从个体的反应与其结果的关系去考虑,似乎很难加以解释。因为许多迹象表明,个体是因为形成了无助的期望之后,即使是能够改变的环境,也不愿意再去尝试的。这说明,习得性无助感的部分原因是由于知觉控制所致,而不完全是强化的原因。在日常生活中有的人虽屡遭失败反而意志更加坚强,而有的人几次挫折便心灰意冷,选择了对生活的放弃。

再如,操作条件作用理论认为奖赏的水平影响个体的行为,但是,奖赏水平并不是影响个体行为的唯一因素。如果个体以前经历过奖赏,那么他们会把当前的奖赏与之联系起来进行评价,从而影响到他们的行为,这就是比较效应(contrast effect)。例如,当把动物的奖赏由小变大时,动物的行为表现会比总是给它们大的奖赏时要强,这叫正比较效应(positive contrast effect);同理,当把动物的奖赏由大变小时,动物的行为表现会比总是给它们小的奖赏时要弱,这叫负比较效应(negative contrast effect)。比较效应说明,只凭奖赏的水平实际上是不能很好解释个体的行为的,个体的经历和期望也会影响其行为。这也表明认知因素参与操作条件作用的习得。

三、潜伏学习

美国心理学家托尔曼(Edward C. Tolman,1886—1959)观察到即使在没有任何强化的情况下,有时动物也会学习。他及其同事设计了一个方位学习的复杂迷宫,训练三组老鼠走迷宫。第一组老鼠走迷宫给予食物强化(在迷宫的出口放置食物),第二组不给强化,第三组在头十天不给食物强化,第十一天开始像第一组那样给予强化。实验结果如图9-6所示,第一组老鼠的表现比第二组好。第三组老鼠在头十天里的表现和第二组表现没有多少差异,但只经过第十一天的强化,它们在第十二天的表现就和一直受到强化的第一组老鼠表现几乎一样好(Tolman & Honzik,1930)。为什么以前从未受到强化训练的第三组,一经强化训练就表现出与一直受到强化训练的第一组一样的成绩呢?很明显,仅用强化理论是不能解释这一现象的。托尔曼认为,未受到强化的老鼠在迷宫中到处游走,也在学习,并且已学到了整个迷宫的认知图(cognitive map)。所以它们一旦受到强化物的引发,很快就表现出与第一组几乎一样好的学习成绩,只是在未找到食物之前没有表现出来而已。这种学习称为潜伏学习(latent learning),是一种不立即表现出外显成绩的学习。此外,有研究发现,鸟、蜜蜂和其他动物也具有形成认知地图的能力。例如,有一种乌鸦在夏末把松子埋藏在美国西南部的山坡上至少6000个不同的地方。直到第二年春天,它们仍然能找到这些食物,用以抚育后代(Shettleworth,1993)。

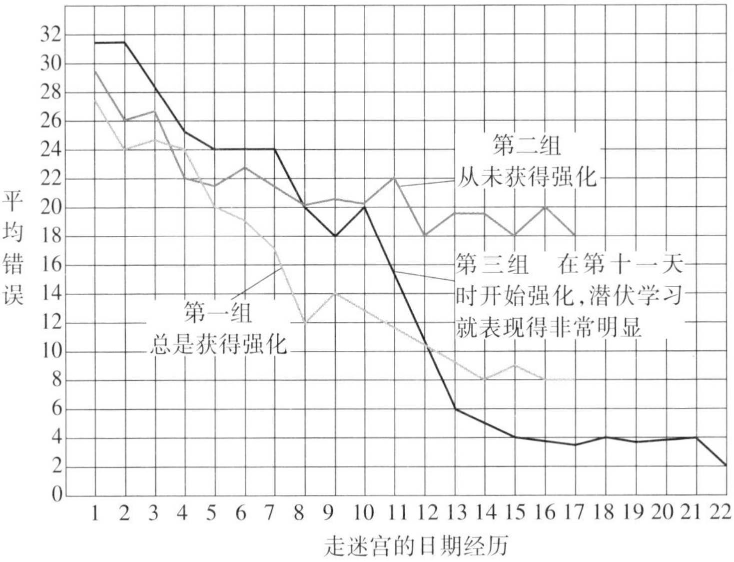

图9-6 潜伏学习

人类中的许多学习也保持着潜伏状态,直到环境允许或需要才表现出来。例如,过去从未上场打过乒乓球但看过打乒乓球的大学生也会打几下乒乓球;过去从未洗菜做饭但看过妻子洗菜做饭的男士,当其妻子不在家时也会下厨洗菜做饭。即使没有强化,学习也能够发生。我们人类有更高的智力水平,能够预测未来的强化,也可能产生更多的潜伏学习。

〖**热点问题讨论9-2**〗**动物认知**

当你与动物四目相对的时候,你会对对方眼睛后面的内涵感到困惑吗?它有思想吗?它在想什么?猫和狗哪个更聪明?科学家试图通过精巧的实验去探究各种动物,从猩猩到鸽子,从猫到老鼠,虽然它们可以学会许多复杂的行为,可是它们会交流吗?会思考吗?会推理吗?问题的核心是,什么是智能?这是一直困惑人们的问题。

以海豚救人事件为例。最近有报道说,海豚救人是一种本能,而不是一种认知行为。动物学家发现,海豚营救的对象不只限于人,它们会搭救体弱有病的同伴,也会救援新生的小海豚，有时候这种举动显得十分盲目。在一个海洋公园里，有一条小海豚一生下来就死掉了，但它仍然不断地被海豚妈妈推出水面。其实，凡是在水中不积极运动的物体，几乎都会引起海豚的注意和极大的热忱，成为它们的"救援"对象。有人曾做过许多试验，结果表明，海豚对于面前漂过的任何物体，不论是死海龟、旧气垫，还是救生圈、厚木板，都会做同样的事情。

但也有科学家觉得，把海豚的救苦救难行为归结为动物的一种本能，未免太过简单化了，其根源是对动物智慧的过于低估。在他们看来，海豚与人类一样也有学习能力，甚至比黑猩猩还略胜一筹。不论是绝对脑重量还是相对脑重量，海豚都远远超过了黑猩猩，海豚显然是一种高智商的动物，而学习能力是与智力发展密切相关的。这样说来，海豚应该是一种具有一定思维能力的动物，它的救人"壮举"完全可能是一种自觉的行为。因为在大多数情况下，海豚都是将人推向岸边，而不是盲目地向海里推。

应该说，动物的心理发展与人的心理是有一定连续性的，但人的心理在本质上不同于动物的心理。单从认知发展水平而言，人的心理达到了抽象思维的水平，而动物（包括最高级的灵长目动物）最高只发展到形象思维的阶段。

四、观察学习

观察学习是美国心理学家班杜拉（Albert Bandura，1925－ ）在20世纪60年代提出的一个概念。所谓观察学习（observational learning），是指个体不必直接参与学习活动，只凭对他人行为及其行为后果的观察，就可以学到类似的行为。在一项经典实验中，让儿童观看一个成人攻击一个充气塑料娃娃的行为。有三组儿童：第一组是现场观察，看那个成人时而坐在娃娃身上，时而打它，用锤子砸它，或把它在房间里踢来踢去；第二组看与上述相同攻击行为的彩色电影；第三组看与上述相同内容的卡通片。之后，让孩子们去玩刚才看到的那种塑料娃娃。结果发现，许多孩子都重复了成人的攻击行为，甚至还加上一些新的攻击行为（图9-7）。其中真人榜样的影响力最大，电影榜样位居第二，卡通片中的榜样名列第三（Bandura et al.，1963）。

图9-7 一个学前儿童在模仿电影中成人的攻击行为

我们的许多行为都是通过模仿而学得的。模仿(modeling)就是通过观察,有意或无意地仿效他人的行为。被模仿的对象称为榜样(model)。家庭中的父母与学校里的教师,都是被儿童模仿的榜样。我们大多数生活技能是通过直接模仿(direct modeling)而习得的,这是一种依样画葫芦的模仿。还有一些行为则是通过综合模仿(synthesized modeling)而学会的,这种模仿行为不是直接来自某一种行为,而是综合多次所见而习得的。

班杜拉认为观察学习由四个相互关联的过程组成(Bandura,1986)。(1)注意过程。注意过程决定了观察者从榜样那里观察什么、吸取什么。在制约注意过程的诸多因素中,观察者的经验和榜样的特征起着重要的作用。那些成功的、有名气的、有地位的、时尚的榜样容易引起观察者的注意。(2)保持过程。把从榜样那里习得的经验进行组织、复述、编码和转化,以心象或言语符号储存在记忆中。其中编码和复述在知识保持中占有重要地位。(3)动作复现过程。把榜样的心象和符号转化为外显的行为。许多简单动作通过观察就可学会,但是复杂行为光靠观察是不能学会的,还必须通过综合应用模仿、有指导的练习和正确的反馈才能习得的(Bandura,1977)。(4)动机过程。动机是观察学习的一个关键因素。观察者之所以模仿榜样的行为,是因为他们相信这样做能增加被强化的机会。在教学中教师往往用激发学生学习兴趣、对学习行为给予反馈、强调学习的重要性等方法来提升学生的学习动机。

近来,神经科学家发现,镜像神经元(mirror neurons)是观察学习的神经基础。当猴子进行某种活动如抓、抱、撕时,甚至当一只猴子看到另一猴子做同样的事情时,镜像神经元都会被激活(Rizzolatti et al., 2002)。当猴子观察时,这些神经元将映射出它在做什么。研究还发现,与猴子相比较,在人脑的更多部位(如运动前皮质区、下顶叶区、后顶叶区、上颞叶沟和脑岛)具有更多种类的镜像神经元,这些脑区的机能对应着我们领会别人的感情、理解他人的意图和使用语言的能力。这些神经元可能使儿童通过观察他人嘴唇和舌头的活动学习新词,可能使儿童产生同理心和对他人心理状态的推测(Dimberg et al., 2002)。

五、自我调节学习

自我调节是社会认知学习中的一个重要概念。所谓自我调节学习(self-regulated learning),是指学习者系统地引导自己的思维、情感和行为,使其指向目标实现的学习。例如,我们都有这样的经验:不管别人怎么评价,我们都很清楚自己出色地完成了某项工作,并感到欣慰。同样,当我们的表现不尽人意时,自己也很清楚。要做出这些判断,我们得有一个学习目标并需要对自己的行为表现有所预期和监控。

对于自我调节学习,不同理论家的关注点是不同的。认知论强调心理活动,如注意、复述、学习策略的使用、理解监控,以及对自我效能感、结果和学习意义的认识等。而行为论则关注外显反应:自我监控、自我指导和自我强化。但他们都认为自我调节学习包含许多因素,如目标指向的认知、行为的激活与维持。有一种观点认为自我调节学习包含三个过程:自我观察(或者自我监控)、自我判断和自我反应(Bandura,1986;Kanfer & Gaelick,1986;Schunk,1994;Zimmerman,1990)。学习者带着各种不同的目标进行学习,如获得知识和解决问题的策略、完成作业或者实验等。学习者心中带着这些目标,并对自己的学习进程进行观察、判断和反应。而这过程中的三个过程又是相互联系、相互影响的。

学习中的自我观察(self-observation)是指学习者依据标准对自己行为的诸方面进行考察和判断或关注自己的学习行为的某些方面。如果学习者发现自己的学习有问题或不充分,那么他就有可能寻求帮助或采取行动改变自己的现状。同时,学习指导者也可能对学习者传授更有效的学习策略,让学习者使用这些策略来促进自己的学习。研究表明,学习策略和自我调节技能是可以教给学习者的(Paris et al.,1983;Zimmerman,1989)。

学习中的自我判断(self-judgement)是指将当前学习的作业水平和自己的目标进行比较。自我判断的目标是个体自己定的。个体所定的目标可分为绝对目标和常模目标。绝对目标是固定的。例如,一个学生可能的自定目标是在30分钟内完成6页作业,这就是绝对目标,即是说他是按照绝对目标来衡量自己的进步的。常模目标是基于他人成绩而定的。例如,学习者以所观察到的榜样来确定目标,将自己的行为和他人的行为进行比较而确定成为全年级的前十名。学习者还可能把绝对目标和常模目标结合在一起使用。例如,一个学生要在30分钟的时间内完成6页作业,同时他还和同伴进行比较,以判断谁将最先完成作业。

将行为和目标进行比较可以了解自己距目标的进展。在10分钟内完成10页作业的学习者可能会意识到,他在不到一半的时间里已完成了一半以上的工作。取得进步的信息会提高其自我效能感,从而维持其完成任务的动机。与自己能力相同的人比较,而不是与自己能力高得多或低很多的人比较,会有助于自我效能感的提高。因为学习者认为,他人可以成功,自己也是可以成功的(Schunk,1987)。

个体在学习进程中对自己能力和技能的自我评价由两个部分组成:一是自我判断,即通过将当前操作与目标进行比较以判断自己的当前操作;二是自我反应,即通过证明成绩是否突出、是否令人满意等来对这些判断做出自我反应。积极的自我评价会使学习者增强学习的效能感,并更加努力学习。如果学习者认为自己有能力获得成功,只是当前方法不当,这种较低的自我判断和消极的自我反应不一定会降低其自我效能感和动机。他将改变自我调节过程,努力将学习活动导向成功。

齐默尔曼(Zimmerman,1998)认为,自我调节学习是一个循环过程。他提出的自我调节学习三阶段模型描绘了这一循环过程(见图9–8)。在实际操作之前的预先考虑阶段,是个人为实际学习做准备的过程。操作或意志控制阶段是指学习过程中个人对影响注意和行为的操作和意志控制过程。自我反思阶段是在操作行为之后个人对自己所做努力的反思。在这三个阶段中都有许多认知活动,每一次循环都会使学习得到提升。

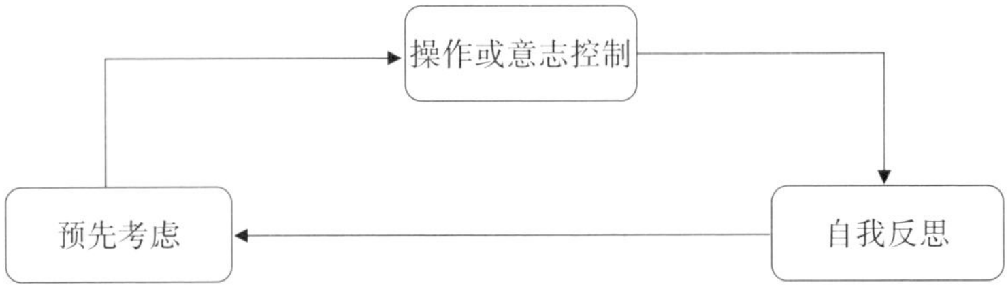

图9–8　自我调节学习三阶段模型

〖心理学与人生9–1〗学会自我调节学习

兴趣(interest)是个体力求探究、认识某事物或从事某种活动的心理倾向。它是我们学习的强劲动力。兴趣也是可以培养的。学会自我调节学习是通向愉快学习的有效途径,因为这是一种能够把被动学习转变为积极的、有目标的学习的方法。那么,怎样才能做到自我调节学习呢? 请注意以下要点。

1. 要确立具体的学习目标。在每一个学习阶段如每学年、每学期、每周都要为自己确立现实且合理的学习目标,包括所要掌握的知识、技能和学习进度。

2. 要制订切实可行的学习计划。有了目标还要找到达到你的目标的可行途径,制订出每天、每周和每月的学习计划,然后付诸行动。学习计划要尽量具体。

3. 要有自我指导。自我指导可以为自我调节学习的强化提供时机,你需要对自己提出问题进行引导。例如,对于一天完成学习计划的情况,你可以这样向自己提出问题:“我的问题是什么? 我的计划是什么? 我在执行这个计划吗? 我是怎样在做的? 明天该怎样执行计划?”如果你意识到明天要复习课堂笔记,你可以在睡觉前写个备忘录作为复习的线索。

4. 要有自我监控。对自己行为的某个方面加以特别关注。例如,如果你要写一篇学期调查报告,你应当定期具体地评估自己的工作,包括论文是否表达了重要的观念,调查数据是否充实可靠,是否能在规定的时间内完成等。如果你特别关注对教材的理解,你可以用测验题或提问的方法来检查自己。

5. 不要忘了自我强化。当你完成了每天、每周、每月的学习计划时,要用某种方式对自己进行奖励。例如,完成了一天学习计划,你可以看电视,或吃巧克力,或玩一会儿乐器,或找一件自己喜欢的事做;达到了一周目标,你可以去看场电影或周末旅行。不少人还用下列方法:对自己说,只有看完这些资料后才能去吃晚饭。对自己的成功进行强化,会使你的自我调节学习充满了自我满足感和成就感。

6.坚持经常性的自我评价。要经常对自己的成绩和目标进行评价,检查自己在学习中还有哪些需要提高的地方。如果你觉得自己在完成长期任务方面没有什么进展,那么你也许可以把长期计划分解为若干小的子任务,通过完成若干子任务,你既能提高自信心,又能保证总任务的完成。把自我评价融入学习之中会使自我调节学习更有成效。

7.及时解决学习中的问题。一旦发现了没有达到目标的问题在哪里,你应及时切实地加以解决。如果是时间安排不当,你应调整自己的时间安排;如果是环境干扰如因看电视或与朋友聊天等而导致不能完成学习计划,你应设法尽快改变自己的行为或学习环境;如果是自己缺乏必要的知识和技能,你应设法加以补救,如选修有关课程或阅读教学参考书以获取必要的知识。不要把没有完成学习计划归因于自己的能力,这样做会挫伤你的自信心和学习积极性。

坚持做到上述各点,学习将成为你快乐的事情。

第五节 学习迁移

一、学习迁移及其种类

在日常生活中常常会发现:如果学会了骑自行车,再去学习骑摩托车,会比较容易;如果学会了打羽毛球,再去打乒乓球的话,可能难度比较大。在两种学习中,一种学习会影响另一种学习,这种影响可能是易化,也可能是干扰。学习迁移(transfer of learning)是指一种学习结果对另一种学习的易化或干扰现象。学习迁移广泛存在于知识、技能的各种学习活动中。学习迁移有多种形式。

(1)正迁移和负迁移。前一种学习有助于后一种学习的现象称为正迁移(positive transfer)。例如,学会了打羽毛球,会有利于学习打网球,学习了数学,会有利于学习计算机。前一种学习阻碍了后一种学习的现象称为负迁移(negative transfer)。例如,学习了汉语拼音会不利于学习英文字母。在我们的学习中,正迁移往往很难发生。这是由于大多数学习都是与特定情境紧密联系的,因而难以迁移。如果给人们提供有关前一种知识原理的更多例子,并且明确要求将这种知识迁移到新情境中去,这样正迁移可能较容易发生。

(2)低路迁移和高路迁移。低路迁移(low-road transfer)是指自然而然、自动发生的迁移。一个非常熟练的技能从一种情境迁移至另一种情境时,通常不需要思维或只需要很少思维,这时就发生了低路迁移。例如,学会了骑一辆变速自行车或学会了使用一台计算机之后,就很容易把这些技能迁移到学另一辆自行车或另一台计算机上。那些熟练的、能够在多种情境下使用的技能，最有可能发生低路迁移。例如，开车的经验越丰富、开过的汽车类型越多，就越可能容易学会驾驶其他汽车，即越容易发生低路迁移。但是，如果情境间的差异很大，低路迁移就可能受阻。例如，已经习惯了驾驶自动档汽车，如果再去学习驾驶手动档汽车，低路迁移就会受阻。高路迁移(high-road transfer)是指需要有意识地将某种情境中学到的知识应用于另一种情境中去的迁移。例如，在驾驶学校学习了一些驾车知识，并开过驾驶学校里的汽车，但如果你把所学的这些知识运用于驾驶你自己的汽车时，就需要发生高路迁移。因此，为了能够发生高路迁移，就需要把抽象的知识具体化，这样才有可能将其应用于另一种情境之中。要想使练习或训练有成效，就必须要用心：留意自己正在做什么，认真找出并改正错误，还要想到今后如何去运用。

(3)水平迁移和垂直迁移。水平迁移(lateral transfer)是指个人将所学的经验，扩展到其他类似且难度相同的情境去。例如，学生在课堂上学会新的词语后，将其应用到课外书的阅读上。垂直迁移(vertical transfer)是指个人会把学得的经验在遇到新情境时重新加以组合，形成比旧经验更高一层次的学习。例如，儿童最初以具体的事物学习算术的加减运算，而后经过垂直的迁移会以抽象的概念求解包括四则运算的应用题。

有时候迁移是不对称的，它在两个方向上的作用并不相同。例如，数学原理向物理学习的迁移要多于物理原理向数学学习的迁移。这可能是由于人们在学习数学时的期望就是要将它迁移到其他学科中去，但在学习物理时就不会有这样的期望。

二、迁移理论

以前学习到的知识、技能为什么能迁移到新的学习情境呢？行为论与认知论的解释是不同的。

行为论认为迁移有赖于情境之间的相同元素或相似的特征(刺激)。当新旧情境具有共同的元素，行为就产生了迁移(或推广)。这种解释称为相同要素说(theory of identical element)。该理论是桑代克和武德沃斯(R. S. Woodworth)提出的。例如，学会加法运算的规则可促进乘法运算的掌握。反之，只要有学习迁移，就必然存在相同的因素，且两者基本成正比，即相同因素越多，则迁移量越大。该理论的主要实验依据是知觉训练迁移实验。实验要求被试练习估计大小不同的长方形面积(如10~100cm^2)，直至达到准确估计为止。然后要求被试估计面积稍大或面积相同而形状不同的长方形面积，结果被试的进步仅是原来的三分之一左右。以长度和重量为内容所做的实验也得到类似结果。据此该理论认为，任何一种心理机能的改善未必使其他的机能得到改善，只有当两个机能有相同因素时，一个机能的变化才能改变另一机能。这种理论曾在西方流行三十余年。但该理论忽视了其他因素,特别是学习者的主动性和认知因素的作用,也没有看到相同因素对迁移的干扰作用。

认知论则认为,学习者只有懂得如何把知识应用于不同的情境中,迁移才会产生。例如,概括说认为,迁移的发生主要不是因为任务之间的表面相似性,而在于被试是否获得对有关知识的概括化理解,只有在两种任务中概括出它们之间的共同原理才是迁移产生的关键。又如,格式塔学派心理学家认为学习迁移的关键在于对情境中各种关系(或完形)的顿悟及其转移。如果两个情境具有相同的深层结构关系,那么在一个情境中发现或顿悟到的关系可以应用于另一个情境,这一过程就称为关系的转换,而关系转换的过程就是迁移的过程。当代认知心理学家则认为,如何把信息储存到记忆中是学习迁移的关键。知识应该和知识的使用方法储存在一起,或者由一个记忆的储存点可以很容易地达到另一个记忆储存点,情境之间不必有什么相同元素。

复习与思考

1.解释:学习,联结学习理论,认知学习理论,条件反射,经典条件作用,无条件刺激,无条件反应,条件刺激,条件反应,强化,习得,消退,自动恢复,泛化,分化,第一信号系统,第二信号系统,操作条件作用,正强化,负强化,惩罚,正惩罚,负惩罚,潜伏学习,观察学习,自我调节学习,学习迁移。

2.如何看待学习及其研究取向?

3.经典条件作用有哪些原理?

4.举例说明经典条件作用的运用。

5.操作条件作用有哪些原理?

6.举例说明操作条件作用的运用。

7.讨论使用和不能使用惩罚的理由。

8.观察学习的意义何在?

9.迁移有哪些种类?

推荐阅读书目

1.迈尔斯(黄希庭等译,2006).心理学(第七版).第八章.北京:人民邮电出版社.

2.库恩(郑钢等译,2004).心理学导论——思想与行为的认识之路.第九章.北京:中国轻工业出版社.

3.皮连生,王小明,王映学(1998).现代认知学习心理学——打开有效学习之门的钥匙.北京:警官教育出版社.

第十章　记忆

第一节　概述

一、什么是记忆

记忆(memory)是原先的刺激不复存在时所保持着的有关刺激、事件、意象观念等信息的心理机能,是个体对其经验的识记、保持、回忆或再认。从信息加工的观点来看,记忆就是对信息进行的编码、储存和提取。感知过的、思考过的、体验过的和行动过的事物都可以成为个体的经验。例如,从前见过的人,现在不在面前,我们能想得起他的姿态相貌,见到他时能认得出来,这就是记忆。不仅感知过的事物能保持于头脑中,思考过的问题、理论,体验过的情绪、情感,练习过的动作也都能保持于头脑中。在生活实践中见过、学过、做过的事情以及体验过的情绪,都可以成为我们的经验而保持在我们的头脑中,在以后适当时候回想得起,或当它们再度出现时能认得出来。这些都是记忆。

记忆是一个主动的过程,识记、保持、回忆和再认都有这一特点。识记是记忆的开初阶段,是获得知识经验的记忆过程。识记具有选择性,环境中的各种刺激只有被个体注意才能识记住。从信息加工的观点来看,识记是信息的编码(encoding)。在编码时,人试图将当前经验同某一名称相联系。这一过程通常是自动而迅速的,因而未被意识到。进一步的编码过程是使新输入的信息同已有的知识经验建立广泛的联系,从而形成知识网络。保持是识记过的经验在头脑中的巩固过程,也就是信息的储存(storage)。储存也是一个积极的过程,储存的信息在内容和数量上都会发生变化。回忆和再认是恢复经验的过程,也就是信息的提取(retrieval),是指在需要的时候将编码储存在记忆中的信息,予以解码输出并通过反应表现出来的历程。经验过的事物不在眼前,能把它重新回想起来的过程,称为回忆(recall)。经验过的事物再度出现时,能把它认出来的过程,称为再认(recognition)。回忆和再认过程不是原先识记材料的简单再现,而是经历重建和重整的过程。

二、记忆系统

记忆是一个系统，它可分为三个不同的部分：感觉记忆、短时记忆和长时记忆。感觉记忆（sensory memory）保持感觉刺激（光、声、气味和触压等）的瞬时映象，其保持时间很短，大致不超过1~2秒，因而也称为瞬时记忆（immediate memory）。虽然信息在感觉记忆中保存的时间很短，但很有用。在看电影和电视时，由于有感觉记忆，眼动和眨眼的时间并不影响我们知觉的连贯性。在与他人交谈时，由于有感觉记忆，我们才能把别人的话语知觉成连贯的谈话。短时记忆（short-term memory）保持的时间约为20秒，一般不超过1分钟，除非积极加以复述，否则信息会在短时间内遗忘。长时记忆（long-term memory）保持信息的时间极长，从1分钟以上直至伴随人的终生。关于这两种记忆我们都有经验：从电话簿上找一个号码，用过之后，很快就忘掉了，这就是短时记忆；而孩提时代的某些经验我们至今记忆犹新，这就是长时记忆。长时记忆中的信息构成了我们关于世界的各种知识。

感觉记忆、短时记忆和长时记忆这三种记忆不仅在信息保持时间和信息保持量上有区别，而且在记忆系统中有着不同的结构和功能，并处于记忆信息加工的不同阶段。如图10-1所示，进入长时记忆的信息，首先必须经过感觉记忆和短时记忆的加工；进入短时记忆的信息则来自感觉记忆和长时记忆。关于记忆系统的这些方面正是本章的主要内容，我们将在后面各节详细讨论。

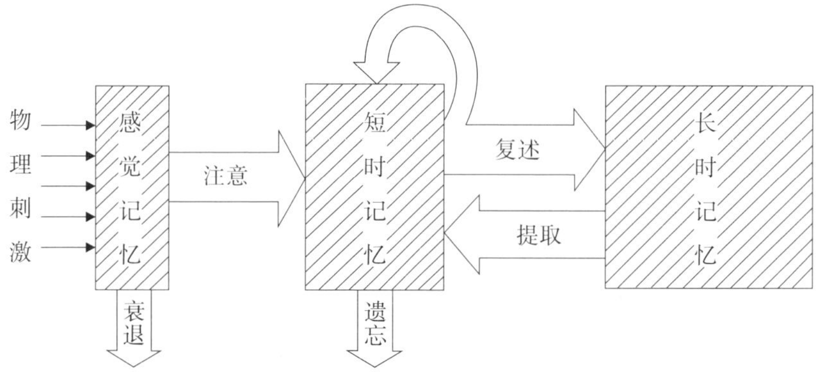

图10-1　记忆系统模式图

三、记忆的种类

可以从不同的角度对记忆进行分类。

前已述及，根据记忆中信息贮存时间的不同，可以把记忆分为感觉记忆（瞬时记忆）、短时记忆和长时记忆。感觉记忆的保持时间最短。短时记忆中的信息可以保持得长久些。长时记忆指的是保持时间超过1分钟的记忆，其中不少信息可以保持多年甚至终生。

长时记忆又可以分为程序记忆和陈述记忆两类。程序记忆(procedural memory)是对习得行为和技能的记忆,包括基本条件反射和各种习得的动作,如打字、拼图、打球时的动作等,这些记忆以动作来表达,也称之为动作记忆。陈述记忆(declarative memory)是对事实信息的记忆,包括各种特定的事实,如姓名、人脸、单词、日期和观点等。陈述记忆以单词和符号来表达,它又可分为语义记忆和情景记忆。语义记忆(semantic memory)是关于世界的基本事实知识的记忆。如我们对各种物体的名称、年月日的表达法、加减乘除、春夏秋冬、单词和语言等知识的记忆。它就像一本心理字典或一本基础知识的百科全书。情景记忆(episodic memory)是每个人的"自传性记录",存储着个人在特定时空情景中发生的各种事件。例如,你能记起自己接到大学录取通知书的情景,记起自己第一次约会时的情景,记起上周一的早餐你吃了些什么,这些记忆都属于情景记忆。

根据记忆的内容,可以把记忆分为形象记忆、语词记忆、情绪记忆和动作记忆。形象记忆(imaginal memory)是以感知过的事物的形象为内容的记忆,它所保持的是事物的具体形象。语词记忆(verbal memory)是以概念、判断、推理等为形式,对事物的关系以及事物本身的意义和性质等内容的记忆。情绪记忆(emotional memory)是以个体体验过的情绪或情感为内容的记忆。运动记忆(motor memory)是以过去经历过的运动状态或动作形象为内容的记忆。

根据记忆是否被意识到,可以把记忆分为外显记忆和内隐记忆。在我们的头脑里保留着许多记忆,有些是我们意识得到的,有些则意识不到。意识到的记忆称为外显记忆(explicit memory)。例如,我们能记忆儿时背过的"九九表",记得今天早餐吃什么,记得去年植树节的活动。而无意识的记忆称为内隐记忆(implicit memory),即我们没有意识到但确实存在着的过去经验或记忆。例如,人们能熟练地打字,但是要求他们立刻正确地说出键盘上字母的位置,许多人往往做不到,这说明他们有字母位置的内隐记忆。

〖热点问题讨论10-1〗内隐记忆与虚假记忆

沃林顿和韦斯克兰茨(Warrington & Weiskrantz, 1970)曾设计了一个经典实验,被试包括4名遗忘症患者(其中3人酒精中毒,1人颞叶受伤)和16名正常人。实验者先给所有参加者看一些词语,然后安排了两种测验。一种是直接回忆所学的词语;另一种是进行残词补全,即在字母组合(如_ab_)中补进字母,使之成为完整的词(如cable)。结果发现,遗忘症患者的回忆成绩远比正常人差,但在残词补全测验中,却与正常人不相上下。遗忘症患者所具有的这种记忆,就是我们所说的内隐记忆,即在不需要人们有意识回忆的情况下,个体的经验自动地会对当前任务产生影响而表现出来的记忆。这与我们平时所说的有意识记忆是不同的。也可以这样说,内隐记忆的内容无法被有意回忆,但可以在需要时被使用。正常人从语词认知、技能学习到社会认知诸方面，都存在内隐记忆现象。

在20世纪80至90年代中期，心理学中关于“内隐”的研究很热门，如内隐记忆、内隐学习等。在脑的活动中，除了具有可以知晓、有意识的信息加工方式外，还可能具有未被知晓、潜意识的但确实存在的信息加工方式。前者由于是可知的，常被称作信息的外显加工方式；后者由于是不知不觉的，常被称作信息的内隐加工方式。尽管目前科学家对人脑内隐加工的认识还不是很深入，但研究者普遍认为，人有相当大的一部分信息加工过程属于内隐加工方式，它无时无刻不在发挥作用，却又无法被人察觉或有意提取出来。自20世纪80年代开始，国内外许多学者对内隐记忆做了大量研究，将内隐记忆视为在不需要对特定的过去经验进行有意识或外显回忆的测验中表现出来的对先前获得信息的无意识提取（Graf & Schacter，1985）。研究内隐记忆的实验大都包括两个阶段：学习阶段和测验阶段。从所用的研究材料来看，内隐记忆研究主要可分为两类：一类是以语言材料为实验的刺激材料，主要形式有词干补笔、残词补全、词汇确定、词的确认以及偏好判断等；另一类是以非言语材料作为刺激材料。鉴于以往研究中以语言材料为实验材料的很多，但以汉字作为语言材料的则很少，杨治良等（1994）以汉字为实验材料率先进行了这方面的研究。

在大脑中保存的信息可以被潜意识地调用、再整合，也可以说，信息在大脑中即使没有被意识到，它们也不是一成不变的。信息之间自动的组合，导致不真实的回忆，就是虚假记忆（pseudo memory）。虚假记忆最早被注意是由于发现犯罪现场的目击者证人的证词并不一定可靠，虽然证人自己确实认为他当时看到的情况就是这样，但常常会因为情景信息的混淆，而导致对罪犯的错误指认或情景的错误描述。例如，证人并没有看清罪犯的长相，但在回忆时会把以前看到过的并不熟悉的人脸指认为罪犯；证人对犯罪现场的细节根本没有看清，但在回忆时会根据自己的经验填充，而且确认是当时看到的情景。虚假记忆的成因有内隐记忆成分，但是否属于内隐记忆目前尚不能确定。

四、记忆的神经生理机制

记忆加工是在我们的大脑中进行的。以前对记忆的储存或组成因素的讨论很容易使人觉得记忆似乎位于大脑的某个地方——大脑有一种保存记忆痕迹的神经“公文柜”。但事实上，神经心理学的研究发现，记忆并非是只储存在一个地方的。

（一）脑损伤的研究

拉什利（Lashley，1929）训练大鼠走迷宫，然后切除它们大脑的不同部分，接着再测验它们对迷宫的记忆，结果发现：由大脑损伤引起的记忆损失程度与切除组织的数量成正比，皮质损伤得越多，记忆损害就越严重；记忆痕迹并不存在于特定的脑区，而是广泛分布于整个大脑中。

德斯蒙（Desimone,1992）对脑损伤病人的研究表明：小脑损伤会损坏经典条件作用动作反应的获得，影响程序记忆；纹状体是习惯的形成和刺激—反应间的联系的基础，它的损伤和病变会影响习惯的刺激—反应学习；大脑皮质负责感觉记忆以及感觉间的关联记忆，其中颞下回皮质的损伤会影响视觉的辨识和联想记忆，颞上回皮质的损伤会损害听觉识别记忆。杏仁核与海马组织负责事件、日期、名字等的表象记忆，也负责情绪记忆。脑的其他部位，如丘脑、前脑叶基部和前额叶也都与不同种类的记忆有关。

神经心理学研究中有一个著名案例：一位27岁的癫痫病人H. M.，手术前其智力正常。手术中切除了大脑两侧颞叶内部的许多组织，包括大部分的海马体、杏仁核，以及一些连结区（图10-2）。手术明显减轻了H. M.的病情发作，但却丧失了形成新的情景记忆的能力。H. M.能记住语义信息和手术前几年经历过的事情，却再也不能形成对新事件的记忆（Schacter,1996）。

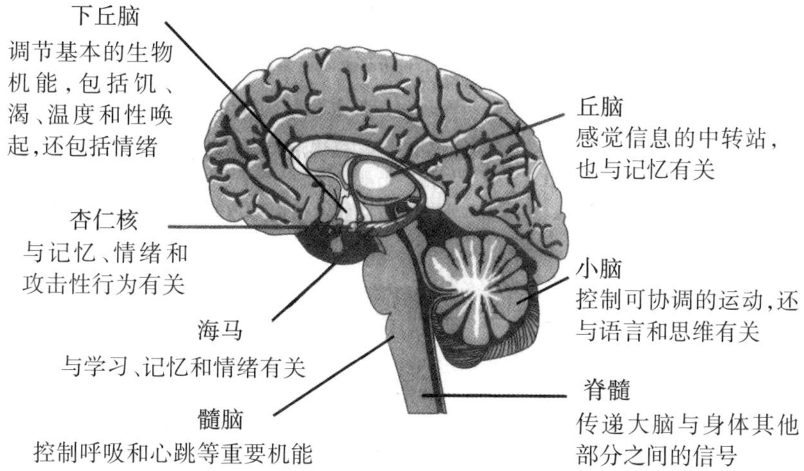

图10-2　大脑皮质下结构

长期酗酒会导致科尔萨克夫综合征（Korsakoff Syndrome），这种病人的海马严重受损，患有遗忘症。给这种病人和正常被试对照组呈现一列词表，让他们判断是否喜爱这些单词。线索回忆测验表明，遗忘症病人的成绩显著低于正常组被试。但在词干补笔测验中，遗忘征病人的成绩与正常组被试的成绩相当。所谓词干补笔测验是向被试呈现一系列单词的词干，如sha___，要求被试用最先想到的单词来把它补全，如sha___填成shade。这一结果表明，科尔萨克夫综合征的脑损伤影响了病人的外显记忆，但其内隐记忆却保存完好（Cave & Squire,1992）。内隐记忆即使是在海马组织持久性损坏以后，仍能很明显地表现出来。

当代神经科学的研究表明,尽管不同类型的知识是分开加工且分别定位于大脑的限定区域,但复杂信息的记忆却是分布于很多神经组织的(Markowitsch,2000; Rolls,2000)。

(二)脑成像研究

正电子成像术也叫PET扫描,能为我们提供更多的关于记忆神经基础的信息。如果要对人脑的工作过程进行PET扫描,先要给被试注射一种含有称为示踪物(tracer)的放射性同位素的溶液。示踪物溶液注射后约15秒钟左右便可为被试的血液吸收并进入大脑从而放射出正电子。正电子与大脑中的负电子碰撞产生光子,这些光子则被环绕在被试头部的一圈传感器记录下来。PET扫描的研究表明,情景记忆的编码和提取过程在大脑两半球之间的活动有显著的不同。情景记忆编码过程在左前额叶表现出不对称的高度脑活动,而情景记忆提取过程在右前额叶表现出高的脑活动(Nyberg et al., 1996)。还有研究表明右大脑前额叶更多地涉及情景信息提取,左大脑前额叶则更多地涉及到语义信息提取(Buckner,1996)。

功能磁共振成像研究可以发现大脑中血液在磁化状态下的变化。因为这类变化取决于该点氧化的程度,而氧化程度的变化又可以用来推测局部大脑血液的变化。在一项研究中,要求被试看一些场景或单词,并做一些简单的判断(如这个词是具体的还是抽象的)。在被试做这些任务的时候,对他们进行功能磁共振成像扫描。结果发现,前额叶皮质和旁海马皮质(离海马很近的一个皮质区)在扫描中的激活越剧烈,被试对所呈现的场景或单词的再认就越好。被试在语义信息编码过程中,左前额叶有很高的激活水平,而只进行知觉判断时却观察不到这种现象(Brewer et al., 1998)。伊登等(Eden et al.,1996)对比了诵读困难的儿童和正常读者阅读时的大脑激活情况。诵读困难的儿童激活了大脑的听觉区以及视觉区,好像他们很吃力地将字母转化为声音,再把声音转化为意义,而熟练的读者则完全省略了听觉这一步。将儿童刚刚学习阅读时的大脑激活情况与他们成为熟练的读者时的大脑激活情况相比,也存在着类似的差异。

(三)记忆的神经过程研究

当记忆形成时不同脑区的活动是如何改变的?目前离全面回答这个问题还很远。加拿大神经心理学家赫布(Donald Hebb)的理论可以提供对这个问题的初步解释。赫布认为短时记忆的活动过程只持续短暂的一段时间,而长时记忆则涉及神经系统结构上的改变,故较持久。它们有不同的神经生理机制。脑部有大量的神经元彼此连接,互通信息,一旦神经元a被激活,就依次传递到b,c,d,……最后又返回神经元a,如此循环,形成神经回路,往返于皮质的不同区域,也可以通往皮质下的结构(如丘脑、海马)。任何心理过程都可以看作某特定神经回路的活动。回路的活动由感觉刺激所引起，在刺激消除后会持续一段短暂的时间。这个短暂的活动属于回路的反响。反响回路可以使神经活动在一段时间里循环和“自我维持”，以引发巩固过程。反响回路可能是短时记忆的生理基础。而如果两个神经元间的一个突触一再被激活且大约在同时向突触后神经元传递神经冲动，突触的结构或化学成分就会发生改变，一种更复杂的机制称为长时程增强（long-term potentiation）就起作用，在这个过程中，受到重复强烈电刺激的海马体神经回路，会激发更为敏感的海马细胞，导致这种作用能持续数周甚至更长的时间，这可能就是长时学习和保持的机制。研究表明，如果破坏长时程增强作用（比如通过不同的药物）就会破坏学习和记忆。因此海马在形成长时记忆中起着重要的作用，海马损伤病人在将短时记忆的信息转入长时记忆的过程中有相当大的困难。

第二节　感觉记忆

感觉记忆也叫感觉登记（sensory register），是指感觉刺激停止之后所保持的瞬间映象。它是记忆信息加工的第一个阶段。进入各种感觉器官的信息，首先被登记在感觉记忆中。例如，视觉信息通过眼睛开始被登记在图像记忆中；听觉信息经由耳朵被登记在音响记忆中。信息在感觉记忆中的保存时间很短，视觉刺激停止后，视觉映象仅保存十分之几秒。它发生在模式识别的意义分析之前。关于感觉记忆，研究得较多的是图像记忆和音响记忆。

一、图像记忆

视觉刺激停止后，视觉系统对信息的瞬间保持叫图像记忆（iconic memory）。图像记忆的存在是由斯帕林（Sperling，1960）的首创性实验而被确定的。开始时，他用速示器以50毫秒的极短时间向被试呈现如图10-3左侧的一套符号（字母或数字），要求被试把他看到的符号尽量多地报告出来（全部报告法），结果被试仅能回忆出4~5个符号。后来，斯帕林修改了实验程序，仍以50毫秒时间加以呈现，但以不同的音调作为提示：高音表示要回忆上面一行符号，中音表示回忆中间一行，低音表示回忆下面一行。这种实验程序叫部分报告法。部分报告法极大地改变了被试所能回忆出的字符数量。因为被试只要求回忆呈现刺激的三分之一，而且事先并不知道要回忆三行中的哪一行，因此，斯帕林便把在这种程序下被试回忆的字符数乘以3作为被试的回忆量。利用部分报告法，斯帕林发现，如果在字符呈现之前或是之后立即出现提示线索，那么，被试大概可以提取9~12个字符。然而，如果提示出现在1秒以后，他们的回忆量将降至4~5个，这与整体报告法中获得的数字相当。这些数据表明，图像记忆消失得很快（见图10-3）。事实上，只要声音有0.3秒的延迟，部分报告法的优势将急剧下降，如果声音延迟1秒出现，则优势基本上全部消失了。根据这个实验结果，斯帕林认为，人的记忆系统有一个短暂的感觉储存阶段，输入的信息这时是以感觉痕迹的形式暂且被登记下来的。

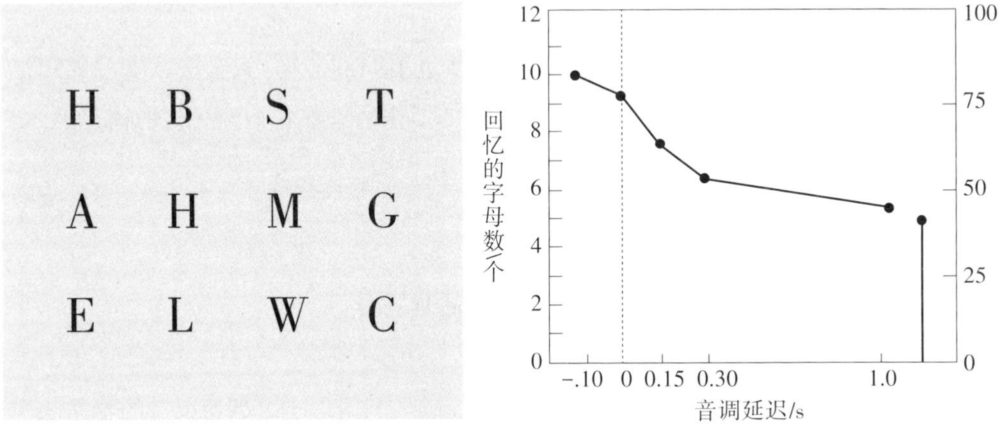

图10-3 感觉记忆的衰退

二、音响记忆

听觉系统对刺激信息的瞬间保持叫音响记忆（echoic memory）。音响记忆的存在是由莫里等（Moray et al.，1965）仿照斯帕林的部分报告法实验程序而被确定的。后来，达尔文等（Darwin et al.，1972）进一步改进了实验方法，实验简便易行。让被试戴上立体声耳机，用立体收录机播放预先录制好的立体声录音，调整平衡器，从被试左侧传出3个符号如“2、T、F”，从右侧传出3个符号如“M、5、3”，从头部正中传出3个符号如“X、4、5”。当被试听完这9个符号录音后，以延迟0~4秒的时间呈现回忆信号，令其报告左声道、全声道或右声道的符号，回忆的指令信号是投影在屏幕上的左、中、右的线条（部分报告法）。如果不呈现出指令信号就是要被试把听到的所有符号都报告出来（全部报告法）。结果发现：当听觉刺激呈现后2秒给予指令信号，部分报告法的成绩仍优于全部报告法，当延迟4秒给回忆信号时，这两种方法所得到的成绩就相同了。因此音响记忆的消退时间约为4秒。

三、感觉记忆的特征

感觉记忆具有以下一些特征。(1)感觉记忆在瞬时能储存大量的信息。进入感受器的信息几乎都被储存。(2)感觉记忆中的信息保持时间很短。视觉信息约在1秒内衰退,听觉信息约在4秒内衰退。(3)感觉记忆中的信息是未经任何加工的,是按刺激的物理特征原样直接加以编码和储存的。(4)感觉记忆中的一部分信息由于模式识别而被传送到短时记忆中,并在那里赋予它以意义。所谓模式识别(pattern recognition),就是从感觉记忆向短时记忆传递信息并赋予它意义的过程。确定选择哪些信息传输到短时记忆,而让哪些信息从感觉记忆中衰退,是注意的作用。注意使信息从感觉记忆传输到短时记忆,从而使信息得到进一步的加工。因此,感觉记忆中的信息是我们觉察不到的,一旦其中的一些信息被我们觉察到了,这些信息也就被传送到短时记忆之中了。

第三节 短时记忆

一、双重记忆理论的证据

把记忆区分为短时记忆和长时记忆,最早是由詹姆斯(James,1890)提出的。他认为记忆由两个要素组成。第一个要素叫初级记忆(primary memory),它包含尚未从意识中消失的那些材料(相当于短时记忆)。与此相对的是二级记忆(secondary memory),它储存当前虽然未被意识到,但一有必要就能被意识到的材料(相当于长时记忆)。这种理论称为双重记忆理论。

对双重记忆理论最有说服力的证据之一是在自由回忆实验中得到的。在这种实验中,先把排列有序的一系列无关联的单词如肥皂、章鱼、火星、种子、岩石以视觉或听觉方式呈现给被试,紧接着要求被试不按顺序尽可能多地回忆出来。图10-4给出的是典型的自由回忆实验结果(Murdock,1962)。其中,横坐标表示各单词呈现的顺序(系列位置),纵坐标表示回忆率,这条曲线表示各单词输入的系列位置与回忆率的关系,被称为系列位置曲线(serial position curve)。其中,处于词表开头部分的单词回忆率较高,这被称为首因效应(primary effect)。词表末尾部分的单词回忆率也较高,这被称为近因效应(recency effect)。根据双重记忆的理论解释,开头部分的那些单词是从长时记忆中回忆出来的。离词表结束位置越近的单词进入短时记忆的概率越高,因而回忆率就增加了。不主张区分短时记忆和长时记忆的单一记忆说者认为,回忆率取决于由从呈现到回忆之间的时间间隔。离词表结束位置越近的单词,时间间隔就越短,自然也就越难以遗忘了。

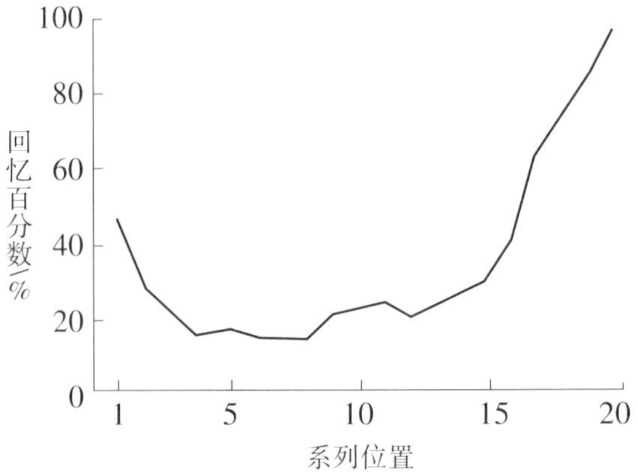

图 10-4 自由回忆中的系列位置曲线

该如何鉴别这两种理论呢？在自由回忆实验中，呈现一系列单词之后，不让被试立即回忆单词，插入30秒的数字逆运算，然后再自由回忆，结果得到图10-5中的曲线A。曲线C是呈现后立即回忆得出的结果。曲线B是根据单一记忆说预期得出的结果。因为插入了运算，各单词从呈现到回忆的时间都延迟了，因此预期回忆率要普遍下降。但事实却与单一记忆说的预期相违背，插入逆运算的结果是近因效应消失了。这正好符合双重记忆说的解释：系列位置后面的那些单词正处于短时记忆阶段，插入逆运算作业就干扰了短时记忆的储存，而单词一旦进入了长时记忆，回忆率是不受逆运算作业影响的，这正好与曲线A的结果相一致。这些结果都说明，开头位置上的单词和最近位置上的单词是从不同的记忆中回忆出来的。

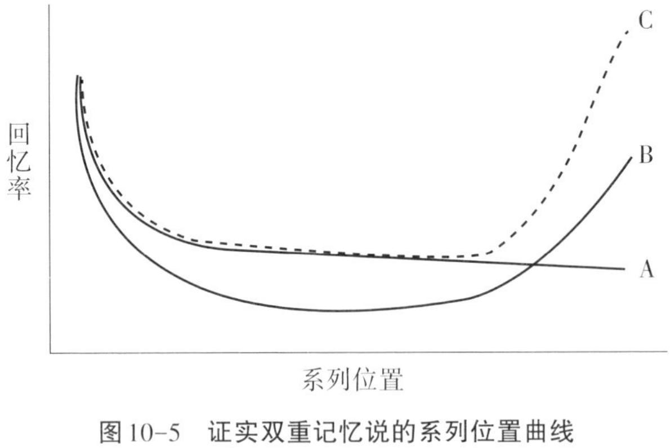

图 10-5 证实双重记忆说的系列位置曲线

此外，实验还表明，快速或慢速呈现单词、呈现使用频率低或高的单词以及呈现无关联或有关联的单词，这些实验变量虽然对系列位置曲线的首因效应发生影响，却对近因效应没有影响（见图10-6），这也是双重记忆说的有力证据。

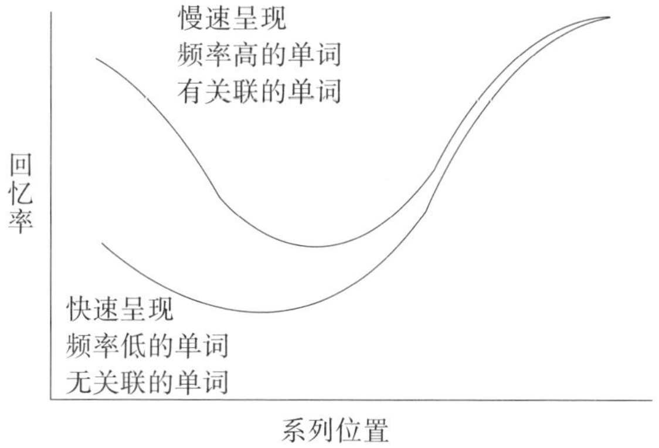

图10-6 影响首因效应但不影响近因效应的实验变量

二、短时记忆的特征

与感觉记忆、长时记忆相比较,短时记忆具有一些有趣的特征。短时记忆的容量是有限的,较之记忆的其他两个阶段,它储存的信息要少得多。信息在短时记忆中储存约20秒后消失。但是,短时记忆又是唯一对信息进行有意识加工的记忆阶段。如果加以注意,信息在短时记忆中的保持同注意的时间一样长,可以远远超过20秒。感觉记忆和长时记忆中的信息是我们意识不到的,这两种记忆中的信息只有被传送到短时记忆中才能被执行、控制和加工。所以短时记忆也叫工作记忆(参见热点问题讨论10-2)。

(一)短时记忆的编码

储存在短时记忆中的信息,传统的观点认为主要是语音听觉编码。这是根据短时记忆中产生的错误与正确信息之间存在着语音听觉上的联系而推测出来的。康拉德(Conrad,1964)在记忆广度实验(主试将一系列项目呈现一次后,被试立即进行回忆)中观察到,回忆错误与正确反应之间有语音上的联系。例如,呈现字母系列为ADQFHJP,被试回忆为ATQFHJP,以T代替D,而不是以视觉上相似的O来代替。但是这个结论是否有普遍性受到了怀疑。因为康拉德的实验是以英文字母做记忆材料,而英文是拼音文字,读音是它的最突出特征。有实验(莫雷,1986)表明,汉字的短时记忆以形状编码为主。对于绘画、脸和身体动作以及视觉观察事件所属范畴的短时记忆,倾向于用视觉编码和语义编码。另有实验(郑涌,1991)发现,不同双语经验的被试对英文词的短时记忆的编码方式是不同的。因此,短时记忆的编码方式似乎是随记忆材料及主体经验的不同而相应变化的。

(二)短时记忆的容量

短时记忆的信息容量可用组块(chunk)作为单位来测量。所谓组块是指人们在过去经验中已变为相当熟悉的一个刺激独立体，如一个字母、一个单词、一个数字、一个成语等。米勒（Miller，1956）认为短时记忆的信息容量为7±2个组块，这个数量是相对恒定的。这就是短时记忆的组块理论。可以用下面的小实验来验证这个理论。请你读一遍下面的一行随机数字，然后合上书，按照原来的顺序，尽可能多地默写出来：71863945284现在再读一遍下列随机字母，然后用上述相同的方法来测试自己的记忆：HJMROSFLBTW假如你的短时记忆像一般人那样，你可能回忆出7个数字或字母，至少能回忆出5个，最多回忆出9个，即7±2个。

许多研究支持米勒提出的组块理论。例如，西蒙（Simon，1974）的研究表明，说英语的人阅读一些无关联的词一次后能正确回忆5~7个词，而与词的音节无关；对以短语和句子为组块的记忆容量略小于词的记忆容量。喻柏林等（1985）、张武田等（1985）对汉语语词短时记忆容量的研究结果也对组块理论提供了一定程度的支持。不过，组块的大小、复杂性和熟悉性等都会影响短时记忆的容量。对汉语语词的短时记忆广度的研究表明，双音合成词和四字成语的短时记忆容量不如单音词多，而四字成语又不如双音词多。随着组块复杂性的增加，短时记忆容量倾向于逐渐降低。高频词的短时记忆容量比低频词多。视听通道的短时记忆容量有差异，总的来看，视觉较听觉的短时记忆容量大。

组块化（chunking）是将项目组织成熟悉的、有意义的单元，这个过程通常是自动发生的。因此，组块的大小、复杂性都是因人而异的。例如记数字748539，你可能按74 85 39记忆，他可能按748 539记忆。看一幅图片，我可以以地点关系为组块，你可以以色彩的特点为组块。但不论人们储存的组块是什么，短时记忆的容量为7±2个组块。

（三）短时记忆的加工

信息在短时记忆中的主要加工方式是复述。复述（rehearsal）就是出声或不出声的重复。对一个电话号码进行复述，只要没有其他干扰，它就可以保持在短时记忆中。如果让被试识记由不容易发音的三个辅音字母（如KBF）组成的字符串，哪怕过上20秒后大都能回忆出来，因为他们进行了复述。彼得逊和彼得逊（Peterson & Peterson，1959）改变了实验程序：给被试呈现字符串后，立即令其做减3逆运算（例如376、373、370、267……），直到要求开始回忆的信号出现，被试才进行回忆。这样做的目的是防止被试在记忆保持时间内进行复述。实验结果如图10-7所示，随着保持时间的延长，回忆成绩急剧下降：当信号延长到15秒才出现时，回忆率约为10%；到18秒钟之后，记忆保持近乎消失。可见，复述能使信息保持在短时记忆中，以防止被其他信息排挤掉，一旦停止复述，信息在短时记忆中将迅速消失。

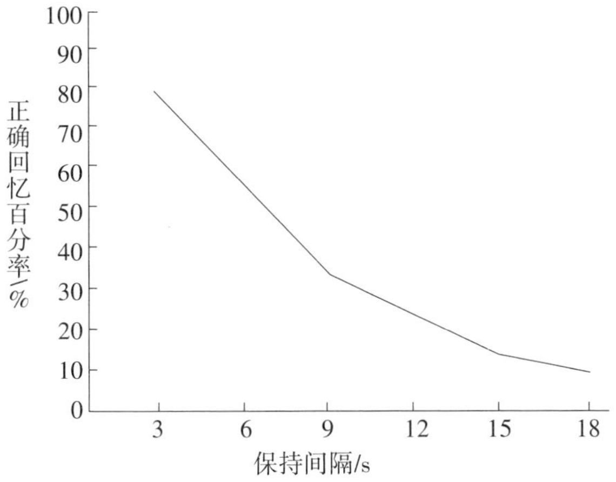

图10-7 短时记忆的遗忘

复述不仅具有在复述期间将信息保持在短时记忆中的功能,还能作为信息的传输机制将信息从短时记忆送入长时记忆。在朗杜斯等(Rundus et al.,1970)的一系列实验中,向被试呈现单词的过程中要求他出声复述。主试用录音机记录,然后算出每个单词的复述次数。同时,根据自由回忆的结果算出各单词的正确回忆率。结果如图10-8所示,复述次数越多,再认率越高。实验还发现,词表开头的几个单词比其他的单词复述次数较多。如果把处于不同系列位置上但复述次数相等的单词提出来,并比较其回忆率,结果发现首因效应消失了。这也说明,词表靠前位置的单词能较好地回忆,其原因是得到了较多的复述。

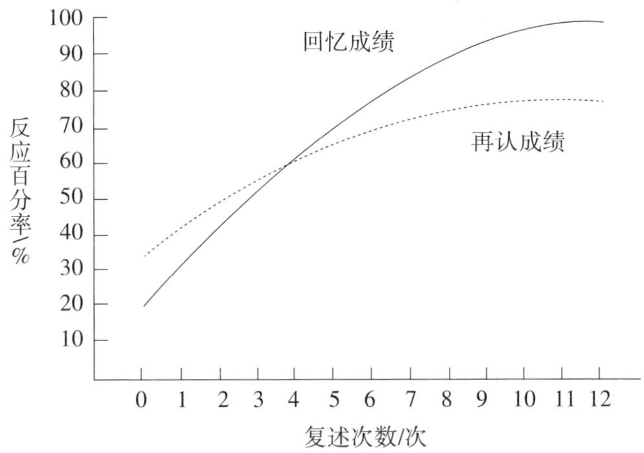

图10-8 复述次数与再现率的关系

但是,并非所有的复述都能把信息传送到长时记忆。在一个实验(Craik & Watkins,1973)中,由主试诵读一个相当长的单词词表给被试听,被试的任务是在主试诵读后报告出词表中最后一个以特定字母(如p)开头的单词。由于被试不知道这样的词在词表中有几个,所以他必须复述每一个这样的单词,直到下一个这样的单词出现为止。在词表结束时被试几乎都能正确回忆出词表中最后一个以特定字母开头的单词。但是在呈现12个这样的词后，出其不意让被试对所有这样的词进行自由回忆。结果表明，复述时间长短不等的单词其正确回忆率几乎没有什么差别，说明复述并不能自动地把信息传送到长时记忆。

因此，复述至少有两种主要类型：(1)维持性复述，即从感觉记忆中抽取某种信息并使该信息适应于短时记忆的编码方式，保持在短时记忆中；(2)精制性复述，即将接收到的信息进行精细结构的编码。所谓精细结构编码，是指联想编码、组织编码、心象编码等，这种编码能在长时记忆中稳定地储存，并在日后被提取出来使用。关于这些组织加工方式，我们将在下一节加以阐述。

(四)短时记忆的提取

人们是怎样从短时记忆中提取信息的？斯滕伯格(Sternberg，1969)的实验对这个问题进行了探讨。实验中向被试呈现在短时记忆容量以内的(如1~6个)、不同长度的数字系列(如52946)，接着呈现一个探查数字(如4)，要求被试回答在呈现的数字系列中是否有探查数字。如果数字系列中有探查数字，就按下"是"键；如果没有就按下"否"键。以反应时作指标分析短时记忆提取的特点。可以想见：被试在做出"是"或"否"的反应前必须将探查数字与记忆中的数字系列进行比较。那么，这一比较过程是如何进行的呢？这里有三种可能。(1)平行扫描：将探查数字同时与记忆中的所有项目相比较。如果用这种方法，则反应时将不会因数字系列的长短而变化(见图10-9a)。(2)系列自中断扫描：将探查数字逐个与忆记中的项目相比较，发现有与探查数字相同的就中断扫描。如果用这种方法扫描，则长数字系列的反应时就比短数字系列的要长，同时，做出"否"反应比做出"是"反应的反应时长。因为做出了"是"反应被试即可停止扫描，但要做出"否"反应需扫描记忆中的所有项目(见图10-9b)。(3)系列全扫描：将探查数字逐个与记忆中的所有项目都进行比较，不论记忆中有或没有探查数字。如果用这种方法，扫描长数字系列的反应时就比短数字系列的要长，并且做出"是"或"否"的反应时是相等的(见图10-9c)。实验结果如图10-9所示，说明短时记忆中信息的提取是以系列全扫描方式进行的。

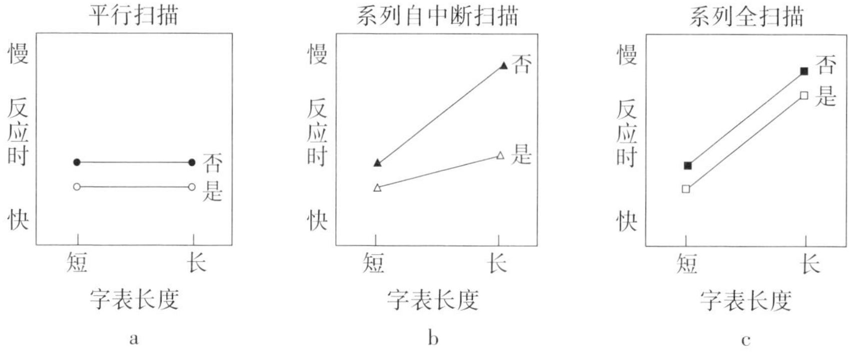

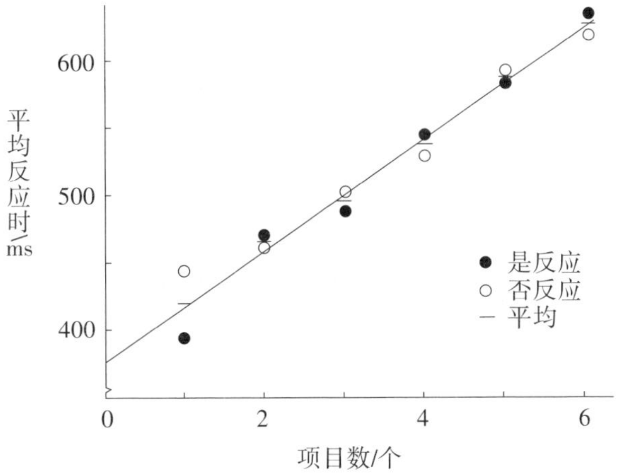

图10-9 短时记忆的提取

〖**热点问题讨论10-2 工作记忆**〗

工作记忆(working memory)这一术语最早由英国心理学家巴德利和希奇(Baddeley & Hitch, 1974)针对短时储存(short-term storage)而提出。巴德利(Baddeley, 2001)将工作记忆定义为在执行认知任务的过程中对信息进行暂时储存与加工的有限的资源系统,由三个部分组成(见图10-10)。(1)中央执行部分,主管工作记忆中信息的流动方式,从其他记忆系统如长时记忆中提取信息,对工作记忆中的信息进行较精细的加工和存储。这是工作记忆的核心,起着注意系统的作用,其认知加工的资源是有限的。(2)语音回路,主要以串行加工的方式,把言语信息转化为听觉编码并通过语音回路对它进行加工和存储。它在学习阅读、理解语言、获得词汇中扮演着重要的角色。(3)视觉空间速写缓冲器,主要以心象的形式对视觉和空间信息进行加工和存储。后两个部分是从属系统,具有信息特异性。外界输入的信息要经过工作记忆激活才能进入长时记忆而储存,长时记忆中的信息只有被提取到工作记忆中并活化后才能被再次利用。在信息加工过程中,工作记忆的内容在不断变化,但工作要求又使工作记忆具有连续性和系统性。工作记忆是个体认知活动的工作空间,包含着从外界接收的信息和从长时记忆中提取的信息,以及对这些信息进行的操作。工作记忆与大脑的海马、边缘系统有定位的联系。该部位受损的人,不能很好地将当前信息转化为长时间记忆,研究者据此认为可能存在着一个独立的工作记忆结构。但也有人认为该记忆只是长时记忆中被激活的那部分,不存在一个独立的工作记忆结构。

图10-10 巴德利的工作记忆模型

（改编自Baddeley，1990）

工作记忆与短时记忆有什么关系呢？巴德利(Baddeley，1992)认为，他关于工作记忆的观点是对短时记忆思想的一种深化，而不是与之相对立的。现在短时记忆已不再被视为一种被动的、暂时的、容量有限的贮藏室，巴德利等学者所研究的工作记忆强调的是工作记忆扮演着主动的角色，而不是信息的短暂储存。例如，把视觉信息转化为听觉编码，形成组块，通过复述以保持对所要记忆材料的注意，以及有时对信息的精细加工、从长时记忆提取与输入信息有关的知识的过程中都包含了工作记忆。因此，工作记忆这一术语所表达的远不只是短暂储存的含义。相反，它意指这样的一个工作场所，人们在此进行主动的心理努力去关注材料，并且常常是改变材料。还有学者认为，短时记忆与工作记忆是有区别的：短时记忆可以视为经主动加工的信息，甚至可能来自目前被激活的长时记忆的信息；工作记忆则包含这些活跃的记忆痕迹，同时还包含用于保持这些激活状态并使人将注意集中于手头正在做的首要认知任务的注意过程(Kail & Hall，2001)。总之，目前对工作记忆的具体界定范围尚不十分清楚。研究者从各自的领域兴趣出发，提出具有不同含义的概念。对工作记忆与短时记忆、长时记忆的关系也有不同意见，并出现了长时工作记忆的概念。另外，对于工作记忆资源的有限程度亦有争议。工作记忆这一术语的使用，往往与具体的研究目的和内容关系密切，似乎应当有区别地加以使用。

第四节 长时记忆

现在我们知道，并不是所有的经验都能保存在记忆中，许多信息在短时记忆中已被遗忘。虽然有人把长时记忆称为永久记忆(permanent memory)，但至今没有多少证据能够支持长时记忆中的信息会永久保持的观点。确切地说,长时记忆的内容是保持时间相对较久的信息。在这一节中我们将讨论下列问题:长时记忆的信息是怎样构建的?是怎样被保持和变化的?怎样测量记忆?怎样提高记忆力?

一、记忆的构建

长时记忆的内容是如何形成的?加拿大神经外科医生潘菲尔德等(Penfield & Jasper, 1954)认为,我们对过去事件的记忆就像一卷连续的、载有声音的电影胶片。但事实上,记忆的构建是一个主动的过程。我们在形成新的长时记忆时,原有的记忆常常发生变化,有些信息丢失了,有些则通过逻辑推理、猜想或新的信息加以弥补。在卡迈克尔等人(Carmichael, Hogan & Walter, 1932)的一项研究中,让被试一边观看呈现图片(见图10-11),一边倾听主试对它们的命名。拿走图片后不久,要求他们根据自己看到的图片画出图形。两组被试看到的刺激图形是相同的,但他们听到的命名却不同,例如,对一组被试看见的一张刺激图形命名为"窗子上的窗帘",而相同的图形向另一组被试提供命名为"矩形中的菱形"。结果发现,被试画出的回忆图形更接近于命名所代表的图形,而不是原刺激图形。这表明由于听到命名使被试对刺激图形的理解不同,对图形的记忆便发生了变化。记忆的这种改变既可能发生在识记阶段,也可能发生在保持和回忆阶段。

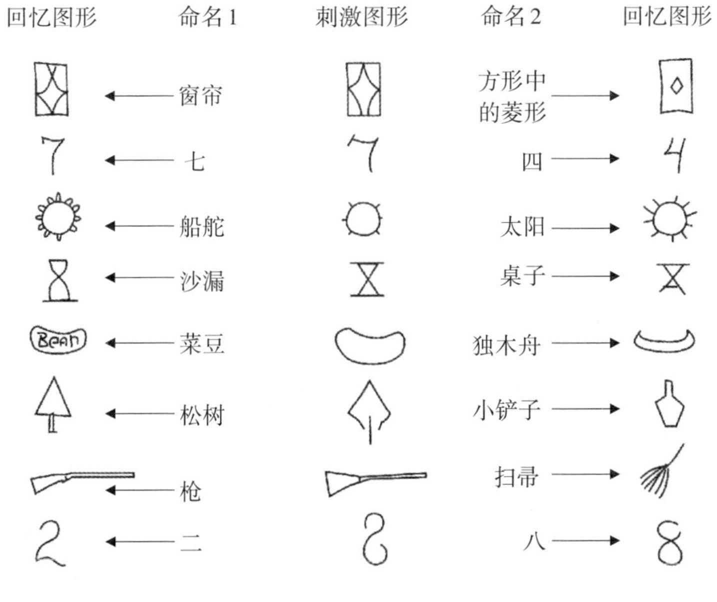

图10-11 命名引起回忆图形的变化

洛夫特斯和帕尔默(Loftus & Palmer, 1974)的实验将被试分为两组,先是共同观看一段录像,该录像描述了一场汽车相撞的意外事故。看完后,实验者向被试发放的问卷中有这样一个问题:“据你们估计,当两辆汽车______时,汽车时速约是多少英里①?”对于不同测试组,下划线处的动词不同。当问题中的动词为“碰撞”时,被试估计时速为34英里;而当动词为“撞毁”时,被试对时速的估计升为41英里。一星期以后,所有看过录像的被试再回到实验室。这次由实验者向他们提同样的问题:“根据你们的记忆,上次录像中的交通意外事故,现场是否有撞碎的玻璃?”结果发现,在上次用动词“碰撞”提问的一组被试中,有14%做了肯定回答;用动词“撞毁”的一组被试中,有32%的人做了肯定回答。事实上,在看过的录像中,现场根本没有碎玻璃。理解、推论使被试对撞车事故的记忆编码和组织方式发生改变,导致他们后来更可能“记得”有碎玻璃。这表明人们总是试图理解周围世界。我们的记忆也总是力求与周围情境相协调,如果信息不够协调,我们就会改变它,直到它完全符合周围的环境。而这一过程人们是没有意识到的。

记忆总是力图与个人的周围情境相协调,这在巴特利特(Bartlett,1932)的一项研究中表现得很清楚,他把这个过程称为追求意义的努力。巴特利特用的一个故事叫作《幽灵之战》,内容讲的是北美印地安人两个部落之间的战争,其中还包含部落祖先的幽灵。他让同一个被试在不同的时间间隔的条件下进行多次回忆,结果显示,巴特利特的被试(剑桥大学生及其朋友)复述故事时,往往会忽略幽灵,只记得那些符合自己的思维方式的片断,而不是自己听到的整个故事。通常,被试在记忆过程中会改变信息,其目的是使它们对自己更有意义。这表明我们设法使自己的记忆与个人的已有图式相一致,从而使记忆变得很有个性特点。由于那些不符合被试特有图式的细节往往会被忽略,从而使故事逐渐变得更短,“更有意义”。到了第四次或第五次回忆时,同一个故事已经面目全非。在我国的传统游戏“说悄悄话”中,也可以看到同样的事情发生。在游戏中,一个人通过耳语向另一个人传达一条信息,然后这个人再通过耳语告诉下一个人,依次类推,直到传到最后一个人的耳朵时让他大声说出自己所听到的信息。结果,这条信息传到最后时差不多完全走样了。

情绪也会影响我们的记忆。我们在快乐、悲伤、醉酒等情况下学会的东西,往往也是在同样的状况下更容易回忆起来。这种现象称为状态依存记忆(state-dependent memory)。记忆往往与心境相一致。抑郁、苦闷心境会给记忆蒙上暗灰色,而欢乐心境会给记忆蒙上玫瑰色。又如,在遇到一位多年不见的朋友时,我们所能回忆起来的事情,往往是有过强烈情绪体验的事情。

总之,记忆的构建不是对个人所经历的事情一成不变的复制,而是会受到个人的理解、知识背景、情绪和个性特点等许多因素的共同影响。它是一个主动的、具有高度个性化的加工过程。

---

①1英里等于1609.344米。

二、记忆的组织

在我们的长时记忆中,浩如烟海的信息是如何组织起来的呢?先让我们看看在长时记忆中怎样才能快速地提取信息。要在长时记忆里快速提取信息必须借助于一定的线索,这种线索很多,包括规则、心像、类别和相似性等。

例如,要记住下列数字:149162536496481。如果找不出这些数字间的规则,就很难记。如果看出了这些数字的一种规则:1,4,9,16,25,36,49,64,81,即"从1到9的整数的平方",那就容易记忆。又如,在记忆故事和诗歌或单词时,如果我们能在头脑中形成心象(image),形成一幅图像,就比较容易记忆。再如,我们在记一系列项目时总是倾向于将它们按一定的类别来记忆。在一个实验中,向被试呈现60个单词。它们分属于动物、人名、职业、蔬菜四个类别(不是按每种类别分别呈现,而是随机呈现)。要求被试进行自由回忆。结果发现,被试倾向于将属于同一类别的单词集中在一起回忆。在另一个实验中,以很短的时间向被试呈现16个无关联的单词(如帽子、照片、羊、祖父……),让他们自由回忆,然后让被试再次学习相同的词表并再次回忆,如此反复多次。结果发现,随着重复次数增加,成绩逐渐上升。第一次学习词表后只能回忆出约6个单词,第十六次学习后已能回忆出15个单词。同时还发现,被试在连续各次实验中有以相同顺序回忆单词的倾向。这种以相同顺序回忆单词的倾向是由于被试在头脑中把词表中的单词按照某种相似性进行归类而造成的。可见,规则、心象、类别、相似性可能都是长时记忆中信息储存的一些线索。看来,长时记忆中的信息不是杂乱堆放的,而是以网络的形式来储存的。长时记忆就像是一个高度组织化的索引系统。

当代大多数心理学家倾向于用网络模型(network model)来解释长时记忆中信息的储存。该模型认为头脑中的记忆信息是按网络结构组织起来的。例如,请你在听到下面的一个句子后立刻做出"是"或"不是"的判断。

金丝雀是一种动物。

金丝雀是一种鸟。

你对这两个句子的判断,哪一句的回答较快?柯林斯和奎林(Collins & Quillian,1969)发现,对"金丝雀是一种鸟"的肯定判断比对"金丝雀是一种动物"的判断速度快。其原因是什么呢?可以用记忆网络模型来解释。根据该模型,长时记忆组织结构是一个由许多节点按层次连接起来的网络。节点与节点之间的连接链有长有短,如果两个项目之间的连接链长,提取时反应时就较长;如果两个项目之间的连接链短,提取的反应时就较短。从图10-12可以看到,在我们的记忆结构中,金丝雀离"鸟"较近,而离"动物"较远。

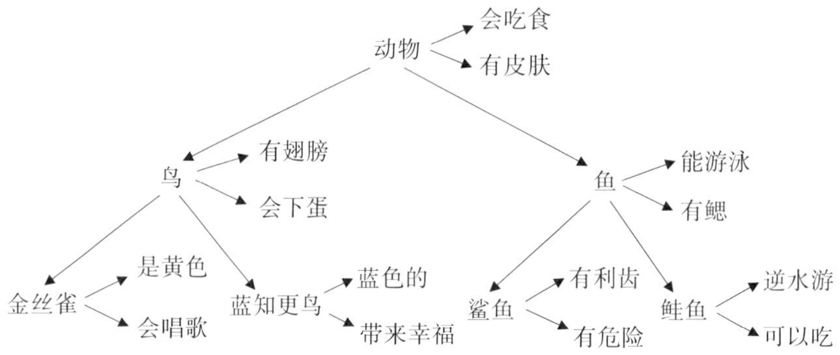

图10-12 记忆网络模型

用网络模型可以解释记忆的重整作用。例如，当你找到一张老照片时，你一边看，一边浮想联翩。那是你7岁上学时拍摄的照片，看着这张照片，许多似乎已经忘记了的往事一件接一件像潮水一般涌入你的脑海。这个过程称为记忆的重整作用(redintegration)。可以用网络模型来解释这种现象。重整性记忆(redintegrative memory)是通过在记忆网络的分支上不断扩散而实现的。许多从前经历过的一些小事都可以激活这种记忆，例如，我们上小学时用过的书包、吃过的点心、读过的连环画、街旁的小店等，都可能使我们想起许多当时的事。记忆重整作用的关键是网络中的一个节点被激活后又作为"线索"去激活另一个节点，这样，整个记忆就可能在一个节点的回忆基础上得到重整。

三、记忆的测量

记忆不是以"全或无"的形式存在的。我们对某人或某事的记忆可能已不清楚了，但也没有完全遗忘。例如，过去曾见过一个人，早已记不起该人的模样，但后来相见时一下子就认出来了。由于记忆不是一种"全或无"现象，因而就需要用一些方法来测量记忆的保持量。最常用来测量记忆的方法有回忆法、再认法、节省法和重建法。

(一)回忆法

回忆法(recall method)就是在被试识记了某种材料之后，经过一段时间，让其把所识记过的材料以口头或书面的形式再现出来，然后把回忆结果与原材料加以比较，就可推测出保持量。考试时的问答题和填空题，其性质就是用回忆法来探测你对知识的保持量。在具体运用上，回忆法可分为自由回忆和线索回忆两种。前者是对被试所要回忆的材料不加任何提示，只要求被试把识记过的材料写出来或说出来；后者是向被试提示一部分识记过的材料，要求被试以此为凭据，回忆出其余的材料。保持量的计算，以正确回忆的项目的百分数为指标，算式如下：

$$保持量=\frac{正确回忆的项目量}{原来识记的项目量}\times 100\%$$

如果原来识记的标准不是全部记住，则计算保持量时应以识记时达到的标准为基础。

（二）再认法

再认法就是把识记过的材料和没有识记过的材料混在一起，要求被试把识记过的材料和没有识记过的材料区分开来。通常是识记过的旧项目和没有识记过的新项目的数量相等，然后向被试一一呈现，由被试报告每个项目是否识记过。保持量按下列公式计算：

$$保持量=\frac{认对数-认错数}{呈现材料的总数}\times 100\%$$

再认测验和回忆测验的保持量是不同的，再认测验的保持量优于回忆测验的保持量。这里的原因是两者在完成水平上是不同的。首先，回忆和再认在推测率上不同。例如，让你回忆《水浒传》一百零八将中绰号为病关索的姓名，恐怕你回答不出来。这样，在回忆测验中你的记忆成绩为零。但是，对于这一信息的再认测验，情况便不同了。例如，给出下列选择题：水浒一百零八将中绰号为病关索的姓名是：A. 杨雄；B. 杨虎。这里，推测的正确率至少是50%。显然再认比回忆要容易。其次，再认和回忆所依据的信息不同。要实现回忆，必须或多或少记住有关刺激的"整体"信息。例如，要记住"病关索杨雄"，只了解他是水浒一百零八将之一还不够，还必须了解杨雄的为人，他在梁山泊中的作用，他的绰号的来历、意思等，即掌握整体信息。而再认则不同，只要有能够辨别目标刺激（即以前学过的待再认的刺激）和干扰刺激的信息就可以了。例如，上例中只要知道水浒一百零八将中没有一个叫杨虎的，那就可以确定"病关索"一定是"杨雄"了。最后，回忆和再认的操作过程不同。回忆某个信息，首先必须在识记中搜寻目标刺激，然后再对目标刺激加以确认。再认某个信息则不同，目标刺激是直接呈现给被试了的，用不着在记忆中搜寻。因此，再认的成绩就优于回忆的成绩。

（三）节省法

节省法（method of savings）也叫再学法，就是要求被试在学习了一种材料之后，经过一段时间再以同样的程序重新学习这一材料，以达到原先学习的程度为准。用原先学习所需要的时间（或次数），减去重新学习时所需要的时间（或次数），两者的差数就是重新学习时节省的数量，这个指标就是节省法测得的记忆保持量。其计算公式是：

$$保持量=\frac{初学时的时间或次数-重学时的时间或次数}{初学时的时间或次数}\times 100\%$$

(四)重建法

重建法(reconstruction method)就是要求被试再现学习过的刺激次序。具体做法是,给被试呈现按一定顺序排列的若干刺激,呈现后把这些刺激打乱,置于被试前让其按原来次序重新建立起来。该方法除适用于记忆文字材料外,还适用于记忆形状、颜色或其他非文字材料。

四、信息储存的动态变化

(一)保持曲线

德国心理学家艾宾浩斯最早对记忆保持量的变化进行了系统的实验研究。他以自己为被试,以无意义音节(nonsense syllable,在他的实验中是由三个字母构成的、无意义的"单词",如WOL、GEX、CEF等)为记忆材料,以再学法的节省率为保持量的指标。用再学法测量保持量时,他先让自己把无意义音节字表学习到一个标准(如百分之百的正确),然后隔20分钟、1小时、9小时、1天、2天、6天、31天后,再学习该材料,并求出各阶段的节省率,其结果如图10-13所示,学习后的不同时间里保持量是不同的,刚学完时保持量最大,在学后的短时间内保持量急剧下降,然后保持量渐趋稳定地下降,最后接近水平(Ebbinghaus,1913/1965)。这条曲线称为保持曲线(retention curve)。由于传统上保持也被看作是遗忘的反面,因此这条曲线也常常被称为遗忘曲线(forgetting curve)。这条曲线表明,我们记忆的信息,大多数在记忆之后便立刻遗忘了。

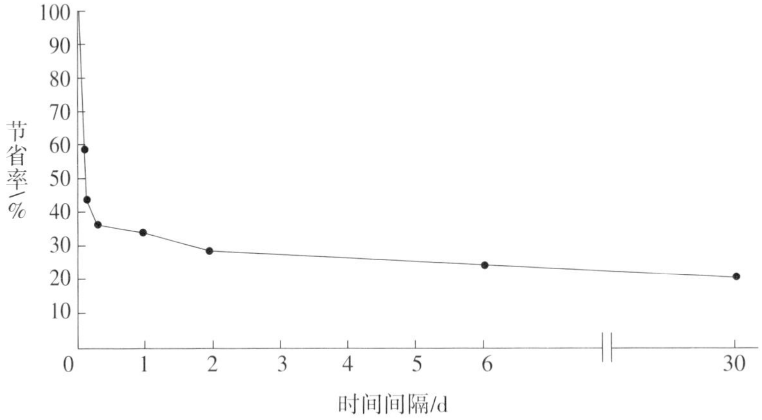

图10-13 艾宾浩斯保持曲线

如果用不同的测量方法和指标检查保持量,所得的结果有所不同。陆志韦(转引自曹日昌,1963)用再认、再学、重建和自由回忆四种方法测量被试学习无意义音节后的保持量，所得结果如图 10-14 所示。这个结果表明，用再认法测得的保持量最多，用回忆法测得的保持量最少，用再学或重建测得的保持量居于再认法和回忆法之间。其他人的研究大多也得到类似的结果。

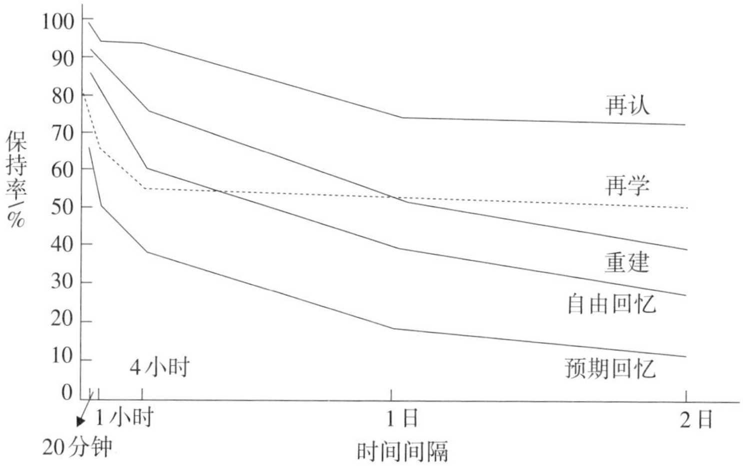

图 10-14　用不同的测量方法得出的保持曲线

学习的程度不同对保持进程也有影响。一种学习材料如果学得没有达到一次完全能背诵的标准，我们说这是低度学习的材料；如果达到恰能背诵之后还继续学习下去，这种材料就是过度学习的。显然，低度的学习材料容易遗忘，过度学习了的材料要比恰能成诵的材料保持得好一些。在一个实验中，让三组被试练习划手指迷宫，第一组被试者练习到正确地划出手指迷宫，第二组被试多练习 50%，第三组多练习 100%。以后检查三组的保持量，结果如图 10-15 所示，超出 100% 的过度学习保持量最高，但 50% 的过度学习效率最佳。这说明过度学习对记忆是很有好处的。

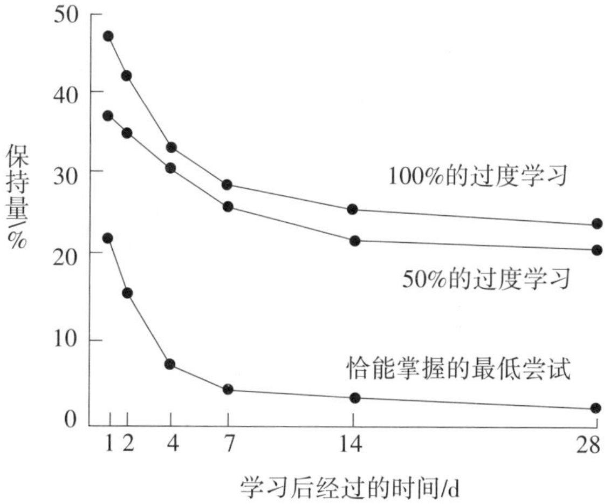

图 10-15　不同学习程度的保持曲线

记忆材料性质的不同对保持进程也有很大影响。一般来说,熟练的动作保持得最好;记熟了的形象材料,也比较能长久地记住;有意义的语文材料,特别是诗歌,比无意义材料保持得更好些。如果学习程度相等(如动作刚会正确地做一次,语文材料恰能成诵),各种材料的保持曲线大致会如图10-16所示(曹日昌,1963)。

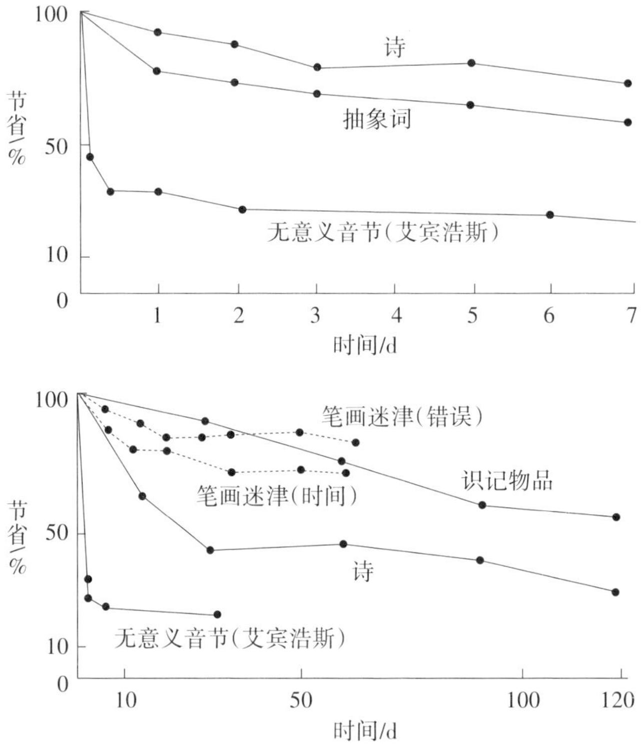

图10-16 不同性质材料的保持曲线

(二)记忆恢复现象

一般而言,随着时间的进展,保持量会逐渐减少。但在一定条件下,也有例外的情况,学习后过2~3天测得的保持量反而比学习后立即测得的保持量要多。这种现象叫做记忆恢复(reminiscence)。巴拉德(Ballard,1913)让一组12岁的儿童用15分钟学习一首诗,事先没有提醒,在学习后立即进行测验,之后在几天间隔中继续测验,结果如图10-17所示。儿童在学习后的2~3天的保持量比学习后立即测得的保持量高6%~9%。继巴拉德之后,许多人重复了这类实验,都得到同样的结果,证明儿童在学习后的2~3天保持会有所发展。保持的发展不是被试在这段时间进行复习的结果,在这类实验中这个条件是控制了的。记忆恢复现象在儿童身上比成人更普遍,学习较难的材料时比学习较易的材料更明显,学习程度较低的比学习纯熟的更容易看到。

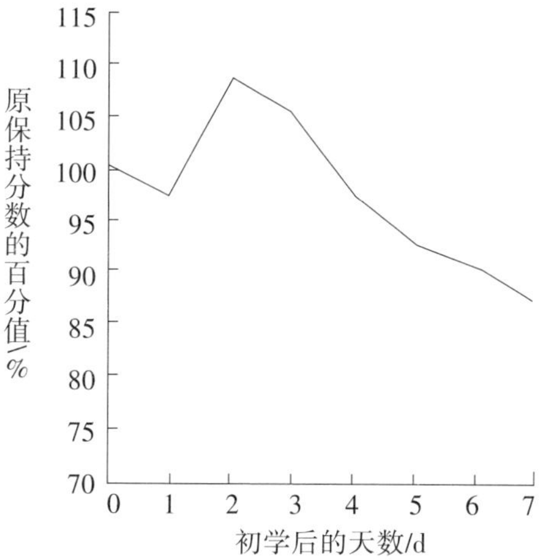

图10-17 记忆恢复曲线

对记忆恢复现象有不同的解释。一种观点认为，识记后立即进行回忆，学习者对学习材料还没有形成一个统一的整体，对材料的储存是零散的，因而回忆成绩低；之后学习者采用了某种较为有效的解决任务的方法，把学习材料作为一个整体来考虑，这样回忆的内容就较详尽。另一种观点认为，由于识记时有累积抑制，影响了识记后的立即回忆成绩，过了一定的时间，抑制解除了，记忆的成绩也就可能提高。这些解释，都有待进一步的研究。

随着时间的推移，不仅记忆的保持量会发生变化，产生遗忘，而且记忆内容也会发生变化。

〖心理学与人生10-1〗自传式记忆与记忆扭曲

自传式记忆（autobiographical memory）指关于个体自己历史的记忆。自传式记忆是建构性的：一个人不能准确地记忆所发生的事情，相反，个体的记忆是自己的建构或是对所发生的事情的重构。人们的自传式记忆一般都很好，尽管它们很容易扭曲。然而，对不同生活阶段，记忆的好坏却不尽相同。例如，有人发现，中年人经常对自己年轻时候和成年早期的事情比刚刚过去的几年的事情记得更清楚（Rubin，1982）。

研究自传式记忆的一种方法是日记研究。在这类研究中，个体（经常是研究者本人）保存了详细的自传。例如，林顿（Linton，1982）保存了6年的日记，索引卡上记录着每天至少两件事情。然后，她每个月随机选出两张卡片，并试图回忆记在卡片上的事情以及事件发生的日期，进而根据每段记忆的特点和情绪内容将其排序。令人惊讶的是，她对事情的遗忘速度是线性变化的，而不是像通常出现的遗忘速度先快后慢的曲线。她的遗忘速度在6年的时间间隔内基本上是相同的。她还发现，她对记忆的特点和情绪的排序与事件的重要性之间没有什么关系。因此，她很惊讶自己到底记得什么和不记得什么。在另一项关于自传式记忆的研究中,有人试图回忆25年间在首都歌剧院观看过的248场表演。研究结果符合经典记忆模式的预期:对25年间开头和末尾几年所看的歌剧记忆得更好,重要的表演比不大重要的表演记忆效果更好(Sehulster,1989)。

人们往往会扭曲自己的记忆。例如,仅仅是嘴上说说你身上发生了什么事情就可以让你倾向于认为它真的发生了,不管它事实上发生与否(Ackil & Zaragoza,1998)。根据沙克特(Schacter,2001)的观点,这些记忆扭曲(memory distortion)可以通过七种独特的方式出现,好比"记忆的七宗罪"。

(1)短暂。记忆消退很快。比如,尽管大部分人知道辛普森在谋杀妻子的犯罪指控中被宣判无罪,但他们并不记得自己是从何处得知他被宣判无罪的。他们曾经说得出来,但是后来再也想不起来了。

(2)心不在焉。人们有时在刷过牙之后又会去刷牙,或者进房间去找东西时,结果却忘了要找什么东西。

(3)阻滞。有些事情人们知道他们应该记得,却回忆不起来。比如,人们可能会遇见某个自己认识的人,但是想不起名字,或者他们在努力回想一个单词的同义词,虽然知道有一个很明显的同义词,但就是不能回忆起来。

(4)错误归因。人们经常记不住是在哪儿听见他们听说的事情,或者在哪儿读到他们阅读过的东西。有时,人们会认为他们看见了自己并没有见过的东西,或者听见了他们并没有听到的事情。例如,目击者的证词有时是不完全真实的,因为我们会把自己所想的事情,而不是我们事实上所看见的,认为是我们看见的事情。

(5)暗示。人们很容易受到暗示的影响,因此,如果有人向他们暗示说他们见过某事,那么他们可能会认为自己记得见过它。比如,在荷兰,当人们被问及是否看见过一架飞机撞上一栋公寓大楼的电视片时,许多人回答他们见过,但实际上根本没有这样的影片。

(6)偏见。人们经常在他们的回忆中带有偏见。例如,目前正经历着生活中巨大悲痛的人们很可能会回忆过去的痛苦,不管他们是否真的经历过这些痛苦,然而,那些没有处在这类痛苦中的人们回忆过去的痛苦经历的可能性较小,这也几乎无关他们真实的过去经历。

(7)固执。人们有时候把某些事情当作非常重要的事情记住了,但从更广的角度看,这些事情并不那么重要。比如,有人有许多次成功,但只有一次重大的失败,或许他对这唯一一次的失败比这许多次成功记忆得更深。

五、记忆的策略

人们都希望有个好记性，怎样才能提高记忆的效率呢？下面介绍增进记忆的两种策略。

（一）记忆教材的策略

在学习一章教科书时采取以下六个步骤会显著提高记忆的效率。

（1）预习：浏览全章各节的内容，了解它所讨论的一些总课题。把以下四个步骤（提问、阅读、思考和复述）应用到节以下的各纲目的内容上。

（2）提问：对各纲目提出问题。通常只要把各纲目的标题改为适当的问句就可以了。例如，可以将“记忆的组织”的标题改为“什么是记忆的组织？”“记忆的组织有哪些特点？”

（3）阅读：仔细阅读这一纲目中的文字，重点是概念的定义及图表，尝试回答自己提出的问题。

（4）思考：在阅读内文时要积极思考，力图理解，要想出一些例子来加以说明，建立知识之间的联系、问题与知识之间的联系。

（5）复述：在学完一个纲目下的内容后，要进行尝试回忆，力图回答自己就本纲目下所提出的问题，如果不能回忆，就重读记忆困难的部分。

（6）复习：学完全章后，默默回忆其中的要点，最好是把各要点写出来，并再一次试着回答各节中提出的每个问题。开始复习时时间间隔要短些，熟记后复习的时间间隔可加长。

如果能多学习几遍，记忆的效果会更佳。

（二）记忆术

任何牢记材料或改善记忆的技术均可称为记忆术（mnemonics），这些技术可以帮助你记忆一系列单词等材料。从本质上讲，记忆术就是给一些原本是无意义的或任意组合的材料赋予意义，使新材料同熟悉的已编码的信息相联系，从而便于回忆。记忆术主要有自然语言媒介法、地点法和视觉心象法。

自然语言媒介法，是指把要记的材料同长时记忆中已有自然语言的某些成分（如词义、字形、音韵等）相联系以提高记忆的效率。例如，在记对偶的无意义音节“PAB—LOM”时，把它读成“Pabulum”（食物），在学习“小狗—香烟”，把它说成“小狗吃香烟”，就很容易记住。甚至更为复杂的材料或一串单词，如果把它们编成有韵律的顺口溜或一个故事来记，也很有助于记忆。例如，孤立地去记12对脑神经的名称——第一对叫嗅神经，第二对是视神经……是相当困难的。但如果把它们编成有韵律的顺口溜:“一嗅二视三动眼,四滑五叉六外展,七面八听九舌咽,迷副舌下在后面”就很容易记了。我国传统的乘法口诀、珠算口诀等都是借助于自然语言媒介来帮助记忆的。

地点法,是指把要记的材料想象为放在自己熟悉地方的不同位置上,回忆时在头脑里对每一个位置逐个进行检索。例如,为记住某次开会遇见的几个人的姓名,可以在心里想着将他们按顺序放在卧室的各个位置:门口,左墙边,书桌……回忆时想象着走进卧室的各处找出与之相联系的人的姓名。在一个实验中,对40名女服务员和40名大学生记住7种、11种和15种饮料并将其分送到顾客面前的记忆效率的研究结果发现:分送7种饮料的记忆效率,两组间没有多大差别;分送11和15种饮料,女服务员的记忆效率明显高于大学生(Bennett,1983)。究其原因,是女服务员采用了将每种饮料同特殊的面孔和特殊的地点联系起来的方法。

视觉心象法,是指把要记的材料同视觉心象联系起来记忆,视觉心象越清晰,记忆效率越好。在一个实验中,向被试呈现10个无关联单词词表,要求实验组想出心象并编成故事来记(如在学习“桌子、电灯、烟灰盒、青蛙……”这一词表时,有些被试编成这样的故事:“厨房里有张桌子,桌子上放着电灯,还有烟灰缸,青蛙在电灯和烟灰缸之间跳来跳去……”)。而控制组则孤立地识记。结果发现,隔了一段时间进行回忆,实验组平均能回忆出93%的单词,而控制组平均只能回忆出13%,差异十分显著(Bower & Clark,1969)。

识记一种材料,一般并不只限于用一种组织加工方式,而往往可以采用多种方式。有时可以用材料的已有结构(如本章中的大小标题)组织加工;有时也可以对材料进行圈点,划出重点和次重点,然后组织加工。对于难懂难记的部分,或许用心象化方式加工更有助于记忆。这就要靠人的主观能动性了。

〖心理学与人生10-2〗动机作用与记忆效率

学习动机会影响学习者的记忆效率,这是日常生活中人所共知的事实。动机对记忆效率会起什么作用呢?

(1)有意识记与记忆效率。根据学习者是否按预定的目的任务进行识记,可把识记分为有意识记(intentional memorization)和无意识记(unintentional memorization)。在一个实验中,向两组被试呈现相同的材料,如在相同的时间播放一个单词词表的录音,要求有意识记组记住单词并告诉他们学习后要进行测验,要求无意识记组评价每个单词的发音(被试注意到词表,但没有记忆任务)。识记完后,两组都进行回忆测验,结果表明,有意识记组的回忆成绩明显优于无意识记组(Gleitman & Gillett,1957)。进一步的研究表明,这是因为学习动机使有意识记组对学习材料进行了复述并将它们构成较有意义的大组块之故。没有预定的目的,也不用专门的方法的识记,称为无意识记。例如,在日常生活、学习和工作中，人们偶然感知过的事物、阅读过的小说、在一定情况下体验过的情绪、仓促间做过的动作，当时并没有预定的目的去记它，也没有考虑过如何去记住，只是自然而然地把它记住了。我们的不少知识经验是由无意识记积累起来的。因此，也不能完全否定无意识记的作用。无意识记有很大的选择性。与主体的需要、兴趣有密切联系的材料，往往容易被记住。

(2)自我参与程度与记忆效率。学习中的自我参与程度是学习动机强度的一种表现。俗语说：爱好便能精通。自觉自愿乐意学习，记忆效率就高；反之，不愿学或不感兴趣，记忆效率就低。在一个实验中，以中学一至三年级学生为被试，在实验前对一组被试的指导语中，说明这次实验“要记为学习成绩”(自我定向)，对另一组被试的指导语是“作为研究资料”(作业定向)，以这两种指导语作为推动学习的动机，要求他们记住无意义音节。经过24小时和7天后的回忆测验结果表明：24小时后，两组间无甚差别；但7天后，作业定向组的回忆成绩却大幅度下降了(石黑，1963)。这说明自我参与程度高，记忆效果更持久。

(3)试图回忆与记忆效率。在识记某种材料时试图回忆，即在学习过程中不断自问自答，可以增加长时记忆的习得。在盖茨(Gates，1917)的实验中，五组被试在同等时间内背诵无意义音节材料和课文，但分别有不同比例的时间用于试图回忆。实验结果表明，无论是识记无意义音节还是传记文，无论是立即回忆或是4小时后回忆，试图回忆都有助于记忆，并且将高达80%的时间用于试图回忆的记忆效果最好。试图回忆之所以能提高记忆效率，其原因是在整个学习的过程中，学习者都处于积极进取状态。每次试图回忆后，能及时地了解到自己的成绩，从而激起进一步学习的动机。同时能根据每次试图回忆后了解到材料的特点和难点，进一步进行组织加工。这样，信息也就更容易储存到长时记忆中。

第五节 遗忘

我们的头脑中储存了以往所识记过的大量材料，从所经历的事情、学习过的书本知识到所掌握的技能等，其中很多信息甚至可以保持终生。但同时，任何人在日常生活中肯定也都碰到过回忆不出以前曾经记住过的信息的情况。例如，在大街上碰到一位久未见面的老同学，却怎么也想不出他的名字；考前复习的时候明明已经记住了某个公式，但考试的时候绞尽脑汁也回忆不起来。那么，是什么原因造成了遗忘(forgetting)呢？综合起来，可能存在着编码缺失、记忆痕迹衰退、干扰、提取失败等原因。

一、编码缺失

我们无法回忆起某件事情，往往是由于对信息的编码缺失（encoding failure）所致。我们住楼房的人天天上楼下楼，但是问你上三楼的楼梯有多少级？大多数人都回答不出来。我们经常在校园林荫道上散步，但是问你这林荫两旁有多少棵树？你也可能答不出来。这是因为没有编码，从一开始信息就没有存入长时记忆中。这是遗忘的一个重要原因。在一项实验（Nickerson & Adams，1979）里，要求一些大学生正确画出一美分硬币中的人头像。他们天天使用这种硬币，但几乎没有人能够完成任务。让被试从一堆真真假假的一美分图像中找出真的一美分图像，结果同样是几乎没人能够正确认出来（图10-18中a是正确的，但很少被人认出，大多数人错误地选择g或j）。原因是很少有人有意识地去记一枚硬币上的文字和人脸的朝向等细节。

图10-18　再认美元的实验材料

虽然有些信息是自动编码的（如闪光灯记忆），但有些信息则必须有意识地进行加工。没有有意识加工就不能形成长时记忆。你想要记住你正在学的心理学知识，就应进行有意识加工，最有效的方法就是记笔记。记笔记可以使信息存入长时记忆，而不会从短时记忆中被遗忘。

〖热点问题讨论10-3〗闪光灯记忆

心理学家布朗和库里克（Brown & Kulik，1977）首次提出闪光灯记忆（flashbulb memory）这个概念，并认为它是自传式记忆的一种，指的是围绕一个特殊、重要或令人吃惊的事件的记忆，事件出现当时的图像非常的生动，具有鲜明性、准确性和持久性的特点。闪光灯记忆是一种不随时间消逝的记忆。通常，记忆的内容会随着时间的延长变得难以回忆，有的情况下，如果提供一定的线索，个体还是可以提取出任何几乎已经回想不起来的事情；有的时候，无论如何也无法回忆。但是，有些事情却是我们一辈子都不会忘记的，这些事情发生时你在干什么，你都能一清二楚，甚至当时的情感，现在回想起这件事情的时候都会一并引发，它就像是被永远定格了的照片一样，长久鲜明地保留在我们的脑海里，不需要线索就能马上浮现在脑子里。例如,“911”事件、奥运会、世界杯、伊拉克战争等,亲身经历过这些事件的人10年、20年甚至30年以后让他们再次回忆时,仍然很清楚地记得当时的情景。在大学生中,一些种类的闪光灯记忆很常见。例如,遇到一场交通事故,第一次见到室友,高中毕业的那晚,都是典型的闪光灯记忆。

闪光灯记忆反映了一种很普遍的记忆现象:比起对平常事件的记忆,异常的记忆更容易提取(虽然不一定准确)。刺激越与众不同,那么以后我们就越容易回忆起它。但是,即使是一个特殊的刺激,我们也可能记不得信息的来源。当个体对某个材料有记忆,但是回忆不起在哪儿遇到的了,就发生了源遗忘(source amnesia)。例如,你可能遇到一个很熟悉的人,但是你不记得最初是在哪儿遇到的了。可以说,闪光灯记忆是一种非常有趣的记忆现象,目前已有照片模型、理解模型与情感模型等理论解释(Finkenauer et al.,1998)。

二、衰退

即使进行了有意识加工,我们记忆的信息有时也会遗忘。有一种理论认为,遗忘是记忆痕迹随着时间的推移而逐渐消退的结果。记忆痕迹(memory trace)是指记忆活动使脑神经细胞或大脑活动所产生的变化。衰退(decay)理论比较符合人们的常识,在日常生活中随处可见物理或化学痕迹随时间推移而衰退的现象,因而这种理论比较易于被接受。

但是,用衰退来解释长时记忆中的信息因为长期不使用以致最终减弱而不能被提取的做法会受到质疑。首先,一些似乎已经被遗忘的记忆可以通过再认、重建、重学和启动而获得。第二,无法解释为什么一些不用的记忆会衰退,而另一些同样不用的记忆却能保持终生。第三,为什么老年人记不住一两天前发生的事情,却能把昔日的琐事和多少年前很少提及的往事回忆得清清楚楚?

尽管衰退理论存在着上述问题,有关的实验证据也不够充分,但该理论仍有其可取之处。可以推测,由于任何事物都有发生、发展和衰亡的过程,记忆痕迹应该也不例外。目前比较一致的观点是:衰退是感觉记忆和维持性复述被阻断时短时记忆中的信息丧失的重要原因;至于长时记忆,随着时间的流逝,回忆量会逐渐减少,回忆内容会越来越模糊、不准确甚至被遗忘,这其中很可能也有痕迹衰退的原因。

三、干扰

干扰是指新记忆对旧记忆的提取和恢复造成的障碍。在排除了这些干扰之后,记忆往往就能够提取和恢复。关于睡眠对记忆促进作用的研究为干扰理论提供了大量的实验证据。在一项实验中,被试分别在早晨和晚上学习若干词对。其中,早晨学习过后继续一天的正常生活，晚上学习后则即行入睡。研究者分别在24小时和36小时后测量被试的回忆成绩，在控制了其他可能引起混淆的因素后，结果发现，两种间隔条件下早晨学习的词对回忆成绩都要显著低于晚上学习的词对。这说明，白天的日常工作干扰了对早晨所学习的词对的记忆，因而早晨学习的材料回忆效果都低于晚上学习的材料（Gais, Lucas & Born，2006）。另有一项研究则发现，有梦睡眠（快速眼动睡眠）比无梦睡眠的保持效果差，也表明了干扰对记忆的影响（Yaroush等人，1971）。

沃和诺曼（Waugh & Norman，1965）曾设计了一个非常巧妙的实验来分离干扰和衰退这两个因素。具体的做法是，给被试呈现一个数字序列，最后一个数字呈现时伴随一个高频纯音，这被称为探测数字。要求被试一旦听到声音，就要把探测数字在前面出现位置出现时的后面一个数字回忆出来。例如，呈现“931758648735628*”（星号表示纯音），那么“8”就是探测数字，它在前面出现在第9个位置上，被试听到纯音后就应该将它后面的数字“7”报告出来。从应报告的数字的后面一个数字起，到最后一个探测数字，称为间隔数字。很明显，它们起着干扰的作用。研究者操纵了不同数量的间隔数字和间隔时间。根据痕迹衰退的观点，随着时间的延长，保持的信息量会减少。而根据干扰的观点，随着间隔数字数量的增加，信息量会逐渐减少。通过改变数字的呈现速度来调节间隔时间，分为快速（4个/秒）和慢速（1个/秒）。例如，间隔时间都是1秒时，快速呈现的间隔数字是4个，而慢速呈现的是1个；相对应的是，如果间隔数字都是4个，快速呈现的间隔时间是1秒，慢速呈现的时间是4秒。研究者通过这样的设计，来探讨间隔时间和间隔数字对遗忘的不同作用。结果发现，回忆的正确率并不随着间隔时间的不同而有所差异，而是随着间隔数字的增加而明显地降低了（见图10-19）。本实验很好地说明了遗忘主要是因为干扰而非记忆的痕迹衰退。不过，由于不能排除在慢速呈现、间隔时间延长时可能会存在更多复述与加工的因素，在1个/秒的情况下可能是产生了更大的遗忘的，只不过与开初更好的学习平衡了。

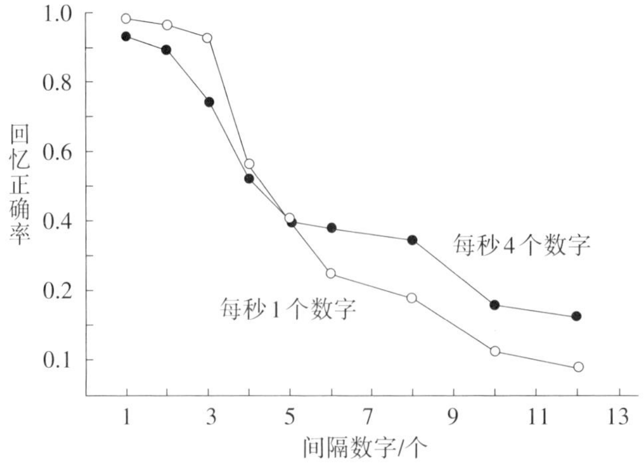

图10-19　干扰项目数对记忆信息保持的影响

除了上述研究外,倒摄抑制和前摄抑制现象的存在也为干扰理论提供了佐证。所谓倒摄抑制(retroactivc inhibition),指的是后学习的材料对再现先学习的材料的干扰作用。为了检验倒摄抑制的效果,通常采用的实验程序如下:

实验组:学习A　　学习B　　回忆A

控制组:学习A　　休息　　回忆A

如果实验组的保持量低于控制组,这就说明后学习的材料B对先学习的材料A的回忆产生了干扰。研究表明,先后学习的两组材料之间的相似性、两者的学习巩固程度、先后两次学习及回忆测试之间的时间间隔以及后学习的材料的难易程度等因素都会影响到倒摄抑制的效果。如果两组学习材料之间既有相似又有不同,倒摄抑制的影响最大;两组材料很相似或很不相似,倒摄抑制的影响会较小。先学习的材料巩固程度越低,倒摄抑制的影响会越大;先学习的材料巩固程度越高,倒摄抑制的影响会越小。后学习的材料难度越大,倒摄抑制的影响越大;后学习的材料越容易,倒摄抑制的影响越小。在学习完第二组材料后马上回忆第一组,倒摄抑制的影响最大;学习完第一组材料后立即学习第二组,倒摄抑制的影响次之;学习两组材料及回忆测验之间都有一定时间间隔的话,倒摄抑制的影响最小。

先学习的材料对再现后学习的材料的干扰作用,叫前摄抑制(proactive inhibition)。为了检验前摄抑制的干扰效果,通常采用的实验程序如下:

实验组:学习B　　学习A　　回忆A

控制组:休息　　学习A　　回忆A

如果实验组的保持量低于控制组,这说明先学习的材料B对后学习的材料A的回忆产生了干扰。识记无意义材料时,前摄抑制的影响大,因而造成大量的遗忘。识记有意义的材料或学习材料已经熟悉,前摄抑制的影响就不那么明显了。

前摄抑制和倒摄抑制现象在学习活动中非常普遍。例如,学习一组英文单词,通常总是开头和结尾部分的单词容易记住,而中间学习的部分则最容易忘记。其原因是:开始部分的单词相对只受倒摄抑制的影响,不受前摄抑制的影响;结尾部分的词相对只受前摄抑制的影响,不受倒摄抑制的影响;中间部分则同时受两种抑制作用的影响,因而最容易遗忘。

根据上述多方面研究结果可以看出,干扰在遗忘中起着相当大的作用。不过,干扰说的理论依据仍然是刺激—反应学说。关于遗忘的内部机制,则还需要进一步从信息加工的角度来进行考察。

四、提取失败

本节开始部分提到了一种很多人可能都曾经碰到过的情况，在大街上遇到久未见面的老同学却想不出他的名字。但在和对方聊过一些往事后，此时往往可能就会想起对方是谁来。另外，日常生活中还有一种所谓舌尖现象（tip of the tongue）的情况，指的是明明知道某件事，但一时就是回忆不出来。例如，有时我们明明知道某人的姓名或某个字，可是就是想不起来，事后却能忆起；明明知道试题的答案，但考试的时候就是想不起来，事后正确的答案却不假思索便出现了。这些情况都说明，所谓的遗忘可能只是暂时性的，所记忆的信息仍然保存在那里，只是一时提取不出来而已，就像把物品放错了地方怎么也找不到一样。一旦有了正确的线索，经过搜寻，所要的信息就能被提取出来。据此可以认为，遗忘是由于提取失败所致。

从提取失败的角度看来，遗忘与否取决于信息的易得性而不是可得性。这里，可得性是指在长时记忆中储存的信息的存在性，易得性是我们能够获得那些可用信息的难易程度。在一个实验中，让被试学习48个单词（分属于12类，每类有4个单词）。进行回忆测验时，一组被试给以线索提示（给出类别名称），另一组不给任何提示。结果发现，提供线索组平均可以回忆出30个单词，而无线索组平均只能回忆出20个单词。此后，向无线索组提示类别名称，这时他们的回忆成绩可以达到28个单词（Tulving & Pearistone，1966）。显然，给予线索后额外回忆出的这8个词是储存在被试记忆中的，但要把它们提取出来就必须有适当的提取线索。还有实验证明：即使是记忆无意义音节，如果提供提取线索，回忆成绩也会有明显提高；有些人在催眠状态下能回忆起他们在清醒状态时完全没有意识过的细节。潘菲尔德的研究也表明人确实有未被意识到的记忆保持着。所有这些研究结果都说明，被“遗忘了”的材料仍然被保持在记忆中，只是没有被提取出来而已。

可以在记忆和图书馆之间作一个类比。图书馆中储存有大量藏书，但如果没有合理地进行存放或编制索引，可能会很难找到某本我们想要的图书。我们头脑中也储存有大量的“图书”——记忆信息，如果没有合适的编码和提取线索，同样也可能会在需要的时候检索不出来这些信息。因此，很多记忆的失败可能只是编码不准确或缺乏提取线索，而非真正的遗忘。

五、动机性遗忘

有些研究者发现，许多人对快乐和正面的事情记忆得多，对痛苦和负面的事情记忆得少，临床心理学家把这种倾向称为动机性遗忘（motivated forgetting），即由一定的动机驱使所出现的主动性遗忘。这种遗忘可以将某些痛苦或令人尴尬的记忆排除到意识之外，使人忘掉过去的这些经历，从而保护自己。弗洛伊德在对精神病人进行催眠治疗时发现，许多人能回忆起童年生活中的许多琐事，而这些事情平时是回忆不起来的，它们大多与罪恶感、羞耻感相联系。据此，弗洛伊德(Freud，1923)提出了压抑(repression)的概念。他认为记忆系统会对让人痛苦的信息进行监控，并抑制住这些信息(实际并未消失，而会通过某些线索或者治疗被重新诱发出来)，从而缓解焦虑、保护个人的自我同一感。从这一角度来说，遗忘不是保持的消失而只是记忆被压抑了。

有研究发现，在成年人所能回忆出的儿童期经历中，伴随愉快体验的经历约占30%，其次是让人感觉恐惧的经历(15%)，再其次则是引发愤怒、痛苦等情绪的经历(Waldvogel，1948)。总之，不愉快的事件较愉快的事件更容易遗忘。另一项研究则发现，虽然被试所回忆出的很多经历在研究者看来都是创伤性的，但其本人往往会将这些经历判断为中性甚至是令人愉快的(Kihlstrom & Harackiewicz，1982)。由此看来，我们似乎能重新组织自己的童年经验，以便记住过去的"美好时光"。但实际生活并非如此，只是"应当如此"而已。在一项实验中，一组被试在学习完无意义音节表后，研究者故意安排其经历某种"失败"的挫折。结果发现，这部分被试的回忆测验成绩比未经历失败挫折的控制组要差得多。在接下来的实验中，让"失败"组的这些被试学习新的词表并让其获得成功体验，结果这一成功使他们的回忆成绩大为提高。这些结果说明，如果消除掉造成压抑的原因，阻断记忆材料与消极情绪的联系，那么遗忘也就能够得到克服。

虽有上述研究发现，记忆心理学家洛夫图斯(Loftus，1998)却认为，所谓被压抑的记忆的说法并没有科学依据，有充分理由证明它们反映的只是伪记忆而已。例如，当人们回忆不起特定事件记忆的来源而只有模糊记忆时，就可能会产生伪记忆。当记忆的来源变得不清楚、不明确时，人们就会开始怀疑自己是真的经历了这一事件还是只是自己的想象，最终就可能会相信这一事件的确曾经发生过。当然，也有不少心理学家，尤其是那些为人们提供治疗的心理学家为被压抑的记忆的真实性提供了强有力的证据。目前看来，关于被压抑的记忆究竟是虚构还是事实的争论还会持续下去。

复习与思考

1. 解释：记忆，表象，识记，保持，回忆，再认，情景记忆，语义记忆，外显记忆，内隐记忆，感觉记忆，短时记忆，工作记忆，图像记忆，音响记忆，系列位置曲线，状态依存记忆，记忆网络模型，记忆术，保持曲线，前摄抑制，倒摄抑制，舌尖现象。

2. 记忆系统的基本结构是什么，它们的关系怎样？

3. 概述记忆的神经生理机制。

4. 感觉记忆有哪些特征?

5. 哪些科学事实能证明双重记忆理论?

6. 短时记忆有哪些特征?

7. 长时记忆是怎样构建的?

8. 有哪些方法可以用来测量记忆?

9. 再认和回忆有哪些主要区别?

10. 遗忘的原因是什么?

推荐阅读书目

1. 库恩(郑钢等译,2004). 心理学导论——思想与行为的认识之路(第九版). 第十章. 北京:中国轻工业出版社.

2. 迈尔斯(黄希庭等译,2006). 心理学(第七版). 第九章. 北京:人民邮电出版社.

3. 丹尼尔·夏克特(高申春译,1998). 找寻逝去的自我:大脑、心灵和往事的记忆. 长春:吉林人民出版社.

4. 杨治良等(1999). 记忆心理学. 上海:华东师范大学出版社.

第十一章　思维

第一节　概述

一、什么是思维

思维是很复杂的认知过程，包含着广泛的心理活动。例如，我们想订个学习计划，想办法摆脱一些烦心事以及在下棋、猜谜语、估计事件发生的可能性的时候，都在思维。思维(thinking)是指在超出现实的情境下分析有关条件以求得问题解决的高级认知过程。例如，早晨起来，推开窗户，看见对门屋顶是湿淋淋的，于是便推断"昨夜下雨了"。这时，我们并没有直接感知到下雨，而是在超出现实情境下，通过分析其他条件(屋顶湿了)，间接地推断出来的。思维是大脑在解决问题时的高级认知过程。在心理学中，思维这个术语不是用来解释老鼠学习简单迷津之类的行为，而是指运用观念、表象、符号、语词、命题、记忆、概念、信念的内隐的认知操作或心智操作。这种心智操作既可以从正在思考着的个体的口头报告中推论出来，也可以从正在思考着的个体解决问题的行为中推论出来。我们之所以把思维称为高级认知过程，是因为它不同于感觉、知觉和记忆这样低级的认知过程。这是认知心理学家从20世纪60年代起对认知过程所采用的分类。其实，在现实生活中，所谓的高级过程并非必然是发生在所谓的低级过程之后的：知觉的结果会成为思维的基础，而思维也会渗透到知觉之中。信息加工的顺序是缠结在一起的，是交叉的。把思维称为高级认知加工的提法是指相对于感知觉、记忆而言的另一种更为复杂的认知加工。

二、思维的种类

思维有多种形式，可以从不同的角度对思维进行分类。

(一)命题思维、心象思维和动作思维

由概念组成命题的思维是最为常见的。这种思维形式称为命题思维(propositional thought)。也有许多人喜欢用心象、特别是视觉心象来思维，我们可以在自己的心中"看

见”它们,这种思维称为心象思维(或形象思维)(imaginal thought,见心理学与人生11-1)。还有一种叫动作思维(motoric thought),是以实际操作来进行的思维。如半导体收音机不响了,先用电表检查,看看是否电池已经用完了。如果电池还有电,再检查线路是否接触不良,三极管是否出毛病了……最后找出了收音机不响的原因。修理工人、工程师经常运用动作思维解决实践中遇到的问题。在认知发展的研究中,对儿童的动作思维已有相当的研究,而对于成人思维的研究,则主要侧重其他两种思维,特别是对命题思维的研究。

〖心理学与人生11-1〗形象思维和想象的重要性

心象思维中的心象也称为表象(image),是指当对象不在面前时,我们的头脑中浮现出的形象。我国古籍《列子·汤问》中用“余音绕梁三日不绝”来描写歌女韩娥歌声高亢回旋,使听众产生了生动的听觉心象。心象的种类繁多,可分为视觉心象、听觉心象和运动心象。

还有一种心象叫想象(imagination),是指人脑对已储存的表象加工改造形成新形象的心理过程。根据他人的口头或文字描述,可以在头脑中形成他未曾见过的事物的形象。例如,一个不曾到过祖国江南的人,读着白居易的“日出江花红胜火,春来江水绿如蓝”的词句,头脑中可以浮现出祖国江南秀丽景色的形象等。人还能够形成现实中未曾出现过的、有待于创造的新形象。

想象中出现的心象是新的,不是现实心象的简单再现,它源于现实但又不同于现实。想象在人的生活实验中具有巨大的作用。我们在日常生活中遇到疑难问题时用想象来加以解决往往会更加便捷。现在请你试着解决下面的一个问题。

一天清晨日出时,一个修道士开始沿着盘旋的山路爬山,到山顶的一个寺庙。山路狭窄,只有一两步宽。这个修道士爬山时,时快时慢,一路上多次停下来休息。他在日落前不久到达寺庙。在寺庙停留几天后他开始沿原途返回山下,也是日出时起程,以变化的速度行走,同样在路上休息多次。当然,他下山的平均速度要比上山时快。试证明修道士在往返途中将于一天中的同一时刻经过同一地点(Adams,1990)。

对于这个问题,许多人开始时都想用符号,试图列出方程式来解答,但很快便觉得步入了歧途,难以解答。如果运用想象来解这个问题,就要容易得多。你只要想象出:有两个修道士同时启程,一个从山脚向上爬,而另一个从山顶往下走。无论他们的行走速度如何,他们都会在路途中某一时刻、某一地点相遇。因而路途中必有一个地点是这个修道士往返途中在一天的同一时刻必然经过的(注意,这个问题并没有要求你回答这个地点在什么地方)。因此,从解决问题的角度来看,我们可以把想象看作是一种形象思维。不过,解决问题的想象(或形象思维)与借助于概念、判断、推理的抽象思维是不同的。其主要的不同点在于后者是依据思维规律进行有步骤地和连贯地思考,而想象则可能跃进一大步,跳过中间的好几个步骤，而达到对问题解决的构想。

想象力是创新观念的源泉，具有超前认识的作用，蕴涵着许多潜在的可能性。科学的假说，工程师的设计，作家的人物塑造，艺术家的艺术造型，工人的技术革新，农民对新品种的培育……凡属人类的创造性劳动，无一不是想象的结晶。没有想象便没有文学艺术，便没有创造发明，便没有科学预见。

想象具有满足需要的作用。人类从事的各种活动都在于满足自身的需要。但现实不一定能满足人的需要（无论是合理的需要或不合理的需要），通过想象可以满足现实中不能获得满足的需要。

想象，使我们的认识不仅可以驰骋于无限的现实世界，而且可以奔腾于神奇的幻想境地；不仅可以回首年代久远的过去，而且可以展望引人入胜的未来；不仅可以认识世界，而且可以创造世界。

（二）聚合思维和发散思维

根据思维探索的方向，可把思维区分为聚合思维和发散思维。聚合思维（convergent thinking）是把问题所提供的各种信息聚合起来得出一个正确的答案（或一个最好的解决方案）。只有当问题存在着一个正确的答案或一个最好的解决方案时，才会有聚合思维。在开始进行这种思维时，思维者并不知道这个答案，但通常人们是知道这个答案或赞同这个答案的。因此，聚合思维不过是把提供的各种信息重新加以组织，找出人们已知的一个答案。发散思维（divergent thinking）是一种沿着各种不同的方向去思考，去探索新的远景，去追求多样性的思维。只有存在着几种解决方案，或即令有一个正确的答案但没有人知道，或不是人们都同意这是最好的答案，在这样的情况下才会有发散思维。发散思维和聚合思维是紧密联系的。例如，当我们分析火灾发生的原因时，会产生许多联想，做出种种假设，这是发散思维；通过调查检验，并一一放弃若干假设，最后找到唯一正确的答案，这又是聚合思维。

（三）常规思维和创造思维

根据思维的独创性，可把思维区分为常规思维和创造思维。常规思维（normative thinking）就是运用已获得的知识经验，按现成的方案进行问题解决的思维。例如，学生运用已学会的数学知识解同一类型的题目的思维，这种思维缺乏独创性，是运用已获得的知识的过程，不会产生新的思维成果。创造思维（creative thinking）是产生新的并有社会价值成果的思维，具有独创性。在从事文艺创作、科学发现、技术发明等创造性活动时，创造思维的表现特别典型。

三、思维的神经生理机制

极其复杂的思维活动是脑的三个机能系统整体性活动的结果。神经病理学的研究表明，左侧半球颞上回后部是司职词句记忆的，这一部位的损伤会导致言语听觉记忆障碍，病人记不住用口语表达的问题，因而连很简单的口头算题都很难解决。如果算题以书面方式呈现，情况稍微好些。但是由于在解决问题时仍然需要中间的言语环节，病人要完成解题的整个推理过程仍然非常困难。左侧顶—枕区系统的损伤会引起同时性（空间的）综合的严重破坏，这既表现在直接的、直观的行为中，也表现在运用符号方面。病人虽然能记住算题并主动尝试解题的方法，但由于不能理解逻辑—语法结构（如不能理解“甲的苹果是乙的两倍”或“甲的苹果比乙多两个”等基本的逻辑条件），因而仍不能解答算题。额叶损伤对解决问题的思维过程的影响是多方面的。这种病人意识不到解决问题的任务，没有解决问题的愿望。他们在复述算题时，或者把问题漏掉，或者用条件中的个别成分来取代问题。

用微电极技术记录单个神经元活动的研究表明，在前额叶存在有与视觉暗示信息的识别、保持以及有目的的行为活动的发动和调节有密切关系的神经元，还有与空间、时间信息处理有关的神经元。几乎各种感觉道的信息，都可以会聚到前额叶，甚至可以会聚到同一个神经元上。但这些前额叶神经元与一般的感觉神经元不同，其反应的出现与否和反应的大小并不单纯取决于刺激物的物理属性、刺激强度和作用持续时间，而主要取决于该刺激物所具有的信号意义。同样物理特性的刺激，当它们被组织在课题中具有一定信号意义时，可以对前额叶神经元起激活或抑制作用；反之，则没有这种作用。这种对刺激物信号意义的反应无疑是思维活动的前提和基础。

割裂脑的研究表明：左侧半球与词语性思维活动有关，诸如说话、阅读、书写和计算等活动在左侧半球内进行而不传至右侧半球；右侧半球则与空间概念、对言语的简单理解以及非词语性思维有关，这些活动内容则不传至左侧半球。有研究用不同课题测试时观察脑区血流量的变化，发现大脑左、右半球所激活的区域和程度是不对称的。解答言语性课题时，位于左半球脑区的血流量增多较明显；解答非言语性课题时，位于右半球脑区血流量增加更明显些。看来，大脑左右半球在言语性抽象思维与形象思维中所起的作用是不同的。尽管存在着大脑功能的一侧化优势，但正常人在完成几乎所有的任务时，都需要两半球的参与，大脑的许多部位都是协同起作用的（Byrnes & Fox，1998）。

随着个人知识、技能的积累，大脑解决问题变得越来越有效。索尔索（Solso，2001）对比了画家和新手的大脑激活情况。让画家从事一项非常熟悉的活动，如画人的面孔。这种活动仅仅激活了他大脑的很小部分，而新手从事这项活动时却激活了大脑的许多区域。

图11-1是运用fMRI对画家H.O.和一名新手的大脑右半球的活动进行扫描(见A列)的图示。B列这个区域涉及面孔感知,在对面孔进行加工时,新手似乎比画家需要付出更多的努力。在C列和D列中,画家右前额叶部分的血流量有所增加,表明对信息进行了较高层次的抽象。

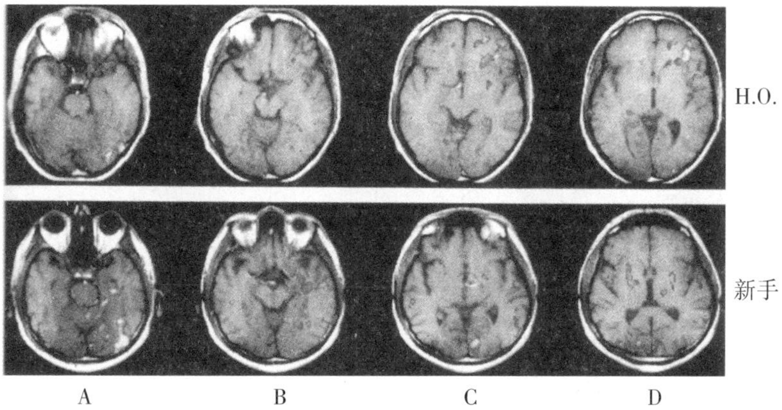

图11-1 画家与新手绘画时的大脑活动

可见,思维是大脑皮质的整体性活动,大脑皮质某一部位的损伤都会对解决问题的思维过程产生明显的障碍,但障碍的性质可能是不同的。其中大脑额叶对于实现复杂的思维活动起着十分重要的作用。同时,不同的思维种类(如词语性思维和非词语性思维)可能与脑的不同部位有关。

第二节 概念形成

一、概念及其结构

概念(concept)是指某类事物的概括。由于有了概念,人类的思维才更为抽象,才能摆脱事物中零散的细微末节的干扰。因此,概念是思维的最基本的单位,概念与词关系密切。词是概念的语言形式,概念是词的思想内容。但是概念和词也不完全等同。一个词(多义词)可以代表不同的概念,如"杜鹃"既可以表示一种植物的概念,也可以表示一种鸟的概念。相同的概念也可以用不同的词来表示,如"目""眼睛"所表示的是同一个概念。实词能表达概念,虚词则不能表达概念。

那么,概念是由哪些因素构成的以及这些因素的相互关系又是如何的呢?关于概念的结构,目前心理学中主要有两种理论:特征表说和原型说。

(一)特征表说

特征表说认为,概念是由定义特征和概念规则两个因素构成的。概念的定义特征和特异特征共同构成概念的语义特征,但只有定义特征才代表一个概念必须具有的那些本质特征。概念规则是指具体整合这些定义特征的规则,包括肯定、否定、关系、合取、析取等。其中肯定是指概念中具有某种特征。这类概念叫肯定概念,如“正义战争”“无产阶级”。否定是指概念中不具有某种特征。这类概念叫否定概念,如“非正义战争”“非无产阶级”。根据事物或事物属性之间的关系,如较大、较小、以前、以后、上方、下方等所形成的概念,即称为关系概念。合取是指概念中的每个特征必须同时具备。如“毛笔”这个概念,只有“用毛制作的”和“写字的工具”这两个特征同时具备,才是完整概念。这两个特征是缺一不可的。析取是指概念中的各个特征可以部分具备,也可兼具。如“侵权行为”这个概念,非法侵犯他人、社团的合法利益的行为是侵权行为,非法侵犯国家的利益的行为也是侵权行为,当然以上几情况兼具时,也是侵权行为。可以认为概念规则在抽象程度上要高于定义特征,对概念规则的学习也更为困难。特征表说认为人们头脑里的概念就是由定义特征和概念规则有机结合而成的。

(二)原型说

原型说认为,概念是由原型和范畴成员的代表性程度构成的。原型(prototype)是指最能说明概念的典型实例。如在想到“鸟”的概念时,我们往往会想到麻雀,而不大会想到鸵鸟和企鹅。说明麻雀的代表性程度是最高的,它就是“鸟”概念的原型。范畴成员代表性的程度是指属于同一概念的同类个体可容许的变异性,亦即其他实例偏离原型的容许距离。如鸵鸟、企鹅与麻雀尽管都属于鸟类,但它们并不能在同等程度上代表鸟的概念,麻雀的代表性程度要高于鸵鸟和企鹅。罗施(Rosch,1975)曾经做过一个实验,向被试呈现属于不同语义概念的许多语词实例,要求他们就其代表相应概念的程度做出等级评定,结果得出了概念的原型和范畴成员代表性的程度。例如,椅子和沙发是家具概念的原型(或最佳实例),而柜橱和床则是偏离原型距离较远的实例。当然,这里也有文化背景不同的影响。此外,用反应时作指标的实验还发现,被试对语句“椅子是家具”回答“对”所需的时间少于回答语句“床是家具”所需的时间。可见,概念的原型是概念的这样一种实例,与同一概念的其他成员相比,它具有它们中更多的共同属性,也就是说有更多的属性是其他成员共用的。概念容许其实例在一定范围内发生变异,但原型是核心。原型为这些各具特点的众多实例组成一个整体提供了基础。概念就是由原型和范畴成员代表性的程度这两个因素构成的。

从表面上看，特征表说和原型说是矛盾的，但可能分别有利于说明不同的概念：特征表说对于说明科学概念可能是合理的，但原型说对于说明日常概念或前科学概念显然更加合理。

二、概念形成的过程

概念不是与生俱来的，它必须经过后天学习而获得。概念形成（concept formation）也称概念掌握、概念学习等，是指个体掌握概念本质属性的过程。关于概念形成的心理机制有两种不同的看法，有的学者认为概念形成是一个不断提出假设与验证假设的过程，而另一些学者则认为概念形成是一个对概念样例的记忆过程。为了探索概念形成的基本规律，心理学家们开展了一系列实验研究，其中最典型的是人工概念形成的实验。

所谓人工概念就是人为地在实验程序上模拟的概念。赫尔（Hull,1920）最先开创了人工概念的研究。在实验过程中，研究者利用汉字有偏旁的特点，让被试学习用一些由英文字母组成的无意义音节，去和具有相同偏旁的汉字匹配。也就是说学会把同偏旁的字概括起来，把它们都叫做某个无意义音节，这样就形成了人工概念。如把碧、砸、磋等汉字叫做“deg”，因为它们都有偏旁“石”，当“石”与“deg”建立了联系就说明已经形成了概念。

下面介绍里德（Reed，1972）的一个典型的人工概念形成实验。该实验采用的材料，如图11–2所示，包括八个特征各不相同的面孔图形，这些图形有三类特征：一是脸型，分宽脸与长脸两种；二是眼睛位置，分在上与在下两种；三是嘴角表情，分笑与愁两种。如果就这些特征中选出一部分或全部来作为概念的属性，就可形成范围大小不同的概念。例如：（1）如果只把“面孔”作为唯一属性，其概念范围为八个图形；（2）如果说“宽面孔”，属性就有两个，其概念范围为四个图形；（3）如果说“宽而笑的面孔”，属性就有三个，其概念范围为两个图形；（4）如果说“宽而笑且眼在上的面孔”，属性就有四个，其概念范围只有一个图形。由以上几个例子我们可以得到两点认识。其一，概念必须靠其属性来界定，没有属性的事物，无法获得概念。其二，概念的属性越少，其所“概”的范围就越大，其所指涉及的事物就越不肯定；概念的属性越多，其所“概”的范围就越小，其所指涉及的事物就越肯定。如只说“学生”，虽然成为概念，但所指范围很大，如说成“我校心理系葡萄牙的男生”，其所指也许只限几个学生而已。当然，概念范围的大小，各有其必要，该大时要大，该小时要小，视需要而定。

图11-2 概念形成的实验材料

在实验开始时，主试与被试两人面前各放置一组画有各个面孔的卡片（各八张）。然后由主试说明：他心中有一个概念，但形成概念的属性暂时保密，让被试按他每次取出的卡片上的图形去猜测，以确定他所持概念的属性，从而获得他心中的概念。表11-1是实验进程一例：三次练习之后，被试即能确定"宽而笑的面孔"就是主试心中所持的概念。在此概念中，属性有三个，而"概"的范围只限于最左端的两个图形。图形中其他的特征，如长脸孔、愁容、眼位上下等，均未被视为本概念的必要属性。

表11-1 概念形成实验进程一例

练习	主试出示的图形	被试的推测	主试的反馈
1	宽而笑且眼在上的面孔	是	对
2	长而愁且眼在上的面孔	不是	对
3	宽而愁且眼在下的面孔	是	错
被试的概念已形成		我想你的概念是宽而笑的面孔	对

显然，像上述从众多特征中选取适当属性以形成概念的过程，也正是运用已有知识的思维过程。在日常生活中，与人对话也好，读书也好，凡是遇到不熟悉的新信息，首先就必须通过认知获得清楚的概念。当然，上述实验只说明了简单的概念形成，事实上，在日常生活中我们所处理的概念有些是相当复杂的。

三、影响概念形成的因素

对个体而言，概念的形成主要有两条途径。一是在日常生活中通过辨别学习、积累经验而形成的概念。例如，儿童看到麻雀、燕子、喜鹊、老鹰有某种共同性，而它们与闹钟、桌子有所不同，从而形成了"鸟"的概念，虽然他们对"鸟"并不会下科学的定义。成人也有这种情况，人们经常运用"动物""道德""桌子"等概念，却不一定知道其科学定义。这一类概念称为日常概念或前科学概念。二是在教学过程中,通过揭露概念的本质而形成的概念。这类概念一般属于科学的概念。在教学过程中,学生形成科学概念主要受下列因素的影响。

(一)过去经验的影响

个体通过日常经验获得的概念叫做日常概念,其形成只是根据经验而不根据逻辑法则。日常概念对科学概念形成的影响可能是积极的,也可能是消极的。当日常概念的含义与科学概念的内涵基本上一致时,日常概念会促进科学概念的掌握。例如,学生有了对称现象的生活经验,他对几何中"对称"的概念就比较容易掌握。当日常概念的含义与科学概念的内涵不一致时,就会产生消极作用。例如"垂"在日常概念中总是下垂,是由上而下的。所以,当学生在几何课中接受"自线外一点向直线作垂线"时,就只能理解点在上方,线在下方的情况,而认为点在下方时作垂线是不可能的。在心理学中,诸如"记忆""情绪""动机"等概念与日常概念基本一致,但像"感觉""气质""人格"等概念则与日常概念有很大不同。要克服日常概念的消极影响,必须专门组织新的经验或在反复比较的基础上准确确定概念的内涵。

(二)提供概念所包括事物的变式

在提供概念所包括的事物的变式时,不充分或不正确的变式,会引起缩小概念或扩大概念的错误。因为不充分或不正确的变式会使概念的内涵不仅包括事物的本质特性,也会包括非本质特性,也就不合理地缩小了概念。如,有的儿童认为鸵鸟不属于鸟类,竹笋不属于植物,就是因为把非本质特征(鸟必须能在天上飞行,植物要有绿的叶子)归入概念的内涵中。消除这种错误的有效方法,是多提供包括非本质特性的变式。当概念的内涵中包含的不是事物的本质而是其他特性时,就有可能不合理地扩大概念。例如,有的儿童没有把鸟的本质特征(羽毛等)归入鸟的概念的内涵中,认为鸟是会飞的动物,因而把蝙蝠、蝴蝶都看成是鸟。要消除这种错误,一方面,要多提供具有本质属性但不具有显著属性的正例,另一方面,又要提供具有显著属性但不具有本质属性的反例,同时根据注意的规律以前者为主,让个体更多接触概念的本质属性。

(三)下定义

在对事物属性进行反复分析与综合的基础上,用准确的言语揭露事物的本质,给概念下定义有助于科学概念的形成。对概念形成有积极作用的定义,必须以丰富的感性材料为基础。关于具体事物的概念,其定义可以在演示直观材料时提出,也可以在唤起相应的表象时提出。抽象的概念要熟悉广泛多样的事物才得以形成,学生只能逐渐加以理解,因而这种概念形成的初期,不能提出定义,最好等学生积累了足够的知识经验后提出定义。例如,只有当学生了解了整数、分数和小数等各种数后给数下定义,学生才能掌握"数"的概念。

(四)在实践中运用概念

在实践中运用概念,学生对概念更加亲切,掌握概念的积极性就会更高。运用概念于实际,是概念的具体化过程,而概念的每一次具体化,都会使概念进一步丰富和深化,对概念的理解就更加全面,更加深刻。

(五)概念系统

概念与概念之间存在着各种各样关系,并因此形成了不同的概念系统。如有相反的概念系统(如白与黑、美与丑、敌人与朋友),有并列的概念系统(如直角三角形、锐角三角形),有相邻的概念系统(如操场、教室、办公室、实验室),有从属的概念系统(如生物、动物、鸟类、麻雀)等。概念系统的形成有助于知识的系统化,也有助于更深刻、更全面地理解新概念。

科学概念主要是在有计划的教学过程中形成的。在这一过程中,学生也不是消极地接纳知识,他总是根据自己的理解把别人传授的知识纳入自己的经验系统中,从而按照自己的方式掌握概念。

第三节　推理

一、推理及其种类

推理(reasoning)是从一个或几个已知的判断出发推出另一个新判断的思维形式。推理是由判断构成的,并依据判断之间的真假关系,由已知确立未知的思维过程。在推理中,我们把由其出发进行推理的已知判断叫做前提,把由已知判断所推出的判断叫做结论。要保证推出的结论正确,推理必须具备两个条件:一是前提要真实,即前提应是正确反映客观事实的真实判断;二是推理形式要符合逻辑规则,亦即推理的前提和结论间的关系应有一定的必然联系,而不应是偶然的凑合。

推理的种类很多,主要有演绎推理和归纳推理两种。

(一)演绎推理

演绎推理(deductive reasoning)是从一般性知识的前提到特殊性知识的结论的推理。例如,从“所有金属都是导电的”,“铁是金属”这两个前提出发,推出“铁也是导电的”结论。演绎推理的前提反映的是一般性知识、蕴涵着结论的知识,因而其结论所断定的知识范围不会超出前提所断定的知识范围。演绎推理的结论具有必然性。只要我们在演绎推理过程中遵循正确推理的两个基本条件,其结论必然是真实的。演绎推理有以下三种形式。

(1)三段论,指由两个性质判断作前提而推出另一个性质判断的结论的推理。例如,所有的哺乳动物都是以乳哺育幼体的,而鲸鱼是哺乳动物,所以,鲸鱼是以乳哺育幼体的。三段论推理只能由三个概念所组成(如例中“哺乳动物”“以乳哺育幼体”“鲸鱼”)。在三段论推理中,把结论中作为主项的概念(“鲸鱼”)称为小项,把在结论中作为谓项的概念(“以乳哺育幼体”)称为大项,把在前提中出现而在结论中没有出现的概念(“哺乳动物”)称为中项。中项虽在结论中不出现,但结论中的小项和大项正是由于中项在前提里起了桥梁作用才发生联系,组成了新的判断。在两个前提中,含有大项的称为大前提(“哺乳动物都是以乳哺育幼体的”),含有小项的称为小前提(“鲸鱼是哺乳动物”)。

(2)线性系列,指由一定关系的句子系列所组成的推论。线性系列推理问题的前提指出了几个逻辑项之间的可传递的关系。例如,黄金的比重比水银大,水银的比重比白银大,这些物质中哪种物质比重最大?哪种物质比重最小?对于这个问题的推论是根据这些判断句系列有一种线性系列的逻辑关系而做出的。

(3)条件推理,又叫假言推理,指人们利用条件性命题进行的推理。这种推理在日常生活中随时可见。例如,如果明天下雨,则比赛取消;如果比赛取消,则我队必然要失掉小旗。明天会下雨,我队必然要失掉小旗。只有肥料足,菜才长得好;这块地的菜长得好,所以,这块地肥料足。在这两个推理中,结论都是根据前提假定的条件做出的。

(二)归纳推理

归纳推理(inductive reasoning)是从特殊性知识的前提到一般性知识的结论的推理。《内经·针刺篇》记载了这样一个故事:有一个患头痛病的樵夫上山砍柴,一次不慎碰破了足趾,出了一点血,头却不疼了。当时他没有注意,后来头疼复发,又偶然碰破原处,头疼又好了。这次引起了注意,以后头疼时,他就有意刺激该处,都有治好头疼的效果(这个樵夫碰的地方,即现在称为“大敦穴”)。这个樵夫之所以在以后头疼时就想到要刺破足趾原处,是因为他根据自己以往的各次个别经验得出了一个有关碰破足趾能治好痛的一般性结论之故。这里,他所用的归纳推理是这样的:

第一次碰破足趾A处,头痛好了,

第二次碰破足趾A处,头痛好了,

…………

所以,凡碰破足趾A处,头痛都会好。

归纳推理的前提是其结论的必要条件。首先,归纳推理的前提必须是真实的,否则,归纳就失去了意义。其次,归纳推理的前提是真实的,但结论却未必真实,而可能为假。

归纳推理和演绎推理既有联系也有区别。其区别在于:(1)演绎推理是从一般性的知识前提推出一个特殊性知识的结论,即从一般到特殊的过程;而归纳推理是从一些特殊的知识前提出发,推出一个一般性的结论,即从特殊到一般的过程;(2)演绎推理的结论一般不超过前提所断定的范围,其前提与结论之间的联系是必然的,而归纳推理的结论一般超出前提所确定的范围,其前提和结论之间的联系具有或然性。归纳推理和演绎推理同时也是密切联系、互相依赖、互为补充的。因为演绎推理的一般性知识的大前提必须借助于归纳推理从具体的经验中概括出来,从这个意义上来说,没有归纳推理也就没有演绎推理。同时,归纳推理也离不开演绎推理。因为在归纳推理的过程中,人们常常需要运用演绎推理对某些归纳的前提或结论加以论证,从这个意义上说,没有演绎推理也就不可能进行正确的归纳。

二、影响推理的因素

推理的正确性除了受前提的真实性和是否符合逻辑规则的影响外,还受到其他许多因素的影响。影响推理正确性的主要因素有下列几种。

(一)推理材料的性质

一般来说,推理的材料具体,推理就比较容易;对于抽象材料,推理比较困难。沃森和约翰—莱尔德(Wason & Johnson-Laird,1972)的实验可以说明这一点。向被试者呈现四张卡片。在一类问题中,每张卡片的一面为字母而另一面为数字(图11-3的上半部)。被试必须决定翻转哪些卡片,才能推断下述命题是否正确:如果一张卡片的一面为元音,另一面则为偶数。虽然大多数被试正确地选择了"E"卡片,但同时正确地选择了"7"卡片的人却不到10%。因为E的背面出现奇数,7的背面出现元音就会使这一命题失效。大约一半的被试翻看了E和2,这种选择是错的。E是必须翻看的,但2却不必翻看,因为它的背面不论是元音或是辅音,都不会使这一命题失效。然而在另一类上述问题中,被试的操作却有了很大的改进。如图11-3的下半部，此时的命题是：如果一个人在喝啤酒，他必定已超过19岁。每张卡片一面写着一个人的年龄，另一面是他正在喝什么。这一类问题在逻辑上相当于上类问题（特别是“啤酒”相当于“E”，“16”相当于“7”）。但是现在大多数被试都做出了正确的选择（他们翻转了“啤酒”和“16”的卡片）。可见，与人的某种具体活动情景相联系的课题，推论的正确性就会大为提高。

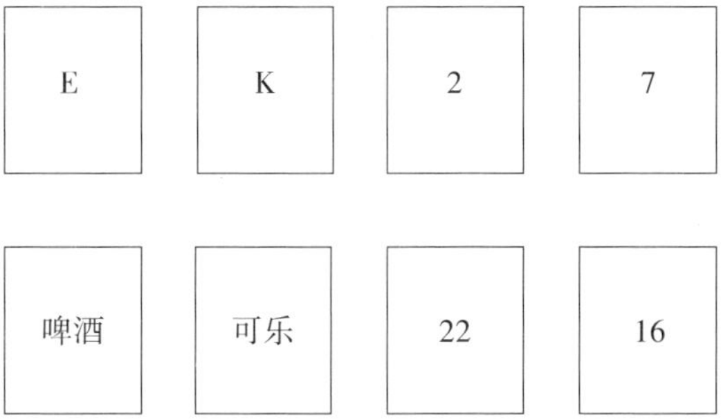

图11-3　抽象与具体推理

（二）前提气氛效应

前提的气氛会促使人按照这个气氛来接受或推出不正确的结论。这种现象称为前提气氛效应（premise-atmosphere effect）。例如，在一个实验（Woodworth & Sells，1935）中，用下列一类习题：如果所有的X都是Y，如果所有的Z都是Y，则所有的X都是Z。让未受过形式逻辑训练的被试对题中的结论表示赞同或不赞同。结果有58%的被试表示赞同。稍微改变习题的性质：所有的X都是Y；所有的X都是Z；所以，__Y__Z。让被试填出题中的结论，结果78%的被试得出的结论是“所有的Y都是Z”。前提中所使用的逻辑术语（“有些”“所有”“没有”“不”）产生了一种前提气氛促使被试容易接受包含有同一术语的结论。

（三）赌徒谬误

研究发现，不少被试会出现类似赌徒的惯常想法，即“赢多了就要输，输多了就要赢”。这种赌徒谬误（gambler's fallacy）是人们在做概率推断时的一种常见现象。举例来说，如果以一元硬币为赌具，随便一丢，正面向上的概率是50%。假如连丢三次的结果全是正面向上，无论这三次下注的结果是输是赢，在对第四次可能结果推理时，赌徒们多不再下正面的赌注。显然，这种只凭经验的概率推理方式是错误的，因为事实上第四次出现正面的概率仍然是50%。

(四)题外知识的介入

题外知识的介入,往往会使人偏离逻辑规则产生不正确的推理。

此外,不能冷静地估量事实的结果,从数量过少的事例或不典型的情境中仓促下结论等,都可能导致推理的错误。

第四节　问题解决

问题解决是一种非常复杂的活动,包括整个认识过程、情绪和意志活动,其中思维活动是关键性的。

一、问题与问题解决

思维的产生和进行起源于有待解决的问题。虽然我们每天都会碰到各种各样的问题,但这里所讲的问题(problem)是指疑难问题,也称难题,而不是指个人仅凭经验就可直接加以处理的问题。例如,像“你做过早操吗?”这类问题,你只需从记忆中提取出信息即可,无须有思维活动的参加。但像“早操为什么有利于身体健康?”这类问题,你记忆中未必有现成的答案,于是你感到困惑并设法寻求问题的答案。可根据问题规定的方式将问题分为两大类。一类是清楚规定的问题,对问题的条件和要求均有清楚的说明。如:如何计算平行四边形的面积?另一类是含糊规定的问题,对问题的条件和要求没有清楚的说明,带有很大的不确定性。如:有两根悬吊着的绳子,绳子不够长,当你抓住任何一根时无法碰到另外一根,此时,你如何将两根绳子系在一起?

问题解决(problem solving)就是由一定的问题情境引起,经过一系列具有目标引向性的认知操作,使问题得以解决的心理历程。问题解决者的最初状态称为当前状态,而所要达到的目标称为目标状态。以河内塔问题(Tower of Hanoi problem)为例,如图11-4所示,在一块木板上有1、2、3三个立柱,在1柱上串放着三个圆盘,小的在上面,大的在下面(当前状态)。让被试将1柱上的三个圆盘移到3柱(目标状态)。条件是:每次只能移动任何一个柱子上面的一个圆盘,但大的圆盘不能放在小的圆盘上,移动的次数越少越好。要将当前状态转变为目标状态,中间必须经过一系列操作步骤,也称为中间状态。这就是一个典型的问题,而问题解决就是从当前状态,经过一步一步的中间状态,最后达到目标状态。

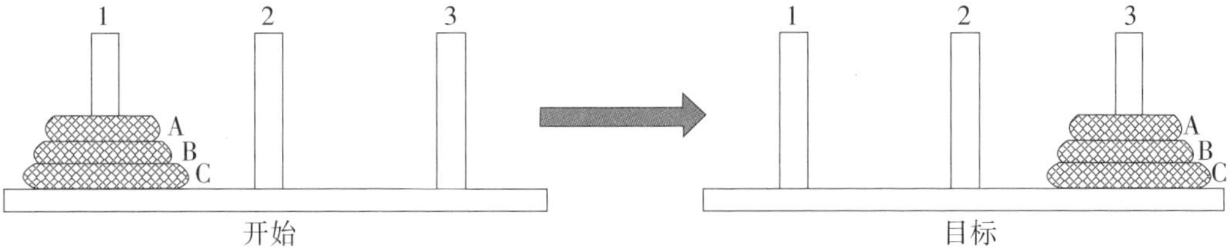

图11-4 三个圆盘的河内塔问题

二、问题解决的过程

对问题解决的过程，斯滕伯格等(Sternberg, 1986；Bransford & Stein, 1993; Hayes, 1989)用问题解决循环(problem-solving cycle)来加以描述。当我们面临一个需要解决的问题时，一般要经历下列几个步骤：确定问题、定义问题、形成策略、组织信息、分配资源、监控和评估(见图11-5)。这些步骤也不是刻板的，各个步骤之间可以交叉，有时可以改变其顺序，甚至可以跳过或增加某些步骤(图11-5中用虚线的箭头表示)。

一是确定问题(Problem identification)。问题解决的第一步，是要认定有问题。有时把一个情景认定为有问题都有困难：也许你没有认识到有一个目标(例如没有意识到期终要完成一篇论文)，也许没有认识到通向目标的道路会受阻(如没有留意平时要积累有关资料)，也许没有认识到已有的解决方案不起作用了(如想以中学的学习方式来对付大学的学习)。如果是这样，你就不会想到要写一篇学期论文，这篇论文拟探讨什么问题。

二是定义问题(problem definition)。一旦有了问题，下一步是要定义和表征这个问题，如何解决它。例如，在认定拟探讨某个问题的学期论文后，你就必须很好地定义论文的主题。这样才有可能决定要搜集哪些资料和如何撰写论文的策略。正确定义和表征问题，是问题解决的关键。

三是形成策略(strategy formulation)。一旦问题被定义下来，下一步就要形成一个解决问题的策略。策略可以是分析(analysis)的，即把复杂问题的整体分解成为可处理的元素，也可以是综合(synthesis)的，即把各个元素集中在一起，进而组合成为有用的东西，还可以用其他的策略。

四是组织信息(organization of information)。一旦策略(至少是暂定的策略)形成后，就要把有用的信息组织起来以实现这个策略。当然，在整个问题解决过程中都在组织、了解有关信息。但在这一步骤中所组织的信息是有针对性的，目的是要找到一条最好途径来实现该策略。例如，你的问题是为你的学期论文组织信息，那么你可以拟定一个提纲来组织你的想法。如果你的问题是找到一个地点，那么你或许需要一张地图来组织相关信息。

五是分配资源(resource allocation)。除某些特殊问题外,大多数问题都是有限资源(包括时间、金钱、设备、空间等)的问题。因此就要考虑哪些问题值得花多少资源,这就需要知道如何分配何种资源。

六是监控(monitoring)。从问题解决一开始问题解决者就应进行监控,即检查自己正在做的事是否一步步地接近目标,还包括对时间花费的监控。监控能使你及时发现错误,有时错误一开始就有,有时中途出现,无论哪一种情况都要对自己的行为加以调整。

七是评估(evaluation)。在解决问题的过程中还要对答案进行评估。评估,有时要马上进行,有时可稍晚些或很久后进行。例如,起草了学期论文后,很可能要对初稿进行多次评估,加以修改和校对。通常,评估会导致重大进展。通过评估,可能发现新问题,也可能对原先的问题进行重新定义,可能会形成新的策略,发现新的资源,或对已有资源的利用更充分。因此,当问题解决出现一个新局面并开始新一轮循环时,这次问题解决的循环便完成了。

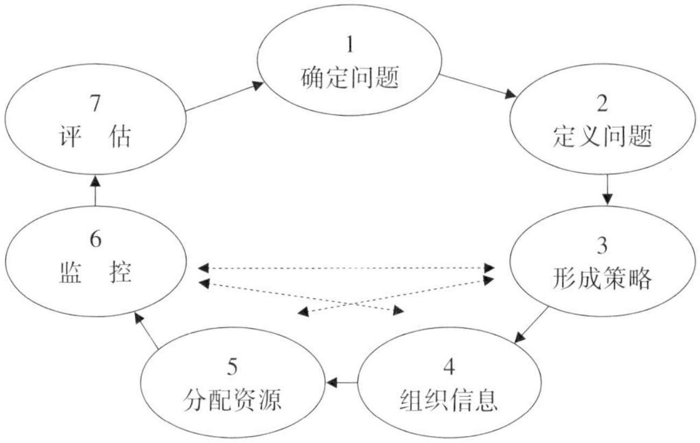

图11-5 问题解决循环

三、问题解决策略

在问题解决过程中,问题解决者会使用各种策略。问题解决策略(strategy of problem solving)是指使问题发生某些变化并由此提供一定信息的处理、试验或探索。问题解决中所用的各种策略可以分为两大类:算法式和启发式。

(一)算法式

算法式(algoritbm)是一种按逻辑来解决问题的策略。它是一定能得出正确答案的特定程序。例如,解一个6个字母的字谜(如source),假如确实有这样的一个词存在,你只要系统地改变这6个字母的次序,每次到字典中去查字母构成的排列,最终就能找到一个匹配的词(如course或者source)。运用这种策略,问题解决者可能需要做出720种排列。因此,算法式的最大缺点是很费时间的。

(二)启发式

启发式(heuristics)是由以往解决问题的经验形成的一些经验规则。如果你曾经换过汽车轮胎,当你的汽车轮胎在公路上出毛病时,你可能会想到用千斤顶抬起车来换轮胎这种有用的启发式策略。与算法式不同,启发式并不能保证得到答案,但这种缺点可以通过其容易且速度快的优点而得到补偿。在以往的研究中,心理学家已经发现人类经常使用几种有效的启发式策略:手段—目的分析、顺向工作、逆向工作和假设检验。

1.手段—目的分析

手段—目的分析(means-ends analysis)是指问题解决者不断地将当前状态和目标状态进行比较,然后采取措施尽可能地缩小这两个状态之间的差异。当问题可分成若干个各自具有目标的更小问题时,人们常常采用手段目的分析启发式。如图14-4所示用手段目的分析来解决河内塔问题,就是把一个问题分成若干个比较小的问题,每个小问题都有自己的目标,通过子目标的实现使问题的当前状态达到最后的目标状态。纽厄尔和西蒙(Newell & Simon,1972)所设计的通用问题解决者(General Problem Solver,简称GPS)就是运用手段—目的分析编程的。这个程序首先要评估一个问题的当前状态和目标状态,确定当前状态与目标状态之间的差别,差别一旦弄清楚,就可评判能用来减少这种差异的操作;然后选择一种操作把它应用于当前状态(如把一个圆盘从一个柱移动到另一个柱);接着把最新的状态再同目标状态做比较,再鉴别差异、选择操作,依此类推。通过这种重复加工,直到目标状态实现为止,把三个圆盘从1柱移到3柱。手段—目的分析是人类解决问题最常用的一种策略。

2.顺向工作

顺向工作也称顺向推理(working forward),是指从问题的已知条件出发,通过逐步扩展已有的信息直到问题解决的一种策略。例如,解下面这个密码算题:

DONALD

+GERALD

ROBERT

已知:D=5

任务要求:(1)把字母换成数字;(2)字母换成数字后,下面一行数字答案必须等于第一行和第二行之和。

问题解决者往往采用顺向推理的策略，先从D=5这一信息出发，找出可能性最小的一列，从中获得最多的信息，再利用加法中的某些规则进行推理，一步一步地找到正确答案。研究表明，顺向工作是专家问题解决行为的一个重要特点。专家在看到问题时，首先是发现问题提供了什么信息，就立即想到用哪些方法能从这些信息中推出新的信息，从而对问题中各要素的相互关系增进了解，达成问题解决。

3.逆向工作

逆向工作也称逆向推理（working backward），是指从问题的目标状态出发，按照子目标组成的逻辑顺序逐级向当前状态递归的问题解决策略。其主要特点是将问题解决的目标分解成若干子目标，直至使子目标按逆推途径与给定的条件建立直接联系或等同起来，即目标—子目标—子目标—现有条件。例如，在解下面问题：已知图11-6中的*ABCD*是一个长方形，证明*AD*与*BC*相等。从目标出发，进行反推时问题解决者可能会问：如何才能证明*AD*与*BC*相等？如果我能证明△*ACD*与△*BDC*全等，那么就能证明*AD*等于*BC*。下一步的推理就是如果我能证明两边和一个夹角相等，那么就能证明△*ADC*和△*BDC*全等。这样，从一个子目标出发反推到另一个子目标，以达到问题的解决。新手往往采用这种策略来解决问题的。

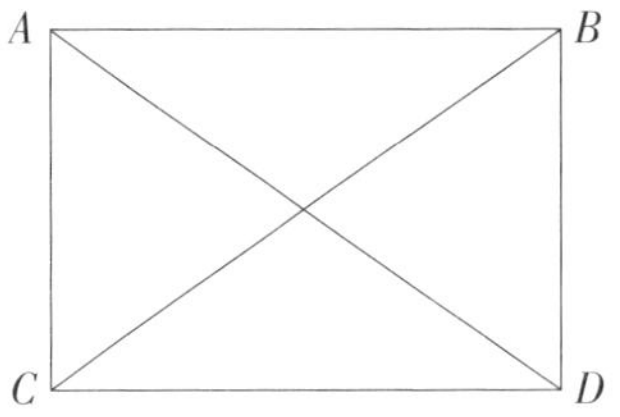

图11-6　几何题，求证*AD*=*BC*

4.假设检验

假设检验（generate and test）一般分为两步进行：(1)产生一个“候选”答案；(2)检验它是否真是答案。如果被否定，则另产生一个“候选”答案，并再度检验，直到找出真正的答案为止。这种策略的缺点是：(1)没有提供如何尽快选择“候选”答案的方法，对答案的选择可能较费时；(2)解决问题的答案要求是完整的，否则难以检验，而要完整列出所有“候选”答案也较困难。

总之，在问题解决时人们可以选择不同的策略。但人们一般不去寻求最优的策略，而是找到一个较满意的策略。因为即使是解决最简单的问题，要想得到次数最少、效能最高的问题解决策略也是很困难的。抱负水平的高低会影响问题解决的满意度。

四、影响问题解决的因素

问题解决的思维过程受多种心理因素的影响。有些因素能促进思维活动对问题的解决,有些因素则妨碍思维活动对问题的解决。下面讨论其中主要的几种。

(一)问题表征

问题表征(problem representation)是在头脑中对问题进行信息记载、理解和表达的方式。要能解决一个问题,不仅有赖于我们分解该问题的策略,也有赖于我们对该问题如何进行表征。如图11-7图所示的九点方阵与火柴排图两个问题,看似简单,做起来并不容易,不容易的原因是受到知觉情境的限制。左图中的9个点,很容易使人在知觉上构成一个封闭的四边,从而让人难以突破知觉经验,但四段直线必须延伸到9点构成的区域之外才能达到目的;右图中的6根火柴是在平面上排列的,但想在平面上排成4个连接的三角形,6支火柴无法达到目的,唯一的可能是将6支火柴架成立体的。

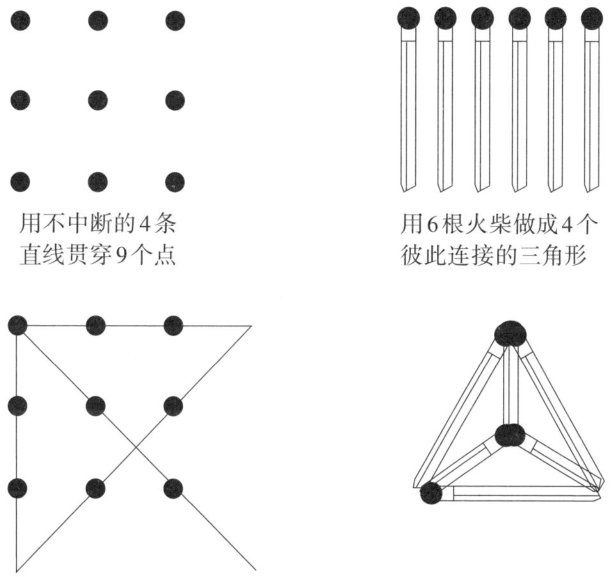

图11-7　两个问题及其解法

再看下面的例子,已知一个圆的半径是6厘米,请问圆的外切正方形的面积是多少?这个问题的知觉呈现方式有两种(见图11-8a和b)。由于图a较难看出圆半径与外切正方形边长之间的关系,而图b较容易看出圆半径与正方形边长之间的关系,所以人们一般在解决图a问题时出错多,解决图b问题时出错少。

图11-8　两种圆外切正方形图

(二)思维定势

思维定势(set of thinking)是个体先前的思维活动形成的心理准备状态对后继同类思维活动的决定趋势。定势常常是意识不到的,有时有助于问题的解决,有时会妨碍问题的解决。最初研究定势在解决问题中的作用的是梅尔(Maier,1930)。在他的实验中,对部分被试利用指导语给予指向性的暗示,对另一些被试不给予指向性暗示。结果,前者绝大多数被试能解决问题,而后者则几乎没有一个能解决问题。

定势对问题解决的妨碍作用可以从陆钦斯(Luchins,1942)的实验中看到。在实验中,告诉被试有三个大小不同的杯子,要求他利用这三个杯子量出一定量的水。其实验程序见表11-2。实验结果表明,通过序列1~5的实验,由于被试形成了利用B-A-2C这个公式的定势,结果,对序列6和序列7,也大都用同样方式加以解决,竟然没有发现原本应该显而易见的简单办法(即A-C和A+C)。在这个例子中,定势使问题解决的思维活动刻板化。

表11-2　陆钦斯的量水问题实验序列

序列	三个杯的容量			要求量出水的容量
	A	B	C	
1	21	127	3	100
2	14	163	25	99
3	18	43	10	5
4	9	42	6	21
5	20	59	4	31
6	23	49	3	20
7	15	39	3	18

(三)功能固着

功能固着(functional fixedness)指一个人看到某个物品有一种惯常的用途后,就很难看出它的其他新用途。如果初次看到的物品的用途越重要,也就越难看出它的其他用途,这是一种特殊类型的定势。这个概念是德国心理学家东克尔(Duncker,1945)首先提出的。他在一个实验中,让学生们想办法在一块垂直的木板上放置蜡烛,并要使蜡烛能够正常地燃烧。东克尔给每个学生三支蜡烛,以及火柴、纸盒、图钉和其他东西。被试中有一半人分到的是放在纸盒里的材料,另一半人分到的东西都散放在桌面上。东克尔发现,把东西放在盒子里提供给被试,会使问题解决变得更困难,因为此时盒子被看作是容器,而不是能够参与解决问题的物体。在这个实验中,解决问题的方法,是要先将盒子钉在木板上,把它当烛台用。

另一个实验是美国心理学家梅尔(Maier,1931)设计的一项摆荡结绳的实验。该实验设计的问题情境是在一个房间内,由天花板上垂下两条绳子,要求被试设法将它们连接在一起。房间里还摆放有一张椅子、一把钳子和其他东西(见图11-9)。问题是两条垂绳间距太远,被试无法同时用手将它们连接。实验设计的目的旨在观察被试能否突破功能固着,利用现场所陈列的材料,达到问题解决的目的。这一问题的解决办法是将钳子拴在一条垂绳上,使垂绳摆动,摆动期间有时两绳间的距离缩短,被试就可以同时抓住两条垂绳,即可结在一起。实验结果发现,一般大学生只有39.3%的被试能够想到上述方法解决问题。显然,大多数被试没想到钳子可以用作摆锤,在他们看来,钳子的功能就是拔钉或剪断铁丝之类的工具。

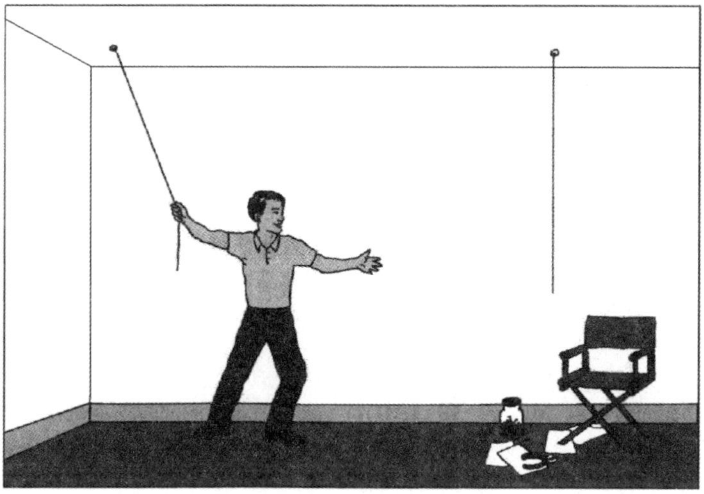

图11-9 结绳问题

功能固着也是思维活动刻板化现象。在日常生活中经常碰到,硬币好像只有一种用途,很少想到它还能用于导电;衣服好像也只有一种用途,很少想到它可用于扑灭烈火。这类现象使我们趋向于以习惯的方式运用物品,从而妨碍以新的方式去运用它来解决问题。

（四）酝酿效应

当反复探索一个问题的解决而毫无结果时，把问题暂时搁置一段时间，几小时、几天或几个星期，然后再回过头来解决，反而可能很快找到解决办法。这种现象称为酝酿效应（incubation effect）。在酝酿期间，个体虽在意识中终止了解决问题的思维过程，但其思维过程并没有完全终止，而仍然在潜意识中断断续续地进行着。通过酝酿，最近的记忆和已有的记忆被整合在一起，弱化了心理定势的效应，并容易激活比较遥远的思维线索，因而容易重构出新的事物，产生对问题的新看法，使问题得以顺利解决。

有人用实验说明了这种效应。给被试提出经济项链问题（见图11-10）："你面前有四条小链子，每条链子有三个环。打开一个环要花2分钱，封合一个环要花3分钱。开始时所有的环都是封合的。你的任务是要把这12个环全部连接成一个大链子，但花钱不能超过15分钱。"（这个问题的解法是：把一条小链的三个环都打开，用这三个环把剩下的三个小链连接起来。）实验中的三组被试都用半小时来解决问题，第一组半小时中有55%的人解决了问题；第二组在半小时解决问题中间插入半小时做其他事情，结果有64%的人解决了问题；第三组在半小时中间插入4个小时做其他事情，结果有85%的人解决了问题。在这个实验中，主试要求被试大声说出解决问题的过程，结果发现第二、三组被试回头来解决项链问题时并不是接着已经完成的解法去做，而是像原先那样从头做起（Silveira，1971）。因此，可以认为，酝酿效应打破了解决问题不恰当思路的定势，从而促进了新思路的产生。

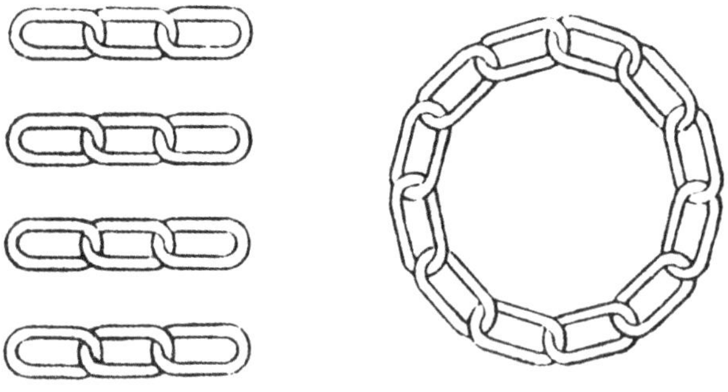

图11-10　经济项圈问题

（五）知识经验

解决问题的知识经验越丰富，越有利于问题的解决。善于解决问题的专家与新手的区别，在于前者具备有关问题的知识经验并善于实际运用这些知识来解决问题。例如，一位老医生与一名刚参加工作的年轻医生，在面对一名具有很多症状的患者时就采取了不同的处理方式。年轻医生不确定病人患了什么病，于是便为病人开出了各种各样的医学检查单，在有了一套几乎完整的症状信息之后，才可能做出正确的诊断。但有经验的老医生很可能会立即认定这些症状符合某种或少数几种疾病的诊断模式，仅仅对病人做了有限的检查后便很快做出了相当准确的最后诊断。

那么，知识经验为什么能促进问题的解决呢？西蒙等人对这个问题做过研究。他们把具有25个棋子的国际象棋盘以5秒的时间向国际象棋大师和棋艺不太好的一般棋手呈现(5秒的时间，被试完全能看清棋盘，但却不能存入长时记忆)。分两种实验条件：第一种是把象棋好手下到一半的真实棋盘布局呈现给这两组，第二种是在棋盘上随机摆上25个棋子的布局呈现给这两组。呈现棋盘撤走后，要求被试把刚才看过的棋盘布局在另一棋盘上摆出来。结果发现：对于真实的棋盘布局，象棋大师能恢复25个棋子中的23个，而一般棋手则只能恢复6个左右；对于随机排列的棋盘布局，象棋大师和一般棋手能恢复的数量是相等的，都是6个。研究还表明，专家在看棋盘上的有规律的25个棋子时，并不是看25个孤立的东西，而是以组块为单元，加上组块之间的关系来看这棋盘的。根据对国际象棋大师的研究，西蒙认为，任何一个专家必须储存有5万~10万个组块的知识，而要获得这些知识不得少于10年。由于专家储存有大量的知识以及把这些知识运用于各种不同情况的丰富经验，因而他能熟练地解决本领域所遇到的各种问题。需要新手冥思苦想才能解决的问题，对专家来说也许只要检查一下储存的解法就可以了。

(六)动机和人格

人在解决问题的过程中，总会伴随一定的动机，如人们的社会责任感、学习态度、学习兴趣等都可成为活动的动机。心理学家的研究表明，适中的动机水平有利于问题的解决，过强或过弱的动机水平不利于问题的解决。因为太强的动机水平，会使人处于高度的紧张状态，因而容易忽视解决问题的重要线索。而动机太弱，个体又容易被无关因素所吸引。

个体的人格差异也会影响解决问题的效率。理想远大、意志坚强、自尊、自信、自立、自强等优良的人格品质都会提高解决问题的效率。而缺乏理想、意志薄弱、骄傲懒惰、缺乏自尊、自卑等消极的人格特点都会妨碍问题的解决。

总之，影响问题解决的心理因素是多方面的。它们不是孤立地起作用，而是互相联系、互相影响、综合地影响着问题解决的思维过程。

〖热点问题讨论11-1〗直觉

先看两个问题。

问题一：一种传染病的爆发可导致600人死亡。医生有两种选择：若使用A药，可救活200人；若使用B药，有1/3的机会是600人全被救活，2/3的机会是600人全部死亡。医生应选择哪种药?

问题二:有600人生命垂危。医生必须做出选择:若使用A药,400人会死亡;若使用B药,有1/3的机会是无一人死亡,2/3的机会是600人全部死亡。医生应选择哪种药?

大多数人在问题一中选择A药,在问题二中选择B药。这很奇怪,这两个问题其实是一样的,但为什么会出现不同的选择呢?唯一的不同之处在于对问题表述的角度,问题一是讲有多少人能活,而问题二则是讲有多少人会死。然而,甚至那些意识到先后答案有矛盾的人们也很难做出一致的选择。

可见,人们在判断与决策时经常依赖于直觉而不是逻辑。直觉(intuition)是一种不依赖清晰推理的、快速的、冲动性的思维方式。它可以很快得出答案,但也可导致错误,有时甚至是十分严重的错误。心理学家卡尼曼和特韦尔斯基(Kahneman & Tversky, 1972, 1982)花了大量时间研究人在面对不确定问题时如何进行决策、如何进行预测,结果发现,人在判断时有着下列带有普遍性的严重缺陷。

(1)代表性启发错误。人们在进行判断时常会因为直觉而落入陷阱。例如,下面有两种可能发生的情况,请你判断,哪种情况更有可能发生?一种情况是:格拉芙将输掉第一局,但最终会赢得比赛的胜利;另一种情况是:格拉芙将输掉第一局。卡尼曼和特韦尔斯基发现,大多数人选择第一种可能性。但是,这种凭直觉做出的回答忽视了一个重要的事实,那就是概率结果。例如,我们抛一枚硬币,图案面朝上的概率是50%;而抛两枚硬币时,它们都是图案面朝上的概率只有25%。因此,真正发生第二种情况的可能性比第一种要小。卡尼曼和特韦尔斯基相信,人们选择"格拉芙将输掉第一局,但最终会赢得比赛的胜利"是基于一种叫做代表性启发(representativeness heuristic)的直觉错误。也就是说,当一种选择若看上去更能代表我们已知的东西时,我们就会赋予这种选择更多的权重。因此,人们会把有关一位职业网球手应有行为的心理模型与格拉芙的信息进行比较,而第一种情况中的信息似乎与这种心理模型更为接近,所以,尽管第一种情况离事实更远,但看上去显得更可能发生。

(2)忽略基础比率错误。凭直觉判断容易犯的第二种错误是忽略基础比率(base rate)或事件发生的潜在可能性。在一个实验中,研究者告诉被试,将向他们介绍100个人的情况,其中有70名律师和30名工程师。然后,在那100个人中随便抽出一个人,让被试猜这个人是律师还是工程师。所有被试都回答,此人70%可能是律师,30%可能是工程师。接下来,研究者给被试一段如下描述:"迪克是一位30岁的男士,已婚但没有孩子。他有很高的成就动机,能力很强,在他工作的那个领域将会十分成功。他的同事们都很喜欢他。此人的职业是什么?"注意,这个描述并未给出任何关于迪克职业的新信息,律师或工程师的比率仍是70%对30%。然而,此时大多数被试的答案却成了50%对50%,直觉上,似乎他是工程师或律师的可能性是相等的。这种猜测中完全忽视了潜在的基础比率。有时候，对潜在比率的忽视可能是一件好事。例如，目前的美国的离婚率约为50%，如果对此念念不忘，还有多少人愿意结婚呢？此外，对于许多高风险的工作，人们宁愿忽视事故发生的基础比率，认为自己将是特例，否则有多少人会去从事高风险的工作呢？但有时候，对潜在比率的忽视也可能是一件坏事。例如，那些吸烟、酒后开车或不系安全带的人之所以为所欲为，就是因为他们不去考虑吸烟致病的潜在可能性或相当高的交通事故发生率。

(3)问题建构方式引起的直觉错误。卡尼曼和特韦尔斯基的研究结论表明，导致直觉错误的最普遍的原因是问题表述的建构方式(framing)或问题的组织方式对判断的影响。正如我们在选择用药的例子所看到的那样，一个问题的表述方式稍有不同，就可使人们给出不同的答案。一般来说，看问题越全面，就越有可能做出最合理的决策。但现实的情况是，许多问题并没有一个明显的正确答案，而人们常会片面地看待这些问题。例如，在选择职业时，明智的做法是综合考虑收入、工作条件、工作满意度、所需技能、未来前途等因素，但在现实中，人们在进行决策时往往只是考虑某一个方面，比如，“我喜欢写作，所以我要当记者”“我想挣钱，当律师挣得多”或“我在照相方面有天分，我要当摄影师”。如此片面和狭隘地建构问题，必然增大出现决策错误的可能性。

以上讨论了在不确定情况下的一些直觉错误。目前，有关直觉决策的研究结果被广泛应用于医学、商业、军事、投资、金融和国际关系等领域，即训练人们在做决策时三思而后行，以减少失误。但另一方面，诺贝尔经济学奖获得者、著名心理学家西蒙提出人的“有限理性”的观点，认为人们的认识是有限的，因此往往会以更简单、更节省脑力的“满意原则”取代“最佳原则”。这很有道理，平常我们的种种判断与决策往往是有时间限制的，很多时候容不得我们反复斟酌，只能追求让自己满意就行了。无论如何，请记住，简洁清晰的思维才是解决问题的捷径。

第五节 创造思维

创造是人类最高智慧的表现。创造性思维是一种新颖的、独特的并具有社会价值意义的思维活动。科学中新概念、新理论的提出，新机器的发明，文学艺术作品的创作等，都是不同实践领域中的创造活动，它们在人类文化的传承中起着极为重要的作用。创造性思维是创造活动中的一种思维，它既具有一般思维的特点，但又不同于一般思维，它是人类思维的高级形式。首先，创造思维往往以创造活动作为其产生的基础。创造活动是一种提供独特的、具有社会价值产物的思维活动。人在创造活动中进行的思维就是创造性思维,而且创造思维与创造活动都具有独特性和社会价值意义。其次,创造思维是多种思维的结晶。它既是发散思维和聚合思维的统一,也是形象思维和抽象思维的统一。例如,自然科学家提出新假设时,开始运用发散思维提出各种各样的观点,然后运用聚合思维归纳成假设。形象思维对创造思维来说是非常重要的。例如,有些化学家想象自己变成了运动着的分子,自己亲身感受到分子遇到的情况。这就是形象思维。但创造活动中的形象思维还得通过抽象思维加以验证和确认。

一、创造性思维的过程

创造性思维伴随着创造过程。了解创造思维过程有助于我们理解人类的创造性成果是怎样产生的,影响因素有哪些,怎样培养学生的创造性思维能力。而对创造过程的分析,最有影响的理论是英国心理学家沃拉斯(Wallas,1926)提出的四阶段理论。这个理论把创造性思维分成准备期、酝酿期、豁朗期和验证期四个阶段。

(一)准备期

准备期(preparation)是指创造性思维形成之前,对问题相关知识的理解与累积。在这一阶段,最重要的是明确创造目的,掌握丰富的经验,收集广泛的信息和掌握必要的技能。创造活动中的准备,分一般性的基础准备和为了某一特定目的的准备。为了发展创造性思维,不能将准备工作只局限于狭窄的专门领域,而应当有相当广博的知识和技术准备。这一阶段的时间往往是相当长的。据说大科学家爱因斯坦的相对论,在撰写时虽只花了五周时间,但动笔前花在准备和探索上的时间却有七年之久。诗圣杜甫有言“读书破万卷,下笔如有神”,由此可知创造前准备的重要性。

(二)酝酿期

酝酿期(incubation)是思维创造准备期得不到结果而将问题暂时搁置,等待有价值的想法自然酝酿成熟而产生出来。对问题努力钻研而难获结果,会感到身心疲惫,此时可以将问题暂时搁置,转而从事其他较轻松的活动(如听音乐、钓鱼、散步等),也就是将问题引起的心理困惑暂时排除在意识之外。在这种情形下,问题引起的创造性思维表面看似乎停止了,但事实上它仍在潜意识中酝酿进行。

(三)豁朗期

豁朗期(illumination)是指经过潜伏性酝酿期之后,具有创造性的新观念可能突然出现,也就是常说的灵感(inspiration)。灵感的来临,可能是戏剧性突如其来的:它可能产生在半睡半醒中，可能产生在沐浴时，也可能产生在旅行途中。总之，灵感多半是在与创造无直接关系的活动中产生的。灵感可遇而不可求，它是创造思维导向创造结果的关键。

（四）验证期

灵感产生的新观念并不一定是正确的，验证期（verification）就是对豁朗期提出的想法给以评价、检验或修正。此时的创造性思维表现在通过逻辑推理把提出来的思想观点确定下来，并通过实验或调查加以验证，或者根据这些思想观点，通过绘画、音乐、诗歌、发明等，用作品或产品的形式具体表现出来。直到反复验证无误，创造性思维的历程才算结束。

沃拉斯的创造历程四阶段说，虽然在心理学界广为流传，并且从创造发明卓有成就的著名人物的访问或传记中可以得到相当证实，但无法通过科学实验得到证据。

二、创造者的思维特点

（一）思维的流畅性

思维的流畅性，也叫思想的丰富性，是指在限定时间内产生观念数量的多少。在短时间内产生的观念多，思维流畅性大；反之，思维缺乏流畅性。吉尔福德（Guilford，1954）把思维流畅性分为四种形式：（1）用词的流畅性，是指一定的时间内能产生含有规定的字母或字母组合的词汇量的多少；（2）联想的流畅性，是指在限定的时间内能够从一个指定的词当中产生同义词（或反义词）数量的多少；（3）表达的流畅性，是指按照句子结构要求能够排列词汇的数量的多少；（4）观念的流畅性，亦即能够在限定时间内产生满足一定要求的观念的多少，也就是提出解决问题答案的多少。前三种流畅必须依靠语言，后一种既可借助语言，也可借助动作。

（二）思维的变通性

思维的变通性，也叫思维的灵活性，是指摈弃旧的习惯思维方法开创不同方向的那种能力。例如，让被试“尽可能举出报纸的用途”，他会有“学习用”“包东西”“当坐垫”“折玩具”“剪成碎片扬着玩”“裹在身上取暖”“用来引火”等各种各样的答案。富有创造力的人思维比一般人的思维出现的想法散布的方面广，范围大，而缺乏创造力的人的思维通常只想到一个方面而缺乏灵活性。

（三）思维的独特性

思维的独特性，是指产生不寻常的反应和不落常规的那种能力，此外还有重新定义或按新的方式对我们的所见所闻加以组织的能力。例如，在吉尔福德的“命题测验”中，向被试提出一般的故事情节，要求他们按照自己的意思给出一个适当的题目，富有创造力的人给出的题目更为独特，而缺乏创造力的人常常被禁锢在常规思维之中。

（四）思维的敏感性

思维的敏感性，是指及时把握住独特新颖观念的能力。创造性观念并不是处于我们随心所欲的控制之中，它要求我们有敏锐的感受性。独特新颖的观念就如歌德所说的那样，“像一位陌生的客人”来到思想者身边。思维的敏感性，就是这位“陌生的客人”对它的评价并及时加以把握的能力。富有创造力的人的思维具有高度的敏感性。

三、创造性思维的测量

创造性思维的表现是多种多样的，个体在一个领域没有表现出创造性，却可在另一个领域表现出来，在言语上没有表现出创造性，却可在操作上表现出了较高的创造水平，因此鉴别个体的创造性思维水平应坚持多样性的形式。创造性思维测验一般采用标准化形式，按规定程序实施，根据个体思维的流畅性、变通性和独特性来评分，然后将测验成绩与个体所在的年龄段做比较。创造性思维测验具体可分为投射测验和非投射测验形式，其中投射测验可较好地考察出个体思维的独特性，非投射测验可较好地考察个体思维的流畅性和变通性。其中比较有名的创造性思维测验有南加利福尼亚大学测验（Guilford，1970）、托兰斯（Torrance，1974）创造性思维测验（TTCT）、梅德尼克（Mednick，1962）编制的远距联想测验（RAT）等。下面试举几例。（1）在物品的非常规性用途测验中，要求被试尽可能多地想出使用某一物品的方式，例如：旧轮胎能有哪些用途？（2）在推论测验中，要求被试说出如果世界上发生了某种变化，可能产生的后果。例如：“如果每个人都突然失去平衡感且不能再直立，将会产生什么样的后果？”被试要尽可能多地列出各种可能的后果。（3）在火柴问题测验中，让被试用火柴棍组成一定的图形，要求一定指定数量的火柴棍，使剩下的图形达到指定的要求。（4）在隐蔽图形测验中，向被试呈现印有简单几何图形的图片，要求找出隐藏在这些简单图形中的复杂图形。此外，还有其他一些发散思维测验（见图11-11）。

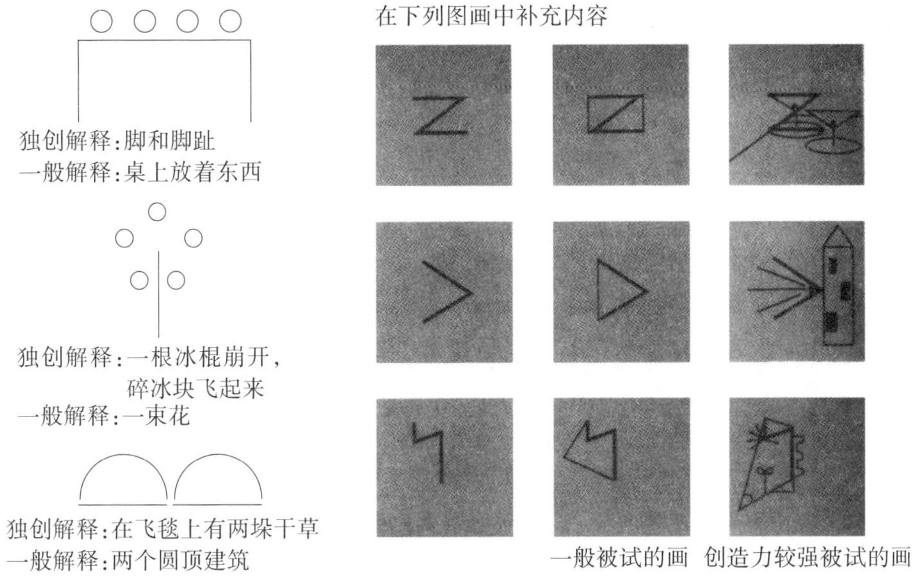

图11-11　发散思维测验题例

但是，创造力的研究者通常认为，发散思维测验与传统的智力测验太过接近，还不足以说明真正的创造力。另一种判断个体是否有创造力的方法是作品分析法，即要求被试提供有创造力的作品，包括绘画、写诗和写短故事等，然后评判者对每一件作品进行创造力的评价。研究发现，当评判创造力的等级时，其一致性是相当高的。还可用实验法来评判个体的创造力水平，通过给被试设置一定的问题情景，控制和改变一些条件，记录其行为表现，然后进行创造力水平的评价，其结果的可靠性也是很高的。但要真正评判一个人的创造力，几次测试是不够的，需要长期追踪研究，多方面进行考察。

创造力必须以知识、技能为基础，以一定的智力水平为前提。许多研究表明，智商与创造力分数之间的相关是低的，但是正相关的。也有研究认为智商与创造力之间的相关高低是由创造力测验的性质而定的，某种创造力可能要求较高的智力，而另一些创造力又可能与智力相关不高。尽管在智力和创造力的相关上还有不同的看法，但比较一致的意见是，高智商并不能保证高度的创造性，而低智商的人肯定只能得到创造力的低分数；低创造性者可能具有较低的智商，但也可能有较高的智商，高创造性必须有中等以上水平的智商；创造性和智力具有一定相关。相当数量的智力（一般认为最低阈限智商约为120）对于从事文化教育、科学技术或艺术上的创造革新是必要的。

〖**热点问题讨论11-2**〗**创造力**

"创新是一个民族的灵魂，是一个国家兴旺发达的动力。"自20世纪50年代吉尔福德和托兰斯等人开始对创造力（creativity）进行心理学研究以来，这方面的研究工作越来越丰富。这些研究不仅触及个体因素，如创造性人格、创造性思维过程、创造思维的测量和阶段等问题，也已逐渐扩展到创造思维的脑科学基础、创造潜能的开发以及创造性思维的训练等文化和社会因素更为深入的问题。

美国心理学家加德纳(Gardner，1993)曾调查分析20世纪有着杰出创造的重要人物，其中包括弗洛伊德(心理学家)、爱因斯坦(物理学家)、毕加索(画家)、葛兰姆(舞蹈家)、艾略特(诗人)、甘地(思想家)等，发现有以下几点相似之处：(1)有反传统倾向，对众所信守的传统规范存疑，因而在个人作为上不墨守成规，总想有所改进而臻于更新更好的境界；(2)对自己关心的问题肯深入钻研，在展现出超人的杰出成就之前，对相关问题研究所付出的心力，至少连续了10年甚至20年；(3)在年轻时多半受到前人思想的启发及师长的指导与鼓励，因而立志上进，历经无数挫折失败，而终告成功；(4)个人生活较少感情层面，多半时间用于潜心研究，牺牲奉献，甚少享受安适的家庭生活。

国内的研究中，童秀英和沃建中(2002)的研究发现我国高中生创造性思维水平发展比较平缓，其中创造性思维最重要的品质即独特性在高一和高二之间发展较为平稳，但高三比高二有显著提高。谢光辉和张庆林(1995)曾对32名中国大学生实用科技发明大奖赛获奖者的人格特征进行研究，发现了低乐群性、高敏感性、高独立性和高自律性的特征。最近，李金珍等(2004)以9~16岁的中小学生为研究对象，采用实用创造力测验任务，探查了儿童创造力的发展特点。结果发现，儿童的创造力随年龄发展逐渐提高，但创造力新颖性、流畅性和变通性三个维度的发展并不均衡，流畅性和变通性在9~11岁期间比其他年龄阶段发展得更快。另外，家庭环境对于儿童的创造力有直接影响，也有间接影响，其中间接影响是通过影响创造性态度而得以实现的。胡卫平等(2004)将中学生科学创造力测验施测于英国6所中学的1190名青少年及中国2所中学的1087名青少年，对中英青少年科学创造力的发展进行了比较研究。结果发现：(1)青少年的科学创造力存在显著的年龄差异。随着年龄的增大，青少年的科学创造力呈持续上升趋势，但在14岁时要下降；11~13岁、14~16岁是青少年的科学创造力迅速发展的关键时期。(2)青少年的科学创造力存在性别差异。英国女生的科学创造力比男生强，差异显著；中国男生的科学创造力比女生强，差异不显著。(3)中英青少年的科学创造力存在显著的差异。在创造性的问题解决能力方面，中国青少年明显高于英国青少年，但中国青少年在其他方面的科学创造力及总成绩则明显低于英国青少年。(4)中国青少年的科学创造力存在显著的学校类型差异。重点中学学生的科学创造力显著高于普通中学学生的科学创造力。

在研究儿童的创造力发展时，有许多心理学家试图将创造性活动纳入认知活动的范畴，把创造性活动看成是智力活动的一个维度。但是，又有越来越多的研究者认识到活动主体的个性因素在创造性活动中起着关键的作用。例如，斯滕伯格(Sternberg，1988)认为，个性中兴趣和动机是人们从事创造性活动的重要驱力，可以驱使个体集中精力与所从事的作业。施建农(1995)认为,个体对创造性作业的态度对个体的智力导入量起到了一种开关作用。一个人的创造性态度越高,越容易投入更多的智力和精力,从而表现出更高的创造性。关于创造力的研究,还有人提出:普通人的创造力与天才的创造力是一个连续的整体,任何具有正常认知能力的人都有可能在某个领域有所创造,或者说常人都具有一定的创造力;另外,所有的个体工作中都包含着某种程度的创造力;虽然在每个领域中都存在着创造力的个体差异,但这种差异不是一成不变的,而是可以通过一定途径使人的创造力得到培养和提高的。

复习与思考

1. 解释:思维,分析,综合,聚合思维,发散思维,创造性思维,表象,想象,原型,推理,前提气氛效应,赌徒谬误,算法式,启发式,手段目的分析,顺向工作,逆向工作,假设检验,问题表征,思维定势,功能固着,酝酿效应,直觉,灵感。

2. 思维有哪些种类?

3. 影响概念形成的因素有哪些?

4. 哪些因素会影响推理的正确性?

5. 举例说明说明问题解决的过程。

6. 举例说明影响问题解决的有关心理因素。

7. 如何看待直觉?

8. 创造性思维的过程和特点是怎样的?

9. 如何认识创造力?

推荐阅读书目

1. 斯滕伯格(杨炳钧等译,2006).认知心理学(第三版).第十一章.北京:中国轻工业出版社.

2. 邵志芳(2001).思维心理学.上海:华东师范大学出版社.

3. 贝斯特(黄希庭等译,2000).认知心理学.第六篇.北京:中国轻工业出版社.

4. 索尔索(何华主译,2006).认知心理学(第六版).第六部分.南京:江苏教育出版社.

5. 斯滕博格(施建农等译,2006).创造力手册.北京:北京理工大学出版社.

6. 加洛蒂(吴国宏等译,2005).认知心理学(第三版).第十章.西安:陕西师范大学出版社.

7. 梁宁建(2003).当代认知心理学.第十、十一、十二章.上海:上海教育出版社.

第十二章　语言

第一节　概述

一、语言及其属性

语言(language)是人类用各种有组织的方式将词汇组合起来以便于沟通的符号系统，也是人类进行思维、抒发情感、传递知识的工具。语言这种符号系统，包括语音系统、词汇系统和语法系统。现在世界上使用的语言有六千多种，如汉语、英语、俄语、法语、土耳其语等。有一半多一点的语种被不到一万人所使用。从表面上看，各种语言差异甚大，它们的发音不同，似乎还有不同的语法规则。有时候，从一个讲一种完全不熟悉的语言的人口中发出的语言，听上去简直像一阵阵连续的声音激流，而不像有独立的词汇。但是在这些表面差异之下，所有的语言都具有下列基本属性。

1.可沟通性。任何一种语言都可用于沟通。语言使我们能够与同一个或多个与我们持相同语言的人进行沟通。

2.任意符号指代。语言中的符号与其所指的某一特定观念、东西、过程、关系或描述之间的关系是任意的，如使用“工程师”“娱乐”或“美丽的”，是没有任何理由的、约定俗成的，是我们通过共享的任意符号进行沟通。

3.有规则建构。语言是有规则建构的，只有以特定方式排列的符号才有意义，而不同的排列就会产生不同的意思。例如，以特定的语音和字母排列方式构成有意义的单词，而任意的语音和字母排列通常就没有意义；单词的特定排列方式构成有意义的句子、段落和语篇，相反其他形式的排列结构大多是没有意义的。

4.结构的多样性。语言可以在多个水平上建构起来。例如，p和t可以构成pat、tap、pot、top、pit和tip等单词；也可以构成如下Pat said to tap the top of the pot, then tip it into the pit的句子等。

5.能产性。语言的能产性包含两方面的含义：一是指我们所使用的一种语言能够产生出不可穷尽的独特句子和其他有意义的单词组合；二是指同样的观点或思想可以用多种不同的语言来表达。

6. 动态性。语言是不断演变着的。我们现在所说的现代汉语就是从古代汉语演变而来的。

7. 社会性。语言是在社会中产生的，它只能在社会中生存和发展。语言是一种社会现象，它能使我们在人际间进行复杂的思想沟通和交流，也能使我们将人类文明所积累的知识宝藏代代相传。

尽管各种语言之间有很多不同，但它们都有可沟通性、任意符号指代、有规则建构、结构多样性、能产性、动态性和社会性等属性。

二、语言的结构

语言是按层次结构组织起来的，我们可以从多个层次上对语言进行分析。如表12-1所示，语言可以分析为音素、词素、单词、短语、句子、语篇等不同层次。每个层次又包含一定的语言成分及将这些成分组织起来的语言规则，如语音规则、缀词法规则、句法规则等。

表12-1　语言结构的分析

<table>
<tr><th colspan="2">理解语言</th><th colspan="2">产生语言</th></tr>
<tr><td rowspan="6">↓
解
码
↓</td><td>音素
（所有可能音素的有区别性的子集）</td><td>.../t/+/ā/+/k/+/s/...</td><td rowspan="6">↑
编
码
↑</td></tr>
<tr><td>词素
（语言中最小的意义单位）</td><td>…take（实义词素）+s（功能词素的单复数形式）…</td></tr>
<tr><td>单词
（位于词素和短语之间，可以独立出现的最小语言单位）</td><td>It+takes+a+heap+of+sense+to+write+good+nonsense</td></tr>
<tr><td>短语
名词短语（NP：一个名词及其修饰语）
动词短语（VP：动词及其动作作用对象）</td><td>NP（名词短语）=It
VP（动词短语）=takes a heap of sense to write good nonsense</td></tr>
<tr><td>句子
（基于语言句法的——依照句法而来的结构）</td><td>It takes a heap of sense to write good nonsense.</td></tr>
<tr><td>语篇</td><td>"It takes a heap of sense to write good nonsense."（最初是由马克·吐温写下的）</td></tr>
</table>

（改编自 Lederer, 1991）

音素(phoneme)是口语语音的最小单位。我们发出bat的语音中就含有/b/、/a/、/t/三个音素。各种语言都有各自的音素,但数量不同,英语大约有40个。改变/b/和/t/之间的元音可以产生至少12个不同意思单词,如:bait、bat、beat/beet、bet、bit、bite、boat、boot、bought、bout、but。在成长中学会了一套音素发音的人通常在发另一种语言的音素时会有相当多的困难。有研究表明,当男性在加工音素时,大脑左半球先被激活,而女性则是左右两个半球同时被激活(Shaywitz et al., 1995)。也许这就是女性在学语言时比男性占优势的原因(Halpern,1997)。

对语言分析的下一个层次是词素。词素(morpheme)即组成词的要素,是传递意义的最小单位。英语中有两种词素形式,一是词根,二是词缀,包括后缀(紧随词根)和前缀(在词根之前)。"词缀"一词的英文"affixes"本身就包含词根"fix"、前缀"af-"(前缀"ad-"的变体,意为"向前""向"或"不远")后缀"-es"(表示名词的复数形式)。单词"undesirables"则包含四个词素,un-desir-able-s,每个词素加在一起,便构成了词的总体词汇含义。

对语言进行分析的下一个层次被称为句法。句法(syntax)是指特定语言的使用者将单词组成句子形式的方法。句法在我们对言语的理解中起着重要作用。在大多数语言中,一个句子通常至少包含两部分:(1)一个名词短语(noun phrase),其中至少包含了一个名词(通常是句子的主语)并含有与该名词有关的所有修饰语;(2)一个动词短语(verb phrase),它包含着至少一个动词以及如果可能的话,这个动词作用的对象。这个动词短语也可以被称为谓语,因为它断言或陈述了主语的某些情况,通常是主语的一个动作或一种属性。这种由名词短语和动词短语构成句子的现象在一切语言中都有出现,具有句法的普遍性。

对语言分析的最后一个层次是语篇。语篇(discourse)是指大于句子的语言分析单位。如在口头语言中以措辞为特征的谈话分析单位,在书面语言中的段落、故事、篇章等。

〖热点问题讨论12-1〗语言决定思维吗?

"言,心声也。"即是说,语言表达并反映了心理。我们心理的表达不外乎两种形式,一种是语言,一种是动作。在语言与思维的关系问题上,一般认为,语言是表达思维的重要工具之一,语言受思维的支配。

但是,语言与思维的关系还有另一个不为人们所注意的方面,即语言影响思维。萨皮尔(Edward Sapir)和沃夫(Benjamin Lee Whorf)通过跨语言的研究发现,是语言上的差异造成了思维上的差异。于是萨皮尔(Sapir,1941/1964)断言:"我们现在所看到的、所听到的和所经历过的,主要来自于我们社会的语言习惯。"沃夫(Whorf,1956)更进一步说:"我们对世界的印象是通过我们大脑来组织的,主要是通过我们大脑中的语言系统来组织的。"他们都认为语言决定我们的思维方式。这个假设称为萨皮尔—沃夫假设(Sapir-Whorf hypothesis),也称为语言决定论(linguistic determinism)或语言相对论(linguistic relativity)。该假设的一些证据来自颜色命名领域。世界上的各种语言在所使用的基本色的术语数上有很大的差别。例如,英语中,基本色的术语有11个(黑、白、红、黄、绿、蓝、褐、紫、粉红、橙和灰)。而另一些语言,如巴布亚新几内亚的达尼人所说的语言中,只有两个基本色术语,简单地在黑白(或明暗)之间做出区分。因而沃夫认为讲英语的人与达尼人对颜色的认知和思维是不同的。沃夫还认为,侯琵族(Hopi)的语言中动词没有过去时,因此侯琵族人思考和追忆往事不是件容易的事。

语言决定我们思维方式的论断似乎有点儿过头。有人进行过调查,虽然在巴布亚新几内亚人的语言中没有像我们那样表述形状和颜色的词语。然而,他们也和我们一样能感知到各种各样的颜色和形状(Rosch,1974)。

语言肯定会影响思维。我们的思维和语言以各种方式进行着交互作用。在这方面,我们现在只了解到其中的一些。语言有助于思维,甚至会影响知觉和记忆。由于我们只有有限的方式来加工非语言心象,这种限制使人要用语言来加工心理表征。要让人回忆并重新画出无意义的图画(涂鸦)是很困难的,但如果给这个图画加上语词标签就方便了。

请看图12-1。如果现在将它命名为“珠帘”,你可能会越看越像。一旦给定了一个特定的标签,要从不同的角度来看相同的图形就会很困难(Glucksberg, 1988)。请再看在第七章中的两可图形,一旦给定了一个特定的标签,你就会发现与这个标签相似的结构。还可以看图10-11,由于给出的命名不同,被试回忆出的图形与给定标签很相似。

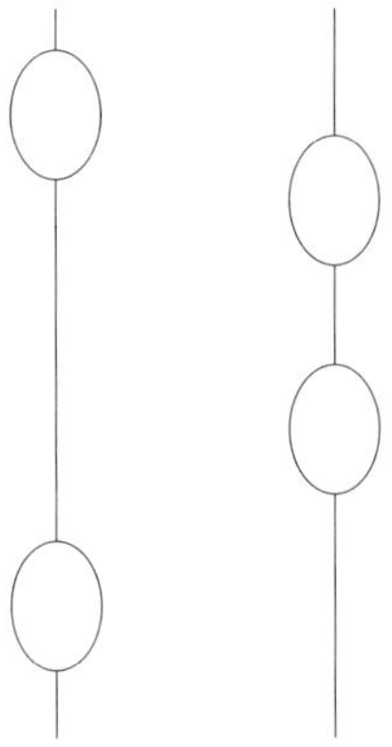

图12-1 是爬树的小熊还是珠帘

语言还会以其他方式影响着我们在记忆中对信息的编码、存贮和提取。例如,法庭上的证词会受到针对证人的提问中特定措词的有力影响(Loftus & Palmer, 1974)。即使被试形成了自己的语言描述,也会影响其后继目击证词的准确性(Schooler & Engstler-Schooler, 1990)。

在一项研究中，让会汉语和英语的留美中国大学生用英语或汉语来描述自己。当用英语进行自我描述时，他们简直是典型的加拿大人，其自我陈述带有非常积极情绪。而用汉语进行自我描述时，他们完全是典型的中国人，言谈中有更多的中国人的价值观念，积极情绪和消极情绪几乎各占一半。他们对语言的使用似乎塑造了其自我思维的方式(Ross, Xun, & Wilson, 2002)。

总之，语言对思维是有影响的，但却不像萨皮尔和沃夫所说的那样极端——语言决定思维方式。语言和思维在人的一生中总是交互作用的。它们是怎样交互作用的？这确实是一个需要进一步研究的课题。

三、语言的种类

语言是我们所说的和所写的符号系统，也是我们借以编码思想、观念、情感和经验的中介物。可以把语言分为外部语言和内部语言。外部语言(external language)又包括口头语言和书面语言。

(一)外部语言

1. 口头语言

口头语言(oral language)是指人凭借自己的发音器官发出语音，来表达思想和情感的语言。它具有下列特点。第一，词和句的发音必须在一定的时间里进行。每个语音一般经过不到一秒钟，就要为另一个语音所代替，这样才能组成整个的词。词的个别部分过于延长，句子中发音的间歇或迟滞不适当，都会使识别和理解感到困难。第二，说出整个句子前，必须对全句的结构进行综合，选出恰当的词连贯地加以表达。第三，句和句之间的联系也要在较短时间内进行预先考虑，使语言连贯流畅地进行。第四，语言的听觉反馈对口头语言的进行起着重要的作用。如果语言听觉反馈受阻或有意加以延迟，就引起口吃、说话不清楚等现象。

口头语言大体可分为会话语言和独白语言两种形式。会话语言(conversational language)是指人们在聊天、座谈、辩论、质疑等情境下的语言活动。会话语言是一种简单的语言形式。首先，会话语言是一种相互支持的语言。在会话过程中，交谈者互为听众，互为发言者。第二，会话语言是在交谈者彼此互相感知的条件下进行的。在对话过程中，交谈者通过手势、表情、音调等相互作用。他们常常彼此观察，关心共同讨论的问题。因而，这种语言在文法结构和逻辑性上都不够完善，也不够严谨，有许多意思不是用语言表达出来，而是靠彼此意会。第三，会话语言具有情境性。在对话过程中，有些事情以前已经谈过，或者当前正在议论，并且每个人都充分利用表情、动作、声调来表达自己的意思。所以，交谈者只要针对当前的情境，用省略了的简短语句表达，别人也会明白。

个体在做报告、讲演、讲课时独自进行的语言活动叫做独白语言（monologue language）。独白语言是在同听众的接触中进行的，它是在对话语言的基础上发展起来的。但是，独白语言与对话语言有所不同。首先，独白语言把其他人都作为自己的听众，没有交谈者的应答来支持。这种语言的支持物是自己说话的主题和自己吐露的词句。其次，独白语言是一种展开性的语言。这种语言是连贯的、前后呼应的，它服从于逻辑思维的要求，表达的意思要完善，语法结构要严谨。最后，独白语言是一种有准备、有计划的语言活动。要使报告、讲课富有吸引力，说话人不仅在语言内容上要有准备和计划，而且在语言速度和语调等方面也应有一定的修养。

2. 书面语言

书面语言（written language）是一个人用文字来表达思想、情感的语言。书面语言的产生晚于口头语言。它具有独白语言的性质，但也不同于独白语言。首先，书面语言不能像口头语言那样借助于表情和动作来加强其表现力。作者的情感（激动、爱慕、仇恨等）是以充分展开的形式和适当的修辞来表达的，读者必须从整个上下文中才能体会到。其次，口头语言一瞬即过，但在书面语言中，作者和读者都可以重新返回到先前的文字上再行推敲和琢磨，从而使表达和理解更为精确。书面语言大大开阔了我们的眼界。通过书面语言，古代的文化遗产、外域的思想观念和先进科技成果，才有可能被我们了解和吸收。

（二）内部语言

内部语言（internal language）是产生于大脑内部的未经发声器官发出声音的语言。内部语言的最大特点是语言发音的隐蔽性。默默思考时，我们听不到发音器官发出的声音，但语言器官的肌肉仍在活动着。这时，语言器官的动觉冲动执行着和出声说话时相同的信号功能，不断向大脑皮质发送信息。实验证明，当被试出声地或不出声地解答简单的数学题和背诵诗篇时，用微电极从发音器官上记录到的动作电流的节律都是相同的。这说明，出声思考和默默思考都有语言器官的活动，并且性质是相同的。内部语言的另一个特点是片断性和压缩性。在内部语言里，一个词或一个词组就可以代替一系列完整的句子。

内部语言是在外部语言的基础上形成的，又是相互转化的。外部语言向内部语言的转化叫内化。这种转化可在3岁左右的儿童身上看到。这时，儿童开始对自己说话。这种自己对自己的说话既有外部语言的交际功能，又有内部语言的自我调节功能。随着儿童年龄的增长，这种自言自语的自我调节功能逐渐被内部语言所代替。内部语言向外部语言的转化叫外化。产生内部言语时，思想对于他本人来说是明白的，但他不一定能清楚地向别人讲述自己的思想。这是因为内部语言是片断的、压缩的，而外部语言则是展开的、文法和逻辑结构较严谨。因此，如果没有经过必要的训练，外化就会遇到困难。在教学中，既让学生默读课文也让学生朗读课文，既布置口头回答也布置书面作业，这样可以促进学生外化技能的形成。

除了上述我们经常使用的语言外，还有全聋人所用手势符号系统的手势语(sign language)，用动作运动序列、身体姿势、面部表情等符号传达意思的身体语言(body language)，以及像蜜蜂、海豚或黑猩猩的通信系统即动物语言(animal language)等。

四、语言的生理机制

(一)言语链

语言有多种形式，涉及人的活动的许多层面。仅以最简单的两人交谈为例。首先说话人要整理自己的思想，决定要说的内容，并将这些内容变为言语(speech)——要表达意思的话语。这时，说话人的大脑中进行复杂的信息加工，然后用适当的指令以脉冲的形式沿着运动神经传到舌、唇、声带等发音器官的肌肉，引起这些发音器官肌肉的运动，从而产生言语声波。言语声波通过空气在说话人与听话人之间传播。它作用于听话人的听觉器官所产生的神经冲动沿着听神经传达至听话人的大脑。这时，听话人的大脑里在进行着的复杂信息加工，对来自耳的神经冲动进行解码过程，从而辨认出说话人发出的信息，听懂他的言语。也就是说，言语交际是一条联结说话人头脑与听话人头脑的许多事件的链条，这条由一系列事件串联而成的链条被称为言语链(见图12-2)。言语链还有一个重要的侧链，即说话人不仅在说着话，而且同时也听着他自己的声音。这种反馈信息不断地将他实际发出的声音与他想象发出的声音做比较，并随时进行必要的调整使说话效果符合自己的意图。

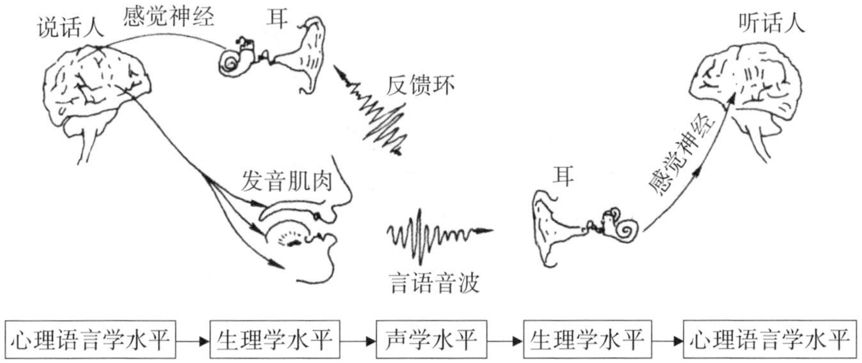

12-2 言语链

(二)语言的脑机制研究

语言活动受大脑皮质的调节和控制,是大脑整合的结果,同时大脑的某些特殊部位对语言又具有特殊的功能。

语言表达包括说话和书写。说话是由中央前回下方的44区即布罗卡区(Broca's area)控制的。该区受损的病人虽能看懂文字和听懂别人目的谈话,甚至能唱歌,但却丧失了说话能力,话语中缺少了语法成分,语法小品词、名词和动词的结尾变化往往说不出来。这说明布罗卡区主要和句法有关。而书写则是由额中回后部的艾克纳尔区(Excuer's area)控制的(见图12-3)。该区受损的病人能听懂别人的话和看懂文字,自己也会说话,手部肌肉虽能活动却丧失了书写能力。说话和书写开始于意图或思想,因而大脑额叶必然参与语言表达。正如鲁利亚所指出的:大脑额叶一方面是产生复杂动机的器官,另一方面是构成主动的意图或形成构思的器官。如果没有表述的动机,而构思也不能主动发生,很自然,即使重复性言语和对象的命名仍然保持下来,自发的主动言语也是不会发生的。大脑额叶严重损伤(涉及两半球)的病人缺少言语的意图或思想。言语表达的神经冲动是通过锥体系统和锥体外系统而传达到效应器(发音器官和手部的肌肉)的。锥体系统控制语言活动的随意动作,锥体外系统则起着调节言语器官肌肉紧张度的作用。

语言的感知和理解包括听话和阅读。听话是由颞上回后部的威尔尼克区(Wernicke's area)控制的。该区受损的病人可以说话、书写并能做到句法正确,也能听到别人的发音,但却听不懂别人说话的含义,因为他们丧失了使用实词的能力。看书是由顶下叶的角回控制的。该区受损的病人视觉良好,其他语言活动的功能也健全,但看不懂文字的含义(字盲症)。听话、阅读不仅要理解话语的意义,而且还要理解言外之意。在这方面,大脑额叶起着决定性的作用。额叶受损伤虽然不影响理解词和简单句子的能力,但严重影响理解复杂的句子的能力,特别是无法理解复杂话语的弦外之音。

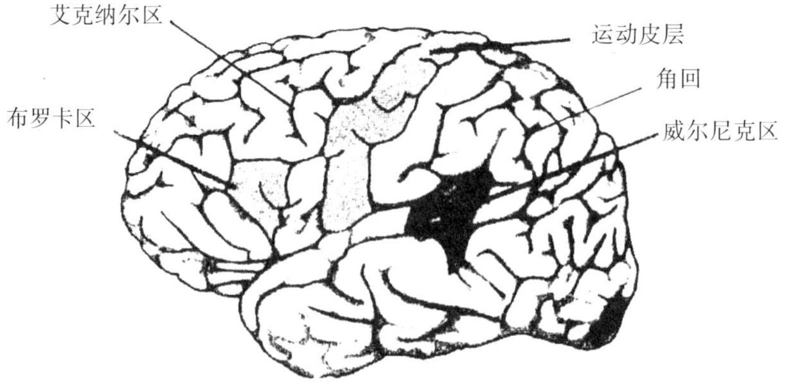

图12-3 一些与语言相关的大脑组织

早先，对失语症患者的研究发现语言功能在左半脑，而非右半脑。这种两侧半球功能特定化的现象被称为单侧化（lateralization）。也就是说人的大脑左半球产生和理解语言，而右半球负责对复杂空间关系的加工。但是晚近的研究发现，并不是所有人都由左半球管理语言的。大约96%的右利手者是符合上述情况的，另外4%的人则呈现出一种镜像图模式：右半脑控制语言。在左撇子中情况是：70%的人用左半脑管理语言，15%用右脑管理语言，剩下的15%由两个大脑半球共同管理（Banish，1997）。

损伤研究也已表明，语言功能是受比威尔尼克区要大得多的皮质后部区域的支配。格施温特（Geschwind，1970）曾提出一个模型，来解释大脑是如何加工语言的。该模型认为，言语的声音信号先传到内耳。接着，听神经将这些信号输送到颞叶的初级听皮质。从这里，信号被输送到大脑的一个联合区，颞叶、枕叶和顶叶在这个区交汇。在这里，从所说话语中被整理出意义来。换言之，意义在该区被赋予。从这里，加工过的信息先被送到威尔尼克区，再被送到布罗卡区。这个模型在最初形成时将理解语言定位在威尔尼克区，而将产生语言定位在布罗卡区。现在看来，这种观点是过于简单化了。威尔尼克区似乎也对语言产生有所参与，而布罗卡区也参与了语言理解（Zurif, 1990）。一些皮层下结构（如基底神经节和丘脑后部）也涉及了语言功能（Kolb & Whishaw, 1990）。

男性和女性对语言的加工有差异。脑损伤的研究发现，男性似乎比女性在语言功能上表现出较强的左半球优势，而女性则主要表现为双侧的、对称的语言功能模式（Kimura，1987）。男性和女性在与失语症有关的脑定位上似乎也不同。虽然有些失语症女性患者颞区受损伤，但大多数失语症女性患者前部脑区受损伤。相反，大多数失语症男性患者表现为多种受损模式，主要表现为后部而不是前部脑区受损。对于上述发现，有两种解释：一种解释是，女性与男性相比，后部区域在语言功能中所起的作用可能有所差异；另一种解释是，女性的语言功能较少单侧化。还有研究发现，语言学习与语言使用具有不同的大脑机制（Stiles, Bates, Thal, Trauner, & Reilly, 1998）。成人使用熟练的常规语言，大脑左半球可能起主要作用，而加工新语言则右半球起作用（Mills, Coffey, & Neville, 1994）。

值得注意的是，前述语言脑功能的发现大多是来自对脑损伤患者的研究，仅依据脑损伤患者的研究下结论会有很大困难，原因有以下几点。

1. 自然发生的脑损伤，通常很难进行脑定位。例如，出血或供血不足（如由于血管阻塞导致的损伤）导致脑损伤，往往也同样会影响大脑的其他区域；皮质受损的病人同样也有一些皮质下结构受损。这些都有可能会混淆皮质受损的发现。

2. 只能在损伤后对病人的语言功能进行研究，而不能记录损伤前病人的语言功能特点。

3. 只能在自然发生损伤的脑区进行研究，而无法研究其他脑区。

对大脑的新陈代谢和血流的研究（Petersen et al., 1988）表明，在语言加工时大脑的很多区域似乎都同时参与。大量以各种方法研究得出的结果仍支持脑损伤研究所发现的左半球单侧化(Cabeza & Nyberg, 1997)。所有右利手者和多数左利手者的大脑左半球对语言的句法加工、书写能力十分重要,但是,右半球似乎对语言的听觉理解,特别是创伤后的语言恢复起着重要的作用。此外,对理解和表达语音的变化、理解隐喻和其他语言的非字面意思等(如玩笑和讽刺),右半球也起着非常重要的作用(Kolb & Whishaw, 1990)。

应当指出,已有的研究表明,人脑处理汉字信息过程有自己的特点。例如,运动性失语症患者不能念出汉字,却可理解词义(不过,对句子和短语理解有困难);拼音文字的一般情况是,不能读音,也就不能理解词义。汉字没有"单纯失读症",如有失读症,总伴有失写症状;拼音文字中,却有单纯失读症患者。汉字心理语言学的研究目前仍很薄弱,应当加强这方面的研究。

第二节 语言习得

一、儿童语言发展的基本阶段

虽然儿童开始学讲话的时间略有先后,但都经历相同的发展阶段。大多数儿童在他们的第一年末说出了第一个词;2岁以前已具有250个以上的主动词汇,并且能够说出简单的短句;3~4岁前儿童就已获得了他们的语言的语法(见表12-2)。

表12-2 语言发展第一次出现的平均年龄

年龄(月)	言语反应情况
0.25	婴儿对声音做一些反应
1.25	微笑着对刺激做出反应
	咕咕声;发出长元音
	转向说话的人
	说"啊——咕"
	发出咂舌声
5	转向叮当响的铃
6	咿呀学语
7	向上侧转着叮当响的铃
8	无区别地说"dada"和"mama"

续表

年龄(月)	言语反应情况
9	玩躲躲猫这样的姿势游戏
	直接着叮当响的铃
	听懂“不”字
11	把“dada”和“mama”做名字用
	对加手势指示的直接命令做出反应(如说“把它给我”同时向前伸出手)
	说出第一个词
12	说出没有用真正的词的无意义的“句子”
	说出第二个词
13	说出第三个词
14	对没有手势的直接命令做出反应(如不伸手说“把它给我”)
15	说出4~6个词
17	用一些真正的词说出无意义的句子
	能够指出身体的5个部位
	说出7~20个词
19	形成双词连结
21	形成双词句
	掌握50个词
24	不加区别地使用代词(I,me,you)
30	有区别地使用代词(I,me,you)
36	有区别地使用所有的代词
	掌握250个词
	使用复数
	说出三词句

(Capute et al.,1986)

(一)从前语言到语言

婴儿从呱呱坠地的那一天开始,就有学习语言的许多前提条件,他不但自己能够发出声音,而且能接触到包括人类语言在内的各种声音。很久以来,人们一直认为新生儿的听觉感受性很差,是在具有学习和经验之后才能区分差别很小的语音。这无疑是正确的。但是,婴儿对一些重要语音的区分很早就已开始。心理语言学家用一种装有记录婴儿吮吸率的人工奶嘴对婴儿听辨语音的实验结果表明,1个月的婴儿就能区别辅音的清浊:[ba]

和[pa],到了4个月区分这两个音节就与成人完全一样了(Eimas et al.,1971)。到了6个月,婴儿会开始注意语言中的语调和节奏。

婴儿发出语音比语音知觉发展得要晚。从出生到6周,婴儿的发声基本上属于反射性的:哭叫、打喷嚏和咳嗽。从6周至6个月,婴儿开始把这些声音与咕咕声、咯咯声这种类似语言的声音结合起来。这些声音与辅、元音有某种类似,并且常常是对着看护者说的。约4个月时,婴儿的发音系统的形状和结构已经成熟,开始发出各种类似语言的声音。6个月前后婴儿进入咿呀学语阶段(babbling stage),发出一连串的声音(典型的是由一个辅音一个元音组成),而且是有节奏地、有语调地加以重复。吴天敏和许政援(1979)的观察发现,4到8个月的婴儿开始发近似词的音,如ba—ba(爸爸)、ge—ge(哥哥)、ma—ma(妈妈)等。

在人生的第一年,婴儿与成人之间的语言交往在各种非语言交往(游戏、喂食、穿衣、洗澡、睡觉等)背景下进行。婴儿和父母开始理解相互间的意图和行动。人际间的这种理解是通向掌握词汇意义、学习真正的语言的必要条件。

(二)单词句

儿童在一周岁左右说出了最早的词,这是真正的语言的开始。从一周岁左右到两周岁是单词句阶段(one-word stage),前后不超过几个月。这一阶段的特点是,儿童一次只会说一个词,但他常常用一个词来表达整个句子的信息,从而起着一个句子的作用。这种词的词义是过分扩展了的。例如,儿童把所有的四脚动物都叫作“狗狗”,把所有男人都叫作“爸爸”。不仅如此,他们在不同的情境下伴随不同的情绪和动作,还往往用同一个词表达不同的含义:“妈妈”可以表示“这是妈妈”“要妈妈抱”“妈妈帮我拣东西”“我肚子饿了”等。这种单词句也被称为全息短语(holophrastic)。

在单词句阶段初期,儿童的词汇量只有几个词,但随着年龄的增长,词汇量增加也日趋迅速(见图12-4)。有人研究过18个儿童最初出现的10个词,结果表明,都是些动物、食物、玩具的名称。在他们最早习得的50个词中,范围已扩大到人体器官、衣服、家庭用具、运载工具、人物等方面,但没有出现过像“尿布”“裤子”“汗衫”之类父母经常使用的词。一般而言,儿童说出的词是他们直接摸到的、玩过的东西的名称。而对于那些立在那里不动的东西如家具、树木或商店,儿童是叫不出它们的名称的(Nelson,1973)。

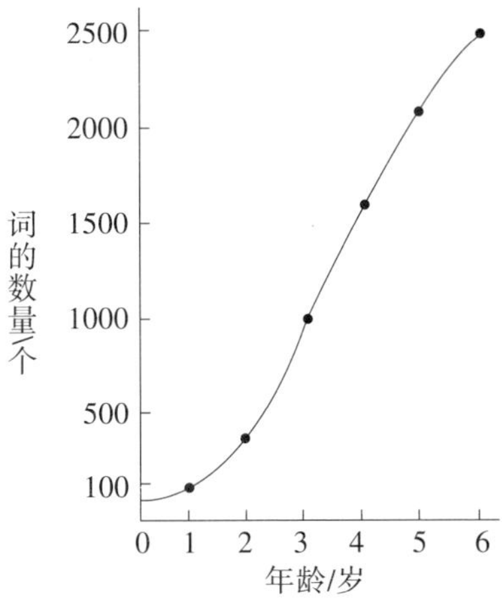

图12-4　词的数量随年龄而增长

（三）双词句

在单词句阶段的中后期，约十八个月左右，儿童的全息短语逐渐被一种新的句子——双词句所取代，进入了双词句阶段（two-word stage）。开始时，儿童把二个单词连接起来说，中间还有停顿："妈妈。饭饭。"再进一步发展为双词句："妈妈饭饭。"世界上不同文化、不同语言区的儿童，在语言发展的这个阶段的表现都十分相似。他们用双词句指出一个对象（如"看狗狗"），表明注意到一个对象（如"书在这里"），表达某件重要事情，如希望某种东西再次出现（如"要牛奶"），或某种重要东西的消失（"饼饼没了"）以及指出情境的某些关系：动作者与动作的关系（"奶奶开开"），动作与对象的关系（如"送送妈妈"），动作者与对象的关系（如"妈妈书"），动作与接受者的关系（如"给爸爸"）。与单词句一样，儿童的双词句有时也用来表达各种不同的意思。像"妈妈饭饭"这句话可能用来表达几种不同意思之一："饭是妈妈的""妈妈在吃饭"等。

在双词句之后是否有三词句阶段，心理语言学家有不同的说法。弗罗金和罗德曼（Fromkin & Rodman，1983）认为，不存在三词语阶段，因为儿童一旦越过了双词语阶段，在他们的话语中就会很快地出现较长的短语。布朗（Brown，1973）则称这一时期的语言为电报式言语（telegraphic speech）。早期电报式语言的特征是句子简短，基本上是由实义词构成的简单句，通常是名词和动词。这种语言之所以称为电报式的，是因为这些句子中没有功能词，即没有动词时态词尾，没有名词复数词尾，没有前置词、连词、冠词等。随着电报式语言阶段的发展，功能词便逐渐加入句子之中。

在儿童掌握双词句后，他们就开始学习语言的句法。吴天敏和许政援（1979）的研究表明，2岁半到3岁儿童的语言中复合句（如"爸爸走，宝宝睡觉了""阿姨不要唱歌，宝宝睡觉了"）占30.5%~42.3%。这时衡量儿童语言发展的一个指标是句子的平均长度（即句子中所用的词或词素的平均数）。随着认知和语言的复杂性的增加，儿童句子的平均长度也随之增长。这至少反映了儿童两种能力的发展变化，即产生更长的词语序列的能力和学习更加复杂的语法形式的能力在发展。图12–5是有人研究过的三个儿童在这方面的表现（Brown，1973）。

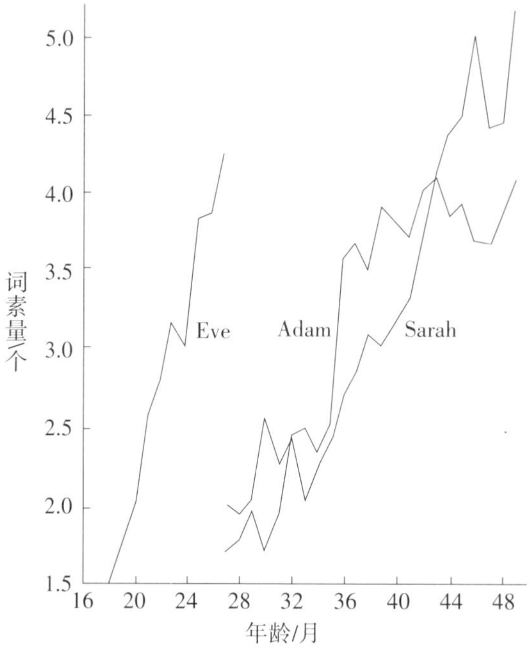

图12–5　句子的平均长度随年龄递增

（四）从句子到会话

从3岁到6岁，儿童已学到了大量的会话行为。4岁儿童基本上能理解并列复句（“不是……就是……”），6岁儿童基本上能理解递进复句（“不但……而且……”）和条件复句（“只有……才……”“如果……那么……”）（缪小春，朱曼殊，1989）。他不仅懂得一句话的字面意义，而且懂得说话者的意图。例如，有人敲门问：“你妈妈在家吗?”一个3岁儿童就会去叫妈妈来开门，而不只是答应“妈妈在家”。在人际交往中，儿童懂得用语言来满足自己的物质需要（如说“爸爸，我要吃，我可以吃一块巧克力吗?”），来控制他人的行动（如说“喝你的牛奶”“不要扯猫的尾巴”），陈述自己或自己对别人的关系（如说“我爱妈妈”），希望别人对自己做出评价（如说“我是个好孩子，是吗，妈妈?”），满足自己的好奇心或表示怀疑（如经常爱问“什么”“为什么”）等。

随着语言和社会交往的进一步发展，儿童逐步学会根据他们的听者是谁，在什么时候用什么方式来调节自己语言的内容，逐步学会以恰当的方式加以表述。绝大多数4岁儿童已经知道在一些明显的情境下应如何调节自己的语言。例如，他们在与成人谈话时，要比与2岁孩子交谈时使用的句子更长，用的语法结构更为复杂。这种语言的进一步发展，使他们能够在与成人的日常交往中进行更准确、更协调的交谈。

〖心理学与人生12-1〗**语言习得的关键期**

关键期(critical period)是从生物学上确定的一段时间，指一个有机体做好最佳准备以习得某种特殊反应的时间。人类的语言习得有一些关键期。不到1岁的婴儿能辨别任何语言的音素，但在1岁末即已丧失了这种能力。出生后头几个月是磨练母语音素的关键期。习得第二种语言的发音系统有一个关键期。与成年期习得第二种语言的发音相比较，幼儿期习得的第二种语言在几年之后所讲话语较少带某种口音，在喧闹情境中听这种语言较容易理解(Lenneberg，1967；Snow，1987)。

学习句法也有一个关键期，其重要证据是某些不幸儿童的遭遇。他们被禁止学习任何语言直到十几岁时为止。有个名叫珍妮的女孩，被人发现时已经14岁了。她从出生后20个月起就被绑在椅子上，一直没有人对她说话，也基本上没有社会交往。她瞎了双眼的母亲匆忙给她喂食。她如果发出声音就要受到惩罚。她不会说话，被发现以后就由语言学家和心理学家们教她语言，但从未习得熟悉的句法。珍妮虽然学会了词并把一些词结合成简单片语，却不能把片语构成灵活的句子。这是因为她错过了学习句法的关键期(Curtiss，1977)。

对一种语言句法结构的理解也似乎有一个关键期。最有力的证据是对成人使用ASL(美国手势语)的研究。在已经使用ASL有30年或更久时间的成年人中，研究者可以清楚地区分出哪些人是在4岁前习得ASL的、哪些人是在4~6岁之间习得ASL的、哪些人是在12岁后习得ASL的。尽管经过了30年的使用，那些在儿童期以后习得ASL者对ASL中有区分性的句法结构的理解还是显得相对肤浅些(Meier, 1991; Newport, 1990)。

人类的婴儿有专司语言功能的特殊结构，对语言有特殊的敏感性，但如果出生后就与世隔绝，没有听到过说话，没有习得语言的机会，其专司语言功能的特殊结构便发挥不了作用。见诸报端有关被人类救回的狼孩、猪孩、狗孩不会说话，只会像狼、狗、猪一样吼叫。他们回到人类社会后虽能学会一些词汇，但不能习得语言。这也表明语言习得有一个关键期。我们要抓住这个关键期，使儿童习得很好的语言能力。

二、语言习得的理论

心理学关于儿童语言习得的理论解释主要有两类：一类强调后天学习的作用，另一类则强调先天遗传因素的作用。

(一)后天学习决定论

这类理论包括巴甫洛夫学派的两种信号系统学说、斯金纳的操作条件反射学说以及摩尔的模仿说。它们并非专门的语言获得理论,而是从一般行为塑造的观点解释儿童语言的获得。巴甫洛夫学派认为,儿童获得语言包括两个方面:首先是第二信号刺激与第一信号系统形成暂时神经联系,即语词的声音和具体事物的形象建立起联系;接着是第二信号刺激物之间形成暂时神经系统,即语词之间建立起联系。而这种暂时神经联系则是通过强化(具体事物的强化或语词强化)建立起来的。这一理论虽然指出了人类条件反射与动物有质的区别,但仍然强调儿童获得语言是学习强化的结果。斯金纳把语言看成是一种行为,认为儿童习得语言行为就像老鼠按门闩形成操作条件反射一样,即儿童的语言行为是通过食物或别人的语言声音、手势的强化而习得的。当儿童与成人相互作用时,儿童做出的语言行为(如说出一个词)如果受到听话人的奖赏(赞许、微笑),他就会再做出这种语言反应;如果受到听话人的惩罚(气愤或不高兴的评论),他就会回避这种语言反应。与条件反射理论相类似的模仿说则认为儿童是靠模仿成人的语言来学话的。

毫无疑问,后天学习在儿童语言获得中是起作用的。词汇意义的一些方面可以通过经典条件反射而获得。例如,如果一些词与某种愉快或不愉快事件的反复结合,那么这些词就有可能变成愉快或不愉快的。操作条件反射技术已被用于向智力落后儿童教授简单的词义。如果一个儿童发出一个适当的声音而受到正强化(如在玩皮球时说出“皮球”一词),那么这个儿童就可以逐渐学会把这个词与它所指的对象联系起来。模仿在儿童语音习得中起作用,这是众所周知的。

然而,后天学习论却难以解释儿童语言获得的全过程。儿童约在3至3岁半就基本上掌握了母语的基本语法结构,会自由地说出各种句子。如果儿童说出的每一个句子都是通过强化(奖励或惩罚)而获得,那么能把词组合起来成为有意义的句子的数量就太大了。例如,米勒(Miller,1965)对英语中20个词组合成的句子数目做了一个保守的估计,其数目为10^{20}。一个人仅仅去听所有这些句子就要花费比地球估计年龄大一千倍的时间。显然,强化论是无法解释儿童语言获得的。又如,平时父母和幼儿交谈时,父母的注意主要集中在思想交流方面,而很少对语言进行有意的训练。一般说来,父母总是顺着孩子说话的,不管孩子所说的话多么不完善,多么词不达意,总是根据其意思表示赞许或不赞许的。即使儿童偏离成人的语法,成人有意加以纠正,儿童甚至全然不注意与他自己语言规则相违背的语言形式(McNeill,1966)。再如,对不同民族的儿童学习母语过程的比较研究发现,尽管英、德、俄、芬兰等语种的语法规则很不相同,但各民族儿童开始学话时都表现出某些共同的特点。他们不仅经历大致相同的发展阶段,而且常犯类似的语法错误。这似乎说明语言的发展是不受外部学习条件影响的。

(二)先天遗传决定论

在语言习得的问题上,心理语言学家乔姆斯基(N.Chomsky,1928~)在20世纪50年代创立的转换生成语法理论(transformational-generative theory of grammar)与后天学习论针锋相对。按照乔姆斯基(Chomsky,1972)的生成语法的观点,语言基本上不是习得的,而是天赋的。儿童天生具有一种加工语言符号的大脑内在机制,随着儿童的发展,这种内在机制在一定的条件下被激发,儿童即能自然获得语言。他还进一步假设,语言是一种结构,设想人有一种天生的语言习得装置(language acquisition device,简称LAD)。成人结构完整的语言材料输入儿童的这一装置,经加工建立起该种语言的语法规则,这样儿童就能在听到少量语言的情况下理解和说出大量合乎语法的新语言。就像生理上其他装置(器官)如眼、耳、口、鼻的功能一样,不需经过训练即能发挥其基本功能。乔姆斯基的转换生成语法理论还涉及句法结构的层次和语言生成的方式等问题,将在后面阐述。

乔姆斯基的语言天赋论很难获得直接的证据。从理论上说,要想确证儿童是否生来就有所谓LAD,就必须观察那些既没有生理缺陷,又没有接触过语言的儿童。实际上这两个条件是很难同时具备的。狼孩似乎能满足这两个条件,但有限个案观察的结果无论对后天学习论还是对先天遗传论都未见有利。因为这些儿童刚被发现时都不会说话,这似乎说明说话能力并非天生的;但是在发现后经过教育仍不能像正常人那样说话,这又似乎说明仅靠学习是不能习得语言的。不过,乔姆斯基的语言天赋论可以得到下列几方面的旁证。

(1)语言发展的顺序基本一致。比较语言学的研究结果发现,不同语言的民族,尽管生活方式不同,学习语言的方式方法也不尽相同,但儿童掌握本民族语言的发展规律却是一致的。如什么时候开始学说话,什么时候基本掌握,经过的步骤都大体一致。这就好比动作发展,如几个月会爬,几个月会站,几个月会走,什么时候大姆指和其他四个指头对立起来,都有一定的发展次序。既然动作的发展是天生的,语言的发展又基本和它一致,那语言的发展也就应该是先天的。再有就是,同一民族中智力发展水平不同的儿童在语言表现上却相当一致。智龄的差异可以达到好几岁,而语言发展相差最多不过几个月。

(2)儿童语言的独创性。在儿童语言发展过程中,往往会先出现一些从来不曾见诸于成人语言的句式,而且较常见到的情况是,成人模仿幼儿的句式来和儿童交谈,并不总是要求幼儿模仿成人的句式。事实上,除儿童学说话的最初阶段外,成人对儿童说出的话进行强化的情况是极少的,通常只关心话语的内容。

(3)儿童对待不规则变化的情况。有这样一种情况,英语中有些名词的单复数变化和有些动词的时态变化是不规则的,如foot的复数是feet,sheep的单复数同形,take的过去时是took等。而讲英语的民族中有些3岁的孩子跟着大人已经学会了按上述规定来讲话,可是到了4岁半时(即一年以后),他又要按英语的一般语法去变复数和时态。如将foot的复数改为foots,将sheep的复数变为sheeps,将take的过去时改为taked。要等到5岁时才又改回来。为什么已学会的不规则的名词单复数变化和动词的时态变化,一年后又糊涂了,要去按英语的一般语法规则对待呢?要知道小孩是没有上过语法课的,谁也没跟他们讲过语法。为什么他们都把已经学会的放弃,而去一视同仁地按一般语法规则对待这些不规则的词呢?乔姆斯基的转换生成语法理论似能做出最好的解释。国内有人在汉语方面做了有关这个问题的讲究。目的是考察9~13岁正常、低常、耳聋儿童对汉语主动句、被动句转换的理解。现代汉语的被动句式可分为10种。按这10种编出例句。结果发现转换理解分数总的看来是随年龄发展而增高,但发展的转折期则三类儿童有所不同:正常儿童为10~11岁;低常儿童则为12~13岁;聋童在12~13岁之间也有分数突然上升的表现,而且聋童的分数并不一定低于低常儿童。另外还发现,各类儿童的转换分数与其语文或算数成绩大都没有相关(唐建,1984)。这些事实似乎表明,这种转换理解与学习无关。

(4)儿童语言习得的关键期问题。儿童学习说话有着明显的关键期,即在特定年龄段很快能学会,过了这个年龄再学就很不容易了。这一事实证明,说话不能用学习来解释,因为就其他学习而言,学习能力是随年龄而提高的,不会是年龄增长,学习能力反而降低。

人脑不同于动物的脑,只有人脑才能习得语言。同时,儿童学习语言也存在着关键期。我们不能不承认语言习得是受先天遗传和成熟因素制约的。但是谁也无法否定经验对语言习得的深远影响。一个正常成人所具有的关于某种语言的知识是他长期同这种语言环境接触的结果。语言的表达和接受的方式是由于说话人、听话人同语言社会相互交往而形成的。事实表明,儿童语言的获得既依赖于人脑独特的生理机制,也依赖于后天的学习条件,是两者相互作用的产物。

〖热点问题讨论12-2〗动物能习得人类语言吗?

类人猿的语言学习潜力如何?曾引起许多学者的研究。教黑猩猩学习语言,从20世纪50年代以来有过不少尝试。

首先是口语的尝试。例如,海斯夫妇(Hayes & Hayes,1951)饲养了一头雌性黑猩猩,从出生后6星期开始一直饲养了约6年,结果仅教会它在适当场合下说三个词(mama、papa、cup)。一直到大约20世纪70年,但凡教会黑猩猩说话的一切企图均告失败。然而,这些失败可能是因为黑猩猩的发音能力受到限制(由于类人猿的发音器官与人有很大差别,它不能发出人类语言的主要元音a、i、u和其他一些要用舌头进行调节的音),而不是由于它们的语言能力使然。

后来的研究试图教会黑猩猩以手语进行沟通。这其中，以加德纳夫妇(Gardner & Gardner，1969)的研究最为有名。他们教会一只雌性黑猩猩瓦舒学习美国聋哑人的手语。瓦舒自1岁起开始接受训练，直到5岁为止。在此期间，加德纳夫妇仅用手语与瓦舒进行沟通。他们最初以塑造过程教它手势，直到它做出类似于一个手语的姿势再对之进行强化。后来他们发现，如果把瓦舒的手放到适当的位置并通过适当的动作引导，它就能学会不同的手语。最后，瓦舒仅仅通过观察和模仿就学会了各种手语了(参见图12-6)。瓦舒4岁时，已能使用150种不同的手语。其理解程度甚至还不止于此，它能把一种手势从一种情境泛化到另一情境。例如，它最先学会将"more"(多些)的手势与"more tickling"(多些搔痒)联系起来，然后又将它加以泛化用以指示"more milk"(多些牛奶)。

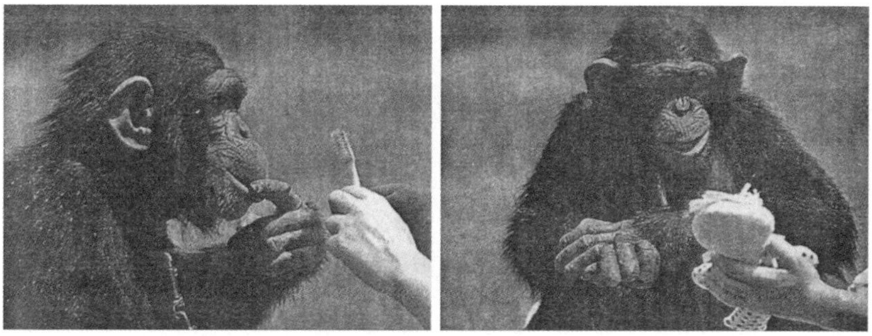

图12-6 以手势表示"牙刷"(左)和"婴儿"(右)

瓦舒并非特例，其他一些黑猩猩也学会了相当多的词汇。有些研究除了手语以外还应用了符号语。普雷马克(Premack，1971)教会一个名叫沙拉的黑猩猩利用塑料标记作为单词，并操纵这些标记进行沟通。朗博(Rumbaugh，1977)研究过一只叫拉娜的黑猩猩，用键盘仪表板进行沟通。该仪表板上大约有100个键，每一个键表示不同的词，拉娜就在键盘上打出它的信息。在一系列类似的研究中，帕特森(Patterson，1978)教过一只叫科可的大猩猩手语。科可从1岁时学起，到10岁时已学会了400个以上的手势词汇。

这些研究能否证实其他物种——类人猿——可以学会人类的语言呢？要说类人猿的手势相当于我们的词，而隐藏在某些手势后面的概念相当于我们的概念，那似乎没有什么可疑之处。但是类人猿是否能像人类用词那样将这些符号构成句子，便大可怀疑了。第一，虽然我们有某些证据可以证明类人猿能将符号组成类似句子的序列，却很少有证据能表明类人猿能改变符号的顺序以产生一个不同的句子。第二，虽然类人猿具有形成简单的概念和词的能力，但其使用语言仅限于当前体内外环境的需要，不能脱离当前的需要。因此，它不能像人类那样进行从概念到概念的联想和思维。第三，类人猿使用的语言是人教会的，它的手势语言既不是自己独立创造的语言系统，也不是种族发展过程中形成的原始的手势语。因此，我们仍然支持这样的结论，即在心理学意义上，正是语言使人类区别于其他物种。

第三节　语言产生

一、语言产生的过程

语言产生(language production)也叫语言表达(language expression),包括说话和书写,是由思想到说话(或书写)的过程。这一过程非常复杂,大体可分为下列几个阶段。

(一)语言动机和意向阶段

动机和意向是语言产生的起点。属于这类的动机很多,如要求得到某物的愿望,传达知识或某事件的愿望,表达自己情感的愿望,调节他人行为的意向,以及探求知识或将事物归入某种知识系统的动机等等。如果没有这种动机,人的头脑里的思想就无从产生,也就不会由思想形成语言表达。

(二)内部语言阶段

当人有了语言的动机和意向后,语言产生先进入的是内部语言阶段。前已提及,内部语言的特点是片断性和压缩性,思想可以用一个词或词组来代替一系列完整的句子。认知心理学的研究表明,人脑中长期储存的知识是以一定的关系按网络形式组织的。人脑中储存字词、概念的网络是按语义联结的(也有形和音的联结)。网络中表征有关联的字词、概念的节点相距较近,表征无关联的字词、概念的节点相距较远。按照流行的扩散激活理论解释,可以推测,当内部语言以某个词(或词组)表示要表达的某种思想时,网络中这个词处于兴奋状态,同时,兴奋会沿着网络的通路自动扩散到邻近的节点,提高这些节点的激活水平,降低他们被接通的阈限。这可能是由压缩的内部语言向深层句法结构,最后到展开的外部语言转化的基础。这一阶段说话者所挑选的是词和结构中能真实地表达所传递信息和具体思想的语义。

(三)形成深层句法结构阶段

这一阶段是由语义表象进而转化为语言的深层句法结构。乔姆斯基(Chomsky,1957)认为,每个句子都有深层结构和表层结构。深层结构(deep structure)显示基本的句法关系,决定句子的意思;表层结构(surface structure)则表示用于交际中的句子的形式,决定句子的语音。句子的深层结构通过转换成分变为表层结构。例如,“小女孩被黑狗咬了”这句话的表层结构就是由“狗是黑色的”“狗咬了女孩”“女孩是小的”三部分组成的深层结构转换而来的。图12-7表示在乔姆斯基提出的转换生成结构中,句法、语义和语音之间的联系。图中有两种不同的句法成分:一是基本成分,它含有对深层结构的重写规则;二是转换成分,它含有联结深层结构对表层结构的转换机制。基本成分产生深层结构。深层结构有两个加工方向:一是转换成分把深层结构转换成表层结构,表层结构又利用语音成分转换成发音的声音;二是深层结构由语义成分确定出意思。从图12-7可见,深层结构比表层结构更接近于语义(意思)。这一阶段已能摘出语义网络中表现的关系并赋予语言的句法形式。

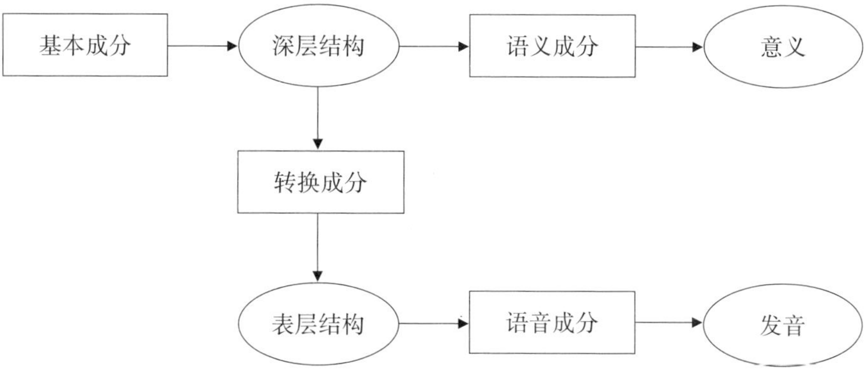

图12-7 在转换语法中的结构关系

(四)形成外部语言阶段

语言产生的最后一个阶段是扩展成为以表层句法结构为基础的外部语言。储存在记忆中的“发音程序”控制发音器官的肌肉活动,发出语音,以有声音语言的形式把思想感情表达出来。这就需要借助于发音器官的特殊运动了。

心理语言学家对语言产生阶段的见解并不一致。有人把语言的产生分为七个阶段:选择需要表达的意思,为分句选择句法结构,把内容插入句法结构中,指定出词的词法形式,指定出代表分句的音素,选择运动要求,分出分句(Fromkin,1973)。有人则认为,语言的产生包含语音、构词法、句法、语义四种加工水平,并且这四种水平的加工会相互作用(Dell,1986)。有人认为语言产生需要经历四个加工阶段:信息加工、功能性加工、位置性加工和语音编码加工。信息加工捕捉想要表达的意义并提供语法编码输出。功能性加工即对涉及的词语进行选择,使之符合语法和句法的功能要求;然后,位置加工阶段产生适当的词序位置;通过语音编码加工输出语言信息(Levelt,1989;Levelt, Roelofs, & Meyer, 2000)。还有人简单地把语言的产生分为制订计划和执行计划两个阶段(桂诗春,1985)。这些分析着眼点各有不同,但都有不少合理的成分。

二、语言产生的转换机制

根据乔姆斯基的转换生成语法理论,同一个深层结构可以用不同的表层结构来体现,也就是说,我们在表达同一意义时,可以采用不同的表达方式。一个表层结构也可包含两个或更多的深层结构。在这种情况下,语句就出现歧义。歧义是语言的一种普遍现象,一般可以通过设置语境来排除。

从深层结构到表层结构的转换,要通过一定的规则来实现。这些规则包括短语结构规则和转换规则等。按照短语结构规则,一个句子(S)可以转换为名词短语(NP)+动词短语(VP)(规则1);然后,一个名词短语又可转换成冠词(Art)+名词(N)(规则2);一个动词短语可转换成动词(V)+名词短语(NP)(规则3)……按照这些规则,可以将句子"The boy will hit the ball"构成一个树形图,如图12-8所示。

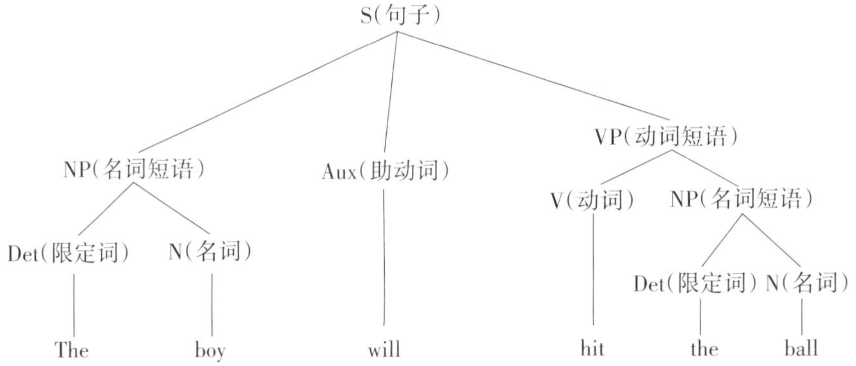

图12-8 短语结构规则的树形图

运用短语结构规则可以把某些表面结构相同而深层结构不同的句子区别开来。例如,歧义句"They are cooking apples",可以用不同的树形图来表示。在图12-9a中,cooking是一个分词,它和系词are联系在一起,因而,整句的意思是"他们正在烹调苹果"。而在图12-9b中,cooking是形容词,它修饰后面的名词,因此,整句的意思是"它们是正在烹调中的苹果"。

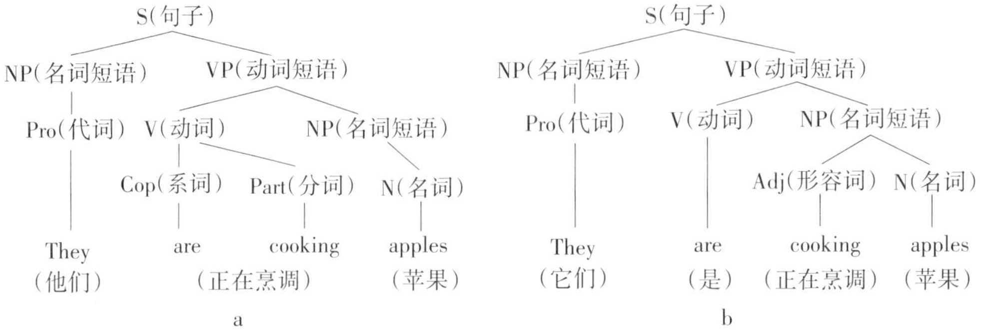

图12-9 歧义句的成分分析

转换规则是说明句子的深层结构与表层结构转换关系的规则。例如，我们可以把句子“The boy hit the ball”转换成“The ball was hit by the boy”。这种转换关系可用被动的转换规则来描写：$NP_1+V+NP_2 \rightarrow NP_2+Was+V+by+NP_1$。通过转换，相同的深层结构就可用不同的表层结构表达出来了。

乔姆斯基的语言学理论，特别是他的句法结构理论加深了人们对语言实质的理解。当前，各种语言学理论大都以乔姆斯基的理论为参照点，乔姆斯基的理论对语言学、哲学、心理学等产生了深远的影响。

三、言语产生的单位

对语言失误的研究，是探索语言产生过程的一种重要方法。语言失误包括停顿——无声或有声的停顿（词与词之间夹杂“嗯”“啊”等）、重复（对句中一个或多个词的重复）、开始失误（一开始说话就错）、改正（在改正时往往加上“我的意思是”“或者说得确切些”等插入语）以及多加感叹词、口吃、失言等。有人在一次心理语言学小组讨论会上把一些学者的发言做了录音，发现人们的自然语言失误颇多（Maclay & Osgood，1959）。例如：

As far as I know，no one yet has done the / in a way obvious now and interesting problem of [pause] doing a / in a sense a structural frequency study of the alternative [pause] syntactical [uh] / in a given language, say, like English, the alternative [uh] possible structure, and how / what their hierarchical [pause] probability of occurrence structure is.（就我所知，还没有人做过那/在某些方面做一个/是一个明显而又有兴趣的问题[停顿]某种意义的，对某一语言的各种[停顿]结构[呃]做结构频率分析，例如像英语，对各种[呃]可能的结构，怎样/它们出现的等级[停顿]或然率是怎样的。）

这段话充满了停顿、“呃”和开始失误（以斜线标志，以原文为准），说话人没有把要说的话计划好就开始说话。从这一段话中可以看出，说话人是以短语为单位来计划说话的，这些短语的成分在两三个词到七八个词之间。说话人在说话时尽量流利地把每一个短语成分说出来。有时，句子尚未想好，就说话了，有时他为了选择合适的词而停顿或改正。

四、影响语言产生的因素

对语言失误的研究表明，语言产生受下列因素的制约。

（一）话题

有人给被试看诸如汽车、快乐、万花筒、优势等词，让他们以一个词为题目说出一句话。结果发现，以具体词（如汽车，万花筒）为题目产生的语句比以抽象词（如快乐、优势）为题目产生的语句耗时少。还有人发现，自然的独白语言是按圆周式的周期来发展的。每一圆周式周期出现一些新的语言内容，而每一圆周式周期开始时总有些停顿、口吃和速度放慢等现象，说明自然的独白语言的产生有其自身的特点。

（二）语境

语境（context of words）是语言交际的环境，主要是指语言语境，即书面语言的上下文和口语的前言后语。语境因素对语言活动的参与者所产生的影响将系统地决定话语的形式、话语的合适性或话语的意义。不能结合语境或在交际中不了解双方的文化背景差异往往会造成遣词造句失当，出现语用失误，影响交际效果。

语境对语言产生的影响在交谈时表现得特别明显。交谈时人们交替充当着说话者。如果一个人说完一段话后觉得意犹未尽，想继续说下去，就需要让听话者知道其意图。如果意图未被了解，而停顿又较长，听话者就要说话了。因此，说话者为了让人知道其意图，往往自觉或不自觉地说完一句话后马上说另一句话，以免别人把话接过去。在这样的语境下，像“嗯”“呃”等有声停顿就相当的多。

（三）记忆

通过对舌尖现象的分析，可以发现提取困难对语言产生的影响。此外，短时记忆对于把握复杂的句法结构，使其组成成分听任调遣是必不可少的。研究表明，句法结构包含的环节越多，对短时记忆容量的要求也越大，语言失误也越多。另外，在外语学习中，外语单词常常使短时记忆负荷过度。学习者对外语输入的记忆广度小于本族语输入的记忆广度。这使得外语学习者虽然在长时记忆中能够识别外语中的每一个单词，但在交谈和听外语材料中，往往不能及时对这些单词进行提取、应用和做出反应（Rivers & Temperley, 1978）。

（四）情绪

人在紧张、焦虑、激动、暴怒等情绪状态下，语言中会出现无声的停顿或其他语言失误。在情境性焦虑或情绪唤起的状态下，更容易出现口误或口不择言的现象。弗洛伊德把失言、笔误看成是无意识动机的泄露，也说明动机对语言产生的影响。

总之，语言的产生受到话题、语境、记忆以及情绪等诸多因素的影响。人们所产生的语言各有不同，语言失误也不尽相同：有的人爱用有声的停顿，有的人常用无声的停顿；有的人常常发错音，有的人常常用错词。这些也反映了人们在语言风格上的差异性。

第四节 语言理解

一、语言理解及其水平

语言理解(language comprehension)就是根据语音或书面文字来确立意义的过程。例如,当你听到“车子”这个词的语音时,你知道这是指陆地上有轮子的交通工具,像汽车、马车等,这表明你理解了这个词的意义。又如,当你听到“请打开窗子吧”这句话的语音时,你知道这是一个开窗的请求,这表明你理解了这句话。语言的理解也就是确立语义的过程。

语言理解有不同的水平。词是语言材料中能独立应用的最小意义单位,各种复杂的语义都是借助于词来表达的。语言的理解必须以正确理解词的意义为基础。因此,对单词的理解是语言理解的初级水平。如果对单词都不理解就谈不上语言的理解。

但是,对各个单词的理解并不意味着能理解由个别单词所构成的短语和句子。例如,知道“一、针、见、血”这四个字的意义,未见得懂得这个成语的意义。因为成语不是个别单词的简单堆积,它在语言交际中是作为一个整体的意义而被使用的。句子的理解,情况更为复杂。它不仅有一定的语法关系,并因语法关系的不同而语义不同,就是同样一句话,在不同的语境中也有不同的意义。因此,对短语和句子的理解是语言理解的较高水平。

语言理解的第三级水平是对说话人的意图或动机的理解。例如,上述请求打开窗子这句话,有人不这样说,而是说:“这房子里闷热!”这时你也懂得这句话不仅是对室内气温的评论,其言外之意是表达开窗户的请求。与前述两种理解水平相比较,听出言外之意,难度要大得多。

二、语言理解的过程

(一)感知阶段

对语言的感知包括言语感知和阅读中的感知。

在我们的日常生活中,言语知觉在语言的使用中是最基本的。如果你曾经历在一台有杂音的电话上听别人的说话,你就会体会到言语知觉的重要性。听懂别人的话对人们的正常交往是至关重要的。言语知觉有一些有趣的现象。我们能够以惊人的速度知觉言语,即能以每秒50个音素的速度知觉他人流利的言语(Foulke & Sticht, 1969)。而我们对非言语声音,每秒仅能知觉三分之二个音素(Warren, Obusek, Farmer, & Warren, 1969)。不懂外语的人理解外语之所以很困难的一个原因是,我们听到外语的字母和字母组合的读音与我们母语中相对应的相同的字母和字母组合的读音有很大的差异。不懂英语的中国人听到美国人讲话就像听到非言语声音似的。

如果我们对非言语声音每秒仅能知觉不到一个音素,那么我们又是如何能够每秒知觉50个音素呢?解答该问题的众多答案中的一个是言语发声有同时发音(coarticulation)现象。即是说,音素的产生在同一时间内有重叠,从而使一个或更多音素在其他音素还在产生的同时出现。不只是单词内音素间有重叠,在连续讲话中,词与词间的界限也趋于重叠。言语中的语音重叠似乎给言语知觉带来麻烦,但事实是同时发音在言语信息的有效传递中却是必要的(Liberman et al., 1967)。有许多理论解释言语知觉,概括起来有两种理论解释:一种是把言语知觉视为一般的知觉类型,另一种是将其视为一种特殊的知觉类型。

阅读中的感知,包括我们观察到的各种文本排版、书写的文字字体如宋体、草写、正楷、黑体等,不论怎样,在阅读时你会将所有这些视觉符号转换成语音并形成单词;接着,辨识单词并理解单词的意思;最后,转向下一个单词并再次完全重复上述过程。将这一过程推移到后续的单词,以形成一个句子。阅读时,有两种基本知觉加工:词汇加工和理解加工。词汇加工(lexical processes)是用来辨别偏旁部首和单词的,也用以激活记忆中和这些单词有关的信息。理解加工(comprehension processes)是将文本作为意义整体来了解,从而使我们了解文本的含义及言外之意。这一加工与分析过程密切联系。

〖热点问题讨论12-3〗我们是如何知觉言语的?

将言语知觉过程等同于其他声音的听知觉过程的一类理论观点认为,言语知觉过程与其他声音听知觉过程一样有神经系统加工的明显阶段:在一个阶段,对言语发音分析将其分为各个成分;而在另一个阶段,对这些成分的组合形式进行分析,并将其与原型或模板进行匹配(例如,Kuhl, 1991; Massaro, 1987; Stevens & Blumstein, 1981)。此类理论中有一种叫语音净化理论(phonetic refinement theory)。它认为,我们从分析听觉开始,然后转换到更高水平的加工,通过不断与我们记忆中已知的各个音素和单词相匹配来识别单词。我们组建所听到的单词系列的始发音不一定需要开初的音素。正像看电影或听讲座时,只听到一些杂音,过一会儿我们仍能断定说话者可能说了些什么。这个到底听到的是什么的过程就是一个有意识的语音净化过程(Pisoni et al., 1985)。也有学者(McClelland & Elman, 1986)认为,言语知觉可分为三个水平:声学特征水平、音素水平和单词水平,这三个水平之间是交互作用的,较低水平会影响较高水平,较高水平也会影响较低水平。这些理论的共同特点是,用一般的知觉理论如对象与背景的关系以及视知觉原理(如对称性、接近性、相似性、闭合性)来对言语知觉现象加以解释。

把言语知觉视为一种特殊知觉的理论,是依据发现言语发音的类别知觉(categorical perception)而提出的。事实上我们所听到的言语发音是由一个音波变调的连续体组成,但我们知觉到的言语发音却是不连续的类别。这一现象可以在对辅音—元音组合ba、da和ga的知觉中表现出来。这些音节间声音的差异集中在言语信号中截然不同的变调形式上:有的知觉为ba,有的知觉为da,还有的知觉为ga。每个音节类别在不同场合中的发音方式也有不同。然而这种不同不会影响言语知觉:我们昨天说的ba音和今天说的ba音并不相同,但不会被知觉为不同的音。而对非言语声音的知觉却完全不同,如一种音调,音高(音调有多高或多低)的连续不同听起来则是连续且清晰的。把言语视为一种特殊知觉的理论中,有一种叫言语知觉的运动理论(motor theory of speech percetion)认为,言语是通过一种含蓄的、隐蔽的系统而被知觉到的,这个系统以一组理想化发音动作的深层运动表象为背景,"描绘出"输入的语音特性。人对这种深层的表象水平上的语音特别敏感,这些同时发音的片断便导致了类别知觉现象(Liberman et al., 1967; Liberman & Mattingly, 1985)。对该理论的有力支持是所谓的麦格克效应的发现(McGurk & MacDonald, 1976)。麦格克效应(McGurk effect)是指言语知觉中的视知觉和听知觉的同步现象。请回想一下你看过的电影。当电影的音带与说话者的嘴唇动作相一致时,你不会有任何问题。但是,如果音带显示的是一回事(如,da),而与此同时演员的嘴唇清楚表达的是另一个音(如,ba)的动作。你可能就会听到一个折中的音(如,tha),这个音既不是所说的那个音又不是所看到的那个音。你综合了听觉和视觉的信息,得到了一个与两者都不一样的结果。那些译制得很差的外国电影往往就会把人弄迷糊。

在正常的交谈中,我们利用读唇来增加我们对言语的知觉,特别是在噪音背景下知觉言语较困难时更是如此。言语知觉的运动理论能够很好地解释这种综合,因为发音信息包含了视觉和听觉信息。然而,另一种理论则将这些发现解释为对更一般的知觉过程的支持,把言语知觉视为跨感觉道信息的综合。言语知觉是一种很复杂的知觉,它既涉及语言的属性,又涉及认知的属性。言语知觉的不同理论正是反映了研究者看待言语上的差异:是将其视为常见的声音信号还是将其视为较特异的语音信息?

(二)分析阶段

分析阶段即把感知到的信息转换成意义的过程。语义的建立首先是从理解词义开始的。当听话人听到一个词的词音或看到一个词的形状后,他必须从这个词的语音或形状出发,在大脑里的心理词典中检查出它所代表的意义。通常这种检索过程是很快的,从语音听辨到检出一个词大约需150~200毫秒。但是,检索不同的词所需要的时间是不同的。

例如,高频词汇比低频词汇容易检索,最近听过的词比较早听过的词容易检索。接着,听话人便根据检索出的词来建立句子结构,然后从表层结构深入到意义。不少心理语言学家认为,句子结构可以切分为成分,而意义结构则可分为命题。因此,在分析阶段,句子理解的过程就是根据表层结构来建立深层的命题。那么,人们是如何建立深层的命题的呢?按照乔姆斯基转换生成语法的观点,既然语言表达是由深层结构通过转换规则而形成表层结构,那么语言的理解就是一种"倒转换"的过程,即从表层结构倒转换成深层结构。例如,当听话人听到"The ball was kicked by the boy"(球被男孩踢)这样的表层结构,就可以倒转换为"The boy kicked the ball(男孩踢球)这样的深层结构。表层结构中的某些词素可以对倒转换起触发作用,例如,在上句中"was+动词+by"就有这样的作用。根据这种理论假设,他们做了许多实验,证明转换越多,理解越困难(费时越多)。然而,这类研究只注重句子结构,忽视了语境和语义的作用。

(三)使用阶段

使用阶段是听话人对心象的实际应用。因为如果是一个请求,听话人不是听到就完了,他还必须决定是否照此请求去做;如果是一个问句,他也不是听到就完了,他必须对此问句做出回答。因此,理解还包括使用过程。当人理解了对方话语的意义后,就要根据其对话语的理解而有所行为。这种行为可以是外显的,也可以是内隐的。如果听到的话语是一个判断,听话人就会根据需要将新信息储存在记忆中。如果听到的话语是一个要求用"是"或"非"作答的问句,听话人会把新信息和储存在记忆里的信息相比较,然后根据比较的情况,回答"是"或"非"。如果听到的话语是一个请求,听话人会从记忆库里检索出实现该请求的行动,并考虑实现该请求的主客观条件,然后决定是否实现该请求。

在使用阶段,听话人的反映并不总是顺着说话人的话语内容的。他可能使用听到的一些判断、问句或请求来推断说话人的个性特点,他可能用疑问来回答疑问,甚至还可能有意做出与说话人的要求正好相反的事情。但是,如果不是有意做出的答非所问,行动与听到的话语内容完全相反或毫无关系,像对牛弹琴似的,这只能说明听话人对别人的话语是没有理解的。

语言理解的三个阶段是按时间顺序发生的,但也可有部分的重叠。听话人在感知一个句子的后一部分时,可能正在对句子的前一部分作出判断。

三、影响语言理解的因素

有很多因素可能影响到语言理解,主要有下列因素。

（一）语境

在语言交流时，语境提供了各种背景的知识，因而能帮助人们迅速、准确地理解语言。有人早在1972年就发现了上下文在语言加工中的作用（Bransford & Johnson,1972）。在被试阅读段落之前给被试呈现一个语境，被试回忆的主题数量平均在8.0~14.0个；没有语境的帮助，被试只能回忆出大约3.6个主题。语境能有效消除语言中的歧义，从而提高阅读或理解的加工速度。这些都说明了语境对语义生成的影响和决定作用。在汉语的语境研究中，彭聃龄和谭力海（1987）研究了词语境对双字词识别的影响。他们按照语境与目标词语义联系的程度分成强语境（如牢房—监狱）、弱语境（如田野—碧绿）和无关语境（如软禁—细菌），被试的任务是词汇判断。结果发现，语境对高频目标词的促进作用不明显，对低频目标词的促进作用非常显著。盖淑华（2003）通过实证研究也发现，对外语学习而言，在语境（如阅读）中附带习得词汇是行之有效的词汇学习方法。

（二）推理

推理可以在已有语言信息的基础上对新信息进行加工，并通过整合新旧信息来更新记忆，或者在语言的不同成分间建立联结。因此，推理有助于建立语义联系，从而加速我们对语言的理解。例如，对于两个相同长度的目标句（a）（b）进行理解：

（a）我们从车中拿出了一些啤酒。啤酒是温的。

（b）我们检查了野餐的食物准备。啤酒是温的。

实验证明，被试阅读和理解（a）句所花的时间要多于（b）句的时间。这可能因为在（b）句理解中，被试可以做出这样的推论：野餐所准备的食物中含有啤酒（Haviland & Clark, 1974）。其他研究也表明，读者在阅读时通过推理形成的语义关联数量和关联强度会影响读者对所阅读内容的记忆和理解（Goldman & Varnhagen,1986；Trabasso & Broek, 1985）。

（三）图式

图式（schema）是知识表征的心理组织形式。它说明了一组信息在头脑中最一般的排列或可以预期的排列方式，是关于世界的一般知识和关于当前事件信息的结合。语言理解的过程也就是图式具体实现的过程。有人对文本阅读进行研究后指出，一个好的表征是一致连贯的。他们发现符合图式的文本更容易理解并能更好回忆（Ainsworth & Baumann, 1995）。因为图式这类结构可以将文本中的信息结合在一起，从而形成联系和建立逻辑关系。有研究认为，读者在阅读过程中会涉及三种图式：语言图式、内容图式和形式图式。语言图式是指读者对语言知识的掌握；内容图式是指读者关于文章主题的知识背景;形式图式是指读者关于文章结构的知识了解。实验研究中,对初中生进行了说明文形式图式阅读策略训练,发现能显著提高学生的阅读理解水平(刘电芝等,2004)。这和我们的日常经验也是吻合的。例如,我们平时所听到或看到的故事,都是按照故事图式的一般规律组织起来的。它通常包括事件发生的背景、主题、情节和结局等内容。当语言材料的结构与故事图式一致时,故事图式能提高理解语言的速度与质量;相反,当语言材料的结构与故事图式不一致时,人们对故事图式的预期会使理解的速度缓慢下来,甚至会影响故事内容的理解。

(四)策略

语言理解是运用一系列心理策略的过程。其中,储存在头脑里的语法手段就是一些常用的心理策略。在汉语中表达句法结构有这样一些语法手段。(1)词序不同,句法结构也不同。例如,"我追狗""狗追我"。这两句话用语序区别主语和宾语,意思恰好相反。(2)词的构形形态是表示句法结构的一种语法手段。例如,"我忙着做作业","着"表示动作的持续;"他受到了表扬","了"表示动作(或变化)已经完成;"他去过美国","过"表示某种行为(或变化)曾经发生。(3)语调(包含句调、重音和停顿)也是表示句法结构的重要语法手段。民间流传的趣话"下雨天留客天留我不留",用不同的语调去读,解读到的意思就大不相同。再如:在听外语新闻时,采取自下而上的加工策略,就是老老实实地辨认听力材料中的语音、词汇和句子,从而最终理解整个语篇内容。而采取自上而下的加工策略则是尽量调动已有的知识背景,对听到的内容进行补充和整理,从而通过推理、分析掌握新闻内容。聪明的学者往往能将几种策略有机结合起来,从而更快更好地理解语言的意义。

总之,语言理解不仅依赖于对语言材料的正确感知,还依赖于人们已有的认知结构和各种形式的知识经验。人们根据自己的知识经验去接受、加工所获得的语言信息,通过推理建立材料之间的联系,补充所缺少的信息,最后达到对语言材料的合理解释。因此,语言理解过程是一种积极主动的思维过程,是多种认知策略综合作用的过程,是根据所获得的语言材料去建构意义的过程。

复习与思考

1.解释:语言,外部语言,内部语言,单侧化,咿呀学语阶段,单词句阶段,全息短语,双词句阶段,电报式言语,关键期,转换生成语法理论,语言产生,深层结构,表层结构,语言理解,语音净化理论,类别知觉,言语知觉的运动理论,麦格克效应

2.举例说明语言的基本属性。

3. 阐述语言的生理机制。

4. 儿童语言的发展经历哪些基本阶段?

5. 试述关于语言习得的理论争议。

6. 分析语言产生的过程及影响因素。

7. 分析语言理解的过程及影响因素。

推荐阅读书目

1. 斯滕伯格(杨炳钧等译,2006). 认知心理学(第三版). 第九章和第十章. 北京:中国轻工业出版社.

2. 贝斯特(黄希庭等译,2000). 认知心理学(第五版). 第七、八、九章. 北京:中国轻工业出版社.

3. 罗森茨维格等(张厚粲译,2002). 国际心理学手册. 第九章. 上海:华东师范大学出版社.

4. 艾森克(阎巩固译,2000). 心理学——一条整合的途径. 第七章. 上海:华师范大学出版社.

第十三章　情绪

第一节　概述

一、什么是情绪

“人非草木，孰能无情?”各种情绪，例如喜悦、愤怒、悲哀、恐惧、苦恼、烦闷、赞叹等，人人都有过切身的体验。虽然我们给出一个情绪的例子相当容易，但是用概括的方式给出情绪的定义却非常困难。因为情绪涉及我们生活的各个方面，十分复杂。为了揭示情绪的神秘面纱，心理学家把它看作由许多关键成分所组成的复杂心理现象，分别加以研究。因此可以做如下的定义：情绪(emotion)是一种复杂的心理现象，它包含情绪体验、情绪行为、情绪唤醒和对情绪刺激等复杂成分。

需要是情绪产生的重要基础。依需要是否获得满足，情绪具有肯定或否定的性质。凡是能满足已激起的需要或能促进这种需要得到满足的事物，便引起肯定的情绪，如满意、愉快、喜爱、赞叹等；相反，凡是不能满足这种需要或可能妨碍这种需要得到满足的事物，便引起否定的情绪，如不满意、苦闷、哀伤、憎恨等。事物总是复杂的，它与人的需要的关系也是复杂的。一种事物可能满足人的某种需要，而不能满足另一种需要，甚至和第三种需要相抵触。因此，不少事物可能引起很复杂的甚至相矛盾的情绪，所谓百感交集，啼笑皆非即是。事物是否符合于个人的需要有赖于认知的评估作用。同一事物，由于人们认知上的差异，对它的评估可能不同：如果把它判断为符合于自己的需要，就产生肯定的情绪；如果把它判断为不符合于自己的需要，就产生否定的情绪。同一个人在不同的时间地点和条件下对同一事物的认知和评估可能不同，因而产生的情绪也有所不同。例如，同是一杯酒，同是一个人，在不同的境遇下，唤起的情感可能不同：“呼儿将出换美酒，与尔同销万古愁”，是愉快的情感；“酒入愁肠，化作相思泪”，是不愉快的情感。

除了情绪的概念外，在心理学上还经常使用情感这一概念。情感(feeling)就是情的感受方面，即情绪过程的主观体验。因此，情绪这个概念可以既用于人类也用于动物，情感这个概念通常只用于人类，特别在描述人的高级社会性情感时。此外，心理学中也用感情这一术语。感情(affection)通常是用来表示情绪、情感这一类心理现象的笼统称谓。它既包含与生理需要相联系的低级情绪,也包含与社会需要相联系的高级情绪情感。这个概念在日常用语中很常见。在心理学中,精神分析学派在谈到情绪时常用“感情”这个词,而情绪则被看成是无意识的表现。

二、情绪的功能

(一)适应功能

情绪是有机体适应生存和发展的一种重要方式。如动物遇到危险时产生害怕,从而发出呼救信号,就是动物求生的一种手段。人类婴儿出生时,还不具备独立的维持生存的能力,这时主要依赖情绪来传递信息,与成人进行交流,得到成人的抚养。成人也正是通过婴儿的情绪反应,及时为婴儿提供各种生活条件。在成人的生活中,情绪直接反映着人们生存的状况,是人们心理活动的晴雨表,如愉快表示处境良好,痛苦表示处境困难;人们还通过情绪进行社会适应,如用微笑表示友好,用移情维护人际关系,通过察言观色了解对方的情绪状况,以便采取相应的措施等。也就是说,人们通过各种情绪了解自身或他人的处境与状况,适应社会的需要,求得更好的生存和发展。

(二)动机功能

情绪是动机的源泉之一,是动机系统的一个基本成分。它能够激励人的活动,提高人的活动效率。适度的情绪兴奋,可以使身心处于活动的最佳状态,进而推动人们有效地完成工作任务。研究表明,适度的紧张和焦虑能促使人积极地思考和解决问题。同时,情绪对于生理内驱力也可以起到放大信号的作用,成为驱使人们行动的强大动力。如人在缺氧的情况下会产生补充氧气的生理需要,但这种生理驱力本身可能没有足够的力量去激励行为,而此时所产生的恐慌感和急迫感会产生强烈的驱动力。

(三)组织功能

情绪是一个独立的心理过程,有自己的发生机制,并对其他心理活动具有组织作用。这种作用集中表现为积极情绪的协调作用和消极情绪的破坏、瓦解作用。一般而言,中等强度的愉快情绪有利于提高认知活动的效果,而消极情绪如恐惧、痛苦等会对作业效果产生负面影响。情绪的组织功能还表现在人的行为上,当人们处在积极、乐观的情绪状态时,更容易注意事物美好的一方面,行为也比较开放,愿意接纳外界的事物;而当人们处在消极的情绪状态时，则容易失望、悲观，放弃自己的愿望，甚至产生攻击行为。

（四）信号功能

情绪在人际间具有传递信息、沟通思想的功能。这种功能是通过情绪的外部表现，即表情来实现的。表情是思想的信号，在许多场合，只能通过表情来传递信息，如用微笑表示赞赏，用点头表示默认等。表情也是言语交流的重要补充，如手势、语调等能使言语信息表达得更加明确或确定。从信息交流的发生上看，表情的交流比言语交流要早得多，如在前言语阶段，婴儿与成人相互交流的唯一手段就是表情，情绪的适应功能也正是通过信号交流的作用来实现的。

三、情绪的生理机制

（一）下丘脑与情绪

许多种动机和情绪行为的中枢在下丘脑。在第五章中已经述及的“摄食中枢”“厌食中枢”和“饮水中枢”，都在下丘脑，这些中枢的兴奋都与情绪反应有关。此外，研究者用尖端埋藏在下丘脑内的电极对未麻醉的动物进行逐点刺激发现，动物有两类行为反应：(1)斗争像发怒的模式（怒吼和发嘶嘶声、耳朵后倒、竖毛及其他交感神经的反应）；(2)逃避像恐惧的模式（扩瞳、眼射来射去、头左右转动、最后逃走）。因此，下丘脑被认为有支配愤怒和恐惧的中枢。

（二）边缘系统与情绪

边缘系统包括边缘皮质（眶额区、扣带回、海马回和梨状区）以及与它们有联系的主要结构，如视前区、中隔、杏仁核和附近区域。刺激边缘系统不同部位所引起的情绪反应是很复杂的，可以表现为愉快或愤怒反应，血压升高或降低，呼吸加快或变慢，胃肠运动加强或减弱，瞳孔扩大或缩小等。用埋藏电极刺激边缘系统的某些部位（如中隔区和下丘脑）可产生“奖赏感觉”，动物有强烈的自我刺激行为；而刺激其他邻近部位时可产生“惩罚感觉”，动物有躲避行为。因此，边缘系统和下丘脑的这些部位被称为“快乐中枢”和“痛苦中枢”（Olds & Milner，1954）。

边缘系统中的杏仁核在调节情绪行为中起着重要的作用。研究者发现，高位去皮质而保留下丘脑动物的愤怒反应，实际上是由于失去杏仁核的调节作用之故。因为切除新皮质而保留杏仁核的猫不引起愤怒反应，保持安静状态，如果去皮质猫切除杏仁核，则安静状态消失了(Bard & Mountcastle,1948)。由此推论杏仁核似乎起着漏斗的作用,通过它而对负责愤怒反应的下丘脑施加抑制影响。

(三)大脑皮质与情绪

大脑皮质在情绪情感中起着重要的作用。有研究发现,和左半球言语中枢相对称的右半球相应区域受损伤的病人能够理智地说话,却缺乏言语的情绪色彩,说话时就像受计算机支配似的(Ross & Mesulam,1979)。这似乎说明言语的内容和结构是由左半球加工,而言语的情绪色彩是由右半球控制的。另有一项个案研究发现,右脑皮质前部受损伤的病人不能用面部姿势和语声变化来表达情绪,但能理解他人的表情;相反,右脑皮质后部受损伤的病人能表达情绪却不能识别表情;这两部分都受损伤的病人则既不能表达也不能识别情绪(Ross,1981)。由此说明,情绪识别和情绪表达在大脑皮质上可能有定位。

去大脑动物的情绪反应是盲目的,无目标的。正常动物的情绪反应必需有大脑皮质参与。研究表明,边缘系统也是处于大脑皮质的神经回路控制之下的。因此,情绪的脑机制可概括如下:对情绪刺激的认知在大脑皮质的相应区域产生,然后将冲动传给下丘脑和边缘系统,导致自主神经系统的生理反应并产生某种特殊类型的情绪行为;同时,对自己情绪状态的认知(感受)也就在大脑皮质中产生了。

(四)自主神经系统的功能

当处于情绪状态时,体内由自主神经系统支配的内脏器官和内分泌活动会发生变化。例如,愤怒时血压上升;恐惧时呼吸和脉搏加快,胃的活动会暂停活动,消化液也停止分泌,甚至发冷汗,汗腺分泌发生变化等。大多数伴随情绪而发生的生理变化,是由自主神经系统支配的。自主神经系统的交感和副交感神经系统共同支配着同一个器官,但起着拮抗的作用(见表13-1)。

表13-1　自主神经系统控制生理唤醒

交感神经系统(唤醒作用)		副交感神经系统(镇静作用)
瞳孔扩张	眼睛	瞳孔收缩
减少	唾液分泌	增加
排汗	皮肤	干燥
增加	呼吸	减少
加快	心跳	减缓
抑制	消化	活跃
分泌应激激素	肾上腺	减少应激激素的分泌

总之，情绪的生理机制是十分复杂的，它是大脑皮质和皮质下部位协同活动的结果。皮质下部位在情绪行为中起着重要作用，而情绪认知、情绪体验、情绪控制，则是大脑皮质的功能。大脑皮质在人的情感中起着主导作用。

〖热点问题讨论13-1〗测谎仪

运用多道生理记录仪可以记录伴随情绪的生理变化。多道生理记录仪俗称测谎仪(lie detector)，实质上是一种“情绪检测器”：测量与情绪状态相联系的某些生理指标。它用于测谎是因为人在说谎时往往感到内疚和焦虑，从而导致心率、血压、呼吸和皮电反应等的变化。这样，就可以用多道生理记录仪进行检测。

操作测谎仪的标准程序是：先在被试放松时做一个记录，这些记录作为计算随后反应的基线，然后，测验者提出一系列经过仔细措辞，要求用“是”或“否”来回答的问题。鉴定性问题(也称相关问题)分散在中性问题(也称无关问题)之中。为了使测量回到常态，问题与问题之间通常有一分钟的时间间隔。在司法心理学中运用测谎仪的假设是，由于犯罪的被试对鉴定性问题的生理性反应增强从而被揭露出来。图13-1是多测谎仪上显示的呼吸、汗腺及心跳记录曲线随问题性质变化的情形(Raskin，1982)。

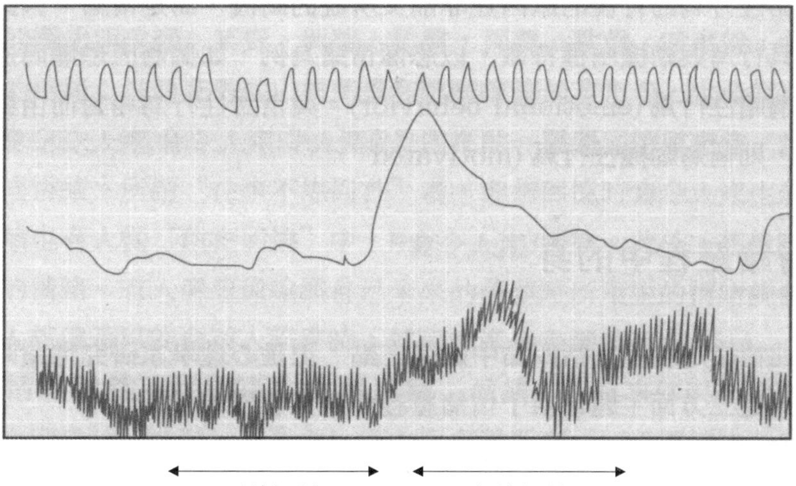

图13-1 测谎仪记录图

测谎仪的运用是有争议的：(1)说谎不一定伴随独特的容易区分开来的生理反应；皮电反应和其他生理反应变化并不必然地意味着说谎。各种情绪之间的生理唤醒在很大程度上是相同的。测谎仪不能区分焦虑、激怒和内疚所引起的相似的生理反应。因此，测谎的错误率大约为三分之一。当相关问题也使诚实的人紧张不安时，例如，一个无辜的人担心受牵连也会出现这些生理变化，这种测验更容易将无辜的人定为有罪。(2)被测者(如罪犯)可以通过把所有问题都和犯罪事实相联系起来从而搅乱“基准线”，使得调查者找不到比较的标准，而测谎仪不能区分因犯罪说谎引起的唤醒和因诚实坦言而引起的唤醒。2002年美国国家科学学会报道，美国联邦调查局(FBI)，中央情报局(CIA)和美国国防部花了数百万美元测验了几万名雇员，一名埋伏在CIA的俄国间谍尽管做了很多测谎测试，却从未被测谎仪识别出来。在最近的调查中，90%的心理生理学家和心理学家一致认为：狡猾的罪犯和间谍可以通过增加他们对无关问题的唤醒，比如咬紧舌头，来通过测试。

由于许多条件会引起生理唤醒，特别是皮电反应的变化，因此测谎仪的运用必须慎重。一个更有效的方法是用罪犯知识测试，即测试犯罪嫌疑人在回答只有警察和其本人知道的犯罪细节时的生理反应。比如，钱被偷了，测谎专家就会注意到受试者是否对钱的数额产生反应，只有罪犯本人才会有强烈的反应。如果这种具体的探查足够多，一个无辜的人很难被错误指控。尽管有90%以上的心理学家认为测谎能被罪犯和间谍顺利通过，但仍有很多学者认为罪犯知识测试是“科学而合理的”(Ben-Shakhar & Bar-Hillel, 2002; Iacono & Lykken, 1997)。

第二节 情绪体验

情绪体验(emotional experience)是指情绪发生时的主观感受。情绪发生时并非所有的内部体验都是情绪，但直接的主观体验是情绪现象不可或缺的组成部分。而且每种具体的情绪体验在主观感受上是相对稳定的。

一、情绪体验的维度

情绪总是在一定的情境中产生的，而人所处的情境又是变化无穷的，这样就很难对情绪体验做较细致的分析。但是，如果撇开具体情境和情绪所指向的对象，仅就情绪体验的性质来看，可以从不同的维度进行分析。冯特(Wundt，1896)最早提出情绪维度(emotional dimension)的观点，认为情绪是由愉快—不愉快、激动—平静和紧张—松弛等三个维度组成的，每一种具体情绪分布在三个维度的两极之间的不同位置上。他的这种看法为后来情绪的三维模式(three-dimensional pattern)奠定了基础。

施洛伯格(Schloberg，1954)通过对面部表情的研究，提出了自己的观点：情绪的维度有愉快—不愉快、注意—拒绝和激活水平等三个维度，他建立了一个三维模式(图13-2)。其中，椭圆切面的长轴为快乐维度，短轴为注意维度，而垂直于椭圆面的轴则是激活水平的强度维度，三个不同水平的整合就可以得到各种情绪。

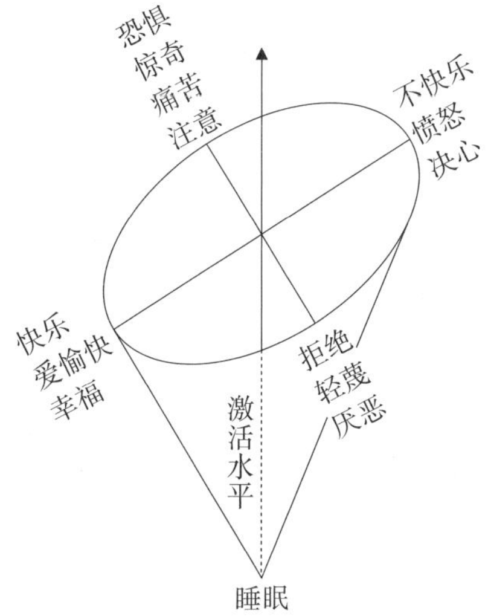

图 13-2 施洛伯格的情绪三维模式

普拉切克(Plutchic,1970)提出的情绪三维模型则主张情绪具有强度、相似性和两极性等三个维度,他采用了一个倒锥体来形象地描述情绪三个维度之间的关系(图 13-3)。其中,锥体的截面被划分为八种原始情绪,其中相邻的情绪是相似的,对角位置的情绪是对立的,锥体自下而上表明情绪由弱到强的变化。这个模型的特点是描述了不同情绪之间的相似性及对立性特征,这在情绪的实验研究中对于情绪的界定是很有用的。

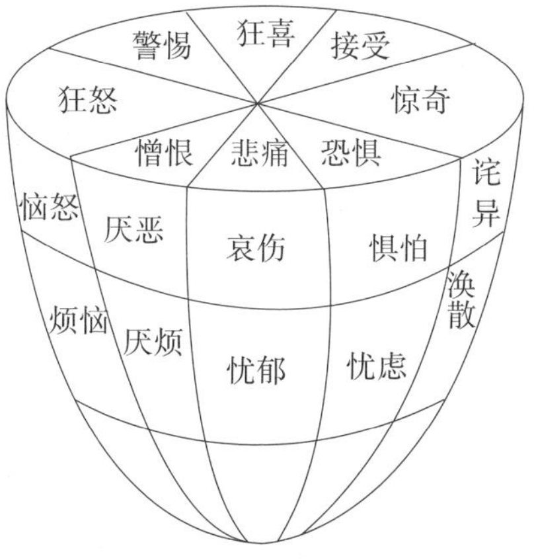

图 13-3 普拉切克的情绪三维模式

罗素(Russell,1980)提出了情绪分类的环状模式。他认为情绪可划分为两个维度:愉快度和强度。其中愉快度分为愉快与不愉快;强度分为中等强度和高等强度。由此可以组合成四种类型:愉快—高等强度是高兴,愉快—中等强度是轻松,不愉快—中等强度是厌烦,不愉快—高等强度是惊恐(图 13-4)。这种分类用评价情绪词或归类的方法,在英语国家和非英语国家如中国、克罗地亚、爱沙尼亚、希腊、日本、波兰、德国等都得到了一致的研究结果(Larsen & Diener,1992;Reisenzein,1994)。

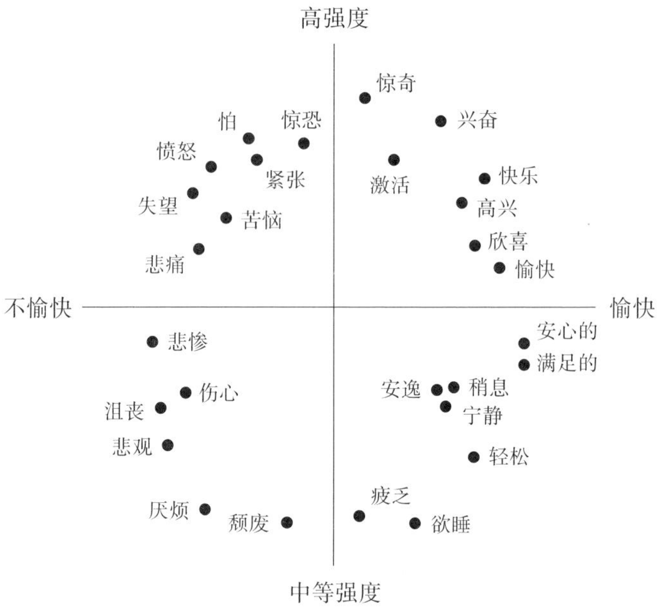

图13-4 罗素的情绪环状模式

下面,试从情绪的强度、紧张度、快感度和复杂度四个维度对情绪体验的性质做一些分析。

(一)强度

情绪体验可以在强度上有由弱到强的不同等级的变化。例如,喜,可以从适意、愉快到欢乐、大喜、狂喜;哀,可以从伤感到难过、悲伤、哀痛、惨痛;怒,可以从轻微的不满、生气、温怒、激愤到大怒、暴怒;惧,可以从害怕、惧怕、惊恐到惊骇。情绪的强度越大,整个自我被情绪卷入的程度也越深。

情绪体验的强度首先取决于对象对人所具有的意义。意义越大,引起的情绪就越强烈。而这种意义的大小,是由该对象在个人生活中所占的地位来决定的。其次,情绪体验的强度还取决于人对自己所提出的要求。人们对一幅画的不良评价,可能不会使业余绘画者产生强烈的情绪,但可能引起专业画家的强烈情绪反应。最后,情绪体验的强度也取决于人的需求状态。食物的气味,对饥饿者和不感到饥饿的人,其情绪体验的强度是不同的。

(二)紧张度

在紧张度方面,情绪体验的变化是很大的。紧张的情绪体验通常与活动的紧要关头、最有决定性意义的时刻相联系。在考试、讲演、运动比赛之前,人们都可以体验到这种紧张情绪。在活动进行的过程中,通常存在着关系到活动成败的关键时刻,当这种时刻在实际上或想象中临近时,情绪体验的紧张水平就会逐渐增长。如果活动成败对人越重要,则关键时刻到来时情绪就越紧张。关键时刻过去之后,则可以体验到轻松或紧张的解除。如果以前的紧张水平越高,则关键时刻过去之后,就越感到轻松。

紧张一般有助于全身精力的动员和注意的集中。可能对活动产生有利的影响,也可能起抑制作用而使动作失调,从而妨碍活动的正常进行。紧张对活动的不同作用,除了取决于紧张的程度外,也与活动的难度、人对活动的准备以及是否具有必要的知识、技能有关。

(三)快感度

快感度是指情绪体验在快乐或不快乐的程度上的差异。悲伤、羞耻、恐惧、悔恨等有明显不快乐的感受;而欢喜、骄傲、满意等有明显快乐的感受。还有一些情绪在快感度上应摆在什么位置,显得十分模糊,如怜悯,惊奇既不是明显的快乐,也不是明显的不快乐。

快感度在根本上是与需要是否得到满足有关的。事物能满足人的需要,就会引起快乐的体验;当事物不能满足需要或与需要相抵触,则会引起不快乐的体验。情绪的强度会影响其快感度。微愠不一定是特别不愉快的,而强烈的愤怒则显然是不愉快的。渴望,通常伴有快乐的感受,但当它过于强烈而持久时,就可能产生不快乐的感受。

(四)复杂度

各种情绪的复杂程度是很不一样的。爱,包含柔情和快乐的成分;恨,包含愤怒、惧怕、厌恶等成分。例如"惊喜悲叹""惊喜疑惧"这两种情绪就比"快乐"要复杂得多;又如"悲喜愧惧""悲恨爱悔"这两种情绪就比"悲哀"要复杂得多。有时,情感的成分非常复杂,我们甚至很难用言语来描述它到底是一种什么样的体验,而有的情感是很单纯的。

二、基本情绪的分类

基本情绪(basic emotion)或初级情绪(primary emotion)是人类和动物共有的,是人们与生俱来的,并且具有特定的生理模式和相应的表情。在任何地方,悲伤都与丧失的知觉相关,恐惧都与受到惊吓和身体受到伤害的知觉相关,生气都与侮辱或不公平的知觉相关。与基本情绪相对的是复合情绪(complex emotion)或次级情绪(secondary emotions)则包括情绪的各种变化及混合情绪,它随着个体认知的成熟而逐渐发展,并随着文化的不同而变化。

克雷奇等人(Krech,1980)把快乐、悲哀、愤怒和恐惧看作四种基本情绪:(1)快乐是盼望的目的达到紧张解除后继之而来的情绪体验。快乐的程度,取决于愿望满足的意外程度。目的无足轻重,只能引起些微的满足;目的极为重要,并且是意外的达到,则会引起极大的快乐。(2)悲哀是失去所盼望的、所追求的东西或有价值的东西而引起的情绪体验。悲哀的强度依存于失去的事物的价值。(3)愤怒是由于目的和愿望不能达到或顽固地、一再地受到妨碍,逐渐积累而成的。挫折如果是由于不合理的原因或被人恶意造成时,最容易产生愤怒。(4)与愤怒导致攻击不同,恐惧是企图摆脱、逃避某种可怕的情景。恐惧往往是由于缺乏处理或缺乏摆脱可怕的情景(事物)的力量和能力所造成。恐惧比其他任何情绪更具有感染性。上述四种最基本的情绪在体验上是单纯的、不复杂的,在此基础上,可以派生出许多不同情绪的组合型式,也可以赋予不同含义的社会内容。例如,由疼痛引起的不愉快是比较单纯的情绪;而悔恨、羞耻这些情绪则包含着不愉快、痛苦、怨恨、悲伤等复杂因素,是一些复杂的情绪体验。

谢弗(Shaver,1987)等学者认为情绪有六种基本类别。他们选取了135个情绪名词,让大学生被试将其中类似的情绪划归为一类。研究结果发现了六种基本的情绪类别,它们分别是爱(love)、喜悦(joy)、惊奇(surprise)、愤怒(angry)、悲伤(sadness)和恐惧(fear),而其他的情绪皆可根据其含义和性质划归为六种基本情绪的一种。同时,这六种基本情绪种类也可以从不同的角度再行划分(评价维度:正面或负面)。比如,前三项是正面的情绪体验(爱、喜悦、惊奇),后三项是负面的情绪体验(愤怒、悲伤、恐惧)。此外,还可以从强度(强或弱)和活动(唤醒程度高或低)维度对这六种基本情绪进行划分,比如恐惧是一种强的、高唤醒的情绪。

孟昭兰(2005)从婴儿情绪的发生角度,认为人类婴儿有六种基本情绪:快乐、兴趣、厌恶、恐惧、痛苦(悲伤)和愤怒。基本情绪随着个体的成熟而出现,它们的出现有时间的顺序,但个体显现的时间是有差异的(孟昭兰,1989;Izard,1987)。

我国古代思想家对基本情绪的种类也有各种说法(燕国材,2004)。《中庸》将情绪分为"喜、怒、哀、乐"四种;《素问》把情绪分为"喜、怒、悲、忧、恐"及"喜、怒、思、忧、恐"五种;《吕氏春秋·尽数》则认为"喜、怒、忧、恐、哀"五种;《三国志·魏陈思王植传》中把"喜、怒、哀、乐、怨"定为五情;《左传·昭公二十五年》把情绪分为"好、恶、喜、怒、哀、乐"六种;《荀子·天伦》称"好、恶、喜、怒、哀、乐";《白虎道·情性》称"喜、怒、哀、乐、爱、恶"也主张"六情"分类法;《礼记·礼运》曰:"何谓人情?喜、怒、哀、惧、爱、恶欲,七者弗学而能",提出七情说;《荀子·正名》还有"说、故、喜、怒、哀、乐、爱、恶、欲以心异"所谓"九情"的说法(有人认为这里的"说""故"二字是衍文或误字。也有人解释说,"说"有"释"的意思,"开释"就是愉快;"故"可读为"锢",心中郁结的意思。这便成了"九情说")。林传鼎(1944)对人类的基本情绪做过研究。他从《说文》中,找出9395个正篆,发现其中有354个字是描述人的情绪的,并按它们的意思分为18类，即安静、喜悦、恨怒、哀怜、悲痛、忧愁、忿急、烦闷、恐惧、惊骇、恭敬、抚爱、憎恶、贪欲、嫉妒、傲慢、惭愧、耻辱。

在心理学界，不仅哪些情绪属于基本情绪有分歧，而且文化心理学家还不认为初级情绪与次级情绪之间有多大的区别。因为在他们看来，任何一种情绪都会深受文化影响的。愤怒可能是一种基本情绪，但是对这种情绪的感受是好还是坏、是有用的还是有害的，不同文化人们的体验和感受是不同的。文化甚至会影响人们对基本或"初级"情绪的界定。在崇尚个人主义的西方心理学家看来，生气是一种初级情绪；但在崇尚集体主义的文化中，羞愧和丢脸是更为基本的情绪（Kitayama & Markus，1994）。在密克罗尼西亚的环形珊瑚小岛Ifaluk上，人人都认为fago是最基本的情绪。fago被翻译成"同情/爱/悲伤"，它所反映的是当所爱的人离去了或处于危难中时人们所产生的悲伤感，以及能够给予他们帮助、照顾和同情的愉快感（Lutz，1988）。

第三节 情绪状态

情绪状态（emotional state）是个体在情绪过程中显现出的身体变化及其自觉或不自觉的意识状态，具有持续性、外显性、情境性和个体性等特点。情绪状态常见有下面一些表现形式。

一、情调

情调（feeling tone）是一种伴随着感觉而产生的情绪状态。例如，当我们感知到红橙黄绿、酸甜苦辣、冷热痛痒、气味香臭、光线明暗、乐音噪音等等的同时，往往也体验到某种情绪。这种情调是伴随着感觉的，似乎感受物本身就带有特殊的情感负荷。当我们说到"甜蜜的嗓音""凄怆的夜晚""愤怒的波涛""厌恶的气味"等的时候，这里人所感知到的"嗓音""夜晚""波涛""气味"都带有一种特殊的情感色调。

颜色不仅给我们提供了各种感觉信息，而且涉及我们的情感体验。不同文化传统的人们对颜色情调既相同又有不同。例如，德国人认为纯红色表现崇高性、尊严性和严肃性，黄色是一种愉快的软绵绵的和迷人的颜色，绿色给人以"真正的满足"，红色中加入蓝色会显得"令人难以忍受"。苏联的青少年觉得红色表示非常兴奋、活跃的心情；橙色表示快乐、温和；黄色表示明亮、愉快；绿色表示安静、沉着；蓝色表示忧郁、悲伤；紫色表示焦虑、不满意；黑色则与深深的苦闷、颓废联系在一起。张耀翔（1948）的研究表明，中国人的颜色情调特点是：红为喜色，使人兴奋；黄色能使人兴高采烈；绿为凉色，绿在我国为一种羞辱颜色；黑使人烦闷、丧气等。黄希庭等（1991）对5089名大学生的研究表明：颜色情调既受文化传统的影响，也受个人心理结构的影响；我国多数人的颜色情调是：红色—兴奋、喜悦，橙色—愉快、兴奋，黄色—愉快、舒适，绿色—舒适、愉快，蓝色—沉静、舒适，紫色—厌恶、忧郁，黑色—悲哀、厌恶、恐惧。此外情调不仅因刺激的性质和强度而异，而且受个人所受教育特点、年龄和性别等的影响。

研究不同刺激所引起的情调，具有重要的应用价值。如何使菜肴的色香味更能引起愉悦情调，是饮食业的重要课题；对颜色偏好的研究，有助于服装业对流行色的预测；对房屋、车床、运输工具的颜色情调的研究，则对于人们的生活和生产都具有重要意义。

二、心境

心境（mood）是一种比较微弱、持久、具有渲染性的情绪状态。俗语说“人逢喜事精神爽”。这时被喜事所引起的愉快心情按其强度来说并不强烈，但这种情绪状态并不在事过之后立即消失，往往会持续一段时间。一般的情绪反应持续时间短则几秒钟，长则几小时，但一种心境可以持续很多小时，甚至很多天。在这段时间里，这种愉快、喜悦的心情仍影响着人的各方面的行为。在他看来，仿佛周围的一切事物都染上了快乐的色彩。相反，心境忧伤的人，在这段时间里所看到周围的一切都带有忧伤的色彩。心境不同于其他情绪状态的显著特点是：它不具有特定的对象性，即不针对任何特定事物。它是一种带渲染性的情绪状态。

人的心境跟生物节律有着密切关系。当体温处于一天中的低点时，人也倾向于感到情绪“低落”，当体温处于高峰时，即使你一夜没睡觉，也可能有一个积极的心境（图13-5）。另外，心境还表现出周周期。对于那些正常上班或上学的人来说，星期一是他们心境的最低点。与周末相比，人们在工作日的心境的确要差一些。图13-6是测量一组大学生在五周内每天心境的曲线图。如图所示，人的心境表现出七天一个周期的起伏变化。对于大多数学生来说，最低点在星期一或星期二，而最高点在星期五或星期六。换言之，心境的变化与一周的作息表有关（黄希庭、郑涌，2005）。

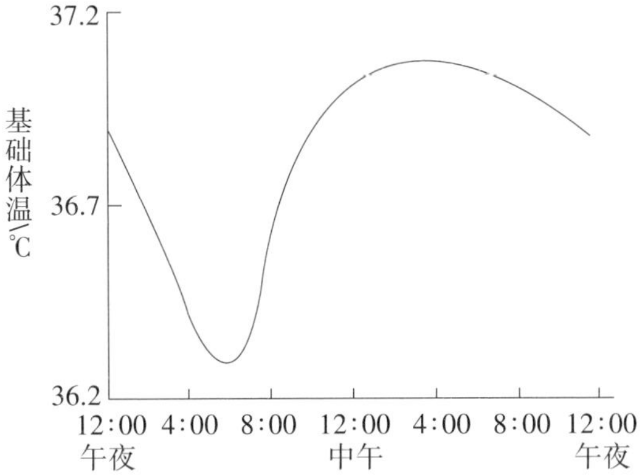

图13-5 基础体温反映生物节律

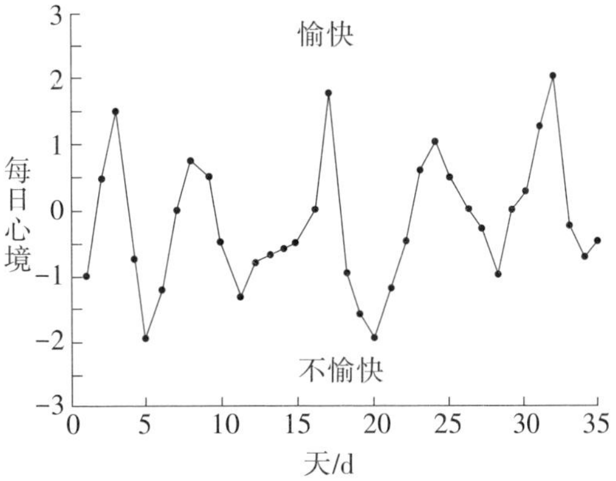

图13-6 心境的周周期

引起心境的原因是多方面的。个人生活中的重大事件，事业的成败，工作的顺利与否，与周围人们相处的关系等都可能引起某种心境。健康状况与心境的关系尤为密切。一方面健康状况不同会引起人的不同心境；同时心境也影响健康状况。如果心境开朗，就会感到身体健康，而心境不佳就觉得一切都惹人讨厌。因此就某种意义上来说，心境是健康的晴雨表。周围的景物，如时令季节，环境污染源等，也会影响人的心境。此外，对往事的回忆，无意间浮现的某种观念，有时也会导致与之相联系的心境的重现。虽然心境的产生是有原因的，但人自己并不一定都能意识到。经常可以听到人们这样说：不知道为什么变得忧郁、心情不快或变得喜不自禁。

心境有积极和消极之分。积极的心境，使人振奋乐观，朝气蓬勃。在乐观快活的心境下，甚至遇到巨大的困难时人们也不会灰心丧气。消极的心境，使人颓丧悲观，同样的工作也会使一个人感到枯燥乏味。此外，愤怒的心境则使人易于激怒。"迁怒"就是在这种心境中产生的。惧怕的心境使人疑神疑鬼，如"草木皆兵"。这些消极的心境都不利于活动的顺利完成。

三、激情

激情（intense emotion）是一种短暂的、爆发式的情绪状态。如果说情绪是心理的波浪，那么激情就是暴风骤雨。激情状态下自我卷入的程度很深，失去了心身平衡，伴有明显的生理和身体方面的变化。例如，盛怒时，拍案大叫，暴跳如雷；狂喜时，捧腹大笑，手舞足蹈；绝望时，心灰意冷，头脑昏迷。激情状态不同，自我控制力丧失的程度也不同。在激情发生的初始阶段，人还是有自我控制的。

激情通常是由强烈的欲望和明显的刺激引起的。生活中的重大事件，对立意向的冲突、失恋、受人侮辱、突然的危险情景等都会引起激情。其生理机制是皮质下神经中枢的兴奋失去了大脑皮质的控制和调节，皮下神经节和间脑的活动占了优势。这时人很难克制强烈的愤怒感、绝望感、喜悦感以及极度的悲痛感。所以，激情总伴有机体状态的剧烈变化和明显的表情动作，有时甚至发生痉挛。激情状态下，人常常不能意识到他在做什么，不能控制自己，不能预见到行为的后果，不能评价自己的行为及其意义。

激情，有积极的和消极的两种。凡能激发人积极向上，符合社会要求的激情是积极的，这种激情通常与冷静的理智和坚强的意志相联系；凡对有机体有害的、不符合社会要求的激情是消极的。激情的意义是由它的社会价值所决定的。

四、应激

应激(stress)是指出乎意料的紧张情况所引起的情绪状态。在不寻常的紧张状况下人体把各种资源(首先是内分泌资源)都动员起来，以应付紧张的局面，这时所产生的复杂的生理和心理反应都属于应激状态。

应激的概念是由加拿大内分泌学家赛里(H. Sely)在1936年发表的《各种伤害作用引起的综合征》中提出的。他认为，适应外部环境是有机体维持生命所必需的反应，在危急状态下的应激反应会导致适应性疾病。现代科学已经证明，人在各种紧张刺激的影响下会导致一系列激素分泌的增加，引起人体全身性反应。这种反应持续一定时间就会产生全身性适应综合症。实验证明，由于生物学因素造成的疾病(如癌症)对在应激环境中的动物有更大的威胁。这是因为应激状态降低了有机体内自动免疫系统的工作效率，削弱了该系统识别和排除成长着的癌细胞的能力(Ader, 1981; Keehn 1986)。

在应激状态下，人会产生一系列的生理反应变化，情绪体验和心理反应。其生理反应大致如下：当紧张刺激作用于人脑时，下丘脑发生兴奋，肾上腺髓质释放肾上腺素和去甲肾上腺素，从而增加通向脑、心脏、骨骼肌等的血流量，提高机体对紧张刺激的警戒能力和感受能力，增强能量，做出适应性反应。在这些生理变化的同时往往还伴有如焦虑、烦燥、恐惧、情绪波动、好激动、发脾气，也有自卑、自罪、害羞等情绪体验。由于精神紧张，一些人常表现注意力不集中、思维中断、记忆不佳，对外界事物过于敏感和难以做出决策等。应激影响健康的研究，已受到学者们的高度重视。

〖心理学与人生13-1〗应激评定量表

对人来说，紧张源是很多的。霍尔姆斯和拉厄(Holmes & Rahe, 1967)编制了一个社会再适应评定量表(Social Readjustment Rating Scale)也可称为应激评定量表。这个量表指出大量的应激由43种不同的经历造成的，有不愉快的经历，如丧偶、离婚等；也有愉快的经历，如结婚或杰出的个人成就。所有这些事件包含着个人生活的种种变化，要求人适应这些变化。如表13-2所示，这些事件产生不同水平的应激。根据疾病的发生与各种生活应激事件的相关研究，霍尔姆斯和拉厄把一年中个人所受应激事件的总和达到150分或更高的值定为生活转折点。如果这年的生活事件变化值在150~199之间，那么下一年有37%的可能患病；若分值在200~299之间，则患病的可能性为51%；若分值在300以上，则患病的可能性为79%。这就是说，应激程度越大，患病的可能性也越大。

表13-2 社会再适应评定量表

排列等级	生活事件	平均分值	排列等级	生活事件	平均分值
1	配偶亡故	100	23	子女成年离家	29
2	离婚	73	24	官司缠身	29
3	夫妻分居	65	25	个人有杰出成就	28
4	坐牢	63	26	妻子新就业或刚离职	26
5	亲人亡故	63	27	初入学或毕业	26
6	个人患病或受伤	53	28	改变生活条件	25
7	结婚	50	29	个人改变习惯	24
8	失业	45	30	得罪上司	23
9	夫妻破镜重圆	45	31	改变工作时间或环境	20
10	退休	45	32	搬家	20
11	家庭中有人生病	44	33	转学	20
12	怀孕	40	34	改变消遣方式	19
13	性关系适应困难	39	35	改变宗教活动	19
14	家庭又添新成员	39	36	改变社交活动	18
15	改变买卖行当	39	37	借债少于万元	17
16	经济状况改变	38	38	改变睡眠习惯	16
17	密友亡故	37	39	家庭成员团聚	15
18	跳槽从事新的行业	36	40	改变饮食习惯	15
19	夫妻争吵加剧	35	41	休假	13
20	借债超过万元	31	42	过圣诞节	12
21	抵押被没收	30	43	涉及轻微涉讼事件	11
22	改变工作职位	29			

五、情操

情操(sentiment)是人对具有一定文化价值的东西(如道德、学问、艺术等)所怀有的带有理性的深沉情感,包括道德感、理智感和美感等。情操受个人的生活经验、教育水平、社会生活条件等因素的制约,是构成个人价值观和品行的重要因素。

(一)道德感

通俗地说,道德就是做人的规矩。道德不仅是调整人们的关系的行为规范,同时又是评价人们行为善恶的标准。道德感(moral feeling)则是人根据道德规范来评价社会现象时所体验到的情感。例如,人们对忘我奉献精神的钦佩,对遭遇不幸者的同情,对自己过失行为的羞愧,对家庭的爱等,都属于道德感。由于在不同的历史时代、社会制度及阶级阶层中,道德标准是不同的,所以道德感总是受制于社会历史生活条件的。

当人们用善与恶、正义与非正义、公正与偏私、诚实与虚伪等道德观念来评价社会现象时,所产生的道德感是复杂多样的。大体上,道德感可以分为三类。(1)政治道德感。包括对祖国、人民、集体、阶级、社会制度、政党、社会团体等的情感,如爱国主义情感、国际主义情感、集体事业的义务感和责任感等。(2)对他人行为及其人际关系的道德感。例如我们赞赏真挚的同志情谊,鄙视对同志幸灾乐祸的态度,对虐待妇女、儿童的残暴行径的义愤,对嫉妒心的愤恨等。(3)个人行为的道德感。这是指个人对于自己作为某种社会角色进行活动时所产生的情感体验。例如,个人作为同事、领导、下级、朋友、夫妻、子女、父母等社会角色在活动中所怀有的情感等。

道德感总是和道德评价密切结合在一起的。但是,道德感并非是一个纯知识的问题,它不仅要求人们从道理上懂得什么是好,什么是坏,什么是道德,什么是不道德,更重要的是在行动中自觉地遵守所掌握的道德规范。只有人自觉地遵守已掌握的道德规范来评价社会现象时所体验到的情感,才是这个人真实的道德感。

(二)理智感

理智感(rational feeling)是人在获取知识的活动时所产生的情感。它是与人的求知欲、认识兴趣、解决问题的需要等的满足与否相联系的。人在认识过程中,当有新的发现时会产生愉快或喜悦的情感;在突然遇到与某种规律相矛盾的事实时会产生疑惑或惊讶的情感;在不能做出判断、犹豫不决时会产生疑虑的情感;在做出判断而又感到论据不充分时会产生不安的情感。上述这些情感都属于理智感。理智感是在认识过程中产生和发展起来的。它又反过来推动着人的认识的进一步深入,成为认识世界和改造世界的一种动力。热爱真理,摒弃偏见和迷信,乃是科学研究取得成功的重要条件之一。

(三)美感

美感(aesthetic feeling)是人在欣赏自然景物和文学艺术时所体验到的崇高、优美的情感。美感与道德感一样,是受社会生活条件制约的。在不同的社会历史发展阶段,不同的社会制度、不同的风俗习惯和不同的阶层中,人们的审美标准是不同的,因而对各种事物的美的感受也不同。美感的成分非常复杂。但从主观体验来看,它具有两个明显的特点。(1)美感是一种愉悦的体验。大自然的美景使人心旷神怡,高尚的行为使人在震惊中享受美的愉悦,喜剧艺术使人在笑声中享受美的欢乐,悲剧艺术使人在悲哀、痛苦、以致流泪的同时享受着美的愉悦。(2)美感是一种倾向性的体验。美感的这种愉悦,表现为人对于美好事物的肯定,促使人一而再、再而三地去欣赏它,对它感到迷恋;而对丑的事物则产生强烈的反感。

第四节 表情

情绪总是或隐或现地有行为表现的。人的许多情绪体验可能有明显的外部表现,例如,高兴时笑容满面,悲哀时哭丧着脸等,但有些情绪可能只有内心的感受而无明显的行为表现。特别是由于人通过学习对情绪的表现具有自我控制能力后,许多情绪往往不表现在明显的外部行为上。情绪在有机体身上的外显行为称为情绪表现,也称表情(emotional expression)。它包括情绪在面部、言语和身体姿态上的表现,称为面部表情、言语表情和身段表情。在高等动物的种属内或种属间,表情起着通信的作用,如求偶、顺从、维持接触行为的信号以及警告、求救和威胁的信号等。在人类社会中,表情特别是面都表情是人际交往的一种重要工具。

一、文化与表情

(一)表情的先天遗传性

情绪表现具有先天遗传模式。世界上所有的儿童当受伤或悲哀时都哭泣,快乐时都发笑。刚出生就双目失明的盲童不可能通过学习来模仿别人的表情,对他们的研究表明,随着成熟,和不同情绪有关的面部表情、姿势和手势就自然会显现出来。

达尔文(Darwin,1872)在其《人和动物的表情》一书中认为,人类的情绪表达是从其他动物的类似表达进化而来的。人类表达情绪的许多原始方式本身具有某些生存价值的遗传模式。达尔文通过仔细观察自己孩子的表情，并比较世界上各种隔离文化中不同人们的表情，来论证自己的论点。他的基本逻辑是，全世界的人，不论相互多么隔离，如果都表现出相同情绪的面部表情，那么这种表情一定是遗传的，而不是习得的。比如，在彼此遥远且相互隔离的不同文化背景下，人们发展出不同的语言，因此，语言是人为的产物，是习得的。而不同文化的人表达相同情绪的表情却相当一致，这说明表情是遗传的。

有些面部表情似乎全世界都是一样的，代表着相同的意义而与个人生长的文化无关。在埃克曼和弗里森(Ekman & Friesen，1975)的一项研究中，把几种面部表情的照片给五种不同文化背景(美国、巴西、智利、阿根廷和日本)的被试观看，结果表明，他们很容易指出每种表情所代表的情绪(表13-3)。关于表情是天生固有的观点，还可以从婴儿的情绪表现中得到证明。观察发现，出生不久的婴儿，不但面部表情丰富，而且也能辨认甚至会模仿别人的表情。一般心理学家的看法是，人类这种与生俱来的情绪表达能力是与生存需要紧密相关的。婴儿微笑会讨人喜欢，从而获得成人关爱；婴儿有恐惧、厌恶的表情，当会引人注意，从而保护其免于危险。伊扎德等(Izard et al.，1995)的研究发现，当母亲和10周的婴儿进行愉快和不愉快的交流时，婴儿会出现愉快、感兴趣、悲伤和发怒等表情。孟昭兰(1989)的研究也表明，成人基本情绪的面都表情在很大程度上保持了自儿童时期以来的原始模式，人们的面部表情具有一致性和继承性。

表13-3 不同被试对表情判断的符合百分数

	 愉快	 厌恶	 惊奇	 悲哀	 愤怒	 恐惧
美国(99人)	97	92	95	84	67	85
巴西(40人)	95	97	87	59	90	67
智利(119人)	95	92	93	88	94	68
阿根廷(168人)	98	92	95	78	90	54
日本(29人)	100	90	100	62	90	66

甚至与世隔绝的前文化部族人，与西方文化毫无接触，也能正确地判断西方人的面部表情。埃克曼和弗里森(Ekman & Friesen，1971)以新几内亚偏远部族的弗尔人(Fore)为被试，他们没有接触过西方文化(没有看过电影，也没有为其他文化的人干过活)。研究中采用描述一个情绪的小故事来代替关于情绪的词汇。先告诉被试一个短小的故事，然后呈

现三张西方人不同情绪的面部表情的照片，让他们选择。结果表明，除惊奇和恐惧易混淆外，他们都能相当准确地鉴别面部表情（表情鉴别的准确度为：愉快92%，悲哀79%，愤怒85%，惊奇68%，恐惧43%）。在第二项研究中，埃克曼和弗里森先要求弗尔人设想如果遇到故事里的情境会产生什么情绪，并做出相应的面部表情。然后，将这些表情加以录像，带回去让美国大学生辨别。结果，除了惊奇和恐惧外也能相当准确地鉴别面部表情（Ekman，1980）。

在情绪心理学家看来，面部表情是最敏感的情绪发生器和显示器。其基本假设是，情绪的完整机制是脑的各级水平的神经活动，面部肌肉运动、面部—脑反馈，以及情绪体验的整合活动这三种成分是相对的独立的，同时又有机地结合在一起，从而产生情绪活动。汤姆金斯（Tomkins，1970）假定存在八种原始的情绪：兴趣、欢乐、惊奇、痛苦、恐惧、羞愧、轻蔑、愤怒，并假定每种情绪都是在皮层下神经（丘脑）的控制下出现的一种面部肌肉反应，因而有相应的面部表情模式（pattern of facial expression）（表13-4）。这种模式被认为是先天预存的，不仅在不同文化背景下均可见到，在先天盲者也有基本相同的表现。

表13-4　不同情绪的面部模式

情绪	面部模式
兴奋	眉眼朝下、眼睛追踪着看、倾听
愉快	笑、嘴唇朝外朝上扩展、眼笑（环形皱纹）
惊奇	眼眉朝上、眨眼
悲痛	哭、眼眉拱起、嘴朝下、有泪、有韵律的啜泣
恐惧	眼发愣、脸色苍白、脸出汗、发抖、毛发竖立
羞愧—羞辱	眼朝下、头低垂
轻蔑—厌恶	冷笑、嘴唇朝上
愤怒	皱眉、眼睛变狭窄、咬紧牙关、面部发红

（二）表情的社会制约性

基本情绪的表现具有先天遗传性，但它们的具体表露却受社会文化因素的制约。例如，西欧和美国人以亲吻表示亲切，中国人吐舌头表示惊奇，日本人以微笑表示抱歉，世界上很流行以V字形手势表示胜利的决心，可北美人“竖起大拇指”和表达OK的手势在某些特定的文化中则表示侮辱。这类例子俯拾皆是，充分说明了情绪表现受文化因素的影响。而且，似乎越是复杂情绪，这种影响就越是明显。

由于我们的情绪表现能被他人识别，且情绪表现又具有一定的社会价值。由此可知，人们在何种场合表现出何种情绪则是后天学会的。有时我们力图掩盖自己的真正情绪，有时力图夸大或修饰我们的表情，有时我们甚至故意表现出与内心情绪完全相反的表情。这些现象称为情绪的“表露规则”。于是，决定特定情绪之面部肌肉运动模式的因素除了生理之外，还受社会文化因素的制约，即这种运动模式受“表露规则”控制。例如，微笑就是一种情绪反射的社会现象。投球手投球得分时面无笑容，但当他们转向同伴时露出了微笑。甚至奥运冠军在等待颁奖仪式时也是面无笑容，但当其与奥运官员交流，或面对公众和镜头时，他们却笑了。

表情的性别角色社会化也很说明问题。首先，女性更为情绪化。一项对来自全世界26个不同文化背景的23000个被试的研究表明，女性相对男性更多地报告她们对情感的开放性(Costa et al., 2001)。再者，女性也更容易表达移情。研究者让男女学生观看关于悲伤(父母将死的孩子)、快乐(喜剧)或恐怖(一个男人从高楼上摔下)的电影短片，然后把他们的表现拍成录像，从中观察发现，女生对每一种短片都反应得更明显(Kring & Gordon, 1998)。在表达情绪时，男性和女性也是不同的。研究者要求学生回忆和叙述他们愉快、悲伤和愤怒的时光，结果发现女生在回忆快乐时几乎用了2/3的时间，而男生只用了不到一半的时间，同时男生传达愤怒情绪略超过女生(Coats & Feldman, 1996)。巴雷特等人(Barrett et al.,2000)的研究结果表明，男女对特定情境有不同的情绪感受。例如，描述毕业与朋友分别时的感受，更多的男人简单地说：“我感觉不好。”而女人表达更复杂的情绪：“我感到苦乐掺半，我既高兴又难过。”希尔和约翰斯顿(Hill & Johnston, 2001)抓拍了一组大学生在读笑话时的面部表情(傻笑、头摇摆、眉毛上扬)，再把它们剪辑成没有性别特征的头部特写，尽管没有了性别特征的线索，观察者通常还是能从表情中发现性别的不同。

尽管对于不同文化背景的人，其基本情绪都有一致的面部表情，但是在情绪表达上表现出程度上的不同。在鼓励个性化的文化中，如西欧、澳大利亚、新西兰和北美，人们关注自己的目标和态度，并据此表达他们自己，他们的情绪表现通常是强烈而持久的。当看到电影中有人的手被切割时，美国人做出痛苦的表情(不管是独自一人还是有其他的观看者)。而当有人在场时，日本的观众则会隐藏他们的情绪(Triandis, 1994)。亚洲人通常不表现负性的和自我扩张的情绪，因为这可能损害与亲密群体共有的情感。此外，亚洲及其他文化强调人与人之间的社会关系和相互依存，因此像同情、尊敬和羞耻这样的情绪都表现得比西方普遍(Markus & Kitayama, 1991)。

二、情绪识别

当我们与他人相互交往的时候，不管是不是面对面，我们都正在不断地表达着情绪，同时也正在观察并解释对方做出的表情。情绪识别(recognition of emotion)就是通过分析表情及其发生情境等因素了解表情的性质和含义。情绪识别实际上并不是针对表情本身的，而是针对着它背后的意义。例如，皱眉可能是一种情绪表现，我们见到这种面部表情(facial expression)就试图解释它背后的情绪。尖锐、短促、声音嘶哑可能是一种情绪表现，我们听到这种语调表情(intonation expression)就试图解释它背后的情绪。捶胸顿足可能是一种情绪表现，我们见到这种体态表情(body expression)就试图解释它背后的情绪。在人际交往过程中，情绪的表达和识别十分迅速及时。那么，人是借助于哪些线索来识别他人情绪的呢？

俗语说“眼睛是心灵的窗户”，这句话显示了两层含义：其一是个人借助于眼神的变化把内心的情绪变化表露出来；其二是别人从他的眼神变化中了解到他内心的情绪感受。当然眼神再伴随着面部表情时，将更明确地表露出情绪。以面对面的谈话情境为例，如果对方目光向你正视并面带微笑时，就表示他对你态度友善，且欣赏你谈话的内容；如对方只是目光正视而对你的谈话毫无反应时，就有可能表示他对你不太欢迎(Kleinkc，1986)。当然在目光相对的情形之外，也会有“侧目而视”的表情。侧目而视的表情可能有三种含义：一是表示敬畏；二是表示嫉视：三是表示怒视。虽然眼睛似乎是面部最能传达情感的部位，但也很难孤立地起作用。如果用一张硬纸挡住你的面部只露出两只眼睛，然后让别人来识别你所做出的各种情绪表情，结果会很难识别。可见，情绪识别是要借助于许多线索的，单说面部表情的识别就还要借助面部那些活动性更大的肌肉群的运动来实现。通过考察不同情绪脸谱的差异，发现了我们容易从眼睛中看出恐惧和愤怒，从嘴巴中看出愉快(Kestenbaum, 1992)。

根据一般经验，有人面部表情比较丰富，有人面部表情比较刻板，于是就产生了“喜怒不形于色”的人是否善于情绪自我控制的问题。根据心理学家研究发现，人脸两边的表情是不一样的；左半脸要比右半脸的表情来得明显而多变化，较为自然(Best & Queen，1989)。原因是大脑两半球交互控制所致。右半脸表情之所以较为刻板，是因为受到大脑左半球神经系统所控制，而对一般人而言，左半球的控制力较右半球为大。因此，在面对面谈话时，要想根据对方面部表情推测他内在的情绪，不妨多注意对方的左脸，以了解他说话时的真正心情。

面部表情的识别如果能和身段表情结合起来，那就更有利于准确地判断情绪状态。识别身段表情，其中双手的表情占着很重要的地位。识别双手表达情绪的准确度可以达到和识别面部表情一样的水平。在日常生活中，即使我们看不清一个人的面孔，但只要能看清他的身体动作也能了解其情绪状态。曾有心理学家做过这样一个实验，让大学生在暗室看一个舞蹈的录影带。舞者所穿的衣服上挂满了小灯泡，起舞时在全暗的舞台上表演，台下人看不到舞者的面部表情，只看到灯光活动所代表的身体动作。舞蹈本来就是借助于身体动作表达内心的感情。结果发现，在这种消除了面部表情和舞者体态等影响因素的情境下，大学生们仍然能够根据舞者的身体动作正确辨别其所表达的情绪（Walk & Homan，1984）。

言语表情的重要性也不可低估。同样一句话，由于说话者口气腔调的不同，往往可以使人就说话人的情绪做出相当准确的识别，而听话人的感受也因之而有很大差异。歌唱家、演说家主要就是靠他们的声音来打动听众的。

正常成年人的情绪表现是可以随意调节的，可以加强它，也可以抑制它。情绪可以在没有表情的情况下产生，表情也可以在没有情绪体验的情况下出现。例如，并不喜爱可以满脸堆笑，真正气愤又可以装出心平气和。不过，人们想掩盖强烈的情绪体验往往是难以完全做到的。埃克曼和弗里森（Ekman & Friesen，1974）研究过这一现象。他们安排被试观看一部让人产生不愉快感的影片，内容涉及到一位女生被截肢。接着，研究者要求一部分被试在交谈时假装看了一部愉快的影片，同时录制他们交谈时的表情（面部或身体）。然后，再要求另外的人判断录像中的这些被试哪些是诚实的，哪些是欺骗的。结果发现，观察身体姿势比观察面部表情更容易判断出谁是欺骗的谁是诚实的。这项研究表明，面部是言语信息最好的传递者，脚和腿是最坏的传递者，手和手臂处于二者之间。可能的原因在于人们在日常生活中会更加注意和学习面部表情的控制，而很少对脚和腿的运动控制加以注意。

情绪识别是一种复杂的认知过程，包含观察、分析、判断、推理等等。而情绪识别的准确度受多种因素的影响。一般说来，人们最容易识别快乐和愤怒，而识别恐惧、哀痛、厌恶等则显得比较困难。根据情绪行为的前后关系来识别情绪，准确度高；而孤立地识别情绪，准确度低。情绪识别还容易受暗示的影响。经验也对情绪识别起作用。呈现一系列的面部表情，包括悲伤、恐惧和愤怒，受过生理虐待的儿童能比其他儿童更快地看到愤怒的表情。呈现一张60%恐惧和40%愤怒的脸谱，生理上受过虐待的儿童比未受过虐待的儿童更容易将它感知为愤怒（Pollak & Kistler, 2002）。对情绪的识别存在着个体差异。罗伯特·罗森塔尔等（Rosenthal et al.，1979）通过给被试呈现上百组关于人们面部表情和身态表情的电影剪辑，有时还加上一些混淆是非的声音，发现在观察情绪方面一些人要好过另一些人。内向的人能较好的读解他人的情绪，而外向的人其情绪更容易被察觉（Ambady & others，1995）。霍尔（Hall, 1984，1987）指出在读解人的情绪线索时女人一般都优于男人。这种优势使她们更善于识别谎言（DePaulo, 1994）。儿童对情绪的识别，准确度不及成人，但随年龄增长，准确度会提高，在12至14岁左右似乎有一个显著的发展变化时期（彭聘龄、杨文等，1985；王垒、孟昭兰，1986；黄希庭、张庆林，1991）。

〖心理学与人生13-2〗识破欺骗

很多人都发现识别欺骗性的表情很难。那么,我们能通过学习而更好地识破欺骗吗?

埃克曼等(Ekman & O'Sullivan,1991)要求39名大学生、67名精神病学者、110名法官、126名警察和90名联邦测谎专家去识别谎言。前4组的结果都接近50%。只有作为有经验的测谎专家的第5组突破了50%,但是也只有64%的正确率。在后续研究中,埃克曼等(Ekman et al.,1999)又发现了三种擅长识别谎言的人群。当观看人们陈述对某一问题,如死刑所持观点的录像时,联邦法官(大多是CIA官员)识别谎言的正确率达到73%,临床心理学家达到68%,洛杉矶的司法陪审员也达到了近67%。凭借个人经验和接受训练,人们可以捕捉到说谎者内疚、失望和恐惧时所泄露的细微表情。

研究发现,通过教会观察者观察说谎时所流露的征兆,比如音调的提高,这可以提高他们对情绪判断的准确性。先让部分大学生看风光片,部分看惊悚片,然后要求所有大学生都谈论和表现出他们似乎正在观看和欣赏自然风光片。通过训练,可使观察者区分出说谎还是说实话的正确率达到86%(Ekman & O'Sullivan,1991)。从道理上说,有很多线索有助于人们识破谎言,因为难以控制的面部肌肉揭示了可能试图隐藏的情绪征兆:仅仅轻轻地上挑眉毛,这一潜意识的动作,就揭示了忧伤和烦恼;眉毛上扬并挤到一块意味着害怕;眼下部的肌肉活动和面颊的上升表达了一个自然的微笑。假笑,就像我们对一个摄影师的微笑,通常会持续4~5秒。在那时,大多数真实的表情消失了。假笑也比真实的微笑转变和消失得更快。此外,我们还可以通过身体动作和姿态来解读其中蕴藏的情感。比如,坐立不安可能揭示了焦虑或厌倦。研究者已经提出了许多与说谎相关的非直接线索,如在回答之前长时间的停顿、快速地说话、犹豫和很少的说明等(Vrij et al.,2001)。如果你想进一步了解如何侦测说谎,可以阅读弗里杰的著作(Vrij著,郑红丽译,2006)。

如果人们不是设法欺骗我们,我们是能够较好地识别谎言的,因为我们的大脑是相当神奇的情绪探测者。有研究发现了这一神奇的现象:实验是观察老师与以前未曾见过面的儿童的谈话。给被试呈现仅仅10秒钟有关老师与儿童对话时的声音和表情的录像剪辑,这就给年轻或老年的观察者提供了足够的线索,以确定这位老师是否喜欢和爱护这个儿童。老师们可能认为他们能隐藏他们的情感,并保持客观,但学生们能感觉到他们的表情和姿态所蕴含的意义(Babad et al.,1991)。

情绪的细微面部特征可能会促使产生测谎的新方法。比如,给予轻微的情绪刺激,与你面部肌肉相连接的电极就可能测出你隐藏的反应(Tassinary & Cacioppo,1992)。你的脸可能看起来没什么不同,但是皮肤的电压变化却揭示了潜在的微小肌肉的微笑或不满。并能揭示出皱眉反应是坏的心境还是聚精会神。

如今网络欺骗也成了一个新问题。体态、面部表情和语调在以电脑文字为基础的网络交流中是不存在的,因而在通过网络来传达严肃的、愚弄的或者是讽刺的信息时,就缺乏了言语表情上的细微差别。研究表明,交流者常常认为不管是邮件或是聊天,他们原本"仅仅开个玩笑",但事实上经常发生由于没有预见到非语言线索而导致误解(Kruger et al.,1999)。虽然电子邮件和网络讨论等也可以运用"情绪"符号,比如-)表示高兴,而:-(表示不悦,但是却缺乏对于身份、人格和年龄的非言语线索。没有人知道你的长相、声音及背景,仅仅通过你的语词来判断你。结果,当网友第一次见面时,人们常常会觉得受骗了。

第五节 情绪理论

情绪情感问题,早为哲学家、文学家,以后为神经生理学家、心理学家所重视。我国古代思想家曾有过许多论述。例如,"性之好、恶、喜、怒、哀、乐谓之情","性者,天之就也;情者,性之质也"(荀子);"情,波也;心,流也;性,水也"(关尹子);"性之有动者谓之情。性之有喜怒犹水之有波浪"(程颐);"性是未动,情是已动,心包含已动未动"(朱熹)。他们都把情绪、情感看作性或心的波动状态。在心理学上,除格式塔心理学家外,几乎所有心理学派别都很重视情绪的研究,并以自己的理论观点来解释情绪。构造心理学把感觉和情感作为心的基本元素,机能主义把情绪定义为"机体再调整",行为主义把情绪看作"遗传的模式反应",而精神分析学派则把注意力集中在本能和焦虑问题上。由于情绪问题的复杂性以及研究者的观点和方法上的不同,现代心理学家对情绪的解释是多种多样的。这里仅讨论几个较有影响的情绪理论和当前的某些研究趋向。

一、詹姆斯—兰格的外周情绪理论

心理学上最早对情绪提出系统理论解释者,当推19世纪末美国先驱心理学家詹姆斯(W. James,1842~1910)。差不多在同一时期,丹麦生理学家兰格(C. G. Lange)提出了与詹姆斯类似的情绪理论。后来合称为詹姆斯—兰格情绪理论(James-Lange theory of emotion)。

詹姆斯(James,1884)说:"常识告诉我们,我们失去财产,觉得难过并哭泣;我们碰上一只熊,觉得害怕而逃跑;我们受到一个敌手的侮辱,觉得发怒而打起来。这里我们要为之辩护的假设是:这样的序列是不正确的,这一心理状态不是直接由另一状态引起的,在两者之间生理表现必须首先介入。更合理的说法是:我们觉得难过是因为我们哭泣;发怒是因为我们打人;害怕是因为我们发抖,而并不是因为我们难过、发怒或害怕,所以才哭、打人或发抖。没有随着知觉的生理状态,则知觉便纯粹是认知性的,是苍白无彩色的,缺少情绪温度的。于是,我们或许会看到熊而决定最好是逃跑,受了侮辱而认为去打击对手是对的,但我们却并不真正觉得害怕或发怒。”在詹姆斯看来,情绪就是对外周机体变化的觉知。

兰格(Lange,1885)认为,“血管运动的混乱,血管宽度的改变,以及与此同时各个器官中血液量的改变,乃是激情的真正的最初的原因。”他认为,随意神经支配加强和血管扩张的结果,就产生愉快;而随意神经支配减弱,血管收缩和气管肌肉痉挛的结果,就产生恐惧。兰格说:“假如把恐惧的人的身体症状除掉,让他的脉搏平稳,眼光坚定,脸色正常,动作迅速而稳定,语气强有力,思想清晰,那么,他的恐惧还剩下什么呢?”在兰格看来,情绪就是对机体状态变化的意识,只不过与詹姆斯看重骨骼肌肉系统的活动不同,兰格看重的是血液及内脏系统的变化。

詹姆斯—兰格的情绪理论引起了一系列的实验研究,因为这一理论起码有三方面的含义需要实验证明。

(1)如果对外周生理反应的知觉就是情绪,那么每一种情绪都应有不同的生理唤醒模式。例如,愤怒的生理反应模式应当不同于惧怕的生理反应模式。因为如果生理反应模式无差别,那就无法区分两种情绪。近来的研究资料表明,自主神经系统的生理反应模式有可能随不同情绪状态而异。例如,愤怒和惧怕虽然都导致心率加快,但愤怒时手脚血流量增多,惧怕时手脚血流量减少。当人心理上“解除”不同的情绪体验时,自主神经系统的生理反应也不同(Ekman,et al.,1983)。然而,反过来,不同外周反应这些差异的知觉是否就导致人产生不同的情绪体验呢?这方面,西方心理学家曾做过许多实验,无法得到明确的结论。

(2)如果对外周生理反应的知觉就是情绪,那么剥夺身体的外周生理反馈就不应该体验到情绪。有人通过对脊髓受损伤士兵的研究,探讨了这一问题。脊髓被截断后,损伤点以下部位的感觉就不能传递到脑。因此,脊髓损伤部位越高,反馈感觉就越少。研究表明,脊髓受伤者仍有情绪体验,但强度降低了。损伤部位越高,情绪状态也越随着损伤而下降。脊髓高位损伤的那些病人说,他们能做出情绪行为,但感觉不到情绪(Hohman,1966)。这一结果说明,没有外周的生理反应的广泛反馈,情绪照样出现,但反馈量与情绪强度密切相关。

(3)如果对外周生理反应的知觉就是情绪,那么倘若有人有意识地控制外周生理反应的出现则与这种反应相联系的情绪也应该出现。关于面部反馈(facial feedback)的研究对这一问题做了某种回答。埃克曼等(Ekman et al.,1983)要求职业演员移动特定的面部肌肉或五官位置,结果发现,面部结构的不同形状导致和正常情绪反应相似的自主神经系统的生理反应，并且面部结构的不同形状导致不同的反应模式。在另一项研究中，90%的非演员被试也报告他们体验到了与面部表情相应的情绪。有趣的是，惧怕、愤怒、厌恶、悲伤的表情起作用，而笑容并不产生这种效应。或许还是因为人们平时经常把笑容作为社会交往的工具，与其他表情相比，较少和情绪体验相联系（Ekman，1985）。这些研究看来是支持詹姆斯—兰格理论的。但是，面部表情总是和以往的情绪体验相联系的，这些结果很可能是通过记忆的激活来唤醒与此表情相联系的情绪的。

看来，事实并非像詹姆斯—兰格理论所断言的，除去对外周生理反应的知觉，情绪就不会产生，外周生理反应显然不是情绪的唯一来源。

〖心理学与人生13-3〗假装的表情

图13-7是本章已多次提到的美国情绪心理学家埃克曼。请看哪个"微笑"是假的，哪个是自然的？不难看出，右边的微笑呈现了自然微笑的面部肌肉。问题是，假装露齿而笑，你能感受到"微笑治疗"的不同吗？

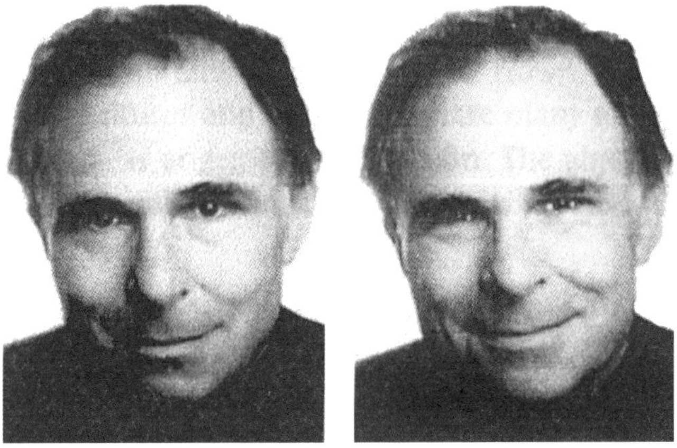

图13-7 埃克曼的微笑

在许多实验中，被试感到了不同。比如，莱尔德等（Laird et al.，1989）要求学生"收紧面部肌肉"和"把眉毛聚在一起"，就会巧妙地致使他们做出皱眉的表情（假设是帮助研究者做面部电击）。其结果是，学生报告说感觉到有一点愤怒。与此相似的，学生报告微笑会使他们感到更快乐，会觉得卡通片更幽默，并比皱眉者回想更多快乐的记忆。要求被试用面部肌肉模拟其他基本表情时，也能体验到这些情绪。比如，当你做一个恐惧的表情："眉毛上扬，眼睛睁大，头靠后，以使你的下巴微微收起，并且让你的嘴放松，同时微微张开"，被试报告感受到更多的恐惧而不是愤怒、厌恶或悲伤（Duclos et al.，1989）。因此，通过动作能够唤醒情绪。

研究表明，同时控制表情和姿态，行为反馈的效果更好（Flack et al.，1999）。比如，要产生愤怒的情绪，就可以按照研究中的指导语行事："使你的眉毛聚拢并朝下。咬紧牙关，并紧闭双唇。在你的膝盖下方,把你的脚放平在地板上,将你的前臂和手放在椅子的扶手上。现在握紧拳头,并使你的身体前倾。”按下述要求做则会感觉更快乐:“使你的嘴角向上并收回,使你的嘴略微张开。在椅子上尽可能坐直。把你的手放在扶手末端,确保你的腿放在你前方,膝盖弯曲,脚正好在你的膝盖下。”

如果表情和姿态能引发情感,那么模仿别人的表情是否有助于我们感同身受呢?实验证据证明了这一点。研究者要求一些学生,当看到他们所观察的人遭到电击时做出痛苦的表情,而另一些学生不做要求。结果当呈现电击时,做表情的观察者比不做表情的观察者出汗更多,心跳更快(Vaughn & Lanzetta,1981)。所以,要使我们更具同情心,就要去体验他人的感受,而一种巧妙的方法是,让你自己的脸去模仿他人的表情。

达尔文(Darwin,1872)认为,情绪的外显特征的自由表达会强化情绪本身……表现暴力的手势将会增加他的愤怒。詹姆斯(James,1890)说:“拒绝表达一种激情,它就会消失……如果我们想控制我们不期望的情绪倾向,我们必须……通过做一些想要形成的相反情绪的外部活动而达成。”希望读者微笑着读这本书,希望读者以微笑面对生活。

二、坎农—巴德的丘脑情绪理论

最先对詹姆斯—兰格理论提出批评的是坎农(Cannon,1927)及其弟子巴德(P. Bard)所谓的坎农—巴德情绪理论(Cannon-Bard theory of emotion)。他们认为:(1)内脏是相对不敏感的器官,其反馈很差,仅依靠内部器官的反馈我们不可能区分所体验到的多种情绪。(2)在非常不同的情绪状态下会出现相同的内脏变化。(3)人为地引起某种强烈情绪的典型内脏变化,并不产生相应的情绪。(4)内脏变化太慢,因此不能成为情绪体验的来源,因为情绪变化毕竟是爆发性的。(5)使内脏完全脱离中枢神经系统并不改变情绪行为。与此同时,他们认为,自主神经系统的生理反应无助于情绪的发生,情绪的产生是大脑皮质解除丘脑抑制的功能,即激发情绪的刺激由丘脑进行加工,同时把信息输送到大脑及机体的其他部分。输送到大脑皮质的信息产生情绪体验;输送到内脏和骨骼肌的信息激活生理反应。身体变化和情绪体验是同时发生的,而情绪体验是由大脑皮质和自主神经系统共同激起的结果。

坎农—巴德理论强调大脑皮质解除丘脑抑制的机制,对将情绪的外周性研究推向中枢机制的研究具有积极意义。后来人们也确实发现下丘脑有所谓“快乐中枢”和“痛苦中枢”。

三、沙赫特—辛格的激活归因情绪理论

沙赫特(S. Schachter)和辛格(J. E. Singer)提出的情绪归因论(attribution theory of emotion)认为,情绪既来自生理反应的反馈,也来自对导致这些反应情境的认知评价。因此,认知解释起两次作用:第一次是当人知觉到导致内脏反应的情境时,第二次是当人接受到这些反应的反馈时把它标记为一种特定的情绪。沙赫特认为,脑可能以几种方式解释同一生理反馈模式,给予不同的标记。生理唤醒本来是一种未分化的模式,正是认知过程才将它标记为一种特定的情绪。标记过程取决于归因,即对事件原因的鉴别。人们对同一生理唤醒可以做出不同的归因,产生不同的情绪,这取决于可能得到的有关情境的信息。

不少实验支持沙赫特的观点,生理反应和对这种反应的标记都在情绪中起作用。沙赫特和辛格(Schachter & Singer, 1962)做过一个有名的实验。他们给被试注射一种药物,并告诉他们这是一种复合维生素,目的是测定这种新药对视力的影响。但实际上注射的是肾上腺素和食盐水。注射肾上腺素能引起心跳加快、血压升高、手发抖、脸发热等情绪生理反应。被试分为三组:正确告知组、错误告知组和无告知组,分别给予不同的指示语。对于正确告知组,即告诉他们注射这种新药会出现心跳加快、手发抖、脸发热等反应。对于错误告知组,有意错误地告诉他们注射这种新药可能无感觉、会发麻、发痒、头痛等。对无告知组,主试什么也没有告诉他们。注射食盐水的所有被试都列为无告知组。然后,人为地安排了两种实验情境:一种是“欣快”的环境,一种是“愤怒”的环境。所谓欣快环境,是由主试的助手(这个助手是受过训练的,他和被试一起,被试以为他也接受同样的注射,在同样的情况下参加实验)同被试一起唱歌、玩耍和跳舞。所谓愤怒环境,是主试的助手当着被试的面对主试要他填写的调查表,表示极大的愤怒,不断咒骂、斥责并把调查表撕得粉碎。实验后,主试向被试询问当时的内心体验。结果如表13-5所示,错误告知组的反应最容易受助手的高兴所感染,正确告知组的反应不容易受环境气氛的影响,无告知组的反应则介于上述两组之间。同样,他们对愤怒的环境的反应也是一样的。该实验说明,注射肾上腺素虽然引起了典型的情绪唤醒状态,但它的单独作用却不能引起人的情绪;同样,环境因素也不能单独决定人的情绪。在这里,认知对人的情绪的产生起着决定性的作用。处于生理唤醒状态的错误告知组,因对其自身的生理状态不能做出恰当的说明,他一方面环视周围环境,以求得某些说明的线索,同时又认为自己之所以体验到这种生理反应,乃是由环境的气氛所致,于是就把自己的生理状态与环境线索相适应说成是“欢乐”或“愤怒”。正确告知组由于已经具有说明自己的生理反应的信息,便不去寻找环境中的线索。无告知组从主试那里什么信息也没有得到,完全按自己的评价做出反应。

表 13-5　沙赫特和辛格的实验设计和总的结果

被试		行为反应	
		欣快气氛	愤怒气氛
注射肾上腺素	正确告知组	几乎不受影响	几乎不受影响
	错误告知组	高度受影响	未研究
	无告知组	一定程度上受影响	一定程度上受影响
注射食盐水	无 告 知	稍微有点受影响	稍微有点受影响

于是沙赫特和辛格认为，情绪是认知因素和生理唤醒状态两者交互作用的产物，因而沙赫特和辛格的情绪理论又称情绪二因论（two-factor theory of emotion）。实际上，在上述实验中，认知对情绪可能有三种作用，即对情绪刺激的评价和解释，对引起唤醒原因的认知分析，对情绪的命名以及对所命名情绪的再评价。不过，有实验重复沙赫特和辛格的研究，但没有复制出他们的结果（Rogers & Deckner，1975；Marshall，1976）。

四、阿诺德—拉扎鲁斯的认知评价情绪理论

情绪认知评价理论（cognitive evalution theory of emotion）是1950年代美国心理学家阿诺德（M. B. Arnold）提出的，后又为拉扎鲁斯（R. S. Lazarus）进一步扩展。该理论也称“认知—评估理论”“情绪评估—兴奋学说”，强调认知评价在情绪中的作用。

阿诺德（Arnold，1950）认为，我们总是直接地、自动地并且几乎是不由自主地评价着遇到的任何事物；情绪就是一种朝向评价为好（喜欢）的东西或离开评价为坏（不喜欢）的东西的感受倾向。她认为，评价补充着知觉并产生去做某种事情的倾向，任何评价都带有感情体验的成分。其中，记忆是评价的基础。任何新的事物都是按照过去的体验来进行评价的。想象是评价的重要环节。在开始行动之前，当前的情境和有关的感情记忆使我们推测未来。整个评价的复杂过程几乎是在瞬间发生的。

拉扎鲁斯（Lazarus，1968）进一步把阿诺德的评价扩展为评价、再评价过程。这一过程包括筛选信息、评价以及应付冲动、交替活动、身体反应的反馈、对活动后果的知觉等成分。他建议对个人所处情境的评价也包括对可能采取什么行动的评价。只要事物被评价为与个人生活的重要方面有联系，他就会有情绪体验。每一种情绪均包括生理的、行为的和认知的三种成分。它们在每种特定的情绪中各自起着不同的作用，而又相互作用、互为因果。这三种成分的不同组合便构成各种具体情绪模式的特定标志。拉扎鲁斯还强调，个性心理结构（如信仰、态度、人格特征等）是认知因素的一个决定性条件。他认为，文化对情绪的影响作用是复杂的，主要有四种方式：通过对情绪刺激的理解，文化直接影响表

情,通过确定的社会关系和判断,以及通过高度礼仪化的行为,如在丧礼上的悲哀。

阿诺德—拉扎鲁斯的认知评价情绪理论,既承认情绪的生物因素,具有进化适应的价值,也承认情绪受社会文化情境的制约,受个体经验和人格特征的制约,而这一切又随时发生在对任何事物的认知评价中。这种理论把现象学的研究、认知理论和情绪生理学的研究结合起来考虑,这是较为合理的,有助于推进情绪及情绪与认知关系的研究。

情绪现象极其复杂,心理学家们对从情绪的各个不同的侧面如情绪行为、情绪生理、情绪认知以及情绪表现和情绪识别等方面进行研究,并提出各自的理论解释。当代情绪研究的总趋势是,力图将各种研究成果加以综合,形成一个完整的情绪理论。例如,伊扎德(Izard,1977)认为,情绪这一概念必须包括情绪体验、脑和神经系统的活动以及面部表情三个方面,情绪对个性整合提供动机作用;布克(Buek,1985)研究了认知和情绪的相互作用,提出了"启动模型";鲍尔等(Bower,1981)研究了心境与认知系统相互作用的各个方面,提出了"情绪网络模型"等。这些动向都是值得重视的。

复习与思考

1.解释:表情,情绪,情感,感情,情绪体验,基本情绪,情调,心境,激情,应激,情操,道德感,美感,理智感,面部表情模式,情绪识别。

2.情绪具有哪些功能?

3.概述情绪的生理机制。

4.情绪体验有哪些维度?

5.如何对情绪进行分类?

6.情调、心境、激情和应激等情绪状态受哪些因素的影响?

7.怎样理解情绪表现的先天遗传性和社会制约性?

8.情绪识别受哪些因素的影响?

9.评述情绪的几种主要理论。

推荐阅读书目

1.孟昭兰(2005).情绪心理学.北京:北京大学出版社.

2.斯托曼(张燕云译,1986).情绪心理学.沈阳:辽宁人民出版社.

3.艾森克(阎巩固译,2000).心理学——一条整合的途径(下册).上海:华东师范大学出版社.

4.斯托曼(王力译,2006).情绪心理学——从日常生活到理论(第五版).北京:中国轻工业出版社.

第十四章　意志

第一节　概述

一、什么是意志

意志(will)是人为了一定的目标,自觉地组织自己的行为,并与克服困难相联系的心理过程。人要达到自己预定的目的,就一定要克服种类各异和程度不同的困难。由于需要克服困难的差异,意志活动的表现也不同。例如,早上为了按时上课必须最迟7点半起床,为了减轻体重每天少吃一顿饭,高考填报志愿时对选择哪个学校犹豫不决,以及为了改变家乡的面貌而致力于农村的教育事业等,这些行动本身包含有意志活动。

意志活动是有目标的行动。人的有目标行为与动物的行为迥然不同。虽然,动物在适应环境的过程中也作用于周围环境,但它对环境与人对环境的作用,其性质是截然不同的。恩格斯说:"如果说动物不断地影响它周围的环境,那么,这是无意地发生的,而且对于动物本身来说是偶然的事情。但是人离开动物愈远,他们对自然界的作用就愈带有经过思考的、有计划的、向着一定的和事先知道的目标前进的特征。"并进一步指出:"一切动物的一切有计划的行动,都不能在自然界上打下它们意志的印记。这一点只有人才能做到。"①意志是意识的能动作用,只有人才有意志活动。

但是,也并不是所有自觉的有目标的行动都有内心意志努力的性质。例如,平时我们随便吃几块饼干,这是有意识行动,但不一定有内心意志努力成分。然而,在著名的上甘岭战役中,我们的战士几天几夜喝不上水,这时吃饼干充饥就会口干舌燥难以下咽而遇到巨大的困难,就要付出巨大的意志努力。所以,意志活动总是与克服困难相联系的。在意志坚定的人看来,无论是遇到抉择上的失误,还是事业上的坎坷,或是感情上的挫折,都可以为自己意志力的锻炼提供经验积累。他们无论遇到何种困难都会无比勇敢地面对前进道路上的艰难险阻。

意志力(will power)是意志蕴含的一种能量。根据其能量大小的不同,可以判断个体意志力是坚强的或是薄弱的,是完善的或是有缺陷的。

---

①《马克思恩格斯选集》第三卷,人民出版社1972年版,第516-517页。

二、意志与自由

人的意志是不是自由的？在这个问题上，哲学及心理学史上有过两种极端的见解。唯意志论者叔本华和尼采认为，人的意志行为是不受任何东西约束的，可以绝对自由，为所欲为。所谓自由意志（free will）是指行为在任何情况下都是受个人意志控制的。行为主义者华生则否认人的意识，否认意志自由，认为人的行为完全是由外界刺激所决定的。前者是极端的唯心论，后者是极端的机械论，都是错误的。

辩证唯物主义认为，人的意志是自由的，但又是不自由的。说它是自由的，因为在一定的条件下，人可以根据自己的意愿自主地选择目的，发动或制止某种行动，按某种方式、方法行事；说它是不自由的，因为人的一切愿望、一切行动都必须符合客观规律，否则，将一无所成。正如恩格斯所说："自由不在于幻想中摆脱自然规律而独立，而在于认识这些规律，从而能够有计划地使自然规律为一定的目的服务。……因此，意志自由只是借助于对事物的认识来做出决定的那种能力。"[①]

意志自由是有条件的、历史的。恩格斯说："最初的、从动物界分离出来的人，在一切本质方面是和动物本身一样不自由的；但是文化上的每一进步，都是迈向自由的一步。"[②]从开始懂得使用火和石头工具的那一天起，人类就向自由迈进了第一步。随着对客观规律的认识越多，越能运用客观规律，人类的意志也就越自由。人类掌握了更多自然界的规律和社会发展的规律，才有可能获得更大的自由。意志的社会历史制约性主要表现在两个方面：一是人的意志的自由度是受社会历史条件制约的；二是人们对意志品质的评价是以具体的社会历史条件为转移的。

一个人掌握的自然科学和社会科学的知识越多，越善于运用客观规律，他对世界的改造也就越主动、越自由。而这种能力的获得又依赖于人的主观努力，即需要勤奋地学习，勇敢地探索、不断地实践。

三、意志过程

意志过程（willed process）是指意志行动的发生、发展和完成的历程。这一过程大致可以分为两个阶段：采取决定阶段和执行决定阶段。前者是意志行动的开始阶段，它决定意志行动的方向，是意志行动的动因；后者是意志行动的完成阶段，它使内心追求的目标、计划付诸实施，以达成该目标。

---

①《马克思恩格斯选集》第3卷，人民出版社1972年版，第153-154页。

②《马克思恩格斯选集》第3卷，人民出版社1972年版，第153-154页。

（一）采取决定阶段

采取决定阶段一般包含选择目标、设定标准、制订计划、心理冲突和矛盾、做出决策等许多环节。目标是人的行动所期望的结果。在行动中，个人追求的目标是多样的：有时是明确的，有时则是模糊的；有时是眼前的，有时是较长远的等。有时行动追求的目标只有一个，无选择之余地，这时确定目标不会产生内心冲突；有时则有好几个可供选择的目标，选择目标会产生心理冲突，需要付出意志努力。目标确定之后，就要选择达到目标的行动方式和方法，拟定出行动计划。对于行动的方式、方法的选择，也有各种不同情况。有时只要一提出目标，行动的方式、方法便可以确定，这无需意志的努力。在通常的情况下，达到目标的方式、方法也要进行选择，比较各种方式、方法的优缺点及可能导致的结果。这时也可能产生内心犹豫不决：时而想采取这种方式、方法，时而想采取那种方式、方法，难以下决心拟订出行动计划。因而在确定行动计划做出决策时也会产生矛盾心理，也需要做出意志努力。

（二）执行决定阶段

在做出决定之后，便过渡到执行决定，进入实际行动。执行决定是意志行动的最重要环节。因为即使在做出决定时有决心，有信心，如果不付诸行动，这种决心和信心依然是空的，意志行动也就不能完成。

从做出决定过渡到执行决定，在时间上往往因具体情况的不同而有所不同。有时在做出决定之后就立即过渡到执行决定阶段。这通常在下列情况下发生：行动的目标和实现行动的方式、方法比较明确具体，完成行动的主客观条件多少已经具备，而行动又要求不失时机地去完成。例如，在战斗中，做出军事行动的决定，就必须立即执行。有时，决定是比较长期的任务或是未来行动的纲领。这样的决定并不立即付诸行动，而仅是将来行动的企图。例如，我们准备在暑假里完成一篇论文，目标、计划都明确了，决心也下了，但并不立刻行动，因为条件还不完全具备，只是一种打算。

在执行决定的过程中，已经确立起来的决心和信心也可能会发生动摇。这通常发生在下列情况下。(1)执行决定时遇到的困难，要付出很大的努力，但与个体已形成的消极的人格特征（如懒惰、骄傲、保守、坏习惯等）或兴趣爱好发生矛盾，从而使决心和信心发生动摇。(2)在做出决定时虽然选择了一种目标，其他目标仅受到暂时的压抑，但仍然很有吸引力。在执行决定的过程中，暂时受到压抑的期望又可能重新抬头，产生了新的心理冲突。(3)在执行决定的过程中，还可能产生新期望、新意图和方法，它们也会同预定的目标发生矛盾，令人踌躇，干扰行动的进程。(4)有时在做出决定时没有充分考虑到各种主客观条件，没有预见到事物的发展变化，在执行决定时遇到新情况，出现新问题，而人又缺乏应付新情况、解决新问题的知识和技能，也可能使人犹豫不决。这些矛盾都会妨碍意志行动贯彻到底。只有解决了这些矛盾才能将意志行动贯彻到底，达到预定的目标。

当意志行动达到预定目标时，又会增强克服困难的毅力，提高克服困难的勇气。优良的意志品质，正是在克服困难的实际斗争中锻炼和培养起来的。

四、意志的生理机制

意志行动是通过一系列随意运动来实现的。控制机体运动的皮质主要在中央前回。运动区对一定部位肌肉的支配，具有精细的机能定位。大脑皮质运动区由许多呈纵向柱状排列的多细胞单元（“运动柱”）组成。运动区的细胞与皮质的其他部位有广泛的神经联系；来自皮肤、肌肉和关节的冲动以及来自额叶和颞叶等部位的信息，为运动区调节运动提供了所需的信息；“运动柱”内细胞之间的环路使不同层次的细胞广泛作用，最后离开皮质的锥体细胞和非锥体细胞，对输入信息和指令信息的总和发生反应。大脑皮质的随意运动是通过锥体系统和锥体外系统的协同活动完成的。其中锥体系统的机能是对敏捷灵活活动进行精细调节，而锥体外系统的机能则主要与调节肌肉紧张、肌群的协调性运动有关。

大脑额叶在意志行动中具有非常重要的意义。大脑额叶是形成意志行动的目的的器官，它随时将活动的结果与预先拟定的计划目的进行比较。鲁利亚等（Лурия，汪青等译，1983）的研究表明，额叶损伤的患者丧失了形成行动的愿望，不能独立地产生行动计划，行动的意识调节受到严重的破坏。患者不能借助语言所形成的动机而产生某种行动。例如，用言语指示要求额叶受伤的患者抬起手来，如果这时患者的手放在被子下面，他只是模仿地重复着“是，是抬起手……”却不会先从被子下面把手抽出来，然后再抬起来，不能对自己的动作进行调节。额叶严重损伤时，随意运动程序的机制遭到破坏。这与运动区损伤时，运动的执行环节遭到破坏是不同的。

此外，网状结构在行为的意志调节中也有重要的意义。因为行为的意志调节必须以大脑皮质的优势兴奋中心为前提，要使大脑皮质建立优势兴奋中心必须高于正常的动力供应。而网状结构则是皮质动力供应的特殊电池和操纵台。

总之，意志行动是大脑的许多复杂的神经过程相互作用的结果，其中中央前回运动区和额叶起着十分重要的作用。但是，由于意志活动的复杂性，其生理机制还远未探明。

五、知、情、意的关系

首先,意志和认识过程有密切的联系。意志的产生是以认知为前提的。意志的一个特征是具有自觉的目的性。人的任何目的,都是在认知活动的基础上产生的。个人在确定目的,选择方法和步骤时,要考虑客观形势,分析主观条件,回顾过去的经验,设想将来结果,拟定方案,编制计划,并对这一切进行反复的权衡和斟酌。所有这些都必须通过感知、记忆、思维、想象等认知活动才能实现。而意志对认知也有很大的影响。人的各种认知活动都可能遇到一定的困难。要克服这些困难就需要付出意志努力。

其次,意志和情绪也有密切的联系。情绪既可以成为意志行动的动力,也可以成为意志行动的阻力。当某种情绪对人的活动起推动或支持作用时,这种情绪就会成为意志行动的动力。当某种情绪对人的活动起阻碍或削弱作用时,这种情绪就会成为意志行动的阻力。消极的情绪对意志行动的干扰作用,取决于一个人的意志品质:意志坚强者可以克服这些消极情绪的干扰,把意志行动贯彻到底;意志薄弱者则可能被这些消极情绪所压倒,使行动半途而废。意志也可以控制情绪,使情绪服从于理智。总之,在个人身上认知、情绪和意志总是密切联系在一起的。只是由于研究上的需要,我们才对统一的心理活动从不同的侧面进行分析而已。

最后,意志对人格的形成和发展具有十分重要的意义。孟子曰:"富贵不能淫,贫贱不能移,威武不能屈,此之谓大丈夫。"[①]。法国生物学家巴斯德(L. Posteur,1822-1895)说,立志、工作、成功,是人类活动的三大要素。立志是事业的大门,工作是登堂入室的旅程,这旅程的尽头就有个成功在等待着。这些都说明,意志对健全人格养成具有极为重要的作用。

第二节　意志的心理结构

意志的心理结构是很复杂的,由于研究工作的薄弱,在心理学上至今尚无统一的看法。这里讨论意志结构中几种主要的心理成分。

一、目标

目标(purpose)是个人确立并指导其行为的内部心理表征。个人的目标是指那些引导

①《孟子·滕文公下》。

个人的行为的目的或目标的心理表征，它就像恒温器或雷达指挥的高射炮一样。个人订出计划来实现目标，并以目的的心理表征来检验行为，了解自己是否要继续维持某种行为，是否正在接近目标。例如，有人要在一天里组织一次重要的商务会议，他就要关注会议的程序，哪些人参会，分发必要的文件，以及会上的总结发言等。这样的预先安排可以使我们的行为合理地指向未来的目标。行为不是由未来引导的，而是由对未来的某种心理表征来指引的。如果心里没有追求的某种表征，人就不可能有目的的行为。我们常常能意识到自己的目标，有时却又不能。例如，许多时候我们能说出为什么要这样做，但有时可能无法解释自己的行为或给出的是一些为社会所接受的理由而非行为的真实原因。这说明理由和动因是有区别的，前者是指人们给出的解释，而后者则是行为实际的决定因素。

心理学家对目标的表述用着不同的术语，如生活任务（Cantor,1990）、个人奋斗（Emmons,1989）、个人项目（Little,1989）、当前关注点（Klinger,1977）、可能自我（Markus & Ruvolo,1989）、标准（Bandura,1989；Higgins,1990）和目的（Ford,1992；Locke & Latham,1990；Pervin,1983,1989）等。这些术语都表达了行为的目的性和目标指向性，即个体的行为围绕着所期望的目的（追求或回避的目标）而组织起来的。目标就是个人凭借有关功能来维持头脑里的某种心理表征并调整自己的行为以符合它。目标具有以下特点。

（一）目标的多样性

引导人们行为的目标多种多样。根据珀文（Pervin，1983）的调查，目标大致可归纳为五大类（见表14-1）：

表14-1 在不同情境的目标评定中被试的目标分类

目标种类	目标样例
自尊、赞许	维持自尊、避免失败；被接受、避免拒绝；事业上进、竞争成功、自我肯定、避免羞愧
放松、快乐、友谊	有快乐感、增进亲密、放松、建立友谊、给予情感、避免孤独
攻击、权力	伤害某人、避免控制或操纵、避免感情脆弱、影响或控制他人
减少紧张、冲突或威胁	减少焦虑、避免拒绝、避免冲突和不一致、做“正确”的事、避免内疚感、避免责备和批评
感情、支持	给予感情、提供支持和帮助、增进亲密

（采自Pervin，1983）

人们所追求的目标可以是复杂的，也可以是简单的；可以是十分重要的，也可以是较不重要的；可以是近期重要的（如玩好这个游戏），也可以是长远重要的（如要成为一个优秀的工程师或想有一个美满的家庭）。还可以把目标分为正向的接近目标和负向的回避目标。一个目标既可以是我们努力寻求获得的东西，也可以是我们力图回避的东西。除了上述的分类外，每个人都还有高度独特的目标和目标结构。几乎任何事情都可能成为某人的目标，要么是想获得的，要么是想回避的。对一个人是很重要的目标，而对另一个人可能只是次要的目标。两个或多个目标在一个人身上可能是协调整合的，但在另一个人身上可能相互冲突。

（二）目标的组织性

可以把个人追求的目标看成是一个系统。个人追求的目标系统可能是按等级排列的：有些是高层次目标，有些是下属目标。例如，一个人追求高层次的目标是做一个生活幸福人，另一个人是做个乐善好施的人。前者的下属目标可能是美满家庭和事业有成，后者的下属目标则可能是帮助他人和待人诚恳。系统结构是可以改变的，较重要的目标也可能变为较不重要的下属目标。目标系统结构一旦改变，意志努力的方向也会做相应的调整。目标系统结构也可能是不协调、相冲突的。个人往往会因目标冲突而感到痛苦，关于这个问题将在“冲突与矛盾心理”中加以讨论。

（三）目标的动力性

朝向正向目标的行动与积极情绪相联系，而背离正向目标的行动则与消极情绪相联系。在追求目标的过程中，通过对心理表征的持续关注，一步步地达成子目标及由此而产生的自豪感或羞耻感对行动进行自我强化，使意志行动持续进行下去。为了保持长期的努力，我们必须在头脑中建立目标系统（如划分为近期、中期和长期目标），并在内心激励自己向着目标不断努力。当我们达成了目标并感到满意时，或者当我们评价进一步努力已毫无意义时，就会终止对该目标的追求。无论遇到上述的哪一种情况，另一个目标就会取代先前的目标追求行动。人们更多地去追求价值高、实现可能性大的目标，而不去追求价值低、实现可能性小的目标。

在理解目标的动机作用时，应当注意以下三点。第一，我们的意志行动是非常复杂的，它可以包含对多个目标的追求，如我们的求职行动就是由多重原因决定的，包含着多个目标。第二，同一目标可以通过不同的行动计划而实现，而一种行动也可以表现为对不同目标的追求。实现一个目标不会只有一种途径或计划。第三，不同性质的目标，其动机作用是不同的。班杜拉（Bandura，1989）的研究表明，特定的、有挑战性的、现实的和近期的目标比模糊的、无挑战性的、不现实的和长远的目标更有助于自我激发。要增强目标的动机作用，个人设定的目标应该是特定的、对现实有挑战性的，所追求的切近目标是与长远目标相联系的。

目标对行动的成效起着重要的作用。班杜拉(Bandura,1989)的研究表明,自己没有设定目标的人比设定了低目标者的努力程度要低,低目标者努力程度又不如高目标者(见图14-1)。自己设定了目标的人会思考、评估以哪一种行动计划、付出多少努力来达成目标,并依据执行决定进程中有关反馈信息加以调整,努力地逐渐接近目标。在另一项研究(Bandura & Cervone ,1983)中,让被试从事一项活动并记录其成绩,并使被试相信这个实验的目的是证明该活动有助于心脏病康复锻炼计划的设计和评价。然后把被试分为四组,分别在四种条件(有目标和作业反馈,只有目标,只有反馈,既无目标又无反馈)下进行该活动,并再次测量其作业成绩。结果显示:有目标和作业反馈组的成绩提高大,动机水平高,只有目标和只有反馈组活动成绩提高相似,动机水平相当(见图14-2)。因此,要提高活动的成效,目标和反馈信息都是很重要的因素。

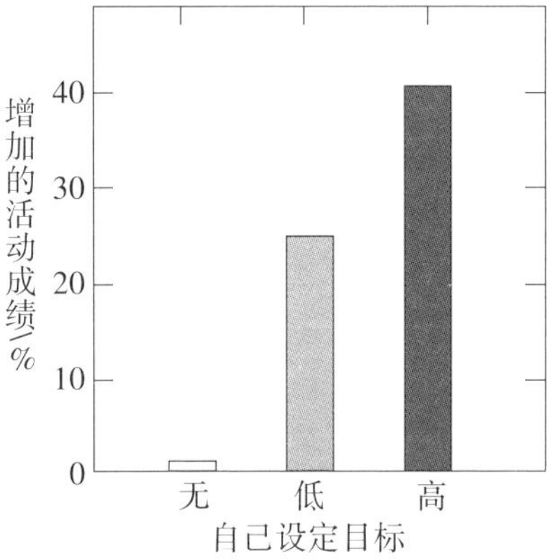

图14-1 目标对活动成效的影响

(采自Bandura,1989)

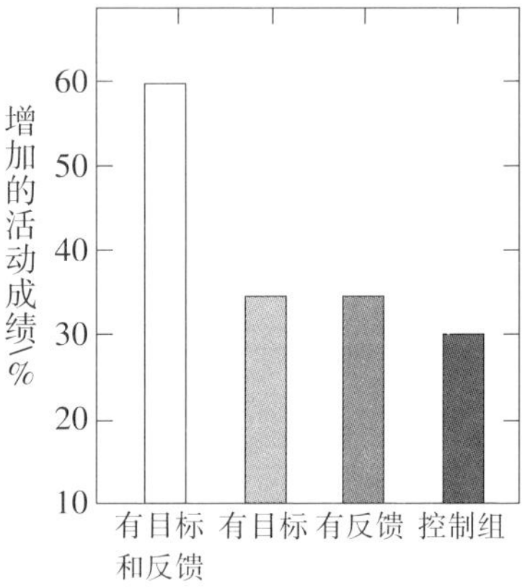

图14-2 目标和反馈信息对活动成效的影响

(采自Bandura & Cervone,1983)

目标系统的功能与主观幸福感及健康有关,即具有明确具体且可实现目标的人,比没有目标、目标模糊、目标难以实现、目标相互冲突的人,有更好的健康状况和较高的主观幸福感。

二、抱负水平

抱负水平(level of aspiration)是指个人在做某件实际工作之前估计自己所能达到的成就水平,它与一个人目标的确定和选择密切相关。例如,一个学生在某次考试前估计自己能考80分,但结果只考了70分,这时就会产生失败感;如果下一次考试仍然还是这样的估计,结果却考了90分,这时就会产生成功感。这说明,成就高于抱负时,个人的抱负水平与实际成就之间就会产生"负差",从而导致成功感;反之,则会产生"正差",导致失败的主观体验。因此,抱负水平制约着对行动目标的追求。

个人的抱负水平是后天形成的。以下因素会影响一个人的抱负水平。(1)自信心。自信心既是过去成功经验的结果,反过来又会在某种程度上促使个人的成功。因此,自信的人通常抱负水平也较高,他们在确定工作任务目标时常常会把任务的实际性和挑战性结合起来考虑。当然,自信心与努力从事的特定领域有关,并且只在该领域内影响抱负水平。(2)个体成败经验。成功的经验越多、越强烈,以后的抱负水平就会水涨船高。因此,成功的经验一般能导致抱负水平的提高;相反,失败的经验一般则导致抱负水平的降低,失败得越厉害,以后的抱负水平就会降得越低,并且变化也很大。(3)团体成败经验。个人的成败经验直接地影响到个人的抱负水平,团体的成败经验则间接地影响着个人的抱负水平。隶属于某个团体的个人,由于缺乏经验,往往以他人或团体的成败经验为定位点来确定自己的抱负水平。有一个实验(Chapman & Volkman,1939):将同等程度的大学生分为四组,让他们完成一套由50道文学知识组成的多项选择测验题,测验的满分为50分,无时间限制。对A组只告知测验的做法;对其余三个组除告知测验的做法外,告知B组有文学专长者在该测验上的得分,告知C组一般大学生在该测验上的分数,告知D组一般工人在测验上的得分数。接着,要求他们自定自己的抱负水平(即自己估计自己在该测验上的得分)。结果各组的抱负水平有明显差异:D组抱负水平最高,平均值为33.05;B组最低,平均值为23.09;未受暗示的控制组的平均值为26.95。这说明,他人成败经验影响着个体在测验抱负水平上的差异。实验增加第五组后,在告知他人成绩之前,先让其接受一种类似的测验并告知其所得分数(即既具备直接经验也具备间接经验)。结果表明,第五组的抱负水平受自己直接经验的影响大于他人的经验。这说明,在确定抱负水平的过程中,自己缺乏直接的成败经验时才倾向于以他人或团体的经验为定位点。

三、冲突与矛盾心理

意志行动中常常伴随着冲突与矛盾心理。在采取决定和执行决定的两个阶段都可能产生冲突和矛盾心理。有必要把冲突与矛盾心理加以区分。冲突(conflict)是指两个或多个追求目标之间的斗争,矛盾心理(ambivalence)是指对一个目标追求过程中所产生的混杂感情。换言之,冲突与两个或多个目标有关,而矛盾心理与一个目标有关。

冲突与矛盾心理的表现形式复杂多样,大致可以分为以下四类。(1)双趋冲突(approach-approach conflict)。孟子曰:“鱼,我所欲也,熊掌亦我所欲也;二者不可得兼,舍鱼而取熊掌也。生亦我所欲也,义亦我所欲也;二者不可得兼,舍生而取义者也。”[①]一个人同

①《孟子·告子上》。

时想追求两个目标,但由于条件所限只能选择其一,像这种被迫放弃自己所爱的目标之一的冲突,称为双趋冲突。例如,一个大学生在毕业时同时被两个单位录用,这两个单位他都比较中意,但他只能选择一个,于是就会产生双趋冲突。双趋冲突的一种解决办法就是衡量两种目标的轻重,选择一个而放弃另一个。(2)双避冲突(avoidance-avoidance conflict)。有时,一个人同时遇到两个有威胁性而都想躲避的目标,而他又必须接受其一始能避免其二。像这种从两所恶者或两躲避中必须择其一的困扰心理状态,称为双避冲突。例如,一个讨厌学习的小孩可能既不喜欢做家庭作业,同时又怕家长的责骂,这时他就面临双避冲突。在他看来,要么不做作业而受到责骂,要么忍受做作业的痛苦而避免家长的责骂,这两者对他都是一种威胁,他必须选择其一。(3)趋避矛盾(approach-avoidance ambivalence)。个人在追求一个目标同时产生两种不同的情感:一方面好而趋之,另一方面恶而避之。这种对一个目标的追求过程中兼具好恶的情感,称为趋避矛盾。例如,一位女生在追求一位男生时非常希望向对方表达自己的爱慕之情,但由于害羞或担心遭到拒绝而有损自尊,就会产生趋避矛盾心理。(4)多重趋避矛盾(multiple approach-avoidance ambivalence)。如果一个人面对两个或两个以上的目标,且每一个目标又分别具有趋避两方面的不同好恶情感,则称为多重趋避矛盾。例如,一个大学生想参加六级英语考试,但又害怕考试失败;想加入某个学生社团组织,却又担心耽误时间太多,影响学习;想在课余时间应聘某公司的业务促销员挣钱,但又抹不开面子,这种情况就会产生多重趋避矛盾心理。有研究(Emmons & King,1988)表明,冲突和矛盾心理会导致高焦虑、抑郁症等身心疾病,冲突与矛盾心理所导致的生理症状甚至会持续一年之久。

四、自信心

自信心(self-confidence)也叫自信,是个人信任自己,对自己所知的和所能的有信心,对自己所下的判断和所做的事情不怀疑。自信心是意志的一个重要心理结构。在采取决定阶段,自信心会影响目标的选择和行动计划的制定。在执行决定阶段,如果个人对现有的低成绩不满意并且对好成绩充满自信,其后继的努力就更加强烈,如果仅仅对低成绩不满意而缺乏自信就不会有后继的努力。

自信心在意志行动中的动力作用表现是多方面的。

第一,自信心对确定目标水平的作用。自信心影响着个人意志行动中付出努力的多少,将接受什么样的挑战,遇到困难能坚持多久。也就是说,通常只有我们意识到自己有能力克服困难,才会接受困难的挑战;一旦我们确信继续努力已徒劳无益时,就不可能再坚持下去。

第二,自信心影响着我们对任务的情绪反应和所承受的压力大小。通过测量心率的增加可知,自信者在具体的任务中经受压力较少,而不自信者受到的压力较大。不自信与放弃目标追求及抑郁相联系,与此相反,自信则与继续追求目标及正面情感相联系。

第三,自信心会激发人们的动机性思维。在遇到困难时,自信心对动机性思维的激发尤为明显,我们可以观察到,自信者对自己说,“我知道我能够找到解决问题的办法”,而不自信者则会对自己说,“我知道我做不到,我不具备这样的能力”“无论怎样做,我都没有办法达到好结果”。不自信的人在面临复杂问题要做出决定时,其思维变得不稳定且优柔寡断。换言之,不自信会严重地影响着选择目标的认知活动。

第四,自信心会影响意志行动的坚持性和对压力的耐受性。例如,自信者即使遇到了困难甚至遭到失败,他们也会重新振作起来,迅速投入工作,而不自信者在遇到困难甚至很小一点困难时往往会倾向于放弃。自信者坚信自己有潜在的能力对抗压力,因而对压力有较大的耐受性,而不自信者对压力很敏感,易衰竭,因为他们不相信自己有能力并且预期自己会失败。个人在未达到目标时,有无自信心对是否继续努力产生影响。

第五,自信心还影响着达到目标后的反应。巨大的快乐来自将成功归因于自己的能力而不是运气。如果个人相信自己有能力达到更高的目标,就会在行动达到目标后设定新的更高的目标。当人们达到自己追求的目标后,高自信者通常为自己设定更高的目标,接受更大的挑战。与此相反,不自信者则可能放弃对高目标的追求。

总之,自信心是个体对自己能力的一种确切的信念,也就是个体对自己在多大程度上能有效地采取必要行动来达成某种目标的一种信念。自信心在意志过程的采取决定阶段和执行决定阶段都有关键的作用。

〖心理学与人生14-1〗影响自信心的重要的因素

下列四种重要因素影响个人的自信心。

第一,以往的成功经验或已取得的绩效。这是产生自信心的最有力的因素。在以往的成功经验中,那些通过自己坚持不懈努力而取得成功的深刻经验对自信心的形成起着特别巨大的作用,而那些轻易获得成功的经验对自信心的形成作用不大,它不可能形成在困境中坚持下去的自信心。

第二,他人的成功经验或榜样作用。看到跟自己相似的人通过持续的努力而获得成功,人们会相信自己也有能力成功;相反,看到跟自己相似的人的失败,会使人怀疑自己的能力。榜样与观察者越相似(如在年龄、性别、身体特征和教育等人口统计学特征,以及地位、经历等方面的相似),与要完成的工作越相似,对观察者自信心的影响就越大。

第三,社会说服。我们在完成某项工作缺乏自信时,受人尊敬且有能力者的鼓励(“你能做得好”)会使人的信心倍增。相反,不友善的、负面的话语(如“你不行,做不好”)会严重损害自信心。负面评价，甚至只是非言语的手势和眼神，都可能会损害自信心。开始工作感到举步维艰或怀疑自己时，真诚的社会说服对自信心的形成特别有帮助。

第四，生理和心理唤醒。在评估自己的能力时我们往往会依据自己的生理和情绪上的感受。这一因素的作用可能比其他信息源的影响力要大。我们都有这样的体验：感到很疲倦，或身体不好，或焦虑沮丧，或感到很大压力，往往会极大地损害自信心；而如果生理心理状态良好，往往会增强我们的自信心。

五、决策

无论在采取决定阶段或是执行决定阶段，意志行动都包含决策这一重要心理成分。决策就是进行选择的过程。也有学者把决策定义为形成各种相关方案，然后对形成的各种方案进行评估，最后做出抉择的过程（Medin & Ross,1992）。也有学者把决策定义为为了获得一个令人满意的结果而采取的行动（Yates,1990）。人们希望获得一个令人满意的结果，但又不能立刻对优劣进行鉴别，因而决策往往都有一定的风险，并且会感到紧张和压力。以选修课问题为例，你可能会考虑各种选择，如选修高等数学，或者选修生理学，或者选修哲学。你事先并不能确定哪一个选择是最好的，或者还有比这三个更好的选择，而这个选择你又没有考虑到。决策（decision making）就是在这样不确定条件下做出决定的心理过程。

可以把决策过程划分为若干个步骤。最常见的划分是下列六个步骤：（1）意识到决策的必要性；（2）确定目标，定义问题；（3）形成决策的备择方案；（4）对各方案进行维度分析；（5）评估各备择方案；（6）做出决策。这些步骤顺序仅是一个大致的情况。如果形成各种决策方案的依据不充分，人们还会回到第二步，重新确定决策的目标以及定义决策的问题，同时这种情况往往经常发生。在决策时人们会不断收集信息，以便更好地定义决策的问题。因为信息越多，人们的选择余地就越大。

由于决策是与不确定性相联系的，因此概率常被用来估计我们在做出决策时的风险高低。如果决策者是理性的，那他就会关注事件成功概率。但是，人们很少意识到决策的困难，往往对自己的决策质量过分自信。即使决策所依据的信息和证据很少也不会认为自己过分自信。例如在1988年，一个美国海军船舰的舰长做出错误的判断，把一架伊朗的商用飞机当成了军用飞机，认为这架飞机要攻击他的战舰。仅仅依据雷达所做的先入为主的判断，他在没有进一步弄清飞机动向的情况下就向飞机发射了两枚导弹。结果那架商用飞机上的290名乘客全部遇难。可见，决策错误会带来多么严重的后果！正确决策必须建立在良好的证据的基础上。

第三节 意志控制与失控

一、意志控制

意志控制(volitional control)是个人操纵事件的进程和结果,使之与预期目标相一致的过程。意志的控制作用既可以是向外的,也可以是向内的。前者是按照主体预期的目标来改变外部的自然环境和社会环境,如人类的植树造林、移石填海以及体制改革等活动;后者则是按照主体预期的目标来改变或塑造自身的生理素质和心理素质,如坚持每天跑步来达到增强忍耐力或减轻体重的目的,按照内化了的社会期望和道德价值观把自己塑造成文明的、健全人格的人等。意志对环境的控制和对自身的控制是密切联系的。

意志的控制作用是通过对行动的激励和克制来实现的。激励表现为推动人为达到目标而积极行动起来。例如,为了通过外语考试,意志推动着人去坚持练习听力、背单词、做习题、阅读外语文章等,这是意志的激励作用。克制则表现为制止与预定目的相矛盾的行动。例如,同样是为了通过外语考试,意志促进人克制妨碍他达到这一目的的其他活动,如长时间上网、花过多的时间看小说等。因此,在具体的活动中意志对行动控制的激励和克制是互相联系的。越能克制与预定目的相矛盾的行动,为达到预定目的而采取的行动就越有力;为达到预定目的所采取的行动越有力,就越能克制与预定目的相矛盾的行动。意志正是通过这种激励与克制的相互作用来实现人对自身、对环境的控制。

人在实现目的过程中要遇到诸多内部和外部障碍,意志控制必然要消除这些障碍。内部障碍是指与实现目的相冲突的内心干扰,如对实现目的的重要性认识不足,缺乏信心、决心以及疲劳、分心等。外部障碍是指外界的自然和人为因素干扰,如资金不足、材料缺乏、工具陈旧落后、天气恶劣等,或得不到亲友的支持,甚至遭到他人的阻挠、讥讽和打击等。只有克服了这些障碍,意志的控制作用才能贯彻到底,实现预期的目标。

二、失控

当人遇到有威胁性的情况而自己又无力应付时就会觉得自己对事件失去了控制能力,这就叫失控(out of control)。自然环境、社会环境以及人世间的生老病死等都有可能成为威胁性的因素使我们失去对事件的控制能力。例如,山洪暴发、交通中断耽误了既定的约会,恋爱中的男女因受家长的反对而不能结合等。失控的时间有长有短。像考试失利这种失控,时间较短,经过努力可能很快会消除。而监狱中的死囚,他的失控时间就长了。

(这里讲的失控与意志障碍的失控症不同,见热点问题讨论14-1)正常状态下的失控时,人们的反应虽各不相同,但一般都有下列行为反应。

〖热点问题讨论14-1〗冲动控制障碍

意志障碍可分为两类,一类是正常活动的行为不能出现,称为受阻性意愿(obstructed will);另一类是反常活动的行为无法抑制,称为爆发性意愿(explosive will)。

爆发性意志的典型例子是冲动控制障碍(impulse control disorder),是一种被冲动所驱使的行为。通常人们的行为是与自己的意愿相一致的,但冲动控制障碍也称失控症,是一种个人不能控制自己不断去做自己不该做的事的心理疾患,如病态赌博、强迫性购物、强迫性性行为、盗窃癖和网络成瘾等。患者的极端行为冲动是无法控制的。即使通过自我克制拖延这些行为的发生,但要去做这些行为的冲动却没有随着时间而消逝,反而变得不可控制。据报导,在美国,各种冲动控制障碍合起来可能影响了美国人口的3%~15%。世界各地所有社会阶层的人都可能患有冲动控制障碍。下面举两个例子。

罗伯特是一位病态赌博者,他叙述道:"除了赌博我不能考虑其他任何事情。尽管我一直在输,我还是想回到赌场,试图赢回我的钱。……从去年的某个时候,我开始不想和朋友们一起去赌场,我想独自去。我认为如果有更少的干扰,我就能集中注意力在扑克上,也就有更多赢的机会——这种想法控制了我。……我好像一个上瘾的人……我对于毒品和酒精没有任何兴趣……我在一个会计事务所工作,我需要集中精力。在赌场呆了整晚之后,我已经无法工作了。……我去赌博的渴望非常强烈。在我的生活中这种渴望优先于其他所有事务。我在下班开车回家的时候,想着和妻子、孩子一起共进晚餐。在回家的路上,我看到赌场的一块广告牌,要赌博的冲动就被激发了。这些冲动非常强烈,我不能抵制它们。突然,就在去赌场的路上,我用手机打电话给妻子,告诉她我要加班。"他说,想赌博的冲动是自发产生的。"我为自己做的事情感到内疚,但是我无法停下来。当我有这些冲动时,除了赌博以外没有什么可以减轻它们。当我有这些冲动时,如果我不去赌场——可能我妻子要我做点什么或者家里有急事——我会有难以置信的焦虑,非常易怒。有时我对待妻子和家庭的方式很糟糕——我长时间离开他们,对他们撒谎,取消家庭计划,这些都是源于赌博。"罗伯特失去了工作,婚姻面临解体。

格洛里亚是一位44岁的已婚的强迫性购物患者,她诉说道:"真是羞于启齿。这听起来很荒谬,我想难以控制的购物冲动是我抑郁的原因。……过去我常常去商店,……我丈夫和我的经济状况都很好,也很注意我们的花费。大约一年前,我丈夫开始抱怨我买的'有趣'东西的数量、频率和价格都在增长。……我有买东西的冲动。起初我买小物品——丝巾、书本、鞋子。慢慢地,我需要买更昂贵的东西来停止这些冲动。我开始买我不戴的珠宝首饰和我不用的贵重家具用品(窗帘、器具)。我也对丈夫撒谎,我把账单藏起来，因此他不会发现。这些谎言在内心折磨着我。”起初她试图通过不去商店来阻止自己。“……我决定在我不上班时就待在家里。然而，我对网上购物开始着迷了。例如，我想给我8岁的侄女买一个生日礼物。我在网上发现一些小玩具在打折——一个几美元。我告诉自己我只用30美元，不能超过，但是我总共花了大约5000美元在那些小车上。我不能相信自己做了什么。”她后悔花钱太多，但当天晚些时候她又回到了网上。“我买了四台吹雪机和二十件黑色T恤。奇怪的是我们已经有了一台吹雪机，而且我从不穿T恤。为什么有人会做这样的事情？”购物冲动使她无法集中精力工作，从而失去了工作，丈夫也离开了她。（采自Jone E. Grant & S. W. Kim著，刘翠玲等译《我该如何停下来——认识和理解冲动控制障碍》，世界图书出版公司2005年版）

目前失控症的病因仍然是个谜，有很多有关病因的推论，从神经生物学理论（如研究表明，脑内化学物质如5-羟色胺和多巴胺异常）到不同行为背后隐藏的心理学含义（如偷东西的女人在转移被压抑的性欲），及社会文化论也被用来解释失控症（如流行文化对拥有财富的炫耀造成了强迫性购物）。失控症的病因很可能是上述三方面因素的复杂交互作用的结果，而不是某个因素所致。

（一）寻求信息

一个人失控后最先产生的反应是渴望得到更多的信息，以形成对所处困境的合适的认识。对更多信息的需求往往会带来两个后果：一是对环境影响更加敏感；二是对获得信息的加工更加粗糙。例如，一个身患某种重病的人，在得知自己的病情后，往往会十分关注有关这种病情的信息，常常主动通过看书、看电视、上网等方法了解与病情有关的症状及治疗方法等信息；同时，他对医生和周围人们关于这种疾病的谈话也会特别敏感，但是对获得信息的理解往往是片面的。不过，如果失控者能够掌握更多信息并且较全面地认识所处的困境，那么他也可能会找到摆脱困境的出路，从而恢复对事件的控制。

（二）对困境反应加剧

人在失控时都有恢复控制的倾向。Ovsiankina（1928）曾经进行了一个实验来证明人的这种倾向。实验中让被试做诸如堆积木、数珠子、做黏土手工等一些简单的作业，中途让被试中断作业并将其叫出室外。一段时间后被试回到了室内，这时他们无一例外地都自动重新继续开始作业。在另一个实验中，仍然让被试做某种作业且中途令其停止作业，但要求他们换做其他作业。这时被试明显地表现出想尽快完成该作业以便重新继续做被中断了的作业，重新开始率达79%。

如果人对失控后的困境事前没有预料到，其消极影响会更大。实验证明，当被试被电击、噪音等所困扰时，如果他们既不能得到有关这些困扰物的信息，也不能控制这些困扰物，那么其消极反应就会加剧，出现紧张、焦虑等反应，如肾上腺素分泌增多、心率加快等。在另一个实险中，三组被试分别在无噪音、被试不可控制的噪音和被试可以控制的噪音的实验条件下完成一项作业，然后让后两组被试在无噪音条件下再完成一项作业。结果发现，可控制噪音组的噪音不影响后一项任务的完成水平，而不可控制的噪音不仅干扰了第一项任务的完成，还降低了后一项任务的完成水平(Glass & Singer，1972)。这说明，失控在困境消失之后，仍会对以后的行为产生不良的影响。

(三)抗争或消沉

失控后会有多种多样的挫折行为反应，其中抗争和消沉是最突出的两种挫折反应。当人已有的控制能力或将具有的控制能力被强行取消或受到威胁时就有可能产生抗争反应。引起抗争的主要因素是对结果进行的自由选择受到了威胁，由于本来可以做出的选择被外力取消，或者自己将要做出选择时受到外界的压力，这时人们就会抗争或反抗。在失控时，人的抗争强度与他对选择自由的期望值成正比，即，如果认为结果的价值越大、控制能力的取消会影响其他方面的选择自由，则抗争的强度就越大。失控时抗争会引起下列情绪和行为的反应。(1)产生愤怒、敌意和攻击情绪。如果你夺走幼儿手中的玩具或挡住他前进的道路时，他会产生愤怒、敌意和攻击反应。如果你受到不公正的待遇时也会产生上述的情绪反应。(2)竭力挽回失去的控制能力。上例中的幼儿会竭力从你手中要回玩具；受到不公正待遇的人会竭力抗争、要求有公正的待遇。(3)对结果的认识会发生改变。预期的选择结果会因外力的强制取消而变得更有吸引力，这样已产生的结果则会更令人不满意。例如，如果自由恋爱的青年男女被外力强制拆散，则他们对自由恋爱会更加向往，对被拆散愈发不满。(4)产生选择自由的象征性恢复。一个人受挫折后常产生各种幻想，以象征的方式恢复失去的控制。例如，低年级的小学生被高年级的学生欺负后，自言自语地用语言表示对其的愤怒和报复。

失控的另一种反应是消沉。它在很多方面正好与抗争相反。抗争会产生愤怒和敌意，并努力挽回失去的自由，而消沉则自认失败并放弃改变困境的努力。当人试图努力改变某种不利情形而屡遭失败的时候。他就会觉得自己丧失了对自由的控制力，这时他就有可能停止努力，产生消沉。某一方面的失控所产生的消沉还具有扩散力，可能会影响到生活的其他方面。一个人在失控后产生消沉的反应会导致他在在其他的事情上也放弃自己应有的努力，甚至做出错误的判断，将可控制的事件误判为不能控制的。消沉还可能造成长期的焦虑和抑郁。

失控后，人们对挫折的反应有很大的个别差异，这些差异体现了人在应对压力时的不同反应。例如，有的人坚忍不拔、百折不挠，竭力挽回控制力，以达到目的，心理学上把这种经得起挫折而免于精神崩溃、行为失常的能力，称为挫折容忍力。相反，有的人失控后则灰心丧气、一蹶不振，以致精神崩溃、行为失常。不少研究表明，失控后产生抗争或消沉与下列一些因素有关：(1)强外控型者则较易导致消沉，而强内控型者较易导致抗争；(2)经历多次失控者则更易引起消沉，而过去失控经验少者更容易产生抗争；(3)一般失控后容易立即产生抗争，而在抗争中所做的挽回控制力的努力失败之后则容易产生消沉；(4)长期习惯于有控制力的人(如事业有成者)易产生抗争，而没有什么控制经验的人(如弱势群体和儿童)在遇见改变不了的困难时则易于放弃。

〖热点问题讨论 14-2〗内控与外控

你是否相信命运能够主宰自己的生活？例如，当你找到一个好工作时，你认为这是实至名归还是运气所致？又如，当你考试不及格时，你会觉得这是自己的责任还是把它归结于命运？这种人们对好事或坏事落在自己身上时的归因方式，用心理学的表述即是：你相信在你的行为及其后果之间存在某种因果关系吗？

社会学习理论的代表之一、美国心理学家罗特理论对上述问题做了很好的说明。他认为，可以用内控点(internal locus of control)和外控点(external locus of control)来解释人们在某些事件原因的归结方面存在的差异。持有外控点信念的人常常把自己的行为后果归结为运气、命运或是他人力量的影响；与之相反，持有内控点信念的人往往把行为后果归因于自己的行为和人格特征。为了测量一个人的内控或外控程度，罗特设计了一个包括23对陈述句的内外控量表(Internal-External Scale，简称IES；Rotter，1966)。该量表每对句子中包括一句反映内控点的陈述句和一句反映外控点的陈述句，要求被试在每对陈述句中必须做出选择。如："人们生活中很多不愉快的事件都有一部分原因在于运气不好/人们的不幸是由他们所犯的错误导致的"；"成功靠的是努力工作，运气只起一点点作用或者根本不起作用/找到一份好工作主要靠的是在恰当的时间出现在恰当的地点"。

研究证明，通过罗特编制的内外控量表测得的内外控特征能够准确预测人们在特定情境中的行为。(1)吸烟。他们发现，吸烟者比不吸烟者更倾向于外控，而那些接受吸烟危害健康的警示的戒烟者更倾向于内控。(2)参政。他们发现，那些参与游行并加入民权组织的大学生具有更多的内控倾向。(3)赌博。外控个体倾向于在风险较大的赌博中下更多的赌注，而内控个体则倾向于对有把握的事情下赌注。(4)成就动机。研究表明，内外控量表中的内控得分与预测成就动机的17个指标中的15个存在正相关，这些指标包括上大学的计划、用于做家庭作业的时间、父母对子女在校表现的感兴趣程度等。(5)从众。在罗特的实验中，具有内控倾向的被试更少服从大多数人的意见。控制点的研究表明，那些具有内控倾向的个体就是那些坚信自己能掌握自己命运的人，他们较那些具有外控倾向的个体更可能会：(1)从情境中获取更多信息来改进自己将来在这些特定情境或类似情境中的行为；(2)更主动地改变和改善他们的生活状况；(3)更加看重内在技能和成就；(4)更有独立性，能抵制他人的影响。

那么，人们在内外控维度上存在个体差异的原因是什么呢？罗特认为，导致这一差异可能有三个主要的原因。首先是文化差异，在不同的文化中个体的控制点倾向存在一些差异。研究发现，在美国的一个相对封闭的社区中，有印第安人后裔、墨西哥裔美国人和白种人三个不同的群体。通过比较发现，一般而言，那些具有印第安血统的个体最具外控倾向，而白种人最具内控倾向，墨西哥裔美国人在内外控量表上的得分介于二者之间。其次是经济水平，控制点的倾向也与个体的社会经济水平有关，社会经济水平较低的个体具有更大程度的外控倾向。最后是养育方式，父母的养育方式对个体习得内外控倾向具有显而易见的影响。父母在教养孩子时所采取的奖励和惩罚的方式如果经常与孩子的表现不一致，或是无法预计的，那么这将会导致孩子形成外控的倾向。

人的内外控倾向具有一定的稳定性，但在特定环境下也是可以改变的。外控倾向的人，可能因为在工作中被赋予更大的权力和责任而向内控转变；而内控倾向的人在面对巨大压力和不确定性时，也可能会转向外控。而且，内控水平也可以通过学习来加以提高。罗特的控制点理论说明内控水平高的人们可以更好地自我调控以适应生活，大多数研究也都证明了这一假设。但这并不是说内控点的态度是面临所有情境的唯一最佳方式，例如，如果一个人打算改变一种不可能改变的情境的话，内控点的态度可能会适得其反，因为挫折、沮丧和抑郁很可能随之出现；反之，当存在于个体以外的力量确实控制着行为的后果时，不如采取外控点的态度，以最现实也是最健康的行为方式顺应自然。

第四节　意志品质

一、意志品质及其种类

构成意志力的稳定因素称为意志品质(volitional characteristic)，主要包括坚定的目的性、独立性、坚定性、果断性和自制力等。

(一)坚定的目的性

坚定的目的性(steady purposiveness)是指个人善于提出并达成具有社会意义的目标所

表现出来的意志特征。有坚定目标的人不在琐事上耗费精力，他明确社会的要求和利益，并把社会要求和个人的目标和谐地融合在一起，在争取实现个人目标的同时也在争取达成社会目标。目的坚定的人确切知道为什么而奋斗，向什么方向前进。

生活缺乏目的性的人，不知道自己要做什么，整天磨磨蹭蹭，精力不集中，无所事事。

（二）独立性

独立性(independency)表现为一个人自己有能力做出重要的决定并执行这些决定，有责任并愿意对自己的行为所产生的结果负责，深信这样的行为是切实可行的。独立性不同于武断。武断表现为置他人的意见于不顾，不考虑具体情境而一意孤行。而独立性则是与理智地分析和吸取他人的合理意见相联系的。独立性的人对于自己的决定和执行这些决定是经过理智思考的:决定的实行，从社会的角度来看是可以实行的，从道德的角度来看也是正确的。

与独立性相反的意志品质是受暗示性。受暗示性表现为盲从，没有主见，很容易受他人的影响。易受暗示性的人行为动机不是从自己已形成的观点和信念产生的，而是受他人影响的结果。

（三）坚定性

坚定性(steadfastness)表现为长时间地相信自己的决定的合理性，并坚持不懈地克服困难，为执行决定而努力。高度坚定性的人，有顽强的毅力、充满必胜的信念，不怕困难，不怕挫折，善于总结经验教训，既不为无效的愿望所驱使，也不被预想的方法所束缚。为了达到目的，坚毅有恒，百折不回，就是意志坚定性的表现。

与坚定性相反的意志品质是动摇性和刚愎、执拗。动摇性是遇到困难便怀疑预定的目的，不加分析便放弃对预定目的的追求。这种人不善于迫使自己去达到预定的目的，偶遇挫折便望而却步，做事见异思迁、虎头蛇尾。刚愎、执拗是对自己的行为不做理智的评价，总是独行其是。这种人不能客观地认识形势，尽管事实证明他的行为是错的，但仍一成不变，自以为是。动摇性和刚愎、执拗表面上不同，实质上都是对待困难的错误态度，属于消极的意志品质。

（四）果断性

果断性(determination)表现为善于迅速地辨明是非，能及时、坚决地做出决定和执行决定。果断不同于轻率，它是以充分的根据、经过周密思考为前提的。果断的人对自己的行为目的、方法以及可能的后果，都有深刻的认识和清醒的估计，所以当事态发展到最紧急关头的时候,能当机立断、及时行动,毫不动摇,毫不退缩。

与果断性相反的意志品质是优柔寡断、犹豫不决。犹豫不决可能来自许多心理因素。来自生活其他方面的压力会损害个体做决定的能力。犹豫不决的出现可能是由于对所做的工作缺少兴趣,没有动机,也可能是由于内心深处对做出错误决定的恐惧,还可能是由于缺乏做出一个好的决定所需的信息(在这种情况下,犹豫不决也许是可以接受的,并且是明智的)。优柔寡断者的显著特点是无休止的动机冲突。在采取决定时,他迟疑不决,三心二意;到了紧急关头,只好不假思索、仓促决定,做出决定后又反悔,甚至开始行动之后,还怀疑自己决定的正确性。优柔寡断是缺乏勇气、缺乏主见、意志薄弱的表现。

(五)自制力

自制力(self-control)是善于控制自我的能力,如善于控制自己的行为和情绪反应的能力等。在意志行动中,与目标不一致的欲望的诱惑、消极的情绪(如厌倦、懒惰、恐惧)等都会干扰人们做出决定和执行决定。有自制力的人,能控制自我,克制与实现目标不一致的思想和情绪,排除外界诱因的干扰,迫使自己执行已经采取的、具有充分根据的决定。有高度自制力的人,为了崇高的目的,不仅能够忍受各种痛苦和灾难,而且在必要时还能视死如归。自制力是意志的抑制功能。易冲动,意气用事,不能律己,知过不改等,都是缺乏自制力的表现。

必须指出,意志品质都有其具体内容,不能离开具体内容抽象地加以评价。对于意志品质,我们应当联系其具体内容,更多地从社会和道德的角度来加以评价。

热点问题讨论 14-3:坚韧性也许是一种综合性的意志品质

坚韧性(hardiness)是卡巴莎(Kobasa,1979; Kobasa & Maddi,1981;1982)用来解释为什么有些人可以顺利应对压力事件,而另一些人则不能而提出的一个概念。她认为坚韧性由三个相互关联的成分构成:承诺(commitment)指个体对于生活目的和意义的感知;控制(control)指相信命运掌握在个人手里,能通过自己的努力来改变生活;挑战(challenge)指个体认为变化是生活的常态、成长的动力。坚韧性人格的承诺、控制和挑战三种成分缺一不可。

在卡巴莎等人看来,坚韧性强的人好奇心强,总能在自己的经历中发现乐趣和意义(承诺),并且相信自己的观念和行为有一定的影响力(控制),还期盼着日常生活有所变化,认为变化是发展的重要动力(挑战)。这些信念和倾向对个体应对压力事件很有用。对于坚韧性强的人来说,变化所带来的压力是很自然的,而且是有意义的甚至是乐事。他们会立刻做出相应的果断行动,来了解新情况,将其纳入原定计划中,并从中吸取对将来有用的经验。通过这些方式,坚韧性强的人降低了对压力事件的压力感。相反,坚韧性差的人,总是感到自己和周围环境都没什么意思、没有意义,甚至很危险。他们面对难题感到无能为力,认为生活最好不发生任何改变。当遇到压力事件时,由于他们的人格无法提供或提供很少的缓冲作用,因此可能会损害其身心健康。又如面临失业,坚韧性强的人会采取行动积极寻找另一份工作(控制),还会到同行或主管那里调查自己为什么会被辞退(承诺),同时,还会想到这可能是重新计划职业发展的一个机会(挑战)。但面对同样一件事,坚韧性差的人就会手足无措(无力感),逃避问题(逃避),并感到事态无法逆转(威胁)。

虽然有一些研究支持坚韧性人格的存在,但它到底由哪些成分构成却有争议。与三成分模型相矛盾的有下列一些研究。

· 坚韧性中的承诺和控制具有相关,但挑战与此二者关系不大(William, Wiebb, & Smith, 1992; Costantini, Solano, DiNapoli, & Bosco, 1997)。

· 坚韧性的人应具有承受能力(持续承受生理和心理的痛苦的能力),力量(抵抗压力、应激和困难的能力),勇敢(勇气、大胆和冒险的特质),控制能力(施加权力和影响力的能力)。坚韧性的内涵应当更丰实,三个成分不足以说明坚韧性(Gross, & John, 1998)。

· 西方学者所发现的坚韧性与大五因素中神经质、外向性有关。但我国学者发现外向性中的活跃、合群、乐观、善良中的利他、诚信、重感情,以及处世态度中的自信、淡泊都与坚韧性有关(王登峰,崔红,2005;邹智敏,王登峰,2007)。

总之,坚韧性人格这个概念尚需用实证研究进一步加以澄清。从本章提及的意志品质来看,坚韧性也许是一种综合性的意志品质。

二、意志品质与时间管理

个人的意志品质表现在现实生活的方方面面。是否善于时间管理(time management)很能反映一个人的意志品质。

时间对于我们每个人都是公平的。我们每个人来到世上都带来了同等数量的时间:每天24小时,每年8760个小时。有些人善于时间管理,有些则不会时间管理。时间管理的主要失误表现如下。(1)缺乏明确的目标。许多人感叹时间浪费太多但又不知道时间到哪里去了。缺乏目标,不知道自己要做什么,就谈不上时间管理。(2)犹豫不决。有些人做事情,采取决定犹豫,执行决定仍犹豫,白白浪费了许多时间。犹豫不决绝不能把事情做好。(3)精力分散。有些人企图做很多事情,致使精力分散、心身疲惫。这也是时间管理的敌人。(4)拖延。把今天应做的事情留到明天去做。明日歌曰:“明日复明日,明日何其多。我生待明日,万事成蹉跎。”(5)被中断。工作中不在计划内的被打断是最让人烦恼而又消耗时间的。因为被打断后,工作又重新开始,万事开头难,时间浪费多。

科学的时间管理应遵循以下原则。

(一)设置目标并定期加以评估

在设置目标时应当注意:①确立清楚且能够达到的目标;②排出每个目标的优先级;③找出达成目标能在较短时间内要做的工作;④确定完成较小工作的时间;⑤定期对目标重新评估。例如,可以把目标分为长期、中期和短期。长期目标应回答的基本问题,如“在四年中我想达到什么目的,我将做什么来达到这个目的?”中期目标应回答的问题,如“明年这个时间我将达到什么目的?”短期目标可以用2个或3个月,并将短期目标分为更具体的任务。列出待办清单,如长时待办清单、项目待办清单和每日待办清单。

(二)按优先顺序完成重要任务

虽然个人生活中的目标很多,但重要的是少数,不重要的是多数。总的来说,在生活中20%的目标具有80%的价值,而剩余的80%的目标只有20%的价值。因此要有效地管理时间,就应将时间投入到具有重要价值的目标上。根据在长期、中期和短期时间内想要完成什么,确定优先顺序,完成最重要的工作任务。如果允许的话,甚至可以不去完成那些不重要的工作,因为去做那些不重要的工作,会干扰达成重要目标所要完成的工作。

(三)克服拖延的毛病

拖延是机会的杀手。克服拖延的有力措施是制作一张每日待办清单,然后要自己在每小时内做不同的工作,掌握工作进度,避免把事情一拖再拖。把工作划分成以每小时为单位所能执行的小任务,然后在时间表上,让自己在最想做某件事时就做某件事,这有助于克服拖延的毛病。如果对某件工作已感到厌倦,或是想不出点子时,就换别的工作来做。如果有了每小时要做事情的时间表,就应要求自己在每分钟该做什么事,强迫自己赶快把事情做好。下列措施也有助于克服拖延的毛病:(1)多想想完成工作后的美好感觉,对自己加以正面激励;(2)划分成一连串的步骤,并将其列入自己“待办清单”中,然后按部就班地去做;(3)约束自己一天要花多少时间去做这项工作,要求自己在每天同一时间里去做这项工作,直到完成为止;(4)最好是在比较安静、不受打扰的环境中进行工作;(5)完成自己承诺后要给自己奖励;(6)对工作不要追求最完美的结果。要记住:简单的事拖延不做,就变成难做的事;难做的事拖延不做,就成了不可能的任务。

(四)改掉浪费时间的坏习惯

首先要找出自己有哪些浪费时间的坏习惯。如早上醒来后在床上赖上一小时,在一天中花太多的时间看连续剧、上网、在网络聊天室聊天或打电话聊天,或常常被其他活动所干扰等。找到自己浪费时间的原因后，把自己这些坏习惯列在清单上。用命令式的语气写下自己该根除的坏习惯。例如，如果拖沓是自己浪费时间的坏习惯，就在工作台前写上"别再拖沓了"。如果外界的人、事、物使自己分心，浪费时间，就应尽可能把这些会妨碍工作的人、事、物阻挡在外。例如把门关上，把自己的办公桌搬离走道，用电话录音机帮你过滤电话，在门上挂上一张"请勿打扰"的牌子。如果在工作时经常被他人的要求所打扰，就应学会对那些让自己参加其他活动的要求说"不"。只要肯花心思去想，就会想出许多方法，改掉自己浪费时间的坏习惯。个人的时间管理其实就是对自我的管理。

复习与思考

1. 解释：意志，目标，抱负水平，冲突，矛盾心理，双趋冲突，双避冲突，趋避矛盾，多重趋避矛盾，自信心，决策，意志控制，失控，冲动控制障碍，控制点。

2. 为什么说意志是自由的又是不自由的？

3. 怎样分析意志过程？

4. 举例说明目标系统具有哪些特性？

5. 抱负水平受哪些因素的影响？

6. 失控后会有哪些行为反应？

7. 举例说明控制点对行为的影响。

8. 什么是优良的意志品质？

推荐阅读书目

1. 荆其诚(2006). 当代国际心理科学进展(第一卷). 上海：华东师范大学出版社.

2. 珀文(周榕等译，2001). 人格科学. 第九章. 上海：华东师范大学出版社.

3. 弗兰德·哈德克(任剑，薛涛译，2009). 意志的力量 自控力练习题. 北京：中国言实出版社.

第十五章 智力

第一节 概述

一、什么是智力

智力一词在现实生活中相当流行，我们常说某某聪明、某某愚笨就是对智力的评价。心理学家对智力及智力测验向来很重视，但由于智力问题本身的复杂性，他们对智力的看法不尽一致。我国心理学家大多认为，智力（intelligence）就是个体顺利完成某种活动所必需的各种认知能力的有机结合，是个人有目的地行动、合理地思考、有效地应付环境的一种综合能力。

除了专家的看法，一般人对智力也多少有所认识。美国心理学家斯滕伯格等（Sternberg et al.，1981）曾以140位专门研究智力的心理学家和476位外行为研究对象，对智力概念做了问卷调查。结果显示，专家的看法集中在语文能力、解决问题能力和实用能力等方面，外行则集中在实际解决问题能力、语文能力和社会能力等方面。外行的看法不仅与心理学家的意见相当吻合，而且某些不同于心理学家的看法竟然正是智力理论的新观点。

我国心理学家张厚粲和吴正（1994）也曾对城市普通居民的智力观念和对高智力者重要特征的评定情况做了调查分析。结果表明，公众对儿童的智力特征的前十项看法是好奇心强、爱思考和提问、富有想象力、反应快、富有创造性、观察能力强、记忆力强、动手操作能力强、模仿能力强和兴趣广泛，成人的前十项是逻辑思维好、接受新事物能力强、适应能力强、有洞察力、富有创造性、富于想象、自信、独立性强、富有好奇心和记忆力好。其中，有五项是共同的，体现出高智力者的共有特征。对儿童特征和成人特征重要性次序的评定不同，表现出对两者智力活动要求的不同。总之，公众对智力的理解与心理学家的看法有颇多相似之处。智力测验的专家则采用具体的程序或方法来界定智力，即采用智力的操作性定义。

二、与智力相关的几个概念

（一）能力

能力（ability）是人顺利地完成某种活动所必须具备的那些心理特征。能力总是和人的某种活动相联系并表现在活动中。只有从一个人所从事的某种活动中，才能看出他是否具有某种能力。能力是保证活动取得成功的基本条件，但不是唯一的条件。活动能否顺利地进行，能否取得成功，往往还与人的整个个性特点、知识与技能、工作态度、物质条件、健康状况以及人际关系等因素有关。但是，在这些条件相同的情况下，能力强的人比能力弱的人更能使活动顺利进行，更容易取得成功。人的能力多种多样，可分为一般能力与特殊能力、模仿能力与创造能力、优势能力与非优势能力等。其中，一般能力是在许多基本活动中都表现出来，且各种活动都必须具备的能力，如观察力、记忆力、思维力、想象力等，一般能力的综合也就是智力。

（二）知识与技能

知识、技能不同于能力。个人所掌握的知识（knowledge）就是信息在头脑中的储存。技能（skill）是个人掌握的动作方式。如证明一道几何题，人在推证的过程中所应用的公理、定理、定义、公式等属于知识，而在推证过程中思维活动的严密性和灵活性则属于能力。如果一个人不仅在证明这道几何题时思维分析是严密的、简练的、迅速的，而且这种简捷的思维操作还能经常迁移到不同的运算场合，这时我们就可以说他具有数学运算思维敏捷的能力。又如，在学骑自行车时，操作自行车的一套动作方式是技能，而支配此动作方式的心理过程的稳定特点则属于能力。如果一个人不仅在学自行车时表现出动作敏捷，而且在掌握其他技能时也经常表现出这一特点，这时我们就可以说他具有动作敏捷的能力。

能力（智力）和知识、技能是密切联系的。一方面，能力是在掌握知识、技能的过程中形成和发展起来的。例如，学生在掌握知识的同时，也就掌握了思维操作，从而发展了智力；学生在掌握绘画技能的同时，也就形成了绘画能力。离开了学习和训练，任何能力都不可能形成，更不可能得到发展。另一方面，掌握知识、技能又是以一定的能力为前提的。能力制约着掌握知识、技能的难易、速度和巩固程度，知识、技能的掌握又会导致能力的提高或新能力的发生。

三、心理测量的必备条件

心理测量(mental measurement)是依据约定的心理学理论,采用某种方法将人的特定行为反应数量化,并据此推论与这些行为相应的心理水平的过程。心理测量的对象可以是智力、性格、兴趣、动机等各种心理特质。智力测验属于心理测量,在讨论智力测验之前必须先介绍心理测量的必备条件。

(一)信度

信度(reliability)是指一个测验所测得的分数的可靠性或稳定性。一个测验测量某种东西,其结果是一致的,那么这个测量是可靠的。我们之所以相信尺子,是因为它能给出同样的测量,无论是今天用或是明天用,无论是木匠用或是裁缝用。同尺子一样,心理测量技术只有当它反复测量并能给出相同的结果时才是可靠的。当一个测验具有信度时,用它去测量同一群人在不同的时间里所测得的分数几乎是相同的。

不同的测验要求不同的测量信度。经常用来估计测验信度的指标有三种。

第一种叫折半信度(split-half reliability)。如果测量某种特征的测验是由许多小题目构成的,那么测验内部的一致性就很重要。在编制这种测验时可用折半法求其信度,即以一份测验施测于一群人,将测验的题目随机地分为两半,分别计算分数,然后用这两组分数求出相关系数。这种相关系数称为折半信度系数。折半信度是估计测验信度的一种常用方法。一份经过精心编制的能力测验,其折半信度系数应该在0.90以上。

第二种叫再测信度(test-retest reliability),就是用同一种测验在不同的时间里先后施测于同一群被试,以测得的分数求相关,即得到再测信度系数。用再测法估计测验信度,两次施测的时间间隔要适当。两次施测的间隔时间过短,第二次施测成绩往往会受第一次施测的影响,从而造成再测信度的假性高相关。两次施测的间隔时间过长,第二次施测成绩会因受心理发展和练习的影响,而使测验信度降低。由于测验信度受时间和其他因素的影响,因此,任何一个测验都可有不止一个的再测信度系数。再测信度对于估计测量某种相对稳定的特质(如智力)是特别有用的。

第三种叫评分者信度(scorer reliability)。当测验要求评分者解释一个人的答案时,评分者信度是很重要的。例如创造力测验和测量性格的投射测验,在评分时都容易掺杂有主观判断的成分。因此在评分前,评分者必须经过相当专门的训练,这样评定的分数才不至于波动太大。考察评分者信度的方法是,随机抽取相当份数的试卷,由两位评分者按记分规则分别给分,然后根据每份试卷的两个分数计算其相关系数,即得评分者信度。一般要求在成对的受过训练的评分者之间一致性应该达0.90以上,才被认为评分是客观的。

(二)效度

效度(validity)是指一个测验欲测量某种心理特征的准确程度。一个有效度的测验,测量的结果必然是该测验要测得的东西。任何一种测量工具都有一定的目的和使用范围。尺是用来测量长度的,秤是用来测量重量的。用秤来测量重量是有效的,用它来测量长度便是无效的。同样,智力测验只能用来测量智力,用它来测量性格,那便是无效的。因此,在使用测验时,一定要预先了解测验的功能和它的使用范围。

确定一个测验效度的方法,通常是以一群人在该测验上的得分和另一个效度标准求相关,以其相关系数的大小来表示效度。以智力测验为例,通常用下列方法来确定一个智力测验的效度。(1)与标准的智力测验求相关。一般是与斯坦福—比纳量表相比较,求其相关系数。因为斯坦福—比纳量表是被以往的研究所肯定了的。(2)与学生在校的成绩求相关。因为在条件(如年龄、环境等)相同的情况下,聪明者比愚笨者的作业成绩要好。(3)与学生就业后的成绩求相关。如果相关系数高,则该测验的效度就高。效度系数越高(0.80以上),则预测效果越高。这种效度是用来预测将来行为用的,因而称为预测效度(predictive validity)。还有一种效度叫构想效度(construct validity),它是根据某种心理学理论构想而建立的。

有效度的测验能测量出我们要测的东西,它所测量的东西显然不是随意可变的。因此,有效度的测量也常常具有信度。但是,有信度的测验不一定是有效度的。例如,测量脑袋的大小作为智力的高低,这种测量是很有信度的,因为用一根皮尺以同样的方法每次测量的结果都是相同的。但是脑袋的大小却不是智力的有效测量,因为它与学生成就或智力测验上的得分之间没有任何联系。

(三)常模

个人接受测验所得到的分数还只是原始分数,它本身并没有任何实际意义,只有把它同别人在该测验上得到的分数进行比较,才能判断其优劣高低。为了使原始分数有意义,同时为了使不同的原始分数可以比较,在编制测验时必须建立解释原始分数的参照标准。这种作为参照标准的分数分布就是常模(norm)。

常模的建立是一个相当复杂的过程。一般经过下列几个步骤:先是根据测验适用对象的某种特质,如年龄、性别或受教育的水平等确定一个总体;然后从具有这些特质的总体中随机抽取一群被试作为样本,实施测验;对样本施测后所得的分数加以统计整理,得出平均值和标准差等统计量,即可作为该总体在该项测验上的常模。

测验编制大多会为年龄、性别或教育程度等不同的总体建立几组常模,以作为不同被试的比较标准。心理测验中常见的常模有以年龄为样本建立的年龄常模(几乎所有的智力测验都建立有一组组的年龄常模)、以年级为样本建立的年级常模、以地区为样本建立的地区性常模和以全国样本建立的全国性常模。

除了信度、效度和常模,在编制测验时还必须规定一定的实施程序,包括如何发卷、收卷,如何对被试说明,如何解答问题,如何控制时间,如何记分等,都必须在测验手册中明确加以规定。

第二节　智力测验

智力测验是人类希望了解自身、认识自己的必然要求。距今一千四百多年前,我国北齐时代的刘昼就提出"使左手画方,右手画圆,令一时俱成"的双手并用的分心实验,这实际上是世界上有记载的最早的单项特殊能力测验。现在民间流行的七巧板、九连环等,也是很早就出现的智力游戏。在西方,英国生物学家高尔顿(F. Galton)于19世纪80年代进行的行为个别差异研究可以看作是智力测验工作的开端。他以感官敏锐度为指标,以线条长短(视觉)与声音强弱(听觉)的判断为试题,进行测量并推估智力的高低。到19世纪末科学心理学兴起之后,心理学家们放弃了高尔顿的生理功能取向,转而从心理取向来鉴别人类的智力。

一、比纳—西蒙智力量表与心理年龄

世界上第一个实用的智力测验发表于1905年,是法国教育部为了设计一种鉴别儿童学习能力的工具而聘请心理学家比纳(Alfred Binet,1857—1911,)和西蒙(T. Simon)编制的,称为比纳—西蒙智力量表(Binet-Simon Intelligence Scale)。该量表有30个题目,按照难度由小到大排列,以通过的题数的多少作为鉴别智力高低的标准。该测验后来于1908年首次修订,增为58个题目,并按年龄分组,适用于从3~13岁的儿童(如果该年龄组60%~90%的孩子都能通过某项测试,他们就认为该项测试适合于该年龄组的正常儿童)。1911年修订后的量表包含下列项目:

3岁:

指点鼻子、眼睛和嘴。

重复两位数字。

列举图画中物体。

说出自己的姓氏。

重复一个由6个音节组成的句子。

6岁：

区别早晨和晚上。

通过用途定义一个词(如叉子是用来吃东西的)。

照样子画一个菱形。

数出13便士。

在图画中指出画得丑的脸和好看的脸。

9岁：

从20苏中找出零钱。

高于用途定义词汇(如叉子是一种进餐的工具)。

分出9种钱币的价值。

按顺序报出月份的名字。

回答简单的"理解问题"(如错过火车后怎么办？——等下一趟车)。

12岁：

抵抗暗示(让孩子看四对不同长度的线条,然后问每对中哪一根长些;最后一对线条的长度是一样的。)。

用3个给定的词汇组成一个句子。

3分钟内说出60个单词。

对3个抽象词进行定义(慈善、公正、善良)。

根据一个顺序打乱的句子,说出它的意义。

比纳—西蒙智力量表奠定了智力测验编制的科学基础。在理论上,比纳—西蒙智力量表首创了心理年龄(mental age)的概念。先将量表题目根据难度进行年龄分组,然后根据儿童在量表上通过的题目层次及题目数,确定其心理年龄。心理年龄的观念在心理测验的编制上至今仍在使用。在实践上,比纳—西蒙智力量表是根据语文、算术、常识等题目的实际作业成绩来判定智力的高低,这不仅符合一般的看法,而且也具有教育上的实质意义,为其后智力测验的广泛流行奠定了基础。

二、斯坦福—比纳智力量表与智商

比纳—西蒙智力量表问世后迅即传至世界各国,尤其是在美国的改进使其更为适用。当中以推孟(Terman,1916,1937,1960,1972)在斯坦福大学先后四次修订而成的斯坦福—

比纳智力量表(Stanford-Binet Intelligence Scale)最为有名。该量表包括一系列的分测验,每一个分测验适合一个特定的心理年龄。比纳—西蒙智力量表修订为斯坦福—比纳智力量表后,最大的改变是将原来表示智力高低的心理年龄改用智力商数来表示。智商(intelligence quotient,IQ)是一个人的心理年龄(MA)与其实足年龄(CA)的比值,因而也称为比率智商(ratio IQ)。智商的计算公式如下:

$$智商(IQ)=\frac{心理年龄(MA)}{实足年龄(CA)}\times 100$$

举例来说,某儿童实足年龄为8岁2个月,如以月数表示,他的实足年龄即为98个月,即CA=98。设该童接受斯坦福—比纳智力量表后的成绩是:通过8岁组的全部题目,其基本心理年龄得96个月;通过9岁组的4个题目,再加8个月;通过10岁组的2个题目,再加4个月;11岁组(及以后)的题目全未通过。总计该童成绩,其心理年龄计为108个月,即MA=108。按智商公式计算,得出其智商为110。

智商是心理年龄除以实足年龄的得数,所以智商为100者,其智力相当于他的同年龄人的一般水平,属于中等智力。智商高于100,表明智力较佳;低于100,则表明智力较差。在一般人口中,智商呈正态分布(normal distribution),即中等水平的居多数,两极端的为少数(见表15-1)。

表15-1 IQ的意义及其在全人口中的分布

IQ	文字说明	百分比
139以下	极优秀	1
120~139	优秀	11
110~119	中上	18
90~109	中等	46
80~89	中下	15
70~79	临界	6
70以下	智力落后	3

多年的研究表明,斯坦福—比纳智力量表信度令人满意,对正常人群、发育迟滞者和天才人群都能提供准确的IQ估计(Laurent et al.,1992)。在我国第一次修订斯坦福—比纳量表的人是陆志韦(1924),以后陆志韦和吴天敏进行了第二次修订(1936),吴天敏做了第三次修订(1982)。现在,斯坦福—比纳智力量表已成为当代应用最广也最具有权威的个别智力测验。

三、韦克斯勒智力量表与离差智商

韦克斯勒智力量表(Wechsler Intelligence Scale)分为三种:韦氏成人智力量表(简称WAIS),评定16岁以上成人的智力;韦氏儿童智力量表(简称WISC),评定6至16岁少年儿童的智力发展水平;韦氏学前儿童智力量表(简称WPPSI),评定4至6岁半儿童的智力。这三种量表国内都有修订本。它们的项目类别大同小异,差别仅在于内容的难度。韦克斯勒认为智力是由几种有效的智慧能力"聚集"而成的。这三种量表各包括11或12个分测验,分为言语测验和操作测验(见表15-2),可以分别测量个体的言语能力和操作能力。以韦氏儿童智力量表为例,言语分量表包含的测验项目有常识、理解问题、算术、发现两物的相似性和词汇等,操作分量表包含的测验项目有整理图片、积木、图像组合、译码和迷津等。

表15-2 韦氏儿童智力量表测验项目举例

言语分量表	操作分量表
1.常识:太阳落在什么方向?油为什么浮在水面上?	8.整理图片:把次序打乱了的图片,按事件的意义顺序,如"野餐",把图片排成一个合理的故事
2.理解:如果你把朋友的皮球丢了你应该怎么办?用砖或石头盖的房子比用木头造的房子有哪些好处?	
3.数学:每一块糖8分钱,3块糖值多少钱?如果你买两打铅笔,每打4角5分,你应从付出的1元钱中找回多少?	9.积木:看图案,用积木把图案重造出来 10.图像组合:把一套拆开并打乱了的图像(如女孩)组合板拼成一个完整的图
4.找出相似性:苹果和香蕉有何相似?猫和老鼠有何相似?	11.译码:给一些物体配上各种规定的符号,或给1~9的每个自然数配上各种无意义的符号
5.词汇:"小刀""帽子""勇敢"等词是什么意思?	
6.复述数字:按顺序复述以下的数:3-6-1-4-2-5;倒着复述以下的数:1-7-3-5-8-2	

韦氏智力量表的一个重要特点是采用了离差智商(deviation IQ)。所谓离差智商就是用标准分数来表示的智商。即让每一个被试和他同年龄的人相比,而不像以前比纳量表所用的智商是和上下年龄的人相比。1960年修订的斯坦福—比纳量表也采用了离差智商,使每一年龄都有平均分数,$M=100$,标准差$\sigma=16$;而韦氏成人和儿童智力量表,其平均数也定为100,但标准差定为15。图15-1给出的斯坦福大学修订的比纳量表和韦氏智力量表用标准分数表示的正态曲线图。图中将全体被试的分数分为六个等级,即平均数上各加上一、二或三个标准差,分为三等;平均数下各减去一、二或三个标准差,也分为三等。因此,一个人的智力就可以用他的测验分数与同一年龄组其他人的测验分数相比较来表

示。以韦氏智力量表为例,其IQ的计算公式是:

$$IQ=\frac{15\times(X-\overline{X})}{S}+100$$

式中X为某一年龄组的被试测验的原始分数,$\overline{X}$是该年龄团体的平均分数,S是团体分数的标准差。$(X-\overline{X})/S$是标准分数,它是一种以标准差为单位的相对量数。

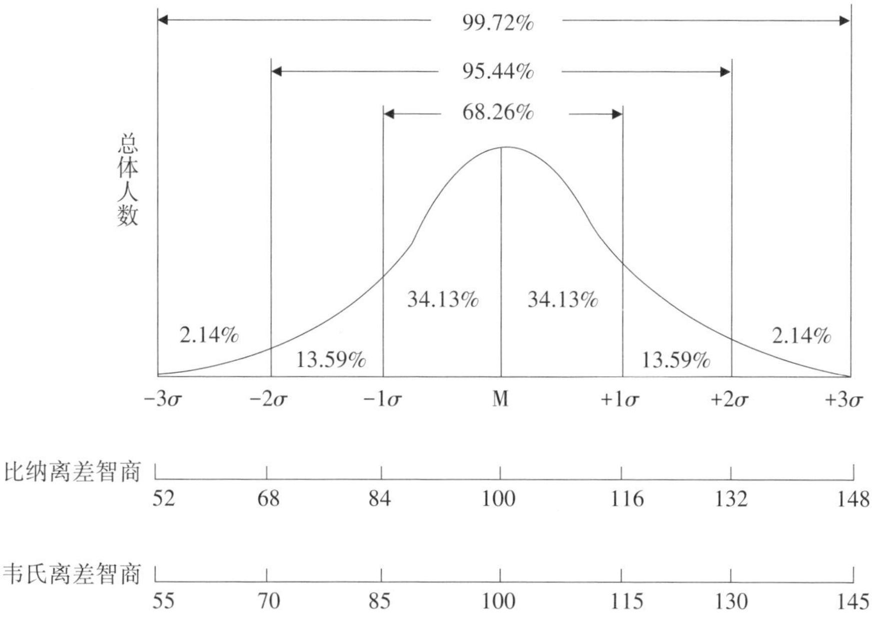

图15-1 离差智商的正态分布

假定某个年龄组的平均分数($\overline{X}$)为70分,标准差为10分,甲生测验得80分,他的标准分数即为+1;乙生得60分,他的标准分数即为-1。代入上述公式或根据图15-1,标准分数为+1者(即$+1\sigma$),智商是115,说明他的智力比84%的同龄人要高;标准分数为-1者(即-1σ),智商是85,说明其智力比16%的同龄人高而低于一般人的水平。因此,离差智商就是根据同年龄的被试在总体中的相对位置计算出来的智商,也就是根据标准分数计算出来的智商。

韦氏智力量表的另一个特点是,不仅能算出一个人在全量表上的离差智商,还能算出他在言语分量表、操作分量表上的离差智商。虽然言语智商和操作智商有很高的正相关(+0.77~+0.81),但这两种分量表测得的毕竟是不同的能力,这就有可能对一个人的智力结构的诸因素进行比较和分析。

近年来对WISC和WPPSI这两个量表的修订使得测验材料更有色彩,更有现代气息,对儿童更有吸引力(Little,1992)。WAIS、WISC、WPPSI组成了智力测验家族,它们可以提供所有年龄段的言语IQ值、操作IQ值和总的IQ值。它们还提供了可比较的分测验值,这样研究者可以追踪特定智力能力的发展。由于这一原因,在对同一被试的不同年龄进行施测时，韦氏量表特别有价值。

智力测验的种类还有很多。除了前面介绍个人智力测验外，还有团体智力测验。此外，一些针对艺术、机械等特殊专业活动的特殊能力测验也越来越多。

〖热点问题讨论15-1〗智力测验的文化公平问题

虽然多年来心理学家们致力于用智力测验这个工具来鉴别个体间或团体间的智力差异，但问题成堆。文化公平就是其中一个突出的问题。不同文化中的人甚至连什么是聪明都有着不同的看法。例如，有人曾做了一项很有趣的智力的跨文化研究(Cole, et al., 1971)。研究者要求非洲格贝列部落的成人完成概念分类任务。在西方文化中，要求成人在智力测试中做分类任务时，智商越高的人一般都以上下等级的方式分类。例如，他们可能把各种鱼的名称放在一起，然后把“鱼”这个词标在上面，而把“动物”标在“鱼”和“鸟”之上。智商较低的会按照功能分类。例如，他们可能把“鱼”和“吃”归为一类，因为我们吃鱼；把“衣服”与“穿戴”归为一类，因为我们穿衣服。研究人员试图让格贝列人学会自然地按等级分类，但没有成功，格贝列人仍然只能按功能分类。失望之余，其中一位实验者要求一个格贝列人像傻子那样去分类，结果这个格贝列人很快轻而易举地按照等级进行了分类。格贝列人始终都是按功能分类，他们不按照等级分类只是因为他们认为那样做很愚蠢，他们多半也会认为提出按等级分类的研究人员很愚蠢。

虽说智力确实是有高低之分的，但仅靠用文字和数字编制的测验就能揭示出智力的高低吗？文字和数字大都偏于习得的知识，这对不同文化或不同社会阶层的人来说，显然是不公平的。因此，一些心理学家尝试编制不受文化影响的测验来解决上述问题。免文化影响测验(culture-free test)的构想是试图不用文字，而以图形等材料作为测题，以此来排除习得知识的影响。然而，智力本身就是遗传与环境交互作用的结果，而文化就是环境中的重要因素。完全排除了与文化有关的题目，智力的高低根本就无从测量。以圆圈为例，它只是一个简单图形，但会有不同的联想：太阳，月亮，轮子，风车，洞口，硬币……不同的联想反应显然受到不同文化的影响。因此，研究者们现在一般已不再使用“免文化影响”的提法，转而提出文化公平测验(culture-fair test)。

文化公平的尝试在智力测验编制的取向上是很有价值的。但是，即使测量工具能够编制得更加“文化公平”，仍然会存在种族间的差别。有研究表明，实际的测验情境比测验的内容有更多的文化不公平问题。人们在能力测验中的成绩会受刻板印象威胁(stereotype threat)的影响，即一部分人(少数族群)在负面定势信念的支配下完成测验时会做得更差，影响他们的成绩表现(Steele，1997；Steele & Aronson，1998)。在美国的一项研究中，黑人和白人大学生都努力回答研究生入学考试中很难的语词问题，当黑人大学生相信实验成绩会用来检验他们的智力时，他们确实表现得更差，影响了测量的成绩(Steele & Aronson，1995）。那么怎样才能消除刻板印象威胁，以达成文化公平的智力测验呢？这个问题仍在探讨之中。

第三节　智力结构

人们对智力结构的认识在相当大的程度上是伴随智力测验的发展而不断深化的。反过来，有关智力结构的理论也促使人们对智力测验进行反思和改进。

一、智力的因素说

因素分析（factor analysis）是可以在很多独立变量中检测出一些小的维度、聚类或因素的统计方法。如在WAIS的11个分测验中寻找统计相关，然后基于这些关系得出有关人类智力本质的结论。因素分析的目的是对研究的概念寻找基本的心理维度。当然，统计程序只能得出统计结果，需要由心理学家来对这些结果做出解释。

（一）二因素说

英国心理学家斯皮尔曼（Spearman，1927）最早在智力领域中应用了因素分析，对后人影响很大。他发现个体在不同智力测验上的成绩高度相关，由此得出结论，认为存在一般智力因素（G因素），这是所有智力操作的基础，而与特殊智力相关联的因素就是特殊因素（S因素）。斯皮尔曼的智力理论被称为智力二因素说（two-factor theory of intelligence）。在斯皮尔曼看来，人完成任何一种作业的过程都是由G和S两种因素共同决定的。例如，一个人完成算术推理测验作业是由$G+S_a$来实现的，完成言语测验作业是$G+S_b$来实现的。一般因素是一切智力活动的共同基础。虽然人们都有这种智力，但每个人具有这种智力的大小是不同的。特殊因素是个人完成各种特殊活动所必需具备的智力。一个人具有完成某种活动的特殊因素，不一定具备完成他种活动的特殊因素。换言之，各人的S因素既有大小的区别，也有有无的区别。不论个人有几种S因素，这些S因素之间可能彼此互相独立，也可能彼此有些重叠，但是它们必定都含有一部分的G因素（见图15-2）。斯皮尔曼还认为，G因素是智力结构的基础和关键，它代表一般的心理能量，相当于生理能量，各种智力测验的目的就是通过广泛的取样来求得G因素。

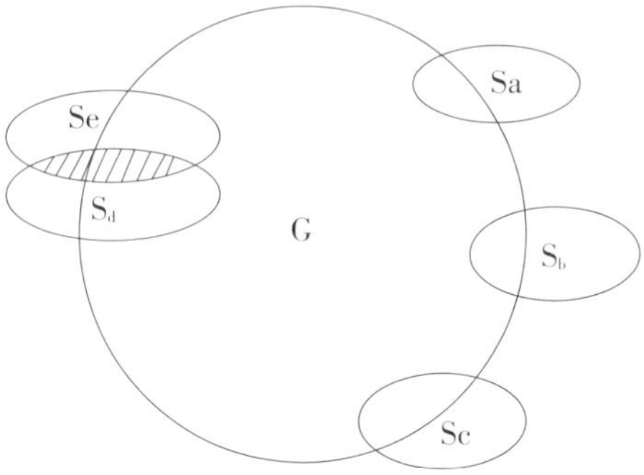

图15-2 智力二因素模型

斯皮尔曼的理论简单明确，为智力测验技术提供了理论依据。后来的智力测验理论大多是在这个理论的基础上建立起来的。但是，这个理论也有局限性。因为斯皮尔曼早期是否定群因素存在的；同时他强调一般因素和特殊因素的区别，并一味地将它们对立起来。其实一般因素和特殊因素也是相互联系的，在一定条件下也是可以相互转化的。

(二)群因素说

继斯皮尔曼之后，许多研究者在智力测验中都应用因素分析法，但得出了不同的结果。美国心理学家瑟斯顿(Thurstone，1938)用由56个测验组成的一组测验对218名大学生进行测验，然后用因素分析法求得智力由七种因素构成。据此他认为智力内涵中并无所谓一般智力与特殊智力之分，而是一些彼此独立的基本心理能力组合而成。因此，瑟斯顿的智力理论被称为智力群因素说(group-factor theory of intelligence)。他提出的七种基本心理能力是：(1)词的理解力，了解词的意义的能力；(2)语词运用能力，拼字正确迅速和词义联想敏捷的能力；(3)计算能力，正确而迅速地解答数学问题的能力；(4)空间知觉能力，运用感知经验正确判断空间方向及各种关系的能力；(5)记忆能力，对事物强记的能力；(6)知觉速度，迅速而正确地观察和辨别的能力；(7)推理能力，根据已知条件进行推断的能力。

1941年瑟斯顿根据这七种基本能力编制出基本心理能力测验(Primary Mental Abilities Test，简称PMAT)。瑟斯顿曾认为他的七个因素结果是与斯皮尔曼的G因素假设相矛盾的。但是，后来人们认为，如果能够在瑟斯顿的七个因素中进行次级因素分析(second factor analysis)并且能够找出一个一般因素，那么斯皮尔曼的G因素将得到支持。也就是说，如果瑟斯顿的七个因素中还有次级因素的话，这个因素就可以被认为是一般智力。

(三)液态智力与晶态智力说

美国心理学家卡特尔(Cattell，1963)和霍恩(Horn，1968)对瑟斯顿的七个因素进行了次级因素分析，结果发现不是有一个而是有两个主要因素。按心理功能上的差异，分别称为液态智力与晶态智力。液态智力(fluid intelligence)是一个人生来就能进行智力活动的能力,即学习和解决问题的能力,它依赖于先天的秉赋。晶态智力(crystallized intelligence)则是一个人通过其液态智力所学到的并得到完善的能力,是通过学习语言和其他经验而发展起来的。晶态智力依赖于液态智力。如果两个人具有相同的经历,其中一个有较强的液态智力,那么他将发展出具有较强的晶态智力。然而,一个有较高液态智力的人如果生活在贫乏的智力环境中,那么他的晶态智力的发展将是低下的或平平的。表15-3是各项智力测验在液态智力和晶态智力上的因素负荷情况。从中可见,在因素负荷量上大多出现相反的情况,由此说明这是两个性质不同的因素。

表15-3 各项智力测验在液态智力和晶态智力上的因素负荷

测验	因素负荷量	
	液态智力	晶态智力
图形相关:从一般图形中推断出相关性	0.57	0.01
记忆广度:再现一些数字和字母	0.50	0
归纳:从一系列字母、数字(如字母序列测验)中推断出有相互关系的东西	0.41	0.06
一般推理:解决面积、比率、财政以及类似于如算术推理测验中的问题	0.31	0.34
语义相关:推断词之间的相关,如在类比测验中	0.37	0.43
形式推理:用形式推理出结论,如在三段论推理中	0.31	0.41
数字敏捷性:迅速而准确地运用如加、减、乘的算术运算	0.21	0.29
经验评估:解决周围礼节和必要的外交手段的问题,如在社会关系的测验中	0.08	0.43
词的理解力:对语言的深入理解,如在词汇和阅读测验中	0.08	0.68

总之,在智力构成的因素方面,研究者的看法并不一致。但大多认为,智力中的一般因素对于大多数活动来说是必备的,而完成各种特殊活动又需要一些特殊的智力因素。

二、智力结构说

把智力看成具有多种成分的复杂结构的观点称为智力的结构说。

(一)弗农的智力层次结构理论

1961年英国心理学家弗农(P.E.Vernon)提出了智力层次结构理论(hierarchical structure theory of intelligence)。他以一般因素为基础,设想出因素间的层次结构(见图15-3)。他认为,智力的最高层次是一般因素(G);第二层次分两大群,即言语和教育方面的因素(V:E),与机械和操作方面的因素(K:M),叫大因素群;第三层为小因素群,包括言语、数量、机械信息、空间信息、用手操作等;第四层次为特殊因素,即各种各样的特殊能力。弗农的智力层次结构理论像生物分类学的分类系统那样来设想智力的结构。

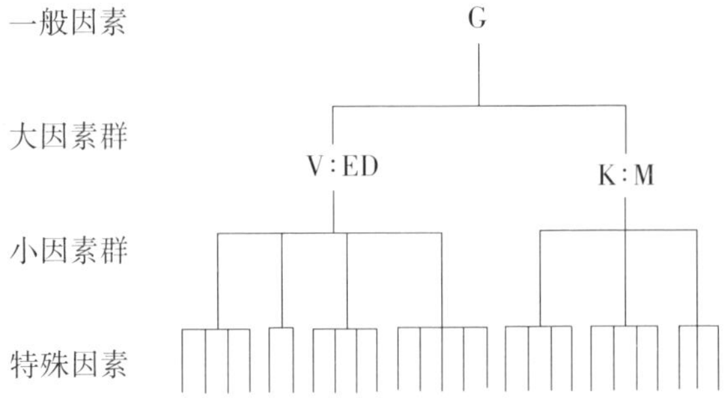

图15-3　弗农的智力结构层次

(二)吉尔福德的智力三维结构模型

吉尔福德(Guilford,1961)通过分析检验许多与智力相关的任务提出了智力三维结构模型(three-dimensional structure model of intelligence)。这三个维度是:内容或信息类型、产品或信息表征的形式、操作或心理活动表现的类型。该模型中有五种内容(视觉的、听觉的、符号的、语义的和行为的);六种产品(单元、分类、关系、系统、转换和蕴含);五种操作(评价、聚合、发散、记忆和认知)。每一智力任务都包含这三个维度。吉尔福德相信,每一个内容—产品—操作的结合(模型中的每一个小立方体)都代表一种独立的心理能力。

如图15-4所示,他把智力区分为三个维度:内容、操作和产物。智力活动的内容包括视觉的(我们所看到的具体材料)、听觉的(我们所听到的具体材料)、符号的(字母、数字及其他符号)、语义的(语词的意义和观念)、行为的(本人和他人的行为)。它们是测验时给予的信息,是智力活动的对象和材料。智力操作指智力的加工活动,它根据测验时所给予的信息内容进行加工。智力操作包括认知、记忆、发散思维、聚合思维和评价。智力活动的产品是指智力加工所产生的结果。这些结果可以按单位计算(单元),可以分类处理(类别),也可以表现为关系、系统、转换和蕴涵。由于三个维度中各含有多个因素,因而人的智力可以区分为5×5×6=150种。吉尔福德认为,这些不同的智力都可以运用不同的测验来检验。例如,给被试一系列四个字母的组合,如PIAS、FHKY、DSEL,要求其将它们重新组合成熟悉的单词,如FISH、PLAY、DESK等。在这一测验中,智力活动的内容为符号,操作为认知(即理解和再认),产品为单元,即按重新组合的字词数来计算成绩。根据产品的数量即可测度出一个人的符号认知能力。如果给被试呈现十种语音,然后要求他们立即(或延迟一些时间)再现出来。在这一测验中,智力活动的内容为听觉的,操作为记忆,产物为单元。这一测验的成绩即可度量一个人的听觉记忆能力。

这一理论模型与化学上的元素周期表有些相似。根据这一系统框架，智力因素可以像化学元素一样，在它们被发现之前就被假定。当吉尔福德1961年提出这一模型时，有近40种智力能力已经被确认。现在研究者已经发现了超过100种的智力（Guilford，1985）。虽然余下的少量小方块暂时还未找到适当的测验手段，但这给研究者提供了方向，相信最终会设计出相应的测验来测量每一种智力。

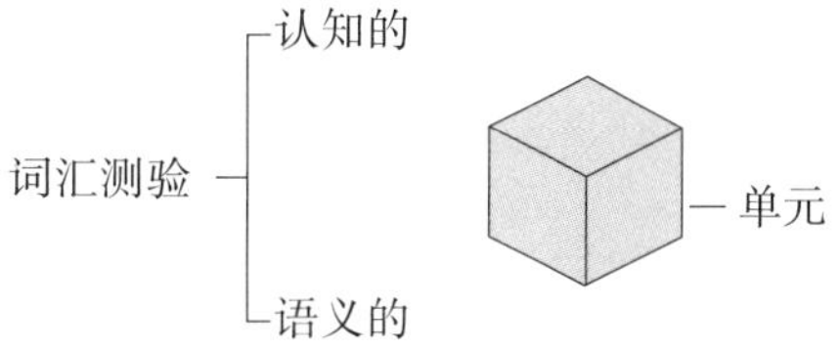

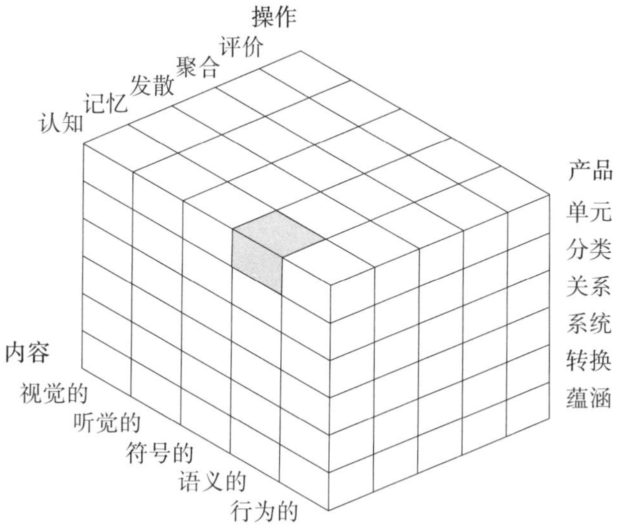

图15-4　智力的三维结构模型

吉尔福德的智力三维结构模型同时考虑到了智力信息加工的内容、操作和产品，这不仅有助于智力测验研究工作的深入，也有助于发现优势能力和非优势能力，对因材施教也是有助益的。该模型及其相关的IQ测验几乎主宰智力领域达半个世纪之久，至今影响深远。但它也存在许多不足，特别是一味强调技术，脱离了研究对象的整体文化背景和社会实践，遭到后继者的批评。

（三）林崇德的三棱智力结构模型

我国心理学家林崇德认为，智力是成功地解决某种问题（或完成任务）所表现的良好适应性的个性心理特征，思维是智力的核心成分。从这个定义出发，林崇德（1983）通过对专家和教师的访谈研究，提出了智力（思维）结构模型，引起了我国心理学界的高度重视，被同行称作三棱智力结构模型（见图15-5）。

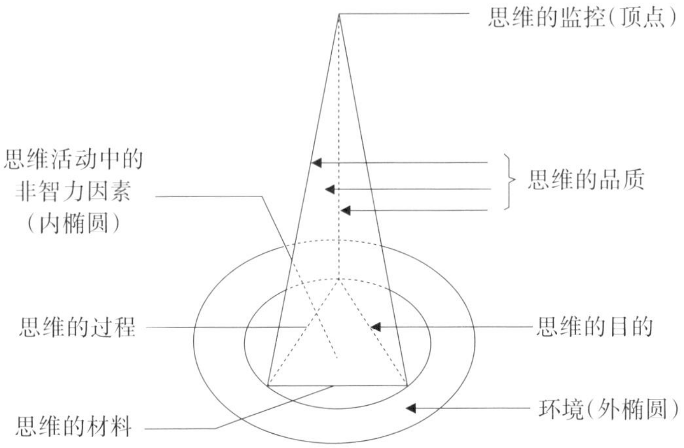

图15-5　三棱智力结构模型

该模式有以下几个方面的含义。一是智力的目的，强调智力是人类特有的成功地解决问题的有目的的活动。智力的目的性是智力的根本特点，反映了智力的自觉性、有意性、方向性和能动性。二是智力过程，强调智力活动的框架：确定目标—接受信息—加工编码—概括抽象—操作运用—获得成功。三是智力的材料或内容，强调两种材料或内容，即感性的材料（感觉、知觉、表象）、理性的材料（主要指概念，即用语言对数和形的各种状态、各种组合和各种特征的概括）。四是智力的反思或监控，强调智力结构中的监控结构，实质是智力活动的自我意识。自我监控有三种功能：定向、控制、调节。自我监控是智力结构中的顶点或最高形式。五是智力的品质，强调表现在知觉上，有选择性、整体性、理解性、恒常性；表现在记忆上，有意识性、理解性、持久性、再现性；表现在思维上，有敏捷性、灵活性、创造性、批判性和深刻性。其中思维品质特别重要，培养思维品质是发展智力的突破口。六是智力中的认知因素与非认知因素，强调智力的认知（智力）因素与非认知（非智力）因素之间存在着密切的关系，智力在人的心理现象大系统中，带有浓厚的非认知（非智力）因素的色彩，非认知（非智力）因素具有动力作用、定型作用和补偿作用。

多年来，林崇德的智力研究坚持中国特色，以六种因素为基础来组合难以穷尽的多元智力结构也正是这种特色的体现。

三、斯滕伯格的智力三元论

斯滕伯格（Sternberg，1985，1988）的智力理论强调在问题解决中认知过程的重要性，他认为智力包括三个部分——成分、经验和情境，它们代表了智力操作的不同方面。他的智力理论也被称为智力三元论（triarchic theory of intelligence）。

成分智力（componential intelligence）是指个人在问题情境中运用知识分析资料，通过思维、判断、推理以达到问题解决的能力。它包含有三种机能成分。一是元成分(metacomponents),是指人们决定智力问题性质、选择解决问题的策略以及分配资源的过程。例如,一个好的阅读者在阅读时分配在每一段落上的时间是与他要从该段落中准备吸收的知识相一致的。这个决定就是由智力的元成分控制的。二是执行成分(performance components),是指人实际执行任务的过程。如词法存取和工作记忆。三是知识习得成分(knowledge-acquisition components),是指个人筛选相关信息并对已有知识加以整合从而获得新知识的过程。

经验智力(experiential intelligence)是指个人运用已有经验解决新问题时整合不同观念所形成的创造能力。例如,一个有经验智力的人比无此智力的人能够更有效地适应新的环境;他能较好地分析情况,用脑筋去解决问题,即使是从未遇到过的问题。经过多次解决某个问题之后,有经验智力的人就能不假思索、自动地启动程序来解决该问题,从而把节省下来的心理资源用在别的工作上。有些人能很快做到,有些人却难以做到这一点。这种能力就称为经验智力。

情境智力(contextual intelligence)是指个人在日常生活中应用学得的知识经验解决生活实用问题的能力。例如,在不同的文化中人们应对日常生活实用问题的能力是不同的。区分有毒和无毒植物是从事狩猎、采集的部落人们的重要能力,而就业面试则是工业化社会人们的一种重要情境智力,他们的情境智力是不同的。

斯滕伯格的理论得到了对大脑前额叶受损病人的研究结果的支持。例如,有一位以前很成功的物理学家,因为偶然的事故前额叶受损,痊愈后他虽然仍有很高的智商分数,却不能继续他的工作。他能按指示程序进行工作(如开车)却缺乏适应环境的能力。显然,这种人的行为缺少了智力中的一些重要成分,而这些成分却没有被大多数智力测验测量出来。

三元智力理论是当代智力理论的代表之一。它与当代认知心理学的发展相契合,并将传统智力理论中的智力概念扩大了。因为传统智力测验所测的智商只是智力三元论中的成分智力。同时,该理论更贴近生活实际,从而有助于我们更全面地看待一个人的智力状况。

四、加德纳的多元智力观

加德纳(Gardner,1983,1999)采取生活中多方面心智活动才代表智力的观点,也提出了一个超出IQ测验定义的理论——智力多元论(theory of multiple intelligence)。他确定了涵盖人类经验范围的许多智力,每种智力都与其他智力相对独立。如表15-4所示,加德纳归纳了八种智力。简言之,可以把这八种智力理解为词语灵敏、数字灵敏、空间灵敏、音乐灵敏、身体灵敏、他人灵敏、自我灵敏和自然灵敏。作为这些不同智力的典型代表,加德纳举出了诗人埃利奥特、科学家爱因斯坦、画家毕加索、作曲家斯特拉文斯基、舞蹈演员格雷厄姆、精神病学家弗洛伊德、领导人甘地和博物学家达尔文。后来加德纳还假设了第九种可能的智力即“存在智力”,这是一种“沉思关于生命、死亡和存在等重大问题”的能力。

表15-4　加德纳提出的八种智力

智力类型	反映这种智力的任务
语言智力	读书,写文章、小说或诗歌,理解口头言语
数理—逻辑智力	解决数学问题,结算支票本,解决数学证明,逻辑思维
空间智力	从一个地方到另一个地方,看地图,在卡车中装箱子以使它们位置摆得恰当
音乐智力	唱歌,谱写奏鸣曲,吹奏小号,或欣赏音乐片段的结构
身体—运动智力	跳舞,打篮球,跑步,或投掷标枪
社交智力	与他人的联系,比如当我们试图理解他人的行为、动机或情感时
自我认知智力	理解我们自己——理解我们是谁、什么使得我们行动、在能力和兴趣受到限制的情况下我们如何改变自我
自然观察者智力	理解自然界中的各种模式

加德纳认为,西方社会促进了前两种智力的发展,而非西方社会对其他智力更为看重。例如,在西太平洋岛群的卡罗琳岛,船员们必须能够在没有地图的情况下完全依靠他们的空间智力和身体运动智力航行很长一段距离。在那个社会中,这种能力比写出一篇论文更重要。在巴厘岛,艺术表现是日常生活的一部分,因而流淌在优美舞步中的音乐智力和潜力更为宝贵。与美国等个人主义文化社会相比,日本这样的群体社会更强调合作行为和公众生活,因而人际智力更为重要。而要评价这些智力,仅有纸笔测验和简单定量测量是远远不够的,应该对个体在许多生活情境下的行为进行观察和评价。

五、情绪智力

20世纪90年代初,美国心理学家沙洛维(P.Salovey)和梅耶(J.D. Mayer)首次把情绪智力(emotional intelligence)从人类的智慧中离析出来,并把它界定为人的社会智能的一种类型。情绪智力与加德纳的多种智力理论中的社交智力和自我认识智力有着密切的联系,可以说它们就是情绪智力的前身。针对社会上的一些片面认识,梅耶和沙洛维(Mayer & Salovey,1997)对情绪智力的内容结构进行了修订,认为情绪智力包含四个主要成分:(1)准确和适当地知觉、评价和表达情感的能力;(2)运用情感、促进思考的能力;(3)理解和分析情感、有效地运用情感知识的能力;(4)调节情绪,以促进情感和智力发展的能力。这一定义反映了情感在智力功能中起积极作用的新观点,即情感可以使思维更聪明,人们也可以聪明地思考他们自己和他人的情感。

目前,研究者已编制了一些测验EQ的工具。梅耶等(Mayer,et al.,2000)对503名成年人和229名青少年完成了多因素情绪智力量表的测定。该量表要求被试对一系列情感问题提出解决办法,如确定一种情境会产生何种情绪。参加者的回答由专家和所有完成量表的人来评价。结果表明,EQ值与IQ值只是略有相关,这表明EQ所测的是与传统IQ不同的能力。而且成年人的EQ得分较年轻人高,说明EQ有重要的环境成分。另外,女性的情绪知觉显著优于男性。

情绪智力的提出获得了大量的佐证,引起了强烈的社会反响。情绪智力被誉为是“划时代的心智革命”和“本世纪最重要的心理科学研究成果”,这也许存在着夸张的一面,但在教育、管理、商业等领域的确产生了积极的影响。并且,情绪智力作为与传统智力相对应的概念,正在广泛地为人们所接受。

总之,通过上述对智力结构的理论探讨可以看出,心理学家们关于智力问题的意见还很不一致。这是一个争论不休的问题,但也正因为心理学的深入研究,智力才具有现今丰富的含义。

第四节 智力发展

一、智力的发展的一般趋势

智力是随着年龄的增长而变化的。美国心理学家贝利(Bayley,1969)用贝利婴儿量表、斯坦福—比纳智力量表和韦氏成人智力量表等为工具,对同一群被试从其出生开始做了长达36年的追踪测量,把测得的分数转化为可以互相比较的“心理能力分数”,绘制成了图15-6所示的智力发展曲线。从中可见,智力在11、12岁以前是快速发展的,其后发展放缓,到20岁前后达到了顶峰,随后即保持一个相当长的水平状态直至30多岁,之后开始出现衰退迹象。另有研究者(Schaie & Strother,1968)根据5种主要能力对成人进行测量,发现一般人的智力到35岁左右发展到顶峰,以后缓慢下降,到60岁左右迅速衰退(见图15-7)。另外,研究显示,智力优异者不仅发展速度快,而且延续发展的时间也长,而智力落后者不仅发展缓慢,并且有提前停止发展的倾向。不过,以上所述只是智力发展的一般趋势，实际上个体在智力表现的早晚及智力结构等方面的差异都是很显著的。

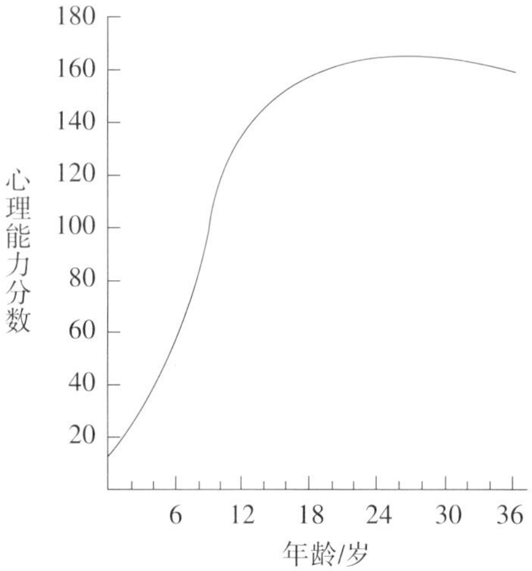

图15-6　智力的成长曲线

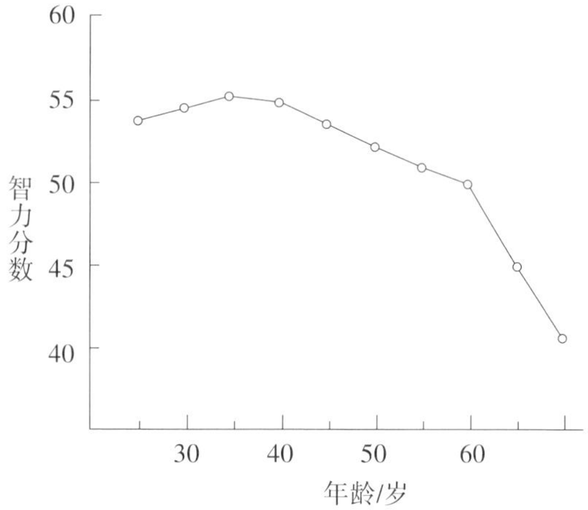

图15-7　智力的年龄变化

智力不仅作为整体而发展，而且智力中的各成分也分别在发展，且发展速度并不完全同步。瑟斯顿考察了不同智力因素的发展情况，结果发现发展速度各不相同(见图15-8)。例如，12岁时知觉速度已发展到成人水平的80%，而推理能力、词的理解力和词语运用能力等则要到14岁、18岁和20岁以后才分别达到同一水平。此外，对液态智力和晶态智力的发展研究表明，液态智力在中年以后开始下降，而晶态智力则在人的一生中都有稳定上升的趋向(Spear et al.，1988)(见图15-9)。

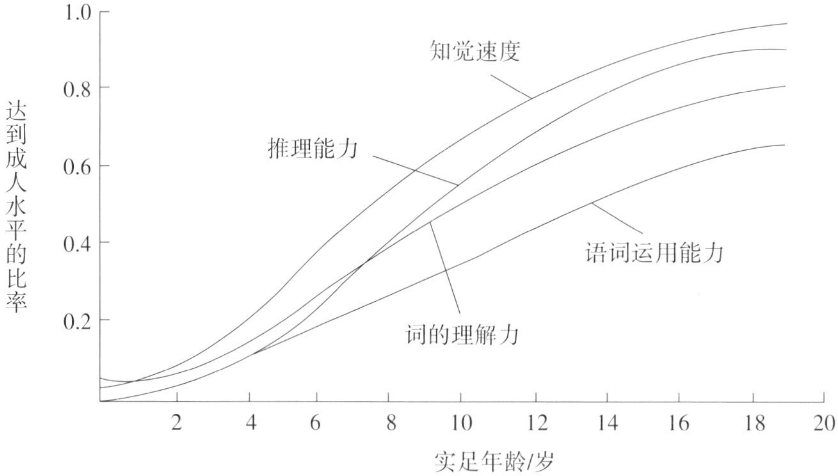

图15-8　智力中不同因素的发展曲线

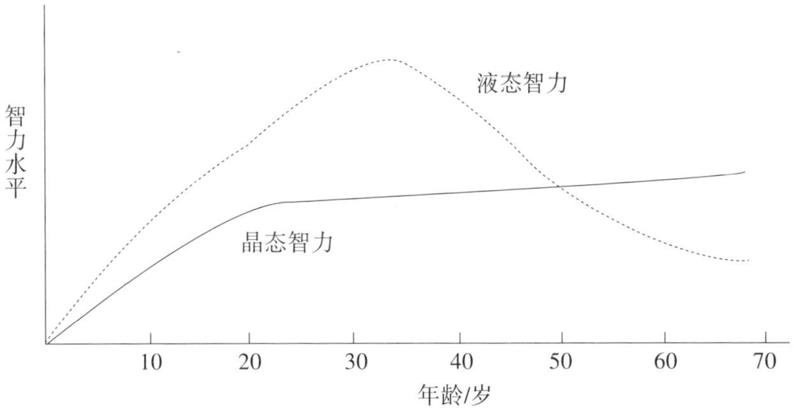

图15-9　液态智力与晶态智力的发展曲线

创造力的表现与智力不同。一般认为，创造力的发挥主要在30~40岁这段年龄，同时还因从事的领域而有差异：化学是26~30岁，诗歌是25~28，数学、物理学是30~40岁，心理学是30~39岁，技术发明是30~40岁，管弦乐、歌剧作曲是35~39岁，绘画是35~39岁，而创作长篇小说是40~44岁。有人统计了1901—1965年间诺贝尔物理学奖和化学奖获得者的年龄，发现物理学奖集中在45~49岁，化学奖集中在50~54岁，大部分人是在40~50岁得奖。还有研究认为，科学家创造力的发挥有两个高峰期：第一个高峰期在30~40岁，第二个高峰期出现在55岁左右。

二、影响智力形成和发展的因素

（一）遗传与环境的作用

关于遗传与环境在智力形成和发展中的作用，一直存在争论。图15-10列出的是来自许多研究者对不同遗传关系的人IQ的相关研究结果。从中可见，遗传关系越相近，测得的智力越相近：父母的IQ和亲生子女的IQ相关约为0.50，而养父母和养子女IQ的相关仅为0.25左右；同卵双生子具有完全相同的遗传基因，其IQ相关可以高达0.90以上，而异卵双生了的遗传的相似性类似于同胞兄弟姊妹，他们的IQ相关就只有0.55左右了。这些结果说明了遗传对智力发展的重要影响。但另一方面，该资料研究也说明了环境对智力发展的作用。如图所示，虽同为同卵双生子，在一起长大的环境条件下，其IQ相关要高于分开长大的情况；而抚养在一起的孩子，即使两者没有血缘关系，其IQ的相似性也会提高。

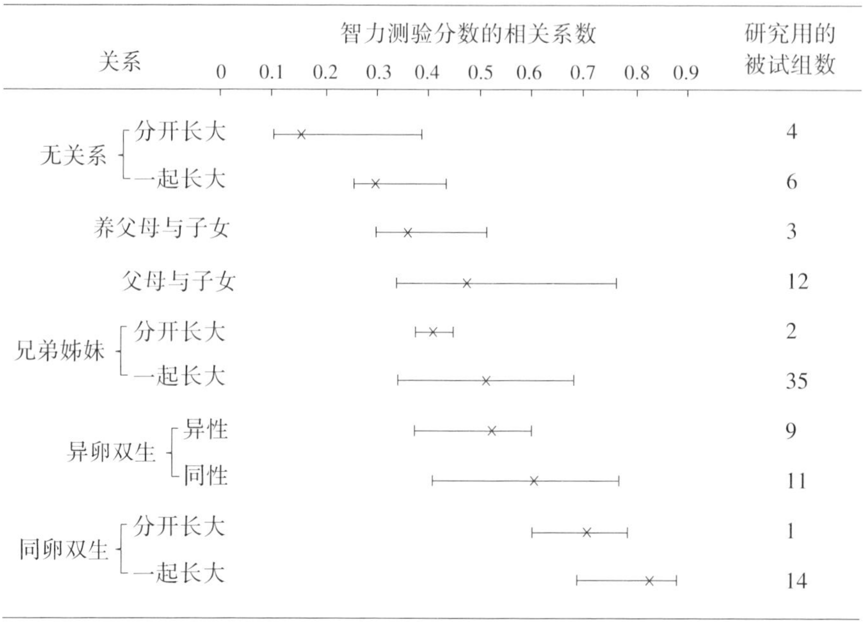

图15-10 具有不同关系的人在智力测验得分上的相关

智力是心理特质,它本身是不能遗传的。遗传对智力的影响主要表现在身体素质上,如感官的特征,发音器官的特征,四肢和运动器官的特征,脑的形态和结构特征等。身体素质是智力形成和发展的自然前提。没有这个自然前提,任何智力都无从产生。但身体素质本身并不等同于智力。具有相同身体素质的人,可以发展出不同的智力;具有良好素质的人如果得不到适当的培养和训练,智力也不可能有好的发展。这说明,在智力形成的问题上,遗传决定论是错误的,但良好的遗传素质却是智力形成和发展的一个必要条件或重要条件。

环境因素对智力形成与发展的作用不可低估。现代科学业已证明,产前环境(即在母体内的环境)就已经对胎儿的生长发育和出生后的智力发展有着重要的影响。人生早期的环境条件对智力的发育也有极其显著的作用,丰富的环境刺激有助于儿童智力的发育。有目的、有计划、有组织的学校教育在智力的形成和发展中更是具有特殊的意义,起着主导性作用,它不仅使受教育者掌握了知识和技能,而且也形成和发展着智力。

一些心理学家提出了遗传限的概念,用来解释遗传与环境两大因素在决定个体智力高低时所发生的作用。所谓遗传限(heredity range),是指个体发展受制于遗传的一段阈限,即从下限到上限之间的一段距离。就智商而言,按照遗传限的观点,遗传规定了个体可能表现的最低到最高的IQ分数。这种说法类似于潜能(potentiality)的概念。每个人的潜能大小是不一样的,其原因就在于各人的遗传限大小不同。有心理学家估计,除极少数天才与低能之外,一般人的遗传限如果用IQ分数来表示,大约在20~30(Scarr & Carter-

Saltzman,1982)。当然,个体的遗传限是无法观察到的,只能由测到的IQ去推测估计,而可供估算的参考资料就是个体生活的环境。

总之,遗传素质为智力的发展提供了可能性,而环境和教育则把这种可能性变为智力发展的现实性。

〖热点问题讨论 15-2〗智力的种族差异

智力的种族差异是一个充满争议的敏感问题。这一争议不仅限于心理学家们的学术研究,而且扩及政治意识,甚至被利用成种族歧视的工具。一个典型的情况是,在美国,多年来的智力测验结果发现黑人的智商平均要比白人低10~15(Anastasi,1958)。针对这一情况,心理学家们形成了几种不同的解释。其一,遗传决定观。詹森(Jensen,1980,1985)等人认为,美国黑人智商之所以低于白人,就是遗传因素决定的。在美国境内有很多少数民族,其中黑人的平均智商最低,不能归咎于其他因素。其二,文化贫乏观。布劳(Blau,1981)和沃尔夫(Wolf,1965)等人则反对遗传决定论的观点,认为黑人智商较低的原因在于文化贫乏,包括黑人在政治、经济、教育、宗教以及实际生活水准等各方面的条件均不如白人,生长在黑人家庭的孩子在文化刺激方面自幼就较为贫乏,而且不易养成努力奋斗力争上游的精神等。其三,测验效度观。希利亚德(Hilliard,1984)和梅塞(Mercer,1984)等人从智力测验效度的角度对测验的公平性提出了质疑。在美国,由于绝大多数的心理学家都是白人,这样所编制的智力测验倾向于符合白人中产阶级的经验,测试情境也对黑人儿童不利。

事实上,企图用智力量表来定论智力的民族差异几乎是不可能的。前已述及,虽然西方心理学家尽力设法编制所谓文化公平智力量表,尽力使题目内容就不同民族来说有同等的经验机会,但这一点在不同民族间比在同民族内更难办到。所以无论这些研究所发现的民族之间的智力差异如何,均不能表明民族之间有无先天性差异,因而也绝不能作为民族歧视的借口。例如,有人对白马藏族初中学生文化适应和智力水平的关系做了研究,发现主流文化认同、学校教育认同、对教学语言的熟悉和理解程度均与智力、学业成绩存在显著的相关;在剔除学业成绩对智力的影响后,文化适应对白马藏族初中生的智力水平有显著的预测力(胡兴旺等,2005)。因此,民族间的智力差异问题应该同其文化适应特征联系起来,并且应着眼于生活经验的不同所产生的智力结构的差异,而不是着眼于民族之间智力水平高低的比较。图 15-11 是一项有关中国人的智力测验结果(Lesser et al.,1965),对此又该做何讨论呢?

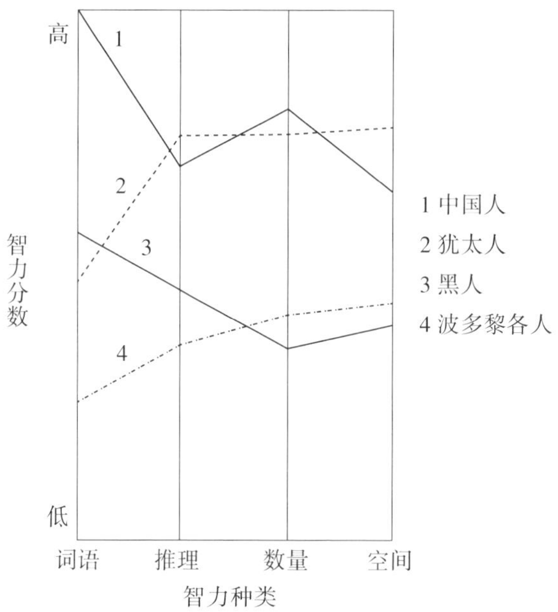

图15-11 不同种族的智力结构差异

（二）实践活动和个性品质的作用

人的智力是在实践活动中形成和发展起来的。离开了实践活动，即使有良好的素质，有良好的环境和教育，智力也难以形成和发展起来。关于这一点，我国古代思想家王充早就指出"施用累能"，即能力是在使用中积累的。他说：齐的都城世代刺绣，那里的平常女子都能刺绣；襄地传统织锦，即使不聪明的女子也变成了巧妇。这是因为天天看到，时时学习，手自然就熟练了。王充还提出"科用累能"，即从事不同职业的活动就积累了不同的能力。他说：谈论种田，农夫的能力高于一般人；谈论做买卖，商人的能力强于一般人[①]。大量的事实资料表明，音乐能力只有在音乐的实践活动中才能形成和发展，科研能力也只有在科研的实践活动中才能形成和发展。不参加实践活动，就谈不上智力的形成和发展。

在实践活动中优良的个性品质对智力的形成和发展具有重要的意义。像动机、勤奋、谦虚和坚强的毅力等都有助于智力的形成和发展。以学习动机为例，有人用斯坦福—比纳量表对140名4~14岁儿童的重复测验表明，其中35名儿童智力发展速度大大加快，另35名智力发展速度明显下降。究其原因：前者具有强烈的学习动机，由于积累了更多的有用知识，从而提高了学习和解题的能力，促进了智力发展的速度；后者缺乏学习动机，知识相对贫乏，智力生长速度明显下降（Sontag et al.）（见图15-12）。

①《论衡·程材》。

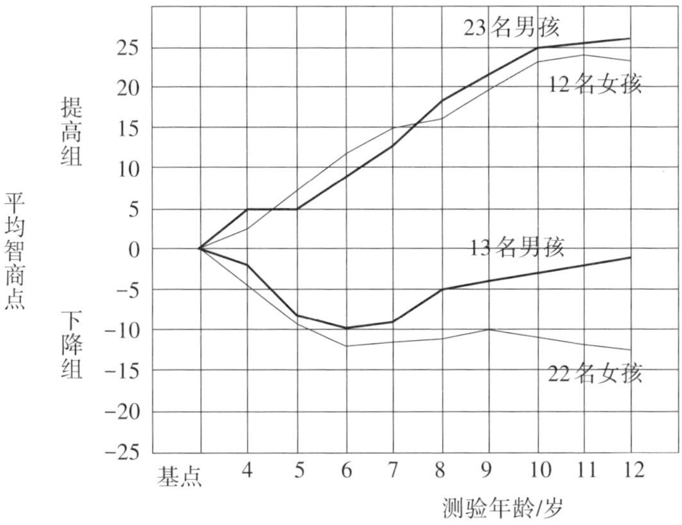

图15-12 学习动机对智力发展的影响

〖心理学与人生15-1〗性别与智力

男性与女性谁更聪明？很多人对此感兴趣并为此争论不休。多年的研究表明，总的来说男女之间不存在智力水平孰优孰劣的问题，也不存在某些智力特性在男女一方有，而另一方没有的“有无”问题。当然，心理学并不否认智力有性别差异，但不是笼统地说成是男性比女性聪明，或者男性智力水平高于女性，而是指某些群体性的差异特征。总的来看，男女智力差异有以下几个方面的表现。

其一，智力结构或智力品质上的差异。一般的说，男性在空间关系、图形知觉、逻辑演绎、数学推理、机械操作、视觉反应等方面表现更好，而女性则在语言表达、数的识记、机械记忆、听觉反应等方面显示出优势。这种结构性的差异不仅经大量研究证实，甚至可能与性取向有关。许毅等(1999)采用韦氏成人智力量表(中国修订本)对60名男性同性恋者进行智力结构评定，结果发现，男性同性恋者智力结构与女性对照组比较差异较小，均以言语智力为优势，而与男性对照组比较差异则非常显著。男女两性在智力结构上的差异表现在学生的学习上，男生的思维比较广阔、敏捷，兴趣广泛，动手能力强，喜欢独立思考，但有时不够细致周密，而女生往往在记忆力和语言能力上比较强，更习惯于背诵、默写和记忆，但思路比较单一。

其二，智力表现早晚上的差异。相对而言，一般女性表现较早，男性表现较晚。这也是解释小学女生成绩更好、中学男生成绩更好的现象的一个原因。

其三，智力分布上的差异。男性智商分布的离散性较女性大。也就是说，女性中智力超常和低能的比例比男性中的小，而智力中等的比例较大。这多少也解释了男生的学习成绩两极分化较女生严重的现象。

造成男女智力的上述差异的原因,既有生理等遗传方面的影响,也有社会文化、教育、习俗等环境因素的作用。

第五节 智力特殊者

前已述及,在全人口中智商呈常态分配。智商高于130或低于70的人在全人口中只有极少数,大约各占2%~3%,分别称为天资优异和智能不足。从心理学史的观点看,智能不足的研究较早,20世纪初比纳首创的智力测验,其目的就在于从常态儿童中区别出智能不足者予以特殊教育。天资优异虽然一向在教育上受到重视,但实际上有计划的研究并正式列入特殊教育的措施,则始自美国1957年受到苏联领先发射人造卫星的震撼之后。

一、超常儿童

超常儿童(supernormal children)是指智力发展突出优异,或具有某方面特殊才能的儿童。在古代,这类儿童被称为神童,以为他们是天降神赐的。20世纪前,在西方学者中,天才遗传决定论占优势,这类儿童被称为天才。20世纪初推孟把智商达到或超过140的儿童称为天才儿童。此后在相当长的时期内,天才儿童的概念主要是由智商分数来说明的。20世纪50年代后吉尔福德提出智力的三维结构模型,并指出智力测验不能鉴别儿童的创造力。以后学者们还认为天才儿童的概念里不仅包括创造力,还应包括像卓越的领导能力、数学能力等特殊才能。20世纪70年代末伦朱利(J.S.Renzulli)提出"三圆圈天才儿童"的概念,认为天才儿童是由中等以上的智力(包括一般智力和特殊能力)、对任务的承诺(包括强烈的动机,责任心等)和较高的创造力这三种心理成分相互作用高度发展的结果。我国心理学界和教育界把这类儿童称为超常儿童,认为超常儿童的心理结构中不仅包含智力和创造力,也包含一些非智力个性特征。

超常儿童的特点及其发展是世界各国心理学家和教育者共同关心的一个热点问题。我国研究者对超常儿童进行系统科学的研究和教育始于20世纪70年代,迄今已从认知能力(智力)、非智力个性特征以及创造力等方面对超常儿童进行了较为全面的研究。在认知方面,研究结果一致表明,超常儿童不仅在智力上明显高于常态儿童,而且在感知、记忆、思维等方面都明显优于常态儿童。例如,邹枝玲等(2003)以选择反应、图形匹配、心理旋转和抽象匹配为基本认知任务,对小学一年级的超常和常态儿童的信息加工速度做了比较研究,结果发现超常儿童反应时更短,正确率更高。程黎等(2004)采用两种视觉检测时任务比较了8~12岁超常和常态儿童的发展变化特点，结果发现超常组儿童的检测时显著地快于常态组儿童，且其发展基本上不受学校知识或经验的影响。我国心理学家查子秀(1995)通过十几年对超常儿童的追踪研究和教育实验，总结出超常儿童作为一个特殊的群体有着一些共同的心理特征：思维敏捷、记忆力强、观察敏锐、有独创性、求知欲旺盛、兴趣深或广、好胜、自信、有独立性……从这些共同的心理特征不难看出超常儿童的心理构成不限于智力、创造力方面，还包含有个性倾向性和特征方面。通过对百余名超常儿童从幼年—童年—少年—青年的整个发展过程的分析总结，可以看到超常儿童的成长过程是不平衡的，大致概括出四种不同的类型(见表15-5)。

表15-5　超常儿童的发展过程

类型	表现	原因分析
跃进式	幼年表现早慧*，提前入学或插班，此后稳步超常发展；或从小学、中学至大学有过一次或多次跳级，跳跃式前进	家庭、学校提供有利于他们发展的条件；本人求知欲旺盛，主动积极，具有良好的个性特征
V字形前进式(或波浪式)	幼年表现早慧，提前入小学或插班，在小学或中学阶段一度表现下降与常态儿童无异。经采取措施后，逐渐回升。再次超常出众，稳步前进	儿童在学校受挫折，积极性受到影响；儿童本人贪玩，自控能力差，缺乏学习动机；出现某种行为问题；或因病旷课过多，缺乏信心等
后起式	幼年或包括童年未有超常表现。小学或初中阶段，由于某次竞赛或机遇，成绩突出一鸣惊人，此后受到重视，稳步上升，发展优异**	幼年在农村跟老人生活，缺乏早教条件，或由于某个原因表现“开窍”较晚
滑落式	幼年早熟，小学或包括中学阶段一帆风顺、名列前茅、竞赛的优胜者，但在中学或大学，由于某个原因，成绩下降，情绪波动或崩溃，不能自拔，经帮助也无效，发展失去优势	在较复杂环境中不能适应，或遇逆境，不能正确认识自己，自我调控能力差、缺乏耐受力，或由此引起神经衰弱等身体的不适反应

*幼年早慧经测试认知能力在同龄平均成绩两个标准差以上或智商测验，智商在130以上，或具有某方面特殊才能，经鉴定为杰出者。

**经鉴别考核达到超常儿童或少年的标准。

超常儿童被一些人称为神童，其实并不神秘。优越的自然素质是超常儿童发展的物质基础。前已述及，遗传素质对智力的影响是不可忽视的因素。儿童的智力发展速度是不均衡的。早在20世纪20年代，平特纳(R.Pintner)的研究认为，儿童从初生到5岁是智力发展最快的时期。这一论断与20世纪60年代布卢姆(B.S.Bloom)在《人类特性的稳定与变化》一书中的结论是一致的。布卢姆认为，如果以生活17岁所达到的普通智力水平作为100，那么儿童从出生到4岁的智力就已获得了50%，从4岁到8岁获得30%，而最后的20%则是在8岁到12岁获得的。根据这些研究，可以认为，在儿童的早期阶段智力发展快，并且对以后的发展有很大的影响。理想的早期教育是超常儿童成长的主要条件。当然，这种教育绝不能是拔苗助长式的、违反儿童成长天性的。

有人认为，超常儿童的优异发展是以身体的不健康或个性的不适应为补偿的。这种看法是缺乏科学依据的。1921—1927年，推孟用斯坦福—比纳智力量表对从幼儿园到八年级的儿童进行了测查，发现了1528名天才儿童（他们的平均智商达150），并对他们进行了长达30年的追踪研究。结果表明，在他的被试中，死亡、不健康、精神错乱、酒精中毒等情况都低于相应年龄的成人，绝大多数人社会适应良好。他还分别在1939—1940年和1951~1952年对追踪对象进行两种测验，发现不仅他们的平均得分远远超过一般成人，而且这两项测验相隔12年，两次成绩相比有90%的被试智力增加了。可见，"早熟早衰"的看法也是不正确的。

当然，超常儿童今后能否在事业上有不一般的成就，还依存于许多条件。在1950年时，推孟的800名男性被试中，有78人得到博士学位，48人得到医科学位，85人得到法律学位，74人正在或曾在大学任教，51人在自然科学或工程学方面进行基础理论研究，104人担任工程师，科学家中有47人编入1949年版《美国科学家年鉴》。所有以上数字和从总人口中任意选取800个相应年龄的人相比较，几乎大10~20倍甚至30倍。但他也发现全体被试中约有20%的人没有超出一般人的成就，只有不到一半的妇女参加了工作。他对800名男性被试中成就最大的20%与成就最小的20%的人做了比较研究。发现在这两组人中，最明显的差异是个性特点不同。成就最大者在谨慎、自信、不屈不挠、进取心、坚持性、不自卑等个性品质上，明显地优于成就最小者。其次是家庭背景不同，前者50%的家长大学毕业，家中有许多书籍，家长重视教育；后者只有15%的家长大学毕业。可见，超常儿童能否在事业上有所成就，在很大程度上取决于社会生活条件及其个性特点。

二、智能不足者

智商在70以下者为智能不足（mental retardation）。智能不足并不是某一种心理过程的破坏，而是各种心理能力的低下，其明显的特征是智力低下和社会适应不良。智能不足可分为三个等级。轻度：智商50~70，生活能自理，能从事简单劳动，但应付新奇复杂的环境有困难，学习有困难，很难领会学校中抽象的科目。中度：智商25~50，生活能半自理，动作基本可以或部分有障碍，只会说简单的字或极少的生活用语。重度：智商25以下，生活不能自理,动作、说话都有困难。

造成智能不足的原因很多。大多数智能不足者都不是生理疾病所致,过去也未有过脑损伤的病史。他们大多健康良好,智能不足的程度也较轻微。这些人的父母智力水平往往也较低,家庭中缺乏良好的学习环境,或者在成长过程中营养条件较差,这些可能是造成这一类型智力落后的原因。比较严重的智能不足大多是疾病、中毒、内分泌失调和母体疾病所致。较典型的智力落后疾病如唐氏综合症、苯酮尿症等。唐氏综合症患者脑袋小而圆,面宽扁,眼睛狭斜,鼻梁塌扁,舌尖厚且突出在外,身材矮小,五指短小,智力大多低下。唐氏症患者通常为年龄大的母亲所生。20多岁的母亲生出的婴儿患此病的概率为0.1%,40岁以上的母亲生出的婴儿患此病的概率高达2%。唐氏综合症不是遗传病,而是母体内的卵子长期暴露在体内环境中受到损害,出现额外的染色体(47个染色体)之故。患苯酮尿症的智力落后者是由于苯酮尿新陈代谢失常而引起,其特征是头发和皮肤缺乏色素而呈白色,大多数属重度智能不足者。如果早期发现,喂以低苯丙氨酸食物可防止其恶化。

在甄别智能不足儿童时,必须要用可靠的智力测验工具,以确定其是否是真正的智能不足以及低能的程度。智能不足儿童由于其心理缺陷,无法与正常儿童随班上课,必须设置特殊教育机构。

〖热点问题讨论15-3〗白痴学者

一部叫做《雨人》的电影荣获第六十一届奥斯卡四项大奖。影片讲述的是兄弟间的手足之情。哥哥的原型是美国的皮克,一个自闭症患者,一个历史、文学、地理、数字、体育、音乐等15门学科的天才专家。除此之外,还有《美丽心灵》的原型约翰·纳什,被称为“孤独天才”的博弈论大师、著名的“纳什均衡”提出者。

早在1789年,科学文献中就出现有关白痴学者(savant syndrome)的描述,一位能够闪电般快速推算日期的富勒先生,当问他活了70年17天又12个小时的人总共活了多少秒钟,富勒花了一分半钟就得出正确的答案:2210500800秒;他把其中17个闰年都考虑进去了。但除了推算日期之外,富勒对复杂的数学并没有什么了解。白痴学者通常在智力测验上得分很低,但他们在某一方面(如计算、绘画或音乐记忆)却非常优秀,表现出一种不可思议的能力(Treffert & Wallace,2002)。他们中的不少人也常患有孤独症,且大多为男性。白痴学者可以没有语言能力,却能够像电子计算机那样又快又准地计算数字,或者能够几乎立即确定历史上任何日期是星期几(Miller,1999)。到目前为止,已经知道白痴学者在推算日期、计算、音乐、绘画、雕塑、查阅字典、下象棋、背诵、色彩、赌博,甚至经商及其他许多专业知识上表现出非凡的才能。有关文献提示,白痴学者们至少拥有了300种以上的天才。而一些弱智者在某些方面表现出的技能,实在是令人刮目相看。

大多数白痴学者实际上并非真正的白痴，其智商一般在35~70，属轻度或中度弱智，真正的白痴智商低于25；大多数白痴学者也并非地道的学者，因为所谓的突出才能只限于某一孤立的方面。从心理学的角度看，白痴学者的出现可能与缺陷补偿有关，其智能缺陷给患者带来了发展其他功能的动力；也可能与智力结构有关，智力结构是复杂而非单一的，白痴学者乃是智力结构发展不均衡的一种突出表现。

复习与思考

1. 解释：智力，能力，知识，技能，心理测量，信度，效度，常模，心理年龄，智商，离差智商，液态智力，晶态智力，情绪智力，遗传限，超常儿童，智能不足。

2. 心理测量应具备哪些必要的条件？

3. 智力测验的发展经历了哪些阶段？

4. 如何看待智力测验的利弊？

5. 智力结构的理论进展怎样？

6. 评述吉尔福特的智力三维结构模型。

7. 智力发展的一般趋势有什么特点？

8. 如何看待智力的种族差异问题？

9. 如何看待超常儿童与智能不足？

推荐阅读书目

1. 郑日昌等(1999). 心理测量学. 北京：人民教育出版社.

2. 白学军(1996). 智力心理学的研究进展. 杭州：浙江人民出版社.

3. 饶恒毅等(2000). 万物之灵——人类的智能. 上海：上海科学技术出版社.

4. 斯滕伯格(俞晓琳等译，2000). 超越IQ——人类智力的三元理论. 上海：华东师范大学出版社.

5. 斯滕伯格(吴国宏等译，1999). 成功智力. 上海：华东师范大学出版社.

6. 戈尔曼(耿文秀等译，1997). 情感智商. 上海：上海科学技术出版社.

第十六章　人格

第一节　概述

一、什么是人格

在日常生活中人们经常使用人格这个词。许多外行人通常是从社会吸引力来定义人格的。如说“某某有良好的人格”，这通常是指这个人能与他人和谐相处，给人留下好的印象。有人说“在选美比赛上考官给选手打分通常不只看她们的天资和外貌，还要看她的人格是否有魅力”。这里所讲的人格其实是指选手受欢迎程度以及她们沉着和成熟老练的水平。学生们也在议论人格，如说“某某很虚伪，人格卑鄙”，说“某某其貌不扬，但人格高尚”。这里所讲的人格大概是指一个人的品德。这些说法与心理学上所谓人格的含义是不相同的。

从字源上看，我国古代汉语中没有“人格”这个词，但是有“人性”“人品”“品格”等相关的词。例如，最早讲到人性的孔子曾说过：“性相近也，习相远也”[①]，认为素质是基础，个体差异来自环境和教育。中文中的“人格”一词源自personality的意译。而英文中的personality一词源自拉丁文的persona，其本意是指面具。把面具引申为人格，暗示着一个人有两面——公开可见的一面，以及隐藏其后而不为人知的一面。因此对人格这个概念，通常是从两个方面来定义——两者彼此不同，但又都是重要的。外在的人格，是指一个人被他人知觉和描述的方式；而内在的人格，则是指用来解释为什么一个人被他人认为是这样的那些内部的因素。人格的定义似乎都应包含这两个方面。

人格是心理学中一个最复杂且又十分重要的主题。不同的研究者对人格的理解不同，对人格所下的定义也很不相同。奥尔波特（Allport，1937）最早对人格的定义做过综述，考察了50个定义。之后还有不少心理学家综述或分析过人格的定义，又提出新的定义。例如，有人把人格看作是习惯化的行为模式，有人则把人格看成是一种控制行为的内部机制（如自我、特质等），还有人把人格看成是个人在社会中所扮演的角色等。人格定义的不

①《论语·阳货》。

同，既反映了心理学家们对人格研究的侧重点的不同以及他们所采用的研究方法的不同，也反映了人格的内涵的丰富性。综合各家的见解，我们给出的定义是，人格（personality）是一个人的才智、情绪、愿望、价值观和习惯的行为方式的有机整合，它赋予个人适应环境的独特模式，这种知、情、意、行的复杂组织是遗传与环境的交互作用的结果，包含着一个受过去影响以及对现在和将来的建构。

二、人格的基本特性

（一）人格的整体性

一个现实的人具有多种心理成分和特质，如才智、情绪、愿望、价值观和习惯等，但它们并不是孤立存在的，而是密切联系并整合成为一个有机组织。一个现实的人的行为不仅是某个特定部分运作的结果，而且总是与其他部分紧密联系、协调一致进行活动的结果。精神分裂症是一种最常见的精神病，布洛伊勒（Bleuler，1911）在提出精神分裂症这个术语时便认为，精神分裂症是精神内部的分裂，他将统一性的丧失、精神的内部分裂视为此病的本质。可以将精神分裂症患者的心理和行为比喻为一个失去指挥的管弦乐团。得了这种病，患者的感觉、记忆、思维和习惯这类心理机能虽然不至于丧失，却是乱七八糟的。由此可见，一个正常人的心理是多样性的统一，是有机的整体。

（二）人格的稳定性

人格的稳定性表现为两个方面。一是人格的跨时间的持续性。在人生的不同时期，人格持续性首先表现为自我的持久性。每个人的自我，在世界上不会存在于其他地方，也不会变成其他东西。昨天的我是今天的我，也是明天的我。过去的我透过现在的我，影响着我的现在和将来。虽然未来不能决定现在，但自我对未来的洞察力却能决定现在的我。这就是自我的持续性。二是人格的跨情境一致性。所谓人格特征是指一个人经常表现出来的稳定的心理和行为特征，那些暂时的、偶尔表现出来的行为则不属于人格特征。例如，一个外向的学生不仅在学校里善于交往，喜欢结识朋友，在校外活动中也喜欢交际，喜欢聚会，虽然他偶尔也会表现出安静，与他人保持一定距离。

人格的稳定性并不排除其发展和变化。人格的稳定性并不意味着人格是一成不变的，而是指较为持久的、一再出现的定型的东西。人格变化有两种情况。第一，人格特征随着年龄增长，其表现方式也有所不同。如，同是特质焦虑，在少年时代表现为对即将参加的考试或即将考入的新学校心神不定，忧心忡忡；在成年时表现为对即将从事的一项新工作忧虑烦恼,缺乏信心;在老年时则表现为对死亡的极度恐惧。也就是说,人格特性以不同行为方式表现出来的内在秉性的持续性是有其年龄特点的。第二,对个人有重大影响的环境因素和机体因素,如移民、严重疾病等,都有可能造成人格的某些特征,如自我观念、价值观、信仰等的改变。不过要注意,人格改变与行为改变是有区别的。行为改变往往是表面的变化,是由不同情境引起的,不一定都是人格改变的表现。人格的改变则是比行为更深层的内在特质的改变。

(三)人格的独特性

人格的独特性是指人与人之间的心理和行为是各不相同的。人格结构组合的多样性,使每个人的人格都有其自己的特点。在日常生活中,我们随时随地都可以观察到每个人的行动都异于他人,每个人都各有其需要爱好、认知方式、情绪、意志和价值观。

我们强调人格的独特性,并不排除人们之间在心理和行为上的共同性。人类文化造就了人性。同一民族、同一阶层、同一群体的人们具有相似的人格特征。文化人类学家把同一种文化陶冶出的共同的人格特征称为群体人格或众数人格。例如,许多研究表明,由于受传统儒家文化的影响,世界各地的华人都有不少相同的人格特征。但是,人格心理学家更重视的是人的独特性,虽然他们也研究人们的共同性。

(四)人格的社会性

人格的社会性是指社会化把人这样的动物变成社会的成员,人格是社会的人所特有的。人格是在个体的遗传和生物基础上形成的,受个体生物特性的制约。从这个意义上也可以说,人格是个体的自然性和社会性的综合。但是人的本质并不是所有属性相加的混合物,或者是几种属性相加的混合物。构成人的本质的东西,是为人所特有的,失去了它人就不能称其为人的因素,而这种因素就是人的社会性。其实,即使是人的生物性需要和本能,也是受人的社会性制约的。例如,人满足食物需要的内容和方式也是受具体的社会历史条件制约的。

因此,可以做这样的概括:人格是个人各种稳定特征的综合体,显示出个人的思想、情绪和行为的独特模式。这种独特模式是个体社会化的产物,同时又影响着与环境的交互作用。

三、气质与人格

人格是一个含义非常丰富的概念,它包括气质、性格等稳定的心理特征。人格中的气质(temperament)是个人在生活早期就表现出来的稳定的个性差异,即那些由遗传和生理决定的心理和行为特征。这个概念与我们平常说的“禀性”“脾气”近似。在日常生活中，我们可以看到，有的人总是活泼好动，反应灵活；有的人总是安静稳重，反应缓慢；有的人不论做什么事总显得十分急躁；有的人情绪总是那么细腻深刻。而这些特点，我们似乎从他们刚出生时就可以观察到，一生中少有改变。

气质是一个很古老的概念。早在古希腊医学家恩培多克勒（Empedocles，约公元前483—前423）的四根说中，就已经有了气质学说的萌芽。古希腊医生希波克拉底（Hippocrates，公元前460—前377）把四根说进一步发展为四液说。他认为，人体内有四种体液，即血液、粘液、黄胆汁和黑胆汁，不同的人体内占优势的体液不同。后来古罗马医生盖仑（Galen，130-200）用这种体液学说来解释气质，认为某种占优势的体液决定一个人的气质。后人在这一理论的基础上，逐步形成了气质类型学说。根据这一学说，每一种体液都具有热—寒、干—湿两种性质，不同的人体内占优势的体液不同，因而有四种气质类型：多血质（sanguine temperament），血液占优势，血液具有热而湿的性质，因而这种人像春天一般热情；胆汁质（choleric temperament），黄胆汁占优势，黄胆汁具有热而干的性质，因而这种人像夏天一般暴躁；抑郁质（melancholic temperament），黑胆汁占优势，黑胆汁具有寒而干的性质，因而这种人像秋天一般忧伤；黏液质（phlegmatic temperament），黏液占优势，黏液具有寒而湿的性质，因而这种人像冬天一般冷漠。

从现代的观点来看，用四种体液来解释气质类型是没有科学依据的。但四种气质类型的用语一直沿用至今，为学者们探索气质的本质提供了一个参照系。例如，1935年巴甫洛夫在其《人和动物的高级神经活动的一般类型》一文中根据神经过程的强度、均衡性和灵活性，把动物和人类的高级神经活动类型划分为四种：兴奋型、活泼型、安静型和抑制型，与之相对应的是胆汁质、多血质、黏液质和抑郁质（见表16-1）。又如，艾森克（H.J.Eysenck，1916—1997）提出由情绪稳定性和内外向两个基本维度所构成的四个象限与传统的四种气质完全吻合（见图16-4）。稳定的外向性属多血质，不稳定的外向性属胆汁质，不稳定的内向性属抑郁质，而稳定的内向性属黏液质（Eysenck & Eysenck，1975）。

表16-1　高级神经活动类型及特征

神经类型	强度	均衡性	灵活性	行为特点
兴奋型（胆汁质）	强	不均衡		攻击性强，易兴奋，不易约束，不可抑制
活泼型（多血质）	强	均衡	灵活	活泼好动，反应灵活，好交际
安静型（黏液质）	强	均衡	惰性	安静，坚定，迟缓，有节制，不好交际
抑制型（抑郁质）	弱			胆小畏缩，消极防御反应强

还有许多学者对气质类型做了不少探索。例如，德国精神病学家克瑞奇米尔（Kretschmer，1925）根据他对精神病患者的表现和体型分析提出的气质类型理论，如表

16-2所示。后来,美国心理学家谢尔登(Shelden,1942)根据胚胎发育把体型分为三类的气质类型理论,其研究结果与克瑞奇米尔的说法大同小异。还有从血型、激素的角度来探讨气质类型。现在看来,都没有充分的科学依据。当代的研究者一般认为,气质部分是体质特征的一种功能,同时还与神经递质,如5-羟色胺缺乏、去甲肾上腺素系统或中脑多巴胺通道的性质有关。

表16-2 体型与气质及其特征

体型	气质	特征
肥胖型	躁狂性气质	善交际、表情活泼、亲切热情
瘦长型	分裂性气质	不善交际、孤独、神经质、多思虑
健壮型	黏着性气质	固执、认真、理解问题慢

气质是个人典型的情绪反应方式,包括对情绪刺激的敏感性,习惯反应的强度和速度,最常有的心境性质以及所有心境的波动性和紧张性。具体表现在人的以下特点上:(1)感受性,即对刺激的敏感程度;(2)耐受性,即在时间和强度上经受刺激的能力;(3)反应敏捷性;(4)可塑性,即适应新环境的难易程度;(5)情绪兴奋性;(6)外向性,即内向还是外向。还有人(Buss & Plomin,1984,1986)将气质特征概括为三种:(1)情绪性(emotionality),指一个人情绪反应的强度;(2)活动性(activity),指一个人是好动还是好静;(3)交际性(sociability),指一个人是否好交际,它源于个人的体质特点和遗传。总之,气质是人格形成的一种原始资料,它仿佛使个人的全部心理活动特别是典型的情绪反应,染上了独特的色彩。

显然,气质与人格是有区别的。其主要区别是:(1)气质是由生物因素决定的,不可改变的,而人格本质上是由个人的生活经验所形成的,会因见识和新经验而发生改变;(2)气质在人的早期就已呈现出来,而人格出现得比较晚;(3)在动物身上也能观察到气质,而动物是没有人格的;(4)气质是从人的情绪、言谈举止中流露出来的,而不涉及行为的具体内容,而人格特征可能与行为的具体内容有关(如学业特质焦虑等);(5)受较高级认知过程控制的行为与人格有关,而与气质无关。

四、性格与人格

人格包含性格。"性格"一词源于希腊语,意为雕刻的痕迹或戳记的痕迹。这个概念强调个人的典型行为表现和由外部条件决定的行为。我国心理学界倾向于把性格(character)定义为个人对现实的稳定的态度和习惯化了的行为方式。

在外界环境特别是受社会环境的影响下,个人生活实践时的认知、情绪和意志活动所形成的特有的行为模式，就是这个人的性格。例如，一个人在各种场合总是表现出对同志热情诚实、与人为善，对自己虚心谦逊、严于律己，遇事坚毅果断、深谋远虑。这种对人、对己、对事的稳定态度和习惯化了的行为方式所表现出来的心理特征，就是这个人的性格。而那些在一时情境下的行为表现则不能视为是他的性格。例如，一个人处理事情通常很果断，偶尔表现出优柔寡断，那么优柔寡断就不能看作是此人的性格特性，而果断则是他的性格特征。同样地，也不是任何一种行为方式都可以表明一个人的性格特性，只有习惯化了的行为方式，才能表明其性格特性。例如，一个人在某种特殊情况下，一反机敏之常态，表现的行动呆板，我们就不能把呆板看作是此人的性格特征。总之，作为性格的态度和行为方式，总是比较稳固的、习惯性的，甚至在不同的场合都会表现出来。

性格是个人社会行为的特征，主要包含：性格的意志特征，如目的性、主动性、果断性、坚持性、自制力等；个人对社会、对集体以及他人的态度中所表现出来的性格特征，如善交际、孤僻、正义感、正直、诚实、狡诈、虚伪、同情心等；个人对自己的态度中所表现出来的性格特征，如自信、自强、自尊、自负、自卑等；个人对待学习、工作、劳动的态度中所表现出来的性格特征，如勤奋、懒惰、认真细致、马虎粗心大意、首创精神、诚实、墨守成规、勤俭节约、挥霍浪费等。性格特性取决于特定的文化模式和社会环境。

人格是一个人的存在方式，是个人生物遗传素质与环境交互作用的产物。人格中的气质是先天的，是体质和遗传的自然表现，很难改变，无好坏之分；人格中的性格是后天的，是社会文化模式的刻印，有可能改变，有好坏之分。

人格中的气质与性格又是密切联系的。先从气质对性格的影响上来看。(1)气质会影响个人性格的形成。因为性格特征直接依赖于教育和社会相互作用的性质和方法。气质作为性格形成的一种变量在个体发生的早期阶段就表现出来，从而会影响父母或其他人的不同行为反应，形成不同性质的个体与社会环境的交互作用。(2)气质可以按照自己的动力方式渲染性格特征，从而使性格特征具有独特的色彩。例如，同样是乐于助人的性格特征，多血质者在助人时，往往动作敏捷，情感明显表露于外，而黏液质者则可能动作沉着，情感不表露于外。(3)气质还会影响性格特征形成或改造的速度。例如，要形成自制力，胆汁质的人往往需要做极大的努力和克制，而抑郁质的人则比较容易形成，他用不着特别抑制自己就能办到。再从性格对气质的影响上来看，性格也可以在一定程度上掩盖或改变气质，使它服从于生活实践的要求。例如，侦察兵必须具备冷静沉着、机智勇敢等性格特征。在严格的军事训练的实践活动中，这些性格特征的形成有可能掩盖或改造着胆汁质者易冲动和不可遏止的气质特征。

总之，气质和性格是密切联系的。在日常生活中，甚至在心理学文献中，都很难把气质和性格这两类心理特征严格区分开来。这是因为人具有生物社会性，人的发展是生物因素和社会因素交互作用的结果。我们不能排除生物因素来看待性格的形成和发展，也不能排除社会因素来看待人的气质。不过，为了研究工作的需要，把气质和性格适当加以区分还是有必要的。

五、认知风格与人格

人格差异不仅表现在气质和性格上，而且还表现在认知风格上。在认知过程中，有的人谨慎仔细，有的人粗心大意；有的人被动依赖，有的人主动独立。认知风格（cognitive style）也称为认知方式，是指个体在认知过程中所表现出来的习惯化的行为模式。认知风格与智力无相关或相关不显著（Riding & Pearson，1994；Riding & Agrell，1997），大多是自幼所养成的在知觉、记忆、问题解决过程的态度和表达方式。认知风格是认知过程中的个体差异，是一个过程变量而非内容变量，它具有跨时间的稳定性和跨情境的一致性，并且具有两极性和价值中性等特点。认知风格种类繁多，如场独立型和场依存型、思索型和冲动型、整体型和分析型。

场独立型和场依存型，是威特金等（Witkin，1949）在垂直视知觉的一系列研究中所发现的认知风格上的个体差异。这种差异主要表现在人们在知觉外部环境（“场”）时所依据的参照点的不同上。场独立型（field independent style）者在认知信息加工中倾向于依据个人的内部参照，自我与非我的心理分化程度高，对他人提供的社会线索不敏感，行为是非社会定向的。而场依存型（field dependent style）者在认知加工信息中倾向于依据外在参照，自我与非我的心理分化程度低，对他人提供的社会线索敏感，优先注意自己所处的社会人际关系。用镶嵌图形测验（Embedded Figures Test）可以有效地测量出场独立型和场依存型的人格差异。测验图形是由一种比较复杂的图形构成的，其中隐藏着一个简单的图形（见图16–1）。测验时，要求被试迅速地从复杂图形中找出简单的图形。场独立型者认知重构能力强，在认知中具有优势；场依存型者社会技能高，在人际交往中具有优势。场独立型者较善于解决需要灵活思维的问题，善于抓住问题的关键，灵活地运用已有的知识来解决问题；场依存型者在解决熟悉的问题时，不会发生困难，但让他们运用已有的知识去解决没有遇到过的问题时，往往难以应付，缺乏灵活性。在学习兴趣和职业兴趣上，场独立型的学生在未来职业的选择上喜欢从事理论研究、工程建筑、航空及艺术等工作，而场依存型的学生则喜欢社会定向的学科与职业。

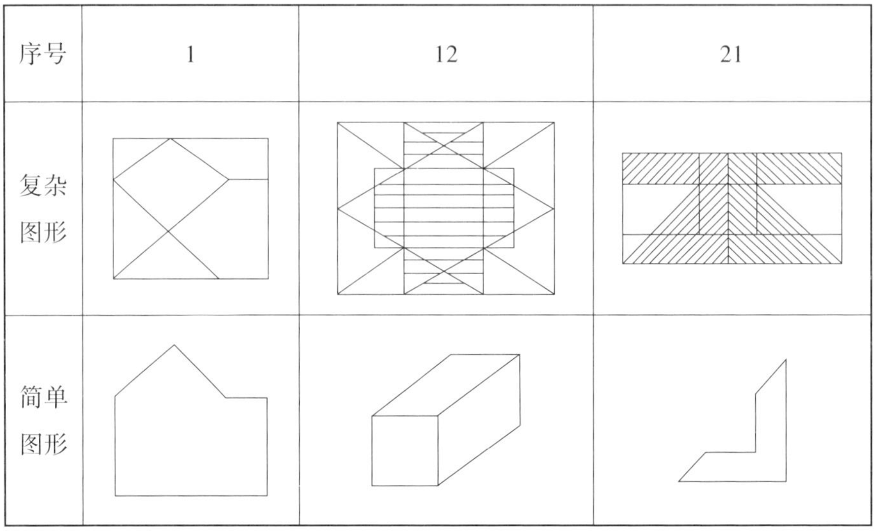

图16-1　镶嵌图形测验图例

思索型和冲动型，是卡根等(Kangan, Rosman, Day & Phillips, 1964)提出来的两个概念。用匹配熟悉图形测验(Matching Familiar Figure Test)来测定，即给被试呈现六张看上去一样但相互之间有极微小差异的图形，同时又呈现一张标准图形，让被试从六张图形中选出和标准图形完全相同的那张来。很多研究表明，冲动型(impulsive style)被试对各种可能的选择做一个简略审视后便立即做出决定，解答问题快，往往会出现较多的错误。思索型(reflective style)被试注重答案的正确性，在做出反应前深思熟虑，认真思考所有可能的选择，解答问题慢，犯错误较少。古洛(Gullo, 1988)的研究表明，冲动型和思索型儿童之间的差异似乎源自对错误的关注或焦虑。冲动型儿童把反应速度视为反映能力的一个主要指标，而思索型儿童则把正确性视为反映能力的一个主要指标。这种关注点的不同，也反映了被试对自己能力评判敏感性上的差异。

整体型与分析型，是由帕斯克和斯科特(Pask & Scott, 1972)提出的两种认知倾向。整体型(Wholist style)者倾向于用整体性的“假设—引导”策略对认知任务做出反应，分析型(analytic style)者则倾向于用“材料—引导”、逐步加工的集中策略做出反应。整体型认知者主要以一种整体性、主题式的方法进行认知和全面地概括描述。他们常常在同一时间内关注主题的几个方面，在几种不同的思维水平上同时进行学习。相反，分析型认知者则主要以一种“操作”学习方法。他们较关注细节、程序，常常以线性结构理解信息。逐步学习，建立清晰、易于识别的信息组块以用于联系主题中的概念和构成部分，是分析型者的典型认知特征。整体型和分析型认知风格者(Pask, 1976, 1984)反映在学习上的特征性差异，如表16-3所示。

表16-3　整体型—分析型的典型特征

整体型	分析型
自上而下的加工者	自下而上的加工者
整体的学习方法	局部的学习方法
同时加工	线性加工
瞬间跨越各种水平	逐步学习
理论和实践相互关联	分别是学习不同的方面
指向理解	指向细节
理解性的学习偏差	操作性的学习偏差
把概念与先前的经验联系在一起	在概念内部把特征联系在一起
构建概括的描述	构建狭窄的操作程序
低辨别技能	高辨别技能

六、人格理论

人格理论(personality theory)是心理学家用来解释人格的一套假设系统或参考框架。

人格理论肩负着的主要任务是:(1)人性的本质是什么？对所有的人来说,在哪些方面是相同的,以及相同的程度如何？例如,人天生就有攻击性吗?(2)人与人有什么不同,人们之间的差异表现在哪些方面？例如,人们在社会性上的个体差异有哪些主要维度？(3)如何解释人与人之间的相同性和差异性,即如何把生物学的、认知的、情感的、学习的、发展的和社会的研究成果整合起来对一个现实的人进行描述和解释？在人格心理学中主要的大理论有精神分析论、人本论、特质论和学习论。由于人格问题的复杂性以及人格心理学家研究取向的不同,这四种主要研究取向的人格理论都各有其优缺点。每一种研究取向的人格理论都能为我们提供观察人格的一条途径。我们应博采众长,加以综合,从而达到对人格有一种较完整的认识。

第二节　人格精神分析论与人本论

精神分析论与人本论都对人的活动的动力进行了探讨,但他们对什么是人的活动的动力理解却截然不同。

一、人格的精神分析论

精神分析(psychoanalysis)是奥地利精神病学家弗洛伊德根据其多年对精神病人的诊断、治疗和病理研究而在20世纪初提出的心理治疗和解释人性的系统理论。他认为,要理解人格必须探寻人格的潜意识领域。自从弗洛伊德提出他的人格理论以来,后继者们一直在修正他的理论。下面将概要地介绍弗洛伊德的人格理论、荣格的人格结构论以及弗洛姆(Erich Fromm,1900-1980)的人格类型论。

(一)弗洛伊德的经典精神分析论

弗洛伊德的精神分析体系庞大,包罗万象。他的人格理论强调人是受潜意识本能驱动的,幼年生活经验决定个人今后的命运。这个以潜意识本能驱力为中心概念而建立起来的理论,也被称为精神动力学理论(psychodynamic theory)。

1.人格结构

弗洛伊德把人格看作是一个由本我、自我和超我三个心理结构组成的动力系统。人的大多数行为都是由本我、自我和超我共同活动的结果。

本我(id)是唯一与生俱来的人格结构,由生物本能和欲望组成。本我遵循快乐原则行事,而不顾及任何生理上或社会性的限制,并要求立即得到满足。当婴儿看见他想要的东西时,不论这东西是否是别人的或可能有害的,他会不顾一切要得到它。即使长大成人了,这样的"反射动作"也不会消失。本我为人格的活动提供能量,这种能量称为力比多(libido),它源自人的生的本能。本我的冲动都是潜意识的,是我们知觉不到的(见图16-2)。

在新生儿与外部世界互动的头两年,人格结构的第二个部分自我(ego)逐渐发展起来。自我遵循现实原则行动。即是说,自我的任务是在衡量现实的条件下,满足本我的冲动。由于本我冲动通常不为社会所允许。所以自我的工作就是把这些冲动保留在潜意识中。自我不同于本我,能自由地运作于知觉到的意识、前意识和潜意识之中(见热点问题讨论16-1)。

当儿童成长到5岁左右,人格结构的第三部分超我(superego)开始形成。超我所代表的是社会要求,特别是来自于父母的价值和标准。超我的一部分称为良心,是个人的道德标准。当个人的行为违反了这种标准时,便会受到良心的责备而感到内疚。超我的另一部分称为自我理想,是个人在幼年时受到父母赞扬或奖赏的那些行为。自我理想是个人的目标和抱负的源泉,当达到这种标准时就会为此而感到自豪。在弗洛伊德看来,一个缺乏控制力的超我可能使一个人成为不良少年、罪犯,或具有反社会人格,而一个过度严格的超我则可能使人产生压抑感或难以承受的内疚感。

人格结构的三部分常常处在相抗衡的状态之中。健康人的自我会防止本我和超我过分操纵其人格，自我的目的是找到一条途径同时能满足本我和超我的需求。不过，这往往是相当困难的。人的潜意识是人格三部分的战场。自我既要与现实保持联系，同时又要协调人格的其余两部分的要求。

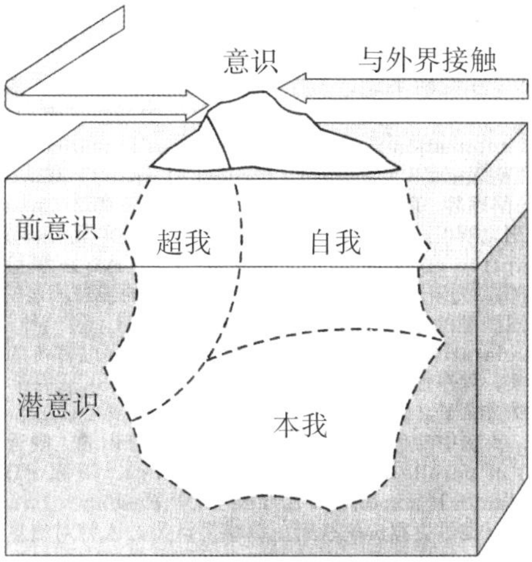

图16-2 弗洛伊德理论的人格结构图示

〖热点问题讨论16-1〗探索潜意识

根据对歇斯底里病人的观察和对梦、失误及笑话等现象的分析，弗洛伊德最初以地形学的观点将心理划分为三个成分或"系统"，分别称之为意识、前意识和潜意识(Freud，1901/2004)。大约经过二十多年后他却对这个理论做了很大的修正，由心理地形学的分析转向心理机能的分析(Freud，1940/2004)。与以往三种储存结构的主张不同，新观点假定有三种不同类型的心理活动，即本我、自我和超我。本我是各种本能的集结地，完全是潜意识的。自我与超我是部分潜意识的(见图16-2)。对于潜意识问题，他主张用自由联想的方法来探寻。所谓自由联想就是要求病人完全放松，说出脑海中浮现出的任何东西，不论这些内容多么猥亵、零碎、缺乏逻辑，甚至令人不堪忍受。弗洛伊德认为从这些内容的蛛丝马迹中可以探察到病人遥远过去的潜意识。由于缺乏科学实验的验证，他的潜意识理论一直备受质疑。

随着认知科学的兴起，对这种觉察不到的潜意识信息加工研究越来越受到重视。例如，有研究报道过一例枕叶纹状皮质大面积受损的病人，虽然他报告说看不见东西，但能够对某些视觉刺激做出适当的反应(Weiskrantz，1986)。类似地，枕叶与颞叶中央部位双侧受损的病人虽不能将先前见过的面孔再认为是熟悉的，但病人仍能对新旧面孔做出不同的行为反应。这类现象称为内隐知觉，是指个体对事件没有意识知觉却出现了归因于对该事件知觉的行为变化(Tranel & Damasio，1985)。又如，雷伯在实验中使用人工语法

(即字母串的建构有一定的规则),要求被试看一组(可能有)20个合乎语法的字母串(如PVPXVPS或PTTTVPS)后,让他从一组新的字母串(其中一些如PTTTTVPS合乎语法,另一些则不符合如PTVPXVSP)进行辨别。结果发现,被试正确区分出这两者的概率高于随机水平,但没有人能完整准确地说出他们从这一研究系列中清楚地归纳出的语法规则。这种现象称为内隐学习。由于有内隐知觉、内隐学习等许多研究成果的出现,有人甚至认为我们大脑的所有活动,能意识到的只是很有限的,而潜意识学习的能力却是很强的(Kihlstrom, 1990)。

但是,信息加工心理学对内隐认知研究的观点与弗洛伊德的"冰山"观是完全不同的。弗洛伊德所谓的潜意识是澎湃的激情和被禁止而遭压抑的力必多,而认知心理学家则把人们未被意识到的心理现象视为一种冷信息加工。当前认知心理学家对潜意识的研究涉及下列主题:

·个体知觉和理解的自动加工;

·未被意识到的刺激所产生的启动效应;

·割裂脑病人在右半脑活动时促使左手执行命令,但病人却无法用语言表达这些命令;

·视觉和思维的各种平行加工;

·无意回忆的内隐记忆,甚至出现在遗忘症患者身上;

·先于意识分析、即刻激发的情绪即内隐情绪;

·对社会性的内隐认知。

2.人格动力

弗洛伊德把人看成是一个复杂的能量系统。该系统的能量源泉均来自本我。力必多的活动是潜意识的、非理性的,并寻求立即求得满足,求得快乐。因而不可避免地与超我发生冲突而引起焦虑。为了减少焦虑,自我就发展出一套防卫机制(defense mechanism),其目的是防卫自己,以减少因超我与本我的冲突所产生的焦虑。因此防卫机制也称为自我防卫机制。自我防卫机制种类很多,主要有:(1)压抑(repression),指在心理上把起自本我但不为社会允许的欲念压抑到潜意识之中而不让它出现在意识中;(2)否认(denial),指在心理上不承认已发生的事实;(3)投射(projection),指将自己不为社会接纳的欲念加在他人头上;(4)合理化(rationalization),指对自己不合理的行为加以扭曲,给出合理的解释,如"酸葡萄心理";(5)转移(displacement),指需要无法直接得到满足,而转移目标,以间接的方式加以满足;(6)反向作用(reaction formation),指行为上的表现恰与内心隐藏的欲望相反,如我们骂有的人为"伪君子",就是指这种反向作用的行为表现;(7)补偿(compensation),指发展个人其他方面的长处来弥补已有的缺陷;(8)升华(sublimation),指将不为社会允许的欲望转化为符合社会要求的行为方式而表现出来。防卫机制虽然是由个人的自我在使用,却是潜意识的,个人并不觉知,并且大多数防卫机制是偏离现实甚至扭曲现实的。因此,如果过分地使用防卫机制就会导致心理疾病。

3.人格发展

弗洛伊德认为,儿童从出生到成年要经历几个先后有序的发展阶段,每一个阶段都有一个特殊的区域成为力比多的兴奋和满足中心,此区域称为性感区(erogenous zone)。据此,弗洛伊德把心理性欲发展划分为口腔期、肛门期、性器期、潜伏期、生殖期五个阶段。儿童在这些阶段中获得的各种经验决定了他们成年后的人格特征。

(1)口腔期(oral stage)。0~1岁,婴儿的活动大部分以口腔为主,诸如吸吮、咬、吞咽等,口腔便成为快感的中心。口腔期有两类行为反应:口腔摄入行为和口腔攻击行为(咬人或吐出)。如果婴儿口腔被过度满足,其成年口腔性格将会倾向于不寻常的乐观和依赖,称为口腔依赖型人格。其特点是习惯于被动地接受他人的关注、礼物、爱情。如果婴儿口腔受到过度限制,其成人性格倾向于悲观、充满敌意和攻击性,称为口腔攻击型人格。其特点是以叫喊、咒骂或攻击等表达对他人的敌意。

(2)肛门期(anal stage)。2~3岁,肛门一带成为幼儿的快感中心。如果对幼儿的排便训练不顺利——幼儿学习有困难或父母要求太过分,幼儿将以两种方式之一来反应。一是在父母所不准许的任何时间和地点排便以反抗父母规律排便的企图,成人后便形成肛门攻击型人格。其特点是冷酷、破坏性、龌龊。二是幼儿以克制或保留住粪便在体内,这种行为将发展出肛门滞留型人格。其特点是守秩序、爱清洁、固执、吝啬,有强迫行为倾向。

(3)性器期(phallic stage)。4~5岁,性器官成为儿童获得快感的中心。这时儿童以不同性别的父母为潜意识的性欲望,想要取代或毁灭同性别的父母并取而代之,即弗洛伊德所谓的恋父情结和恋母情结(Oedipus complex)。男孩企图杀父娶母,但又害怕被父亲阉割,这种阉割焦虑使他放弃对母亲的性欲求而转向对父亲的认同。男性的性器期性格是急躁、爱虚荣、自负。女孩因无阴茎而产生阴茎妒羡,恋父情结永远不可能彻底解决,她们的固有自卑表现为夸大女性气质并利用自己的天赋与魅力去占有男性。

以上三个心理性欲阶段称为前生殖阶段。弗洛伊德认为,成年人格实际上是在人生的第五年就已经形成。

(4)潜伏期(latent stage)。6~12岁,这一阶段力必多处于休眠状态。儿童将上一阶段以父或母为对象的性冲动暂时升华为学校里的学习、体育、歌舞以及与同性别伙伴发展友谊,这种现象持续到青春期才会发生改变。

(5)生殖期(genital stage)。从青春期开始,这是心理性欲发展的最后阶段。弗洛伊德认为这一阶段性欲冲突强度不如前几个阶段大。但社会的约束力和禁忌仍然关注着性欲的表现,青少年也必须遵守。青少年的性欲冲突可通过升华而降低。在稍后的成人期,个体可通过与一个异性的人彼此承诺关系而得到满足。

弗洛伊德的人格理论第一次提出个人的早期经验对人格形成的重要作用,提出婴幼儿期的喂养、大小便训练和性经验在人格形成中所扮演的重要角色,开创性地提出人格发展过程可按阶段划分等观点,对后来的人格研究影响很大。但是,后来的心理学家并不完全信奉他的理论。这个理论有不少错误的观点。例如,弗洛伊德认为潜伏期是心理性欲发展中的一段静止时期,对人格发展不重要,这种观点是很难让人接受的。更主要的是弗洛伊德的许多观点模棱两可,无法得到科学的验证。

(二)荣格的人格结构论

在弗洛伊德原来的精神分析研究群体中,最令人痛苦的"变节者"莫过于荣格(Carl Jung,1875-1961)。荣格曾被弗洛伊德任命为第一届国际精神分析学会的主席。但由于一直不赞同弗洛伊德的基本观点,他辞职退出学会并另立学派。在荣格的人格理论中,其人格结构论颇具特色。

在荣格看来,人格(心灵),是由自我、个人潜意识和集体潜意识几个互相影响的系统所组成。

1.自我

自我(ego)是有意识的心智,是心灵中关于认知、感觉、思考以及记忆的那部分。荣格认为,我们的意识有一组对立的精神态度:内向性(introversion)和外向性(extraversion)。内向的特征是指向个人内在的思考和感受。外向的特征是指向对他人及外部世界的思考和感受。每个人都具有这两种态度,但是只有其中的一种会成为人格的主宰。主宰性的态度会指导个人的行为与意识。同时我们还有四种心灵的功能:思维(thinking)、情感(feeling)、感觉(sensing)以及直觉(intuiting)。这四种心灵功能与两种精神态度的交互作用便形成了八种人格类型:(1)思维外向型(其生活严守社会规范,客观冷静,善于思考但固执己见,感情受压抑);(2)情感外向型(易动感情,思维受压抑);(3)感觉外向型(寻求享乐与刺激,直觉受压抑);)(4)直觉外向型(凭预感办事,喜怒无常,富于创造,感觉受压抑);(5)思维内向型(沉溺于玄想,离群索居,情感受压抑);(6)情感内向型(情感深藏内心,沉默寡言,态度冷淡,压抑理性思考);(7)感觉内向型(对外部世界缺乏兴趣,显得被动、平静);(8)直觉内向型(喜欢做白日梦,常和现实相脱节)。

自我,作为人格的意识层次,包含着这些态度、功能以及人格类型,对描述人类的人格有重要的意义。但荣格认为,意识层次不过是人格结构里最上层的部分,而潜意识扮演着相对重要的角色。

2.个人潜意识

个人潜意识(personal unconscious)是心灵中曾经被意识到,但又被压抑或遗忘,或在一开始就没有形成有意识的印象所构成。它类似于弗洛伊德的前意识。自我与个人潜意识之间有着双向的交流方式。像各种经验档案一样可以存放在我们个人潜意识中,也可以把它拿出来检阅一番,再把它放回去。

当我们在个人潜意识里存放越来越多的经验后,我们开始把它们组合起来,这就是荣格所谓的情结。情结(complex)就是随着一个共同主题所组织起来的情绪、记忆、知觉以及欲求的模式和核心。情结一旦形成,它会脱离意识的控制,但是它可以介入或影响意识。一个被情结占据的人,自己并不知道其影响,然而别人可以轻易地看到情结作用的效果。情结不一定只来自于我们的童年与成年经验,也可能是来自于我们祖先遗留下来的记忆,那些包含在集体潜意识里的种族遗产。

3.集体潜意识

人格中最深、最不易碰触到的层次是集体潜意识(collective unconscious)。在荣格看来,如同我们每个人在个人潜意识里积累并存放所有个人记忆的档案那样,同样人类集体作为一个种族,也在集体潜意识里存放着人类和前人类物种的经验。为了证明集体潜意识,荣格阅读了大量的神话与史诗,发现在世界上不同地区的文化均反复出现共同的主题和符号。他把这些共同的符号和主题称为原型。原型(archetypes)是指包含在集体潜意识之中的普遍共同经验的形象。有许多种不同类型的原型,这些原型也就烙印在我们的人格上。对人格产生持久影响的原型主要有人格面具、阿尼玛与阿尼姆斯、阴影以及统我。

人格面具(persona)是个人在面对公众之时,用以表现自己的面貌,但与真实面貌不太相同的外表。荣格认为,人格面具是必须的,因为我们总是被迫要扮演多种角色,在与许多不同的人相处时,都能适宜得体。人格面具有利也有弊。我们或许会相信人格面具反应了我们的真正本质。由于扮演一个角色,我们还可能会变成那个角色,甚至不再认同于个人真正的本质,导致一种人格面具膨胀而自欺欺人。阿尼玛(anima)是指男性人格里的女性气质。阿尼姆斯(animus)是指女性人格里的男性气质。荣格认为,这些相对性别的气质有助于我们调节种族的存活与发展,因为它能让一种性别的人得以了解到异性的本质,并能喜爱异性,指导着我们对待异性的行为。

荣格提出的最神秘的原型叫阴影(shadow)。它包含基本的、原始的动物本能,位于所有原型的最深层。被社会认为是邪恶与猥亵的行为都包含在阴影里。要是人们想要和谐地生活在一起,就必须要对这个人性中黑暗面加以克制,否则就会受到社会的惩罚。因为它是一切邪恶的来源。如果完全压制了阴影,人格就会变得毫无生气,因为这也就压制了创造力。因此自我一方面要能够压制动物的本能,同时又要让本能得到足够的抒发,以便提供创造力与活力。

统我(self)是一个联合性、整合性地协调全部人格的原型。它包含将人格中所有的部分联在一起,并使其达到平衡,同时还联系意识与潜意识这两个层面使之达到平衡。荣格认为,统我总是面向未来,追寻一个目标,却不一定会成功。统我是一种动机的力量,是在前方拉动我们前进的力量。只有在心灵的其他结构都已经发展成熟之后,统我这个原型才会浮现。荣格认为这通常发生在中年期,因为只有到了中年期,个体才会有未来的目标与计划未来的能力。

(三)弗洛姆的人格类型理论

德裔美籍精神分析家弗洛姆(Erich Fromm,1900-1980)也反对弗洛伊德的本能论和泛性论,他从社会文化的角度提出人格分类的理论,即把人格区分为接纳型、剥削型、囤积型、市场型以及生产型。

接纳型(receptive orientation)的人以被动、屈从、怯懦、贪婪、轻信和伤感为特征。他们总想从他人那里获得他们想要的东西,如爱、知识、欢乐等。其人生格言是"一切依赖他人"。没有他人的帮助,他们连最简单的事情也不能做。

剥削型(exploitative orientation)的人以敌意、挑衅、利己、强占、窃取、粗鲁和傲慢为特征。他们以强力或诡计来获取自己想要的东西。其人生信条是"获取我们所需要的"。

囤积型(hoarding orientation)的人以吝啬、多疑、迂腐、顽固、懒惰和占有为特征。他们从储存或囤积中获得安全感,视消费为威胁。其人生格言是"世上没有新东西"。

市场型(marketing orientation)的人以投机、应变、空想、虚无、冷漠和浪费为特征。他们把自己当作可出售的商品,将人格等同于货物。其人生信条是"买卖主义至高无上"。

生产型(productive orientation)的人以独立、自主、完整、自发、爱和创造为特征。他们能运用自身的力量去实现自己的潜能,能把自己与他人、与宇宙融为一体,能体验到生活的幸福和人生的意义。生产型人格是人类发展的最佳状态。

二、人格的人本论

人本主义取向的人格理论既反对弗洛伊德对人格解释中强调本能和潜意识驱力的观点，认为人具有先天善良的本性，并寻求自身潜能的实现，又反对行为主义把人类的特点视为机械的反应模式，强调自我概念的重要性，认为人具有自由选择的创造力。马斯洛与罗杰斯的研究是这一研究取向的代表。

（一）马斯洛的人格理论

1.自我实现

马斯洛开创的人格理论，实际上是建立在需要层次论基础上的。他把人类的需要分为七个层次：低层次的四种需要（生理需要、安全需要、归属需要、自尊需要）为基本需要，高层次的三种需要（认知需要、审美需要、自我实现需要）为成长需要。后来，他又将认知需要、审美需要归入自我实现需要，形成五种需要的层次结构（见图5-3）。马斯洛认为人生来就具有趋向健康成长从而发挥其潜力的内在动力。每个个体的这种内在动力就是他的成长动机。但在个体成长过程中，其成长动机是一个寻求多个层次满足的过程。当个体获得四种基本需要满足之后，才会出现高层次的自我实现的需要。自我实现是成长的动力和目的。所谓自我实现（self-actualization）是指个体生来俱有的内在潜能在成长过程中得到充分的展现。

马斯洛通过对伟大的科学家、政治家等著名人物如爱因斯坦、赫胥黎、贝多芬、林肯、罗斯福、亚当斯等人的研究，得出结论认为自我实现者具有下列15种人格特征：(1)能准确地知觉现实；(2)悦纳自己、他人和周围世界；(3)能自然地表达自己的情绪和思想；(4)超越以自我为中心，而以问题为中心；(5)具有超然独立的性格；(6)对于自然条件和文化环境的自主性；(7)对平凡的事物不觉厌烦，对日常生活永感新鲜；(8)具有高峰经验；(9)爱人类并有帮助人类的真诚愿望；(10)有至深的知交，有亲密、温暖的家人；(11)有民主的性格，能尊重他人的人格；(12)道德标准明确，能区分手段与目的，绝不为达到目的而不择手段；(13)具有哲理的、善意的幽默感；(14)具有旺盛的创造力，不墨守成规；(15)对现有文化更具批判精神。马斯洛发现，成功并不是名人的专利，不论是木工、职员、学生和家庭妇女，都能够使自己生活美满、充实，并具有创造性，使个人的潜能得到充分的发挥。

自我实现实际上是一个模糊的概念，马斯洛（Maslow，1970/1987）也承认，对人类本性的最高顶点以及它的最终可能性与愿望的探索是一项艰难而又曲折的任务。勒克莱尔等（Leclerc et al.，1998）通过对专家的调查表明，自我实现常常被视为是一种过程，而不是一种状态。它是一种成长的过程,是一种逐渐实现自我潜力的过程,而不是个人成长的终点。

那么,怎样才能达成自我实现呢?马斯洛认为,自我实现是一个过程,而不是终点。每个人的自我实现都取决于自己的不断努力、自我要求和耐心。他指出,潜能的充分开发,通向自我实现的途径是(Maslow,1967):(1)像儿童那样专心致志地体验生活;(2)学会检查自己的动机,在面临选择时,要选择成长,不要选择倒退;(3)用自己的感觉去判断经验,而不是听从传统、权威或多数人的意见;(4)要诚实,不要虚假或耍花招;(5)敢于面对真实的自我,做好与众不同的心理准备;(6)融入事业,而不是关注个人的利益;(7)运用成功的体验,如果曾有成功的体验应有意识地重复这种体验;(8)对自己的发展进行评价,要善于识别并有勇气放弃自己的防卫心理,揭去压抑和遮蔽生命的层层屏障。

2.高峰体验

马斯洛把许多人体验到自我实现时的瞬间经验称为高峰体验(peak experience)。高峰体验的特点是幸福感和成就感,是一种短暂的、自己与所有事物和谐一致的、非自我中心的完美和达到目标的状态。这种心灵上的满足与完美的体验,只有真正的自我实现者才会体验得到。但高峰状态有不同的强度,包括各种不同的活动,如创造活动、欣赏大自然、与朋友的亲密关系、做父母的经历、对艺术的感受或体育运动。马斯洛曾让许多大学生描述自己经历过的那种接近顶峰状态的体验,然后对他们的反应做了概括。大学生们谈到他们体验到和谐、完美、活力、独特、自发、满足以及真、善、美的价值。看来,用口头报告法对高峰体验这种主观的心理现象还是可以加以研究的。

(二)罗杰斯的人格理论

1.自我概念

罗杰斯以其提出的来访者中心疗法以及关于人格及其发展的理论而闻名。在他的人格理论中,核心的概念是自我(self)(参见热点问题讨论16-2)或自我概念(self-concept),他经常交替使用这两个术语。自我概念包含了"我"("I"或"me")为特征的所有观念、知觉和价值,还包含"我是什么"或"我能做什么"的知觉。自我概念反过来又影响着个人对周围环境以及对自己行为的知觉。罗杰斯认为,个人总是以自我概念来评价每一个经验,使这些经验和感受与自我概念相和谐。这种在个人的自我概念中没有心理冲突的现象称为自我和谐(self congruence),个人在一生中都在维护自我与经验之间的和谐。如果个人的经验和感受与自我概念不和谐,个人就会感到威胁,并且不让这些经验进入意识,以对事实的否认来保护自己。如果自我很不和谐,个人的防卫便会崩溃,并导致严重的焦虑或其他形式的情绪困扰。而适应良好的人,通常都有与其经验感受相和谐的自我概念。他们的自我概念不是僵化的,而是灵活的,并随着吸收新的经验和新的思想而变化。

罗杰斯认为,自我不和谐有两种情况。一种情况是理想自我与现实自我之间的不和谐。理想自我(ideal self)指个人希望自己成为什么样的人,现实自我(real self)指个人认为自己是个什么样的人。例如,一个大学生的理想自我才高八斗、才华盖世,但他的现实自我是成绩很差、经常考试不及格、觉得被别人看不起。如果这位大学生的理想自我与现实自我之间的不和谐进一步加剧或持续下去就有可能出现严重的心理障碍。罗杰斯认为,现实自我与理想自我不可能完全和谐。但个人在努力达到理想自我的过程中,如果能诚实地接受有关自我的信息,就能最大限度地发挥自己的潜能,逐步减少这种不和谐。个人的现实自我与理想自我越和谐,其情绪就越稳定越自信,朋友也越多,心理就越健康。

另一种自我不和谐的情况是在有条件积极关注下所获得的评价性经验与自己的直接经验不一致。例如,一位中学生对自己的直接经验是自己对舞蹈十分爱好,但他的父母却认为他有数理方面的才能,为此他要放弃对舞蹈的爱好。显然,他在做一件扭曲真实自我的事。因此,他在心理上总是不平衡。即使将此事排除于自己的意识之外,但此事仍会在潜意识中存在。在罗杰斯看来,个人在成长过程中所遇到的有条件的积极关注下所获得的评价性经验是造成自我不和谐的一个重要原因。

2. 自我发展

罗杰斯认为,自我是发展的,不是与生俱来的。新生儿不知道他的身体是他自己的一部分,因而有可能去咬自己的脚趾,并奇怪为什么会疼。随着儿童掌握"我"这个词,产生"我"的特征知觉,对"我"与其他人和"我"与生活其他方面关系的知觉,从而产生出自我。这时,个体才能把他的自我作为意识到的不同对象来反思。自我的形成和发展有赖于个体和环境互动的许多因素。(1)正向关怀的需要。所谓正向关怀的需要(need for positive regard)是指个人在生活中得到有关他人的温暖、同情、关心、尊敬和认可等情感的需要。这种需要是如此的强烈,以致儿童为了获得满足而牺牲其他事情。父母的爱、关心和赞扬,使儿童的正向关怀需要得到满足,儿童因此而发展出正向的自我关怀,即对自己的好感。父母对孩子正向关怀的程度,在相当程度上反映出儿童自我接受的程度。(2)价值的条件。在寻求正向关怀的过程中,儿童经常尝试着做一些事情,并渐渐了解到有些事情他们是可以做的,而有些事情是不许做的。通常,大多数父母总是赞许儿童的好行为,对好的行为给予正向关怀;不赞许儿童做的不好行为(如打自己的妹妹或把尿撒在地毯上等),对不好的行为不给予正向关怀。这样,儿童便了解到要想得到正向关怀的条件,这就是罗杰斯所谓的价值的条件(conditions of worth),即个人体验到正向关怀的条件。一旦这些价值的条件被儿童内化，便成为儿童的自我概念的一部分，它们便起着指导儿童行为的作用，甚至他们的父母不在身边时也起作用。(3)无条件的正向关怀。罗杰斯认为，每一个人都应当被爱、被认为是有价值的。所以做父母的应以言语或行为给予儿童无条件的正向关怀，也就是说，无论儿童做什么都应给予全部的、真正的爱。当然，罗杰斯也不认为对儿童的任何要求都应给予满足，并且也认为对待孩子应该有标准和训练。他强调的无条件的正向关怀是指对个人的价值和尊重在任何时候都应当放在首位。

人本论强调人性的向上、乐观方面，注重个人的独特性和自我的作用，向我们描述了一个向上、健康的人的人格，这是值得肯定的。但是人格的人本论也受到许多方面的质疑。例如，如果自我概念是决定行为的重要原因，那么是什么因素决定着个人特定的自我概念呢？自我概念又是怎样影响行为的呢？又如人本主义理论家所提出的许多概念如自我实现、无条件正向关怀等，怎样用科学的方法对它进行研究呢？人本论学者的研究对象是健康的大学生，这种研究结果能用来说明在社会、文化和经济等方面处于弱势的人们的人格吗？看来，这些问题都需要进一步研究。

〖热点问题讨论16-2〗探索自我

在西方心理学中对自我的关注起码可以追溯至威廉·詹姆斯(William James，1890)的《心理学原理》一书。该书用近100页的篇幅讨论这一主题。可是随着行为主义的兴起，“自我”在西方心理学中完全消失了。后来在人本主义心理学的推动下，对自我的研究逐渐增多。当前对自我的研究早超出人本心理学的范畴，已成为西方心理学中的一个最热门课题。每年都有大量的关于自尊、自我认同、自我意识、自我图式、自我监控等的新研究出现，自1967年以来，迄今约有超过15万篇论文问世。

在我国的心理学中，“自我”这个术语译自self和ego。self是一个纯英语词汇，原意为“同样的”或“同等的”；当应用于人类时，它意指一个独特的、持久的同一身份的我。ego一词源自拉丁语，原意是指一切精神活动都围绕其转的核心，是弗洛伊德将它引入心理学的，指的是主动的我。

自我的含义十分丰富，可以把它视为个人认识的对象，也可以把它视为个人行为的主宰者。对于自我这种很复杂的心理现象，我们可以把它看作是一个开放系统。这个开放系统又存在于更大的系统之中，它与个人的生物系统、环境系统(特别是社会环境系统)具有种种的联系，还可以从不同的维度对自我进行分析。

我们都有对自己的看法，詹姆斯用“经验自我”这个术语来表示人们对于他们自己的各种各样的看法。他将经验自我分为三个部分：物质自我、社会自我和精神自我。物质自我(material self)指的是真实的物体、人或地点，它可以分为身体自我和身体外自我。身体外自我是延伸的自我，我们对于自我的感知并不限于我们的身体，还包括其他人(我的孩子)、物(我的狗、我的汽车)、地方(我的家乡)等。一旦所有物成为自我的一部分,我们就会赋予其价值并利用其来提升正向的自尊感。社会自我(social self)指的是我们被他人如何看待和承认。可以区分出五种社会特性:私人关系(如丈夫、妻子)、种族或宗教(如亚裔美国人、基督徒)、政治倾向(如民主党人、和平主义者)、烙印群体(如酒鬼、罪犯),以及职业或爱好(如教授、艺术家)。个人的某些特性是归属特征(生来就有的,如儿子或女儿),其他是后天获得的(生活中学到的,如教授或学生)。每一种特性都伴随着一系列的期望和行为。个人的社会自我可能是和谐的,也可能是不和谐的。我们如何看待我们自己在很大程度上取决于我们所扮演的社会角色。精神自我(spiritual self)是指我们内部的心理自我。除了前述的真实物体、人或社会或社会角色之外,精神自我指所有被我们认为是我的心理属性,包括我们觉知到的能力、态度、情绪、兴趣、动机、意见、特质、愿望等。

从与他人的关系维度来看,可以把自我分为个体自我、关系自我和集体自我。个体自我是指一个人对自己的属性的认知和评价,如"我是男孩""我喜爱绘画""我动手操作能力强"等。关系自我是指个体对自己在人际关系中的角色、地位等的认知和评价,如"我是舅舅喜欢的女孩""我是李老师所看重的学生"等。而集体自我是个体对自己在集体中的角色、地位的认知和评价,如"我是地方戏剧团的经理""我在班上是最受欢迎的人"等。

从时间的维度可以将自我分析为过去自我、现在自我和将来自我。三者分别指个人对自己的过去、现在和将来在生理、心理、行为和社会特性方面的认知和评价,如说"我过去应当学好数学,但我放弃了,现在我正抓紧补上"(应该自我与现实自我),"童年时痛苦的我,现在变得更坚强了"(过去自我与现实自我),"我想成为优秀的歌唱家,我对自己现在所学的专业不满意"(理想自我与现实自我)。个人对自己的过去、现在和将来的认知、情感体验、意志行动可能是一致的,也可能是不一致的,不一致会使人感到惶惑或自我认同的怀疑。如果现实自我与理想自我差距很大,可能会导致心理疾病。

此外,还可以从其他维度对自我进行分析。例如,从个人活动领域维度可以将自我分为家庭自我、工作自我、学业自我等。可以从自立、自信、自尊、自强的角度对自我进行研究(黄希庭,2005)。可以从自我的生理机制(Cacioppo & Berntson, 2005)或自我发展的年龄特征以及对主体自我如自我监控、自我投入、自我图式等进行研究。

第三节 人格的特质论与学习论

本节介绍的两种人格理论是完全对立的。人格的特质论假设每个个体都有某些人格特质,要描述一个人的人格就必须了解个体在人格测量中的得分,了解他在多大程度上具有某一特质。而学习论认为人格是一个虚构的概念，把个体的人格视为其独特强化史的特殊产物，是环境影响下学习的结果，认为行为是由环境或情境决定的。

一、人格的特质论

（一）什么是特质

在日常生活中，我们经常用“诚信的”“虚伪的”“谨慎的”“易激动的”“聪明的”“乐观的”“自信的”等形容词来描述我们自己或其他人。当我们在这样做的时候，实际上就采用了与特质理论家相同的假设，这些形容词能使我们判定个体行为一致性的特点，并且据此可以预测个体在某一特殊情境中将怎样做出反应。这也就是特质理论家所讲的人格特质。但是，特质理论家与我们日常生活中对人格特质的理解是不同的。他们在研究人格时特别注重：(1)寻找能够描述人格各种特点的确切特质，这些特点要蕴含人类人格的各个层面；(2)编制出有信效度的人格特质测量工具；(3)探寻特质之间以及特质与具体行为之间的关系。

那么什么是特质理论家所讲的特质呢？根据特质理论家们的解释，特质主要具有以下一些性质。

(1)特质是真实存在于特定个体中的一种神经生理结构，而不是用来说明或解释我们行为的一种标签。

(2)特质决定或引导我们的行为。它并不只是对特定刺激所做出的反应，而是赋予我们去寻求合适刺激的动机，并与环境交互作用而产生行为。

(3)特质是一种可以明显加以辨别的特性。通过较长时间对行为的观察，从个人对相同或相似刺激的反应的一致性和稳定性上便可以推测出特质的存在。

(4)一种特质与其他特质之间是相对独立的。

(5)有与特质不一致的行为或习惯，但这并不证明特质不存在。

(6)特质可以用连续的尺度来加以测量。

看来，特质(trait)是指个人在大多数情境中表现出的相对稳定而持久的特性。

（二）特质的分类

特质是一种人格维度，不同的特质理论家依据不同标准对特质做过不同的分类。

1.奥尔波特的特质分类理论

特质论的提出是在20世纪30年代。人本主义心理学的创始人之一、美国心理学家奥尔波特(Gordon W. Allport,1897~1967)以个案研究法,从很多人的书信、日记、自传中,分析出各种具有代表性的人格特质。他认为特质是人格的基础,而人格特质是每个人以其生理为基础的一些持久不变的性格特征(Allport,1937)。

根据奥尔波特的理论,特质使行为具有一致性,这是因为它们将一个人对于各种刺激的反应联系并统一起来。特质可能作为一个中介变量,使一系列刺激和反应产生联系,而这些刺激和反应最初看起来可能彼此间几乎没有联系(见图16-3)。

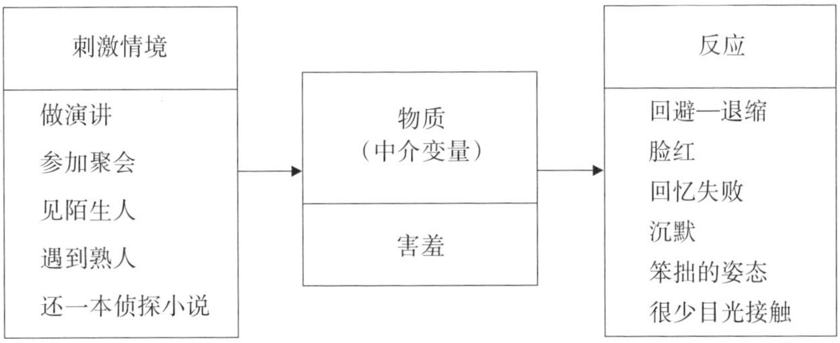

图16-3 害羞特质是一个中介变量

奥尔波特(Gordon Allport)首先把特质分为共同特质(common trait)和个人特质(individual trait)。共同特质是同一文化中人们可以相互比较的人格特质,是同一文化中许多个体都具有的那些特质。即使同一文化群体中人们有某种共同特质,但人们的得分有高有低。一个人独特的人格则主要是由个人特质决定的。

个人特质又分为首要特质、中心特质和次要特质。首要特质(cardinal trait)是一个人最基本的品质,渗透于个人的一切活动之中。从罗贯中在《三国演义》中对人物的生动描述中,我们可以看到诸葛亮、关羽、赵子龙、曹操分别代表了忠、义、勇、奸四种首要人格特质,这些首要特质渗透于他们生活的各个方面。根据奥尔波特的解释,首要特质渗透到个人生活的所有方面,并不是众人都具有的,而另外两种个人特质则是众人都具有的。

中心特质(central trait)是指一个人的人格的基本方面。它构成个人人格的核心部分。如果我们要求大学生们描述他所熟悉的某个人的特点,他们可能会说出5~7个特质形容词,如用自信的、聪明的、勤奋的、成熟的、敏感的、易冲动的等形容词加以描述。这里所作出的描述便是这个人的中心特质,用这些中心特质便可以揭示一个人的人格。

次要特质(secondary trait)是指一个人的一些表面的特点并且不一定是很稳定的,相当于习惯和态度,如食物偏好、对音乐品位的态度等。因此,在描述一个人的时候,使用次要特质的数量可多可少。

2. 卡特尔的特质分类理论

奥尔波特和奥波特(Allport & Odbert, 1936)通过对字典的检索,发现在英语中有超过18000个形容词被用来描述个体的差异。自那以后,研究者一直试图在浩如烟海的特质词汇中确定基本的维度。他们希望弄清有多少维度存在,哪些维度有助于心理学家给出一个对于所有个体都可用的、普遍的特征。美国心理学家卡特尔(Raymond B. Cattell, 1905-1998)认为,仅仅依据特质词对人格进行分类是远远不够的。要深入探索人格就必须要了解这些特质是怎样相互联系并组织起来的。他把人格的"可见部分"称为表面特质(surface trait),并由此进行深入的研究。卡特尔通过问卷调查、直接观察和履历研究等所获得的表面特质的数据进行因素分析,结果发现一些经常同时出现的表面特质词具有同源性,反映出具有某种更为基本的特质。他把这类更为基本的人格特质称为潜源特质(source trait)。

卡特尔提出的潜源特质与奥尔波特的中心特质有相似之处,但也有重要的区别。区别在于后者使用主观分类法,对特质词进行分类而提出中心特质,前者使用因素分析法,通过对大量表面特质进行分析,而后得出了若干个潜源特质。通过因素分析,心理学家可以看到多个测量结果之间的相关情况,而分析中产生的相关模式被假定为反映着某种一般的潜在因素。最后,卡特尔找出了16种潜源特质,并编制出16种人格因素问卷(Sixteen Personality Factor Questionnaire,简称16PF),来测量人们的人格。这16种人格特质(或人格因素)包括:(1)服从性对支配性,(2)保守性对试验性,(3)情绪性对稳定性,(4)权宜性对真心实意,(5)直率对机灵,(6)团体志向对自负,(7)谦恭对武断,(8)低智力对高智力,(9)平静对忧虑,(10)注重实行对富于想象,(11)松弛对紧张,(12)缄默对开朗,(13)胆小对冒险,(14)清醒对听天由命,(15)坚强对柔弱,(16)信任对多疑。后来,不少心理学家对这个问卷做了很多研究,并把它应用于实际的人际测量之中。

3. 艾森克的人格维度

英国心理学家艾森克认为,可以借助于维度的概念来描述人格的个体差异,对人格的类型加以划分(Eysenck, 1947)。根据内倾—外倾和情绪稳定—不稳定这两个基本的人格维度,可以把人分成四种类型:稳定内倾型、稳定外倾型、不稳定内倾型和不稳定外倾型(Eysenck, 1970)。从图16-4,不难发现人格与四种传统气质类型的关联:稳定内倾型表现为温和、镇定、安宁、善于克制自己,相当于黏液汁;稳定外倾型表现为活泼、悠闲、开朗、富于反应,相当于多血质;不稳定内倾型表现为严峻、慈爱、文静、易焦虑,相当于抑郁质;不稳定外倾型表现为冲动、好斗、易激动等,相当于胆汁质。其中小圆圈代表四种传统的气质类型,大圆表示按两个维度区分出的四种气质类型的特征。另外,为了解释心理异常者的人格,艾森克又在内外向性和情绪稳定性两个维度之外,增加了第三个维度——精神病倾向(Eysenck,1975)。但这并非独立于原来的两个维度之外,而是相关的:个性内向而又情绪不稳定的人,其精神病倾向的可能性较高。

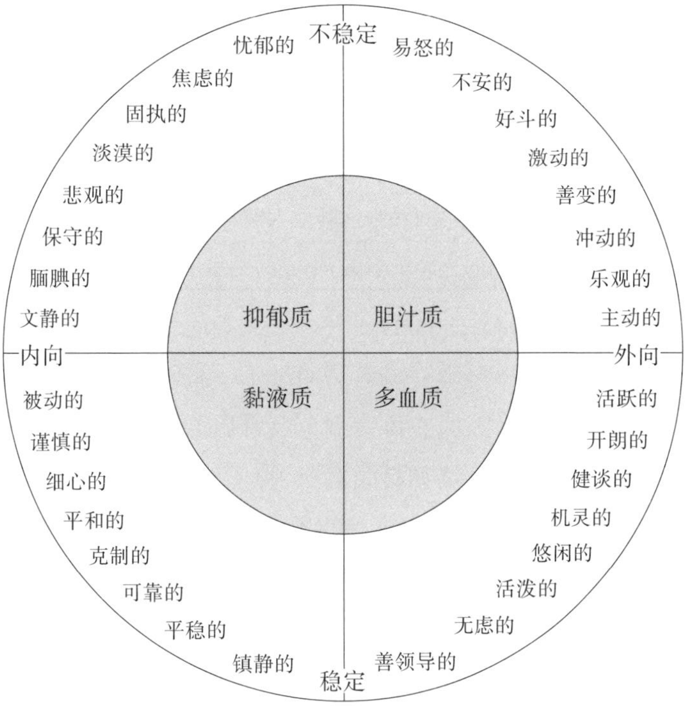

图16-4 艾森克的人格结构图示

4. 五因素模型

大五(Big Five)是这几十年最为流行的人格特质分类模型。卡特尔的16种人格因素似乎过于烦琐,而艾森克的外向性和情绪稳定性两个维度又似乎太简单。不少学者借助自然语言样本重新做了分析。图普斯和克里斯特尔(Tupes & Christal,1961)对8组不同的从只受过高中教育的空军士兵到一年级的研究生被试样本的相关矩阵进行了重新分析,这些数据包括同伴评定、导师和教师评定,以及经验丰富的临床医师的评定,结果发现有五个相对显著和稳定的因素,除此之外没有得到任何结果。以后不少学者对美国、德国、荷兰、英国、菲律宾等许多国家的被试加以研究都重复得到了五因素结构。这五个因素及其特质分别是情绪性(emotionality)、外向性(extraversion)、开放性(openness)、宜人性(agreeableness)和责任心(conscientiousness),如表16-4所示。恰好,这五个因素的头一个字母可以构成"OCEAN"一词,表示"人格的海洋"。这些因素之所以被称为"大五",不是说它们多么重大,而是强调这五个因素中的每一个因素都极其广泛。有的学者甚至认为,目前大五人格成了“人格心理学里通用的货币”(Funder,2001),是目前对人的基本特质最理想的描述(Ender & Speer,1998)。

表 16-4 “大五”人格因素

特质维度	子维度的两极
情绪性	平静—焦虑;安全—不安全;自我满意的—自我怜悯的
外向性	社交的—退缩的;爱玩闹的—冷静的;热情洋溢的—保守的
开放性	幻想的—实际的;喜好变化的—喜欢常规的;独立自主的—墨守成规的
宜人性	有同情心的—漠不关心的;信赖他人的—对他人疑心的;助人的—不合作的
责任心	有组织的—无组织的;细心的—粗心的;守纪律的—冲动的

改编自 McCrae & Costa(1986,p.1002)。

对人格结构的探寻,大五不是唯一或最后的结论。虽然较之于艾森克提出的人格维度,大五是扩展了,但两者关系密切,在维度划分及特质分布上有着复杂的交叉重叠。还有人认为应考虑再增加一些维度,诸如自我意识、男子气—女子气或正向—负向情绪等。目前对大五普适性的探讨仍在继续。(1)这些特质对哪一个年龄阶段都一样的稳定吗?有研究表明,成人的大五特质是相当稳定的。大学毕业后几十年里,某些倾向性(如情绪性、外向性、开放性)会有所减弱,而另一些倾向性(如宜人性和责任心)会增强(McCrae 等人,1999; Vaidya 等人,2002)。(2)这些特质在多大程度上是遗传的?有研究表明,各维度有50%或者更多一些是受遗传影响的(Loehlin 等人,1998)。(3)这些特质适用于其他文化背景下的人吗?答案是否定的(见热点问题讨论 16-3)。(4)大五人格特质能预测其他人格特征吗?虽然探索仍在进行,但大五的研究为特质心理学带来了活力,激起了人们对人格研究的热情。

〖热点问题讨论 16-3〗中国人的七因素模型和六因素模型

早期我国学者引进西方的人格测验工具来评鉴中国人的人格特质,结果发现用西方人格测验工具来评鉴中国人的人格会有文化偏差等难以克服的问题。从20世纪80年代开始,我国心理学家积极投入探索中国人人格结构的实证研究。有两支心理学家队伍经各自独立研究得出了中国人人格结构的七因素模型(杨国枢、王登峰,1999;王登峰、崔红,2004)和六因素模型(宋维真,张建新等,1993;张建新,周明洁,2006)。在七因素模型的基础上编制出了中国人人格量表(QZPS),在六因素模型的基础上编制出了中国人个性测量表(CPAI)。

表16-5 中国人人格结构的七因素模型及其子因素

因素名称	子因素
外向性	活跃、合群、乐观(如活跃、主动、积极、易沟通、轻松、温和、乐观和积极心态等)
善良	利他、诚信、重感情(如对人真诚、宽容、关心他人、诚信、正直、重感情等好人特点)
行事风格	严谨、自制、沉稳(如做事踏实认真、谨慎、思虑周密或做事浮躁、不切实际等)
才干	决断、坚韧、机敏(如能力、敢作敢为、坚持不懈、肯动脑筋或犹豫不决和回避困难等)
情绪性	耐性、爽直(如急躁、冲动,对情绪不加掩饰和难以控制或情绪稳定、平和等)
人际关系	宽和、热情(如待人友好、与人为善、乐于沟通或把人际交往看作是达到个人目的的手段、计较和拖沓等)
处世态度	自信、淡泊(如目标明确、坚定、追求卓越或安于现状、不思进取等)

表16-6 中国人人格结构的六因素模型及其子因素

因素名称	子因素
领导性	领导性、理智—情感、内—外向、开拓性
可靠性	责任感、情绪性、自卑—自信、务实性、乐观—悲观、严谨性、面子、内—外控制点、亲情
容纳性	阿Q精神、宽容—刻薄、自我—社会取向、老实—圆滑
人际关系性	传统—现代化、人情、纪律性、和谐、节俭-奢侈
开放性	新颖性、多样性、多元化思考、唯美感、容忍度、人际触觉
个人性	自我—社会取向、理智—情感、阿Q精神

二、人格的学习论

(一)人格是行为模式的集合

行为主义者是否认人格这个心理学概念的。操作条件作用理论创始人斯金纳认为人格是一个虚构的概念。他既反对精神分析论的人性是被动的主张,也反对人性是主动的主张。认为一切行为习惯都是习得的,人格只不过是习得的行为模式的集合或习惯性行为。

从学习论的观点看来,像其他习得行为一样,人格也是通过经典条件反射和操作性条件反射的过程形成的,包括对他人行为的观察、强化、消退、泛化和辨别等各种过程。例如,小女孩看到妈妈用搅拌机打肉馅包饺子,在做“过家家”的游戏时她把茶杯当作搅拌机,用泥巴当“肉馅”来“包饺子”,妈妈在一旁鼓励她这样做。以后妈妈在家里包饺子时她要求参加,妈妈允许了并教她怎样包饺子。女儿的人格就是在模仿母亲的行为和接受母亲的教育中逐渐形成的。

学习论强调学习在人格形成中的决定作用。行为主义者甚至认为,人格中的一切都可以用学习来加以解释,先天的稳定人格特质是不存在的。像诚实、可靠这些特质都是虚构的,不存在跨情境的一致性。因为在学习论者看来,人格测量无助于我们预测一个人在特定场合是否诚实。例如,一个"诚实"的人会把拾到的钱包交还给失主,但是他可能会在一次小测验中作弊,也可能会在开车时超速行驶。总之,所有的行为包括各种"特质"都是由外部情境决定的。很明显,这种极端的环境决定论是站不住脚的,情境因素还不是决定行为的充分条件。后来的社会学习论和认知学习理论家们认为特定的行为是由具体情境与个人过去的经验交互作用中产生的,是由个人的已有学习及其对特定情境的认知共同决定的。

(二)人格结构

在学习理论家看来,人格结构就是各种习惯行为。这种观点可以用多拉德(John Dollard,1900-1980)和米勒(Neal Miller,1909-2002)的理论来加以说明。他们认为,只有当一个人想要些什么、注意些什么、做些什么及获得些什么时,学习才能发生(Dollard & Miller,1941)。各种习惯行为的习得是受学习中的驱力、线索、反应和奖赏四种成分控制的。驱力(drive)指迫使行动的任何一种刺激,如饥饿、疼痛、欲望、挫折或恐惧所产生的驱力,它们的消除或降低就是强化作用。线索(cue)指来自环境的信号。反应(response)指由驱力和线索所引发的行动。奖赏(reward)指这些行动后所得到的正强化。例如,一个小男孩的哥哥把他的一架玩具小汽车拿走了,这个小男孩此时可能产生几种反应,如问他的哥哥要回来,或者去找妈妈告状等。他将选择哪一种反应呢? 这取决于这个小男孩过去反应的效果和当时的情境线索。如果过去他曾成功地通过告状要回了玩具而自己去则要不回来,这时他看到妈妈在家就再次去告状。如果他看到妈妈不在家,或者哥哥的样子很凶,这个小男孩可能会选择其他的反应方式。多拉德和米勒就是用驱力—线索—反应—奖赏的共同效应来解释这个小男孩的所形成的习惯行为反应。

社会学习理论家罗特则强调心理情境、期望强化价值和自我强化在习惯行为习得中的作用。罗特认为,我们的基本行为模式是在社会情境中学得的,个人在寻求满足时必须有他人作为媒介。对于一个人的持久性行为倾向,只了解当时行为反应的外部情境是不够的,还需要了解这个人的心理情境(psychological situation),即个人是如何对特定情境进行解释和定义的。例如,对于一次考试的失败,这个人会做出什么样的行为反应? 罗特认为,这取决于这个人对这一结果的解释和定义。如果解释为自己不行,他可能采取放弃;

如果解释为是一种挑战,他就会继续努力。个人对情境的主观解释决定做出何种反应。期望(expectancy)指个人对自己的反应是否将引起强化的预测。例如,如果这个人过去曾有通过努力学习最终获取成功的经验,这时他以自己过去经验来预期更有可能激发起更加努力学习。如果凭过去经验不足来预测自己的行为反应,那么对未来强化的期望也会激起他更加努力学习。

而对强化的期望又取决于强化价值(reinforcement value),即这个学生看重考试分数的情况。如果这个学生还运用自我强化(self-reinforcement)即人对自己行为给予积极评价时所得到的强化,那么他的努力学习的习惯行为就更容易形成。罗特就是用心理情境—期望、强化价值—自我强化的综合效应来解释行为习惯的形成。

(三)人格发展

早期的学习理论家多拉德和米勒同意弗洛伊德关于人出生后的头五年是人格发展的关键期,但他们对人格发展的原因用四个关键情境(喂养方式、大小便训练、性别训练、愤怒及攻击的表达)来加以解释,认为这四个关键情境会对人格产生持续的"印刻"效应。

近年来,研究者的兴趣已集中在社会环境中像家庭、学校、社区中影响人格不同层面的许多因素。下面讨论性别角色的社会学习、家庭中的社会学习以及文化与人格三个问题。

1. 性别角色的社会学习

从男孩和女孩出生的那一刻开始,孩子的双亲就对他有不同的看法,并依据其性别进行不同的处理与对待(Bandura,1965)。女孩可能因模仿传统女性化的行为,如穿戴整齐、化妆、照顾洋娃娃而被强化,同样的行为如果是出现在男孩身上,就会受到惩罚。而男孩子则被鼓励要独立、从事竞争性与体力的活动。孩子们也可能通过模仿而学会许多"适当"的行为,成人男女榜样的所有特质都会影响到孩子们是否接受榜样所表现的行为。孩子们会在年纪很小的时候就体会到自己是属于某性别群体,也会企图模仿同性别成人的行为而不是异性的行为(Bandura,1969)。

性别角色的习得与接受还受到社会环境中的各种媒体、社会团体与机构、广大的文化环境的灌输与影响。在一项研究(Maccoby & Wilson,1957)中,让七年级的孩子看两段影片。一个片子表现两名男孩,另一个片子是两名成年男女的互动情形。一周以后,要求所有的被试回忆所看过的内容。结果显示,男女被试都较认同同性别的主角,并对同性别角色的动作和言语记忆得较多。他们的记忆与自己的性别有联系,男孩记得攻击内容较多,女孩记得男女互动的内容较多,表明男孩和女孩注意的选择性有差异。在童年期以后,儿童有了更多的机会与同性别的同龄人、父母和其他成人交往。如果他学习到同性别的角色行为而受到奖赏，那么他就更男性化或女性化。社会学习理论还认为，强化效果是以认知为中介的。男孩和女孩对自己的性别有些了解之后，就会对自己认为合适的性别角色行为进行有选择的学习和自我强化了。

2.家庭中的社会学习

一般而言，一个家庭中的成员越多，个人的语言智力、认知与社会技能就会越差。这就是所谓的稀释效应（dilution effect），指的是家庭越大，分给每个孩子的时间与关注就会相对减少（Blake,1989；Zajonc,1976），多个孩子也会稀释家庭给予每个孩子的经济支出。根据稀释效应，排行老大的孩子一般比后出生的孩子要更成功。老大比较早学会说话，智力测验的得分较高，并且成就动机也较强（Zajonc & Markus, 1975）。排行老二的孩子如果跟下一个出生的孩子相差五岁以上，其能力与成就的表现上也比较像老大，这也说明父母亲对孩子的关注与其后来的成功有密切的相关。

社会学习论者强调观察学习的结果。有研究发现，学前期的男孩如果有姐姐的话，会表现出较多的女性化行为；如果有哥哥的话，则表现出较多男性化行为。有姐姐的男孩比无姐姐的男孩较多玩女性化的玩具（Stoneman, Brody, & MacKinnor, 1986; Sutton-Smith & Rosenberg,1970）；而有哥哥的女孩比有姐姐的女孩则更具攻击性（Dunn & Kendrick, 1981）。

大部分以女性为家长的单亲家庭因为没有男性榜样，孩子有一种失落感，特别是男孩子会有较多的问题行为与适应的问题，特别是在青少年时期（Phelps, Huntley, Valdes, & Thompson, 1987）。在这样家庭中成长的女孩比一般家庭的女孩表现出对性更感兴趣，也比较容易出现偏差或犯罪行为（Hetherington, 1972）。

不同的父母教养方式会对孩子的性格产生不同的影响。根据要求与责任两个维度的组合可以把父母的教养方式划分为四种类型：权威型、专制型、娇惯型和忽视型。权威型（authoritative style）的特点是对孩子热忱和爱心，循循善诱的说理与解释，不用惩罚管教的方式，管教态度是一致的，鼓励孩子参与家庭的决策。专制型（authoritarian style）的特点是严厉的、拒绝的，一切以父母说了算。娇惯型（permissive style）的特点是把孩子视为花朵、纵容、溺爱。忽视型（neglectful style）的特点除满足最低衣食之外，对孩子漠不关心。表16-7总结了与四种教养方式相联系的儿童的发展结果。

表16-7 父母教养方式与儿童发展之间的关系

父母教养方式	儿童发展的可能结果
权威型	童年:活泼、快乐;高自尊和高自我控制能力;较少传统的性别角色行为 青春期:高自尊、高社会和道德发展,学习成绩好,受教育水平高
专制型	童年:焦虑、孤僻、抑郁;受挫折时的攻击行为 青春期:心理调适能力比权威型的差,但学习成绩却比娇惯型和忽视型好
娇惯型	童年:冲动、抗拒和反叛;对成年人既苛求又依赖;做事往往半途而废 青春期:自我控制能力和学习成绩都差;比权威型和专制型更经常滥用药物
忽视型	童年:在依恋、认知、游戏、情感和社交能力上都有缺陷;攻击性强,有越轨行为 青春期:自我控制能力和学习成绩都差;滥用药物

传统教养方式观认为是父母的教养方式塑造了孩子的行为。但是对新生儿的研究表明,某些气质差异是天生的,父母与孩子之间的关系是交互作用的,即是说,婴儿的行为也塑造了父母的教育方式。如果孩子很容易哄好,一抱起来便依偎着母亲并停止哭闹,就会增强母亲对自己能力的信心和对婴儿的依恋感;如果婴儿一再被安抚仍哭闹不止,就会使母亲产生抚养能力差和被拒斥的感觉。孩子这种种反应都会影响父母的教养方式,以及父母与孩子之间的亲密关系。

3.文化与人格

近年来,个人主义文化和集体主义文化对人格的影响有许多研究。像美国、澳大利亚、英国、加拿大等西方国家属于个人主义文化,其特点是更看重自己的个人目标,更以自己的特质确定自己,努力获取个人控制和个人成就。而像菲律宾、中国、墨西哥、泰国等国家则属于集体主义文化,其特点是最看重集体目标(通常是家人、家族或企业),以集体来确定自己,追求集体的利益。

个人主义文化背景下的人较为独来独往,更会自由地加入或退出社会团体。他们会自由地改换做礼拜的教堂,跳槽另谋高就,甚至会离开大家庭,迁至一个新的地方生活,通常表现特别自我。集体主义文化背景下的人在刚融入一个新集体时会表现得害羞,易陷入尴尬(Singelis 等人,1995,1999)。他们与家族、家庭中的人保持着深厚而稳定的依赖关系;人们和睦相处、不让他人丢面子,很少特别表现自我;说话时不仅表达自己的感受,而且还兼顾他人可能的感受;不说令人不快的话题,表现得很有礼貌、很谦恭、很卑微;常怀感恩之心,讲孝顺之道。与他人和谐相处即是福。这两种文化背景下人格因素上有不同的特点,归纳起来如表16-8所示。

表 16-8 个人主义文化和集体主义文化对人格的影响

人格因素的特点	个人主义文化背景下	集体主义文化背景下
自我	独立(身份感来自于个体特质)	相互联系(身份感来自于归属)
人生使命	发现并表现个体的独特性	维持彼此之间的联系,相互融合
最为看重的	自我——个人成就和个人实现;权利和自由;自尊	我们——集体的目标和集体的团结稳定;社会责任和关系
应对方式	改变现实	适应现实
道德	由个体来确定(基于自我)	由社会关系网确定(基于责任)
关系	有很多,通常是暂时性的、非永久性的;对抗是可接受的	很少,但很密切,也很持久;重视和睦相处
归因行为	行为反映个体的人格和态度	行为反映社会常规和社会角色

还有把文化区分为等级主义文化和平等主义文化、高背景文化与低背景文化。等级主义文化(hierarchical culture)强调不同的社会地位,而平等主义文化(egalitarian culture)则不然。在等级主义文化中,社会地位隐含着社会势力。社会底层的人要顺从社会高层的人,社会高层的人有义务要对低阶层人民的福利负责,以换取凭借其地位所得到的特权。高背景文化(high-context culture)指具有共同的文化背景,像中国、日本、朝鲜等亚洲国家都属于高背景文化,人们通过语言只传递有限的信息,其余的信息要从其所处的背景进行推论和解释。而像美国、加拿大、澳大利亚等国家属于低背景文化(low-context culture),人们总是通过语言本身传递信息,而很少考虑说话时所处的背景情况。文化的力量使社会规范和人们所扮演的角色有所差异,文化会规定人们的角色并对其产生影响。通常扮演角色会使人们内化自己的行为,习惯行为就变成了信念。

【热点问题讨论 16-4】哪一种人格理论最合理?

在人格的精神分析论、人本论、特质论和学习论中,哪一种人格理论最合理?应当说这四种理论都有助于增加我们对人格的理解和对人类各种行为的认识。随着研究的发展,可以看到,一些新发现的事实较支持其中的某一种理论,但迄今为止还没有哪一种理论是完全被证实的或被证伪的。这四种理论中都有一些论断被证实而另一些论断被否定,它们都有其独到之处。表 16-9 列出的是四种理论之间的一些主要差别。

表 16-9 四种人格理论的基本观点比较

	精神分析论	人本论	特质论	学习论
人性是善还是恶	人性恶	人性善	中性	中性
行为是由什么决定的	有决定因素	可自由选择	有决定因素	有决定因素
行为的动力是什么	性欲和攻击驱力	自我实现	个人的特质结构	各种驱力(诱因)

续表

	精神分析论	人本论	特质论	学习论
何谓人格结构	本我、自我、超我	自我	特质	行为习惯
潜意识的作用	极大	极小	极小	无
何谓良心	超我	理想自我	诚实等特质	自我强化经验
发展理论中的核心概念	心理—性欲阶段	自我和谐	遗传和环境的作用	关键的学习情境、认同、模仿
个体成长的障碍	潜意识冲突、固着	自我的不和谐	不健康特质	坏习惯的习得

弗洛伊德的精神分析论十分强调潜意识的性与攻击本能的作用，虽然新精神分析论反对弗洛伊德的力必多理论和性动机在人格功能中的核心地位，强调自我(ego)的作用，但总的来看，他们依然强调生物本能的作用。该理论虽能解释许多已发生的心理问题，但无法根据该理论对行为进行预测。精神分析论提出许多的概念是无法科学验证的。

人本论强调个人经验和自我在人格中的重要作用，强调人性善的一面，反对弗洛伊德的性恶论。人本论概念已被广泛应用于心理咨询和治疗，并激励着更多的人去追求更高的意识境界和人生目标。人本论中的不少概念模糊不清，难以进行客观研究和测量。

特质理论在描述和比较不同人格时，使用“特质”是非常有用的。临床心理学中使用的许多人格测量都是在特质理论基础上编制而成的。但是，这个理论的一个严重问题是对某种特质的界定有循环论证之嫌。例如，说某人有害羞特质，根据是什么呢?是因为多次观察到这个人回避与他人交谈。为什么这个人不与别人交谈呢?是因为他有害羞特质。

学习论比前述三种人格理论所提供的理论框架都更具科学性。学习理论家在研究中一贯强调严格的实验控制和对假设的验证。但是他们在气质、情绪、思维和主观经验的理解上因缺乏深度而受到批评。虽然社会学习论和社会认知学习论较行为论思想有很大的进步，但忽视人的主观能动性。

总之，每种人格理论在解释人格时都有优势，同时也都有局限性。每一种人格论都为我们提供了一条观察人格的途径。因此，我们应当博采众长，综合各种人格理论家的研究成果，以达到对人格有一种较完整的认识。

第四节　人格评鉴

人格评鉴(personality assessment)是指在具体的条件下用系统的方法收集有关资料，从而确定出要测量的人格特征。这些资料包括情境的性质、刺激的性质、指导语及被试的反应等。人格评鉴与人格理论关系密切：一种人格理论如果不涉及人格评鉴，那么它就毫无用途;同样,收集到的资料如果不能说明一种理论,那么它就与人格研究毫不相干。目前,主要有下列一些人格评鉴的方法。

一、自陈量表

自陈量表(self-report inventory)是一种要求被试自行报告,回答关于他们在各种情况下的行为或感受等问题的测量工具。这些纸笔测验的题目涉及症状、态度、兴趣、恐惧和价值观等维度,被试则要表明每个叙述句和自己的情况相符合的程度,或对每个题目的同意程度。自陈量表法是最常用的人格评鉴方法。人格自陈量表的编制有多种设计类型,常见的有以下两种。

(一)以经验建构的量表

这方面最有名的要算明尼苏达多相人格量表(Minnesota Multiphasic Personality Inventory,简称MMPI)。MMPI在1943年初版,它是一种探测人格病理倾向的测量工具,其设计是将被试的反应与已知患有某种心理疾病的人的反应相比较来记分。MMPI 1989年修订版也称为MMPI-2,是应用最广泛的量表之一,由567个题目组成,表述方式模拟如下。

工作时我常感到紧张。

我偶尔会觉得脑袋里有东西在挤压。

我希望我能重做一些已无法挽回的事。

体育课时我常爱跳舞。

别人误会我,我会感到苦恼。

有时我会想到很可怕的事。

外面有人想抓我。

有时我的思想会快得让自己跟不上。

对于每个题目,被试可以在三种反应选择其一:“对”“不对”或“无法回答”。这些题目包括了个人的身体和心理健康、政治和社会态度、教育、职业、家庭及婚姻等因素,以及神经症和精神病的行为倾向。表16-10列出了MMPI-2中的10个分量表,可以用来测量诸如性别角色、抑郁症、癔病、妄想症、疑病症和精神分裂症等人格特质。经计算并将测量结果制成曲线,就可以看出变态与常态之间的差别,并确定各种人格障碍的问题性质(见图16-5)。在一个分量表中得分超过66分者可能存在人格障碍,超过76分者即可能为严重患者,得分低于40分者也可能存在人格障碍或其他问题。MMPI-2除了鉴别人格障碍外,还可以供职业辅导和个人咨询之用。

表16-10 MMPI-2的10个分量表

分量表	患者基本症状
1.疑病量表	患者对自己的身体健康过度担忧
2.抑郁症量表	患者极度悲观,感觉自己没有价值、没有希望
3.癔症量表	患者出现身体不适,但找不出任何生理原因
4.心理病态偏离量表	严重者情感淡漠,无视社会规范和道德准则
5.男性化—女性化量表	传统意义上的高男性化为攻击性强,高女性化为敏感性强
6.妄想症量表	患者疑心极强,有被害妄想
7.精神衰弱量表	患者有无法摆脱的忧虑、恐怖症和强迫行为
8.精神分裂症量表	患者情绪失控,想法及行为古怪、不正常
9.躁狂症量表	患者情绪亢奋,处于躁狂心境中,行为异常,活动过量
10.社会性内向量表	患者有严重的社会性退缩倾向

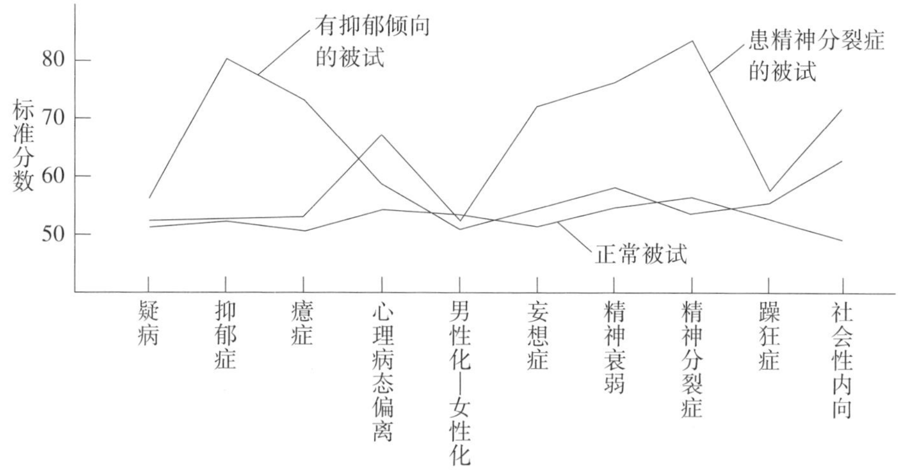

图16-5 MMPI-2测量结果图示

MMPI-2的缺点是:(1)题目太多,要用心回答567个题目很费时间,许多人早在做完之前就已失去了兴趣和动机;(2)某些题目涉及个人非常私密的特质,有些人会觉得侵犯了隐私。除了上述缺点外,MMPI-2在鉴别神经症与精神病,情绪健康者与情绪障碍患者方面确实是一个很有价值的诊断工具。

(二)由因素分析建构的量表

这方面最有名的当推卡特尔16种人格因素量表。该量表共187个题目,表述方式如下。

在接受困难任务时,我总是:

A.有独立完成的信心　　B.不确定　　C.希望有别人的帮助和指导

我的神经脆弱,稍有点刺激就会使我战战兢兢:

A.时常如此　　B.有时如此　　C.从不如此

我喜欢从事需要精密技术的工作:

A.是的　　B.介于A、C之间　　C.不是的

在需要当机立断时,我总是:

A.镇静地应用理智　　B.介于A、C之间　　C.常常紧张兴奋

被试在每题后的三种答案中圈选一项。16个人格因素见表16-11。测量结果可以形象地绘制成16PF人格剖面图。如图16-6表现的是一组飞行员、一组艺术家和一组作家的平均得分的剖面图。不难看出,艺术家和作家的人格特点较为相似,而与飞行员差别较大。客观测验的优点是实施简便,评分一定,容易数量化。其缺点是,被试在回答问题时容易受社会期望的影响或道德防御的限制,同时被试对自己人格的认识也不一定正确,因而会影响测量的效度。

表16-11　16PF的人格因素

因素	低分者的特征	高分者的特征
因素A:乐群性	缄默,孤独,冷淡	外向,热情,乐群
因素B:聪慧性	思想迟钝,学识浅薄,抽象思考能力弱	聪明,富有才识,善于抽象思考
因素C:稳定性	情绪激动,易烦恼	情绪稳定而成熟,能面对现实
因素E:恃强性	谦逊,顺从,通融,恭顺	好强,固执,独立积极
因素F:兴奋性	严肃,审慎,冷静,寡言	轻松兴奋,随遇而安
因素G:有恒性	苟且敷衍,缺乏奉公守法精神	有恒负责,做事尽职
因素H:敢为性	畏怯退缩,缺乏自信心	冒险敢为,少有顾虑
因素I:敏感性	理智,着重现实,自恃其力	敏感,感情用事
因素L:怀疑性	信赖随和,易与人相处	怀疑,刚愎,固执己见
因素M:幻想性	现实,合乎成规,力求妥善合理	幻想的,狂放任性
因素N:世故性	坦白,直率,天真	精明能干,世故
因素O:忧虑性	安详,沉着,通常有自信心	忧虑抑郁,烦恼多端
因素Q_1:实验性	保守,尊重传统观念与行为标准	自由,批评激进,不拘泥于现实
因素Q_2:独立性	依赖,随群附和	自力自强,当机立断
因素Q_3:自律性	矛盾冲突,不顾大体	知己知彼,自律严谨
因素Q_4:紧张性	心平气和,闲散宁静	紧张困扰,激动挣扎

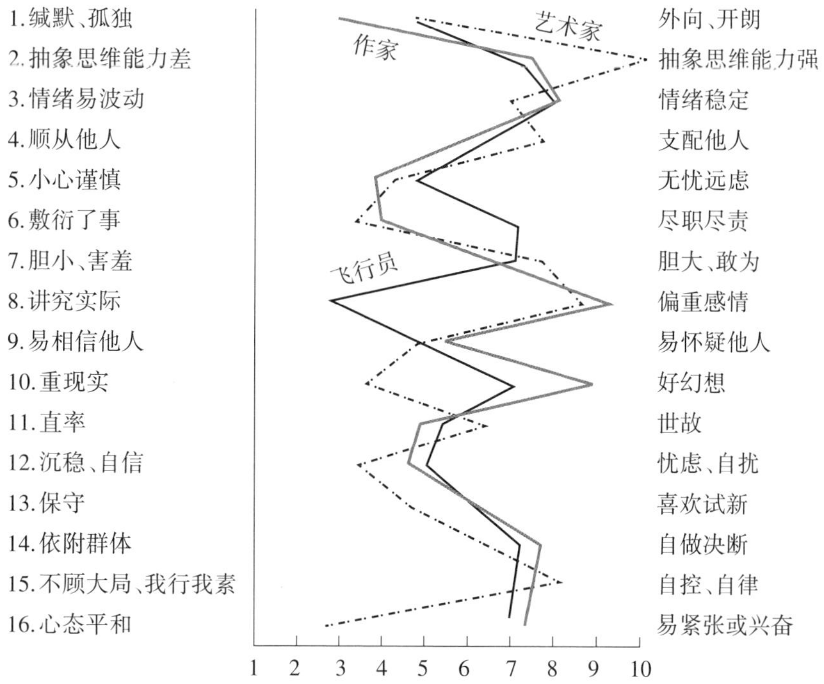

图16-6 16PF人格剖面图

二、投射测验

人格的投射测验主要是临床心理学家根据处理情绪困扰者的经验而发展出来的。所谓投射测验(projective test)就是向被试呈现模棱两可的刺激材料(如墨迹或不明确的人物图片),要求被试解释其知觉,让他在不知不觉中将其情感、态度、愿望、思想等投射出来。最有名的人格投射测验是罗夏墨迹测验和主题统觉测验。

(一)罗夏墨迹测验

罗夏墨迹测验(Rorschach Inkblot Test)由瑞士精神病学家罗夏(H. Rorschach)于1921年编制的。它由10张对称的不同墨迹图组成,其中5张为黑白图片,墨迹的深浅不一;2张黑色加红色的墨迹图片;另外3张为彩色的墨迹图片。图16-7是罗夏墨迹测验图片一例。让被试一次看一张墨迹图卡,并描述他看到了什么。然后主试者又让被试再看一次图片,并询问与其当初反应有关的特定问题。在测试过程中,主试者同时观察被试的行为,记录其动作与表情、对某个墨迹图的特殊反应,以及一般的态度。

对被试或患者的反应可以有好几种解释方向,这取决于他是否看到了动作,看到动物还是人的形象,是生物或无生物体,以及是部分还是整体的图形。有研究者曾试图将罗夏测验的施测程序、计分方式及结果解释等加以标准化，其中一种称为“综合系统”（Comprehensive System）可能是较为成功的。据说这套系统能够提高该测验的信效度（Exner，1986）。虽然罗夏测验主要是供临床用的测量工具，但现在也用它来做人格研究。

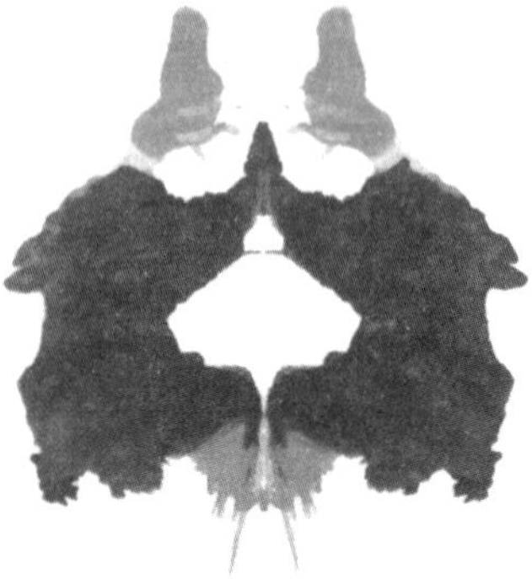

图 16-7　罗夏墨迹测验图样

（二）主题统觉测验

主题统觉测验（Thematic Apperception Test，简称 TAT）是由美国心理学家默里和摩根（Murray & Morgan，1935）编制的。默里和摩根认为需要有时是外显的，有时是内隐的，主题统觉测量的是个人的内隐需要。这套测验共有 19 张内容暧昧的图片（参见图 16-8），另有 1 张空白卡片。图片的暧昧之处在于它所描绘的事件可以有好几种解释方式。施测时，要求被试去构建一个和图片中的人物有关的故事、描述导致图片中所示情境的原因是什么、人物正感受到怎样的情绪，以及可能有怎样的结局。心理学家在解释这些故事时会考虑下列因素：所涉及的人际关系的性质、人物的动机以及这些人物所显露出的现实感。

TAT 没有客观的评分系统，用于诊断时其信效度均偏低。在专为测量人格的特定层面（如成就、亲和力和权力等需要）而设计的评分系统，据说用于证实研究是有效度的。由于投射测验中被试不知道答案的意义，因而可以排除在自陈量表法可能出现的作假现象。但投射测验的实施程序记分以及对结果的解释都必须经过特殊的训练。

图 16-8　主题统觉测验图样

三、其他方法

(一)观察

无论我们是否意识到,观察在人格评鉴中都是一种常用的方法。可以在日常生活中,也可以在特定的场合观察个人的行为以了解其人格。为了便于整理观察结果,人格评鉴中的观察常用下列两种方法。(1)项目查核法。在观察前把所要观察的重要行为进行分类,并预先罗列好。观察时对拟观察的行为进行查核,记下这些行为是否出现。这种方法的优点是使用方便,其缺点是不能记录行为在质上的差别,即不能记录是一种怎样的行为。(2)等级评定法。等级评定的形式很多,其基本做法是要求观察者对被观察者在某一(或某些)人格特征上的轻重程度进行评定。这种评定可以用数字加以量化(如以0表示完全没有,数字愈大代表程度愈高),也可以用文字加以叙述。

用上述两种方法来评鉴一个人的人格特征时,必须明确地列出行为的特征,同时还应考虑所观察到的行为的情境特殊性。

(二)晤谈

人格评鉴的晤谈通常是结构式晤谈,即按照预定的程序,通常是根据问卷或晤谈表进行的。晤谈的内容包括被试的现状、生育历史、本人和环境的关系,以及在某些特定环境里的行为等。通过晤谈可以了解他对特定的人的感情、态度,对某件事情的态度,以及对自身的认识等,以便进一步了解被试。

晤谈法一般需要相当长的时间,很难在短期内得到很多材料。这种方法还受晤谈者能力的影响,在客观性和可靠性方面也多少有些问题。因此,要尽量使晤谈技术标准化,同时晤谈者也必须经过专门的训练。

(三)评鉴情境中的行为

评鉴情境中的行为(assessment behavior in situations)是指在不同的情境中对一个人的行为模式和稳定态度进行考察。早在第二次世界大战期间,美国军队中选拔间谍就采用了这种评鉴方法。在军队中的心理学家不用纸笔测验,而是将候选人置于一个模拟的秘密情境中,以考察他们应对压力、解决问题和维持领导的能力以及忍受各种审讯并保守机密的能力。这项研究虽耗资巨大,却预测较高。当今美国的军事和教育机构及很多财富500强企业都采用这种方法每年在测评中心评鉴成千上万的人(Bray 等,1997;Spychalski 等,1997)。美国电报电话公司(AT&T)通过模拟管理来选拔经理。军队通过观察军事演练中士兵的表现来评鉴士兵。大多数人口在5万及以上的美国城市都利用测评中心对警官和消防队员进行评估(Lowry, 1997)。人格的社会认知学习理论家认为预测一个人今后行为的最好途径不是人格测验,也不是晤谈,而是让一个人在模拟情景中表现他自己一贯的行为模式(Ouellette & Wood, 1998)。只要情境和人基本保持不变,最能预测今后工作表现的是这个人以往工作中的表现。如果无法查出一个人过去的行为表现,那么最好的方法是创设出一种评鉴情境,用模拟任务来考察这个人是如何应对任务的。

复习与思考

1.解释:人格,气质,性格,自我,特质,大五,人格评鉴,自陈量表,MMPI,16PF,投射测验,罗夏墨迹测验,主题统觉测验,评鉴情境中的行为。

2.如何理解人格的内涵?

3.气质与性格的关系怎样?

4.分析人格的精神分析论之优缺点。

5.分析人格的人本论之优缺点。

6.分析人格的特质论之优缺点。

7.分析人格的学习论之优缺点。

8.比较说明客观测验与投射测验的利弊。

推荐阅读书目

1.黄希庭(2002).人格心理学.杭州:浙江教育出版社.

2.郑雪(2001).人格心理学.广州:暨南大学出版社.

3.里赫曼(高峰强等译,2005).人格理论(第八版).西安:陕西师范大学出版社.

4.郭永玉(2005).人格心理学——人性及其差异的研究.北京:中国社会科学出版社.

5.珀文(周榕等译,2001).人格科学.上海:华东师范大学出版社.

索引

一、汉英对照[①]

A

阿尼玛 anima 16.2

阿尼姆斯 animus 16.2

艾克纳尔区 Excuer's area 12.1

安非他明 amphetamine 8.5

暗适应 dark adaptation 6.2

B

白日梦 daydream 8.1

榜样 model 9.4

饱和度 saturation 6.3

保持曲线 retention curve 10.4

抱负水平 level of aspiration 14.2

爆发性意愿 explosive will 14.3

背景 ground 7.2

被试 subject 1.2

本能 instinct 5.1

本土心理学 indigenous psychology 1.3

本我 id 16.2

苯异丙胺 amphetamine 8.5

比较效应 contrast effect 9.4

比较心理学 comparative psychology 1.3

比率智商 ratio IQ 15.2

比纳—西蒙智力量表 Binet-Simon Intelligence Scale 15.2

毕生发展 life span development 4.1

①右边的数字为该术语在本书出现之章节，如2.1表示第二章第一节。由数字和字母起头的术语排在最后。中文术语以汉语拼音字母排序。

闭合原则 law of closure 7.2
边缘系统 limbic system 2.1
边缘意识 marginal conscious 8.1
编码 encoding 10.1
编码缺失 encoding failure 10.5
变更了的意识状态 altered states of consciousness 8.1
变量 variable 1.2
变态心理学 abnormal psychology 1.3
表层结构 surface structure 12.3
表面距离假说 apparent distance hypothesis 7.6
表面特质 surface trait 16.3
表情 emotional expression 13.4
表现型 phenotype 2.5
表象 image 11.1
剥削型 exploitative orientation 16.2
补偿 compensation 16.2
补色 complementary color 6.3
不定比率程式 variable ratio schedule 9.3
不定时距程式 variable interval schedule 9.3
不可能图形 impossible figure 7.1
不随意注意 involuntary attention 8.2
布伦斯维克比率 Brunswik Ratio, BR 7.2
布罗卡区 Broca's area 12.1
部分强化 partial reinforcement 9.3
C
操作条件作用 operant conditioning 9.3
操作性定义 operational definition 1.2
测谎仪 lie detector 13.1
差别阈限 difference threshold 6.2
长时程增强 long-term potentiation 10.1
长时记忆 long-term memory 10.1
常规思维 normative thinking 11.1
常模 norm 15.1
场独立型 field independent style 16.1

场依存型 field dependent style 16.1
超常儿童 supernormal children 15.5
超感知觉 extrasensory perception,ESP 7.1
超觉入静 transcendental meditation 8.4
超前的交互作用 proactive interaction 4.1
超我 superego 16.2
陈述记忆 declarative memory 10.1
成长性需要 growth need 5.3
成分再认理论 recognition by components theory 7.1
成分智力 componential intelligence 15.3
成就需要 need for achievement 5.3
成年早期 young adulthood 4.5
成瘾 addiction 8.5
承诺 commitment 14.4
惩罚 punishment 9.3
程序记忆 procedural memory 10.1
持续 duration 7.4
冲动控制障碍 impulse control disorder 14.3
冲动型 impulsive style 16.1
冲突 conflict 14.2
抽象模仿 abstract modeling 9.4
初级记忆 primary memory 10.3
初级情绪 primary emotion 13.2
储存 storage 10.1
触觉 touch 6.5
传导性耳聋 conduction hearing loss 6.4
传记研究 biographic research 4.1
传心术 telepathy 7.1
创造力 creativity 11.5
创造性思维 creative thinking 11.1
垂直迁移 vertical transfer 9.5
词汇加工 lexical processes 12.4
词素 morpheme 12.1
磁共振成像 magnetic resonance imaging,MRI 2.3

雌激素 estrogen 5.2
次级强化 secondary reinforcement 9.3
次级强化物 secondary reinforcer 9.3
次级情绪 secondary emotion 13.2
次级条件作用 second-order conditioning 9.2
次级因素分析 second factor analysis 15.3
次要动机 subordinate motivation 5.1
次要特质 secondary trait 16.3
刺激变量 stimulus variables 1.2
刺激驱动注意 stimulus-driven control of attention 8.2
从众 conformity 3.4
催眠 hypnosis 8.4
催眠感受性 hypnotic susceptibility 8.4
错觉 illusion 7.6
D
大麻 marijuana 8.5
大脑皮质 cerebral cortex 2.1
大五 Big Five 16.3
代表性启发 representativeness heuristic 11.4
单侧化 lateralization 12.1
单词句阶段 one-word stage 12.2
单盲研究 single-blind study 1.2
单眼线索 monocular cue 7.3
倒摄抑制 retroactive inhibition 10.5
道德发展 moral development 4.3
道德感 moral feeling 13.3
道德现实主义 moral realism 4.3
道德相对主义 moral relativism 4.3
等级主义文化 hierarchical culture 16.3
低背景文化 low-context culture 16.3
低路迁移 low-road transfer 9.5
地点说 place theory 6.4
第二信号系统 second signal system 9.2

第一信号系统 first signal system 9.2
电报式言语 telegraphic speech 12.2
调查法 survey method 1.2
定势 set 5.1
定向反应 orienting response 8.2
定义问题 problem definition 11.4
动词短语 verb phrase 12.1
动机 motivation 5.1
动机情绪过程 motivation emotional process 1.1
动机性遗忘 motivated forgetting 10.5
动景运动 stroboscope motion 7.5
动觉 kinesthesia 6.5
动物语言 animal language 12.1
动作思维 motoric thought 11.1
都市拥挤综合症 urban crowding syndrome 3.2
独白语言 monologue language 12.1
独立性 independency 14.4
赌徒谬误 gambler's fallacy 11.3
短时储存 short-term storage 10.3
短时记忆 short-term memory 10.1
断代—序列研究 cohort-sequential study 4.1
囤积型 hoarding orientation 16.2
多重趋避矛盾 multiple approach-avoidance ambivalence 14.2

E

二级记忆 secondary memory 10.3

F

发散思维 divergent thinking 11.1
发身期 puberty 4.4
发展心理学 developmental psychology 1.3
反射 reflex 1.3;2.1;9.2
反向作用 reaction formation 16.2
反应 response 16.3
反应变量 response variables 1.2

反应的交互作用 reactive interaction 4.1
泛化 generalization 9.2
防卫机制 defense mechanism 16.2
访问调查 interview survey 1.2
非快速眼动睡眠 non-rapid eye movement sleep, non-REMs 8.3
非特异性投射系统 nonspecific projection system 2.2
非意识 nonconscious 8.1
费希纳定律 Fechner 's law 6.2
分辨 discrimination 7.1
分化 discrimination 9.2
分配性注意 divided attention 8.2
分配资源 resource allocation 11.4
分析 analysis 11.4
分析型 analytic style 16.1
风俗 custom 3.5
否认 denial 16.2
肤觉 skin sense 6.5
服从 obedience 3.4
负比较效应 negative contrast effect 9.4
负惩罚 negative punishment 9.3
负后像 negative after-image 6.2
负迁移 negative transfer 9.5
负强化 negative reinforcement 9.3
负强化物 negative reinforcer 9.3
复合情绪 complex emotion 13.2
复述 rehearsal 10.3
副交感神经系统 parasympathetic nervous system 2.1
G
概念 concept 11.2
概念驱动加工 conceptually driven processing 7.1
概念形成 concept formation 11.2
感觉 sensing 16.2
感觉 sensation 6.1

感觉补偿 sensory compensation 6.4
感觉登记 sensory register 10.2
感觉对比 sensory contrast 6.2
感觉记忆 sensory memory 10.1
感觉神经性耳聋 sensorineural hearing loss 6.4
感觉适应 sensory adaptation 6.2
感觉寻求 sensation seeking 8.5
感觉阈限 sensory threshold 6.2
感觉运动阶段 sensorimotor stage 4.3
感情 affection 13.1
肛门期 anal stage 16.2
高背景文化 high-context culture 16.3
高峰体验 peak experience 16.2
高路迁移 high-road transfer 9.5
个案法 case study 1.2
个人化权力动机 personalized power motive 5.3
个人潜意识 personal unconscious 16.2
个人特质 individual trait 16.3
个人与组织匹配 person-organization fit 5.5
个性心理特征 individual mental characteristics 1.1
更年期抑郁 menopmase depression 4.5
工业或组织心理学 industrial/organizational psychology 1.3
工作记忆 working memory 10.3
功能磁共振成像 functional magnetic resonance imaging，fMRI 2.3
功能固着 functional fixedness 11.4
共鸣说 resonance theory 6.4
共同特质 common trait 16.3
构想效度 construct validity 15.1
构造主义 structuralism 1.3
固定比率程式 fixed ratio schedule 9.3
固定时距程式 fixed interval schedule 9.3
关键期 critical period 12.2
关联负变化 contingent negative variation，CNV 8.2

观察学习 observational learning 9.4
观察学习理论 observational learning theory 9.4
观察者偏差 observer bias 1.2
管理心理学 managerial psychology 1.3
归纳推理 inductive reasoning 11.3
规范的社会影响 normative social influence 3.4
果断性 determination 14.4
过滤器模型 filter model 8.2
H
哈斯效应 Haas effect 7.2
海洛因 heroin 8.5
海马 hippocampus 2.1
好图形原则 law of good form 7.2
合理化 rationalization 16.2
河内塔问题 Tower of Hanoi problem 11.4
横断研究 cross-sectional study 4.1
后脑 hindbrain 2.1
后习俗水平 postconventional level 4.3
后像 after-image 6.2
忽视型 neglectful style 16.3
互联网 internet 3.3
环境 environment 3.1
幻想 fantasy 8.1
唤起的交互作用 evocative interaction 4.1
回忆 recall 10.1
回忆法 recall method 10.4
会话语言 conversational language 12.1
豁朗期 illumination 11.5
活动性 activity 16.1
霍兰德职业爱好量表 Holland Vocational Preference Invertory, HVPI 5.5
J
机能主义 functionalism 1.3
机体变量 organismic variables 1.2

机体觉 organic sensation 6.5
鸡尾酒会现象 cocktail party phenomenon 8.1
基本情绪 basic emotion 13.2
基本心理能力测验 Primary Mental Abilities Test, PMAT 15.3
基础比率 base rate 11.4
基因 gene 2.5
基因型 genotype 2.5
激活—整合假说 activation-synthesis hypothesis 8.3
激情 intense emotion 13.3
激素 hormone 2.4
集体潜意识 collective unconscious 16.2
集中性注意 concentrated attention 8.2
几何错觉 geometric illusion 7.6
几何子 geons 7.1
脊髓 spinal cord 2.1
计算机断层扫描 computed tomography, CT 2.3
计算机辅助教学 computer-aided instruction, CAI 9.3
记忆 memory 10.1
记忆痕迹 memory trace 10.5
记忆恢复 reminiscence 10.4
记忆扭曲 memory distortion 10.4
记忆术 mnemonics 10.4
技能 skill 15.1
技术性灾害 technological disaster 3.2
加色混合 additive color mixture 6.3
价值的条件 conditions of worth 16.2
价值观 values 5.5
假设检验 generate and test 11.4
坚定的目的性 steady purposiveness 14.4
坚定性 steadfastness 14.4
坚韧性 hardiness 14.4
监控 monitoring 11.4
减色混合 subtractive color mixture 6.3

检测 detection 7.1
简单视觉反应时 simple visual response time; RT 8.2
建构方式 framing 11.4
建构知觉 constructive perception 7.1
健康心理学 health psychology 1.3
奖赏 reward 16.3
交感神经系统 sympathetic nervous system 2.1
交际性 sociability 16.1
交往需要 need for affiliation 5.3
娇惯型 permissive style 16.3
焦点意识 focal conscious 8.1
角色 role 3.4
教育心理学 educational psychology 1.3
接纳型 receptive orientation 16.2
节省法 method of savings 10.4
拮抗过程说 opponent process theory 6.3
戒断综合症 withdrawal symptom 8.5
近因效应 recency effect 10.3
进化心理学 evolutionary psychology 1.3
经典条件作用 classical conditioning 9.2
经颅磁技术 transcranial magnetic stimulation , TMS 2.3
经验智力 experiential intelligence 15.3
经验主义 empiricism 1.3
晶态智力 crystallized intelligence 15.3
精神动力学理论 psychodynamic theory 16.2
精神分析 psychoanalysis 16.2
精神药物 psychoactive drugs 8.5
精神自我 spiritual self 16.2
警觉 vigilance 8.2
镜像神经元 mirror neurons 9.4
酒精 alcohol 8.5
句法 syntax 12.1
具体运算阶段 concrete operation stage 4.3

聚合思维 convergent thinking 11.1
决策 decision making 14.2
绝对阈限 absolute threshold 6.2
觉醒 awaking 8.3
军事心理学 military psychology 1.3
K
开放性 openness 16.3
坎农巴德情绪理论 Cannon-Bard theory of emotion 13.5
抗药性 drug tolerance 8.5
科尔萨克夫综合征 Korsakoff Syndrome 10.1
可变焦距模型 Zoom-lens model 8.2
可复制性 replicability 1.1
可公开检验原则 principle of public verifiability 1.2
可见光谱 visible spectrum 6.3
可卡因 cocaine 8.5
可逆图形 reversible figure 7.2
可证伪性 falsifiabity 1.1
刻板印象威胁 stereotype threat 15.2
空间知觉 space perception 7.3
空气透视 atmosphere perspective 7.3
空气污染综合症 air pollution syndrome 3.2
空虚视野 ganzfeld 7.2
控制 control 14.4
控制点 locus of control 14.3
控制组 control group 1.2
口腔期 oral stage 16.2
口头语言 oral language 12.1
库德职业兴趣调查 Kuder Occupational Interest Survey, KOIS 5.5
跨文化心理学 cross-cultural psychology 1.3
快速眼动睡眠 rapid eye movement sleep, REMs 8.3
匮乏性需要 deficiency need 5.3
L
老年期 old age 4.5

类别知觉 categorical perception 12.4
离差智商 deviation IQ 15.2
理解加工 comprehension processes 12.4
理想 ideal 5.5
理想自我 ideal self 16.2
理性主义 rationalism 1.3
理智感 rational feeling 13.3
力比多 libido 16.2
立即强化 immediate reinforcement 9.3
立体视觉 stereopsis 7.3
利手 handedness 2.2
连续强化 continuous reinforcement 9.3
连续性原则 law of continuity 7.2
联结学习理论 theory of associative leaning 9.1
两可图 bistable figure 7.2
两难故事法 method of dilemma-story 4.3
亮度和对比度 luminance and contrast 7.6
邻近原则 law of proximity 7.2
临界闪光融合频率 critical flicker fusion frequency 6.2
灵感 inspiration 11.5
灵觉 clairvoyance 7.1
罗夏墨迹测验 Rorschach Inkblot Test 16.4
M
吗啡 morphine 8.5
麦格克效应 McGurk effect 12.4
麦角酸酰二乙胺 lysergic acid diethylamide;LSD 8.5
矛盾心理 ambivalence 14.2
美感 aesthetic feeling 13.3
美国心理学会 American Psychological Association,APA 1.3
梦 dream 8.3
梦话 sleeptalking 8.3
梦魇 nightmare 8.3
梦游 sleepwalking 8.3

迷幻剂 psychedelics 8.5
免文化影响测验 culture-free test 15.2
面部表情 facial expression 13.4
面部表情模式 pattern of facial expression 13.4
面部反馈 facial feedback 13.5
描述 description 1.2
名词短语 noun phrase 12.1
明度 brightness 6.3
明亮和阴影 light and shadow 7.3
明尼苏达多相人格量表 Minnesota Multiphasic Personality Inventory, MMPI 16.4
明尼苏达职业兴趣量表 Minnesota Vocational Interest Inventory, MVII 5.5
明适应 light adaptation 6.2
冥想 meditation 8.4
命题思维 propositional thought 11.1
模仿 modeling 9.4
模式识别 pattern recognition 10.2
陌生人焦虑 stranger anxiety 4.2
目标 purpose 14.2
目标指向控制注意 goal-directed control of attention 8.2
N
内部感觉 internal sensation 6.1
内部语言 internal language 12.1
内分泌系统 endocrine system 2.4
内控点 internal locus of control 14.3
内驱力 drive 5.1
内驱力降低理论 drive-reduction theory 5.4
内省法 introspective method 1.2
内省资料 introspective data 1.2
内外控量表 Internal-External Scale 14. 3
内向性 introversion 16.2
内隐记忆 implicit memory 10.1
内隐行为 covert behavior 1.1
内源性注意 endogenous attention 8.2

内在动机 intrinsic motivation 5.1
内脏觉 visceral sensation 6.5
耐药性 drug tolerance 8.5
脑 brain 2.1
脑垂体 hypophysis 2.1
脑磁图扫描 magnetoencephalography, MEG 2.4
脑电图 electroencephalogram, EEG 2.3
脑干 brain stem 2.1
脑桥 pons 2.1
能力 ability 15.1
尼古丁 nicotine 8.5
逆 Tau 效应 anti-tau effect 7.4
逆条件作用 counterconditioning 9.2
逆向工作 working backward 11.4
逆向推理 working backward 11.4
年龄特征 age characteristic 4.1
P
胚胎 embryo 4.2
胚芽阶段 germinal period 4.2
偏侧疏忽 hemineglect 8.2
胼胝体 corpus callosum 2.1
频率说 frequency theory 6.4
平等主义文化 egalitarian culture 16.3
平衡觉 equilibratory sense 6.5
平行加工 parallel processing 6.3
评分者信度 scorer reliability 15.1
评估 evaluation 11.4
评鉴情境中的行为 assessment behavior in situations 16.4
普通心理学 general psychology 1.3
瀑布效应 Waterfall effect 7.5
Q
期望 expectancy 16.3
期望理论 expectancy theory 5.4

期望效应 expectancy effect 1.2
齐射说 volley theory 6.4
启发式 heuristics 11.4
气质 temperament 16.1
前脑 forebrain 2.1
前摄抑制 proactive inhibition 10.5
前提气氛效应 premise-atmosphere effect 11.3
前习俗水平 preconventional level 4.3
前意识 preconscious 8.1
前运算阶段 preoperational stage 4.3
潜伏期 latent stage 16.2
潜伏学习 latent learning 9.4
潜能 potentiality 15.4
潜意识 unconscious 8.1
潜意识过程 unconscious process 1.1
潜源特质 source trait 16.3
强化 reinforcement 9.2
强化程式 schedule of reinforcement 9.3
强化价值 reinforcement value 16.3
强化物 reinforcer 9.2
青春期 puberty 4.4
青少年期 adolescence 4.4
情操 sentiment 13.3
情调 feeling tone 13.3
情感 feeling 13.1;16.2
情结 complex 16.2
情景记忆 episodic memory 10.1
情境 situation 3.1
情境效应 context effects 7.1
情境智力 contextual intelligence 15.3
情绪 emotion 13.1
情绪二因论 two-factor theory of emotion 13.5
情绪归因论 attribution theory of emotion 13.5

情绪过程 emotional process 1.1
情绪记忆 emotional memory 10.1
情绪认知评价理论 cognitive evalution theory of emotion 13.5
情绪识别 recognition of emotion 13.4
情绪体验 emotional experience 13.2
情绪维度 emotional dimension 13.2
情绪性 emotionality 16.1;16.3
情绪智力 emotional intelligence 15.3
情绪状态 emotional state 13.3
丘脑 thalamus 2.1
驱力 drive 16.3;5.1
躯体神经系统 somatic nervous system 2.1
趋避矛盾 approach-avoidance ambivalence 14.2
去个性化 deindividuation 3.4
全或无定律 all-or-none law 2.1
全色盲 achromatism 6.3
全息短语 holophrastic 12.2
权力需要 need for power 5.3
权威型 authoritative style 16.3
确定问题 problem identification 11.4
群体人格 group personality 3.3
R
染色体 chromosome 2.5
人本主义心理学 humanistic psychology 1.3
人格 personality 16.1
人格理论 personality theory 16.1
人格面具 persona 16.2
人格评鉴 personality assessment 16.4
人格心理学 personality psychology 1.3
人文关怀原则 principle of humanistic concern 1.2
认知风格 cognitive style 16.1
认知过程 cognitive process 1.1
认知和格式塔效应 cognitive/Gestalt effects 7.6

认知取向 cognitive perspective 1.3
认知图 cognitive map 9.4
认知学习论 theory of cognitive learning 9.1
入静 meditation 8.4
S
萨皮尔—沃夫假设 Sapir-Whorf hypothesis 12.1
三维模式 three-dimensional pattern 13.2
色调 hue 6.3
色轮 color wheel 6.3
色盲 color blindness 6.3
色弱 color weakness 6.3
闪光灯记忆 flashbulb memory 10.5
闪光融合 flicker fusion 6.2
舌尖现象 tip of the tongue 10.5
社会促进 Social facilitation 3.4
社会化权力动机 socialized power motive 5.3
社会环境 social environment 3.1
社会角色 social role 3.4
社会密度 social density 3.2
社会认知学习理论 social-cognitive learning theory 1.3
社会生态系统理论 theory of social ecosystems 3.1
社会生态学 social ecology 3.1
社会文化取向 sociocultural perspective 1.3
社会懈怠 social loafing 3.4
社会心理学 social psychology 1.3
社会性需要 social need 5.3
社会影响 social influence 3.4
社会再适应评定量表 Social Readjustment Rating Scale 13.3
社会知觉 social perception 7.1
社会自我 social self 16.2
摄食中枢 feeding center 5.2
身体语言 body language 12.1
深层结构 deep structure 12.3

神经系统 nervous system 2.1
神经元 neuron 2.1
升华 sublimation 16.2
生产型 productive orientation 16.2
生的本能 life instinct 5.4
生理心理学 physiological psychology 1.3
生理依赖 physical dependence 8.5
生态学 ecology 3.1
生物反馈 biofeedback 9.3
生物性需要 biological need 5.2
生物学取向 biological perspective 1.3
生物钟 biological clock 7.4;8.3
生殖期 genital stage 16.2
失控 out of control 14.3
失眠 insomnia 8.3
失匹配负波 mismatch negativity,MMN 2.3
时间估计 time estimation 7.4
时间管理 time management 14.4
时间知觉 time perception 7.4
时尚 fashion 3.5
识别 identification 7.1
实体镜 stereoscopes 7.3
实验法 experimental method 1.2
实验心理学 experimental psychology 1.3
实验组 experimental group 1.2
市场型 marketing orientation 16.2
示踪物 tracer 10.1
事件相关电位 event-related potentials,ERP 2.3
视错觉 visual illusion 7.6
视角 visual angle 6.3
视觉 vision 6.3
视敏度 sight 6.3
视轴辐合 binocular convergence 7.3

手段—目的分析 means-ends analysis 11.4
手势语 sign language 12.1
守恒 conservation 4.3
首要特质 cardinal trait 16.3
首因效应 primary effect 10.3
受阻性意愿 obstructed will 14.3
书面语言 written language 12.1
数据驱动加工 data-driven processing 7.1
衰减模型 attenuation model 8.2
衰退 decay 10.5
双避冲突 avoidance-avoidance conflict 14.2
双词句阶段 two-word stage 12.2
双耳分听 dichotic listening 8.2
双耳间强度差 intensity difference of binaural 7.3
双耳间时间差 time difference of binaural 7.3
双关图 bistable figure 7.2
双加工调节模型 two proceses governing model 8.2
双盲研究 double-blind study 1.2
双趋冲突 approach-approach conflict 14.2
双生子研究 twin study 2.5
双眼会聚 binocular convergence 7.3
双眼视差 binocular disparity 7.3
双眼线索 binocular cue 7.3
水平迁移 lateral transfer 9.5
睡眠 sleep 8.3
顺向工作 working forward 11.4
顺向推理 working forward 11.4
顺应 accommodate 4.3
瞬时 instantaneity 7.4
瞬时记忆 immediate memory 10.1
司法心理学 forensic psychology 1.3
思索型 reflective style 16.1
思维 thinking 16.2, 11.1

思维定势 set of thinking 11.4
斯金纳箱 Skinner box 9.3
斯坦福—比纳智力量表 Stanford-Binet Intelligence Scale 15.2
斯特朗—坎贝尔兴趣量表 Strong-Campell Interest Inventory, SCII 5.5
死的本能 death instinct 5.4
死亡本能 thanatos 1.3
四氢大麻酚 tetrahydrocannabinol, THC 8.5
四色说 tetrachromatism 6.3
似本能需要 instinctoid need 5.3
似动知觉 apparent motion perception 7.5
搜索 search 8.2
算法式 algorithm 11.4
随意后注意 post voluntary attention 8.2
随意注意 voluntary attention 8.2
索利斯比率 Thouless Ratio, TR 7.2
T
他律道德 heteronomous morality 4.3
胎儿阶段 fetal stage 4.2
特异性投射系统 specific projection system 2.2
特征整合理论 feature integration theory 8.2
特质 trait 16.3
梯度期望理论 scalar expectancy theory, SET 7.4
提取 retrieval 10.1
体态表情 body expression 13.4
挑战 challenge 14.4
条件刺激 conditioned stimulus, CS 9.2
条件反射 conditioned reflex 9.2
条件反应 conditioned response, CR 9.2
听觉 audition 6.4
听觉数字广度 auditory digit span; DS 8.2
同伴关系 peer relationship 4.4
同化 assimilate 4.3
同时 simultaneity 7.4

同时对比 simultaneous contrast	6.2
同一性混乱 identity confusion	4.4
同一性获得 identity achievement	4.4
同一性延缓 identity moratorium	4.4
同一性早定 identity foreclosure	4.4
同域原则 law of common region	7.2
统我 [荣格]self	16.2
痛觉 pain	6.5
投射 projection	16.2
投射测验 projective test	16.4
突触 synapse	2.1
图式 schemas	4.3;12.4
图像记忆 iconic memory	10.2
图形 figure	7.2
推理 reasoning	11.2
W	
外部感觉 external sensation	6.1
外部语言 external language	12.1
外控点 external locus of control	14.3
外显记忆 explicit memory	10.1
外显行为 overt behavior	1.1
外向性 extraversion	16.2;16.3
外源性注意 exogenous attention	8.2
外在动机 extrinsic motivation	5.1
晚期选择模型 late selective model	8.2
网络成瘾 internet addiction disorder,IAD	3.3
网络模型 network model	10.4
网状结构 reticular formation	2.1
威尔尼克区 Wernicke's area	12.1
微电极记录法 micro-electrode recording	2.3
韦伯常数 Weber's constant	6.2
韦伯定律 Weber's law	6.2
韦克斯勒智力量表 Wechsler Intelligence Scale	15.2

伪相关 spurious correlation 1.2
味觉 taste 6.5
温度觉 temperature sensation 6.5
文化 culture 3.3
文化公平测验 culture-fair test 15.2
文化心理学 cultural psychology 1.3
文义性定义 literary definition 1.2
问卷调查 questionnaire survey 1.2
问卷法 questionnaire method 1.2
问题 problem 11.4
问题表征 problem representation 11.4
问题解决 problem solving 11.4
问题解决策略 strategy of problem solving 11.4
问题解决循环 problem-solving cycle 11.4
无条件刺激 unconditioned stimulus, UCS 9.2
无条件反射 unconditioned reflex 9.2
无条件反应 unconditioned response, UCR 9.2
无意识记 unintentional memorization 10.4
无意注意 involuntary attention 8.2
物理环境 physical environment 3.1
物体永存性 object permanence 4.3
物体知觉 object perception 7.1
物质自我 material self 16.2
晤谈法 interview method 1.2
X
稀释效应 dilution effect 16.3
习得 acquisition 9.2
习得性无助感 learned helplessness 9.4
习俗水平 conventional level 4.3
系列位置曲线 serial position curve 10.3
系统性 systematization 1.1
下丘脑 hypothalamus 2.1
下意识水平 subconscious level 8.1

先后对比 successive contrast 6.2
显性基因 dominant gene 2.5
现场实验 field experiment 1.2
现实自我 real self 16.2
线索 cue 16.3
线条透视 linear perspective 7.3
相对大小 relative size 7.3
相对体积假说 relative size hypothesis 7.6
相关法 correlational method 1.2
相关系数 correlation coefficient 1.2
相继 succession 7.4
相似性原则 law of similarity 7.2
相同要素说 theory of identical element 9.5
镶嵌图形测验 Embedded Figures Test 16.1
响度 loudness 6.4
想象 imagination 9.4;11.1
象征模仿 symbolic modeling 9.4
消费心理学 consumer psychology 1.3
消退 extinction 9.2
小脑 cerebellum 2.1
效度 validity 15.1
心境 mood 13.3
心理测量 mental measurement 15.1
心理测量函数 psychometric function 6.2
心理的现在 psychological now 7.4
心理动力学取向 psychodynamic perspective 1.3
心理规律 mental law 1.1
心理过程 mental process 1.1
心理环境 psychological environment 3.1
心理机能 mental function 1.1
心理结构 mental structure 1.1
心理年龄 mental age 15.2
心理情境 psychological situation 16.3

心理社会发展阶段论 theory of psychosocial development stage 4.5
心理事件 mental event 1.1
心理特征 mental characteristics 1.1
心理物理学 psychophysics 6.2
心理依赖 psychological dependence 8.5
心理状态 mental state 1.1
心灵学 parapsychology 7.1
心象思维 imaginal thought 11.1
信度 reliability 15.1
信号 signal 9.2
信念 belief 5.5
信息的社会影响 informational social influence 3.4
兴奋剂 stimulant 8.5
兴趣 interest 5.5;9.4
行波说 traveling-wave theory 6.4
行为 behavior 1.1
行为环境 behavioral environment 3.1
行为取向 behavioral perspective 1.3
行为塑造 shaping of behavior 9.3
行为遗传学 behavioral genetics 2.5
行为主义者 behaviorists 1.3
形成策略 strategy formulation 11.4
形式运算阶段 formal operational stage 4.3
形象记忆 imaginal memory 10.1
形象思维 imaginal thought 11.1
杏仁核 amygdala 2.1
性感区 erogenous zone 16.2
性格 character 16.1
性价值观 sexual values 5.2
性器期 phallic stage 16.2
性染色体 sex chromosome 2.5
雄激素 androgen 5.2
休珀职业价值观量表 Super Work Values Inventory, SWVI 5.5

虚假记忆 pseudo memory 10.1
虚拟现实 virtual reality 6.1
需要 need 5.1
需要层次论 need hierarchy theory 5.3
嗅觉 smell 6.5
选择性繁殖 selective breeding 2.5
选择性注意 selective attention 8.2
学习 learning 9.1
学习迁移 transfer of learning 9.5
Y
压觉 pressure sense 6.5
压抑 repression 10.5;16.2
鸦片类 opiates 8.5
亚文化 subculture 3.3
延迟强化 delayed reinforcement 9.3
延脑 medulla 2.1
言语 speech 12.1
言语知觉的运动理论 motor theory of speech perception 12.4
颜色混合 color mixture 6.3
演绎推理 deductive reasoning 11.3
验证期 verification 11.5
餍足中枢 satiety center 5.2
杨—黑尔姆霍兹三色说 Young-Helmholtz trichromatic theory 6.3
摇头丸 ecstasy;methylenedioxymethamphetamines,MDMA 8.5
药物成瘾 drug addiction 9.2
叶克斯—多德森定律 Yerkes-Dodson law 5.1
夜惊 night terror 8.3
液态智力 fluid intelligence 15.3
一级强化 primary reinforcement 9.3
一级强化物 primary reinforcer 9.3
伊底帕斯情结 Dedipus complex 16.2
医学心理学 medical psychology 1.3
依恋 attachment 4.2

咿呀学语阶段 babbling stage 12.2
宜人性 agreeableness 16.3
遗传 heredity 2.5
遗传限 heredity range 15.4
遗忘 forgetting 10.5
遗忘曲线 forgetting curve 10.4
抑制剂 depressant 8.5
意识 consciousness 1.1;8.1
意识流 stream of consciousness 8.1
意识水平 conscious level 8.1
意识状态 states of consciousness 8.1
意向 intention 5.1
意志 will 14.1
意志过程 willed process 1.1;14.1
意志控制 volitional control 14.3
意志品质 volitional characteristic 14.4
因变量 dependent variable 1.2
因素分析 factor analysis 15.3
阴影 shadow 16.2
音高 pitch 6.4
音色 timbre 6.4
音素 phoneme 12.1
音响记忆 echoic memory 10.2
隐秘观察者 hidden observer 8.4
隐性基因 recessive gene 2.5
应激 stress 13.3
拥挤 crowding 3.2
拥挤归因误差 crowding attribution error 3.2
永久记忆 permanent memory 10.4
有意后注意 post voluntary attention 8.2
有意识记 intentional memorization 10.4
有意注意 voluntary attention 8.2
诱导运动 induced motion 7.5

诱发电位 evoked potentials, EP 2.3
诱因 incentive 5.1
舆论 public opinion 3.5
语词记忆 verbal memory 10.1
语调表情 intonation expression 13.4
语境 context of words 12.3
语篇 discourse 12.1
语言 language 12.1
语言表达 language expression 12.3
语言产生 language production 12.3
语言决定论 linguistic determinism 12.1
语言理解 language comprehension 12.4
语言习得装置 language acquisition device, LAD 12.2
语言相对论 linguistic relativity 12.1
语义记忆 semantic memory 10.1
预测效度 predictive validity 15.1
预期 predictability 9.4
预知 precognition 7.1
阈下感觉 subliminal sensation 6.2
元成分 metacomponents 15.3
元分析 meta-analysis 1.2
原型 prototype; archetypes 11.2; 16.2
源遗忘 source amnesia 10.5
愿望 wish 5.1
月亮错觉 moon illusion 7.6
运动后效 motion aftereffect 7.5
运动记忆 motor memory 10.1
运动视差 motion parallax 7.3
运动心理学 sports psychology 1.3
运动知觉 motion perception 7.5
酝酿期 incubation 11.5
酝酿效应 incubation effect 11.4

Z

灾难后压力障碍 post-traumatic stress disorder 3.2
灾难综合症 disaster syndrome 3.2
再测信度 test-retest reliability 15.1
再认 recognition 10.1
噪声 noise 3.2
责任心 conscientiousness 16.3
詹姆士—兰格情绪理论 James-Lange theory of emotion 13.5
遮挡 occlusion 7.3
折半信度 split-half reliability 15.1
真动知觉 real movement perception 7.5
振动觉 vibration sense 6.5
整体型 wholist style 16.1
正比较效应 positive contrast effect 9.4
正惩罚 positive punishment 9.3
正电子成像术 positron emission tomography, PET 2.3
正后像 positive after-image 6.2
正迁移 positive transfer 9.5
正强化 positive reinforcement 9.3
正强化物 positive reinforcer 9.3
正态分布 normal distribution 15.2
正向关怀的需要 need for positive regard 16.2
知觉 perception 7.1
知觉到的现在 perceived present 7.4
知觉恒常性 perceptual constancy 7.2
知觉重组 perception reconstruction 7.2
知识 knowledge 15.1
知识习得成分 knowledge-acquisition components 15.3
执行成分 performance components 15.3
直接模仿 direct modeling 9.4
直接知觉 direct perception 7.1
直觉 intuition 11.4;16.2
质地梯度 texture gradient 7.3

致幻剂 hallucinogens 8.5
致畸原 teratogens 4.2
智力 intelligence 15.1
智力层次结构理论 hierarchical structure theory of intelligence 15.3
智力多元论 theory of multiple intelligence 15.3
智力二因素说 two-factor theory of intelligence 15.3
智力群因素说 group-factor theory of intelligence 15.3
智力三维结构模型 three-dimensional structure model of intelligence 15.3
智力三元论 triarchic theory of intelligence 15.3
智能不足 mental retardation 15.5
智商 intelligence quotient, IQ 15.2
中脑 midbrain 2.1
中年期 middle age 4.5
中枢神经系统 central nervous system, CNS 2.1
中心特质 central trait 16.3
中性刺激 neutral stimulus 9.2
众数人格 modal personality 3.3
重建法 reconstruction method 10.4
重整性记忆 redintegrative memory 10.4
重整作用 redintegration 10.4
周围神经系统 peripheral nervous system, PNS 2.1
昼夜节律 circadian rhythm 7.4; 8.3
主导动机 dominant motivation 5.1
主客观资料科学整合的原则 principle of scientific integration of subjective and objective data 1.2
主题统觉测验 Thematic Apperception test, TAT 16.4
注意 attention 8.2
注意闸门模型 attentional-gate model 7.4
专家系统论 theory of expertise system 7.1
专制型 authoritarian style 16.3
转换生成语法理论 transformational-generative theory of grammar 12.2
转移 displacement 16.2
状态依存记忆 state-dependent memory 10.4

锥体外运动系统 extrapyramidal motor system 2.2
锥体运动系统 pyramidal motor system 2.2
准备期 preparation 11.5
咨询心理学 counseling psychology 1.3
资源有限模型 cognitive resources limitation model 8.2
自变量 independent variable 1.2
自陈量表 self-report inventory 16.4
自传式记忆 autobiographical memory 10.4
自动恢复 spontaneous recovery 9.2
自律道德 autonomous morality 4.3
自然观察法 naturalistic observation method 1.2
自然环境 natural environment 3.1
自然灾害 natural disaster 3.2
自上而下的加工 top-down processing 7.1
自我 ego 16.2
自我调节学习 self-regulated learning 9.4
自我概念 self-concept 16.2
自我观察 self-observation 9.4
自我和谐 self congruence 16.2
自我判断 self-judgement 9.4
自我强化 self-reinforcement 16.3
自我认同 ego-identity 4.4
自我实现 self-actualization 5.3；16.2
自我同一性 ego-identity 4.4
自我中心主义 egocentrism 4.3
自下而上的加工 bottom-up processing 7.1
自信心 self-confidence 14.2
自由意志 free will 14.1
自制力 self-control 14.4
自主神经系统 autonomic nervous system 2.1
自主运动 autonomic motion 7.5
综合 synthesis 11.4
综合模仿 synthesized modeling 9.4

综合系统 comprehensive system 16.4
纵向研究 longitudinal study 4.1
阻滞 blocking 9.4
组块 chunk 10.3
组块化 chunking 10.3
组织信息 organization of information 11.4
最近发展区 zone of proximal development 4.3
最小可觉差 just noticeable difference 6.2
16种人格因素问卷 Sixteen Personality Factor Questionnaire, 16PF 16.3
Kappa效应 kappa effect 7.4
Tau效应 tau effect 7.4
Φ现象 phi phenomenon 7.5

二、英汉对照

A
ability 能力 15.1
abnormal psychology 变态心理学 1.3
absolute threshold 绝对阈限 6.2
abstract modeling 抽象模仿 9.4
accommodate 顺应 4.3
achromatism 全色盲 6.3
acquisition 习得 9.2
activation-synthesis hypothesis 激活—整合假说 8.3
activity 活动性 16.1
addiction 成瘾 8.5
additive color mixture 加色混合 6.3
adolescence 青少年期 4.4
aesthetic feeling 美感 13.3
affection 感情 13.1
after-image 后像 6.2
age characteristic 年龄特征 4.1
agreeableness 宜人性 16.3

air pollution syndrome空气污染综合症 3.2
alcohol酒精 8.5
algoritbm算法式 11.4
all-or-none law 全或无定律 2.1
altered states of consciousness 变更了的意识状态 8.1
ambivalence矛盾心理 14.2
American Psychological Association,APA美国心理学会 1.3
Amphetamine 安非他明 8.5
amphetamine苯丙胺 8.5
amygdala杏仁核 2.1
anal stage肛门期 16.2
analysis分析 11.4
analytic style分析型 16.1
androgen雄激素 5.2
anima 阿尼玛 16.2
animal language动物语言 12.1
animus 阿尼姆斯 16.2
anti-tau effect逆tau效应 7.4
apparent distance hypothesis表面距离假说 7.6
apparent motion perception似动知觉 7.5
approach-approach conflict双趋冲突 14.2
approach-avoidance ambivalence趋避矛盾 14.2
archetypes原型 16.2
assessment behavior in situations评鉴情境中的行为 16.4
assimilate同化 4.3
atmosphere perspective空气透视 7.3
attachment依恋 4.2
attentional-gate model注意闸门模型 7.4
attention注意 8.2
attenuation model衰减模型 8.2
attribution theory of emotion情绪归因论 13.5
audition听觉 6.4
auditory digit span;DS听觉数字广度 8.2

authoritarian style 专制型 16.3
authoritative style 权威型 16.3
autobiographical memory 自传式记忆 10.4
autonomic motion 自主运动 7.5
autonomic nervous system 自主神经系统 2.1
autonomous morality 自律道德 4.3
avoidance-avoidance conflict 双避冲突 14.2
awaking 觉醒 8.3
B
babbling stage 咿呀学语阶段 12.2
base rate 基础比率 11.4
basic emotion 基本情绪 13.2
behavioral environment 行为环境 3.1
behavioral genetics 行为遗传学 2.5
behavioral perspective 行为取向 1.3
behaviorists 行为主义者 1.3
behavior 行为 1.1
belief 信念 5.5
Big Five 大五 16.3
Binet-Simon Intelligence Scale 比纳—西蒙智力量表 15.2
binocular convergence 视轴辐合 7.3
binocular convergence 双眼会聚 7.3
binocular cue 双眼线索 7.3
binocular disparity 双眼视差 7.3
biofeedback 生物反馈 9.3
biographic research 传记研究 4.1
biological clock 生物钟 7.4;8.3
biological need 生物性需要 5.2
biological perspective 生物学取向 1.3
bistable figure 两可图 7.2
bistable figure 双关图 7.2
blocking 阻滞 9.4
body expression 体态表情 13.4

body language 身体语言 12.1
bottom-up processing 自下而上的加工 7.1
brain stem 脑干 2.1
brain 脑 2.1
brightness 明度 6.3
Broca's area 布罗卡区 12.1
Brunswik Ratio, BR 布伦斯维克比率 7.2
C
calcircadian rhythm 昼夜节律 8.3
Cannon-Bard theory of emotion 坎农—巴德情绪理论 13.5
cardinal trait 首要特质 16.3
case study 个案法 1.2
categorical perception 类别知觉 12.4
central nervous system, CNS 中枢神经系统 2.1
central trait 中心特质 16.3
cerebellum 小脑 2.1
cerebral cortex 大脑皮质 2.1
challenge 挑战 14.4
character 性格 16.1
chromosome 染色体 2.5
chunking 组块化 10.3
chunk 组块 10.3
circadian rhythm 昼夜节律 7.4
clairvoyance 灵觉 7.1
classical conditioning 经典条件作用 9.2
cocaine 可卡因 8.5
cocktail party phenomenon 鸡尾酒会现象 8.1
cognitive evalution theory of emotion 情绪认知评价理论 13.5
cognitive map 认知图 9.4
cognitive perspective 认知取向 1.3
cognitive process 认知过程 1.1
cognitive resources limitation model 资源有限模型 8.2
cognitive style 认知风格 16.1

cognitive/Gestalt effects 认知和格式塔效应 7.6
cohort-sequential study 断代—序列研究 4.1
collective unconscious 集体潜意识 16.2
color blindness 色盲 6.3
color mixture 颜色混合 6.3
color weakness 色弱 6.3
color wheel 色轮 6.3
commitment 承诺 14.4
common trait 共同特质 16.3
comparative psychology 比较心理学 1.3
compensation 补偿 16.2
complementary color 补色 6.3
complex emotion 复合情绪 13.2
complex 情结 16.2
componential intelligence 成分智力 15.3
comprehension processes 理解加工 12.4
comprehensive System 综合系统 16.4
computed tomography，CT 计算机断层扫描 2.3
computer-aided instruction，CAI 计算机辅助教学 9.3
concentrated attention 集中性注意 8.2
concept formation 概念形成 11.2
conceptually driven processing 概念驱动加工 7.1
concept 概念 11.2
concrete operation stage 具体运算阶段 4.3
conditioned reflex 条件反射 9.2
conditioned response，CR 条件反应 9.2
conditioned stimulus，CS 条件刺激 9.2
conditions of worth 价值的条件 16.2
conduction hearing loss 传导性耳聋 6.4
conflict 冲突 14.2
conformity 从众 3.4
conscientiousness 责任心 16.3
conscious level 意识水平 8.1

consciousness 意识 1.1,8.1
conservation 守恒 4.3
construct validity 构想效度 15.1
constructive perception 建构知觉 7.1
consumer psychology 消费心理学 1.3
context effects 情境效应 7.1
context of words 语境 12.3
contextual intelligence 情境智力 15.3
contingent negative variation,CNV 关联负变化 8.2
continuous reinforcement 连续强化 9.3
contrast effect 比较效应 9.4
control group 控制组 1.2
control 控制 14.4
conventional level 习俗水平 4.3
convergent thinking 聚合思维 11.1
conversational language 会话语言 12.1
corpus callosum 胼胝体 2.1
correlation coefficient 相关系数 1.2
correlational method 相关法 1.2
counseling psychology 咨询心理学 1.3
counterconditioning 逆条件作用 9.2
covert behavior 内隐行为 1.1
creative thinking 创造性思维 11.1
creativity 创造力 11.5
critical flicker fusion frequency 临界闪光融合频率 6.2
critical period 关键期 12.2
cross-cultural psychology 跨文化心理学 1.3
cross-sectional study 横断研究 4.1
crowding attribution error 拥挤归因误差 3.2
crowding 拥挤 3.2
crystallized intelligence 晶态智力 15.3
cue 线索 16.3

cultural psychology 文化心理学 1.3
culture-fair test 文化公平测验 15.2
culture-free test 免文化影响测验 15.2
culture 文化 3.3
custom 风俗 3.5
D
dark adaptation 暗适应 6.2
data-driven processing 数据驱动加工 7.1
daydream 白日梦 8.1
death instinct 死的本能 5.4
decay 衰退 10.5
decision making 决策 14.2
declarative memory 陈述记忆 10.1
Dedipus complex 伊底帕斯情结 16.2
deductive reasoning 演绎推理 11.3
deep structure 深层结构 12.3
defense mechanism 防卫机制 16.2
deficiency need 匮乏性需要 5.3
deindividuation 去个性化 3.4
delayed reinforcement 延迟强化 9.3
denial 否认 16.2
dependent variable 因变量 1.2
depressant 抑制剂 8.5
description 描述 1.2
detection 检测 7.1
determination 果断性 14.4
developmental psychology 发展心理学 1.3
deviation IQ 离差智商 15.2
dichotic listening 双耳分听 8.2
difference threshold 差别阈限 6.2
dilution effect 稀释效应 16.3
direct modeling 直接模仿 9.4
direct perception 直接知觉 7.1

disaster syndrome 灾难综合症 3.2
discourse 语篇 12.1
discrimination 分辨 7.1
discrimination 分化 9.2
displacement 转移 16.2
divergent thinking 发散思维 11.1
divided attention 分配性注意 8.2
dominant gene 显性基因 2.5
dominant motivation 主导动机 5.1
double-blind study 双盲研究 1.2
dream 梦 8.3
drive-reduction theory 内驱力降低理论 5.4
drive 内驱力 5.1
drug addiction 药物成瘾 9.2
drug tolerance 抗药性 8.5
drug tolerance 耐药性 8.5
duration 持续 7.4
E
echoic memory 音响记忆 10.2
ecology 生态学 3.1
ecstasy 摇头丸 8.5
educational psychology 教育心理学 1.3
egalitarian culture 平等主义文化 16.3
egocentrism 自我中心主义 4.3
ego-identity 自我认同 4.4
ego-identity 自我同一性 4.4
ego 自我 16.2
electroencephalogram, EEG 脑电图 2.3
Embedded Figures Test 镶嵌图形测验 16.1
embryo 胚胎 4.2
emotional dimension 情绪维度 13.2
emotional experience 情绪体验 13.2
emotional expression 表情 13.4

emotional intelligence 情绪智力 15.3
emotional memory 情绪记忆 10.1
emotional process 情绪过程 1.1
emotional state 情绪状态 13.3
emotionality 情绪性 16.1;16.3
emotion 情绪 13.1
empiricism 经验主义 1.3
encoding failure 编码缺失 10.5
encoding 编码 10.1
endocrine system 内分泌系统 2.4
endogenous attention 内源性注意 8.2
environment 环境 3.1
episodic memory 情景记忆 10.1
equilibratory sense 平衡觉 6.5
erogenous zone 性感区 16.2
estrogen 雌激素 5.2
evaluation 评估 11.4
event-related potentials, ERP 事件相关电位 2.3
evocative interaction 唤起的交互作用 4.1
evoked potentials, EP 诱发电位 2.3
evolutionary psychology 进化心理学 1.3
Excuer's area 艾克纳尔区 12.1
exogenous attention 外源性注意 8.2
expectancy effect 期望效应 1.2
expectancy theory 期望理论 5.4
expectancy 期望 16.3
experiential intelligence 经验智力 15.3
experimental group 实验组 1.2
experimental method 实验法 1.2
experimental psychology 实验心理学 1.3
explicit memory 外显记忆 10.1
exploitative orientation 剥削型 16.2
explosive will 爆发性意愿 14.3

external language 外部语言 12.1
external locus of control 外控点 14.3
external sensation 外部感觉 6.1
extinction 消退 9.2
extrapyramidal motor system 锥体外运动系统 2.2
extrasensory perception,ESP 超感知觉 7.1
extraversion 外向性 16.2;16.3
extrinsic motivation 外在动机 5.1
F
facial expression 面部表情 13.4
facial feedback 面部反馈 13.5
factor analysis 因素分析 15.3
falsifiabity 可证伪性 1.1
fantasy 幻想 8.1
fashion 时尚 3.5
feature integration theory 特征整合理论 8.2
Fechner 's law 费希纳定律 6.2
feeding center 摄食中枢 5.2
feeling tone 情调 13.3
feeling 情感 13.2;16.2
fetal stage 胎儿阶段 4.2
field dependent style 场依存型 16.1
field experiment 现场实验 1.2
field independent style 场独立型 16.1
figure 图形 7.2
filter model 过滤器模型 8.2
first signal system 第一信号系统 9.2
fixed interval schedule 固定时距程式 9.3
fixed ratio schedule 固定比率程式 9.3
flashbulb memory 闪光灯记忆 10.5
flicker fusion 闪光融合 6.2
fluid intelligence 液态智力 15.3
focal conscious 焦点意识 8.1

forebrain 前脑 2.1
forensic psychology 司法心理学 1.3
forgetting curve 遗忘曲线 10.4
forgetting 遗忘 10.5
formal operational stage 形式运算阶段 4.3
framing 建构方式 11.4
free will 自由意志 14.1
frequency theory 频率说 6.4
functional fixedness 功能固着 11.4
functional magnetic resonance imaging, fMRI 功能磁共振成像 2.3
functionalism 机能主义 1.3
G
gambler's fallacy 赌徒谬误 11.3
ganzfeld 空虚视野 7.2
general psychology 普通心理学 1.3
generalization 泛化 9.2
generate and test 假设检验 11.4
gene 基因 2.5
genital stage 生殖期 16.2
genotype 基因型 2.5
geometric illusion 几何错觉 7.6
geons 几何子 7.1
germinal period 胚芽阶段 4.2
goal-directed control of attention 目标指向控制注意 8.2
ground 背景 7.2
group personality 群体人格 3.3
group-factor theory of intelligence 智力群因素说 15.3
growth need 成长性需要 5.3
H
Haas effect 哈斯效应 7.2
hallucinogens 致幻剂 8.5
handedness 利手 2.2
hardiness 坚韧性 14.4

health psychology 健康心理学 1.3
hemineglect 偏侧疏忽 8.2
heredity range 遗传限 15.4
heredity 遗传 2.5
heroin 海洛因 8.5
heteronomous morality 他律道德 4.3
heuristics 启发式 11.4
hidden observer 隐秘观察者 8.4
hierarchical culture 等级主义文化 16.3
hierarchical structure theory of intelligence 智力层次结构理论 15.3
high-context culture 高背景文化 16.3
high-road transfer 高路迁移 9.5
hindbrain 后脑 2.1
hippocampus 海马 2.1
hoarding orientation 囤积型 16.2
Holland Vocational Preference Invertory, HVPI 霍兰德职业爱好量表 5.5
holophrastic 全息短语 12.2
hormone 激素 2.4
hue 色调 6.3
humanistic psychology 人本主义心理学 1.3
hypnosis 催眠 8.4
hypnotic susceptibility 催眠感受性 8.4
hypophysis 脑垂体 2.1
hypothalamus 下丘脑 2.1
I
iconic memory 图像记忆 10.2
ideal self 理想自我 16.2
ideal 理想 5.5
identification 识别 7.1
identity achievement 同一性获得 4.4
identity confusion 同一性混乱 4.4
identity foreclosure 同一性早定 4.4
identity moratorium 同一性延缓 4.4

id本我 16.2
illumination豁朗期 11.5
illusion错觉 7.6
image表象 11.1
imaginal memory形象记忆 10.1
imaginal thought心象思维 11.1
imaginal thought形象思维 11.1
imagination想象 9.4
immediate memory瞬时记忆 10.1
immediate reinforcement立即强化 9.3
implicit memory内隐记忆 10.1
impossible figure不可能图形 7.1
impulse control disorder冲动控制障碍 14.3
impulsive style冲动型 16.1
incentive诱因 5.1
incubation effect酝酿效应 11.4
incubation酝酿期 11.5
independency独立性 14.4
independent variable自变量 1.2
indigenous psychology本土心理学 1.3
individual mental characteristics个性心理特征 1.1
individual trait个人特质 16.3
induced motion诱导运动 7.5
inductive reasoning归纳推理 11.3
industrial/organizational psychology工业/组织心理学 1.3
informational social influence信息的社会影响 3.4
insomnia失眠 8.3
inspiration灵感 11.5
instantaneity瞬时 7.4
instinctoid need似本能需要 5.3
instinct本能 5.1
intelligence quotient,IQ智商 15.2
intelligence智力 15.1

intense emotion 激情 13.3
intensity difference of binaural 双耳间强度差 7.3
intentional memorization 有意识记 10.4
intention 意向 5.1
interest 兴趣 5.5;9.4
internal language 内部语言 12.1
internal locus of control 内控点 14.3
internal sensation 内部感觉 6.1
Internal-External Scale 内外控量表 14．3
internet addiction disorder,IAD 网络成瘾 3.3
internet 互联网 3.3
interview method 晤谈法 1.2
interview survey 访问调查 1.2
intonation expression 语调表情 13.4
intrinsic motivation 内在动机 5.1
introspective data 内省资料 1.2
introspective method 内省法 1.2
introversion 内向性 16.2
intuiting 直觉 11.4;16.2
involuntary attention 不随意注意 8.2
involuntary attention 无意注意 8.2
J
James-Lange theory of emotion 詹姆士-兰格情绪理论 13.5
just noticeable difference 最小可觉差 6.2
K
Kappa effect Kappa 效应 7.4
kinesthesia 动觉 6.5
knowledge-acquisition components 知识习得成分 15.3
knowledge 知识 15.1
Korsakoff Syndrome 科尔萨克夫综合征 10.1
Kuder Occupational Interest Survey,KOIS 库德职业兴趣调查 5.5
L
language acquisition device,LAD 语言习得装置 12.2

language comprehension 语言理解	12.4
language expression 语言表达	12.3
language production 语言产生	12.3
language 语言	12.1
late selective model 晚期选择模型	8.2
latent learning 潜伏学习	9.4
latent stage 潜伏期	16.2
lateral transfer 水平迁移	9.5
lateralization 单侧化	12.1
law of closure 闭合原则	7.2
law of common region 同域原则	7.2
law of continuity 连续性原则	7.2
law of good form 好图形原则	7.2
law of proximity 邻近原则	7.2
law of similarity 相似性原则	7.2
learned helplessness 习得性无助感	9.4
learning 学习	9.1
level of aspiration 抱负水平	14.2
lexical processes 词汇加工	12.4
libido 力比多	16.2
lie detector 测谎仪	13.1
life instinct 生的本能	5.4
life span development 毕生发展	4.1
light adaptation 明适应	6.2
light and shadow 明亮和阴影	7.3
limbic system 边缘系统	2.1
linear perspective 线条透视	7.3
linguistic determinism 语言决定论	12.1
linguistic relativity 语言相对论	12.1
literary definition 文义性定义	1.2
locus of control 控制点	14.3
longitudinal study 纵向研究	4.1
long-term memory 长时记忆	10.1

long-term potentiation 长时程增强 10.1
loudness 响度 6.4
low-context culture 低背景文化 16.3
low-road transfer 低路迁移 9.5
luminance and contrast 亮度和对比度 7.6
lysergic acid diethylamide;LSD 麦角酸酰二乙胺 8.5
M
magnetic resonance imaging,MRI 磁共振成像 2.3
magnetoencephalography,MEG 脑磁图扫描 2.4
managerial psychology 管理心理学 1.3
marginal conscious 边缘意识 8.1
marijuana 大麻 8.5
marketing orientation 市场型 16.2
material self 物质自我 16.2
McGurk effect 麦圭克效应 12.4
means-ends analysis 手段目的分析 11.4
medical psychology 医学心理学 1.3
meditation 冥想 8.4
meditation 入静 8.4
medulla 延脑 2.1
memory distortion 记忆扭曲 10.4
memory trace 记忆痕迹 10.5
memory 记忆 10.1
menopmase depression 更年期抑郁 4.5
mental age 心理年龄 15.2
mental characteristics 心理特征 1.1
mental event 心理事件 1.1
mental function 心理机能 1.1
mental law 心理规律 1.1
mental measurement 心理测量 15.1
mental process 心理过程 1.1
mental retardation 智能不足 15.5
mental state 心理状态 1.1

mental structure 心理结构 1.1
meta-analysis 元分析 1.2
metacomponents 元成分 15.3
method of dilemma-story 两难故事法 4.3
method of savings 节省法 10.4
methylenedioxymethamphetamines, MDMA 摇头丸 8.5
micro-electrode recording 微电极记录法 2.3
midbrain 中脑 2.1
middle age 中年期 4.5
military psychology 军事心理学 1.3
Minnesota Multiphasic Personality Inventory, MMPI 明尼苏达多相人格量表 16.4
Minnesota Vocational Interest Inventory, MVII 明尼苏达职业兴趣量表 5.5
mirror neurons 镜像神经元 9.4
mismatch negativity, MMN 失匹配负波 2.3
mnemonics 记忆术 10.4
modal personality 众数人格 3.3
modeling 模仿 9.4
model 榜样 9.4
monitoring 监控 11.4
monocular cue 单眼线索 7.3
monologue language 独白语言 12.1
mood 心境 13.3
moon illusion 月亮错觉 7.6
moral development 道德发展 4.3
moral feeling 道德感 13.3
moral realism 道德现实主义 4.3
moral relativism 道德相对主义 4.3
morpheme 词素 12.1
morphine 吗啡 8.5
motion aftereffect 运动后效 7.5
motion parallax 运动视差 7.3
motion perception 运动知觉 7.5
motivated forgetting 动机性遗忘 10.5

motivation emotional process 动机情绪过程 1.1
motivation 动机 5.1
motor memory 运动记忆 10.1
motor theory of speech percetion 运动理论 12.4
motoric thought 动作思维 11.1
multiple approach-avoidance ambivalence 多重趋避矛盾 14.2
N
natural disaster 自然灾害 3.2
natural environment 自然环境 3.1
naturalistic observation method 自然观察法 1.2
need for achievement 成就需要 5.3
need for affiliation 交往需要 5.3
need for positive regard 正向关怀的需要 16.2
need for power 权力需要 5.3
need hierarchy theory 需要层次论 5.3
need 需要 5.1
negative after-image 负后像 6.2
negative contrast effect 负比较效应 9.4
negative punishment 负惩罚 9.3
negative reinforcement 负强化 9.3
negative reinforcer 负强化物 9.3
negative transfer 负迁移 9.5
neglectful style 忽视型 16.3
nervous system 神经系统 2.1
network model 网络模型 10.4
neuron 神经元 2.1
neutral stimulus 中性刺激 9.2
nicotine 尼古丁 8.5
night terror 夜惊 8.3
nightmare 梦魇 8.3
noise 噪声 3.2
nonconscious 非意识 8.1
non-rapid eye movement sleep, non-REMs 非快速眼动睡眠 8.3

nonspecific projection system 非特异性投射系统 2.2

normal distribution 正态分布 15.2

normative social influence 规范的社会影响 3.4

normative thinking 常规思维 11.1

norm 常模 15.1

noun phrase 名词短语 12.1

O

obedience 服从 3.4

object perception 物体知觉 7.1

object permanence 物体永存性 4.3

observational learning theory 观察学习理论 9.4

observational learning 观察学习 9.4

observer bias 观察者偏差 1.2

obstructed will 受阻性意愿 14.3

occlusion 遮挡 7.3

old age 老年期 4.5

one-word stage 单词句阶段 12.2

openness 开放性 16.3

operant conditioning 操作条件作用 9.3

operational definition 操作性定义 1.2

opiates 鸦片类 8.5

opponent process theory 拮抗过程说 6.3

oral language 口头语言 12.1

oral stage 口腔期 16.2

organic sensation 机体觉 6.5

organismic variables 机体变量 1.2

organization of information 组织信息 11.4

orienting response 定向反应 8.2

out of control 失控 14.3

overt behavior 外显行为 1.1

P

pain 痛觉 6.5

parallel processing 平行加工 6.3

parapsychology 心灵学	7.1
parasympathetic nervous system 副交感神经系统	2.1
partial reinforcement 部分强化	9.3
pattern of facial expression 面部表情模式	13.4
pattern recognition 模式识别	10.2
peak experience 高峰体验	16.2
peer relationship 同伴关系	4.4
perceived present 知觉到的现在	7.4
perception reconstruction 知觉重组	7.2
perception 知觉	7.1
perceptual constancy 知觉恒常性	7.2
performance components 执行成分	15.3
peripheral nervous system，PNS 周围神经系统	2.1
permanent memory 永久记忆	10.4
permissive style 娇惯型	16.3
personal unconscious 个人潜意识	16.2
personality assessment 人格评鉴	16.4
personality psychology 人格心理学	1.3
personality theory 人格理论	16.1
personality 人格	16.1
personalized power motive 个人化权力动机	5.3
persona 人格面具	16.2
person-organization fit 个人与组织匹配	5.5
phallic stage 性器期	16.2
phenotype 表现型	2.5
phi phenomenon Φ现象	7.5
phoneme 音素	12.1
physical dependence 生理依赖	8.5
physical environment 物理环境	3.1
physiological psychology 生理心理学	1.3
pitch 音高	6.4
place theory 地点说	6.4
pons 脑桥	2.1

positive after-image 正后像 6.2

positive contrast effect 正比较效应 9.4

positive punishment 正惩罚 9.3

positive reinforcement 正强化 9.3

positive reinforcer 正强化物 9.3

positive transfer 正迁移 9.5

positron emission tomography, PET 正电子成像术 2.3

post voluntary attention 随意后注意 8.2

post voluntary attention 有意后注意 8.2

postconventional level 后习俗水平 4.3

post-traumatic stress disorder 灾难后压力障碍 3.2

potentiality 潜能 15.4

precognition 预知 7.1

preconscious 前意识 8.1

preconventional level 前习俗水平 4.3

predictability 预期 9.4

predictive validity 预测效度 15.1

premise-atmosphere effect 前提气氛效应 11.3

preoperational stage 前运算阶段 4.3

preparation 准备期 11.5

pressure sense 压觉 6.5

primary effect 首因效应 10.3

primary emotion 初级情绪 13.2

primary memory 初级记忆 10.3

Primary Mental Abilities Test, PMAT 基本心理能力测验 15.3

primary reinforcement 一级强化 9.3

primary reinforcer 一级强化物 9.3

principle of humanistic concern 人文关怀原则 1.2

principle of public verifiability 可公开检验原则 1.2

principle of scientific integration of subjective and objective data 主客观资料科学整合的原则 1.2

proactive inhibition 前摄抑制 10.5

proactive interaction 超前的交互作用 4.1

problem definition定义问题 11.4
problem identification确定问题 11.4
problem representation问题表征 11.4
problem solving问题解决 11.4
problem-solving cycle问题解决循环 11.4
problem问题 11.4
procedural memory程序记忆 10.1
productive orientation　生产型 16.2
projection投射 16.2
projective test投射测验 16.4
propositional thought命题思维 11.1
prototype原型 11.2
pseudo memory虚假记忆 10.1
psychedelics迷幻剂 8.5
psychoactive drugs精神药物 8.5
psychoanalysis精神分析 16.2
psychodynamic perspective心理动力学取向 1.3
psychodynamic theory精神动力学理论 16.2
psychological dependence心理依赖 8.5
psychological environment心理环境 3.1
psychological now心理的现在 7.4
psychological situation心理情境 16.3
psychometric function心理测量函数 6.2
psychophysics心理物理学 6.2
puberty发身期 4.4
puberty青春期 4.4
public opinion舆论 3.5
punishment惩罚 9.3
purpose目标 14.2
pyramidal motor system锥体运动系统 2.2
Q
questionnaire method问卷法 1.2
questionnaire survey问卷调查 1.2

R

rapid eye movement sleep, REMs 快速眼动睡眠 8.3
ratio IQ 比率智商 15.2
rational feeling 理智感 13.3
rationalism 理性主义 1.3
rationalization 合理化 16.2
reaction formation 反向作用 16.2
reactive interaction 反应的交互作用 4.1
real movement perception 真动知觉 7.5
real self 现实自我 16.2
reasoning 推理 11.2
recall method 回忆法 10.4
recall 回忆 10.1
recency effect 近因效应 10.3
receptive orientation 接纳型 16.2
recessive gene 隐性基因 2.5
recognition by components theory 成分再认理论 7.1
recognition of emotion 情绪识别 13.4
recognition 再认 10.1
reconstruction method 重建法 10.4
redintegration 重整作用 10.4
redintegrative memory 重整性记忆 10.4
reflective style 思索型 16.1
reflex 反射 2.1; 9.2; 1.3
rehearsal 复述 10.3
reinforcement value 强化价值 16.3
reinforcement 强化 9.2
reinforcer 强化物 9.2
relative size hypothesis 相对体积假说 7.6
relative size 相对大小 7.3
reliability 信度 15.1
reminiscence 记忆恢复 10.4
replicability 可复制性 1.1

representativeness heuristic 代表性启发 11.4
repression 压抑 10.5;16.2
resonance theory 共鸣说 6.4
resource allocation 分配资源 11.4
response variables 反应变量 1.2
response 反应 16.3
retention curve 保持曲线 10.4
reticular formation 网状结构 2.1
retrieval 提取 10.1
retroactive inhibition 倒摄抑制 10.5
reversible figure 可逆图形 7.2
reward 奖赏 16.3
role 角色 3.4
Rorschach Inkblot Test 罗夏墨迹测验 16.4
S
Sapir–Whorf hypothesis 萨皮尔—沃夫假设 12.1
satiety center 餍足中枢 5.2
saturation 饱和度 6.3
scalar expectancy theory, SET 梯度期望理论 7.4
schedule of reinforcement 强化程式 9.3
schemas 图式 4.3;12.4
scorer reliability 评分者信度 15.1
search 搜索 8.2
second factor analysis 次级因素分析 15.3
second signal system 第二信号系统 9.2
secondary emotion 次级情绪 13.2
secondary memory 二级记忆 10.3
secondary reinforcement 次级强化 9.3
secondary reinforcer 次级强化物 9.3
secondary trait 次要特质 16.3
second-order conditioning 次级条件作用 9.2
selective attention 选择性注意 8.2
selective breeding 选择性繁殖 2.5

self congruence 自我和谐 16.2
self-actualization 自我实现 16.2
self-concept 自我概念 16.2
self-confidence 自信心 14.2
self-control 自制力 14.4
self-judgement 自我判断 9.4
self-observation 自我观察 9.4
self-realization 自我实现 5.3
self-regulated learning 自我调节学习 9.4
self-reinforcement 自我强化 16.3
self-report inventory 自陈量表 16.4
self统我 16.2
semantic memory 语义记忆 10.1
sensation seeking感觉寻求 8.5
sensation感觉 6.1
sensing感觉 16.2
sensorimotor stage感觉运动阶段 4.3
sensorineural hearing loss感觉神经性耳聋 6.4
sensory adaptation感觉适应 6.2
sensory compensation感觉补偿 6.4
sensory contrast感觉对比 6.2
sensory memory感觉记忆 10.1
sensory register感觉登记 10.2
sensory threshold感觉阈限 6.2
sentiment情操 13.3
serial position curve 系列位置曲线 10.3
set of thinking思维定势 11.4
set定势 5.1
sex chromosome 性染色体 2.5
sexual values 性价值观 5.2
shadow 阴影 16.2
shaping of behavior行为塑造 9.3
short-term memory 短时记忆 10.1

short-term storage 短时储存 10.3
sight 视敏度 6.3
sign language 手势语 12.1
signal 信号 9.2
simple visual response time RT 简单视觉反应时 8.2
simultaneity 同时 7.4
simultaneous contrast 同时对比 6.2
single-blind study 单盲研究 1.2
situation 情境 3.1
Sixteen Personality Factor Questionnaire, 16PF 16种人格因素问卷 16.3
skill 技能 15.1
skin sense 肤觉 6.5
Skinner box 斯金纳箱 9.3
sleeptalking 梦话 8.3
sleepwalking 梦游 8.3
sleep 睡眠 8.3
smell 嗅觉 6.5
sociability 交际性 16.1
social density 社会密度 3.2
social ecology 社会生态学 3.1
social environment 社会环境 3.1
Social facilitation 社会促进 3.4
social influence 社会影响 3.4
social loafing 社会懈怠 3.4
social need 社会性需要 5.3
social perception 社会知觉 7.1
social psychology 社会心理学 1.3
Social Readjustment Rating Scale 社会再适应评定量表 13.3
social role 社会角色 3.4
social self 社会自我 16.2
social-cognitive learning theory 社会认知学习理论 1.3
socialized power motive 社会化权力动机 5.3
sociocultural perspective 社会文化取向 1.3

somatic nervous system 躯体神经系统 2.1
source amnesia 源遗忘 10.5
source trait 潜源特质 16.3
space perception 空间知觉 7.3
specific projection system 特异性投射系统 2.2
speech 言语 12.1
spinal cord 脊髓 2.1
spiritual self 精神自我 16.2
split-half reliability 折半信度 15.1
spontaneous recovery 自动恢复 9.2
sports psychology 运动心理学 1.3
spurious correlation 伪相关 1.2
Stanford-Binet Intelligence Scale 斯坦福—比纳智力量表 15.2
state-dependent memory 状态依存记忆 10.4
states of consciousness 意识状态 8.1
steadfastness 坚定性 14.4
steady purposiveness 坚定的目的性 14.4
stereopsis 立体视觉 7.3
stereoscopes 实体镜 7.3
stereotype threat 刻板印象威胁 15.2
stimulant 兴奋剂 8.5
stimulus variables 刺激变量 1.2
stimulus-driven control of attention 刺激驱动注意 8.2
storage 储存 10.1
stranger anxiety 陌生人焦虑 4.2
strategy formulation 形成策略 11.4
strategy of problem solving 问题解决策略 11.4
stream of consciousness 意识流 8.1
stress 应激 13.3
stroboscope motion 动景运动 7.5
Strong-Campell Interest Inventory, SCII 斯特朗—坎贝尔兴趣量表 5.5
structuralism 构造主义 1.3
subconscious level 下意识水平 8.1

subculture 亚文化 3.3
subject 被试 1.2
sublimation 升华 16.2
subliminal sensation 阈下感觉 6.2
subordinate motivation 次要动机 5.1
subtractive color mixture 减色混合 6.3
succession 相继 7.4
successive contrast 先后对比 6.2
Super Work Values Inventory, SWVI 休珀职业价值观量表 5.5
superego 超我 16.2
supernormal children 超常儿童 15.5
surface structure 表层结构 12.3
surface trait 表面特质 16.3
survey method 调查法 1.2
symbolic modeling 象征模仿 9.4
sympathetic nervous system 交感神经系统 2.1
synapse 突触 2.1
syntax 句法 12.1
synthesis 综合 11.4
synthesized modeling 综合模仿 9.4
systematization 系统性 1.1
T
taste 味觉 6.5
tau-effect Tau效应 7.4
technological disaster 技术性灾害 3.2
telegraphic speech 电报式言语 12.2
telepathy 传心术 7.1
temperament 气质 16.1
temperature sensation 温度觉 6.5
teratogens 致畸原 4.2
test-retest reliability 再测信度 15.1
tetrachromatism 四色说 6.3
tetrahydrocannabinol, THC 四氢大麻酚 8.5

texture gradient 质地梯度	7.3
thalamus 丘脑	2.1
thanatos 死亡本能	1.3
Thematic Apperception test, TAT 主题统觉测验	16.4
theory of associative leaning 联结学习理论	9.1
theory of cognitive learning 认知学习论	9.1
theory of expertise system 专家系统论	7.1
theory of identical element 相同要素说	9.5
theory of multiple intelligence 智力多元论	15.3
theory of psychosocial development stage 心理社会发展阶段论	4.5
theory of social ecosystems 社会生态系统理论	3.1
thinking 思维	11.1; 16.2
Thouless Ratio, TR 索利斯比率	7.2
three-dimensional pattern 三维模式	13.2
three-dimensional structure model of intelligence 智力三维结构模型	15.3
timbre 音色	6.4
time difference of binaural 双耳间时间差	7.3
time estimation 时间估计	7.4
time management 时间管理	14.4
time perception 时间知觉	7.4
tip of the tongue 舌尖现象	10.5
top-down processing 自上而下的加工	7.1
touch 触觉	6.5
Tower of Hanoi problem 河内塔问题	11.4
tracer 示踪物	10.1
trait 特质	16.3
transcendental meditation 超觉入静	8.4
transcranial magnetic stimulation, TMS 经颅磁技术	2.3
transfer of learning 学习迁移	9.5
transformational-generative theory of grammar 转换生成语法理论	12.2
traveling-wave theory 行波说	6.4
triarchic theory of intelligence 智力三元论	15.3
twin study 双生子研究	2.5

two proceses governing model 双加工调节模型 8.2
two-factor theory of emotion 情绪二因论 13.5
two-factor theory of intelligence 智力二因素说 15.3
two-word stage 双词句阶段 12.2
U
unconditioned reflex 无条件反射 9.2
unconditioned response, UCR 无条件反应 9.2
unconditioned stimulus, UCS 无条件刺激 9.2
unconscious process 潜意识过程 1.1
unconscious 潜意识 8.1
unintentional memorization 无意识记 10.4
urban crowding syndrome 都市拥挤综合症 3.2
V
validity 效度 15.1
values 价值观 5.5
variable interval schedule 不定时距程式 9.3
variable ratio schedule 不定比率程式 9.3
variable 变量 1.2
verb phrase 动词短语 12.1
verbal memory 语词记忆 10.1
verification 验证期 11.5
vertical transfer 垂直迁移 9.5
vibration sense 振动觉 6.5
vigilance 警觉 8.2
virtual reality 虚拟现实 6.1
visceral sensation 内脏觉 6.5
visible spectrum 可见光谱 6.3
vision 视觉 6.3
visual angle 视角 6.3
visual illusion 视错觉 7.6
volitional characteristic 意志品质 14.4
volitional control 意志控制 14.3
volley theory 齐射说 6.4
voluntary attention 随意注意 8.2

voluntary attention 有意注意 8.2

W

Waterfall effect 瀑布效应 7.5

Weber's constant 韦伯常数 6.2

Weber's law 韦伯定律 6.2

Wechsler Intelligence Scale 韦克斯勒智力量表 15.2

Wernicke's area 威尔尼克区 12.1

wholist style 整体型 16.1

willed process 意志过程 1.1;14.1

will 意志 14.1

wish 愿望 5.1

withdrawal symptom 戒断综合症 8.5

working backward 逆向推理 11.4

working forward 顺向推理 11.4

working memory 工作记忆 10.3

written language 书面语言 12.1

Y

Yerkes-Dodson law 叶克斯—多德森定律 5.1

young adulthood 成年早期 4.5

Young-Helmholtz trichromatic theory 杨—黑尔姆霍兹三色说 6.3

Z

zone of proximal development 最近发展区 4.3

Zoom-lens model 可变焦距模型 8.2

参考文献

白学军.(1996).智力心理学的研究进展.杭州:浙江人民出版社.

曹日昌.(1963).普通心理学(上册).北京:人民教育出版社.

查子秀.(1994).超常儿童心理与教育研究15年.心理学报,26(4):337-346.

程黎等.(2004).8~12岁超常与常态儿童的检测时比较.心理学报,36(6):712-717.

盖淑华.(2003).英语专业学生词汇附带习得实证研究.外语教学与研究,35(4):282-286.

高觉敷.(1985).中国心理学史.北京:人民教育出版社.

桂诗春.(1985).心理语言学.上海:上海外语教育出版社.

郭永玉.(2005).人格心理学——人性及其差异的研究.北京:中国社会科学出版社.

胡卫平,申继亮,林崇德.(2004).中英青少年科学创造力发展的比较.心理学报,36(6):718-731.

胡兴旺等.(2005).白马藏族初中学生文化适应和智力水平的关系.心理学报,37(4):497-501.

黄希庭.(2002).人格心理学.浙江:浙江教育出版社.

黄希庭.(2005).自我与健全人格的养成.中国教育学会编:中国教育科学.2004.北京:人民教育出版社:221-228.

黄希庭等.(1980).5~9岁儿童时间观念发展的实验研究.载《中国心理学会第二届年会发展心理·教育心理论文选集》.北京:人民教育出版社:285-303.

黄希庭,黄巍,李小融.(1991).关于中国人颜色情调的研究.心理科学,14(6):1-7.

黄希庭,杨雄.(1998).青少年学生自我价值感量表的编制.心理科学,4(4):289-292.

黄希庭,张进辅,李红等.(1994).当代中国青年价值观与教育.成都:四川教育出版社.

黄希庭,张进辅,张蜀林.(1989).我国五城市青少年学生价值观的调查.心理学报,3:274-283.

黄希庭,张庆林.(1991).儿童和青少年辨认面部表情的实验研究.载王甦主编《普通心理学和实验心理学研究》,成都市:四川科技出版社:192-206.

黄希庭,张志杰.(2001).青少年时间管理倾向量表的编制.心理学报,33(4):338-343.

黄希庭,张志杰.(2005).心理学研究方法.北京:高等教育出版社.

黄希庭,郑涌.(1995).时间记忆的理论与实验范型.心理科学,4:201-205.

黄希庭,郑涌.(2005).心理学十五讲.北京大学出版社.

黄希庭,郑涌等.(2005).当代中国青年价值观研究.北京:人民教育出版社.

金盛华,辛志勇.(2003).中国人价值观研究的现状及发展趋势.北京师范大学学报(社科版),3:56-64.

荆其诚.(1990).现代心理学发展趋势.北京:人民出版社.

荆其诚,方芸秋.(1963).辐合在大小知觉恒常性中的作用.心理学报,4:260-270.

荆其诚,焦书兰,纪桂萍.(1987).人类的视觉.北京:科学出版社.

荆其诚,叶绚.(1957).运动知觉阈限的实验研究.心理学报,1(2)158-164.

克雷奇等.(周先庚等译,1980).心理学纲要.北京:文化教育出版社.

乐国安,纪海英.(2007).文化与心理学关系的三种研究模式及其发展趋势.西南大学学报(社会科学版),1(3):1-5.

李金珍,王文忠,施建农.(2004).儿童实用创造力发展及其与家庭环境的关系.心理学报,36(6):732-737.

李新旺.(2001).生理心理学.北京:科学出版社.

梁宁建.(2003).当代认知心理学.上海:上海教育出版社.

林崇德.(1983).中学生心理学.北京:北京出版社.

林崇德.(1995).发展心理学.北京:人民教育出版社.

林崇德.(2006).教育为的是学生的发展.北京:北京师范大学出版社,3-25.

刘电芝,孙泽军.(2004).说明文形式图式阅读策略训练提高初中生阅读水平的实验研究.心理科学,27(6):1410-1413.

孟昭兰.(1989).人类情绪.上海:上海人民出版社.

孟昭兰.(2005).情绪心理学.北京:北京大学出版社.

缪小春,朱曼殊.(1989).幼儿对某几种复句的理解.心理科学,6:1-6.

莫雷.(1986).关于短时记忆编码方式的实验研究.心理学报,2:167-173.

彭聃龄,谭力海.(1987).词频和语境在汉语双字词视觉识别中的作用机制.心理学杂志,4:18-25.

彭凯平,陈仲庚.(1989).北京大学学生价值观倾向的初步定量研究.心理学报,21(2):149-155.

彭小虎,王国锋,罗跃嘉.(2002).面孔认知及其神经机制的独特性.心理科学,25(4):488-489.

皮连生,王小明,王映学.(1998).现代认知学习心理学——打开有效学习之门的钥匙.北京:警官教育出版社.

饶恒毅等.(2000).万物之灵:人类的智能.上海:上海科学技术出版社.

邵志芳.(2007).思维心理学.华东师范大学出版社.

沈政,林庶芝.(1993).生理心理学.北京:北京大学出版社.

施建农.(1995).创造性系统模型.心理学动态,3(3):1–5.

斯托曼.(张燕云译,1986).情绪心理学.沈阳:辽宁人民出版社

宋维真,张建新,张建平等.(1993).编制中国人个性测量表(CPAI)的意义与程序.心理学报,4:400–407.

唐建.(1984).儿童对汉语主动句、被动句转换理解的比较研究.心理学报,16(2):182–192.

唐淑,钟昭华.(1993).中国学前教育史.北京:人民教育出版社.

童秀英,沃建中.(2002).高中生创造性思维发展特点的研究.心理发展与教育,18(2):22–26.

汪凤炎,郑红.(2005).中国文化心理学.广州:暨南大学出版社.

汪云九,杨玉芳.(2003).意识与大脑:多学科研究及其意义.北京:人民出版社.

王登峰,崔红.(2004).中国人人格量表的信度与效度.心理学报,36(3):347–358.

王登峰,崔红.(2005).解读中国人的人格.北京:社会科学文献出版社.

王登峰,方林,左衍涛.(1995).中国人人格的词汇研究.心理学报,27(4):400–405.

王建华等.(2004).计算机辅助教学实用教程.北京:高等教育出版社.

王垒、孟昭兰.(1986).成人面部表情及其判断的初步研究.心理学报,18(4):350–355.

吴天敏,许政援.(1979).初生到三岁儿童言语发展记录的初步分析.心理学报,2:85–105.

夏埃,威里斯.(乐国安等译,2003).成人发展与老龄化(第五版).上海:华东师范大学出版社

谢光辉,张庆林.(1995).中国大学生实用科技发明大奖赛获奖者人格特征的研究.心理科学,18(1):50–51.

谢晓非,周俊哲,王丽.(2004).风险情景中不同成就动机者的冒险行为特征.心理学报,36(6):744–749.

许毅等.(1999).男性同性恋者智力结构的性别倾向分析.中华精神科杂志,32(3):176–178.

许政援.(1996).三岁前儿童语言发展的研究和有关的理论问题.心理发展与教育,3:1-11.

燕国材.(2004).心理学思想史(中国卷).长沙:湖南教育出版社.

杨国枢,王登峰.(1999).中国人的人格维度.北京:第三届华人心理学论文.

杨治良,叶阁蔚,王新发.(1994).汉字内隐记忆的实验研究:Ⅰ.内隐记忆存在的条件.心理学报,26(1):1-7.

杨治良等.(1999).记忆心理学.上海:华东师范大学出版社.

杨中芳.(2001).如何理解中国人,台北:远流出版事业股份有限公司.

俞国良等.(2000).环境心理学,北京:人民教育出版社.

喻柏林等.(1985).汉语语词的短时记忆广度.心理学报,4 :361-367.

张爱卿.(1999).动机论:迈向21世纪的动机心理学研究.武汉:华中师范大学出版社.

张必隐.(1998).学习心理学.杭州:浙江教育出版社.

张春兴.(2002).心理学思想的流变:心理学名人传.上海:上海教育出版社.

张厚粲,吴正.(1994).公众的智力观——北京普通居民对智力看法的调查研究.心理科学, 17 (2):65-81.

张建新,周明洁.(2006).中国人人格结构探索——人格特质六因素假说.心理科学进展,14(4):574-585.

张武田等.(1986).汉语字词的短时记忆容量.心理学报,2 :133-139.

张耀翔.(1948).感觉心理.上海:商务印书馆.

郑日昌等.(1999).心理测量学.北京:人民教育出版社.

郑雪.(2001).人格心理学.广州:暨南大学出版社.

郑涌.(1991).关于英文词的短时记忆编码方式的实验研究.心理科学,3:49-50.

朱智贤.(1990).中国儿童青少年心理发展特点与教育.北京:中国卓越出版公司.

邹枝玲等.(2003).7岁超常和常态儿童的信息加工速度.心理学报,35(4):527-534.

邹智敏,王登峰.(2007).应激的缓冲器:人格坚韧性.心理科学进展,15(2):241-248.

左梦兰,陶云.(1994).7~8岁儿童数学运算能力发展的实验研究.心理科学,1:55-57.

艾森克.(2000).心理学——一条整合的途径.阎巩固译.上海:华东师范大学出版社.

巴伦,伯恩.(2004)社会心理学(第十版).杨中芳等译.上海:华东师范大学出版社.

贝纳特.(1983).感觉世界——感觉和知觉导论.旦明译.北京:科学出版社.

波佩尔.(2000).意识的限度——关于时间与意识的新见解.李百涵等译.北京:北京大学出版社.

达尔文.(1959).人类和动物的表情.周邦立译.北京:科学出版社.

索尔索.(2002).21世纪的心理科学与脑科学.朱滢等译.北京:北京大学出版社.

戈尔曼.(1997).EQ:情感智商.耿文秀等译.上海:上海科学技术出版社.

沃尔克,小皮克.(1986).知觉与经验.喻柏林等译.北京:科学出版社.

格里格,津巴多.(2003).心理学与生活.王垒等译,,北京:人民邮电出版社.

格林菲尔德.(1998).人脑之谜.杨雄里等译.上海:上海科学技术出版社.

鲁利亚.(1983).神经心理学原理.汪青等译.北京:科学出版社.

马斯洛.(1987).动机与人格.许金声等译.北京:华夏出版社.

迈尔斯.(2011).心理学(第七版).黄希庭等译.北京:人民邮电出版社.

珀文.(2001).人格科学.周榕等译.上海:华东师范大学出版社

斯蒂恩.(2001).DNA和命运:人类行为的天性和教养.李恭楚等译.上海:上海科学技术出版社.

斯滕伯格.(1999).成功智力.吴国宏等译.上海:华东师范大学出版社.

斯滕伯格.(2000).超越IQ:人类智力的三元理论.俞晓琳等译.上海:华东师范大学出版社.

斯滕伯格.(2005).认知心理学(第三版).杨炳钧等译.北京:中国轻工业出版社.

斯滕伯格.(2006).创造力手册.施建农等译.北京:北京理工大学出版社.

韦德,塔佛瑞斯.(2006).心理学的邀请(第三版).白学军等译.北京:北京大学出版社.

贝斯特.(2000).认知心理学.黄希庭等译.北京:中国轻工业出版社.

库恩.(2004).心理学导论——思想与行为的认识之路(第9版).郑钢等译.北京:中国轻工业出版社.

艾宾浩斯.(1965).记忆.曹日昌译.北京:科学出版社.

弗兰肯.(2005).人类动机(第五版).郭本禹等译.西安:陕西师范大学出版社.

弗洛伊德.(2004).释梦.见《弗洛伊德文集(2)》.车文博等译.长春:长春出版社.

弗洛伊德.(2004).日常生活的心理病理学.见《弗洛伊德文集(1)》.车文博等译.长春:长春出版社.

弗洛伊德.(2004).白日梦.见《弗洛伊德文集(7)》.车文博等译.长春:长春出版社.

弗洛伊德.(2004).自我与本我.见《弗洛伊德文集(6)》.车文博等译.长春:长春出版社.

弗洛伊德.(2004).精神分析纲要.见《弗洛伊德文集(5)》..车文博等译.长春:长春出版社.

加洛蒂.(2005).认知心理学(第三版).吴国宏等译.西安:陕西师范大学出版社.

迈尔斯.(2006).社会心理学.侯玉波等译.北京:人民邮电出版社.

华莱士.(2001).互联网心理学.谢影、荀建新译.北京:中国轻工业出版社.

罗森茨维格.(2002).国际心理学手册.张厚粲主译.上海:华东师范大学出版社.

皮特里.(2005).动机心理学(第五版).郭本禹等译.西安:陕西师范大学出版社.

里赫曼.(2005).人格理论(第八版).高峰强等译.陕西:陕西师范大学出版社.

夏克特.(1998).找寻逝去的自我:大脑、心灵和往事的记忆.高申春译.长春:吉林人民出版社.

索尔索.(2006).认知心理学(第六版).第六部分.何华主译.南京:江苏教育出版社.

斯塔诺威克.(2005).与“众”不同的心理学:如何正视心理学.范照等译.北京:中国轻工业出版社.

斯托曼.(2006).情绪心理学——从日常生活到理论(第五版).王力主译.北京:中国轻工业出版社.

Ackil, J.K., & Zaragoza, M.S.(1998).Memorial consequences of forced confabulation: Age differences in susceptibility to false memories.Developmental Psychology, 34:1358-1372.

Adams, M.(1994).Beginning to read: Thinking and learning about print.Cambridge, MA: MIT Press.

Ader, R., & Cohen, N.(1991).Conditioned immunopharmacological responses. In R. Ader (Ed.), Psychoneuroimmunology (pp.281-319).New York: Academic Press.

Ainsworth, K.A., & Baumann, R.(1995).The effect of appropriate context on comprehension and recall.Unpublished manuscript, Carleton College, Northfield, MN.

Ainsworth, M.D.S., Blehar, M.C., Waters, E., & Wall, S.(1978).Patterns of attachment.Hillsdale, N.J.: Lawrence Erlbaum.

Allan, L.G.(1979).The perception of time.Perception & Psychophysics, 26(5):340-354.

Allport, G.W.(1937).Personality: A psychological interpretation.New York: Holt, Rinehart & Winston.

Allport, G.W., & Odbert, H.S.(1936).Trait-names: A psycholexical study. Psychological Monographs, 47(1) (Whole No.211).

Ambady, N., & Hallahan, M., & Rosenthal, R.(1995).On judging and being judged accurately in zero-acquaintance situations. Journal of Personality and Social Psychology, 69: 518-529.

Anastasi, A.(1958).Heredity, environment, and the question "how"? Psychological Review, 65:197-208.

Anderson, B. L. & Nakayama, K. (1994). Toward a general theory of stereopsis: binocular matching, occluding contours, and fusion.Psychological Review, 101:414–445.

Atkinson, J., & Birch, D.(1964).An introduction to motivation.New York: Van Nostrand.

Babad, E., Bernieri, F., & Rosenthal, R.(1991).Students as ' judges of teachers' verbal and nonverbal behavior.American Educational Research Journal, 28:211–234.

Bach, M. & Poloschek, C. M. (2006). Optical Illusions. Advances in Clinical Neuroscience anc Rehabilitaion, 6:20–21.

Baddeley, A.D.(1990).Human memory: Theory and practice.Boston: Allyn & Bacon.

Baddeley, A.D.(1992).Is working memory working? The fifteenth Bartlett Lecture.Quarterly Journal of Experimental Psychology, 44A: 1–31.

Baddeley, A. D. (2001). Is working memory still working? American Psychologist, 11: 851–864.

Baddeley, A.D., & Hitch, G; J.(1974).Working memory.In Bower, G.A.(Ed.), The psychology of learning and motivation(Vol.8, pp.47–90).New York: Academic Press.

Baldwin, M.W., Carell, S.E., & Lopez, D.F.(1991).Priming relationship schemas: My advisor and the Pope are watching me from the back of my mind. Journal of Experimental Social Psychology, 26:435–454.

Ballard, P.B.(1913).Obliviscence and reminiscence.British Journal of Psychology, supplement, No.2.

Bandura, A.(1965).Influence of models' reinforcement contingencies on the acquisition of imitative responses.Journal of Personality and Social Psychology, 1:589–595.

Bandura, A.(1977).Social learning theory.Englewood Cliffs, NJ: Prentice Hall.

Bandura, A.(1986).Social foundations of thought and action: A social cognitive theory.Englewood Cliffs, NJ: Prentice Hall.

Bandura, A.(1989).Self–regulation of motivation and action through internal standards and goal systems.In L.A.Pervin (Ed.), Goal concepts in personality and social pwychology(pp.19–85).Hillsdale, NJ: Erlbaum.

Bandura, A., & Cervone, D.(1983).Self–evaluative and self–efficacy mechanisms governing the motivational effects of goal systems.Journal of Personality and Social Psychology, 45, 1017–1028.

Bandura, A., Ross, D., & Ross, S.A.(1961).Transmission of aggression through imitation of aggressive models.Journal of Abnormal and Social Psychology, 63:575–582.

Bandura, A., Ross, D., & Ross, S.A.(1963).Imitation of film-mediated aggressive models. Journal of Abnormal and Social Psychology, 66:3-11.

Banich, M.T.(1997).Neuropsychology:The neural bases of mental function.Boston:Houghton Mifflin Co.

Barker, R.G.(1968).Ecological psychology:Concepts and metbods. for studying the environment of human behavior.Stanford, CA:Stanford University Press.

Baron, R.S., Vandello, J.A., & Brunsman, B.(1996).The forgotten variable in conformity research:Impact of task importance on social influence.Journal of Personality and Social Psychology, 71:915-927.

Barrett, L.F., Lane, R.D., Sechrest, L., & Schwartz, G.E.(2000).Sex differences in emotional awareness.Personality and Social Psychology Bulletin, 26:1027-1035.

Bartlett, F.C.(1932).Remembering: A study in experimental and social psychology.Cambridge:Cambridge University Press.

Bayley, N.(1969).Bayley Scales of Infant Development.New York:The Psychological Corporation.

Békésy, G.VON.(1960).Experiments in hearing(E.G.Weaver, Trans). New York:McGraw-Hill.

Bennett, H.L.(1983).Remembering drink orders:The memory skills of cocktail waitresses. Human Learning:Journal of Practical Research and Applications, 2:157-169.

Ben-Shakhar, G., & Bar-Hillel, M.(2002).Trial by polygraph:Reconsidering the use of the guilty knowledge technique in court.Law and Human Behavior, 26:527-541.

Best, C.T., & Queen, H.F.(1989).Baby, it's in your smile:Right hemi-face bias in infant emotional expressions.Developmental Psychology, 25:264-276.

Biederman, I.& Shiffrar, M.M.(1987).Sexing day-old chicks:A case study and expert systems analysis of a difficult perceptual-learning task.Journal of Experimental Psychology:Learning, Memory, & Cognition, 13:640-645.

Biederman, I.(1987).Recognition-by-components: A theory of human image understanding.Psychological Review, 94:115-147.

Bill, J.C., & Teft, L.W.(1969).Space - time relations:Effects of time on perceived visual extent.Journal of Experimental Psychology, 81:196 - 199.

Billings, P., Beckwith, J., & Alper, J.(1992).The genetic analysis of human behavior: A new era? Social Science and Medicine, 35(3):227- 238.

Blake, J.(1989).Number of siblings and educational attainment.Science, 245:32-36.

Blass, T.(1999).The Milgram paradigm after 35years:Some things we now know about obedience to authority.Journal of Applied Social Psychology, 29:955-978.

Blau, Z.S.(1981).Black children/white children:Competence, socialization and social structure.New York:Free Press.

Block, R.A., & Zakay, D.(2001).Psychological time at the millennium:some past, present, future, and interdisciplinary issues.In Soulsby, M.P.& Fraser, J.T.(Eds).Time Perspectives at the Millennium (The Study of Time X), Chapter 11.Westport:Bergin & Garvey.

Bond, M.H.(2004).Culture and aggression:From context to coercion.Personality and Social Psychology Review, 8:62-78.

Bond, R., & Smith, P.B.(1996).Culture and conformity: A metaanalysis of studies using Asch's(1952b, 1956)line judgment task.Psychological Bulletin, 119:111-137.

Bouchard, C., et al.(1990).The response to long-term overfeeding in identical twins.New England Journal of Medicine, 322:1477-1482.

Bouchard, T.(1999).Genes, environment, and personality.In Ceci, S.et al.(Eds.), The nature-nurse debate:The essential readings.Malden, MA:Blackwell.

Bouchard, T., Lykken, D., McGue, M., Segal, N., & Tellegen, A.(1990).Sources of human psychological differences:The Minnesota study of twins reared apart.Science, 250:223-228.

Bower, G.H.(1981).Mood and memory.American psychologist, 36:129-148.

Bower, G.H., Clark, M.C., Lesgold, A.M., & Winzenz, D.(1969).Hierarchical retrieval schemes in recall of categorized word lists.Journal of Verbal Learning and Verbal Behavior, 8:323-343.

Bowlby, J.(1969)Attachment and loss:Vol.1.Attachment.New York:Random house.

Bransford, J.D., & Stein, B.S.(1993).The ideal problem solver: A guide for improving thinking, learning, and creativity (2nd ed.).New York:W.H.Freeman.

Bransford, J.D., & Johnson, M.K.(1972).Contextual prerequisties for understanding: some investigations of comprehension and recall.Journal of Verbal Learning and Verbal Behavior, 11:717-726.

Brennan, Patricia A., & Mednick, Sarnoff A.(1994).learning theory approach to the deterrence of criminal recidivism.Journal of Abnormal Psychology, 103:430-440.

Brewer, J.B., Zhao, Z., Desmond, J.E., Glover, G.H., & Gabrieli, J.D.E.(1998).Making memories:Brain activity that predicts how well visual experience will be remembered.Science,

281:1185-1187.

Bronfenbrenner, U.(1979).The ecology of human development.Cambridge, Mass: Harvard University Press.

Bronfenbrenner, U.(1998).The ecology of developmental processes.In Lerner, R.M.(Ed.), Handbook of child psychology: Vol I.Theoretical models of human development.(5th ed.).New York: Wiley.

Brown, R.(1973).A first language: The early stages.Cambridge, MA: Harvard University Press.

Brown, R., & Kulik, J.(1977).Flashbulb memories.Cognition, 5:73-99.

Brownell, k.D., & Rodin, J.(1994).The dieting maelstrom: Is it possible and advisable to lose weight? American Psychologist, 49:781-791.

Browning, C.(1992).Ordinary men: Reserve police battalion 101 and the final solution in Poland.New York: Harper Collins.

Buckner, R.L.(1996).Beyond HERA: Contributions of specific prefrontal brain areas to long-term memory retrieval.Psychonomic Bulletin and Review, 3: 149-158.

Buek, R.(1985).Prime theory: An integrated view of motivation and emotion.Psychological Review, 92:389-413.

Buss, A.H., & Plomin, R.(1984).Temperament: Early developing personality traits.Hillsdale, NJ: Erlbaum.

Byrnes, J.P., & Fox, N.A.(1998).The educational relevance of research in cognitive neuroscience.Educational Psychology Review, 10(3):297-342.

Cabeza, R., & Nyberg, L.(1997).Imaging cognition: An empirical review of PET studies with normal subjects.Journal of Cognitive Neuroscience, 9(1): 1-26.

Cacioppo J.T.& Berntson, G.G.(Ed.).(2005).Social Neuroscience.New York : MIT Press.

Cantor,N.(1990).From thought to behavior: "Having" and “doing” in the study of personality and cognition.American Psychologist, 45:735-750.

Capute, A.J.,Palmer, F.B., Shapiro, B.K., Wachtel, R.C., Schmidt, S & Ross, A.(1986). Clinical linguistic and auditory milestone. scale: prediction of cognition in infancy.Developmental Medicine & Child Neurology, 28,(6):762-771.

Cartwright, D.S.(1975).The nature of gangs.In Cartwright, D.S., Tomson, B., & Schwartz, H.(Eds.), Gang delinquency.Monterey, CA: Brooks/Cole.

Caspi, A., McClay, J., Moffitt, T., Mill, J., Martin, J., Craig, I.W., Taylor, A., & Poulton, R.

(2002).Role of genotype in the cycle of violence in maltreated children.Science, 297:851–854.

Cattell, R.B.(1963).Theory of fluid and crystallized intelligence: A critical experiment.Journal of Educational Psychology, 54: 1–22.

Cave, C.B., & Squire, L.R.(1992).Intact and long-lasting repetition priming in amnesia. Journal of Experimental Psychology: Learning, Memory, and Cognition, 18:509–520.

Chatoor, I., Ganiban, J., Colin, V., Plummer, N., & Harmon, R.J.(1998).Attachment and feeding problems: A reexamination of nonorganic failure to thrive and attachment insecurity.Journal of the American Academy of Child & Adolescent Psychiatry, 37:1217–1224.

Chess, S., & Thomas, A.(1987).Know your child.An Authoritative Gulde for Today's Parents. New York: Basic Books.

Chomsky, N.(1957).Syntactic structure.The Hague: Mouton.

Chomsky, N.(1972).Language and mind.New York: Harcourt Brace Jovanovich.

Clifford, D. B. (2000). Human immunodeficiency virus-associated dementia. Archives of Neurology, 57,321–324.

Coats, E.J., & Feldman, R.S.(1996).Gender differences in non- verbal correlates of social status, Personality and Social Psychology Bulletin, 22:1014–1022.

Cohen, D.(1996).Law, social policy, and violence: The impact of regional cultures.Journal of Personality and Social Psychology, 70:961–978.

Cohen, D.(1998).Culture, social organization, and patterns of violence.Journal of Personality and Social Psychology, 75:408–419.

Cohen, J., Hansel, C.E.M.& Sylvester, J.D.(1953).A new phenomenon in time judgment.Nature, 172:901.

Cohen, S., Evans, G.W., Stokols, D., & Krantz, D.S.(1986).Behavior, health, and environmental stress.New York: Plenum.

Cole, M., Gay, J., Glick, J., & Sharp, D.W.(1971).The cultural context of learning and thinking.New York: Basic Books.

Collins, A.M., & Quillian, M.R.(1969).Retrieval time from semantic memory.Journal of Verbal Learning and Verbal Behavior, 8:240–247.

Conrad, R.Acoustic confusions in immediate memory.(1964).British Journal of Psychology, 55:75–84.

Corbetta, M.& Shulman, G.L.(2002).Control of goal-directed and stimulus-driven attention in the brain.Nature Review Neuroscience, 3:201–215.

Cornsweet, T.N.(1970).Visual perception. New York: Academic.

Costa, P.T., Jr., Terracciano, A., & McCrae, R.R.(2001).Gender differences in personality traits across cultures: Robust and surprising findings.Journal of Personality and Social Psychology, 81:322-331.

Costantini, A., Solano, L., DiNapoli, R., &Bosco, A.(1997).Relationship between hardiness and risk of burnout in a sample of 92 nurses working in oncology and AIDS wards.Psychotherapy Psychosomatic, 66:78-82.

Craik, F.I.M., & Watkins, M.J.(1973).The role of rehearsal in short-term memory.Journal of Verbal Learning and Verbal Behavior, 12:599-607.

Curtiss, S.(1977).Genie: A Psycholinguistic study of A Modern day 'wild child.' New York: Academic Press.

Darwin, C.J., Turvey, M.T., & Crowder, R.C.(1972) An. auditory analogue of the Sperling partial report procedure: Evidence for brief auditory storage.Cognitive Psychology, 3:255-267.

Davenport, W.H.(1976).Sex in cross-cultural perspective.In Beach, F.A.(Ed.), Human sexuality in four perspectives, 115-163.Baltimore: Johns Hopkins University Press.

Davidson, R.J., Putnam, K.M., & Larson, C.L.(2000).Dysfunction in the neural circuitry of emotion regulation-A possible prelude to violence.Science, 289:591-594.

Dell, G.S.(1986).A spreading-activation theory of retrieval in sentence production.Psychological Review, 93:283-321.

Delprato, D.J., & Midgley, B.D.(1992).Some fundamentals of B.F.Skinner's behaviorism. American Psychologist, 47:1507-1520.

Dembroski, T.M., & Costa, P.T.(1987).Coronary prone behavior: Components of the Type A pattern and hostility.Journal of Personality, 55:211-235.

DePaulo, B.M.(1994).Spotting lies: Can humans learn to do better? Current Directions in Psychological Science, 3:83-86.

Desimone, R.(1992).The physiology of memory: Recordings of things past.Science, 258: 245-246.

Dimberg, U., Thunberg, M., & Grunedal, S.(2002).Facial reactions to emotional stimuli: Automatically controlled emotional responses.Cognition and Emotion, 16:449-472.

DiPietro, J.A., Hodgson, D.M., Costigan, K.A., Hilton, S.C., & Johnson, T.R.B.(1996).Fetal neurobehavioral development.Child Development, 67:2553-2567.

Duclos, S.E., Laird, J.D., Sexter, M., Stern, L., & Van Lighten, O.(1989).Emotion-specific effects of facial expressions and postures on emotional experience.Journal of Personality and Social Psychology,57:100–108.

Dunn,J.,& Kendrick,C.(1980).The arrival of a sibling:Changes in patterns of interaction between mother and first–born child.Child Psychology & Psychiatry Auied Disciplines,Z(2): 119–132.

Dweck,C.S.(1986).Motivational processes. affecting learning.American Psychologist, 41: 1040–1048.

Eden,G.F., Van Meter,J.W., Rumsey,J.M., Maisog,J.M., Woods,R.P., & Zeffiro,T.A. (1996).Abnormal processing of visual motion in dyslexia revealed by functional brain imaging. Nature, 382:66–69.

Eimas,P.D.,Siqueland,E.R.,Jusczyk,P.,& Vigorito,J.(1971).Speech perception by infants,Science, 171:303–306.

Ekman,P.(1980).The face of man:Expressions of universal emotions in a New Guinea village.New York:Garland STPM Press.

Ekman,P.(1985).Telling lies:Clues to deceit in marketplace,politics and marriage.New York:Norton.

Ekman,P.,& Friesen,W.V.(1971).Constants across cultures in the face and emotion.Journal of Personality and Social Psychology, 17:124–129.

Ekman, P., & O'Sullivan, M.(1991).Who can catch a liar? American Psychologist, 46: 913–920.

Ekman, P., Levenson, R.W., & Friesen, W.V.(1983).Autonomic nervous system activity distinguishes among emotions.Science,221:1208–1210.

Ekman,P.,O'Sullivan,M.O.,& Frank,M.G.(1999).A few can catch a liar.Psychological Science, 10:263–266.

Emmons,R.A.(1989).The personal striving to personality.In L.A.Pervin (Ed.),Goal concepts in personality and social psychology (pp.87–126.) Hillsdale,NJ:Erlbaum.

Emmons, R.A., & King, L.A.(1988).Conflict among personal strivings: Immediate and long–term implications for psychological and physical well–being.Journal of Personality and Social Psychology, 54:1040–1048.

Endler,N.S.,& Speer,R.L.(1998).Personality psychology:Research trends for 1993–1995. Journal of Personality, 66:621–669.

Erikson,E.H.(1950).Childhood and society.New York:Norton.

Erikson, E.H.(1968).Identity: Youth and crisis.New York: Norton.

Eskenazi, B.(1993).Caffeine during pregnancy: Grounds for concern? Journal of the American Medical Association, 270:2973–2974.

Eskenazi, B., Stapleton, A.L., Kharrazi, M., & Chee, W.Y.(1999).Associations between maternal decaffeinated and caffeinated coffee consumption and fetal growth and gestational duration.Epidemiology, 10:242–249.

Evans, G. W. (1979). Behavioral and physiological consequences of crowding in humans. Journal of Applied Social Psychology, 9:27 – 46.

Exner, J. E., Jr. (1986). The Rorschach: A comprehensive system: Vol. 1. Basic foundations (2nd ed.).New York: Wiley.

Eysenck, H.J.(1947).Dimensions of personality.London: Routledge & Kegan Paul.

Eysenck, H.J.(1970).The structure of human personality(3rd ed.).London: Methuen.

Eysenck, H.J., & Eysenck, S.B.G.(1975).Manual of the Eysenck Personality Questionnaire. San Diego, CA: Educationaland Industrial Testing Service.

Farah, M.(1988).Is visual imagery really visual? Overlooked evidence from neuropsychology.Psychological Review, 95:307–317.

Feierabend, I., & Feierabend, R.(1968).Conflict, crisis, and collision: A study of international stability.Psychology Today, 26–32, 69–70.

Fillion, T. J., & Blass, E. M. (1986). Infantile experience with suckling odors determines adult sexual behavior in male rats.Science, 231:729–731.

Finkenauer, C., Luminet, O., & Gisle, L. (1998). Flashbulb memories and the underlying mechanisms of their formation: Toward an emotional–integrative model.Memory & Cognition, 26 (3):516–531.

Fisher, J. D., Bell, P. A., & Baum, A. (1984). Environmental psychology (2nd ed.). New York: Holt, Rinehart & Winston.

Flack, W.F., Jr., Laird, J.D., & Cavallaro, L.A.(1999).Separate and combined effects of facial expressions and bodily postures on emotional feelings.European Journal of Social Psychology, 29:203–217.

Floyd, R.L., Rimer, B.K., Giovino, G.A., Mullen, P.D., & Sullivan, S.E.(1993).A review of smoking in pregnancy: Effects on pregnancy outcomes and cessation efforts. Annual Review of Public Health, 14:379–411.

Ford, M.E.(1992).Motivating humans.Newbury Psrk, CA: Sage.

Foulke, E., & Sticht, T.(1969).Review of research on the intelligibility and comprehension of accelerated speech.Psychological Bulletin, 72:50-62.

Fox, C.H.(1994).Cocaine use in pregnancy.Journal of the American Board of Family Practice, 7:225-228.

Fraisse, P.(1963).The Psychology of Time.New York: Harper & Row.

Fraisse, P.(1982).Cognition of Time in Human Activity.In G.d'Ydewalle, W.Lens, (Eds). Cognition in Motivation and Learning, Hillsdale, New York: Erlbaum, 233-259.

Fraisse, P.(1984).Perception and Estimation of Time.Annual Review of Psychology, 35: 1-36.

Fried, P.A., & Makin, J.E.(1987).Neonatal behavioral correlates of prenatal exposure to marihuana, cigarettes, and alcohol in a low risk population.Neurobehavioral Toxicology and Teratology, 9:1-7.

Fried, P.A., & Watkinson, B.(2000).Visuoperceptual functioning differs in 9-to 12-year-olds prenatally exposed to cigarettes and marihuana.Neurotoxicology & Teratology, 22:11-20.

Frisby, J.P.(1979).Seeing.Illusion Brain and Mind Oxford: Oxford University Press.

Fromkin, V., & Rodman, R.(1983).An introduction to language (3rd ed.).New York: Holt, Rinehart & Winston.

Funder, D.C.(2001).Personality.Annual Review of Psychology, 52:197-221.

Gais S, Lucas B, Born J.(2006).Sleep after learning aids memory recall.Learning and Memory, 13:259-262.

Galambos, N.L., & Almeida, D.M.(1992).Does parent-adolescent conflict increase. in early adolescence? Journal of Marriage and the Family, 54:737-747.

Gardner, H.(1999).Intelligence reframed.New York: Basic Books.

Gardner, R.A., & Gardner, B.T.(1969).Teaching sign language to a chimpanzee.Science, 165:664-672.

Gates, A.I.(1917).Recitation as a factor in memorizing.Archives of Psychology, 40:1-104.

Gauthier, I., Skudlarski, P., Gore, J.C., & Anderson, A.W.(2000).Expertise for cars and birds recruits brain areas involved in face recognition.Nature Neuroscience, 3(2):191-197.

Gauthier, I., Tarr, M.J., Anderson, A.W.Skudlarski, P., & Gore, J.C.(1999).Activation of the middle fusiform "face area" increases with expertise in recognizing novel objects.Nature Neuroscience, 2(6):568-573.

Gauthier, I., Tim, C., Kim, M., & Curby, D.C.(2003).Perceptual interference supports a non-modular account of face processing.Nature Neuroscience,6(4):428-432.

Ge.X.,Conger,R.D.,& Elder,G.H.Jr.(1996).Coming of age too early:pubertal influences on girls' vulnerability to psychological distress.Child Development,67:3386-3400.

Geschwind,N.(1970).The organization of language and the brain.Science, 170:940-944.

Gibbon,J.(1977).Scalar expectancy theory and Weber's law in animal timing.Psychological Review, 84:279-325.

Gibbs,L.M.(1983).Community response to an emergency situation:Psychological destruction and the Love Canal.American Journal of Community Psychology,11:116-125.

Gibson,J.J.(1979).The ecological approach to visual perception.Boston:Houghton Mifflin.

Gilligan, C.(1982).In a different voice: Psychological theory and women's development. Cambridge,MA:Harvard University Press.

Glass,D.C.,& Singer,J.E.(1972).Urban stress:Experiments on noise and social stressors. New York:Academic Press.

Glass, G. V.(1976). Primary, secondary, and meta-analysis of research. Educational Researcher, 5(10):3-8.

Gleitman,H.,& Gillett,E.(1957).The effect of intention upon learning.Journal of General Psychology, 57(1):137-149.

Glucksberg,S.(1988).Language and thought.In R.J.Sternberg & E.E.Smith (Eds.), The psychology of human thought (pp.214-241).New York:Cambridge University Press.

Goldman, S. R., & Varnhagen, C. K.(1986). Memory for embedded and sequential story structures.Journal of Memeory and Language, 25,401-418.

Graf,P.,& Schacter,D.L.(1985).Implicit and explicit memory for new associations in normal and amnesic subjects.Journal of Experimental Psychology: Learning, Memory, and Cognition, 11:501-518.

Gregory, R.L.(1978).Eye and Brain: The Psychology of Seeing(3rd ed.).New York: McGraw-Hill.

Gross,J.J.,&John,O.P.(1998).Mapping the domains of expressivity:Multimethod evidence for a hierarchical model.Journal of Personality and Social Psychology, 74:170-191.

Guilford,J.P.(1961).Factorial angles to psychology.Psychological Review, 68:1-20.

Guilford, J.P.(1970).Creativity: Retrospect and prospect.Journal of Creative Behavior, 4 (3):149-168.

Guilford,J.P.(1985).The Structure-of-Intellect model.In B.B.Wolman (Ed.),Handbook of intelligence.New York:Wiley.

Gullo, D.(1988).An investigation of cognitive tempo and its effects on evaluationg kindergarten children's academic and social competencies.Early Child Development and Care, 34: 201-215.

Haas, H.(1972).The influence of a single echo on the audibility of speech.Journal of the Audio Engineering Society,20:146-159.

Hall, J.A.(1984).Nonverbal sex differences:Communication accuracy and expressive style. Baltimore:Johns Hopkins University Press.

Hall, J.A.(1987).On explaining gender differences:The case of nonverbal communication. In P.Shaver & C.Hendrick (Eds.),Review of Personality and Social Psychology, 7:177-200.

Halpern, D.F.(1997).Sex differences in intelligence: Implications for education.American Psychologist, 52:1091-1102.

Hamilton, C.(1992).A scientific project locked in time:The Terman Genetic Studies of Genius,1920s-1950s.American Psychologist, 47(2):183-189.

Hanke, W.(2000).The Perception of Time.In Buccheri et al (Eds). Studies on the Structure of Time:From Physics to Psycho(path)ology.New York:Kluwer Academic/Plenum Publishers, 37-48.

Harlow, H.F.(1959).Love in infant monkeys.Scientific America, 200:68-74.

Harlow, H.F.,& Harlow, M.K.(1966).Learning to love.American Scientist. 54:244-272.

Haviland, S.E.,& Clark, H.H.(1974).What's new? Acquiring new information as a process in comprehension.Journal of Verbal learning and Verbal Behavior, 13:512-521.

Hatano, G., Siegler, R.S., Richards, D.D., Inagaki, K., Stavy, R.,& Wax, N.(1993).The development of biological knowledge:A multi-national study.Cognitive Development, 8:47-62.

Hayes, J.R.(1989).The complete problem solver (2nd ed.).Hillsdale, NJ:Erlbaum.

Hayes, K.J., and Hayes,C.(1950).The intellectual development of a home-raised chimpanzee.Proceedings of the American Philosophical Society,95:105-109.

Heidenreich, G.A.(1965).Personality and social adjustment.New York:Wiley.

Helmholtz, H.L.F.von.(1924-1925/1860-1866).In J.P.C.Southall (Ed.),Treatise on physiological optics, Vols. Ⅱ, Ⅲ. Rochester, Rochester, N. Y.:Optical Society of America.

Helson, H., & King, S.M.(1931).The Tau effect: An example of psychological relativity. Journal of Experimental Psychology, 14:202-217.

Hershenson, M.(1989).The moon illusion.Hillsdale, NJ:Erlbaum.

Hetherington, E.M.(1972).Effects of father absence on personality development in adolescent daughters.Developmental Psychology, 7: 313–326.

Higgins, E.T.(1990).Persinality, social psychology, and person–situation relations: Standards and knowledge activation as a common language.In L.A.Pervin(Ed.), Handbook of personality: Theory and research(pp.301–338).New York: Guilford.

Hill, H., & Johnston, A.(2001).Categorizing sex and identity from the biological motion of faces.Current Biology, 11: 880–885.

Hohmann, G.W.(1966).Some effects of spinal cord lesions on experienced emotional feelings.Psychophysiology, 3: 143–156.

Holmes, T.H., & Rahe, R.H.(1967).The Social Readjustment Rating Scale.Journal of Psychosomatic Research, 11: 213–218.

Holzman, A.Levis, D.J.(1991).Differential aversive conditioning of an external (visual) and internal (imaginal) CS: Effects of transfer between and within CS modalities.Journal of Mental Imagery, 15:77–90.

Honorton, C., Ferrari, D.C., & Bem, D.J.(1998).Extraversion and ESP performance: A meta–analysis and a new confirmation.Journal of Parapsychology, 62 (3): 255–276.

Horn, J.L.(1968).Organization of abilities and the development of intelligence.Psychological Review, 75: 242–259.

Hubel, D.H.& Wiesel, T.N.(1974).Sequence regularity and geometry of orientation columns in the monkey striate cortex.Journal of Comparative Neurology, 158: 267–293.

Humphreys, G.W., Riddoch, M.J.& Price, C.J.(1997).Top–down processes in object identification: evidence from experimental psychology, neuropsychology and functional anatomy.Philosophical Transactions: Biological Sciences, 352: 1275–1282.

Hurvich, L.M., & Jameson, D.(1974).Opponent–processes as a model of neural organization.American Psychologist, 29: 88–102.

Hyde, J.S., & Linn, M.C.(1988).Gender differences in verbal ability: A meta–analysis.Psychological Bulletin, 104: 53–69.

Hyde, J.S., Fennema, E., & Lamon, S.J.(1990).Gender differences in mathematics performance: A meta–analysis.Psychological Bulletin, 107: 139–155.

Iacono, W.G., & Lykken, D.T.(1997).The validity of the lie detector: Two surveys of scientific opinion.Journal of Applied Psychology, 82:426–433.

Izard, C. (1987). Emotion as motivation. In C. Izard (Ed.), Nebraska Symposium on Motivation. 转引自孟昭兰(2005).

Izard, C.E.et al.(1995).The ontogeny and significance of infants' facial expressions in the first 9 months of life.Development Psychology, 31:997-1013.

James,W.(1884).What is an emotion? Mind, 9:188-205.

James, W.(1890).The principles of psychology.New York: Holt.

Jensen, A.R.(1980).Bias in mental testing.New York: Free Press.

Jensen, A. R. (1985). The nature of the black-white difference on various psychometric tests: Spearman's hypothesis.The behavioral and Brain Science, 8: 193-263.

Jones, B.& Huang, Y.L.(1982).Space-time dependencies in psychophysical judgment of extent and duration: Algebraic models of tau and kappa effects. Psychological Bulletin, 91: 128-142.

Kagan, J.(1994).On the nature of emotion.Monographs of the Society for Research in Child Development, 59: 7-24, 250-283.

Kagan, J., Rosman, B., Day, D., Albert, J., &Phillips, W.(1964). Information processing in the child: significance of analytic and reflective attitudes.Psychological Monographs, 78:578.

Kahneman, D., & Tversky, A.(1972).Subjective probability: A judgment of representativeness.Cognitive Psychology, 3: 430-454.

Kahneman, D., & Tversky, A.(1982).The simulation heuristics.In D.Kahneman, P.Slovic, & A.Tversky (Eds.), Judgment under uncertainty: Heuristics and biases.Cambridge: Cambridge University Press.

Kail, R., & Hall, L.K.(2001). Distinguishing short-term memory from working memory. Memory & Cognition, 29: 1-9.

Kamin, L.J.(1969). Predictability, surprise, attention, and conditioning.In B.A.Campbell & R.M.Church (Eds.), Punishment and aversive behavior.New York: Appleton-Century-Crofts.

Kanfer, F.H., & Gaelick, L.(1986). Self-management methods.In F.H.Kanfer & A.P.Goldstein (Eds.), Helping people change: A textbook of methods (3rd ed., pp.283-345).New York: Pergamon.

Karau, S.J., & Williams, K.D.(1993). Social loafing: A meta-analytic review and theoretical integration.Journal of Personality and Social Psychology, 65: 681-706.

Kassin, S .M., Barndollar, K.A.(1989). The "general acceptance" of psychological research on eyewitness testimony: A comparison of experts and prospective jurors.Journal of Applied Social Psychology, 22: 1241-1249.

Kaufman, L., & Rock, I.(1962). The moon illusion.Scientific America, 207: 120-132.

Kenrick, D.T., MacFarlane, S.W.(1986). Ambient temperature and horn-honking: A field study of the heat/aggression relationship.Environment and Behavior, 18: 179-191.

Kestenbaum, R.(1992). Feeling happy versus feeling good: The processing of discrete and global categories of emotional expressions by children and adults.Developmental Psychology, 28: 1132-1142.

Kihlstrom, J.& Harackiewicz, J.(1982).The earliest recollection: A new survey.Journal of Personality, 50: 134-148.

Kihlstrom, J.F.(1990). The psychological unconscious.In L.A.Pervin (Ed.), Handbook of personality: Theory and research.New York: Guilford Press.

Kimura, D.(1987). Are men's and women's brains really different? Canadian Psychology, 28(2): 133-147.

King, D.P.& Takahashi, J.S.(2000).Molecular genetics of circadian rhythms in mammals. Annual Review of Neuroscience, 23:713-742.

Klein, D.C., Moore, R.Y.& Reppert, S.M.(1991). Suprachiasmatic Nucleus: The Mind's Clock.New York: Oxford University Press.

Kleinke, C.I.(1986). Gaze and eye contact: A research review.Psychological Bulletin, 100: 78-100.

Klinger, E.(1977).Meaning and void: Inner experience and the incentives in people's lives. Minneapolis: University of Minnesota Press.

Kluckhohn, C., & Strodtbeck, F.(1961).Variations in value orientations.Evanston, IL: Row Peterson.

Kobasa, S.C.(1979). Stressful life events, personality and health: an inquiry into hardiness. Journal of Personality and Social Psychology, 37(1):1-11.

Kobasa, S.C.Maddi S.R., & Courington S.(1981). Personality and constitution as mediators in the stress-illness relationship.Journal of Health and Social Behavior, 22(4): 368-378.

Kohlberg, L.A.(1964). Development of moral character and moral ideology.In Hoffman, M. L.& Hoffman, L.W.(Eds.), Review of Child Deveolpment Research(Vol.1).New York: Russell Sage Foundation.

Kolb, B., & Whishaw, I.Q.(1990). Fundamentals of human neuropsychology (3rd ed.).New York: Freeman.

Kolb, G., & Whishaw, I.Q.(1998). Brain plasticity and behavior.In J.T.Spence, J.M.Darley,

& D.J.Foss(Eds.),Annual review of paychology (pp.43–64).Palo Alto,CA:Annual Reviews.

Kravitz, D.A., & Martin, B.(1986). Ringelmann rediscovered: The original article.Journal of Personality and Social Psychology,50:936–941.

Kring, A.M., & Gordon, A.H.(1998). Sex differences in emotion: Expression, experience, and physiology.Journal of Personality and Social Psychology,74:686–703.

Kristy, J.L., & Kristof, A.L.(2001). Distinguishing between employees' perception of person–job and person–organization fit.Journal of Vocational Behavior,59:454–470.

Krosnick,J.A.,Betz,A.L.,Jussim,L.J.,& Lynn,A.R.(1992). Subliminal conditioning of attitudes. Personality and Social Psychology Bulletin,18:152–162.

Kruger,J.,& Dunning,D.(1999). Unskilled and unaware of it:How difficulties in recognizing one's own incompetence lead to inflated self–assessments.Journal of Personality and Social Psychology,77:1121–1134.

Kubler–Ross,E.(1974). Questions and answers on death and dying.New York:Macmillan.

Kuhl,P.K.(1991). Human adults and Human infants show a "perceptual magnet effect" for the prototypes of speech categories,monkeys do not.Perception & Psycholinguistics,50:93–107.

Kulik,J.A.,& Kulik,C.L.(1988). Timing of feedback and verbal learning.Review of Educational Research Journal,58:79–97.

Kunz, C., Rodriguez–Palmero, M., Koletzko, B., & Jensen, R.(1999). Nutritional and biochemical properties of human milk, Part I: General aspects, proteins, and carbohydrates.Clinics in Perinatology,26:307–333.

Labbok,M.H.(1999). Health sequelae of breastfeeding for the mother.Clinics in Perinatology, 26:491–503.

Lafuente, M.J., Grifol, R., Segarra, J., Soriano, J., Gorba, M.A., & Montesinos, A.(1997). Effects of the Firstart method of prenatal stimulation on psychomotor development: The first six months.Pre– & Peri–Natal Psychology Journal,12:197–208.

Laird,J.D.,Cuniff,M.,Sheehan,K.,Shulman,D.,& Strum,G.(1989). Emotion specific effects of facial expressions on memory for life events.Journal of Social Behavior and Personality, 4:87–98.

Lange,C.G.(1885). The emotions.Eng.Transl.publ.1922.Williams & Wilkins,Baltimore.

Larsen, R.J., & Diener, E.(1992). Promises and problems with the circumplex model of emotion.In M.S.Clark(Ed.), Review of personality and social psychology: Emotion(Vol.13), pp.25–59.Newbury Park,CA:Sage.

Laurent, J., Swerdlik, M., & Ryburn, M.(1992). Review of validity research on the Stanford-Binet intelligence scale: Fonrth Edition.Psychological Assessment, 4: 102-112.

Laursen, B., Coy, K.C., & Collins, W.A.(1998). Reconsidering changes in parent-child conflict across adolescence: a meta-analysis.Child Development, 69: 817-832.

Lazarus, R.S.(1968). Emotions and adaptation: Conceptual and empirical relations.In W.J. Arnold(Ed.) Nebraska Symposium on Motivation University of Nebraska Press, Lincoln, Nebraska.

Leclerc, G., Lefrançois, R., Dube, M., Hebert, R., & Gaulin, P.(1998). The self-actualization concept: A content validation.Journal of social Behavior and Personality, 13:69-84.

Lederer, R.(1991). The miracle of language.New York: Pocket Books.

Lenneberg, E.H.(1967). Biological foundations of language.New York: Wiley.

Lepore, S.J.(1997). Social-environmental influences on the chronic stress process.In Gottlieb, B.H.(Ed.), Coping with chronic stress.New York: Plenum.

Lesser, G.S., Fifer, G., & Clark, D.H.(1965). Mental abilities of children from different social-class and cultural groups.Monographs of the Society for Research in Child Development, 30 (4):1-115.

Levelt, W.J.M.(1989). Speaking: From intention to articulation.Cambridge, MA: MIT Press.

Levelt, W.J.M., Roelofs, A., & Meyer, A.S.(1999).A theory of lexical access in speech production.Behavioral and Brain Science, 22: 1-38.

Liberman, A.M., & Mattingly, I.G.(1985). The motor theory of speech perception revised. Cognition, 21: 1-36.

Liberman, A.M., Cooper, F.S., Shankweiler, D.P., & Studdert-Kennedy, M.(1967).Perception of the speech code.Psychological Review, 74: 431-461.

Lindsay, P.H.& Norman, D.A.(1977). Human information processing: An introduction to psychology (2nd ed.).New York: Academic Press.

Linton, M.(1982). Transformations of memory in everyday life.In U.Neisser (Ed.), Memory observed: Remembering in natural contexts.San Francisco: Freeman.

Little, B.R.(1989). Personal projects analysis: Trivial pursuits, Magnificent obsessions, and the search for coherence.In D.M.Buss & N.Cantor (Eds.), Personality psychology: Recent trends and emerging directions (pp.15-31).New York: Springer-Verlag.

Little, S.G.(1992).The WISC-III: Everything old is new again.School Psychology Quarterly, 7: 136-142.

Locke, E.A., & Latham, G.P.(1990). A theory of goal setting and task performance.Englewood Cliffs, NJ: Prentice-Hall.

Loehlin, J.C., McCrae, R.R., & Costa, P.T., Jr.(1998). Heritabilities of common and measure-specific components of the Big Five personality factors.Journal of Research in Personality, 32:431-453.

Loftus, E.F.(1998). Imaginary memories.In Conway, M.A., Gathercole, S.E.& Comoldi, C.(Eds.), Theory of memory II(pp.135-145).Hove, England: Psychology Press.

Loftus, E.F., & Palmer, J.C.(1974). Reconstruction of automobile destruction: An example of the interaction between language and memory.Journal of Verbal Learning and Verbal Behavior, 13:585-589.

Lonner, W.J.(1980). The search for psychological universals.In H.C Triandis & W.W.

Lorenz, K.(1966). On aggression.New York: Harcourt, Brace, & World.

Lowry, P.E.(1997). The assessment center process: New directions.Journal of Social Behavior and Personality, 12:53-62.

Luchins, A.S.(1942). Mechanization in problem solving. Psychological Monographs, 54. (Whole No.248)

Luria, Z., Fredman, S., & Rose, M.D.(1987). Human sexuality.New York: Wiley.

Lutz, C. (1988). Unnatural emotions. Chicago: University of Chicago Press.

Lynn, M., & Oldenquist, A.(1986). Egoistic and nonegoistic motives in social dilemmas. American Psychologist, 41:529-534.

Maccoby, E.E., &Wilson, W.C.(1957). Identification and observational learning from films. Journal of Abnormal and Social Psychology, 55:76-87.

Maclay, H., & Osgood, C.E.(1959). Hesitation phenomena in spontaneous English speech. Cambridge University Press.

Marcia, J.(1980). Identity in adolescence. In Adelson, J.(ed.), Handbook of Adolescent Psychology.New York: Wiley.

Marcia, J.E.(1966). Development and validation of ego-identity status.Journal of Personality and Social Psychology, 3(5):551-558.

Markowitsch, H.J.(2000). Neuroanatomy of memory.In Tulving, E.& Craik, F.I.M.(Eds.), The Oxford handbook of memory(pp.465-484).Oxford, U.K.: Oxford University Press.

Markus, H., & Kitayama, S.(1991). Culture and the self: Implications for cognition, emotion, and motivation.Psychological Review, 98:224-253.

Markus, H., & Ruvolo, A.(1989). Possible selves: Personalized representations of goals.In L.A.Pervin (Ed.), Goal concepts in personality and social psychology(pp.211–241).Hillsdale, NJ: Erlbaum.

Marshall, G.(1976). The affective consequences of "inadequately explained" physiological arousal.Unpublished doctoral dissertation, Stanford University, 342.

Maslow, A.H.(1943). A theory of human motivation.Psychological Review, 50: 370–396.

Maslow, A.H.(1967). Self–actualization and beyond.In J.F.T.Bugental(Ed.), Challenges of humanistic psychology(pp.279–286).New York: McGraw–hill.

Massaro, D.W.(1987). Speech perception by ear and eye: A paradigm for psychological inquiry.Hillsdale, NJ: Erlbaum.

Masters, W.H., & Johnson, V.E.(1966).Human sexual response.Boston: Little, Brown.

Matsuda, F., Matsuda, M.& Kojima, Y.(2000). The tau and anti–tau effects in successively presented stimuli.Perceptual and Motor Skills, 91(32): 1202–1208.

Mayer, J. D., & Salovey, E. (1997). What is emotional intelligence? In P. Salovey & D. Sluyter (Eds.), Emotional development and emotional intelligence: Educational implications (pp.3–31).New York: Basic Books.

Mayer, J. D., Salovey, P., & Caruso, D. (2000). Models of emotional intelligence. In R. J. Sternberg (Ed.), Handbook of intelligence (pp.396–420).Cambridge, U.K.: Cambridge University Press.

McBurney, D. H. & Collings, V. B. (1984). Introduction to Sensation/Perception (2nd ed.). Englewood Cliffs, NJ: Prentice Hall.

McClelland, D.C.(1961). The achieving society.Princeton, NJ: Van Nostrand.

McClelland, D.C.(1975). Power: The inner experience.New York: Irvington.

McClelland, J.L., & Elman, J.L.(1986). The TRACE model of speech perception.Cognitive Psychology, 18: 1–86.

McCrae, R.R., & Costa, P.T.Jr.(1986). Clinical assessment can benefit from recent advances in personality psychology.American Psychologist, 41: 1001–1003.

McCrae, R.R., & Costa, P.T.Jr.(1999). A five–factor theory of personality.In L.A.Pervin & O.P.John(Eds.), Handbook of personality: Theory and research.New York: Guilford.

McGurk, H., & MacDonald, J. (1976). Hearing lips and seeing voices. Nature, 264: 746–748.

McLean, D. E., Hatfield–Timajchy, K., Wingo, P. A., & Floyd, R. L. (1993). Psychosocial measurement: Implications of the study of preterm delivery in black women. American Journal of Preventive Medicine, 9: 39–81.

McNeill, D. (1966). Developmental psycholinguistics. In Smith, F., and Miller, G.A. (eds.) The genesis of language: A psycholinguistic approach. Cambridge, Mass.: M.I.T. Press.

Medin, D.L., & Ross, B.H. (1992). Cognitive psychology. Fort Worth, TX: Harcourt Brace Jovanovich.

Mednick, S.A. (1962). The associate basis of the creativity process. Psychological Review, 69: 220–232.

Meier, R.P. (1991). language acquisition by deaf children. American Scientist, 79: 60–70.

Meilman, P.W. (1979). Cross-sectional age changes in ego identity status during adolescence. Developmental Psychology, 15: 230–231.

Mercer, J.R. (1984). What is racially and culturally nondiscriminatory test? In C.R. Reynolds & R.T. Brown (Eds.), Perspectives on bias in mental testing. New York: Plenum.

Michaels, J.W., Bloomel, J.M., Brocato, R.M., Linkous, R.A., & Rowe, J.S. (1982). Social facilitation and inhibition in a natural setting. Replications in Social Psychology, 2: 21–24.

Milgram, S. (1963). Behavioral study of obedience. Journal of Abnormal & Social Psychology, 67(4): 371–378.

Miller, G.A. (1956). The magic number seven, plus or minus two: some limits on our capacity for processing of information. Psychological Review, 63: 81–93.

Miller, G. A. (1965). Some preliminaries to psycholinguistics. American Psychologist, 20: 15–20.

Miller, J.M., Boudreaux, M.C., & Regan, F.A. (1995). A case-control study of cocaine use in pregnancy. American Journal of Obstetrics and Gynecology, 172: 180–185.

Miller, L.K. (1999). The savant syndrome: Intellectual impairment and exceptional skill. Psychological Bulletin, 125: 31–46.

Mills, D., Coffey, S., & Neville, H. (1994). Changes in cerebral organization in infancy during primary language acquisition. In G. Dawson & K. Fischer (Eds.), Human behavior and the developing brain. New York: Guilford.

Milner, D.A. (2003). Visual awareness and the primate brain. In M.A. Jeeves (Ed.), Human nature. London: Routledge, 207.

Milton, J. & Wiseman, R. (2001). Does psi exist? Reply to Storm and Ertel. Psychological Bulletin, 127: 434–438.

Moates, D.R.& Schumacher, G.M.(1980).An Introduction to Cognitive Psychology, Belmont:Wadsworth.

Moffitt, T., Caspi, A., Sugden, K., Taylor, A., Craig, I.W., Harrington, H., McClay, J., Mill, J., Martin, J., Braithwaite, A., Poulton, R.(2003). Influence of life stress on depression: moderation by a polymorphism in the 5-HTT gene.Science, 301:386-389.

Moray, N., Bates, A., & Barnett, T.(1965). Experiments on the four-eared man.Journal of Acoustic Society of American, 38:196-201.

Morris, C.(1956). Varieties of human value.Chicago:University of Chicago Press.

Morton, J., & Johnson, M.H.(1991). CONSPEC and CONLERN: A two-process theory of infant face recognition.Psychological Review, 98:164-181.

Moyer, K.E.(1976). The psychobiology of aggression.New York: Harper & Row.

Moyer, K.E.(1983). The physiology of motivation: Aggression as a model.In Schierer, C.J., & Rogers, A.M.(Eds.), G.Stanley Hall Lecture Series(Vol.3).Washington, DC: American Psychological Association.

Murdock, B.B., Jr.(1962). The serial position effect of free recall.Journal of Experimental Psychology, 64:482-488.

Murphy, S.T., & Zajonc, R.B.(1993). Affect, cognition, and awareness: Affective priming with optimal and suboptimal stimulus exposures.Journal of Personality and Social Psychology, 64(5):723-739.

Murray, H.A., et al.(1938). Explorations in personality.New York:Oxford University Press.

Mussen, P.H., & Jones, M.C.(1957). Self-conceptions, motivations and interpersonal attitudes of late-and early-maturing boys.Child Development, 28:243-256.

Nelson, K.(1973). Structure and strategy in learning to talk.Monograph of the Society for Research in Child Development, 38. (Serial No.149)

Newell, A., & Simon, H.A.(1972). Human problem solving.Upper Saddle River, NJ: Rentice-Hall.

Newport, E.L.(1990). Maturational constraints on language learning.Cognitive Science, 14: 11-28.

Nickerson, R.S., & Adams, M.J.(1979). Long-term memory for a common object.Cognitive Psychology, 11:287-307.

Nilsson, L., & Hamberger, L.(1990).A child is born.New York:Delacorte.

Nisbett, R.E.(1990). Evolutionary psychology, biology, and cultural evolution.Motivation and Emotion, 14, 255–263.

Nisbett, R. E. (1993). Violence and U. S. regional culture. American Psychologist, 48: 441–449.

Nisbett, R.E. (Ed.). (1993). Rules for reasoning. Hillsdale, NJ: Erlbaum.

Nyberg, L., Cabeza, R., & Tulving, E. (1996). PET studies of encoding and retrieval: The HERA model. Psychonomic Bulletin & Review, 3: 135–148.

Olds, J., & Milner, P. (1954). Positive reinforcement produced by electrical stimulation of the septal area and other regions of the rat brain. Journal of comparative and physiological psychology, 47:419–427.

Olson, I.R.& Chun, M.M. (2002). Perceptual constraints on implicit learning of spatial context. Visual Cognition, 9: 273–302.

Ouellette, J.A., & Wood, W. (1998). Habit and intention in everyday life: The multiple processes by which past behavior predicts future behavior. Psychological Bulletin, 124: 54–74.

Overmier, J.B., & Seligman, M.E.P. (1967). Effects of inescapable shock upon subsequent escape and avoidance responding. Journal of Comparative and Physiological Psychology, 63: 28–33.

Palmer, S. (1992). Common region: A new principle of perceptual grouping, Cognitive Psychology, 24: 436–447.

Paris, S.G., Lipson M.Y., & Wixson, K.K. (1983). Becoming a strategic reader. Contemporary Educational Psychology, 8: 293–316.

Pask, G. (1976). Styles and strategies of learning. British Journal of Educational Psychology, 46: 128–148.

Pask, G. (1984). Review of conversation theory and a protologic (or protolanguage). Educational Communication and Technology Jorunal, 32: 3–40.

Pask, G.., & Scott, B.C.E. (1972). Learning strategies and individual competence. International Journal of Man–Machine Studies, 4: 217–253.

Patterson, F.G. (1978). The gestures of a gorilla: Language acquisition in another pongid. Brain and Language, 5: 72–97.

Patterson, G.R., Littman, R.A., & Bricker, W. (1967). Assertive behavior in children: A step toward a theory of aggression. Monographs of the Society of Research in Child Development (Serial No.113), 32: 5.

Penfield, W., & Jasper, H. (1954). Epilepsy and the functional anatomy of the human brain.

Boston:Little:Brown,& Co.

Perlmutter, M.(1980). Development of memory in the preschool years. In Greene, R.& Yawkey, T.D.(Eds.),Childhood development.Westport,Conn:Technomic Publishing.

Pervin,L.A.(1983). The stasis and flow of behavior:Toward a theory of goals.In M.M.Page (Ed.) , Personality: Current theory and research (pp. 1–53). Lincoln: University of Nebraska Press.

Pervin,L.A.(Ed.) .(1989). Goal concepts in personality and social psychology.Hillsdale, NJ:Erlbaum.

Petersen, A.C.(1988). Pubertal change and psychosocial development. In Baltes, D.L., Featherman, R.M., & Lerner, R.M.(Eds.), Life–span development and behavior (Vol.9).New York:Academic Press.

Petersen,S.E.,Fox,P.T.,Posner,M.I.,Mintun,M.,& Raichle,M.E.(1988).Positron emission tomographic studies of the cortical anatomy of single–word processing.Nature,331(6157): 585–589.

Peterson, L.R., & Peterson, M.J.(1959).Short–term retention of individual verbal items. Journal of Experimental Psychology,58:193–198.

Pfaus,J.G.,Kippin,T.E.,& Centeno,S.(2001).Conditioning and sexual behavior:A review. Hormones and Behavior,40:291–321.

Phelps,R.E.,Huntley,D.K.,Valdes,L.A.,& Thompson,M.C.(1987). Parent–child interactions and child social networks in ont–parent families.Advances in Family Intervention,Assessment and Theory,4:143–163.

Pianta,R.C.,& Ball,R.M.(1993). Maternal social support as a predictor of child adjustment in kindergarten.Journal of Applied Developmental Psychology,14:107–120.

Pincus,J.H.(2001). Base instincts: What makes killers kill? New York: W.W.Norton & Co.,Inc.

Pintrich,P.R.,Cross,D.R.,Kozma,R.B.,& McKeachie,W.J.(1986). Instructional psychology.Annual Review of Psychology,37:611–651.

Pisoni,D.B.,Nusbaum,H.C.,Luce,P.A.,& Slowiaczek,L.M.(1985). Speech perception, word recognition and the structure of the lexicon.Speech Communication,4:75–95.

Plomin,R.,& Crabbe,J.(2000). DNA.Psychological Bulletin,126:806–828.

Plutchik,R.(1970). Emotions,evolution and adaptive processes.In M.Arnold (ed.),Feeling and –emotions.,New York:Academic Press.

Pollack, I., & Pickett, J.M.(1964). Intelligibility of excerpts from fluent speech: Auditory vs.structural context.Journal of Verbal Learning and Verbal Behavior, 3:79–84.

Pollak, S.D., & Kistler, D.J.(2002). Early experience is associated with the development of categorical representations for facial expressions of emotion.Proceedings of the National Academy of Sciences, 99:9072–9076.

Pöppel, E.(1997). A Hierarchical Model of Temporal Perception.Trends in Cognitive Science, 1:56–61.

Pöppel, E.(2004). Lost in time: a historical frame, elementary processing units and the 3–second window.Acta Neurobiology Expression, 64:295–301.

Pöppel, E., Wittmann, M.Time in the Mind(影印版).(2000). In Wilson, R.A., Keil, F.C.(Eds).The MIT Encyclopedia of the Cognitive Sciences, 上海:外语教育出版社, 841–842

Pratkanis, A.R., Eskenazi, J., & Greenwald, A.G.(1994). What you expect is what you believe (but not necessarily what you get): A test of the effectiveness of subliminal self–help audiotapes.Basic and Applied Social Psychology, 15:251–276.

Premack, D.(1971). Language in chimpanzee? Science, 172:808–822.

Pujol, R., Lavigne–Rebillard, M., & Uziel, A.(1990). Physiological correlates of development of the human cochlea.Seminars in Perinatology, 14:275–280.

Raskin, D.C.(1982). Physiological responses to lie detector test.Science, 6:24–27.

Reber, A.R.(1993). Implicit learning and tacit knowledge: An essay on the cognitive unconscious.New York: Oxford University Press.

Reed, S. K. (1972). Pattern recognition and categorization. Cognitive Psychology, 3: 382–407.

Reisenzein, R.(1994). Pleasure–arousal theory and the intensity of emotions.Journal of Personality and Social Psychology, 67(3):525–539.

Rescorla, R.A., & Wagner, A.R.(1972). A theory of Pavlovian conditioning: Variations in the effectiveness of reinforcement and nonreinforcement.In A.H.Black & W.F.Prokasy (Eds.), Classical conditioning II: Current research and theory.New York: Appleton–Century–Crofts.

Riding, R.J.& Agrell, T.(1997). The effect of cognitive style and cognitive skills on school subject performance. Educational Studies, 23:311–323.

Riding, R.J.& Pearson, F.(1994). The relationship between cognitive style and intelligence. Educational Psychology, 14:413–425.

Rivers, W.& Temperley, M.(1978). A Practical Guide to the Teaching of English as a second or foreign language.New York:Oxford University press,187–205.

Rizzolatti,G.,Fadiga,L.,Fogassi,L.,& Gallese,V.(2002). From mirror neurons to imitation:Facts and speculations.In A.N.Meltzoff & W.Prinz(Eds.),The imitative mind:Development,evolution,and brain bases.Cambridge:Cambridge University Press.

Rodriguez–Palmro,M.,Koletzko,B.,Kunz,C.,& Jensen,R.(1999). Nutritional and biochemical properties of human milk,Part II:Lipids,micronutrients,and bioactive factors.Clinics in Perinatology,26:335–359.

Rogers R.W.,& Deckner,D.W.(1975). Effects of fear appeals and physiological arousal upon emotion,attitudes and cigarette smoking.Journal of Personality and Social Psychology, 32(2):222–230.

Rokeach,M.(1968). Beliefs,attitudes,and values.San Francisco:Jossey–Bass.

Rolls, E. T. (2000). Memory systems in the brain. Annual Review of Psychology, 51: 599–630.

Rosch, E.H.(1975). Cognitive represontations of semantic categories.Journal of Experimental Psychology:General,104:192–233.

Rosch,E.(1974). Linguistic relativity.In A.Silverstein (Ed.),Human communication:Theoretical perspectives.New York:Halsted Press.

Rosenblum,G.D.,& Lewis,M.(1999). The relations among body image,physical attractiveness,and body mass in adolescence.Child Development,70:50–64.

Rosenthal,R.,Hall,J.A.,Archer,D.,DiMatteo,M.R.,& Rogers,P.L.(1979). The PONS test:Measuring sensitivity to nonverbal cues.In S.Weitz(Ed.),Nonverbal communication (2nd ed.).New York:Oxford University Press.

Ross,E.D.,& Mesulam,M.(1979). Dominant language functions of the right hemisphere: Prosody and emotional gesturing.Archives of Neurology,36:144–148.

Ross,E.R.(1981). The aprosodias:Functional anatomic organization of the affective components of language in the right hemisphere.Archives of Neurology,38:561–569.

Ross,M.,Xun,W.Q.E.,& Wilson,A.E.(2002). Language and the bicultural self.Personality and Social Psychology Bulletin,28:1040–1050.

Restle,F.(1970). Moon illusion explained on the basis of relative size.Science,167:1092–1096.

Rotter,J.B.(1966).Generalized expectancies for internal versus external control of reinforcement.Psychological Monographs,80:1–28.

Rotton, J., Cohn, E.G.(2000). Violence is a curvilinear function of temperature in Dallas: A replication.Journal of Personality and Social Psychology, 78: 1074–1081.

Rubin, D.C.(1982). On the retention function for autobiographical memory.Journal of Verbal Learning and Verbal Behavior, 21: 21–38.

Rumbaugh, D.M.(1977). Language learning by a chimpanzee: The Lana project.New York: Academic Press.

Rundus, D.& Atkinson, R.C.(1970). Rehearsal processes in free recall, a procedure for direct observation.Journal of Verbal Learning and Verbal Behavior, 9: 99–105.

Russell, A.(1980). A Circumplex model of affect.Journal of Personality and Social Psychology, 39: 1161–1178.

Sapir, E. (1966). Culture, language, and personality. Berkeley: University of California Press. (Original work published 1941)

Scarr, S.(1998).American child care today.American Psychologist, 53(2): 95–108.

Scarr, S., & Carter–Saltzman, L.(1982). Genetics and intelligence.In R.J.Sternberg (Ed.), Handbook of human intelligence.Cambridge: Cambridge University Press.

Scarr, S., & McCartney, K.(1983). How people make their own environments: A theory of genotype–environment effects.Child Development, 54: 424–435.

Schachter, S.(1959) .The Psychology of affiliation.Stanford, CA: Stanford University Press.

Schachter,S., & Singer, J.(1962). Cognitive, social and physiological determinants of emotional state.Psychological Review, 69: 378–399.

Schacter, D.L.(1996). Searching for memory: The brain, the mind, and the past.New York: Basic Books.

Schaie, K.W., & Strother, C.R.(1968).A cross–sequential study of age changes in cognitive behavior.Psychological Bulletin, 70: 671–680.

Schill, K.& Zetzsche, C.(1995).A model of visual spatio–temporal memory: the icon revisited, Psychological Research , 57: 88–102.

Schloberg, H.(1954).Three dimensions of emotion.The Psychology Review, 61: 81–88.

Schooler, J.W., & Engstler–Schooler, T.Y.(1990).Verbal overshadowing of visual memories: Some things are better left unsaid.Cognitive Psychology, 22: 36–71.

Schunk, D.H.(1987).Peer models and children's behavioral change.Review of Educational Research, 57: 149–1474.

Schunk, D.H.(1994).Self–regulation of self–efficacy and attributions in academic settings.

In D.H.Schunk & B.J.Zimmerman (Eds.), Self-regulation of learning and performance: Issues and educational applications (pp.75-99).Hillsdale, NJ: Lawrence Erlbaum Associates.

Sehulster, J.R.(1989).Content and temporal structure of autobiographical knowledge: Remembering twenty five seasons at the Metropolitan Opera.Memory and Cognition, 17:590-606.

Seligman, M.E.P., & Maier, S.F.(1967).Failure to excape traumatic shock.Journal of Experimental Psychology, 74:1-9.

Shaver, P., Schwartz, J., Kirson, D., & O′Connor, C.(1987).Emotion knowledge: further exploration of a prototype approach.Journal of personality and social psychology, 52:1061-1086.

Shaywitz, B.A., Shaywitz, S.E., Pugh, K.R., Constable, R.T., Skudlarski, P., Fulbright, R.K., Bronen, R.A., Fletcher, J.M., Shankweller, D.P., Katz, L., & Gore, J.C.(1995).Sex differences in the functional organization of the brain for language.Nature, 373:607-609.

Shettleworth, S. J.(1993).Where is the comparison in comparative cognition? Alternative research programs Psychological Science, 4: 179-184.

Short, J. F., Jr. (Ed.). (1969). Gang delinquency and delinquent subcultures. New York: Harper & Row.

Siegel, S., Hinson, R.E., Krank, M.D., & McCully, J.(1982).Heroin "overdose" death: The contribution of drug-associated environmental cues.Science, 216:436-437.

Silveira, J. (1971). The effect of interruption timing and length on problem solution and quality of problem processing. Unpublished doctoral dissertation, University of Oregon, Eugene, OR.

Simon, H.A.(1974).How big is a chunk? Science, 183:482-488.

Singelis, T. M., & Sharkey, W. F. (1995). Culture, self-construal, and embarrassability. Cross-Cultural Psychology, 26:622-644.

Singelis, T.M., Bond, M.H., Sharkey, W.F., & Lai, C.S.Y.(1999).Unpackaging culture's influence on self-esteem and embarrassability: The role of self-construals.Journal of Cross-Cultural Psychology, 30:315-341.

Smith, K.H., & Rogers, M.(1994). Effectiveness of subliminal messages in television commercials: Two experiments. Journal of Applied Psychology, 79:866-874.

Smith, H.(1976) The Russians.New York: Balantine Books.Cited by B.Latané, K.Williams, and S.Harkins in, Many hands make light the work.Journal of Personality and Social Psychology, 1979, 37:822 - 832.

Snarey, J.(1987).A question of morality.Psychological Bulletin, 97:202-232.

Snidman, N., Kagan, J, Riordan, L., & Shannon, D.C.(1995). Cardiac function and behavioral reactivity during infancy.Psychophysiology, 32: 199–207.

Snow, C.(1987). Relevance of the notion of a critical period to language acquisition.In M.H. Bornstein(Ed.), Sensitive Periods in development: Interdisciplinary perspectives. Hillsdale, NJ; Erlbaum.

Snyder, M.(1981). On the influence of individuals on situations.In Cantor, N.& Kihlstrom, J.(Eds.), Personality, cognition and social interaction.Hillsdale, N.J.: Routledge.

Solberg, E.C., Diener, E., Wirta, D., Lucas, R.E., & Oishi, S.(2002).Wanting, having, and satisfaction: Examining the role of desire discrepancies in satisfaction with income. Journal of Personality and Social Psychology, 83: 725–734.

Sperling, G. (1960). The information available in brief visual presentation. Psychological Monographs, 74: 1–29.

Spivak, J.(1979).Wall Street.Journal.

Spychalski, A., Quinones, M. A., & Gaugler, B. B. (1997). A survey of assessment center practices in the United States.Personnel Psychology, 50: 71–90.

Steele, C.M.(1997). A threat in the air: How stereotypes shape intellectual identity and performance.American Psychologist, 52(6): 613–629.

Steele, C. M., & Aronson, J. (1995).Stereotype threat and the intellectual test performance of African Americans.Journal of Personality and Social Psychology, 69: 797–811.

Steele, C.M., & Aronson, J.(1998). Stereotype threat and the test performance of academically successful African Americans.In C.Jencks & M.Phillips (Eds.), The black–white test score gap (pp.401–427).Washington, DC: Brookings Institution Press.

Sternberg, R.J.(1986). Intelligence applied: Understanding and increasing your intellectual skills.San Diego, CA: Harcourt Brace Jovanovich.

Sternberg, R.J., et al.(1981). People's conceptions of intelligence. Journal of Personality and Social Psychology, 1981, 41 (1): 37–55.

Sternberg, S.(1969). Memory scanning: Mental processes revealed by reaction time experiments.American Scientist, 57: 421–457.

Stevens, K.N., & Blumstein, S.E.(1981).The search for invariant acoustic correlates of phonetic features.In P.K.Eimas & J.L.Miller (Eds.), Perspectives on the study of speech (pp.1–38). Hillsdale: Erlbaum.

Stiles, J., Bates, E.A., Thal, D., Trauner, D., & Reilly, J.(1995). Linguistic, cognitive, and affective development in children with pre-and perinatal focal brain injury: A ten-year overview from the San Diego longitudinal project. In C. Rovee-Collier, L. lipsitt, & H. Hayne (Eds.), Advances in infancy research (Vol.12, pp.131-164). Stamford, CT: Ablex.

Stoneman, Z., Brody, G.H., & MacKinnon, C.E. (1986). Same-sex and cross-sex siblings: Activity choices, roles, Behavior, and gender stereotypes. Sex-Roles, 15: 495-511.

Stratton, G.M. (1897). Vision without inversion of the retinal image. Psychological Review, 4: 341-360.

Strong, B., & DeVault, C. (1997). Human Sexuality (2nd ed.). Mountain View, CA: Mayfied.

Stundark et al. (1990). The Body-Mass Index of Twins Who Have Been Reared Apart. New England Journal of Medicine, 322: 1483-1487.

Sutton-Smith, B., & Rosenberg, B.G. (1970). The sibling. New York: Holt, Rinehart, & Winston.

Tassinary, L.G., & Cacioppo, J.T. (1992). Unobservable facial actions and emotion. Psychological Science, 3: 28-33.

Teghtsoonian, R. (1971). On the exponents in Steven's law and the constant in Ekman's law. Psychological Review, 78 : 71-80.

Thomas, A., & Chess, S. (1996). Temperament: Theory and practice. New York: Brunner/Mazel.

Thomas, E.A.C., & Weaver, W.B. (1975). Cognitive processing and time perception. Perception & Psychophysics, 17(4): 363-367.

Thompson, W.R. (1954). The inheritance and development of intelligence. Proceedings of the Association for Research on Nervous and Mental Disease, 33: 209-231.

Tomkins, S. (1970). Affects as the primary motivational system. In M. Arnold (ed.), Feelings and emotion. New York: Academic Press.

Tootell, R.B., Mendola, J.D., Hadjikhani, N.K., Ledden, P.J., Liu, A.K., Reppas, J.B., Sereno, M.I., & Dale, A.M. (1997). Functional analysis of V3a and related areas in human visual cortex. Journal of Neuroscience, 17(18): 7060-7078.

Torrance, E.P. (1974). The Torrance tests of creative thinking: Technical-norms manual. Bensenville, IL: Scholastic Testing Services.

Trabasso, T, & van den Broek, P.W. (1985). Causal thinking and the representation of narrative events. Journal of Memory and Language, 24: 612-630.

Tranel, D., & Damasio, A.R. (1985). Knowledge without awareness: An autonomic index of facial recognition by prosopagnosics.Science, 228: 1453–1454.

Treffert, D. A., & Wallace, G. L. (2002). Island of genius: artistic brilliance and dazzling memory can sometimes accompany autism and other developmental disorders work. Scientific American, 286: 76–86.

Treisman, M. (1963). Temporal discrimination and the indifference interval: Implications for a model of the "internal clock".Psychological Monographs, 77: 1–13.

Triandis, H.C.(1994).Culture and social behavior.New York: McGraw–Hill.

Triandis, H.C.(1996).The psychological measurement of cultural syndromes.American Psychologist, 51: 407–415.

Tulving, E., & Pearlstone, Z. (1966). Availability versus accessibility of information in memory for words.Journal of Verbal Learning and Verbal Behavior, 5: 381–391.

Tupes, E.C., & Christal, R.E.(1961).Recurrent personality factors based on trait ratings. Lackland Air Force Base, TX: U.S.Air Force.

Turnbull, C. M. (1961). Some observations regarding the experiences and behavior of the BaMbuti Pygmies.American Journal of Psychology, 74: 304–308.

Vaidya, J.G., Gray, E.K., Haig, J., & Watson, D.(2002).On the temporal stability of personality: Evidence for differential stability and the role of life experiences.Journal of Personality and Social Psychology, 83: 1469–1484.

Van Ijzendoorn, M.H., Schuengel, C., & Bakermans–Kranenburg, M.J.(1999).Disorganized attachment in early childhood: Meta–analysis of precursors, concomitants, and sequelae.Development & Psychopathology, 11: 225–249.

Vaughan, K.B., & Lanzetta, J.T.(1981).The effect of modification of expressive displays on vicarious emotional arousal.Journal of Ex– perimental Social Psychology, 17: 16–30.

Vogel, G.(1997).Cocaine wreaks subtle damage on developing brains.Science, 278: 38–39.

Vrij, A., Edward, K., & Bull, R.(2001).Stereotypical verbal and nonverbal responses while deceiving others.Personality and Social Psychology Bulletin, 27: 899–909.

Walk, R.D., &Homan, C.P.(1984).Emotion and dance in dynamic light displays.Bulletin of the Psychonomic Society, 22: 437–440.

Warren, R.M., & Warren, R.P.(1970).Auditory illusions and confusions.In Scientific American, 223: 30–36.

Warren, R.M., Obusek, C.J., Farmer, R.M., Warren, R.P.(1969).Auditory sequence: Confusion of patterns other than speech or music.Science, 164: 586–587.

Warrington, E., & Weiskrantz, L. (1970). Amnesic syndrome: Consolidation or retrieval? Nature, 228(5272):628–630.

Wason, P.C., & Johnson–Laird, P.N. (1972). Psychology of reasoning: Structure and content. London: Batsford.

Watson, R.J, Jr. (1973). Investigation into deindividuation using a cross–cultural survey technique. Journal of Personality and Social Psychology, 25: 342–345.

Waugh, N.C., & Norman, D.A. (1965). Primary Memory. Psychological Review, 72(2): 89–104.

Weigle, D.S. (1994). Appetite and regulation of body composition. Faseb Journal, 8: 302–310.

Weinberger, D.A. (1997). Distress and self–restraint as measures of adjustment across the life span: Confirmatory factor analyses in clinical and nonclinical samples. Psychological Assessment, 9: 132–135.

Weinstock, M. (1997). Does prenatal stress impair coping and regulation of hypothalamic–pituitary–adrenal axis? Neuroscience & Biobehavioral Reviews, 21: 1–10.

Weiskrantz, L. (1986). Blindsight: A case study and implications. Oxford: Clarendon Press.

Williams, P.G., Wiebe, D.J., &Smith, T.W. (1992). Coping processes as mediators of the relationship between hardiness and health. Journal of Behavioral Medicine, 15: 237–255.

Winne, P.H. (1985). Cognitive processing in the classroom. In T.Husen & T.H.Postlethwaite (Eds.), The international encyclopedia of education (Vol.2, pp.795–808). Oxford, England: Pergamon.

Wolfson, A.R., & Carskadon, M.A. (1998). Sleep schedules and daytime functioning in adolescents. Child Development, 69: 875–87.

Yaroush, R., M.J.Sullivan, & B.R.Ekstrand. (1971). Effect of sleep on memory. II. Differential effect of the first and second half of the night. Jouranl of Experimental Psychology, 88: 361–366.

Yates, J.F. (1990). Judgment and decision making. Englewood Cliffs, NJ: Prentice Hall.

Yau, J., & Smetana, J.G. (1996). Adolescent–parent conflict among Chinese adolescents in Hong Kong. Child Development, 67: 1262–1275.

Zajonc, R.B. (1976). Family configuration and intelligence: Variations in scholastic aptitude scores parallel trends in family size and the spacing of children. Science, 192: 227–236.

Zajonc, R.B., & Markus, G.B. (1975). Birth order and intellectual development. Psychological Review, 82: 74-88.

Zihl, J., von Cramon, D., & Mai, N.(1983).Selective disturbance of movement vision after bilateral brain damage.Brain, 106: 313-340.

Zimbardo, P.G.(1970). The human choice: Individuation, reason, and order versus deindividuation, impulse, and chaos.In W.J.Arnold & D.Levine (Eds.), Nebraska Symposium on Motivation, 1969.Lincoln, NE: University of Nebraska Press.

Zimmerman, B.J.(1989).Models of self-regulated learning and academic achievement.In B.J.Zimmerman & D.H.Schunk (Eds.), Self-regulated learning and academic achievement: Theory, research, and practice (pp.125).New York: Springer-Verlag.

Zimmerman, B.J.(1990). Self-regulating academic learning and achievement: The emergence of a social cognitive perspective.Educational Psychology Review, 2: 173-201.

Zimmerman, B.J.(1998). Developing self-fulfilling cycles of academic regulation: An analysis of exemplary instructional models.In D.H.Schunk & B.J.Zimmerman (Eds.), Self-regulated learning: From teaching to self-reflective practice (pp.1-19).New York: Guilford Press.

Zurif, E.B.(1990). Language and the brain.In D.N.Osherson & H.Lasnik(Eds.), Language (pp.177-198).Cambridge, MA: MIT Press.